임진강(臨津江)에
지지않는
상현달(上弦)

이정규
회고록

김동섭·이강숙 저

도서출판 **위**

임진강에 지지 않는 상현달

이정규 회고록

〈종손 이정규, 93세 때〉

들어가는 글

어느 날 아내 강숙康淑으로 부터 장인어른께서 지나온 삶과 가문에 대한 기록을 남기고 싶어 하신다는 얘기를 들었다. 처음에는 그 소리를 들었지만 별 관심 없이 듣고 가볍게 생각하였다. 그런데 지난해 9월, 임진강변 어느 식당에서 장인어른신은 나에게 지난 세월을 글로 담지 못함을 아쉬워하시면서 말씀하셨다. "자네가 기록을 정리해 줄 수 없겠는가?" 하셨다. 장인 어르신이 너무나 진지하게 말씀하시어 그 부탁을 뿌리치지 못해 "글로 써 보겠습니다" 하고 어떨 결에 대답을 하고 말았다.

그날 집으로 돌아와 많은 생각을 하였다. 얼핏 생각하기에는 장인어른에 대한 얘기가 그리 많지 않을 것 같아 난감도 하였다. 하지만 차분하게 장인어른의 지나온 삶을 조목조목 기록하며 헤아려 보니 격동의 시대를 살아오신 삶의 흔적들이 매우 다양하며 반전의 삶을 사셨음을 발견하였다. 장인 어르신의 연세가 금년 신축년에 4년을 남겨 둔 백세이다. 요즘 말하기 쉬워 인생 백 년이라고들 하지만 백 년을 건강하게 사는 것은 그리 쉽지가 않다. 더구나 장인어르신은 고령임에도 지나간 일들의 날짜, 이름, 지명 등을 정확하게 기억하고 계셨다. 어찌보면 장인어른의 지난 백 년의 삶은 장인어른 한 분만의 삶이 아니고 같은 시대를 살고 가신 나의 부모님의 삶이기도 하며, 격동의 시대를 헤쳐 왔던 우리 민족의 삶이기도 하였다.

정규의 고조부 봉현이 정착하신 임진강 하류에 파주 땅은 먼 옛날 삼국시대부터 갈등의 땅이었다. 현재도 갈라진 민족의 아픔을 그대로 안고 있는 곳이다. 정규의 고조부 봉현은 임진나루 하류쪽으로 오리 정도 거리에 위치한 장산리에 정착하시어 '파주 200년 가문'을 여셨다. 종손 정규의 가문은 이곳에서 시작하여 마은골, 마정 734번지로 임진강을 따라 이동하시며 120년을 사셨다. 정규네 가문의 지난 120년의 삶의 자취는 우리 땅의 크고 작은 고통을 그대로 안고 살아오셨으며 '우리민족의 가슴 아픈 서사시'였다. 나도 종손 정규 가문의 사위가 되어 그의 '200년 가문'의 일원이 되어 어느덧 40년이 되었다. 장인어르신과 함께 하지 못했던 나머지 60년의 삶은 그동안 40년을 함께하면서 틈틈이 주워 들어 어느 정도 이해하고 있다.

6.25 전쟁 후 휴전선 민간통제선 철조망 뒤로 숨어버린 파주의 임진강 북쪽 지역의 삶은 모든 사람들에게 잊혀지고 말았지만 정규에게는 여전히 살아있는 곳이다. 정규의 큰댁이 사셨던 덕물산 앞마을 역구내 마을, 장단 진동면 처가 마을, 조부가 이용하시던 장단 시루리 장, 종증조부가 그의 형님 눈을 피해 놀러 다니시던 조레이 벌, 큰댁 친척들이 사시던 홍화리, 친구가 살고 있던 황해도 삽다리 등은 여전히 정규의 삶 속에 그대로 살아있었다.

종손 정규는 일제강점기 식민지교육을 받으며 성장하여 8.15해방, 6.25 전쟁, 4.19, 5.16 등 시대의 몸살을 직접 앓으시며 백 년을 살아오시고 있다.

정규는 4대가 함께하는 대가족 가문의 종손과 장남이라는 정체성을 잃지 않고 격동의 세월을 헤쳐 오셨다. 이제는 영웅들의 삶만 이야기로 만들던 시대는 아니라고 본다. 시대의 민초로써 세월의 세포 하나하나의 아픔을 몸으로 새기며 살아온 정규의 백 년 삶이 오히려 후손들에게 더 값진 삶의 지표가 될 것이라고 믿는다.

정규네 200년 가문의 삶을 통해 그의 고조부가 '장산리'에 정착하여 겪으신 고통과 몸부림에 묻어 있던 작은 아픔까지도 이해할 수 있었다. 그의 고조부 통정대부 봉현은 조선 순조 때인 1828년 출생하셨다.

봉현은 선대 조상님 다섯 분이 벼슬 없이 평민으로 전락한 한미한 왕실 가문의 후손으로 태어나셨다. 봉현은 안동김씨의 세도정치, 임오군란, 갑신정변, 갑오개혁, 동학혁명, 을미사변, 경술국치까지 84세의 생을 마치시기까지 온갖 시대의 바람을 맞으며 사셨던 분이다. 통정대부 봉현은 이러한 격변기에 항상 가문의 안전을 우선으로 하셨으며, 정쟁을 피해 멀리 함경도 등으로 70년을 방랑하며 보내셨다. 갑오개혁으로 시대의 패러다임이 변하자 봉현은 방랑생활을 거두시고 아들과 손자를 데리고 개성 서북쪽에 있는 '홍화리'에 사시는 먼 친척들을 찾아가셨다. 봉현이 홍화리를 찾아간 이유는 오랜 방랑생활로 잊혀진 가문의 정체성을 자손에게 다시 찾아주고 혈육의 정을 이으려는 마음 때문이었다.

정규의 고조부는 '홍화리'에 정착하여 화전 밭을 일구고 나무장사 등을 하시며 3년 정도 죽도록 일하셨으나 입에 풀칠하기도 어려웠다. 그는 이런 상태로는 가문의 미래를 열어갈 수 없다고 생각하셨다. 그래서 봉현은 '홍화리'를 떠나 다시 처가 마을인 '마정 석결동'을 찾으신 것이다. 그러나 처가마을에서도 사정이 여의치 못하여 그곳에서 십여 리 떨어진 '장산리'에 버려진 폐가에 정착하셨던 것이다.

이와 같이 정규의 고조부는 70년의 방랑을 끝내고 '장산리'에서 '파주 200년' 가문을 여신 것이다. 이 터전을 발판으로 가세를 일으키고 양반가를 다시 세우셨다. 정규의 아버지 문환은 일제강점기에 아들의 서울유학을 위해 열정적 뒷바라지를 하셨다. 정규는 일제치하에 일본학생들과 경쟁하면서도 왕실의 후예라는 자긍심과 가문의 정체성을 잃지 않았다.

정규는 서울 경농을 졸업하고 농산물 품질을 측정하는 검사원으로 시작하셨다. 빼앗긴 나라의 관리로 첫 출발하였으나 곧바로 해방을 맞았다. 당시에는 식량이 너무나 부족한 시대였고 식량정책은 항상 국가의 핫 이슈였다. 식량정책은 일제강점기, 미군정시대, 대한민국정부 수립 후에도 항상 갈등의 중심에 있었다. 당시는 농업이 주력산업이어서 정부에서는 검사원을 식량정책의 수단으로 적절히 이용하였다. 이렇게 첨예한 갈등이 집중하는 검사업무에는 항상 비리가 만연하였다. 종손 정규는 정실에 좌우되지 않고 정확한 판결로 상사 등 주변 사람으로부터 많은 원망과 어려움을 겪었다. 옛날이나 지금이나 시대를 앞서가는 가는 것은 외롭고 고달프기 마련이다. 온 집안의 기대와 열망을 갖고 서울까지 유학하여 시작된 공직생활도 6.25전쟁으로 정규의 삶을 바꾸는 계기가 되었다.

이 책은 자서전이 아닌 회고록 형태로 작성 하였다. 종손 정규의 인생에만 초점을 맞추지 않고 그가 살아온 시대를 반영하여 씨줄과 날줄을 삼았다.

이 책의 제목을 『임진강臨津江에 지지 않는 상현上弦달』이라 정하였다. 제목의 첫머리에 임진강臨津江을 사용한 이유는 정규네 가문이 장산리에 정착하시어 임진강을 따라 삶의 터전을 옮기며 120년을 살아오셨기 때문이다. 또한, 정규의 고조모님, 증조모님, 조모님과 그의 어머니 공주이씨 등 모두가 임진강을 탯줄로 삼아 살아오셨던 명문세가의 따님들이었다.

여기서 '달'은 "부처님이 백억 세계에 화신하여 교화하심에 달이 천 개의 강에 비치는 것"처럼 종손 정규의 삶이 가문에 미치는 영향을 달빛에 비유하였으며 '상현달'은 이루지 못한 정규의 꿈을 후손들이 만월로 키우기 바라는 염원으로 이렇게 定하였다.

제1장 "삶의 방향을 뒤바꾼 새벽 총성"은 종손 정규가 출장지 홍천에서 예기치 않게 만난 6.25전쟁으로 서울만 돌아오면 모든 게 해결될 것으로 믿고 목숨을 걸고 돌아왔지만 오히려 적화된 곳으로 오게 되었다. 이후 적화된 파주 임진면으로 숨어돌아와 인공치하 3개월을 견디고 9.28수복 후 정상을 찾았으나 다시 1.4후퇴로 피난을 떠나야 되었다. 피난길에 정규와 동생 현규는 가두 징집되어 가족과 생이별을 하고 참전하여 45개월의 군대생활을 하였다. 종전 1년 후에 제대를 하여 피난지 논산에서 부모님 등 온 가족을 데리고 마정 고향으로 돌아와 집안을 다시 수습하였다. 정규가 태어나 자란 마정에서 문산읍으로 이사를 하기까지의 이야기로 구성하였다.

제2장은 "大望를 꿈꾸는 臨津江 少年"은 정규의 고조부가 70년의 방랑생활을 끝내고 '홍화리'에 정착하는 것으로 시작했다. 그는 120년 전에 아들, 손자 등과 함께 장산리 폐가에 정착하여 파주 200년 가문을 여셨다.

조부 종림은 '독개벌 제방 둑 공사' 등 도전적인 삶으로 가세를 키우려 하셨으나 실패하여 오히려 가세를 줄이게 되었다. 그 이후 '마정 734번지'로 이사를 하셨고 그 해에 정규가 4대가 함께 사는 대가족 종손으로 태어나셨다. 정규네 가문에서 '마은골'이 조부 종림이 삶의 중심이었다면, '마정 734번지'는 아버지 문환이 삶의 중심이었다. 아버지 문환은 장남 정규에게 큰 희망을 갖고 뒷바라지에 온갖 노고를 아끼지 않으셨다. 이렇듯 가세가 안정된 대가족에서 태어난 종손 정규는 가문의 사랑과 기대를 한껏 받으며 성장하였다. 정규는 아버지의 열망으로 서울 유학까지 하여 빼앗긴 나라의 관리로 첫발을 내디딘 얘기를 두 번째 장에 담았다.

제3장 "뒤틀린 삶을 되돌리려는 몸부림"은 전쟁으로 폐허가 된 고향으로 돌아와 임시면서기로 임명된 과정과 그것도 짧은 기간에 정리할 수밖에 없었던 얘기를 담았다. 당시에 안전한 공직생활을 포기하기 어려웠지만 과감히 정규는 사업의 길에 뛰어들었다. 종손 정규가 공직의 길에서 성공하는 것은 가문의 희망이기도 하였다. 하지만 정규는 가문의 희망을 뒤로하고 다른 길을 택한 것이다. 당시에 나라는 망하고 세상은 개화되었지만 왕실의 후손으로 9대를 백두로 살아오신 가문에서는 관리가 되는 길을 최고로 생각하셨다. 이러한 가문의 열망을 정규가 모르는 것은 아니었기에 그만큼 새로운 길을 선택하며 고통이 있었다. 하지만 삶이 마음먹은 대로 된다면 누가 인생을 고뇌의 길이라 하겠는가? 이와 같이 인간 이정규가 가풍을 지켜야 하는 책임감과 그가 이루려는 희망 사이에서 고뇌로 살아온 얘기를 정리하였다.

마지막 장은 "백년百年 삶에 대한 회한悔恨과 다시 꾸는 꿈"이라는 주제로 작성 하였다. 정승판서를 지냈어도 삶을 돌아보면 아쉽고 후회로 가득 차건만 종손 정규의 입장에서는 "얼마나 후회스러운 마음이 클까?" 하고 생각하니 가슴이 저려온다. 「효경」에 의하면 "입신하여 후세에 이름을 떨치고 부모의 이름을 빛내는 것이 효도의 마지막이다"고 하였다.

조상님들의 기대에 부응하지 못한 정규의 입장에서는 늘 죄송스러웠다. 더구나 부모님의 고생스런 뒷바라지에 부응하지 못한 것을 생각하면 후회가 사무친다. 그러나 종손 정규가 종손의 역할을 하며 백 년 삶을 헛되지 않게 해준 사람은 뭐니 뭐니 해도 종부인 아내 성연의 고통과 눈물 덕분이었다.

지금은 아내 성연이 병석에서 외롭게 보내고 대화조차 나누지 못하여 가슴 아프고 안타까워하고 있다. 처가와 친가에 형제 · 자매가 많았으나 이제 모두들 유명을 달리하고 비워진 자리가 더 많아지고 있다. 하지만 종손으로 살아온 전주이씨 가문의 꿈을 다시 꿀 수 있어 행복하다. 조상님들의 소망을 종손 정규가 이루지 못했다고 하여 가문은 끝나는 것이 아니다. 그 소망은 또 자식이 이어 받으면 된다. 마지막으로 종손 정규가 평생 잊어지지 않는 '봉황의 꿈'으로 끝을 맺었다.

나는 이 책을 쓰면서 통정대부에서 종손 정규에게 이르기까지 200년 삶을 통해 크고 작은 그들의 애환을 보게 되었다. 장인어른의 인생관과 살아오신 모습을 후손들의 관점으로만 판단해서는 안 된다는 것을 알았다. 종손 정규의 삶 속에는 후손들은 상상하지 못하는 아픔, 고통, 눈물과 땀이 있었다는 것을 이해하였으면 한다. 종손과 가문이라는 큰 범주에서 정체성을 잃지 않고 살아온 그의 삶을 새롭게 바라보아야 한다. 사람은 자신이 정확하게 본다고 하지만 늘 보고 싶은 것만 보고 있는 것이다. 정규가 종손의 위치와 자신의 꿈 사이에서 평생 갈등하며 살아오신 것을 생각하면 가슴이 먹먹해진다.

나는 이들의 삶을 통해 임진강 철조망 속으로 숨어버린 당시의 삶을 오래된 비디오 필름을 보는 느낌으로 재생할 수 있었다. 임진강을 중심으로 이어졌던 남과 북의 삶, 개성, 장단과 황해도 바닷가 마을과의 삶과도 어떻게 유기적 관계가 있었는지 이 책에 남겼다. 파주의 임진강 북쪽은 70년간 전쟁으로 삶이 멈춰져 있지만 종손 정규의 가문과 이어지던 삶의 자취는 정규의 뇌리 속에 그대로 살아 있었다. 종손 정규가 태어났을 때는 4대가 함께 사는 대가족에 증손자로 태어 나셨는데 지금은 그가 증조부가 되어 여전히 4대가 공존하는 집안이다. 이러한 대가족 가문의 흐름이 120년간 이어지고 있다. 삶은 육상에서 계주경기와 같은 것이다. 할아버지의 삶을 아버지가 이어받고 아버지 삶은 내가 이어 받는다. 오늘을 사는 나는 나의 세대에 충실한 역할을 하고 있는지 반성해 볼 필요가 있다. 또한, 이 책이 앞서 살아가신 조상님들의 삶을 더 이해하고 그 속에서 우리의 방향을 찾아서 시행착오가 없는 삶이 되었으면 좋겠다. 정규네 가문의 핵심단어는 숭조, 우애, 배려, 청렴과 철저함 이었다.

가문의 회고록은 글재주를 부려서 쓰는 게 아니라는 것을 알았다. 자손들이 마음을 합쳐 마음으로 쓰는 것이다. 가문의 회고록을 쓰면서 조상님들의 살아가신 삶을 이해하고 자긍심을 갖고 미래를 대비하였으면 한다.

휘현 金東燮, 홍화 李康淑

차 례

들어가는 글

제3장	뒤틀린 삶을 되돌리려는 몸부림

제1장

삶의 方向을 뒤바꾼 새벽 銃聲

삶의 方向을 뒤바꾼 새벽 銃聲

6.25 전쟁은 종손 정규의 고조부가 1898년 파주 임진면에 정착하여 50여 년을 살아온 가문을 크게 흔들어 놓은 사건이었다. 이 전쟁으로 온 집안이 1.4후퇴로 피난을 떠나 4년이나 논산에서 피난 생활을 해야만 했다. 더구나 정규네 가문이 임진강을 중심으로 살아 왔던 터전이 남북이 첨예하게 갈등하는 곳이어서 전쟁으로 받은 충격은 너무나 컸다. 가장 큰 변화는 삶의 영역의 변화였다. 종손 정규에게는 6.25전쟁으로 임진강을 중심으로 남북을 오가며 이루어졌던 삶의 근간이 전쟁의 결과로 무너지고 말았다. 전쟁이 발발하기 전에는 정규의 큰댁 친척들이 사시던 곳은 개성 서북쪽 홍화리, 개성 서남쪽의 역구내 등에 흩어져 살고 있었다. 또한 임진강 이북의 장단군 군내면과 진동면은 정규의 처가댁

이 살고 있던 곳이었으나 전쟁이 끝나고 민간인은 거주가 허가되지 않는 땅으로 되었다.

정규 개인에 있어서도 전쟁은 전혀 예상치 못한 방향으로 삶의 방향을 바꾸었다. 백두대간白頭大幹 떨어진 빗방울이 동서로 떨어지는 운명에 따라 동해와 서해로 갈리듯이, 전쟁으로 정규의 운명이 담장위의 빗방울처럼 바뀌었다. 전쟁을 만나서도 자신의 운명을 긍정적 방향으로 전환한 사람들도 많다. 그러나 종손 정규에 있어서 6.25라는 민족의 전쟁은 안정된 가문을 흔들어 놓았고 자신의 운명을 전혀 다른 방향으로 이끌었다. 당시 파주 임진면은 전쟁이 끝났지만 귀향은 전쟁이 끝나고 1년 후에나 가능했다. 그러므로 정규네 가족은 피난지에서 1년 후에나 돌아 올수 있었다. 정규의 고향 임진면은 이때까지 '민간인통제구역'으로 설정되어 있었기 때문이다.

종손 정규가 6.25발발 3일전 강원도 홍천으로 누에고치검수 지원출장은 정규의 25년 삶의 방향을 바뀌게 만드는 계기가 되었다.

그 시대를 살아온 사람들에게 6.25로 죽음의 고비를 몇 차례 넘기는 등 고생을 하지 않고 살아남은 사람들은 없을지 모른다. 다행히 정규는 전쟁발발 전에 홍천으로 출장을 가게 되어 임진면 점령 당일 목숨을 부지할 수 있었지만 또 다른 죽음의 고비를 여러 번 맞이하였다. 종손 정규가 홍천 출장으로 삶의 최악의 상황은 피할 수 있었다. 6.25발발 당시에 임진면은 하루 만에 인민군에게 점령되었다. 임진면을 접수한 인민군은 농산물검사소를 찾아와 사무실에 있던 검사소 소장을 점령 당일 총살을 하였다. 정규도 함께 있었다면 소장과 같은 운명이 되었을 것이다. 그리고 보면 정규가 홍천으로 전쟁 3일전에 출장을 가게 된 것은 살아나기 위한 예정된 운명인 것도 같다.

어찌 보면 살아서 아무리 망가질 운명이라도 죽음보다는 선택된 운명이라는 생각이 든다. 사람이 살아가면서 좋고 나쁘다는 판단도 마음먹기에 달린 것 같다. 종손 정규는 6.25전쟁이 자신의 인생을 고생길로 인도한 것이라고 생각하고 있다. 그러나 그때의 상황을 긍정적으로 생각했다면 홍천으로 출장을 간 것을 오히려 행운으로 생각할 수도 있었을 것이다. 그렇게 긍정적으로 생각했다면 지금까지의 삶을 좀 더 즐겁고 희망적으로 살았을 것이다. 왜냐하면 지금까지의 삶을 여분의 삶으로 생각하며 사셨다면 훨씬 더 기쁜 마음으로 사셨을 것이다.

불경의 「보왕삼매론寶王三昧論」에 "세상살이에 곤란 없기를 바라지 마라"는 말씀이 있다. 어떤 사람도 아무 일 없이 순탄하게 한평생을 살아가는 사람은 없다는 얘기다. 오히려 정규는 6.25전쟁에서 살아남은 생을 덤으로 생각하였다면 좀 더 즐겁고 인생의 결과도 많이 달라졌을 것으로 판단된다.

'일체유심조一切唯心造'라는 말과 같이 세상일은 마음먹기에 달려 있다. 삶을 즐거운 방향으로 살아가고 불행한 방향으로 살아가는 것도 모두 자기가 마음먹기에 달려 있다. 6.25전쟁은 종손 정규의 가문에게 큰 변화를 위한 또 다른 기회였다는 생각이 든다.

전쟁 3일전 정규는 금촌출장소 직원과 파주에서 강원도로 출장을 갔다. 금촌출장소 직원은 원주로 가고 정규는 홍천으로 갔었다. 홍천으로 출장 간 정규는 홍천이 38선 접경도시라서 하루 만에 전장터가 되어 탈출하느라 천신만고 끝에 간신히 파주로 돌아 왔다. 하지만 안전할 것으로 믿고 목숨을 걸고 서울로 돌아 왔으나 바로 공산군에게 적화되고 말았다.

이렇게 두 사람의 출장지가 각각 다르게 정해져 다른 처지가 된 것도 모두 운명적이라 생각한다. 이러한 두 사람의 출장지의 차이가 정규에게는 검사원 길을 접게 되는 계기가 되었다. 그나마 다행인 것은 춘천 방면의 인민군이 국군에게 패하는 바람에 홍천방면으로 남침하던 인민군이 며칠 동안 춘천지방을 지원하기 위해 이동하여 홍천지역 남하가 지연되었다. 정규는 다행히 홍천지역 인민군 남하가 지연되는 시간을 이용하여 고생은 했지만 서울로 돌아 올 수 있었던 것이다. 정규가 청량리에 새벽에 도착하자마자 걸어서 농림부 사무실이 있던 경향빌딩을 찾아 갔지만 그 날 저녁에 서울이 인민군 수중에 떨어졌다. 종손 정규가 목숨을 걸고 서울은 안전할 것으로 믿고 찾아갔지만 오히려 인민군에 점령된 적진 속으로 달려간 꼴이 되었다.

그날 저녁 정규는 서대문에 있는 농림부 사무실에서 나와 서울에서 거처할 곳을 생각하다 상도동 대고모님 댁으로 가기로 하였다. 그런데 서울역 앞을 지나가는데 한발 앞서 가던 사람이 폭격당한 건물의 유리 파편에 즉사하는 것을 보고 기절을 할 정도로 놀랐다. 정규는 너무나 놀라서 한강 다리건너 상도동까지 걸어서 안전하게 대고모님 댁으로 갈 자신이 없었다. 그래서 다시 발길을 돌려 평소에 늘 이용하였던 서대문 독립문 주변 고향사람이 운영하는 교북여관으로 향했다. 다행히 건물 뒤로 숨어가며 폭격을 피해 교북여관으로 들어가 하룻밤 묵을 수 있었다. 정규는 이곳에서 고향사람들을 만났고 그들로부터 곳곳에 지키고 있는 인민군을 피해 고향인 임진면으로 돌아갈 방법에 대한 조언을 들으며 집으로 돌아갈 계획을 세웠다. 정규는 비행기 폭격을 피해가며 가까스로 파주로 돌아와 가족의 품으로 돌아왔으나 인공치하 90일간 목숨을 건 도피 생활을 해야만 했다. 그 이후 1.4후퇴로 피난 중 영등포역에서 가족과 함께 피난열차를 기다리다 동생과 함께 가두징집으로 입대하여 가족들과 생이별하고 3년 9개월의 군복무를 하였다. 다행히 광주 육군보병학교에서 안전하게 전쟁기간을 보내고 만기 제대를 하였지만 이때 사망한 육군이 13만 5천 8백 명 이었다.

어떤 사람들은 국가의 위기를 이용하여 자신의 삶을 전환점으로 만든 사람들도 많다. 그러나 정규는 많은 것을 잃고 수많은 죽을 고비를 넘겨야 했던 가혹한 3년 전쟁이었다.

6.25 전쟁은 정규의 인생에도 큰 전환점이 되었다. 당시에 현직 공무원 신분이면 굳이 전쟁에 참전하지 않고도 국가에 봉사하는 방법도 있었다. 정규와 같

이 공무원의 길을 걸었던 동기들은 대부분 전쟁에 참여하지 않고 안전하게 후방에서 전쟁기간을 보냈다. 하지만 피난길에 신분증을 강제로 빼앗긴 정규는 항의도 못하고 가두징집되어 전쟁에 참전하였다. 하지만 전쟁 3년 동안 자신의 기득권을 지킬 수 없었던 정규에게 돌아온 것은 국가의 홀대와 서운함뿐이었다. 전쟁에 참전한 공무원에게 정부는 기존의 있던 일자리마저 지켜주지 못하였다. 그래서 정규는 전쟁이 끝나고 제대를 하였으나 1945년부터 근무하던 농림부 검사소 기수보직을 버리고 고향인 임진면 면사무소에 임시면서기가 되어 가족의 생계를 이어갔다.

정규의 지나간 70년은 전쟁에서 살아 남은 긍정의 세월이 아닌 '분노를 삭이며 보낸 긴 세월'이었다.

1. 강원도 홍천에서 출장 중에 만난 전쟁

탕! 탕! 탕!

1950년 6월 25일 일요일 새벽, 출장지 홍천 신남여관에서 새벽잠에 깊이 빠져 있던 검사원 이정규는 귀청을 찢는 날카로운 총소리에 놀라서 급하게 일어났다. 무언가 밤사이에 큰 일이 일어난 것이 틀림없었다. 당시에 38선 부근에서는 남북 간 총격전을 대수롭게 생각하고 있지 않았다. 그러나 이날 신남여관 밖에서 들리는 새벽 총소리는 왠지 심상치 않게 크고 요란하여 바짝 긴장이 되었다.

종손 정규는 3일 전인 1950년 6월 22일에 2주일 간 강원도 홍천으로 누에고치검사 지원출장을 명령받아 이곳으로 왔다. 지난 금요일 근무지인 파주 임진면 농산물검사소를 떠나 강원도 신남면으로 출장을 왔던 것이다. 지금의 문산은 1950년 6.25발발 당시에는 행정규역이 경기도 파주군 임진면이었다. 당시에 정규는 임진면 농산물검사소에 차석으로 근무하고 있었다. 미군정에서 대한민국 정부를 수립한 후에는 농산물외에 누에고치 검사인 잠견검사 지원업무가 새로이 검사업무에 추가 되었다.

이번 출장은 새로 추가된 누에고치 검사업무를 수행하기 위하여 강원도로 업무지원을 가게 된 것이다. 당시에 누에고치는 홍천잠사회사에서 구매하였지만 누에고치의 품질등급은 공정성을 위해 농림부 농산물검사소가 대행하였다. 당시에 파주에서 두 명이 강원도로 지원을 갔는데 문산검사소는 홍천으로 지원을 갔고 금촌에서는 원주로 지원을 가게 된 것이다.

정규는 1945년도 일제강점기 서울경농을 졸업하고 농산물검수원이 되었고 수원에서 6개월간 연수교육을 받고 금촌으로 첫 발령을 받았다. 정규는 고향 집에서 출퇴근이 가능한 고향 임진면으로 첫 발령을 요청 했으나 금촌으로 발령을 받았다. 금촌검사소에서 채 3개월이 못되어 해방을 맞았다. 일본인 소장 등은 해방으로 일본으로 돌아갔지만 말단인 정규의 근무환경은 변한 게 없이 그대로였다. 당시에 정규는 부모님을 모시고 있어 임진면에 발령받아 집에서 출퇴근을 바랐지만 일제는 정실을 우려해 금촌으로 첫 발령을 하였다. 드디어 해방된 다음 해인 1946년 1월에 임진면으로 전근되어 부모님을 모시고 살 수 있었다.

검수원 이정규는 파주 임진면의 마정 734번지에서 태어났다. 정규가 태어났을 때는 증조부 승순을 비롯하여 4대가 함께 사는 대가족이었다. 파주 임진면은 문산포를 비롯하여 독개나루, 임진나루와 장산나루가 있어 먼 옛날부터 교통의 요지였다. 조선시대와 고려시대에는 한양과 개성을 오가는 중간 지점에 있어 이곳을 지나는 사람들은 반드시 파주 임진면을 거쳐야만 하였다. 파주 임진면의 여러 가지 지리적 이점利點을 감안하여 고조부 봉현은 이곳을 정착지로 선택한 것이다. 임진면은 이러한 전략적 중요성으로 인해서 예부터 수많은 국가의 전란 시에는 항상 모든 풍파를 다른 곳보다 더 겪어야만 했다.

임진왜란 때 선조대왕도 화석정 앞 임진나루를 건너 의주로 피난을 가셨다. 병자호란과 정묘호란 때 청군이 이 길을 통해 지나갔고 소현세자와 봉림대군도 이 길로 청나라에 끌려 북으로 갔다. 파주지역은 옛 부터 물류 및 육상교통의 요충지이고 산이 적고 구릉지丘陵地가 많아 촌락의 발달이 용이한 지역이었다. 현재에도 남북의 이익이 대치한 휴전선에 인접한 도시이다. 문산 땅의 전략적 가치가 컸던 만큼 역사적 갈등도 항상 존재했다. 그래서 크고 작은 국가의 참화를 더 크게 받곤 하던 지역이다. 파주는 먼 옛날 삼국이 쟁탈하는 시기부터 주인이 계속 바뀌었듯이 현재에도 남북의 갈등으로 전쟁의 상처가 치유되지 않은 채 불구의 땅으로 남아 있다.

일본제국주의는 1914년 4월 1일 마정면의 마정, 장지, 반장 사목의 4개 동리, 운천면의 상리와 하리, 신속면의 비인, 내벌, 임진각 일부 오리면의 장포리를 병합하여 임진강의 이름을 따서 임진면이라 하였다. 이와 같이 파주는 역사의 주인이 바뀔 때마다 행정구역 변동이 있었다. 6.25전쟁이 진행될 때도 문산은 임진면으로 불렸다.

지난 6.25 한국전쟁 때에도 임진면은 남과 북의 주인이 네 번이나 바뀌었던 곳이다. 이러한 땅에 200년의 가문을 유지하면서 재산도 지키고 가문의 가치관을 유지하기는 매우 어려운 일이었다. 이런 역동적인 지역에서 가문의 정체성까지 지키고 산다는 것은 거의 불가능 할지도 모른다. 이런 땅에 정착한 종손 정규의 가문은 역사의 크고 작은 갈등을 고스란히 겪으면서 지금까지 120년을 살고 있다. 종손 정규의 집안은 고조부가 마정에 정착한 이래 장산리, 마은골, 마정리 734번지, 문산읍으로 삶의 거처를 옮기며 이곳을 지키고 있다. 이제 정규는 문산의 지난 100년 동안 삶의 이야기를 들려줄 수 있는 몇 안 되는 사람이다.

1950년 6월, 종손 정규가 홍천으로 출장을 가기 전에도 문산에서 가까운 개성의 송악산에서는 크고 작은 남북의 접전은 항상 있었다. 하지만 그러한 충돌이 있었다는 얘기는 늘 듣고 있던 일이었고 정부에서도 전쟁발발에 대한 특별한 예고가 없었기 때문에 별다른 걱정은 하지 않고 출장길에 들었다. 그래서 정규는 홍천으로 2주간 출장을 가면서도 임진면이 공산치하가 되리라는 생각은 꿈에도 하지 못하였다.

더구나 1950년 6월 24일 국군은 약 3년간 유지되어 오던 비상경계령을 해제하고 전 장병의 30% 정도 되는 병력을 휴가, 외출, 외박 등을 보냈다. 뿐만 아니라 6월 24일 저녁 육군본부 장교 클럽 낙성 파티에 전방부대 사단장까지 초청되어 파티를 하면서 전쟁에 대한 대비는 전혀 하지 않은 상황이었다.

그러한 분위기 등으로 정규는 전쟁이 일어나리라는 우려는 조금도 하지 못하고 편안한 마음으로 강원도 출장을 떠났던 것이다.

당시에 정규의 홍천 출장은 강원도 신남면 잠견검사를 경기도에서 교차로 검수지원출장을 함으로써 누에고치 품질등급의 공정성을 기하기 위해서 실시하게 된 것이다. 누에고치검사업무는 대한민국 정부 수립 후에 새로이 부가된 업무였다. 누에고치 품질판정에 검수원의 주관에 의해 판정하던 시대라서 객관성 있는 판정이 요구되었다. 그래서 서로 다른 도에서 검수원을 교차하여 시행하였던 것이다.

종손 정규는 일제강점기 말기에 가장 악랄한 식량 수탈시기에 농산물검사원으로 첫 발을 내디뎠다. 미군정시대 3년간 더 큰 식량혼란기를 맞아 곡물유통 안정을 위해 수많은 어려움을 겪었다. 대한민국정부수립 초기에도 식량정책은 안정되지 않아서 더욱 골머리가 아팠던 시기를 경험하였다. 그러한 힘든 시기를 모두 경험하여 이제는 좀 안정되자 새로운 누에고치 검사업무가 추가되었던 것이다. 더구나 정규는 20대 초반의 나이지만 고향인 임진면에서 농산물검사소 차석으로 근무하고 있었다. 주변에 다른 사람들은 공무원에서 10년을 넘게 열심히 일해도 '기수보'를 달고 생활하고 있었는데 정규는 경농 5년제를 졸업하면서 '기수' 자격을 얻고 출발하여 어느 덧 차석이 되어 부러움의 대상이 되었다. 임진면은 정규의 고조부 때부터 살아왔던 곳이라 주변 농토의 속성까지도 파악하고 있고 대부분 조상 때부터 함께 살아온 고향사람들이라서 농산물 판정에 더욱 공정성을 기하여야 했다.

종손 정규가 홍천으로 출장을 갔을 때 검사소에는 소장이 임진면 사무실에 남아 있었다. 공무원 조직에서는 당시에는 집을 떠나 힘들고 귀찮은 일들은 아랫사람인 차석이 수행해야 하던 시대였다. 그러니 당연히 집을 떠나 타지로 장기지원출장을 가야하는 것은 차석인 정규의 몫이었다.

그런데 이것이 삶과 죽음의 갈림길이 된 것이다. 홍천에 출장 간 정규가 몇 번의 죽음의 고비를 넘기면서 고향으로 살아서 돌아 왔지만 검사소는 폐쇄되었고 이미 공산군에게 적화된 다음이었다. 임진면이 6.25가 발발하여 하루 만에 인민군에게 점령되어 사무실에 남아 있던 검사소 소장은 당일로 불행을 맞게 되었다. 사무실에 남아 있던 소장은 임진면이 점령되자 인민군들이 들이닥쳐 불문곡직하고 총을 쏘아 목숨을 잃었다. 만약 차석 이정규도 사무실에 남아 있었다면 무사하지 못했을 것이다. 출장으로 소장과 차석인 정규의 생사가 갈린 것이다. 이렇게 종손 정규가 출장으로 목숨을 구할 수 있었던 것도 운명적인 것이라 생각된다.

6.25발발은 대한민국 정부가 출범하고 2년이 지난 때였다. 종손 정규도 검사원 생활을 어느덧 5년째 하고 있었다. 5년이 그렇게 많은 시간은 아니지만 일제강점기에서 해방되고, 미군정을 거쳐 대한민국정부수립까지 세 번의 정권 주체가 바뀌고 있었다. 임진면 농산물검사소에는 1946년 1월부터 5년째 부모님과 마정에서 함께 살면서 출·퇴근을 하고 있었다. 정규는 어느 덧 실무경력도 쌓이고 고향이라서 낮은 등급을 결정하려면 망설임도 많았지만 유연한 검수 판정으로 능률적인 업무수행을 할 수 있었다.

종손 정규에게 있어서 이 시기가 생에 있어서 가장 보람되고 행복했던 순간이었던 것 같다. 시간만 흐르면 이른 나이에 순탄하게 소장으로 승진하여 계속 승승장구 할 수 있는 조건을 갖추고 있었기 때문에 느긋한 상황이었다. 당시에는 정규와 같이 서울에서 공부하여 학력과 전문성을 인정받은 사람이 많지 않던 시대였다. 학력이 곧 출세를 보장하던 시대였기 때문이다.

더구나 정규 이전에는 검수원은 주로 일본인들에게만 자격이 주어 졌으나 정규가 졸업하는 해에 조선인 15명을 처음 연수한 후 자격을 부여했던 것이다.

당시에 정규는 가정적으로도 상당히 안정되어 있었다. 뿐만 아니라 집안의 장손으로서 모든 대소사를 맡고 있어 어려움은 있었지만 아버지 문환이 여전히 젊고 건강하셔서 농사도 지으시는 등 집안의 든든한 울타리 역할을 하고 있으셨다. 어느 덧 슬하에 두 아들도 두어 종손으로서 역할도 다하고 있었다. 종손의 중요한 일 중에서 가장 중요한 일이 아들을 많이 낳아 대를 이을 아들을 두는 것이 우선시 되던 시절이었다.

정규가 어린 시절 아버지 문환은 아들의 공부 뒷바라지를 위해 많은 고생을 하셨다. 이제는 정규가 안정된 직장과 가정을 이루어 건강하게 잘 살기만 하면 모든 게 순탄한 길만 남아 있던 시절이었다. 항상 불행과 행복은 함께 붙어 있다는 얘기가 있다. 당시에 정규의 경우가 그랬다. 출장을 떠날 때는 아무런 걱정이 없이 즐겁게 떠났는데 출장지 홍천 신남면의 새벽 총소리가 종손 정규의 삶의 방향을 전혀 예상하지 못하는 곳으로 가게 될 줄은 미처 생각하지 못했다. 이 전쟁으로 안정되게 살던 정규네 가문은 4년 동안 피난지 논산으로 흩어져 고난의 시기를 보냈다. 정규의 삶도 실타래처럼 엉켜 순탄하던 길을 전혀 예상치 못한 방향으로 바꾸어 버렸다.

1948년 대한민국 정부 수립 후에 종손 정규의 식량검사소 직제는 국민검사소 편제로 바뀌어 농림부 산하의 기관으로 바뀌고 국민농산물검사소로 명칭도 바뀌었다. 검사대상 분장업무도 식약 검사에만 국한 되었다가 고공품인 잠견검사도 업무분장에 포함 되었다. 이때에 정규가 강원도로 가게 된 출장은 정부수립 후 새롭게 부가된 누에고치 검사를 수행하기 위한 것 이었다. 누에고치 검사업무로부터 정규의 삶이 틀어지기 시작하였다.

이 때 파주의 문산출장소에서는 차석이던 정규는 홍천군으로 지원업무를 갔었다. 금촌출장소에서는 강원도 원주로 지원을 갔던 것이다. 그런데 같은 강원도로 갔지만 출장지가 서로 달랐고 38선 접경지역인 홍천으로 출장 갔었던 정규는 겨우 목숨만 보존하여 고향으로 숨어 돌아왔지만 인공치하 90일 동안 감시의 눈길 속에 살았다. 원주로 간 금촌출장소 친구는 시간적 여유가 있어 군대와 함께 국군을 따라 남하할 수 있었다. 그는 누에고치 검사 후 지급하는 돈까지 수중에 지니고 후퇴하여 전쟁 중이지만 모든 것을 누리며 보내게 되었다. 하지만 이 간발의 차이에서 모든 운명이 바뀌고 말았다. 그런 것이 인생이라고 생각된다.

종손 정규가 수행하고 있는 검수원 자격은 해방되기 전 일제강점기에 얻었다. 그리고 이 자격을 얻기 위해 정규는 물론 온 가족이 얼마나 고생을 많이 하였던가? 고향 파주에서 서울 경농에 유학하기 위하여 농사도 지으면서 공무원 생활을 하셨던 아버님이 5년 동안 뒷바라지를 하여 얻은 자격이었다. 당시에는 아무나 가질 수 없는 매우 귀한 자격이었다. 이러한 자격 획득과 함께 농림부 기수로 자동으로 특채가 되었다. 그러므로 정규의 경기도 기수자격은 부모님의 노고가 배어있는 피와 땀이었고 가문의 자존심이었다.

이 검수원 자격은 일제 강점기에 부여 받았지만 대한민국 정부에서도 그대로 인정되어 자격이 지속되고 있었다.

미군정시대와 대한민국 정부 수립 후 여러 정치체제가 바뀌었지만 검수원 자격은 그대로 인정되었다. 정부의 주체가 바뀌어도 농업이 주력산업이고 농산물의 품질을 유지하기 위해서는 농산물 품질등급관리의 중요성은 여전히 중요하다고 인정되었기 때문이다. 정규는 전문성 있는 일을 한다는 것에 큰 자부심을 가지고 있었다.

종손 정규는 1950년 6월 22일 마대자루에 누에고치 검사비를 가득 넣어 메고 파주를 떠나 홍천 신남여관에 여장을 풀었다. 그 당시에는 검사비를 무조건 현찰로 지불하던 시대라서 많은 현금을 준비하여 출장 가야했다. 더구나 당시에는 인플레이션이 심해 누에고치 검사비를 준비하려면 많은 돈을 준비해야만 했다. 정규는 무거운 돈을 마대에 넣어 어깨에 메고 파주에서 홍천까지 하루 종일 버스와 기차를 바꾸어 가며 운반해야만 했다.

정규는 파주에서 기차를 타고 서울역과 청량리역을 거쳐 양평역 내려서 다시 버스를 갈아타고 홍천군 신남면으로 갔다. 정규는 마정리 옛집에서 당동리 고개를 넘어 문산 복지관 옆에 있었던 검사소로 매일 출퇴근 했었다. 마정 집에서 문산읍 사무실까지의 거리는 십리가 좀 넘는 거리라서 자전거를 이용하였다. 당시에 자전거는 매우 귀중한 교통수단이고 지금의 자동차만큼 귀한 가치를 인정받았던 이동수단 이었다.

정규가 강원도 홍천군 신남면 신남여관에 도착한 날은 6.25가 일어나기 3일 전 이었다. 당시에 강원도 신남면은 인제군의 일부가 북위 38도선 이남에 남으면서 홍천군에 편입되어 있었다.

당시에 신남여관에는 정규가 2주간 장기투숙 예정으로 있었고 군인 장교라는 사람도 있었다. 군인은 정보장교라 하며 계급은 중위였다. 그는 강원도 오성산 '가칠봉'에서 근무하고 있었다. 정보장교는 정규를 보자 먼저 인사를 하며 "방을 함께 쓰면 어떻겠냐?"고 제의 하였다. 정규도 대화도 할겸 혼자 있는 무료함도 달랠 것 같아서 승낙하였다. 둘이 같은 방을 쓰면서 함께 지내게 되니 여관비도 절약되고 서로 무료하지도 않았다. 정보장교는 최근에 인제 북쪽 38선 부근에서 국군과 인민군이 서로 교전이 있었다는 얘기도 들려주었다. 6월 25일은 일요일이라서 누에고치 검사업무도 없어서 출장 중이지만 느긋하게 보낼 예정이었다. 이미 며칠 전부터 38선 부근에서 작은 전투가 있었다는 얘기는 정보 장교로부터 듣고 있어서 왠지 분위기가 불안하고 약간은 어수선하여 안정되지 않았지만 늘 있던 일들이라서 별일 없을 것으로 생각하며 잠자리에 들었다.

종손 정규는 1950년 6월 25일 새벽 총소리에 놀라서 잠자리에서 급히 일어났다. 불안한 마음에 여관 밖을 뛰어 나가 보니 벌써 많은 사람들이 피난을 가고 있는 모습들이 보였다. 피난민 속에는 소달구지에 짐을 싣고 가고 있는 사람들도 보였다. 피난 가는 사람들은 38선 접경 마을에 살고 있던 사람들 이었다. 이러한 상황을 맞고 보니 정규는 '어찌 할까?' 하고 생각하니 불안하고 생각이 복잡 하였다. 그때 까지만 하여도 정규는 공무를 제대로 수행할 수 없는 것만 걱정이 되었다. 그러나 상황을 자세히 듣고보니 인민군이 대규모로 남으로 침략해와 정상적인 누에고치검사는 차치하고 빨리 몸을 피해야 할 상황이었다. 그래서 종손 정규는 급히 검수하던 일을 중지하고 파주 임진면 농산물검사소로 급히 복귀해야 하겠다고 결정 하였다. 정규는 임진면 사무실로 돌아가려 생각하니 마대자루로 한 짐 지고 간 누에고치 검사비 처리도 문제였다. 상황이 안정되면 다시 출장을 와야 할 것으로 생각하고 일단은 강원도 홍천군 신남면에 맡기고 우선 빈 몸으로 복귀를 해야겠다고 마음먹었다.

정규는 혼자서 움직이기도 어려운데 가져간 검수비가 많고 무거워서 돈을 가지고 돌아오기가 곤란하였다. 그래서 그 돈을 일단 홍천군 지방자치에 맡기고 맨 몸으로 서울로 향하였다. 그런데 원주로 출장을 간 금촌 차석은 검사비를 지방자치에 맡기지 않고 모두 가지고 후퇴하는 국군을 따라 남으로 내려갔다. 그는 3개월 후 다시 국군이 수복한 뒤에 금촌에 돌아왔을 때 그 검수비에 대해서는 누구도 '돈을 어떻게 처리 했는지?'를 추궁하지 않았다. 그래서 그는 검사수수료를 개인이 사용한 것에 대한 책임도 없었다. 금촌검사소 차석은 전쟁 덕분에 많은 검수비를 가지고 피난을 하느라 고생은 좀 했겠지만 그 돈으로 여유 있게 피난생활을 하다가 복귀했다. 그러나 종손 정규는 원리원칙대로 유사시 검수비를 지방자치에 정확히 인계하여 그 돈은 한 푼도 개인적으로 사용하지 않고 고스란히 홍천군에 맡기고 빈손으로 돌아온 것이다. 정규가 홍천지역을 떠나고 곧바로 북괴군에게 점령되었다. 정규가 홍천군에 맡긴 검사비는 후에 어떻게 되었는지 알 방법이 없게 되었다. 당시는 전쟁이라는 천재지변으로 그 이후 검사비의 행처에 대하여 추궁도 없었다. 전시 중이라서 국가에서 그냥 손실처리가 된 것이다. 이렇게 될 상황을 미리 예견했다면 정규도 이 돈을 본인이 지니고 전쟁 중에 유용하게 사용하였을 것이다.

그런데 내일을 알 수 없는 전쟁 중이지만 정규는 원칙에 준하여 처리함으로써 국가의 돈은 한 푼도 사사로이 처리하지 않고 고스란히 홍천 지방자치에 위임하고 파주로 돌아왔다.

정규는 목숨을 걸고 농림부 서울사무소에 어렵게 돌아왔지만 결국 인민군에 점령된 적지인 서울로 들어갔던 것이다. 홍천에서 서울로 돌아오는 길도 수많은 고생을 하면서 도착할 수 있었다. 6.25일 전쟁이 발발하자 모든 대중교통이 운행되지 않아서 홍천에서 고향 파주로 돌아갈 교통편이 없었다.

홍천지방은 인민군이 침략을 하자 38선 부근은 이미 북한군에게 점령되거나 교전지역이어서 버스 등 대중교통은 이용 할 수 없었다. 종손 정규는 집으로 돌아 올 생각을 하니 방법이 떠오르지 않아 난감해 하고 있었다. 정규가 원근무지인 임진면으로 돌아갈 방법을 찾고 있는데 마침 가두방송 소리가 들렸다. 가두방송 내용은 "홍천군에서는 전쟁에 징발되는 자동차는 당일 오전 7시까지 홍천군청으로 모이라"는 것이었다. 정규는 그 방송을 듣고 여관에서 급히 짐을 싸서 전쟁에 징발되어 홍천군청으로 가는 트럭을 길가에서 기다렸다. 마침 홍천군청으로 징발되는 트럭을 만나 사정얘기를 하고 그 자동차를 이용하여 신남면에서 홍천군청까지 갈 수 있었다.

이렇게 6.25전쟁 발발 당시 정규가 홍천에서 문산으로 돌아 올 수 있었던 것도 춘천~홍천지구의 전투에서 국군이 용감하게 방어하여 후퇴를 지연시켜 인민군의 서울 진입이 3일간 늦어 졌기 때문에 가능하였다. 정규가 서울 청량리에 도착하던 6월 27일 새벽에는 청량리역이 점령되지 않아 열차가 다녔기 때문에

서울까지 올 수 있었다. 종손 정규가 출장 갔던 홍천 신남면 일대도 6월 25일 새벽 4시 북한군 12사단 2개 연대가 일제히 공격개시 사격을 한 후 홍천 이남으로 정면 공격을 시작 했다. 저지선 돌파 및 포위위치에 처한 국군 2연대 1대대는 오전 6시 20분경 북괴군 공격력에 밀리어 퇴각하면서도 지연전을 계속하였다. 국군은 6월 28일까지 가까스로 홍천지역을 방어 하고 있었다. 하지만 국군은 더는 버티지 못할 찰나에 춘천지방을 공격했던 인민군이 국군에게 전멸하는 바람에 춘천 지역으로 인민군 병력을 보충하느라 홍천방면을 공격하던 북한군을 이동하여 6월 29일까지 국군은 홍천지방은 방어를 할 수 있었다. 이러한 전황 덕분으로 홍천, 양평, 청량리 부분이 적에게 점령당하지 않아 정규는 가까스로 서울로 돌아 올 수 있었다. 당시에는 이러한 전황을 알 수 없었기에 정규는 인민군에게 점령당할 위험지역인 서울로 되돌아 왔던 것이다.

이와 같이 인간은 한 치 앞도 볼 수 가 없는 것이다. 출장지인 홍천에서 맞닥뜨린 6.25전쟁은 지금까지 고생스럽게 살아와 꿈을 향해 가고 있던 종손 정규의 인생 행로를 바꾸고 있었다. 정규가 서울에 돌아온 후 한강 다리가 끊어지고 서울이 적에게 점령되어 이미 점령지역인 가족이 기다리고 있는 파주로 목숨을 걸고 돌아올 수밖에 없었다. 파주는 6.25일 당일에 점령되어 이미 김일성치하가 되었던 것이다. 정규는 파주로 돌아와 가족 품으로 숨어 들어왔지만 주변의 좌익들이 설치는 감시를 피해 목숨을 부지하기 위한 3개월간의 사투를 해야만 했다.

6.25 전쟁 당시 공산치하 90일간 파주 마정에서 함께한 가족들의 일상은 전과 다를 게 없이 그대로였다. 종손 정규네 가족은 물론 따로 살고 계시는 두 분의 작은 아버님 댁도 모두 그대로 생활하고 있었다. 파주 임진면은 하루 만에 점령되어 피난을 생각할 수도 없었다. 전쟁 발발 후 하루 만에 적진 속에 갇혀 모든 가족이 긴장하며 두려움에 떨며 견뎌 냈다. 현직으로 근무하다 갑자기 징집되어 4년간 전쟁으로 종손 정규는 공무원 근무의 맥이 끊어지고 마정의 옛집은

그대로 방치되어 넘어지고 농토는 황무지가 되고 말았다.

이러한 전쟁의 후유증을 극복하기 위해 종손 정규는 임진면 임시면서기로 다시 공무원의 길을 시작하였고 온 가족은 집안의 정상화를 위해 모두가 힘을 합치었다. 또한 큰 변란을 겪으면서 집안의 종손으로서 책임과 역할도 점점 무거워졌다. 이러한 삶의 사선을 지나오면서 정규의 공직의 길에 대한 꿈과 의지도 점점 희미해져만 갔다. 어떠한 사람들은 전쟁의 어려운 시기를 거치면서 자기 인생을 반전의 기회로 만든 사람들도 많다. 하지만 종손 정규에 있어서는 6.25라는 전쟁이 순탄한 삶의 방향을 바뀌게 만드는 계기가 되었다. 크메르의 킬링필드 보다 더 많은 목숨을 잃은 민족의 비극을 겪고도 이렇게 살아남은 것만으로 만족해야 하겠지만 정규의 삶에는 너무나 큰 아픔을 준 상처였다. 출장지 홍천에서의 새벽 총성은 종손 정규의 삶의 방향을 바꾸는 소리였다.

2. 출장으로 총살면한 문산으로 몰래 귀환

문산농산물 검사소 차석 정규는 홍천군 신남면으로 누에고치 검사지원을 위해 15일간 출장 중 전쟁이 발발하여 목숨을 걸고 원근무지 임진면으로 돌아왔지만 이미 적에게 점령당한 다음이었다. 당시에는 원근무지인 임진면의 검사소와 전화통화 등 의사소통 수단이 없던 상황이었기 때문이다.

38선 부근에서 늘 있던 남북 간의 교전이 있었기 때문에 정규는 서울농림부 사무실에만 도착하면 모든 게 해결될 줄 알았다. 홍천 신남면을 6월 25일 오전에 떠나 천신만고 끝에 서울을 거쳐 5일 만에 가족 품으로 돌아왔으나 문산은 이미 인민군 세상이 된 다음 이었다. 임진면 농산물검사소는 이미 기능이 정지되고 폐지되어 있었다. 검사소 소장은 6월 25일 임진면이 적에게 점령되자 곧바로 인민군에게 총살 되었다. 검사소 소장은 지금까지 정규에게 많은 어려움을 주었던 직속 상사였다. 이 검사소 소장의 잘못된 관행 때문에 정규는 검사과정에서 지역주민들로부터 많은 오해를 받았다. 그는 자기가 뇌물을 받기 위해서는 차석인 이정규가 소장보다 먼저 무조건 불합격 판정을 하라고 강요하였다. 그러면 소장은 뒤로 따로 나가 뇌물을 받고 슬쩍 합격처리 해 주었다. 그래서 주변에서는 종손 정규가 소장과 함께 뇌물을 챙기면서 합작으로 못된 짓을 하는 것으로 오해를 받았다. 더구나 종손 정규는 고향에서 검사소 근무를 하고 있어 가까운 고향 사람들에게 못 된 놈이라 소문이 자자하였다. 그래서 종손 정규는 소장 때문에 많은 스트레스를 받았다. 그러나 허무한 검사소 소장의 죽음은 정규 마음을 씁쓸하게 만들었다. 그렇게 무모한 사람들 손에 허무하게 죽을 사람이 "몇 백 년을 살 것처럼 부하직원을 들볶고 뇌물을 거두어 들였나!" 하는 생각이 들었다. 인간이란 하루 앞을 내다 볼 수 없이 어리석은 동물인 것이다.

종손 정규는 6월 25일 일단 홍천에서 누에고치 검사지원업무를 중단하고 임진면검사소로 돌아가기로 결정하였다. 하지만 모든 교통편이 마비되어 정상적으로 임진면으로 돌아가는 게 불가능하였다. 그래서 정규는 징발되는 자동차를 이용하여 신남여관에서 홍천군청으로 갔다. 홍천 군청에 도착해 보니 청년방위대원, 군인 등 전쟁으로 부상당한 사람들의 신음 소리가 군청 마당을 가득 채우고 있었다. 6.25전에는 대한민국에 청년방위대라는 준 군대조직이 있었다. 청년방위대는 해방 후 국내에 난립하는 모든 청년단체를 통합하여 병역에 편입될 때까지 「병역법」 제77조에 의거하여 군사훈련을 실시하던 예비군사조직이었다. 이들도 국군과 함께 홍천 방어전투에 투입되어 이때 부상을 당한 것이다.

정규는 홍천군에서부터 양평역까지는 기찻길이 없어 버스를 이용해야 했다. 하지만 홍천에서 양평 가는 버스도 이미 운행되지 않았다. 정규는 다시 양평역까지 가는 방법을 찾아야만 했다. 방법이 없어서 고민하고 있던 정규는 마침 "홍천군청 마당에 있는 부상병을 양평역으로 옮기는 군대 이송 트럭이 있다"는 것을 알았다. 부상병 이송트럭은 부상병 4명과 이송 중 간호할 사람 한 명씩 트럭에 태우고 출발하였다. 정규는 부상병 이송 시 함께 태울 사람이 부족한 상황이라는 것을 알고 홍천에서 양평역까지 이송트럭 부상병 간호를 하겠다고 자원을 하고 나섰다. 그리하여 정규는 부상병 호송차에 간호병 역할을 하면서 그 트럭을 이용하여 양평역에 도착하였다. 그때까지도 다행히 양평역에서 청량리까지 열차는 운행되고 있었다.

정규는 다시 양평역에서 기차를 타고 다음날 청량리역에 도착하니 1950년 6월 27일 새벽이었다. 정규는 강원도 홍천 신남면 신남여관에서 6월 25일 오전에 출발하여 가까스로 이틀 만에 청량리역에 도착한 것이다.

정규는 다음날 새벽 청량리역에 도착하여 걸어서 정부의 농림부 사무실이 있던 조선호텔 옆 경향빌딩에 도착했다. 종손 정규는 불안한 마음으로 서울 소공동 경향신문 3층에 있던 농림부 사무실을 찾아 갔다. 그 때 미아리 방면에서 포성이 요란하게 들려오고 있었다. 서울시내는 온통 혼란 속에서 시민들은 부산하게 피난을 서두르고 있는 등 어수선한 분위기였다. 경향빌딩 농림부 사무실에 들어가 보니 검사과장과, 조사과장 등은 이미 보이지 않았다. 그들은 정규가 수원에서 연수교육 받을 때 경기도청에 있었는데 후에 그대로 본청으로 와 있어서 전부터 잘 아는 사람들 이었다. 농림부 사무실에 간부들은 어디로 갔는지 이미 없고 직원들만이 삼삼오오 몇몇씩 모여 라디오에 귀를 기울이며 사무실을 지키고 있었다. 직원들은 남아있었으나 상부로부터 특별한 지시가 없으므로 어찌할 바를 모르고 후퇴 명령만 내려오기를 기다리고 있었다.

농림부 사무실에 가보니 임진면 농산물검사소는 인민군에게 점령되어 이미 기능이 폐쇄되어 있었다. 정규는 마음이 심란하였다. 정규는 홍천 출장 중에 어떠한 지침도 받은 것이 없어서 서울 농림부 사무실에 오면 어떤 조치가 있을 줄 알았다. 정규는 출장 온 사이에 임진면 검사소는 점령되어 조직이 없어지니 소속도 없는 상태였다. 농림부에서도 아무런 조치나 지시가 없었다. 그 때 라디오에서는 이승만 대통령의 국민들에게 당부하는 담화문을 발표하고 있는 목소리가 반복하여 들렸다. "전선은 용감한 국군에 의해 적군을 격퇴하고 있으며, 서울을 반드시 사수할 것이니 국가를 믿고 동요하지 말기를 바라며 모든 공무원은 현 위치에서 자리를 굳건히 지켜 달라"는 대통령이 전 국민에게 당부하는 방송이 계속하여 울려 나왔다. 그런 방송과는 다르게 미아리 방면의 총성과 포성은 점차 가까워지고 있음이 느껴졌다.

정규는 후에 안 사실이지만 이 방송을 듣고 있던 시점인 1950년 6월 27일 저녁에는 이승만 대통령은 이미 서울에 없었고 그 시간에는 대전에 있었다. 대통령의 육성방송은 녹음된 목소리를 들려주고 있었는데 당시에 정규는 방송 내용을 그대로 믿고 있었다. 농림부 사무실에 퇴근 시간까지 기다리고 있었다. 혹시나 상부에서 어떤 지침이 있을 것을 기대하며 사무실에서 기다렸던 것이다. 더구나 정규가 근무하던 임진면은 이미 인민군에게 점령되어 돌아 갈 곳도 없는 상황이라 이날 농림부 서울사무실에서 퇴근 시간까지 기다리며 별도 지침을 기다렸던 것이다

당시에 이승만 대통령은 1950년 6월 27일 새벽 4시 특별열차편으로 서울을 빠져나가 대전으로 피난하였다. 이때에 대통령의 몽진의 혼란상을 살펴보면 실로 가관이었다. 당시 정부의 각료인 입법부와 사법부조차 대통령의 피신 사실을 몰랐다. 그래서 국회는 하루 전부터 격론을 거쳐 6월 27일 새벽 4시에 지난밤에 결의한 '서울사수결의안' 을 제출하기 위해 경무대를 방문했는데 이미 대통령은 없었다. 이승만 대통령은 북한의 침공을 받고 사태 대응에 나서서 6월 25일과 26일에 무초, 맥아더와 연락하여 필요한 조치를 취하고 육군본부를 방문하였다. 6월 26일 저녁에는 몇몇 인사가 이승만에게 피난을 건의하였으나 서울을 사수하겠다며 듣지 않고 있었다. 그러나 6월 27일 새벽, 북한인민군이 청량리까지 왔다는 소식을 듣고는 대통령은 더 이상 아무 말 없이 부인과 비서와 함께 서울역으로 향했다. 정규가 전쟁을 피해 간발의 차이로 청량리역을 거쳐 서소문 농림부 사무실까지 걸어 왔지만 그가 퇴근 무렵 경향빌딩 농림부 사무실에서 나올 때는 이미 청량리가 인민군에게 점령되고 있었다.

정규는 1950년 6월 27일 농림부 사무실에서 들려서 "상부로부터 무슨 소식

을 들을 수 있지 않을까?" 하여 사무실에서 계속 기다리고 있었으나 윗사람들은 모두 어디론가 가버렸고 직원들과 기다렸지만 별도의 지시나 소식을 듣지 못하고 오후 늦은 석양 무렵에야 사무실을 나섰다. 들려오는 포성은 점점 커지고만 있었다. 정규는 홍천을 떠나 서울을 향해 길을 재촉할 당시만 해도 서울 농림부에만 가면 해결 방안 있을 것으로 믿고 죽기 살기로 애써 찾아 왔던 것이다. 갖은 고생을 하며 홍천에서 서울 사무실에 도착하였는데 아무런 조치가 없어 마음이 답답하였다. 상황이 이러하니 정규가 어렵게 농림부 사무실이 있는 경향빌딩에 들러도 아무도 반겨주는 사람이 없었다. 사무실에 얼마 남지 않은 직원들은 자기 자신을 걱정하느라 정규의 형편을 고려해줄 상황이 아니었다. 그래서 정규는 아무 대책도 없이 사무실에 우두커니 앉아 시간만 보내다가 퇴근 무렵 사무실을 나섰다. 정규는 무엇보다 파주 마정이 인민군의 수중에 들어갔다면 가족들의 생사와 피난을 갔는지도 궁금하였다. 가족들이 피난을 갔다면 피난처를 알아야 합류 할 수 있는데 아무것도 알 수 없는 상황이었다. 정규는 가족의 생사조차 확인 할 방법이 없었다. 정규의 가족이 있는 임진면은 이미 적화 된 것이 분명하였다. 정규는 검사소 소속도 없어지고 가족들의 상황도 모르니 답답하기 그지없었다. 천의 고아가 된 느낌으로 마음이 막막하고 답답하였다. 정규가 농림부 사무실에서 나올 무렵 미아리 전선의 총성은 수그러들지를 않고 점점 크게만 들려와 상황이 나빠지고 있음을 직감 할 수 있었다.

정규는 경향빌딩 농림부 사무실에서 파주지역은 이미 인민군에게 점령되었다는 소식을 들었다. 정규는 그날 저녁에 당장 갈 곳이 없었다. 그래서 "어디로 갈 것인가?" 고민하다가 한강 건너 상도동 대고모님 댁으로 가야 되겠다고 마음 먹었다. 그래서 정규는 서대문에서 서울역방면으로 걸어갔다. 정규가 서울역 앞에 지금의 대우건물 자리에 있던 조선환물운송주식회사 앞을 막 지나고 있을 때 비행기에서 서울역에 폭탄이 투하되었다.

서울역에 폭탄이 투하되자 폭탄이 터지면서 폭음과 함께 그 폭발 충격에 조선환물운송(주) 건물 3층 유리가 파손되면서 낙하하는 유리 파편이 아래로 쏟아졌다. 바로 그때 정규의 바로 앞에서 가고 있던 행인에게 유리 파편이 쏟아져 유리세례를 받아 그 자리에서 즉사하면서 유혈이 낭자하였다. 이러한 상황을 목격한 정규는 기절초풍을 하였고 그 옆을 걷던 여인은 놀라서 기절을 하였다. 지금의 대우건물 주변은 순식간에 아수라장이 되었다. 그래서 정규는 급히 과거 세브란스 병원이 있던 뒷길을 이용하여 남대문시장 쪽으로 우선 몸을 숨겼다. 상도동 대고모님 댁으로 가려면 용산역을 지나 한강을 건너야 하는데 어느 순간에 또 폭격이 있을지 모르고, 그 곳까지 가려면 꼭 폭탄을 맞아 죽을 것 같은 두려움 때문에 상도동 방면으로 가는 것을 포기하고 방향을 바꾸었다. 그래서 생각을 가다듬은 정규는 오늘 밤은 서대문 독립문 옆에 있는 교북여관矯北旅館에 가서 숙박을 하겠다고 생각했다. 정규는 독립문 교북여관에 가면 문산 소식도 들을 수 있을 것도 같았다.

교북여관 주인은 파주사람이라서 전부터 정규가 잘 아는 사이였다. 정규가 서울 출장 때면 이곳에 단골로 숙박도 하고 지나가는 화물트럭을 교통편으로 이용하기 위해 쉬면서 정류장처럼 이용하던 곳이었다.

1950년 6월 27일 오후 늦게 서대문 농림부 사무실을 떠나 상도동으로 가던 발길을 다시 돌려 어둑해질 무렵에야 정규는 교북여관에 들어갔다. 교북여관에 들어가 보니 파주에서 피난 나온 아는 사람들을 여러 사람 만날 수 있었다. 무엇보다 마정 고향 집 가족들 소식이 궁금하여 "임진면에서 온 사람이 있는지?" 찾아보았다. 그런데 다행히 법원리 살고 있던 정규의 둘째 처남 조경연(건국대 병원장을 역임한 조성일의 아버지)과 막내 삼촌 장환의 처남을 만날 수 있었다. 지난 6월 22일 출장을 떠난 이후 며칠 동안 집안 소식을 들을 수 없어 막막하였는데 친척 사람들을 이런 상황에서 만나니 너무나 반갑고 고향 소식을 들을 수 있을 것 같았다. 그래서 급한 마음에 정규는 마정 집 소식부터 물어 보았다. 그들도 경황이 없었으므로 자기들 자신만 챙기기에 급급하여 정규네 집 소식을 알지 못한다고 하였다. 전쟁 당일에 파주는 인민군 수중에 떨어졌다 하니 도무지 불안하고 궁금하였다. 정규도 지난 며칠간 홍천에서 있었던 어려웠던 일들을 얘기했다. 그들뿐만 아니라 당시에 모든 사람들은 갑자기 닥친 전쟁이라서 가까운 친척들 간에도 대화는 물론이려니와 우왕좌왕 하다가 그대로 공산치하가 되고 말았다.

정규가 가족들의 안부를 몰라 노심초사 하는 것을 본 그들도 함께 걱정을 하여 주었다. 그들은 정규의 가족들이 걸어서 피난을 나오셨다면 월롱, 교하를 거쳐 일산 쪽으로 해서 올 것이라고 하였다. 여러 정황상 보행으로 피난을 떠났다면 아직 서울까지는 못 오고 잘 해야 교하정도에 왔을 것이라고들 하였다. 종손 정규는 가족들의 소식을 알 수 없어 답답증은 더해 갔다. 정규는 날도 저물었고 전쟁 중이어서 6월27일 밤은 교북여관에서 안전하게 보내면서 내일 어떻게 해야 할 것인지 정하는 것이 나을 것 같았다. 그러나 당시의 들리는 상황으로는 서울도 적화 되는 게 시간문제였다. 이곳에서 하룻밤을 보내면서 합리적인 방법을 찾아보아야 할 것 같았다. 정규가 교북여관에서 자고 있던 6월 28일 새벽에 한강 다리는 폭파 되었으므로 서울에 꼼짝없이 갇히고 말았다.

정규는 교북여관에서 하룻밤을 자면서 많은 생각을 하였다. 잠을 자려 누웠으나 잠이 오지 않았다. 지나간 3일의 긴박했던 순간들이 주마등처럼 눈앞을 지나갔다. 파주 마정에 모든 가족들은 안전하게 있는지? 정규는 적화된 임진면으로 갈 것인지 말 것인지에 대해서도 많은 고민을 하였다.

그러나 한국군과 정부는 이미 서울을 비우고 남으로 도망갔고 인민군이 서울을 점령했기 때문에 국군이 서울을 포격하고 있는 것이라고 판단되었다. 그래서 국군은 전략적으로 중요 시설인 서울역을 어제 저녁에도 폭격하였던 것이다. 어제 저녁에 정규가 교북여관으로 오지 않고 위험을 무릅쓰고 한강 건너 상도동 대고모님 댁으로 갔다면 한강을 건널 수 있었을 것이다. 그랬다면 가족과 소식이 단절 된 채 임진면을 수복할 때까지 헤어져 있었을 것이다. 결국 서울역 폭격으로 6월 27일 저녁에 상도동으로 가던 길을 돌려 독립문 주변 교북여관에 도착하였고 한강다리는 다음날 새벽 2시 30분에 폭파되어 정규는 서울에 그대로 갇히는 꼴이 되었다.

다음날 아침 교북여관에 있던 좌익들에게 "한강다리가 끊어지고 서울은 인민군에게 점령되었다"는 소식을 들었다. 이제는 서울에 있어도 인민군 치하이기 때문에 죽어도 가족이 있는 고향 파주 임진면으로 돌아가야 하겠다고 마음먹었다. 무엇보다도 전쟁 중이라서 가족의 안위가 가장 불안하였다. 더구나 정규는 공무원이라서 인민군에게 붙잡히면 위험한 상황이었다.

당시에는 지금처럼 통신수단이 없었다. 당시에도 일반전화는 있었지만 일반 가정에서는 생각하지도 못하던 시대였다. 전쟁 같은 상황에서는 직접 인편으로 가보지 않으면 가족들의 소식을 들을 수 없었다. 고향 임진면이 공산당에게 점령된 것은 틀림없는 데 그 후 어떤 상황인지 확인 할 방법이 없었다. 정규는 불안하고 여러 가지 생각들이 머리에 가득차서 마음이 복잡하고 혼란 하였다. 파주 마정 고향집에서 기다리고 계실 부모님과 아내 성연이 근심이 되었다. 모든 가족들은 집 떠난 정규 소식을 들을 수 없어 불안한 마음으로 기다리고 있을 터였다. 하지만 곳곳에 인민군이 검문을 하고 있어 안전하게 파주로 가는 것이 가능한지도 알 수 없었다. 그러나 세상이 인민군 치하가 되었다 하지만 공산치하도 사람 사는 사회라 방법은 있으리라 생각하고 파주 마정으로 가기로 결심하였다. 서울도 완전히 인민군에게 점령되었고 한강 다리가 폭파되어 강을 건너 남으로 갈 수도 없는 상태였다.

그래서 정규는 무슨 수를 써서라도 집으로 돌아가기로 결심하였다. 정규는 파주로 갈 수 있는 교통편을 알아보았다. 하지만 교북여관에서 파주로 가려면 버스를 타거나 서울역에서 기차를 타야 하는데 전쟁 중이라서 모든 교통편이 통제되어 이용이 불가능 하였다. 그러므로 독립문 교북여관에서 임진면 정규의 고향집까지는 대략 60km가 넘는 거리지만 걸어가는 방법밖에 없었다. 도로 곳곳에서 인민군이 심문하며 통행을 통제하고 있어서 무사히 파주에 도달이 가능할지도 분명하지 않았다. 정규는 이런 저런 생각으로 거의 뜬 눈으로 하룻밤을 보냈다.

다음날 아침 정규가 눈을 떠보니 독립문 교북여관 주변은 완전히 인민군에게 점령되어 숨어있던 남로당들이 뛰쳐나와 난리를 치며 소란을 떨고 있었다. 당시에 교북여관에서 만났던 막내 삼촌 처남도 남로당원이었다.

다음날인 1950년 6월 28일 오전 8시경 요란스러운 총포소리가 여관 주변에서 들렸다. 총포소리에 이어서 주변에서 '인민군 만세!'를 부르는 군중들의 소리도 들렸다. 국군이 서울을 빠져 나가고 공산군이 서울을 점령하자 그동안 숨어 지냈던 좌익과 남로당원들이 점령군인 인민군보다 앞서서 설쳐댔다.

곧 이어서 밖에서 누군가 소리치는 소리가 정규의 숙소까지 들렸다. 여관에 있는 사람들은 모두 나와서 인민군 만세를 부르라고 큰 소리로 선동하였다. 종손 정규도 여관에 있는 사람들과 서로들 눈치를 보다가 하는 수 없이 한길로 나와 군중들과 함께 인민군 만세를 불렀다. 정규도 주변 사람들도 따라서 모두 큰 소리로 '인민군 만세!'를 불렀다. 서울에 남아 있던 사람들은 상황이 바뀌었음을 느끼고 자신들의 안전을 위해서는 이렇게 해야 하는 것이 살아남는 길이라는 것을 누구보다도 잘 알았다. 여관에 있던 사람들이 인민군을 좋아하여 '인민군 만세!'를 외친 것이 아니다. 전쟁과 연관된 모든 당사자는 지도자가 되었건 국민이 되었건 인간의 가장 본능적인 욕구에 따라 생각하고 행동할 수밖에 없었다. 본능의 차원에서는 도덕과 상식이 존재 할 수 없고, 정상적인 사람의 논리로는 이해할 수 없는 일들이 일어나는 것이다. 종손 정규를 비롯하여 교북여관에 있던 일반시민들의 겁을 먹고 행동한 것을 비난하기보다는 본능에 충실한 순수함으로 보이기도 하였다.

6.25당시에 상황을 보더라도 전쟁개시 3일 만에 서울이 함락되자 '김일성 수령 만세!'를 외친 신문사, 아침에는 인민군의 깃발을 흔들고 저녁에는 국군의 깃발을 흔들었던 마을 사람들까지 이들은 모두 잔혹한 생존의 문턱에서 제 목숨 하나를 살아남기 위한 본능의 발로였다.

정규가 교북여관에 투숙했던 사람들과 인민군 만세를 군중들과 부르고 있으니까 인민군 탱크가 어느새 와서 길 한가운데 있는 전차궤도에 우뚝 서서 전차의 긴 포신을 독립문에 서있는 태극기 국기깃대를 향하여 정조준하고 있었다. 곧 이어서 태극기를 정 조준한 북괴군 탱크에서 포탄 두발이 탕, 탕 하고 불을 뿜었다. 대포를 두 방 맞은 태극기 걸린 국기깃대는 산산 조각이 나서 부서졌다. 조금 전 여관에서 들었던 요란한 포성소리도 바로 인민군 탱크에서 쏜 포탄소리였다. 독립문의 국기 깃대처럼 서울은 깨지고 인민군에게 짓밟혀 전혀 다른 세상으로 하루 만에 완전히 바뀌어 버렸다. 어느 덧 남로당 당원들과 지방 빨갱이들이 앞장서서 들이닥쳐 서대문 형무소에 갇혀 있던 좌익분자들을 석방 시켰다. 이렇게 형무소에서 풀려난 좌익분자들이 적기가赤旗歌를 부르며 난리들을 쳐댔다.

정규가 교북여관에서 뜬 눈으로 밤을 보내고 있을 1950년 6월 28일 새벽 2시에 인민군 전차가 서울시내로 진입하였다. 서울에 진입한 적 전차가 미아리 전선에서 저항하고 있던 국군의 등 뒤에서 나타나 포를 쏘아대자 미아리 국군의 저항선은 맥없이 무너졌다. 그리고 국군 지휘부는 서울이 인민군에게 점령당한 것을 확인하자 6월 28일 새벽 2시 30분 한강 남쪽으로 후퇴하고 한강다리를 폭파하여 인민군의 남진을 막았다.

인민군이 서울을 점령하자 김일성은 기뻐서 즉각 서울로 달려왔다. 김일성은 6월 28일 오전11시 30분 인민군 전차부대를 중앙청과 서울시청 앞에 세워놓고 거창하게 '서울점령식'을 거행하였다. 만약 그 시각에 인민군 전차가 서울점령식을 하지 않고 곧장 한강으로 쇄도하여 한강 다리가 끊겨 도강하지 못하고 한강 북쪽에 남아 우왕좌왕하던 국군의 후미를 공격했다면 도강을 하지 못한 국군들은 곳곳에서 끔찍한 학살극이 벌어졌을 것이다.

서울 점령식을 마친 김일성은 경무대에서 휴식을 취했으며, 중앙청 지하실에 마련된 '전선사령부'에서 승리의 향연을 베풀고 축배를 들었다.

인민군 전차는 '서울점령식' 행사를 끝나자마자 서대문 형무소로 직행하여 형무소에 있던 사상범과 경제사범, 살인범 등 잡범들을 모두 석방 시켰다. 이날 종손 정규가 교북여관 밖에서 목격했던 상황들은 이들이 서울시청 앞에서 환영식을 끝내고 막 달려온 탱크들이었던 것이다.

서대문감옥의 이름은 1945년 해방이 되자 '서울형무소'로 개칭이 되었다. 당시에는 반민족행위자, 친일세력이 대거 수감되어 있었다. 동시에 김원봉, 김성숙, 여운형 등 민족지도자들이 수감되어 있기도 하였다. 1950년 무렵에는 수감자의 70%가 좌익인사로 바뀌는 상황이 발생했다. 이때에 수감되어 있던 좌익들이 인민군이 서울을 점령하고 가장 먼저 석방을 하자 '김일성 만세'를 부르며 난리를 치고 있었던 것이다.

정규가 교북여관에서 머무르며 파주로 돌아갈 방법을 궁리하고 있을 때 학교 동창을 위기에서 구해 주기도 하였다. 서대문교도소 교도관으로 있던 정규의 학교 동창이 다급하게 인민군에 쫓겨 정규가 머물고 있던 교북여관으로 도망쳐 들어 왔다. 그 교도관은 정규의 친구인 '성ㅇㅇ'이었다. 정규의 친구는 근무 중에 폭도들이 들이 닥쳐 다급하게 도망치느라 교도관 근무복을 입은 채 무장을 한 상태로 교북여관으로 도망쳐 들어왔다. 친구의 이런 상황을 발견하고 깜짝 놀란 정규는 "지금 인민군이 설쳐대고 있는데 그런 복장으로 있으면 목숨이 위험하다"고 하면서 갈아입을 옷을 급히 구해 친구를 민간인 옷으로 갈아 입혔다. 종손 정규는 친구가 벗어 놓은 근무복과 총은 집 뒤 장작더미 속에 숨기고 그를 위기에서 구해 주었다. 그는 일제강점기 정규의 임진보통심상소학교 동창이었다.

일단 고향으로 돌아가기로 마음먹은 정규는 안전하게 고향집으로 돌아갈 방법을 궁리하였다. 교북여관에 있는 사람들 중에서 파주로 가는 길에 밝은 사람들이 있어서 그들과 많은 상의를 하였다. 들리는 소문에 의하면 영천고개(무악재고개)를 점령한 인민군의 검문이 심하여 그곳을 통해 북으로 가기는 어렵다고들 이구동성으로 하였다. 한 가지 인민군 검문을 피하는 안전한 방법은 독립문에서 인왕산으로 올라가 산길로 치마바위를 지나 자하문으로 내려가면 영천고개(무악재)를 피하여 파주로 갈 수 있다고 하였다. 그래서 정규는 독립문에서 국사당을 거쳐 선바위, 성곽길, 인왕산으로 산길로 치마바위를 지나 자하문 방향으로 하산하여 걸어 내려갔다. 정규가 자하문 고개를 막 넘어가는데 숲속에 숨겨둔 인민군 탱크의 포신이 보였다. 순간 탱크에 앉아있는 인민군과 눈이 마주쳤다. 정규는 내심으로는 깜짝 놀라고 불안했지만 여유 있게 가벼운 인사로 "동무들 수고하세요?" 하면서 태연한척 여유를 보였다. 탱크에 앉아 있던 인민군들도 이러한 정규를 의심하지 않고 가볍게 손만 흔들 뿐 별다른 제지는 하지 않았다. 이렇게 정규는 무사히 자하문을 지나 세검정을 거쳐 지금의 한국보건원을 앞을 지나 불광동에서 구파발을 지나 파주로 가는 길을 따라 계속 북으로 걸었다. 정규가 가고 있는 길을 따라 비행기들이 계속 쉴 사이 없이 날아와 폭격을 해댔다. 비행기들은 미루나무 가로수 끝에 부딪칠 정도로 낮게 굉음을 내며 날고 있었다. 비행기가 설마 '민간인은 폭격하지는 않겠지' 하는 믿음을 갖고 폭격에 개의치 않고 그냥 부지런히 걸어서 '봉일천'에 도착하였다.

정규가 봉일천에 다다르니 6월의 긴 하루 낮도 어느 덧 해가 넘어가고 주변이 어둑어둑 해져왔다. 정규는 먼저 봉일천 텃 골에 살고 있는 금촌검사소 직원인 김정복의 집을 찾았다. 김정복은 금촌검사소 근무하고 있는 직원으로 정규와는 전부터 잘 아는 사이였다. 그는 오늘은 날도 어두웠고 봉일천에서 문산까지 아직 이십 리 길을 더 가야하고 자기 집에 마침 빈 방도 있으니 불편하시더라도 하룻밤 쉬고 가라고 권하였다. 정규는 온 종일 긴장하며 걸어서 그런지 피곤도하고 곳곳을 인민군을 피해 밤길을 가는 것도 위험하여 그의 집에서 하룻밤을 신세지기로 하였다.

다음날 아침 정규는 김정복에게 "문산을 어떻게 가는 게 빠르고 안전하게 갈 수 있느냐"고 물었다. 그는 '가마울'로 해서 문산중학교를 거쳐 가는 것이 제일 안전한 지름길이라고 알려 주었다. 정규는 그의 집에서 아침을 먹고 김정복이 알려 준 길을 따라 가니 정말로 무사히 문산읍까지 갈 수 있었다. 다행히 문산까지는 인민군의 검문 등 아무런 제지도 받지 않고 갈 수 있었다. 정규는 문산 시내에 도착하자마자 먼저 근무하고 있던 농산물검사소가 궁금하여 찾아 갔다. 그러나 이미 인민군에게 점령된 문산 읍내는 텅 비어 있어 거리에 사람이 거의 없었고 정규의 사무실문은 굳게 잠겨 있었다. 그래서 정규는 검사소 사무실 앞에서 서성대다가 아무도 만날 수 없어서 마정 고향집으로 발길을 돌렸다.

정규가 후에 안 사실이지만 '임진면농산물검사소'는 6.25 발발 당일 하루 만에 임진면이 점령되자 함께 인민군에게 접수되었다. 일요일이지만 검사소장은 출근하여 사무실을 지키고 있었다. 그런데 임진면이 점령당하자 검사소장이 근무하고 있던 사무실에 곧바로 인민군이 들이닥쳤다. 사무실에 들어온 인민군은 근무하고 있던 소장에게 다짜고짜로 "당신은 누구냐?"고 물었다. 사무실에 있던 검사소 소장은 "내가 이곳 검사소 소장이다"고 대답하였다. 그러자 인민군은 소장에게 "잠시 따라 오시오!" 하여 불러내 따라 갔더니 인민군은 바로 소장에게 총을 쏘아 죽였다.

정규는 홍천으로 출장 갔다가 갖은 고생을 하며 인민군에게 점령된 문산읍으로 돌아와 보니 검사소 소장은 이미 총살을 당한 후였다. 검사소 소장은 차석

정규보다 나이가 20여 살 많았고 경농의 대선배였다. 당시에 문산읍 검사소 소장은 일제강점기부터 뇌물에 이골이 나서 농부들의 등골을 처먹는 데는 달인이었다. 그는 직속 부하였던 정규가 미리 검사하러 나가 무조건 불합격 판정을 하라고 강요하였다. 그러면 검사소장은 뒤로 나가 차석인 정규가 불합격 판정을 한 곡물을 슬쩍 뇌물을 받고 합격으로 처리해 주었다. 이러한 상황이니 앞에서 모든 악역은 차석 정규가 할 수밖에 없도록 뒤에서 조종하였다. 이러한 상황을 반복적으로 겪고 있는 정규의 이웃 마을 사람들은 당연히 정규를 좋지 않게 생각 하였다. 이웃 사람들에게는 모르는 소장보다 자기들의 사정을 잘 알고 있는 같은 마을사람인 정규를 더 서운하고 괘씸하게 생각을 하였다. 하지만 당시에 공직 생활에서 직속상관의 명령을 따르지 않는다는 것은 공직생활을 포기해야 하는 것과 같았다. 이러한 소장의 작태로 인하여 속은 부글거렸지만 정규는 일단 참을 수밖에 없었다. 그러나 주변 이웃들의 오해와 미움은 누적되어만 갔다.

"고통은 극복하는 게 아니고 견디는 것이다. 극복의 힘보다 견디는 힘이 더 중요하다. 견딤의 자세가 바로 인생의 자세다"는 어느 시인의 말이 생각난다. 그렇게 힘들게 하였던 소장이 전쟁 하루 만에 인민군 총 한방에 허무하게 죽었다니 정규는 마음이 씁쓸하였다.

정규가 천신만고 끝에 임진면 농산물검사소에 돌아와 굳게 잠겨 진 사무실에 들어가지 못하고 마정 고향집으로 돌아가다가 당동고개에서 피난 가다 돌아오는 가족들과 우연히 만나게 되었다. 그동안 파주 마정에 있던 정규의 가족들은 전쟁이 나자 겨우 덕이동까지 피난을 갔으나 이미 서울이 점령되고 한강 다리가 끊겨 어쩔 수 없어서 다시 마정 집으로 되돌아오는 중이라고 하였다.

가족들도 정규와 마찬가지로 서울이 점령당하고 한강다리가 폭파되어 피난을 갈 수 없는 바에는 어디를 가나 인민군 세상이므로 차라리 집이 있는 마정으로 되돌아가는 것이 최선이라고 판단하셨던 것이다. 정규가 홍천 출장길에서 목숨을 걸고 집으로 되돌아오면서도 전쟁 중에 가족들의 안전이 가장 궁금하였는데 피난길에서 돌아오는 가족들을 길에서 극적으로 만나게 되었던 것이다. 정규가 걱정을 많이 했는데 다행히 가족들은 모두 무사하였다. 정규가 홍천으로 출장을 떠날 때 파주는 대한민국의 이승만 대통령이 주인이었다. 하지만 불과 며칠사이에 김일성 공산체제로 세상이 바뀌어 버린 것이다. 이러한 변화는 이승만 정권에서는 자랑스럽던 공직이라는 신분이었던 정규가 며칠사이에 김일성 정권하에서는 살아남기 위해 절박한 처지가 되었던 것이다. 정규는 마정 집으로 돌아와 온 가족과 만난 기쁨은 순간이었으나 이후 목숨을 건 고통스러운 인민군 치하 3개월을 견뎌 내야만 했다.

3. 이웃이 무섭던 인공치하 90일

김일성은 1950년 6월 25일 침략하여 서울을 3일 만에 점령하고 대구까지 파죽지세로 밀고 내려갔다. 정규의 고향 파주 임진면은 하루 만에 점령을 당하고 말았다. 종손 정규도 강원도 홍천으로 검수지원출장 갔다가 갖은 고생을 하며 6월 27일 새벽 청량리에 도착해 서대문 농림부 사무실을 찾아갔다. 하지만 서울 농림부에 오면 해결책이 있을 것으로 알고 사무실을 찾아갔지만 간부들은 이미 자리에 없었고 직원들만 몇 명씩 남아 있었다. 서울 주변에서 포성은 점점 커져오고 고향인 임진면은 이미 적에게 점령되었다는 소식을 들었다. 이날 새벽에 한강다리가 끊기고 서울이 적에게 점령되어 오도 가도 못하는 신세가 되어 어디에 있어도 인민군 손아귀를 피할 수 없었다. 이럴 바에는 차라리 파주 마정 고향집으로 돌아가는 게 좋겠다고 생각하여 무사히 돌아왔지만 적화된 인민군 세상에서는 현직공무원 신분이었던 정규는 다른 사람들 눈을 피해 숨어 지내야 하는 처지가 되었다.

천행으로 정규는 6월25일 점령 당일 임진면 검사소에서 홍천으로 검수지원출장을 나가서 문산읍 사무실에 없었기에 화를 면할 수 있었다. 인민군이 처음 남한을 점령하자 공무원, 경찰 등 대한민국 정부에 주요 신분의 사람들이 일차적인 제거 대상이었다. 이러한 상황이므로 현직 공무원 신분이었고 일제강점기부터 곡물 수탈의 앞잡이로 인식되었던 농산물 검사소 차석 이정규는 공산치하 3개월 동안 목숨을 보전하기 위해 사투를 벌여야만 했다.

1950년 6월 25일 당일에 김일성이 파주를 점령하자 남로당 출신들로 미리 점령지역 군정요원으로 육성하고 조직해 두었던 이 들을 인민군과 함께 신속히 행정기구를 장악했다. 파주의 인민위원들 대부분은 현지에 잠복해 있던 남로당원이나 좌익세력을 이용할 수 있었기 때문에 말단시책까지의 점령지인 파주의 정리가 재빨랐다. 그리고 김일성은 미리 준비한 치안부대를 배치하여 군정의 뒷받침으로 삼았다. 김일성은 점령지 남한의 주요 기간요원은 북한군 출신으로 충당했지만 그 밖의 대원은 현지의 남로당원과 용공분자·조선노동당원 등으로 조직을 채웠다. 김일성은 통상적인 사법 경찰위에 공산당 특유의 검찰조직을 설치하여 관리했다.

이 조직의 말단은 각 부락이나 직장단위로 배치되어 밀고제도와 주민조직의 확립에 따라 주민의 감시와 반대분자의 적발에 임하였다. 이와 같이 김일성은 남한 점령지역에서 삽시간에 공산체제를 확립하고 인적·물적 총 동원을 실시했다. 김일성은 총동원을 효과적으로 수행하기 위해 갖가지 수법을 구사 했지만 그들 군정의 기본 요강은 점령지 주민의 공포심조성에 바탕을 둔 것이다. 이 공포심 조성의 가장 효과적인 무기로 사용한 것이 소위 인민재판이었다.

정규의 검사소 소장은 이러한 형식적인 인민재판의 형식도 거치지 않고 문산 점령 당일 즉시 총살을 하였다. 김일성은 농산물검사소와 같은 기관은 일제 때부터 민족의 식량수탈 앞잡이로 간주하여 인민의 적으로 보았던 것이다. 그러므로 남한의 적화지역에서 인민재판 등도 없이 즉결처리를 하였던 것이다. 이러한 김일성 치하에서 종손 정규는 무사히 고향으로 돌아와 있지만 항상 목숨이 불안한 상태에서 숨어서 지냈다. 김일성에 점령된 파주 마정에도 그동안 모습을 드러내지 않던 남로당 당원과 좌익들이 많이 있었기 때문이다. 그러나 처음에는 인민군들도 민심을 얻으려고 일반인에게는 부드럽게 대하여 주었다. 그 이유는 남한 전역을 빠른 시일 내에 점령하는 것이 그들의 목적이었기 때문이다.

공산치하 3개월 동안 대한민국 국민들을 통치한 주체는 북한 공산군과 남한 치하에서 활동하고 있던 좌익 세력이었다. 물론 주도권은 북한군이 갖고 있었지만 실제 악역을 행한 것은 주로 그 지역 출신 좌익들이었다. 지역 출신 좌익들은 악독함에 있어 오히려 북괴군을 무색하게 했다. 경찰, 공무원, 군인가족 등 대한민국 세력들을 샅샅이 뒤져 학살하는 만행을 저질렀던 세력이 바로 그들이었던 것이다. 북한 공산군이 남한 내에 처형 대상을 정하여 찾아내는 일과 그들을 처형하는 것을 주로 그 지역 출신 좌익세력들에게 맡겼기 때문이다.

북한 공산군이 지역 좌익들을 이용하지 않을 수 없었던 이유가 있었다. 그 동네에 누가 경찰가족, 군인가족인지 지주, 자본가인지 가장 잘 아는 것은 바로 그 지역 좌익들이었기 때문이다. 소위 그들이 악질이라 칭하는 '반동분자'의 집과 숨을 곳이 어디인지 알고 찾아내는 것도 결국 그 지역 좌익들의 몫이었다. 또한 그들을 앞잡이로 세웠던 것은 그들이 북한 공산군을 배신하고 다시 대한민국 세력으로 돌아가지 못하게 하려는 의도도 있었다. 이러한 상황이므로 종손 정규와 매부 황대연에게는 어쩌면 인민군보다 평소에 이웃에 살고 있어 모든 사정을 잘 아는 동네 좌익이 더 무서웠다.

당시에 종손 정규와 같이 많이 배운 고학력자이며 공무원이라면 소위 그들이 말하는 척결대상이고 '반동분자'로 지역 빨갱이들에게 대표적인 표적이었다. 정규도 6.25발발 당일 사무실에서 근무하고 있었다면 농산물관리소장과 함께 빨갱이들에게 틀림없이 총살을 당했을 것이다. 당시에 인민군들은 지주계급이나 일제강점기 때 관리를 지냈던 사람들은 인민의 고혈을 뺀 지주로 간주하여 첫 번째 제거 대상이었다. 정규가 근무하였던 농산물 검사소의 기능도 이들은 일제의 수탈을 도왔던 반민족적 대상들로 생각했던 것이다.

종손 정규네 가문은 소작을 주었던 지주계급이며 일제강점기부터 관리를 하였고, 서울에서 경농을 유학한 고학력자라서 이들에게는 척결해야 하는 대상으로 간주된 부류이므로 그들에게 잡히면 매우 위험한 처지였다.

이때 가까이에 살고 있는 정규의 둘째 매부인 황대연도 막 군대에 헌병으로 있다가 군복을 벗고 부천의 병기창에 취직을 한지 한 달 만에 6.25가 발발해 정규와 마찬가지로 불안한 처지로 몸을 숨겨야만 했다. 두 사람 모두 인민군이 남한을 점령해 처리해야 하는 첫 번째 대상이었다. 그래서 정규와 매부 황대연에게는 인공치하 90일 동안 주변의 이목들을 피해서 숨어서 지내야만 했다.

지금이나 그 당시나 못살고 못 배운 사람들은 어느 누가 정권을 잡든 천덕꾸러기이기 때문에 6.25같은 공산치하에서 또한 신경 쓸 필요가 없었다.

하지만 정규와 같은 기득권 세력으로 분류되는 사람들은 김일성이 가장 꺼려하는 부류들로 간주하고 있었다.

6.25점령 당시 인민군은 평소에 천대받던 지역주민들의 심정을 충분히 이용하여 그동안 억눌려 있던 사람들에게 한풀이 하도록 유도하였다. 적에게 갇혀버린 3개월 동안 종손 정규에게는 지옥이나 다름없었다. 그 기간은 종손 정규에게 목숨 부지를 위해 하루하루 견디기 힘든 사투의 시간이었다. 정규에게 3개월은 30년 같이 길게 느껴지는 잊지 못할 시간이었다.

인공치하 90일 동안 종손 정규와 둘째 매부인 황대연은 지역 좌익들에게는 모습이 발견되면 목숨을 부지할 수 없었다. 그래서 두 사람은 주변사람들의 이목을 피해 안전하게 숨어 지내는 방법을 생각했다. 두 사람은 생각을 모아 임진각 가는 곳 '오래깨 개울' 옆에 양수장이 있는 주변 논에 벼 포기 사이에 숨어 있기로 하였다. 오래깨 개울은 운천리 대원군 산소 골짜기에서 내려오는 개울이다. 이 개울가에 있는 양수장 옆 주변 논바닥에 두 처남 매부는 함께 몸을 숨기고 지냈다. 마침 그해 유월이라서 벼는 어느 정도 자라서 무성하였지만 마침 논바닥이 말라 있어서 논바닥 벼 포기 사이에 누워 있으면 밖에서 보이지는 않지만 주변을 감시하기 용이하여 남의 이목을 피하기 좋았다. 또한 양수장은 들판에 있어서 그 곳으로 들어오는 길이 먼 곳에서부터 잘 보여서 누가 오가는지 감시하기도 용이하였다. 두 사람은 만약에 그 들에게 발각되어 위험해 진다면 마지막에는 죽음을 무릅쓰고 임진강으로 뛰어들어 헤엄쳐 도망가기로 마음의 준비를 단단히 하고 있었다.

하루는 종손 정규와 매부 황대연이 논바닥에 몸을 숨기고 있었는데 '안○○'이라는 유명한 악질 지방 빨갱이가 논길로 들어오는 게 보였다. 그는 들판에 숨어 있는 우익 인사를 붙잡으려고 논 주위로 돌아다니며 설치고 있었다. '안○○'이라는 악질 빨갱이는 대원군 산소가 있었던 운천리의 윗마을 추동에 살고 있는데 아주 악질 빨갱이로 주변에 소문이 자자하였다. '안○○'이라는 놈은 주내면 면장을 지냈던 '김동식 면장'을 붙잡겠다고 혈안이 되어 정규가 숨어있던 논 주위를 설치며 다니고 있었다. 매부 황대연과 처남 정규도 긴장하여 논바닥에 납작 누워 몸을 숨기고 있었다. 그러나 '안○○'은 한참 동안 온갖 지랄을 떨면서 설쳐댔으나 결국 '김동식'을 찾지 못하고 논 주변에만 맴돌다 가버렸다. 이런 절대절명의 위기를 만났으나 다행히 정규와 황대연도 그 놈에게 발각되지 않았다.

이와 같이 정규와 매부 황대연은 낮에는 들에 나가 하루 종일 논바닥에 숨어 지내고 새벽이면 잠깐 집으로 돌아와 옷을 갈아입고 다시 나가 숨어 있곤 하였다. 그 당시는 국군과 유엔군이 언제 돌아올지 알 수 없으니 매일 매일이 암담한 지옥 같은 시간이었다.

그 당시 종손 정규의 막내삼촌 장환은 6.25발발 전에 대한민국 파주지역 청년단 부단장을 하였다. 정규의 막내 삼촌 장환도 인민군에게는 척결 대상이었다. 더구나 막내 삼촌 장환도 양반가 출신에다 지주의 아들이며 전쟁 전에 대한민국 청년단 부단장을 하고 있었다. 빨갱이들에게 삼촌 장환도 주목 대상이었다. 그러나 삼촌 장환의 처가댁 큰처남이 김일성 체제에서 높은 직위를 가지고 있어서 어느 누구도 삼촌 장환을 함부로 건드리지 못했다. 그래서 정규 집안에서는 삼촌 장환의 처가댁에 숨어있으면 감히 빨갱이들이 집뒤짐을 하지 못하니 정규에게 그 곳에 가 있으라고 하였다. 그래서 정규는 삼촌 장환의 처가댁에 숨어서 어려운 위기를 모면하기도 하였다.

종손 정규가 인공치하 3개월 동안 숨어 있을 때 가장 힘들게 한 사람은 정규를 가장 잘 아는 이웃사람이었다. 그들은 같은 동네에 사는 '윤ㅇㅇ'이었다. 그 두 사람은 마정에서 방앗간을 동업으로 운영하던 사람들이었다. 종손 정규가 문산농산물검사소 검사원으로 일하면서 곡식 검수과정에서 불합격을 많이 주었는데 그것에 앙심을 품고 이번 기회에 그 앙갚음을 하려 하였던 것이다. 종손 정규는 곡식 검수과정에서 본의 아니게 검사소장의 강압적 분위기를 이기지 못하고 불가피 하게 곡식의 등급을 불합격으로 많이 판결을 하였다. 그들의 입장에서는 정규를 원망스럽게 생각할 수밖에 없었을 것이다. '윤ㅇㅇ'은 정규가 한 동네 사람이므로 무언가 좀 더 좋은 결정을 기대하였는데 오히려 더 좋지 않은 판결을 내리니 야속하고 미웠던 것이다. 믿는 도끼에 발등을 찍히면 더 아픈 법이다. 그래서 그들은 그러한 분위기가 누적되어 종손 정규를 아주 원망하며 철천지원수처럼 생각하였다. 종손 정규는 당시에 그렇게 할 수밖에 없었던 처지를 안타깝게 생각하며 후회하고 있다. 당시에는 공무원 사회의 상하직급 간에 위계서열이 엄하여 감히 상사의 명을 따르지 않을 수 없었던 시대였다. 이러한 상황을 그들은 정규를 이해할 수 없으니 당연히 정규를 나쁜 놈으로 생각하는 것도 당연하였다. 이러한 상황을 융통성 있게 대처하지 못한 것도 정규가 변명하지 못하는 성격 탓이라 생각한다.

당시에 검수원의 불합격 판정은 곧 곡식의 가치를 결정하므로 검수를 받는 입장에서는 누구나 항상 더 높은 등급을 받기를 원했다. 정규는 전쟁 전에 업무상의 일들로 이들과 악연이 쌓여 '윤○○'은 물론 친척들과도 원수가 되었다. '윤○○'은 보는 사람마다 정규가 검수과정에서 이웃인데도 불구하고 모르는 사람들보다 더 낮은 등급으로 판정을 주어 못 살게 하고 있다고 소문을 내었다. 그래서 그들은 동네 사람들에게 "정규는 아주 나쁜 놈!"이라고 소문을 내면서 다녔다. 동네 사람 '윤○○'은 엄연한 합격품을 정규가 소장과 짜고 일부러 불합격 판정을 하는 바람에 뇌물을 줄 수밖에 없게 만드는 차석 이정규를 더 나쁜 사람으로 생각하였다. 만약 정규가 현장에 먼저 나가 '합격'이라는 판정을 내리면 검사소장은 다시 현장에 나가 불합격품을 합격시켜 주었다고 야단을 치면서 불합격 판정을 하였다. 그리고 검사소장은 정규에게는 판정을 잘 못하였다고 '검사원 옷을 벗기겠다'고 위협까지 하였다. 그래서 정규는 불합격을 판결해야 조금 뇌물은 바치더라도 결국 합격처리가 되기 때문에 그렇게 처리한 것이다. 결국 이웃을 도우려 했지만 결과가 그런 모양새로 종결되니 동네사람들은 오해를 할 수밖에 없었다. 이러한 상황으로 검사소 차석 이정규는 검사소장의 그런 폭력적 처사를 바로잡지 못하고 따를 수밖에 없었다. 당시에 검사소 소장은 이 분야에서 일한 연륜도 많았고 나이도 아버지뻘이 되었다. 더구나 정규의 경농 대선배라서 검사소장의 일탈을 도저히 막을 수 없었다. 정규가 불합격으로 판정하면 그나마 다시 소장이 다시 합격으로 만들어 주었다. 그런데 정규 먼저 합격을 판정하면 소장이 뇌물을 받지 못하여 다시 불합격으로 판정하는 통에 검수 받는 입장에서는 더 큰 손해가 되었다. 그래서 정규는 그러한 검사소의 분위기에 따라 최선을 다했던 것이다. 그런데 이러한 일련의 이들로 인해서 종손 정규는 천하에 '나쁜 놈'으로 간주되고 가장 어려운 시기에 이웃사람이 보호해주고 울타리가 되어야 마땅하지만 오히려 원수가 되어 빚을 갚겠다고 설치니 힘든 시간을 보냈다.

이런 악연이 있는 상태에서 6.25발발하고 공산치하가 되자 종손 정규가 신세가 어렵게 된 것을 알고 '윤○○'은 그동안 받았던 앙갚음을 되갚아 주겠다고 작정을 하였다. '윤○○'은 종손 정규를 어떻게든 찾아서 그 동안의 받은 분심에 대한 복수를 하려고 혈안 이었다. 그는 종손 정규를 찾아서 때려서 죽이겠다며 네 번이나 불시에 집을 찾아와 집뒤짐을 하면서 찾아내려고 지랄 발광을 떨었다. 심지어 '윤○○'은 다락방까지 뒤지면서 종손 정규를 찾으려고 하였다.

'윤○○'이 판단하기에 분명 정규가 집으로 돌아와 어디엔가 숨어 있다고 믿고 있었다. 그래서 그는 몇 번을 불시에 찾으려 해도 못 찾으니까 스스로 화가 나 지랄을 떨면서 "씨 발! 이 새끼가 이집 어디엔가 분명히 있을 텐데 이렇게도 안 잡힌단 말인가?" 하면서 욕지거리하고 돌아가곤 하였다.

이렇게 주변이 불안하게 하고 있는 상황이므로 종손 정규는 목숨의 위험 속에서 불안한 하루하루를 보내야만 했다. 그러나 종손 정규는 매부와 함께 오래깨 개울이 있는 양수정 옆 마른 논바닥에 숨어 꼭꼭 숨어 있었기 때문에 '윤○○'은 결국 국군에게 수복이 될 때까지 찾아내지 못했다.

종손 정규의 막내 삼촌 장환의 처남이 당시에 공산치하 고위직 이었다. 그의 처남은 김일성의 제 2인자인 국가기획위원장 이었다. 그래서 6.25전에 막내 삼촌 장환은 대한청년단 부단장이었지만 그의 처남 덕분에 인민군치하 90일 동안 무사하셨다. 공산당이 사상을 우선으로 부르짖었지만 목숨이 위태로운 상황에서는 항상 피가 물보다 진하였던 것 같다.

그 당시 막내 삼촌 장환의 둘째 처남은 해방 전에 운동선수였는데 그 공로를 인정받아 해방되면서부터 문산초등학교 선생을 하고 있었다. 장환의 작은 처남은 자기 형이 김일성의 제 2인자라는 소문을 듣고 전쟁 중에 형님을 찾아갔다. 동생을 본 그의 형은 소스라치게 놀라면서 "너 여기를 어떻게 왔느냐! 여기서 나를 만났다는 말은 누구에게도 하지 마라!"고 하였다. 그리고 곧바로 문산으로 돌아가라고 야단을 쳤다. 김일성은 정권 초기부터 자기의 수하의 조직 관리에 철저하여 항상 감시가 심했다고 한다. 그래서 누군가에게 감시되는 게 두려워 하나뿐인 동생이 찾아갔지만 그렇게 남 보듯 한 것이다. 인공치하 3개월 동안 종손 정규의 가족은 아내 성연과 두 아들, 부모님과 동생 들 모두 겉보기 생활은 전쟁 전과 다름이 없어 보였다. 그러나 종손 정규가 목숨이 항상 불안하여 모든 가족들도 소리 없는 전쟁을 치르고 있었다. 무엇보다 정규의 아내 성연은 남편이 주변 사람들의 날카로운 감시를 받고 있어 늘 불안에 떨고 있었다. 가끔 '윤○○'이 불시에 찾아와 집을 뒤집어 놓고 가니 항상 불안 속에서 90일간의 시간을 보냈다.

김용삼 칼럼의 "인공치하 90일간 서울에선 어떤 일들이 벌어졌을까?"에서 공산치하에 남아 있는 시민들의 유형을 크게 세 가지 분류하였다.

첫째는 환영형이다.

이들은 미친 사람처럼 적기를 흔들어대며 북한군을 따라다니며 그 앞잡이 노릇을 했다. 6.25때 서울시민 대부분이 거리에 나와 환영하였다.

둘째는 소극적 동조형 혹은 관망형이다.

이들은 인민군의 점령정책을 마지못해 따랐고, 전황이 인민군에게 불리하게 돌아가자 조심스럽게 집에 숨어 있거나 산으로 도피한 사례다.

셋째는 잠행형이다.

미처 피신하지 못한 공무원, 군인과 경찰관, 기업인 등으로 온갖 방법을 다 동원해 숨어 살면서 체포를 피했다. 종손 정규와 매부 황대연은 대표적인 세 번째 잠행 형에 해당되었다. 정규와 황대연은 공무원이고 군인출신이므로 잡히면 총살이므로 무조건 숨어서 목숨을 부지했던 사람들이었다.

그런데 정규의 목숨의 위기를 이용해 복수를 하려했던 '윤○○'이 같은 놈들은 대표적인 환영형 이었다. 그는 집뒤짐을 네 번이나 다락까지 올라가 정규를 찾으려고 혈안이었다. '윤○○' 같은 놈들은 미친놈처럼 인민군을 따라 다니며 인민군에게 과거에 자기에게 악감정이 있었던 이웃을 팔아먹는 대표적인 사람이었다.

평소에는 어떤 사람인지 표시가 없던 사람들이 공산치하가 되자 여기저기서 자기의 모습을 나타내며 본색을 드러냈다. 밤벌레는 날이 어두워야 활동을 개시하듯이 그동안 움츠리고 있던 좌익이나 남로당원들은 제 세상을 만난 듯 날뛰었다. 인민군이 점령하여 세상이 바뀌니 전에 군수를 했던 사람, 병원 하는 사람 등 모두 남로당원으로 본색을 드러냈다. 세상이 바뀐 뒤에 자세히 살펴보니 임진면에도 숨어있었던 좌익들이 너무나 많았다.

처음에 정규의 매부 황대연도 좌익이었다. 그런데 황대연의 큰집 사촌형님이 그런 사실을 알고 황대연에게 노발대발을 하며 주먹으로 귀 방망이를 후려갈기면서 "이 놈의 새끼! 당장 남로당에서 탈퇴하라!"고 소리를 질렀다.

매부 황대연은 큰댁 형님에게 크게 혼나고 형이 무서워 좌익에서 즉시 탈퇴를 하였다. 매부 황대연도 그의 사촌형님이 무섭게 일깨워 주지 않았다면 좌익이 되었을 것이다. 그 당시에 좌익으로 그대로 있었다면 정규의 매부도 보도연맹으로 몰려 죽었을지 모른다. 9.28수복 후 매부 황대연은 다시 한국군에 재 입대하여 장교로 6.25전쟁에 참전하였다. 그리고 황대연은 육군 대위로 5.16혁명세력 참여 후 제대하여 혁명정부의 일원이 되었다.

종손 정규의 친구인 '황○○' 형제도 좌익이었다. 공산치하가 되고 보니 평소에 알고 지내던 주변에 많은 친구들이 모두 적이었다. 그런데 흥미로운 것은 인민군에게 점령되었을 때 김일성 환영형이 의외로 많았다. 환영형은 대부분 지하에 숨어 있던 남로당원이나 종북 좌파들이었다. 종손 정규도 적치하가 되고 보니 파주 임진면에도 그 동안 알고 지냈던 많은 사람들이 좌익들이라서 매우 당황스럽고 놀랐다. 6.25이후에는 그들은 또 좌익이었던 신분을 속이고 대한민국 정부에 오히려 더 충성하며 잘 살다가 세상을 떠났다. 그들도 목숨을 부지하기 위해 어쩔 수 없는 선택이었을 것이다. 그들 중에는 어제까지 대한청년단이었던 사람들도 인민군이 점령하자 붉은 완장을 차고 설쳐댄 사람들도 있었다. 인민군

치하에 남아 있던 사람들은 살아남기 위해 시류에 편승할 수밖에 없었다. 서울의 대부분의 사람들도 시키지 않아도 인민군이 점령했을 때 스스로 알아서 붉은 잉크와 푸른 잉크로 인공기를 그려 자기 집 대문에 달았다. 그들도 살아남기 위한 불가피한 행동이었다. 이제와 누가 그들을 잘 못된 행동이라 비난할 수 있으랴!

인공치하 90일간 보통사람들의 겉보기 삶은 전과 그대로였다. 인민군에게 점령 된 파주 임진면도 전쟁 전처럼 일상생활은 그대로 이어 졌다. 아버지 문환의 방앗간도 전처럼 돌아가고 있었다. 집에서 일하는 머슴 '임술이'도 여전히 정규네 집 주변에 있으면서 아무 일 없었던 것처럼 허드렛일을 거들었다. 드디어 인천상륙작전 성공으로 다시 국군이 북진을 하게 되자 임진면도 다시 국군에게 수복되어 이승만의 대한민국 품으로 돌아왔다. 다시 문산읍은 이승만 체제로 정상을 되찾았다. 종손 정규도 드디어 숨어 살던 처지에서 자유롭게 활동 할 수 있게 되었다. 종손 정규는 대한민국 정부에 그 동안 인공치하에 있던 행동 등 자술서를 쓰고 인정되어 검사소에 검사원으로 다시 정상근무에 복귀했다. 그러나 6.25발발 당일 인민군에게 총살된 검사소 소장은 보충되지 않고 공석인 상태로 있었다. 정규는 전쟁 전과 다름없이 차석으로 근무를 하였다. 인공치하 90일간 세상이 바뀌었다며 임진면의 주인 행세를 하던 남로당원과 좌익들은 조용히 모습을 감추었다. 그리고 검사원 정규는 다시 문산 읍내 검사소로 걸어서 출 · 퇴근을 하였다. 모든 업무가 전쟁 중이라 정상적이지는 않지만 겉보기에는 전과 다름없는 일상이 이어졌다. '달라이 라마'는 "미운 사람을 피하려고 노력하기보다 자신 안에 있는 분노나 미움을 없애는 것이 훨씬 쉬운 일"이라고 하였다. 하지만 정규는 적 치하 3개월을 보내면서 미운사람들은 피하려고 노력하여 피했으나 자신 안에 있는 분노는 삭이기 힘들었다. 다시 파주가 수복되어 정상을 되찾았으나 지난 6개월간은 정규의 삶에 많은 변화를 주었다.

4. 다시 자유를 찾았으나 더 큰 비극

1950년 9월 15일 인천상륙작전 성공으로 9월 16일 서울탈환작전으로 전환한 미군 제10군단은 연희동 방면, 마포 방면, 남산 방면 등 3개 방면에서 서울로 진출하여 시가전을 치른 끝에 9월 28일 서울을 탈환하였다. 서울은 6월 28일 공산군에게 점령되어 9월 28일에 다시 탈환 한 것이다. 이것을 9.28 서울수복이라 부른다.

종손 정규는 9.28 서울 수복으로 목숨을 부지하기 위해 숨어 지내던 지긋지긋 하던 도피생활은 끝냈다. 정규는 지난 3개월 인민군 치하를 어떻게 보냈는지에 대해 정부에 자술서를 쓰고 다시 농산물검사소의 근무가 허락되었다. 인공치하 90일간 임진면 농산물검사소는 폐쇄 되었으나 다시 파주가 수복되자 검사소는 정상적으로 재개되었다. 차석 정규는 지난 6월 홍천에 지원출장 이후 처음으로 검사소에 정상적인 출근을 하였다. 대한민국 정부에 제출한 자술서에는 6월 25일 이후 석 달 동안의 정규의 행방과 처신에 관하여 기술하였다. 정규의 자술서는 그대로 정부에 인정받아 같은 자리에서 업무를 계속할 수 있었다. 그러나 6월 25일 인민군이 문산을 점령되어 총살을 당한 검사소장은 여전히 공석이었다. 국가가 전쟁 중이라서 후임 소장의 임명 등을 할 행정적 여유가 없었기 때문이었다. 검사소 소장은 공석이고 어수선한 분위기로 정상적인 업무를 수행하기는 어려웠지만 그래도 외형적으로는 평온을 되찾았다. 전쟁 중에도 계절은 가고 농사도 계속되었고 곡물검사 업무도 여전히 중요하였다.

종손 정규는 공산치하에서 어려운 사투를 벌이다 9.28인천상륙작전 성공으로 파주는 공산치하에서 해방되었다. 역동의 땅 파주 마정은 다시 김일성 체제에서 다시 이승만 체제로 주인이 바뀌었다. 이번에는 반대로 공산치하에서 설쳐대던 지역 좌익과 남로당원들이 쫓기는 신세가 되었다. 이번에는 반대로 공산치하에서 인민군에게 부역한 사람을 찾아내 보복을 하였다. 대표적인 사건이 '보도연맹원'을 체포하여 집단 사살을 한 것이다.

삶에는 항상 '빛과 그림자'가 있듯이 자신의 운명을 미리 알 수 있다면 얼마나 좋을까? 이렇게 좌와 우가 바뀌면서 사람들의 악감정이 교차되면서 아까운 많은 목숨을 잃었다. 공산치하에서 부역을 하였던 사람들도 공산당이 좋아서 협조한 것이 아니고 자기들의 목숨을 부지하기 위하여 고육지책으로 도울 수밖에 없었던 것이다. 3년 동안 전선이 밀고 밀리면서 문산 지역처럼 이승만과 김일성이 몇 번씩 주인을 바꾼 지역에서는 좌우의 갈등으로 피해를 많이 받았다. 오랜 세월 이웃으로 함께 살아온 지역의 사람들이지만 이념적 갈등으로 서로 원수가 되었다. 평소에는 갈등을 숨기고 참고 살아온 이웃들이 전쟁이 나서 세상이 바뀌고 완장을 채워주자 그동안 억눌렸던 원한을 풀기라도 하려는 듯 이웃끼리 서로 죽이는 참극이 발생 하였다. 파주에서도 통치의 주인이 자주 바뀌는 바람에 좌우 갈등이 없을 수 없었다. 민간인은 전쟁으로 죽는 숫자보다 이렇게 자기들끼리 서로 죽이고 죽는 경우가 더 많았다. 종손 정규의 가까운 혈육들도 이러한 좌우의 갈등으로 목숨을 잃는 고통을 당해야만 했다.

김원일의 장편소설 「불의제전」의 한 장면이 이때의 상황을 아주 리얼하게 표현한 내용이 있어 소설의 일부 내용을 적어 보았다.

"지서 순경이 과거 전력이 있는 자의 명단을 작성하여 직접 나서기도 했지만 우익 단체인 대한청년단 회원, 자주통일청년단 회원, 서북청년단원을 앞장 세워 동네마다 일정한 할당을 주었다. 해방 초기 좌·우익이 뭔지도 모른 채 민족해방에 들떠 권유하는 대로 아무단체나 가입했던 경험이 있는 농민들로, 당신 전력에 문제가 있다며 윽박지르면 지레 겁을 먹고 손도장을 찍었다. 해방 직후 조국 건설에 따른 농민조합, 인민위원회, 청년동맹 주최 교양 강좌 등에 몇 차례 참석했건, 남한 전역을 휩쓴 '추수봉기' 행진에 줄을 섰어도, 당신이 과거 그런 일 했지 않느냐는 넘겨짚기에 놀라 보도연맹에 가입하기도 하였다."

이와 같이 보도연맹을 만든 취지는 대한민국 정부에서 공산주의 확산을 막는다는 명분으로 제정된 국가보안법의 시행에 따라 추진되었다. 문제는 이들 20만 명에 달하는 국민보도연맹원이 전쟁이 터지자 가장 먼저 '내부의 적'으로 간주돼 대부분 처형을 당했다는 것이다. '보도연맹원' 모집은 주로 좌익 경험이 있는 자들이나 사상범을 대상으로 하였지만 실제로는 관련이 없는 사람도 많았다. 당시에 공무원들은 자기의 실적을 높이기 위해 "보도연맹에 가입하면 쌀, 식량 등을 배급해준다"고 선전했고, 실제로 배급이 원활하게 이루어졌기 때문에 사상에 관계없이 식량 배급을 받기 위해 보도연맹원에 등록한 양민들이 많았다. 아마 이런 경우들로 해서 어느 집안 없이 보도연맹원에 가입하여 억울한 죽음을 당한 사람들이 많았다. 재판도 없이 마구잡이로 죽은 이들의 유가족은 인민군이 다시 점령하자 보복에 나서고, 다시 국군이 들어오자 역 보복이 시작되면서 이 땅의 비극이 시작되었다. 이런 비극은 남한 땅 어느 시골마을도 예외가 아니었다. 종손 정규네 집안에도 이런 비극에서 예외가 아니었다.

종손 정규의 누이동생 순규는 21살에 20살의 '최○'이라는 사람과 결혼을 하였다. '최○'은 명문 해주최씨의 후손이었고 동국대학교 재학생이었다.

정규의 누이동생 순규가 '최○'이라는 청년과 결혼을 하고 보니 그 집안사람들이 모두가 남로당에 가입하였던 남로당원 이었다. 순규의 시집은 고양 덕이리에 살고 있었는데 시아버지는 한의사였다. 순규의 남편은 3형제 중에서 막내였다. 그의 맏형은 초등학교 교감이고, 둘째 형은 중학교 선생이었다. 그런데 3형제뿐만 아니라 시아버지도 그의 4촌 4명도 보도연맹원 이었다. 정규의 매제 '최ㅇ'이 살고 있던 곳 고양군 덕이리(지금의 일산 덕이동)는 당시에 좌익들의 소굴이었다. 고양군 송포면 덕이리에 있는 '이산포'는 지형이 서해안으로 들어오는 남로당의 접근이 용이하고 한강과 임진강이 만나는 곳이기 때문에 정부로부터 남로당의 소굴로 지목받고 있던 동네였다. '덕이리'에는 해주 최씨 가문이 집단으로 모여 살고 있었는데 그들 모두가 남로당원 이었다. 물론, 순규가 결혼한 남편을 비롯해 한의원을 하던 순규의 시아버지도 남로당원 이었고 그의 4촌 형제 등 집안 모두가 남로당의 좌익 집안이었다.

어느 날 시집 간지 얼마 안 된 누이동생 순규는 오빠 정규에게 "대구에서 남로당 활동을 하고 있는 가족을 데리고 와야 한다"고 하였다. 당시는 위험한 시기라서 여동생 순규를 혼자 보낼 수 없어 정규가 동생과 함께 동행하여 대구 칠성동에 가서 남로당 활동을 하고 있던 시동생을 집으로 데려 오기도 하였다. 당시에 대구는 남로당원 활동이 극심한 지역이었다. 6.25때 이승만 대통령이 부산으로 피난 갈 때에도 대구의 남로당 때문에 위험하여 대구를 경유하는 경부선을 이용하지 않고 목포로 내려가 남해안으로 배를 이용해 돌아서 부산으로 갔다고 한다. 이와 같이 순규의 시집 가문은 오래전부터 모두 남로당에 깊이 관여 하고 있었다. 당시에 순규의 남편은 대학 재학생이고 어리지만 남로당에서 중책을 맡고 있었다. 순규의 남편은 신혼 초에 대한민국 정부에서 감시가 강화되고 신변의 위험을 감지하자 몰래 잠적하여 순규는 독수공방 생활을 하고 있었다. 순규는 시집을 가보니 남로당원 집안이었고 이로 인하여 마음고생을 많이 하였다. 신혼 초에 순규의 신랑이 당국의 눈을 피해 잠적하여 버렸다. 순규는 남로당 간부의 부인이라는 신분 때문에 1.4후퇴로 전황이 불리해 지자 가족들도 불순세력인 빨갱이로 간주되어 위험에 직면하기도 했었다. 다행히 사상분류 과정에서 순규를 심사하던 경찰책임자가 정규의 동창이어서 가까스로 죽음의 문턱에서 구해 주었다.

국군이 고양과 파주지역을 수복한 이후 1950년 10월 초부터 고양경찰서의 지휘·감독을 받던 치안대는 지역 주민 중 인민군 점령시기에 부역한 혐의 있는 사람과 그 가족을 연행 한 것이다. 이때에 정규의 친구는 덕이리를 관할하던 '송포면' 지서장으로 부임해 있었다. 그는 정규의 학교 동창이었지만 정규보다 나이가 3살이나 많아 일본군에 갔었고, 왜놈 군조출신으로 남양군도 전쟁에도 참전했던 사람이었다. 대한민국 정부는 정규 친구의 이런 왜놈 군대 경력을 인정하여 남로당과 좌익의 활동이 가장 심했던 고양군 송포면에 적임자로 배정하여 덕이리에 와 있었다.

당시 경찰 치안대는 송포면 구산리 인근 주민들을 가좌리 양곡창고 등에 가두었고, 송포면 덕이리 주민들은 치안대 사무실에 구금하였다. 이때 순규는 덕이리에 살고 있었고 남노당원 가족이었기에 빨갱이로 간주되어 경찰 치안대에 끌려갔다. 이때에 경찰치안대는 보도연맹원으로 분류된 사람들을 분류하여 그 해 10월 중순과 하순경 이산포 나루터 등 한강변에서 집단으로 사살하였다. 정규의 누이 동생 순규도 하마터면 덕이리 주민들 중 좌익으로 분류되어 새벽구덩이에서 사살을 당할 뻔한 아슬아슬한 순간이었다. 성석리 주민들은 귀일 안골 뒷골 계곡에서, 현천리 주민들은 다락고개와 공동묘지에서, 화전리 주민들은 뒷산 계곡에서 집단 사살되었다. 다행히 순규는 정규의 학교 동창이었던 '박○○'에게 발견되어 보도연맹원 상상 분류시 총살명단에서 제외되어 참변을 모면 할 수 있었던 것이다.

당시에 정규의 누이동생 순규는 시집간 신랑 집안이 모두 과거 남로당원이라는 것 때문에 모두 보도연맹원으로 분류되어 있었고 그 집안으로 시집간 정규 동생 순규도 가족이므로 당시에는 보도연맹원으로 간주하였다. 당국에서는 전쟁 상황이 불리해지자 적에게 점령 되었을 때 부역할 가능성이 있다고 판단하여 보도연맹원 중에서 가능성 있는 사람들을 선별하여 사전에 제거하기 위해 사상분류를 하였던 것이다. 이러한 상황에서 '박ㅇㅇ'이 정규의 여동생을 발견했던 것이다. 정규의 친구는 보도연맹원을 색출하여 총살시키라는 명령을 받고 이들을 분류·심사하는 과정에서 우연이 정규와 이름이 비슷한 이순규를 발견했던 것이다.

그는 이순규를 대면하자 어쩐지 이름이 친구인 이정규와 비슷하여 "이정규와 이순규 이름이 비슷한데, 너 이정규를 아느냐?" 하고 물었다.

순규는 "이정규는 저의 오빠입니다" 하고 대답 하였다.

그랬더니 정규의 친구는 곧바로 순규를 다른 줄에 앉게 하고 죽음의 위기에서 구해 주었다. 순규는 절체절명의 순간에 오빠 친구를 만나 천행으로 목숨을 구한 것이다.

이때의 정규의 누이 순규가 겪었던 사건은 전쟁이 끝나고 오랜 시간이 지난 뒤에 국가에서 진상조사를 하였던 사건이기도 하다. 진상조사에 의하면 덕이리 사건은 6.25전쟁 중 대한민국 치안대에 의해 집단 사살된 사건이었다. 1950년 한국전쟁 중 9.28 수복 후 1950년 10월 한 달 동안 고양경찰서의 지휘, 감독을 받던 치안대에 의해 송포면의 구산리, 덕이리 등에서 이범인 등 26명을 포함하여 240명의 주민들을 부역혐의자 또는 부역혐의자의 가족이라는 이유로 한강변 등에서 집단 사살하였다. 국민보도연맹은 1949년 4월 좌익 전향자를 계몽·지도하기 위해 조직된 관변단체이지만, 6.25전쟁이 발발하자 정부는 보도연맹원 등을 곧바로 소집·구금하였고, 전쟁의 상황이 불리해 지자 국군이 후퇴를 하면서 이들을 집단학살했던 사건이다. 이는 정부가 위험인물로 분류해오던 '보도연맹원'을 연행해 법적 절차도 없이 살해했다는 점에서 '즉결처형' 형식을 띤 정치적 집단 학살이었다. 종손 정규의 누이동생 순규는 오빠 친구를 만난 덕분에 구사일생으로 목숨을 구했지만 많은 사람들은 영문도 모르고 죽었다. 그러나 정규의 누이동생 순규가 시집가 보니 신랑 집안은 모두 보도연맹 출신이었다. 순규의 시집에는 남편의 3형제와 그의 사촌 형제들도 이때에 모두 희생되었다. 그들은 사상이라는 것도 모르면서 한때 남로당원에 가입 하였다. 정부 수립 이후에 과거 남로당에 가입하였던 사람들은 모두 전향서를 쓰게 하고 '보도연맹원'으로 가입하도록 하였다. 결국 대한민국정부에 협조하여 전향을 인정하는 의미로 보도연맹에 의무적으로 가입하였지만 이것이 빌미가 되어 온 가문이 멸문을 당하고 정규의 누이동생 순규에게 크나 큰 고통을 주었다.

정규의 사촌 동생도 인공치하 90일 동안 부역혐의자로 지목되어 대한민국 경찰에게 목숨을 잃었다. 정규의 사촌동생은 일제강점기 개성상업학교를 다닐 때 남로당에 가입되어 남로당원이 되었다. 남로당은 남조선로동당을 줄여서 부르는 말인데, 1946년 11월23일 서울에서 조선공산당, 남조선신민당, 조선인민당의 합당으로 결성된 대한민국의 공산주의 정당이었다. 당시에는 지식인들이 남로당에 많이 가입을 하였다. 그러나 정규의 사촌동생은 대한민국 정부 수립 후 남로당에서 탈퇴를 하였다. 그리고 대한민국 정부의 권유로 전향서를 쓰고 보도연맹원이 되었다. 당시에 보도연맹은 남로당에서 탈퇴하여 전향한 사람들을 보호하기 위해 만들어진 단체였다.

6.25가 발발하고 하루 만에 인민군은 파주를 점령했다. 그 때 김일성은 점령지에서 많은 과거 남로당원 전력이 있는 사람들을 이용하여 조직을 장악하려고 했다. 파주를 점령한 인민군은 영규의 개인 의사와는 관계없이 과거에 남로당원이었다는 전력으로 원하지 않았지만 문산초등학교 교장에 강제로 임명했다. 전쟁 중에 총 든 점령군이 강제로 시키니 어쩔 수 없이 따를 수밖에 없었다. 그러나 국군이 9.28수복으로 파주를 다시 탈환하자 인공치하 90일간 초등학교 교장을 한 것이 문제가 되었다.

김일성은 6.25발발 시 남한을 갑자기 점령하자 자기들의 부족한 병력을 투입하기 위해 젊은이들을 의용군이라는 이름으로 강제로 징집하였다. 김일성은 전시동원령을 내려 19세~37세의 청년은 보이는 족족 '의용군'으로 강제 징집하여 최전선인 낙동강 전선으로 내몰았다.

심지어 19세 미만의 중학생들까지 강제로 동원해 갔다. 종손 정규도 의용군에 나가라는 강요를 수없이 받았다. 그러나 종손 정규는 "사촌동생이 남로당원이고 문산초등학교 교장"이었기 때문에 믿는 데가 있어 의용군에 나가라는 것에 지원하지 않고 버틸 수 있었다. 정규가 의용군에 지원하지 않아도 정규의 사촌동생이 남로당원 이고 점령군에게 인정받아 문산초등학교 교장을 역임하고 있으니 동생을 봐서 더 이상 강요하지 못하리라고 믿고 응하지 않았다. 하지만 정규 주변의 많은 친구들은 이들의 강요에 결국 못 이겨 어쩔 수 없이 의용군 나갔다가 돌아오지 못하였다. 9.28 인천상륙작전 성공으로 다시 국군이 임진면을 탈환하고 수복되자 이번에는 김일성 점령 시 부역했던 사람들이 표적이 되었다. 파주와 같이 점령군의 정체성이 여러 번 바뀐 곳에서 이 같은 현상은 피할 수 없는 결과였다.

종손 정규의 사촌 동생도 인민군이 파주를 점령하고 과거 남로당의 전력을 들추어 초등학교 교장을 강제로 지목하여 시키니 불가항력으로 따랐을 뿐이다. 이러한 정황으로 정규의 사촌동생은 자신이 크게 잘못한 게 없다고 생각하고 있었기 때문에 국군이 들어왔을 때도 몸을 피하지 않고 집에서 있다가 경찰에게 잡혔다. 초등학교 교장이 무슨 정치적인 보직도 아니라고 생각하여 정규의 사촌동생은 자신에게는 아무 잘못이 없다고 고집을 부렸다.

그렇지만 대한민국 경찰은 사촌동생을 부역자로 간주하였다. 결국 그는 경찰에게 부역혐의로 총살을 당했다. 정규는 사촌동생이 우선 위험한 기간은 피해 있으면서 그동안의 상황을 자세히 소명 하였다면 이런 참변은 막을 수도 있었을 것으로 생각하고 있다. 정규의 작은아버지 명환은 아들의 죽음을 가슴 아파 하다가 화병으로 돌아가셨다. 정규는 사촌 동생의 죽음을 막지 못한 것이 한없이 아쉽고 한스러웠다. 이와 같이 6.25전쟁과 사회적 혼란기의 최대 피해자는 전장에 있는 군인이 아니라 후방에 있었던 민초들이었다.

파주 임진면은 6.25전쟁 중 전략적으로 중요한 지역이고 밀고 밀리면서 땅의 주인이 네 번이나 바뀌었다. 이러한 상황에 많은 사람들이 약삭빠르게 처신하여 목숨을 보전하였다. 파주는 임진강만 건너면 바로 하루 만에 점령당하는 지역이고 주인이 여러 번 교차되니 특이한 경우도 있었다.

1950년 6월25일은 일요일이고 하루 만에 점령되어 외출나간 장병은 부대로 복귀할 수 없는 사람은 각자 알아서 후퇴하여 남쪽으로 내려가다 부대로 복귀한 사람도 있는 등 각양각색으로 대응하였다. 그렇다면 휴가를 안 나간 장병은 부대와 함께 남쪽으로 후퇴를 했어야 하는데 일부는 반대로 북쪽으로 자동차를 타고 황해도 사리원에 있는 '이북인민훈련소'에 입대하여 인민군이 되어 참전한 사람들이 많았다. 그러다가 인민군 전세가 불리해지자 북으로 후퇴를 해야 하지만 또다시 인민군에서 이탈하여 파주 지역에 피신해 숨어 있다가 다시 국군이 들어 왔을 때에 한국군에 재입대하여 군복무를 마친 사람들도 허다히 많았다. 밀고 밀리는 전세를 이용하여 상황에 따라 이로운 편에서 약삭빠르게 처신한 사람들도 많았다. 이렇게 상황에 따라 뻔뻔하게 처신하며 목숨을 보존한 사람들도 많은데 정규의 사촌동생은 너무나 고지식하게 처신하였던 것 같다. 이렇게 자신을 굽힐 줄 모르는 것은 정규의 집안의 내력인 것도 같다.

파주에는 6.25전쟁 중 전황에 따라 적당히 처신한 사람이 여럿 있었다. 그들은 6.25남침 당일 고랑포로부터 점령해온 인민군 세상이 되어 의용군에 징집되어 황해도 사리원에서 인민군교육을 받았다. 그는 인민군으로 1.4후퇴 때 남쪽으로 공격해 오는 인민군속에 있다가 그의 고향인 파주지역에 와서 인민군 대열에서 도망쳐 숨었다. 그러다 평택까지 밀려가던 국군이 다시 반격하여 파주를 점령하고 증원병을 소집할 때 그는 다시 한국군에 입대하여 휴전 후에 제대한 사람들이다. 이런 사람들은 자기의 안위를 위하여 유리한 쪽에 붙어서 목숨을 보전한 사례들이다. 이와 같이 정규의 사촌동생도 적당히 위기를 피하여 목숨을 보전하였다가 적당한 시기에 적절히 소명하였다면 무사하였을 것이다. 정규의 사촌동생은 남을 속일 줄도 모르고 오직 자기의 마음만 믿었다가 화를 당했다. 정규의 사촌동생은 자기 결백만 믿고 고지식하게 대처하여 죽음을 맞았는데 두고두고 생각해도 참으로 안타까운 일이었다.

6.25전쟁 중 이와 같은 보도연맹원 집단 살해사건은 대한민국 정부가 단순히 보도연맹이란 집단 내에 있었다는 이유만으로 민간인을 마구 죽인 끔찍한 학살이자 전쟁 범죄였다. 6.25전쟁 전에 대한민국 공무원들은 보도연맹 가입에 실적을 올리기 위해 공산주의자가 아니었던 사람들까지 무리하게 가입시켰기 때문에 실제 구성원들은 이념과는 상관없는 사람들이 많았다. 정규의 사촌동생도 억울하게 총살당한 보도연맹원의 한 사람이었다.

당시 전국적으로 10만 명에서 30만 명, 혹은 그 이상의 민간인이 학살 된 것으로 추정된다. 보도연맹 사건은 20세기 한국사에서 지워질 수 없는 비극적 사건임에 틀림없다. 종손 정규의 사촌동생의 죽음도 지울 수 없는 가문의 비극 이었다. 정규의 고모부도 보도연맹으로 분류되어 한국 경찰에게 백학다리 부근으로 끌려가 총을 맞았는데 다행히 총알이 빗나가는 바람에 목숨을 구했다. 6.25 전쟁에서 거의 모든 가족들이 피해를 입었듯이 정규의 집안도 예외가 아니었다.

이와 같이 6.25전쟁은 남북의 군인들이 전장에서만 싸운 것이 아니라 후방에 있는 민간인들은 "사상이 좌익이냐? 혹은 우익이냐?" 편을 가르면서 싸웠다. 당시에 정규는 대한민국 공무원으로 있었고, 매부 황대연은 한 달 전까지 군인 출신이었으며 정규의 막내 삼촌 장환은 대한청년단 부단장이었다. 이러한 이들의 신분은 6.25발발 후 김일성이 점령한 공산치하 파주에서 목숨부지가 어려웠던 사람들이었다. 그러나 이들은 인민군 치하 3개월 동안 정규의 사촌동생이 좌익으로 활동하고 있었기 때문에 이들의 안전이 보장되었던 것으로 정규는 생각하고 있다. 위기의 상황에서는 피는 물보다 진한 법이다. 미국의 소설가 '너새니얼 호손'의 대표작 「주홍글씨」에서 "인간을 얽매는 굴레는 씌웠지만 따지고 보면 완벽한 사상은 없다"고 하였다. 정규의 사촌동생도 마찬가지로 사상이라는 굴레를 쓴 것이라 생각한다. 어쩌면 집안의 안전을 위해 혼자 희생 된 것인지도 모른다. 6.25전쟁 때 아버지가 동네에서 반장, 이장만 하였어도 아버지의 안전을 보장받기 위해 아들이 스스로 의용군에 자진 입대하여야만 무사할 수 있었던 상황이었다. 정규의 사촌동생에게 좌익의 사상 책임을 물어서 죽음으로 내 몰았다. 그렇지만 그는 "정말 좌익 이었을까?" 적치하에서 가문의 안위를 지켰던 "파수꾼은 아닐까?"를 다시 생각하게끔 한다.

이러한 갈등은 전쟁이 끝난 후에도 그 상처의 흔적은 오래도록 남아 이들을 괴롭혔다. 물리적으로 국토가 황폐화되고 기반시설이 파괴되어 경제적으로 고통을 받는 것뿐만 아니라 눈에 보이지 않는 무형의 '트라우마'가 남아 사람들의 일생동안 그리고 그 후손에 이르기까지 건강하지 못한 사고방식이 뿌리 깊게 내려버렸다.

이러한 생과 사를 넘나들던 공포의 기억들은 많은 세월이 지났지만 여전히 지워지지 않는 화석이 되어 굳어지고 말았다. 땅의 주인이 몇 번 바뀌면서 힘의 논리에 굴복해야만 목숨을 부지 할 수 있었던 경험들은 지금까지 전해지면서 힘을 가진 권력자에게 동조하는 것이 옳다는 생각을 가지게 되었다.

왜냐하면 힘을 가진 자만이 목숨을 부지하게 만들 수 있었던 아픈 경험의 소산이 지금까지 삶과 생각을 지배하는 DNA가 되었다.

5. 아주 추운겨울 기약 없는 피난길

중국 역사의 최소 3분의 1, 로마제국 역사의 절반 이상은 전쟁 중이었고 1776년 수립된 미국이 지금까지 전쟁을 벌인 시간은 100년이 넘는다. 지금도 전쟁은 진행되고 있다. 전쟁이 있는 곳에서는 언제나 피난민이 있었다. 후한 말 삼국이 힘을 겨룰 때도 피난민이 있었고 가까운 조선왕조의 임진 난리나 병자호란 때도 피난민은 있었다. 전쟁의 경우마다 피난의 이유도 조금 씩 달랐다. 그렇지만 목숨을 부지하기 위한 것에는 목적이 같았다. 옛날 전쟁에서는 적에게 잡히면 현재의 신분이 박탈되고 노예가 되거나 죽음을 당하거나 했기 때문에 전쟁을 피해 도망을 갔다. 1950년 한국전쟁 당시에 대규모 난민이 발생하였다. 대부분의 피난민들은 부산을 비롯한 한반도 남쪽 지역으로 몰려들었지만 해외로 떠난 이들도 있었다. 많은 인물들이 당시 가까운 일본이나 우방국 미국, 또는 제3국으로 택했고 유럽으로 흘러들어가기도 하였다.

하지만 정규의 가문과 같은 일반 민초들은 그저 전쟁터를 벗어나기 위하여 몸을 피하여 피난민이 된 것이다. 특히 정규의 고향 파주 마정은 6.25전쟁 당시 남북의 이익이 첨예하게 교차되는 지역으로 격렬한 격전지가 될 가능성이 예상 되었기에 반드시 그 전쟁구역을 피하여 다른 안전한 곳으로 피난을 가야만 했다.

　6.25전쟁 당시에는 자기가 알아서 피난을 갔지만 피난민은 당연히 대한민국 법에 따라 지위를 인정받아 정부가 보호를 해 줘야 할 일이었다. 현재도 대한민국 법에 따르면 북한 이탈자 주민은 대한민국 헌법상 대한민국 국민이므로 난민이 아닌 특수 지위에 따른다. 정확히 말하면 북한 주민은 다른 나라 국민이 아니라 그냥 대한민국 국민이다. 즉 북한 주민은 원래부터 대한민국 국민인데 조선민주주의인민공화국을 참칭하는 반란군의 손아귀에 있을 뿐이다. 그러므로 6.25당시에도 피난민은 대한민국이 피난도 시키고 했어야 하지만 워낙 준비가 안 되어 있어 국민들이 각자 알아서 피난을 하였던 것이다.　6.25때는 두 번의 대규모 피난이 있었다. 1차 피난은 전쟁발발과 함께 시작된 피난인데 이때에는 정규의 집이 있는 파주가 하루 만에 점령되어 피난을 갈 수가 없었다. 그래서 공산치하 90일을 가족 모두 겪은 것이다. 다음은 중공군 참전으로 인해 이북과 서울, 경기, 충청지역 주민의 대규모 피난을 '2차 피난'이라 한다.

　종손 정규네 가족이 피난한 1.4후퇴 시 피난은 역사에서는 '2차 피난'이라고 하였다. 여기에서 1차 피난은 남한 사람만 피난했는데, 2차 피난은 남한 지역 주민뿐만 아니라 38선 이북 주민들까지 피난을 하였고 많은 피난민 대부분이 피난 지역에 정착하였다. 정규의 집안도 파주 마정이 휴전선 군사분계선으로 민간통제 지역으로 설정되었다면 고향을 잃고 충남 논산에서 그대로 살 수밖에 없었을 것이다. 정규의 집안이 전쟁이 끝난 후에도 피난지에서 귀환이 늦었던 것도 미군들이 이 지역을 통제하고 있었고 민간인 통제가 해제된 것이 휴전되고 1년이 지난뒤였기 때문이다.

　1.4후퇴 당시 종손 정규의 집이 있는 마정은 격전지가 될 가능성이 있는 지역으로 가족의 안전을 위해서는 불가피한 선택이었다. 물론 종손 정규가 현직 공무원이었고 파주가 다시 점령되면 곤란하고 적에게 점령되면 다시 또 국군에

의해 수복된다는 확신도 할 수 없었다. 1.4후퇴 당시 파주 마정에 살고 있던 정규 집안은 부모님 두 분과 4살 윤종과 2살 한종이 있었고, 여동생 복규, 동생 현규가 경기공업 2학년, 막내 석규가 초등학교 4학년 등 9명 이었다. 당시에 아버지 문환이 40대 중반으로 고령의 부모님은 계시지 않아 가족 모두 함께 떠날 수 있었다. 고령의 부모님이 계시는 집안은 부모님 때문에 모두가 피난을 함께 갈 수 없는 집안들도 많았다.

종손 정규는 인공치하 90일 동안 피난을 가지 못해 죽음의 공포 속에서 지냈다. 유엔군의 9.28인천상륙작전 성공으로 공산치하에서 해방되어 파주는 다시 자유를 얻고 일상을 되찾았다.

정규와 함께 숨어 지내던 둘째 매부 황대연도 제대를 한지 4개월 정도 지났지만 9.28수복 후 한국군에 다시 입대를 하였다. 둘째 매부 황대연은 헌병에서 제대하여 한 달 만에 6.25가 발발하였고 파주가 하루 만에 인민군에게 점령되어 정규와 함께 김일성 치하 90일을 숨어서 보냈다.

국군이 수복 후 정규도 농산물검사소가 있는 문산읍으로 다시 출퇴근을 하였다. 정규의 가족들도 전쟁 전과 다름없이 각자가 자기의 일을 하고 있었다. 전쟁은 치렀지만 가을걷이 농사도 여전히 거두어들일 수 있었다.

국군과 유엔군은 1950년 10월 1일 38선을 돌파하여 계속 북진을 하고 있었다. 10월 10일은 원산을 탈환하고, 10월 26일에는 압록강 초산에 도달하였다. 11월 21일 미군 제10군단이 두만강 혜산진에 도달하여 곧 통일을 눈앞에 두는 듯하였다. 정규는 남북의 통일을 예상하며 전쟁이 곧 끝나리라는 기대를 하며 매일매일 일상을 보내고 있었다.

당시에는 매스컴에서 가장 중요한 뉴스가 그날의 전쟁 상황이었다. 그러나 1950년 12월 중순, 전황이 점점 불리해져 파주의 주민들은 다시 크게 술렁이기 시작했다. 승승장구, 북진을 계속하던 국군과 유엔군이 중공군의 대량 개입으로 전황이 역전되어 급기야 12월 4일에는 평양을 철수했고, 전선은 38선을 향해 밀려 내려오고 있었다. 동부전선에서 전설적인 흥남철수가 이루어진 것이 12월 15일 이었다.

1950년 12월 24일, 이승만 대통령은 중공군의 진격에 대비하여 서울 시민의 피난을 공식 지시했다. 여기에는 한강 이북지역인 경기도 파주지역의 피난도 포함 되어 있었다. 1950년 12월23일에 사회부 장관에 임명된 허정은 유엔군이 평양을 포기했던 12월 중순 이후, 정부에 피난을 권고하였다. 전황이 더욱 불리해 지자 정규가 근무하고 있던 농산물검사소에도 피난 갈 준비를 하라는 연락이 왔다. 전쟁에 이겨 곧 끝날 줄 알았는데 다시 피난 짐을 싸야 한다는 게 답답하기만 하였다. 하지만 다시 국군이 반격을 하지 않을까 마음을 졸이며 소식을 기다리고 있었다.

그러나 전쟁의 상황이 점점 나빠져 정부는 다시 서울을 비우고 남으로 후퇴를 결정 하였다. 1951년 1.4후퇴기의 피난 이유는 중공군을 피하고, 그리고 미군의 폭격과 공습을 위해서는 국군과 미군을 전선에서 빼내기 위해 '강제 소개령'을 발령 하였다. 종손 정규가 살고 있는 파주 마정도 그대로 남아 있을 경우 이런 싸움판 속에 있게 되어 폭격과 공습으로 안전이 보장되지 않는 지역이었다. 더구나 종손 정규는 북괴군의 기습 6.25남침으로 파주가 적에게 점령되어 90일을 공산치하에서 보냈던 고통을 다시 겪을 수는 없었다.

정규는 매일 출근을 하였으나 사무실에서 일이 손에 잡히지 않았다. 직원들도 시간만 되면 삼삼오오 모여 또 다시 후퇴를 해야 하는 불안감으로 대책들을 서로들 대화하고 있었다. 정규는 공무원이라서 전쟁의 상황 등을 일반인 보다 더 정확하게 들을 수 있었다. 들려오는 소리로는 중공군의 '신정공세'로 유엔군의 서울 철수가 시간문제라는 것이었다. 정규의 가족들도 피난을 가야하므로 모두들 초조하고 불안하게 하루하루를 보내고 있었다. 그러나 전세는 더욱 불리하여 국군이 후퇴를 계속하여 다시 정부는 서울을 버리고 남으로 옮기었다. 그 때를 1.4후퇴라고 하였다.

1.4후퇴는 글자 그대로 1월 4일이다. 우리나라는 일 년 중 1월 1일부터 1월 10일이 가장 추운 기간이다. 일 년 중 가장 추운 계절에 정규의 전 가족은 국군을 따라 남쪽으로 피난을 떠나야만 했다. 왜 전쟁 중 피난길은 춥거나 장마 때라서 민초들을 힘들게 하는지 모르겠다.

임진왜란 때 임금이 의주로 피난 가실 때도 장대비가 쏟아지는 칠흑 같은 밤에 화석정 앞 임진강을 건넜다. 병자호란 때도 인조는 눈밭을 추위에 떨며 남한산성에 들어갔다. 병자호란도 가장 추운 12월 28일부터 다음해 2월 24일까지 남한산성에서 추위로 고생을 하였다.

역사는 다시 흘러 1951년 1.4후퇴도 역시 추운 한겨울이었다. 1.4후퇴는 수많은 사람들이 자유를 찾아 남으로 떠나는 '한국판 엑소더스'였다. 1.4후퇴 시 김일성을 피해 남으로 피난한 사람은 480만 명 이었다. 세계적으로도 이렇게 많은 인원이 피난을 떠난 적은 거의 없을 것이다. 그 당시만 해도 온 가족이 단체로 여행을 다녔던 경험이 없었고 많은 식구들이 피난을 가려하니 무엇을 어떻게 해야 할지 전혀 대책이 없었다. 피난 생활이 얼마나 길어질 것인지 예상을 할 수도 없었다. 하지만 피난 가는 많은 사람들은 며칠 정도만 전쟁을 피해 있으면 될 만큼 살림을 준비하여 정처 없이 떠났다.

역사는 1.4후퇴January-Fourth Retreat를 제3차 서울전투Third Battle of Seoul라고도 한다. 1950년 12월경부터 이듬해인 1951년 1월 초 사이에 중국공산당에서 파견한 중국인민지원군의 공세로 국제연합의 주력이 서울에서 물러나고 공산당이 서울을 재점령한 사건을 말한다. 서울이 1월 4일 점령되었으므로 종손 정규의 가족도 이 시점에 맞추어 피난을 떠났다. 뒤에서 따라오는 인민군을 피해 떠나려는 마음이 급하기만 했다.

유엔군은 1951년 1월 7일에는 평택-제천-삼척선까지 후퇴를 하였지만 결국 이 전선에서 중공군의 공세를 저지하는데 성공하였다. 따라서 종손 정규의 가족이 피난 간 논산지역은 안전하였고 그곳에서 전쟁이 끝났고 1년이 지날 때까지 정착하게 되었다. 50년 전 정규의 고조부 봉현이 손자인 종림까지 데리고 3대가 빈손으로 파주 장산리에 정착을 하였는데 이번에는 전쟁으로 문환이 3대를 이끌고 논산에 임시거처를 정한 것이다. 역사는 반복된다고 하는데 반세기 만에 정규네 가문은 다시 3대가 기약 없이 피난지로 충남 논산에 정착한 것이다. 이후에도 전쟁은 파주 북쪽에서 밀고 밀리는 상황이 18개월 동안이나 계속 되었다. 정규의 아버지 문환은 파주가 또 언제 적에게 점령 될지 알 수가 없으니 전쟁이 완전히 끝나기 전에는 섣불리 돌아 올 수도 없었다. 더구나 파주 임진면은 전쟁이 끝나고 1년이 지난 후에야 민간인 통제가 허락되었던 지역이다.

1.4후퇴 당시 종손 정규는 문산농산물검사소에 근무하고 있었다. 정규는 전방의 전황이 점점 나빠지고 있어 피난을 가야 할 상황이라는 것은 예상하며 계속 긴장을 하고 있었다.

문산농산물검사소 소장은 공석이고 차석인 정규가 모든 것을 결정해야 했다. 정부에서는 피난을 갈 가족은 문산역에서 마지막 열차를 타야 한다며 마지막 피난 열차의 떠나는 시간을 최종으로 알려 주었다. 정규네 가족도 피난 떠날 준비를 하여 문산역으로 나가 마지막 기차를 타기로 결정 하였다. 정규의 작은아버지 명환의 가족은 따로 피난을 떠나기로 하였다. 문산읍에 살고 있는 정규의 막내 삼촌은 정규네 가족과 함께 마지막 기차를 타기로 하였다. 그래서 정규 가족의 피난 대열은 문산역에서 막내 삼촌 가족과 합류하였다.

파주 마정 집은 정규의 조부 종림이 독개벌 공사 후 금융 빚 대납하여 받은 집으로 이곳으로 이사 와서 24년째 살아오던 곳이다. 정규네 온 가족은 정들었던 마정 집을 떠나 걸어서 문산역으로 향했다. 피난 대열은 정규의 부모님과 동생들 그리고 아내 성연과 어린 두 아들 이었다. 무엇보다 발을 열차 사고로 다친 정규의 어머니와 정규의 어린 두 아들도 피난 대열에 함께하고 있어 처연함을 더하였다. 그해 겨울은 유난히 추운 겨울이었다. 전장을 피해 안전한 곳으로 피난을 떠나려니 무엇을 가져가야 할지 몰라 대강 필요한 물건만 챙겼다. 겨울철이라서 무엇보다 추위를 견디려면 옷을 단단히 챙겨 입어야 했다. 마정 집에서 문산역까지 가는 거리가 십리 정도인데 더디기만 하였다. 발이 불편하신 정규의 어머니는 걸음을 제대로 걸을 수 없었다. 정규의 아내 성연은 등에는 두 살배기 한종을 업었고, 4살짜리 윤종은 손을 잡고 걸었다. 마정 집에서 문산역으로 가는 길은 앞으로 가야할 머나먼 피난길의 고통에 비하면 고생이라 할 수도 없었다. 정규의 가족들은 피난을 어디로 가야 할 목적지도 없었다. 전쟁의 결과가 어떻게 진행될지 알 수가 없었기 때문이었다. 국군을 따라 그저 남쪽으로 가야만 했다. 하루속히 국군이 반격하여 다시 고향으로 돌아 올 날을 바랄뿐이었다. 지난해 6월, 인민군이 갑자기 하루 만에 파주를 점령하여 갇히는 꼴이 되어 숨어서 목숨을 보전하였던 정규는 이번에는 국군을 따라 반드시 남으로 가야만 하였다. 이번에도 문산이 점령되면 지방 빨갱이들의 행패가 눈에 보이기 때문이다. 실제로 이렇게 주인 반복해서 바뀌는 지방에서는 좌우간에 갈등으로 죽고 죽이는 참극이 수없이 벌어졌다.

정규는 피난 가던 날 한 가족처럼 살았던 종 임술이의 모습을 잊을 수가 없다. 정규네 가족이 피난을 가는 길에 임술이도 함께 데리고 갈 여력이 없어서 마정에 혼자 남게 둘 수밖에 없었다. 정규의 가족과 함께 따라가지 못하고 헤어져 혼자 남게 된 임술이는 서러워 울고 있었다. 종손 정규는 70년이 지났지만 아직도 피난으로 헤어질 때의 임술이 모습이 생생하다. 임술이는 임술년에 태어나 그렇게 이름을 지었다. 임술이는 한 가족처럼 정규네 집에서 허드렛일을 도와주며 함께 살았다. 전쟁이 끝난 후에 마정에 다시 돌아와 보니 임술이는 영영 보이지 않았다. 지금도 혼자 두고 간 당시의 임술이 모습을 생각하면 마음이 아프다.

다산 정약용이 정조가 죽고 정권에 희생되어 귀양길에 온 가족이 헤어지면서 남긴 시詩에 형제들의 이별하는 장면이 1.4후퇴 때 정규의 가족들이 정든 마정 집을 떠날 때 모습을 연상하게 한다.

정약용의 가문은 당시에 파문이 되었고 형제들의 귀양지도 각자 달랐다. 서울 남대문 남쪽 3리 지점인 '석우촌'이라는 마을까지는 형제들이 함께 걸어갔다고 한다. 이들 형제가 고향집을 떠나는 쓸쓸한 모습과 정규네 가족이 문산역으로 향하던 모습과 다르지 않았을 것 같아 당시의 분위기를 적어 보았다.

> "쓸쓸하고 처량한 석우촌, 가야 할 앞길 세 갈래로 갈렸네.
>
> 서로 장난치며 울어 대는 두 마리 말, 갈 곳 몰라 그러는 듯싶어라.
>
> 한 마리는 남쪽으로 가야 할 말, 한 마리는 동쪽으로 달릴 말이오.
>
> 숙부님들 머리 수염 허옇게 세고, 큰형님 두 뺨엔 눈물이 그렁그렁
>
> 젊은이들이야 다시 서로 만나겠으나,
>
> 노인들 일이야 누가 알 수 있겠나.
>
> 잠깐만 조금만 더 머뭇거리다 해가 이미 서산에 기울려 하네.
>
> 가자 꾸나, 다시는 돌아보지 말고,
>
> 마지못해 다시 만날 기약을 남기면서~"

1.4후퇴 당시에 정규의 식구들의 심정도 정든 집을 떠나는 쓸쓸한 심정이 이와 같았을 것이다. "언제 돌아올지? 살아서 함께 올 수 있을지?" 기약할 수 없이 마정 옛집을 떠나는 심정은 이루 말로 표현하기 힘들었을 것이다. 종손 정규네 가족 대열은 처음 싸보는 피난 봇짐이라서 어설프게 짐을 꾸릴 수밖에 없었다. 날씨마저 추운 한겨울에 마정 고향집을 떠나 당동리 고개를 넘어 문산역까지 온

가족이 걸어서 가는 길은 멀기만 하였다. 모든 식구가 무거운 짐을 지고 가야하는 십리길이라 하지만 마음만 급하고 걸어가는 속도는 부지하세월이었다. 문산역에는 마지막 피난열차를 타려고 많은 사람들이 모여서 기다리고 있었다. 정규의 막내 삼촌 장환의 가족도 문산역에서 만났다. 집안이 어려울 때는 가족밖에 없는 것이다. 막내 삼촌과 숙모는 정규의 어머니가 열차사고로 고생하실 때 시집 온지 얼마 되지 않은 신혼이었지만 막내 숙모가 어머니의 힘든 일을 대신하며 살림에 큰 도움을 주셨다.

정규네 가족 모두는 문산역에서 마지막 기차를 타고 피난을 떠났다. 그런데 그 기차는 서울역까지도 못가고 수색역에서 모두 내리게 하였다. 전시 중이라서 수색역까지만 운행되었기 때문이었다. 정규네 가족과 작은 아버님 댁은 수색역에서 모두 내려 다시 피난 봇짐을 메고 걸었다. 정규네 피난대열은 수색에서 모래 내를 건너 신촌을 지나 아현동 직업학교 옆을 지나서 만리동 고개로 넘어갔다. 서울서 하룻밤을 자고 다음날 삼각지를 지나 한강다리를 건너서 영등포역으로 갔다. 피난열차는 영등포역에서 출발하기 때문이다. 그 당시에 정규의 고모아들 웅주가 철도국에 다니고 있었다. 정규의 고종사촌 웅주는 당시에 월롱면 영태리에 살고 있었는데 외삼촌인 문환에게 찾아와 영등포역에서 아침 일찍 떠나는 기차를 꼭 타셔야 한다고 미리 알려 주었다. 웅주는 무조건 영등포역에서 떠나는 기차를 타면 대전까지는 무사히 갈 수 있다고 하였다. 그래서 정규네 피난 대열은 서둘러서 영등포역으로 나갔다.

정규네 가족은 다행히 모두 영등포역에서 기차를 탈 수 있었다. 그러나 무슨 영문인지 기차는 떠나지 않아 이틀을 영등포역에서 보냈다. 영등포역에서 마냥 기다리던 가족들은 배도 고프고 대전까지 가려면 얼마나 시간이 걸릴지 모르기 때문에 먹을 것을 준비할 필요가 있었다.

그래서 정규는 동생 현규와 삼촌 장환 등 셋이서 가족들이 먹을 음식을 구하기 위해 기차에서 내려 영등포역으로 나갔다. 그때 어떤 낯선 남자가 다가와 정규에게 신분증을 보여달라고 하여 주었더니 자기 주머니에 신분증을 집어넣고 '따라 오시오' 하며 가버렸다.

이렇게 정규의 두형제가 어정쩡하게 피난길에 끌려가 입대를 하였는데 이것이 그 유명한 가두징집 이었다.

가두징집은 징병대상자에게 소집영장을 발부하지 않고 길거리를 다니는 민간인이나 가택수색을 하여 찾아낸 민간인들을 징병하는 방법이다. 대한민국은 창군 후 모병제를 하다가 한국전쟁으로 병력의 급격한 충원을 위하여 대부분 병력을 이러한 방식으로 충당하였다.

영등포역에서 기차에서 내려 음식을 구하려다 정규와 현규가 불신검분이란 수단에 신분증을 뺏겨 따라갔고 급히 되돌아 간 장환은 이러한 상황을 기차에서 기다리던 가족들에게 알려 주었다. 가족들은 두 사람을 기다려도 돌아오지 않자 강제 징집이 된 것으로 판단하였다. 정규의 아버지 문환은 열차로 돌아온 장환에게 모든 상황은 들어서 알고는 있지만 그래도 두 아들이 돌아오기를 기다렸다. 기다려도 결국 두 아들은 돌아오지 않았다. 영등포역에서 기차를 타고 하루 종일 기다렸지만 그날도 떠나지 않아서 기차에서 내려 노량진으로 돌아와 하룻밤을 자고 다시 다음날 영등포역으로 나갔다. 정규의 아버지는 두 아들의 행방은 알 수 없었지만 나머지 식구들을 데리고 피난을 떠나야만 했다. 당시에 피난을 가야할 특별한 목적지가 정해진 것도 아니지만 될수록 안전한 먼 남쪽으로 떠나야 한다고 생각했다. 지난 6월 전쟁 때는 너무나 빨리 인민군에게 점령되어 미처 피난을 떠나지 못했다. 그러나 1.4후퇴는 국군과 정부가 주도하여 피난을 시켰으므로 미리 남쪽으로 피난을 떠 날 수 있었다. 그 당시에 남으로 피난을 떠난 사람은 서울시민 150만 명 중 80%로 서울은 텅 빈 유령 도시가 되었다.

종손 정규네 피난대열에서 정규와 현규가 빠졌지만 그래도 부모님을 비롯하여 막내 삼촌 장환의 가족 등 10여명 이었다. 정규의 장남 윤종은 4살이라 어리지만 성연의 손을 잡고 걸어서 갔다. 정규는 영등포역에서 피난열차를 타기 전에 대한청년단과 광화문에 있던 경기도청에 잠시 들렸었다. 1.4후퇴 당시 경기도청에서는 점령지인 임진면 농산물검사소에 근무하고 있던 검사원에 대한 피난 지침은 이번에도 없었다. 정규는 농림부에서 있을 지침을 확인하러 갔지만 별다른 지시사항이 없자 가족이 기다리던 영등포역으로 기차를 타러 간 것이다. 당시에 4살이던 윤종은 가족들과 함께 피난 가던 일을 잘 기억하지 못하고 있다. 그러나 11살이었던 석규는 당시의 상황을 생생하게 기억하고 있다. 이렇게 가족들과 함께 영등포역을 떠난 윤종은 초등학교 1학년인 9살 때까지 논산에서 살다가 문산읍으로 돌아왔다. 그래서 윤종은 어린 시절 논산에서 피난살이 하던 생활을 어렴풋이 기억하고 있다.

정규네 가족이 영등포역에서 올라탄 피난열차는 발 디딜 틈조차 없는 초만원 이었다. 설상가상으로 기차의 지붕도 없는 석탄을 싣는 곳이라서 앉는 의자는 물론 화장실도 없었다. 모든 사람들이 뚜껑 없는 화물칸 바닥에 그냥 웅크리고 앉아 있었다. 지붕 없는 화물차에 앉아 있으니 한 겨울의 추위와 바람을 막을 수 없었다. 그래도 걸어서 가는 것에 비할 수 없었다.

이렇게 여러 날을 기다려 기차는 떠났지만 대전역에서 모든 사람들을 내리게 하였다. 이런 경황이 없는 피난 열차에서 부모를 잃어버린 어린 여자아이가 정규 가족들의 피난대열에 들어와 함께 데리고 대전역에서 내렸다. 정규의 아버지는 부모 잃은 여자아이가 가족들의 피난대열에 합류하여 하는 수 없어 데리고 가면서 그 아이의 부모를 찾을 방법을 여러 가지로 노력하셨다. 하지만 그 여자아이의 부모를 찾을 수 없었다. 문환은 그 어린 아이를 버리고 갈 수가 없어서 함께 데리고 가면서 대전역과 논산역에 종이에 아이의 이름과 피난 가는 주소지를 써서 붙여 놓았다.

문환은 "너의 아이는 우리가 데리고 가고 있으니 우리가 가는 주소로 와서 찾아 가라"고 종이에 써서 붙여 놓았다. 문환이 논산 성동면에 피난지를 정하고 정착하고 며칠을 지난 어느 날 그 아이의 아버지는 아이를 찾으러 왔다. 문환이 종이에 써서 역마다 붙여 놓았는데 그것이 효과를 본 것이다. 지금처럼 온라인이 있었다면 전산을 이용할 수 있지만 당시에는 그 방법이 최상의 방법 이었던 것이다. 문환이 전쟁 중에 아이의 부모를 찾아 주었던 방법은 전쟁이 끝나고 20년 후에 다시 한 번 크게 활용되었다.

KBS 한국방송에서는 6.25전쟁이 끝나고 30년이 지난 1983년 6월 30일 특집으로 이산가족 찾기 TV특별방송을 하였다. 30년이 지났지만 전쟁 중 헤어진 수많은 이산가족들이 방송국으로 밀려들었다. 방송국에서는 특별방송으로 일회성 방송을 계획하였으나 수많은 이산가족들의 애끓는 요청으로 그해 11월 14일까지 매일 생방송으로 진행하여 많은 가족을 찾아 주었다. 이때에 방송국에서 이산가족을 찾는 방법도 문환이 6.25때 부모 잃은 아이의 부모를 찾아 주었던 방법이었다. 지금은 이산가족들이 전산화 되어 있지만 당시에는 커다란 종이에다 써서 들고 앉아 방송에 방영하여 그것을 본 가족들과 상봉을 하였다. 문환은 피난길에 내 가족 챙기기도 힘든 정황이었다. 하지만 다른 사람의 어려운 처지를 내 가족처럼 노력하여 가족을 찾아주셨다.

좋은 인연의 씨앗은 또 좋은 결과를 가져 오는 것 같다. 그 여자아이의 아버지는 은혜를 갚겠다고 여러 번 찾아와 문환을 도와주려 많은 노력을 하였다. 문환이 기지를 발휘해 부녀가 헤어져 받을 고통을 막아 주었던 피난길에 있었던 아름다운 이야기여서 기록으로 남긴다.

정규네 가족은 1951년 1.4후퇴 때 피난 가서 충남 논산 성동면에 정착하여 1954년 12월까지 거의 4년 만에 고향으로 돌아 왔다. 서울 재탈환은 1951년 3월 15일 이었으나 파주지역인 서부 전선은 현재의 휴전선 부근에서 전선이 교착 상태라서 휴전선이 가까운 정규네 고향 마정에는 돌아올 수가 없었고 휴전 이후에도 1년 정도 민간인 통제구역으로 설정되어 있어 피난지 생활이 길었던 것이다. 이러한 상황은 파주 지역이 지리적으로 전란의 재앙을 피할 수 없는 곳이기 때문이다. 6.25전쟁과 같이 전국토의 대부분이 적에게 점령되는 상황에서 전쟁을 피할 수는 없지만 파주는 유독 그 후유증을 심하게 겪었다. 파주 지역은 휴전이 되었지만 여전히 남북의 갈등이 그대로 남아 있다.

정규네 집안이 논산으로 피난지로 정하였던 것은 특별한 이유는 없었다. 문환과 동생 장환의 가족들이 영등포역에서 기차를 타고 피난을 갔으나 대전에서 모두 내리게 하였고 그 곳에서 호남 쪽으로 가다 발길 닿는 곳이 논산군 성동면이었다. 1950년 6.25전쟁 발발하였을 때 피난민 150만 명 중 50만 명이 경상남도 지역으로 피난을 갔었고 1951년 1.4후퇴 당시에도 56만 명이 경상남도로 피난민이 들어갔다. 당시에 정부에서는 피난민 분산 정책을 실시했다. 경부선 쪽인 경상남도로 너무 많은 사람이 피난을 갔으므로 피난민 분산을 시키기위해 호남방면으로 가라고 유도하였다. 그래서 피난민이 너무 많이 경상도로 몰렸다고 판단하여 피난민을 모두 대전에서 하차시켜 호남선 방면으로 보냈던 것이다. 정부의 피난민 분산정책으로 정규네 가족들은 호남방면으로 가다가 논산에 머무른 것이다. 당시에 정규네 가족은 피난 봇짐을 등짐이나 머리에 이고 이동했으므로 무게 때문에 최소한의 물건만 가지고 갔다. 그마저도 짐이 점점 무거워 힘에 지쳐 가다가 버린 물건도 많았다. 고금을 통해 국가의 지도자가 잘 못하면 이와 같이 남녀노소 할 것 없이 죽을 고생을 하는 것이다. 나라가 안정되고 튼튼해야 함은 국가의 운영에서 가장 중요하다는 것을 뼈저리게 느끼는 대목이다. 이 대목에서 이러한 이야기는 적절치 않을 수도 있지만 정규네 가족들은 죽을 고생을 하였지만 결과적으로 가장 재미를 본 사람은 이승만 대통령이었기 때문이다. 정규는 홍천 출장에서 농림부에 돌아온 6월 27일 오후에도 대통령의 육성 방송은 전 공무원은 현재의 근무상태를 유지하라고 하였다. 그 방송을 듣고 그대로 따랐던 정규는 공산치하에서 힘든 3개월을 보냈다.

6.25전쟁 발발 당시에 이승만이 미군정의 힘을 업고 대통령직에 오르긴 하였지만 입법기관 마련에 필요한 국회 구성에 난항을 겪고 있었다. 1948년 정부 수립 이후 여러 번 국회의원 선거를 하였지만 사회주의적이고 민족주의적 정치, 경제 체제를 원했던 다수 국민들은 정부 여당이 아닌 군소 야당의 후보들을 뽑아 주었기 때문이다. 이승만은 몇 번이나 각종 명분을 만들어 국회를 해산하고 재선거를 하였지만 결과는 계속 같았다. 이승만이 이러지도 저러지도 못하는 상황을 역전시킨 것은 아이러니하게도 6.25전쟁이었다. 냉전의 기운이 고조되자 정부의 비판적 태도를 보이던 "국민보도연맹"을 좌익의 앞잡이로 지목하여 수 만 명에 이르는 좌익인사 및 가족들이 무참히 살해되었다. 전쟁이 발발하여 3일 만에 서울이 함락되고 낙동강까지 패퇴하여 밀리는 혼란스러운 정국에는 강압적으로 선거를 실시하여 제 입맛에 맞는 여당인사로 국회를 장악할 수 있었다. 부상으로 거처를 옮기기 전에는 좌익으로 활동할지 모른다는 명목으로 수일간의 군경조사를 통해 정부와 각을 세우던 인사들을 모조리 구금 연행하는 일도 저질렀다. 결국 6.25전쟁은 남북 간에 무고한 수백 만 명의 목숨을 앗아가는 참극이 일어났으나 남북의 권력자들은 자기들의 권력을 공고히 하는 계기를 만든 것이다. 결과적으로 이승만 정권에게는 축복받은 전쟁이 되었다. 자신들에게 비판적 의견을 제시하였던 지식인들을 모조리 제거할 수 있었고, 전쟁의 공포에 기생한 반공의식으로 자신들의 정권을 정당화하였다. 국민들에게는 여차하면 죽을 수도 있다는 두려움을 심어주며 마음대로 전횡할 수 있는 기반을 마련했기 때문이다. 아무리 설득해도 사회주의는 빨갱이라고 하시는 그 분들도 어떤 관점에서는 역사의 피해자들이라고 생각한다.

말 한마디에 생과 사가 갈리는 참혹한 상황에서는 사람의 정상적인 사고체계가 무너질 수밖에 없고, 그것은 일평생 따라 다니며 그 사람들의 삶을 괴롭혔을 것이기 때문이다.

정규는 영등포역에서 동생 현규와 군 입대 병력으로 가두징집되어 제주도 훈련소로 떠나고 나머지 가족은 아버지 문환이 인솔하여 피난을 떠났다.

정부에서도 피난을 떠나기 전에 어디로 가라는 목적지가 없었고 가급적 안전한 남으로 떠나는 게 목적이었다. 문환은 온 가족이 안전하려고 피난길에 들었는데 두 아들을 도리어 전쟁터로 보낸 꼴이 되었으니 기가 막혔다. 더구나 현규는 이제 중학교 2학년 이었다. 이제는 두 아들이 전쟁에서 살아서 무사히 돌아오기를 기다릴 수밖에 없었다. 전쟁이 언제 끝날지 기약할 수 없었다. 문환의 가족이 탄 피난 열차가 대전역에 정차하자 기차는 더 이상 움직이지 않았다. 모든 피난민을 대전역에서 내리게 하였다. 그 이유는 피난민이 너무 많이 경부선 방면으로 갔으니 호남 방면으로 가라는 것이었다.

다행히 1.4후퇴는 평택 부근에서 다시 국군이 반격을 하였다. 정규의 집안은 화물기차를 탔지만 대전까지는 무사히 갈 수 있었다. 기차를 타지 못하고 걸어서 가던 많은 피난민들은 후퇴하는 유엔군과 국군이 뒤섞이는 바람에 큰 고초를 겪었다. 미군이 피난민을 공산군으로 오인 하여 폭격을 하여 많은 사람들이 목숨을 잃기도 하였다. 그런 것에 비하면 정규네 가족은 비록 화물차를 탔지만 대전역까지 안전하게 갈수 있었고 피난민이 많지 않은 호남선 방면으로 가게 되었다. 대전역에서 강제로 기차에서 내렸으나 호남방면으로 가는 길을 알 수 없었다. 문환 가족은 대전역에서 기차 철길을 따라 가기로 하였다. 그래서 걸어 가다가 정착한 것이 논산이었다. 대전역에서 논산역까지는 100리길이라고 하였다. 그런데 100리길, 약 40km를 걸어가는데 5일이나 걸렸다. 발이 불편하신 정규의 어머니는 정상적으로 걸을 수 없었고, 다른 가족들도 무거운 짐과 어린이들이 함께 가고 있어 발걸음은 한없이 더뎠다. 그래서 죽을 고생을 하며 겨우 도착한 곳이 논산 이었다. 막내 삼촌 장환은 논산 읍내에 어렵게 방을 하나 구해 정착을 하였다. 정규의 아버지 문환은 가족들을 데리고 논산군 성동면 원봉리에서 정착을 하였다. 온가족이 파주 마정을 떠나 열차와 기다림 그리고 걸어서 고향에서 남쪽으로 600백리 떨어진 물설고 낯 설은 원봉리 마을을 피난지로 정하게 된 것이다. 정규의 고조부 봉현이 70년을 정처 없이 돌아다니시다가 1898년에 파주 장산리에 초라한 살림으로 손자까지 3대가 정착을 하셨다. 이렇게 고조부 봉현이 파주에 정착하고 50년 만에 이루어 놓은 모든 재산을 버리고 기약 없는 피난길을 떠나서 고조부 봉현처럼 빈손으로 논산에 정착한 것이다. 인간이 윤회하듯이 삶도 윤회를 하는가 보다.

성동면은 현재도 인구가 5천 명을 넘지 않는 조그만 면소재지다. 조선시대 논산은 충청도의 기호학파를 대표하는 중심지였던 유학자들의 고장이었다. 17세기 이후 논산은 김장생과 김집, 김현 등 당대의 예학의 연원을 잇는 주자학의 선구자를 배출한 곳이기도 하다.

정규의 아버지 문환이 3년 10개월을 사셨던 성동면城東面은 인구 4,871명 (2015년 현재), 면소재지는 원남리에 있다. 서쪽에는 금강 본류가 흐르고, 석성천과 논산천이 이와 합류하는 곳에 화정들이라는 넓은 충적범람원이 발달되어 있다. 북의 우곤리에서 강경읍 옥녀봉 산록의 광석면 향월리로 이어지는 대제방이 구축되면서 침수의 피해를 면하게 되어 대곡창 지역으로 바뀌었다. 정규네가 피난했던 원봉리에는 문화유적으로 남방식 지석묘가 있는 마을이다. 피난지 논산에서 어느 정도 생활도 안정되어 갈 무렵인 1954년 12월 꿈에도 그리던 고향 마정으로 귀향하였다.

6. 피난길 '가두징집' 되어 가족과 생이별

　종손 정규는 부모님 등 온 가족을 인솔하여 영등포역에서 피난열차를 탔으
나 며칠을 기다려도 기차는 움직이지 않았다. 추운 겨울에 뚜껑도 없는 화물차
에 기다리던 가족들이 허기지고 또 얼마를 기다려야 할지 알 수 없었다. 추위도
문제지만 당장 먹을 것도 시급하였다. 그래서 열차에서 가족과 함께 무작정 기
다리던 정규는 가족들의 먹을 음식을 구하려고 기차에서 내렸다. 이 때 동생 현
규와 막내 삼촌 등 셋이 함께 기차에서 내렸다. 아무래도 열 명이 넘는 가족들
의 음식을 구해가야 하기 때문이었다. 열차에서 내린 정규 등 세 사람은 영등포
역을 나갔다. 그런데 한 사람이 다가와 신분증 좀 보자고 하였다. 그래서 정규
와 현규는 그에게 신분증을 보여 주었다. 그 순간 그 사람은 신분증을 잡아채 "
따라 오시오!" 하면서 앞서 걸어갔다. 신분증을 뺏긴 두 사람은 그를 따라 갈 수
밖에 없었다. 이러한 상황을 눈치 챈 막내 삼촌은 얼른 도망을 쳐 열차로 돌아
갔다. 순진하게 쉽게 신분증을 내주었던 정규와 현규는 영등포역에서 가두징집
이 되었던 것이다.

　가두징병街頭徵兵은 징병대상자에게 소집영장을 발부하지 않고 길거리를 다
니는 민간인이나 가택수색을 하여 찾아낸 민간인들을 징병하는 일이다. 국민의

병역의무를 확실하게 병역법 등 법률로서 명시한 나라에서는 볼 수 없는 징병제
도이다. 주로 모병제국가에서 전면전이 발생하였을 때나 국가의 안정이 안 되어
있는 나라에서 한시적으로 행하는 제도이다.

대한민국은 창군 후 모병제를 하다가 한국전쟁 당시의 급격한 충원을 위하
여 대부분의 병력을 가두징병으로 충당하였다. 대한민국에서는 휴전이 된 후 병
역의무와 징병제를 법률로써 확립하여 이러한 방법은 없어졌다.

정규는 일제강점기 나이 미달로 학도병 징병에서 제외되었다가 다행히 해
방이 되어 일본군으로 징집되는 것을 피할 수 있었다. 대한민국 정부가 출범
한 후 모병제를 실시하고 있었기 때문에 정규는 더 이상 군대 생활을 할 이유
가 없었던 사람이다. 2차 대전 말기인 정규가 경농 재학시절에 일본제국주의
는 학생들은 졸업하면 의무적으로 징집을 하였다. 그래서 종손 정규도 경농을
졸업하면 징집을 대비해 재학 중에 군 입대 신체검사를 받았었다. 그런데 태
평양 전쟁 말기에 국가전시동원체제가 발동되어 졸업을 앞당겼기 때문에 정규
가 경농을 졸업하였을 때 나이가 징집연령에 미달하여 징집되는 것을 모면했
다. 정규보다 2~3살 나이가 많았던 학우들은 모두 일본군으로 징집되어 태평
양전쟁에 참전하였다. 때마침 정규가 졸업하고 다음해 8월15일 일제에서 해
방이 되었다.

그래서 종손 정규는 "내 인생에 군대에 나갈 일은 없을 것 같다"고 생각했
었다. 그러나 인간은 누구나 자기의 한치 앞을 볼 수 없는 것이다. 그런데 정규
가 끝났다고 생각한 군대에 6.25전쟁으로 다시 입대하게 된 것이다. 전쟁 중에
는 징집연령이 19~28세였다. 당시에 정규는 25살로 징집연령에 해당되는 연령
이었다. 그러나 정규의 동창들 중에는 일제강점기 태평양전쟁에 참전했었는데
6.25전쟁이 발발하자 다시 징집된 경우도 많았다. 하지만 정규가 6.25 당시 농
림부 농산물검사소 기수로 현직 공무원이었기 때문에 신분증을 빼앗겨 강제로

가두징집되지 않았다면 고생하지 않을 수도 있었다. 이러한 상황을 맞지 않고 후방에서 근무하고 있던 정규의 친구들은 현직 공무원이라는 신분으로 국가 기간요원으로 분류되어 징집이 면제되고 공무원 업무를 그대로 했었기 때문이다. 정규가 기수 보직을 그대로 갖고 전쟁 중에 계속 근무를 하였다면 전쟁 이후 임시면서기를 얻기 위해 기수 보직을 잃지 않을 수도 있었을 것이다. 파주지역이 6.25발발 당일에 점령되어 적치하가 되고 수복한 후에도 또 다시 1.4후퇴로 농산물검사소 조직이 없어지고 이곳에서 근무하고 있던 정규가 전쟁에 참전하느라 4년간의 업무공백으로 많은 변화가 생겼다. 군대의 기간을 경력에 적용하고 정상적으로 원위치에 복직시켜 주는 제도는 전쟁이후 많은 세월이 지난 뒤에 정착된 제도이다. 당시에는 군대로 보직을 비우면 비운만큼 손해를 보던 시대였다. 한마디로 군대에 가서 고생하는 사람만 손해이고 바보였던 시대였다. 그냥 군대에 징집되어 전쟁기간 3년을 포함하여 4년 동안 군대생활을 안전하게 보낸 것으로 만족해야만 했다. 6.25전쟁은 모든 사람들이 겪으며 비슷한 불행을 겪은 것 같지만 상황에 따라 다양한 양상을 만들어 냈다.

정규와 현규는 영등포역에서 가두징집되어 영등포초등학교로 가두 징집원을 따라 갔다. 영등포초등학교에는 정규의 형제와 같은 방법으로 징집된 많은 사람들이 모여 있었다. 밤이 되자 인솔자는 영등포초등학교에 모여 있는 사람들을 인솔하여 밤새도록 걸려서 인천까지 갔다. 두 형제는 다음날 아침 인천항에서 전차상륙함LST; Landing Ship Tank을 타고 떠나 4일 후 제주도 대정항구에 내렸다. 제주도에 도착하여 정규는 동생과 같이 한 달 동안 한림초등학교에서 대기를 하였다. 한림초등학교에서 교실 하나에 사백여 명 정도가 기거를 하면서 앉아서 한 달을 보냈다. 콩나물시루가 따로 없었다. 다행히 겨울이지만 제주도는 춥지는 않았다. 목욕도 못하고 옷도 갈아입지 못하여 사람들 몸에는 이가 들끓었다. 장정들의 옷에 이가 하도 많아서 잡는 것은 엄두를 못하고 이를 흔들어서 털어야 할 정도로 많았다. 두 형제는 제주도에서 한 달을 보냈지만 가족들이 어디로 피난을 갔는지 알 수가 없어서 소식을 전할 수도 없었다.

정규와 현규는 한림초등학교 교실에서 한 달 동안 잠을 자며 대기하다가 모슬포 육군훈련소에 가서 신체검사를 하였다. 정규는 대한민국 국군에 1951년 2월 14일 날짜로 입대를 하였다. 그러나 동생 현규는 열여섯 살이라서 나이 미달로 귀향조치로 판결 되었다. 당시에 제주도 육군훈련소는 지금의 제주특별자치도 서귀포시 대정읍 상모리에 있었다. 6.25전쟁이 발발한 후 국군은 패퇴를 거듭하다가 간신히 낙동강 전선에서 버티면서 조국을 구할 병사를 키워 낼 훈련소가 급히 필요했다. 그래서 일본군이 사용하던 시설을 인수 해 198만㎡ 규모의 훈련소를 만들었다. 당시에는 보통 '모슬포훈련소'로 통했다. 이 훈련소에서는 1951년 창설된 후 1956년 해체되기까지 5년간 약 50만 명의 신병을 배출하여 전선에 공급했다.

정규가 입대할 당시 제주도 훈련소 시설상태와 지급되는 물품은 아주 열악하였다. 군복은 미군 작업복을 받아서 우리 군인들에게는 맞지 않고 거의 다 크고, 어쩌다가 키 작은 훈련병이 입으면 소매를 몇 번이나 걷어 올려도 품이 커서 몸 따로 옷 따로 놀았다. 여기다가 미군 소총을 메고 밥통까지 들고 훈련장으로 가는 모습은 한마디로 며칠을 굶은 패잔병과 같았다. 더욱 가련한 현실은 이 군복도 귀한 것이었기에 떨어져 누더기 형태가 되더라도 기워 입으면서 다음 훈련병에게 계속 물려주면서 입도록 했다.

갑자기 몰려든 훈련병들로 제주도에는 물 사정이 매우 어려웠다. 그나마 우물물을 길어서 사용하고 있는데 바다의 조수에 따라 물이 나오고 안 나오고 하였다. 우물물이 밀물 때는 바닥에 물이 고이는데 썰물 때는 물이 빠져 바닥이 보이곤 하였다. 일주일이고 열흘이고 발 한번 씻지 못 할 때가 많았다. 세수도 어쩌다 잘 걸리면 할 수 있으며 보통 며칠에 한 번씩 하였다.

　제주도에서 맑은 날의 햇빛을 보기란 참으로 어려웠다. 연일 구름이 낀 날씨에다 안개비가 그치지 않았다. 거기에다 바람이 불면 화산재 같은 자주색 흙먼지가 날거나 땅이 일 년 열두 달 거의 저벅저벅했다. 그래서 훈련병들의 몰골은 깡마른 검둥이와 흡사했다. 하얀 구석은 이빨과 눈 흰자뿐이었다. 종손 정규는 제주도 훈련소에서 탱크저지 2.36인치 로켓포병 훈련을 받았다. 그것도 속성으로 20일 정도만 훈련을 받았다. 종손 정규는 훈련소에서 M1 카빈소총은 한번 쏘아본 것이 훈련의 전부였다. M1 카빈은 제2차 세계대전, 한국 전쟁 동안 미군의 표준 화기였던 경량 반자동 소총이었다. 이 당시는 이곳에 입소하여 불과 몇 주일 정도의 군사훈련을 받고 곧바로 전선으로 투입되었다. 그래서 이들을 두고 '총알받이'라는 말을 많이 했다.　즉 그들은 전쟁에 투입되면 하루살이였다.

　정규의 동생 현규는 입대 연령이 부족하다고 고향으로 돌아가라고 훈련소에서 귀향증명서를 발행해 주었다. 당시에 입대 최소 연령은 19세인데 동생 현규는 열여섯 살이었다. 정규는 동생과 헤어지기 전에 만나서 "전쟁 중에 군대를 정상적으로 입대하기가 어려울 것 같으니 대구 육군본부에 있는 매부 황대연을 찾아가 봐라"고 하였다. 동생 현규는 귀향 조치가 되어 배를 대기하기 위해 제주항에 있는 임시수용소로 갔다. 동생 현규는 제주항에서 귀향을 대기하는 도중에 '발진티푸스'에 걸려서 죽을 고생을 하였다.

　당시에는 훈련소나 장정들의 대기 시설의 위생상태가 열악하여 훈련병들이 수 없이 죽어 나갔다.

　제주항에서 기다리고 있던 동생 현규는 고심 끝에 친구와 함께 나이를 속이고 하사관 시험을 치러서 합격하였다. 현규는 경기공업학교에서 일등을 하던 실력이어서 이런 종류의 시험은 어렵지 않게 합격되어 무난히 입대를 하였다. 그래서 현규는 제주도 하사관학교에서 소정의 교육을 받고 제주육군훈련소 조교가 되었다. 이때 하사관학교는 제주도 안덕면에 있었다. 제주도 하사관학교는 1951년 초에 개교하여 1954년 훈련소가 충남 논산으로 옮겨 갈 때까지 약 3년 동안만 있던 교육시설이었다.

이렇게 종손 정규와 현규는 영등포역에서 피난길에 불시에 가두징집되어 두 형제 모두 6.25전쟁을 치르고 1년 후인 1954년에 제대하여 마정을 함께 떠났던 가족들과 다시 고향으로 돌아왔다.

종손 정규는 제주에서 훈련을 끝내고 부산 동래에 있는 육군 제2보충대로 1951년3월5일 전속 되었다. 부산 보충대에서 배속되니 각자 신상명세서를 제출하라 하였다. 정규는 지시대로 신상명세서를 작성하여 제출 했더니 곧 이어서 60명을 추려서 따로 세웠다.

그 때 곽 상사라는 사람은 추려진 사람들을 잠시 둘러보더니

"네 놈 새끼들은 팔자 고쳤다!"고 하였다.

그게 무슨 의미인지 궁금해 하고 있는데, 그것은 목숨이 위험한 전방으로 가지 않고 후방에 있는 육군통신학교의 기간 병으로 차출되었다는 뜻 이었다.

다음날인 1950년 3월 6일 부산 보충대에서 육군통신학교로 전속되었다.

정규는 육군통신학교 제2행정교육대에서 6개월간 통신행정교육을 받았다. 통신교육과정은 매우 힘들고 고달 팠다. 교육내용은 힘들지 않았지만 훈련 조교는 교육생들에게 부산 서대신동에 있는 '구덕산'을 하루에 열 번도 넘게 뛰어 갔다 오게 하는 등 얼 차례가 심하였다. 이 산은 서대신동 서쪽에 있는 높이 565m 높이의 산이다.

이등중사 이정규는 무엇보다 먹는 것이 부족하여 배는 무척 고파 기력이 없는데 힘든 구보를 시키니 체력이 달려서 견딜 수가 없었다. 이등중사 이정규가 그렇게 힘든 교육과정을 하루하루 겨우 보내고 있었는데 고향 친구의 사촌형님

인 취사반장을 만나 이러한 고통에서 해방이 되었다.

하루는 취사반장이 찾아와서 정규를 한참 동안 빤히 쳐다보더니 "어디서 오셨수?" 하였다.

이등중사 정규는 "파주 임진면에서 왔습니다" 하고 대답하였다.

그는 반가워하면서 "그으래? 나도 파주사람인데, 파주 천연면을 아느냐?"고 하였다.

정규도 너무 반가워 "네 천연면을 잘 알고말고요. 천연면에 사는 '우종하'라는 사람은 나하고 서울 경농 동기동창입니다" 하고 정규는 대답했다.

취사반장은 "어? 그래!"

우종하는 자기 사촌동생이라고 하면서 그때부터 정규에게 자기의 친동생처럼 많은 편의를 봐 주었다. 취사반장은 정규가 배고프다고 생각하여 수시로 다른 사람 몰래 누룽지, 찬밥 등 먹을 것을 잔뜩 가져다주었다.

그때부터 이등중사 이정규의 배고픔은 완전히 면하게 되었다.

정규에게 취사반장은 많은 도움을 주어서 그렇게 고마울 수가 없었다.

취사반장 우종복은 제대한 후에도 종손 정규에 대한 믿음이 커서 자기의 재산 등기부 등본까지 맡겨서 관리할 정도였다. 그 후에 종손 정규도 광주통신학교에서 고향 파주사람이라면 많은 편의를 제공하여 주었다.

취사반장 우종복은 해방 후 열일곱 살에 '화석정경비대'에 들어갔다. 그는 6.25전쟁으로 일요일에 쫓겨서 남쪽으로 후퇴를 하였다. 화석정경비대는 파주시 파평면 율곡리 산 100-1 화석정 부근에 있었다. 경비대는 주로 경비업무를 수행하는 부대라는 뜻이다. 경찰예비대의 준말로 정규군을 두기 어려울 때 두는 준군사조직이나 경찰조직을 말하기도 하였다. 우종복은 후퇴한 부대가 대구에서 부대를 다시 편성 할 때 합류하여 육군통신학교로 배속되어 부산으로 왔던 것이다.

우종복은 정규에게 고향사람을 만났다고 친동생처럼 크고 작은 많은 도움을 주었다. 우종복은 후덕한 사람이라서 그런지 전쟁을 끝내고 제대 후에도 하는 일마다 순탄하게 잘 되었다.

　종손 정규는 부산에서 육군통신학교에서 6개월간 교육을 마치고 1951년 9월 5일 육군통신학교 본부 행정과 서무계로 배속 받았다. 다시 정규는 광주에 교육총감부가 새로 생겨 부산에서 곧바로 광주로 오게 되었다.

　그 당시 교육총감부는 호남선 광주역과 송정역 사이에 광산군에 있었다. 교육총감부에는 포병학교, 공병학교, 통신학교, 보병학교 등 4개 학교의 교육과정을 관리하였다. 종손 정규는 교육총감부 서무계에서 졸병 생활을 시작 하였다. 정규가 교육총감부 서무계에 배속 받자 팔에 완장을 차고 육군본부에 연락을 다니는 연락병이 되었다. 마침 대구 육군본부에 갈 일이 생겨서 매부 황대연이 있는 대구육군본부 헌병감실을 한달음에 찾아갔다.

　정규와 황대연은 서로 반갑게 만났다. 둘은 9.28수복 후에 헤어지고 다시 만난 것이다. 그동안 매부 황대연은 제대한 군대에 재 입대를 하였고 정규는 1.4 후퇴 때 가두징집되어 둘이 다시 만난 것이다. 이등중사 이정규와 육군상사 황대연은 인공치하 90일 동안 두 처남 매부가 인민군의 감시를 피해 논바닥에 함께 숨어 위기를 함께 견뎌낸 것이 1년 전 이었다. 정규는 그 동안 군대 입대한 과정과 제주도에서 현규와 함께 겪었던 일 등을 얘기하였다. 정규는 제주도훈련소에서 훈련을 받고 육군통신학교 행정병 요원으로 남아서 제2회 행정교육대원으로 교육받고 교육총감부로 배속 받아 문서연락병이 되기까지 그동안의 회포를 풀었다. 광주 교육총감부 서무계에서 문서연락병이 되어 대구에 올 일이 생기자 정규는 너무 기뻤다. 그래서 대구에 당도하자마자 곧바로 매부를 만나러 갔던 것이다. 무엇보다 대구 매부에게 가면 피난 나간 가족들의 소식도 들을 수 있을 것 같았다.

많은 얘기 끝에 매부 황대연은 "현규는 어떻게 되었느냐?"고 물었다.

정규는 그동안에 현규와 있었던 일들을 소상히 얘기하였다. 현규는 현재 제주도에서 하사관으로 입대하여 임관 후 제주훈련소 조교로 있다고 하였다.

매부 황대연은 정규와 만나고 얼마 후에 육군상사 한사람을 현규가 조교로 있는 제주도훈련소로 출장 보냈다.

매부 황대연은 상사에게 "현규가 헌병학교 입교할 때까지 옆에서 챙겨 주면서 헌병학교 시험을 치르도록 하라"고 지시를 하였다.

매부의 명령을 받은 육군상사는 현규가 있는 제주도에 가서 헌병학교 시험을 치르도록 옆에서 계속 종용하니 하는 수 없어서 시험을 치렀다.

현규는 다시 헌병학교에 입학하여 교육을 마치고 헌병이 되었다. 그 당시에 헌병은 수입이 아주 좋았다. 그러나 매부 황대연이 판단하기에 처남인 현규는 성격상 그런 일에는 적합하지 않을 것 같으니 차라리 논산훈련소로 보내는 것이 더 좋을 것 같다고 생각하였다. 현규를 논산훈련소로 발령 내 논산에 피난 와서 계신 부모님도 자주 찾아뵙고 돌보아 드리는 것도 좋겠다고 생각하였다. 이렇게 현규는 매형 황대연의 권유로 논산 훈련소 정문 초소에 배정받아 군 생활을 마쳤다.

동생 현규는 논산훈련소에 있으면서 파주에서 온 고향사람들에게 많은 도움을 주었다. 논산으로 온 고향사람들은 모두 정규가 있는 광주 육군통신학교로 보냈다. 동생 현규가 보낸 고향사람들이 광주 육군통신학교에 오면 정규는 그들이 교육을 마친 후 좋은 부서로 배정되도록 도움을 주었다. 정규가 고향사람 우종복에게 큰 도움을 받았듯이 정규의 두 형제도 고향사람들에게 많은 도움을 주었다. 지금까지 그 당시 혜택 받은 파주의 많은 사람들은 그 때의 고마움을 칭송하고 있다.

종손 정규의 선임은 육군통신학교 1차 교육대 출신이었다. 그들은 제주4.3

사건 때 쫓겨나온 학도병 출신들이 대부분인데 매우 똑똑했다. 선임 중에도 제주 조천읍 출신인 김석성이라는 사람이 유독 탁월하였다. 많은 세월이 지난 뒤 정규는 막내 딸 금선이 제주대학에 입학 때문에 제주도에 갔을 때 같이 군대생활을 하였던 김석성이 생각나서 그의 안부를 수소문 해 보았다. 김석성은 여전히 조천읍에서 똑똑한 사람으로 주변에 소문이 나 있었다. 정규는 그를 만나보고 싶었으나 상황이 안 되어 그를 만나보지 못하고 돌아와 아쉬웠지만 여전히 정규의 기억에 남아있는 사람이었다. 6.25때만 해도 군대에는 정규만큼 교육 받은 사람은 거의 없었다. 당시에 국가에서는 배운 사람들은 가급적 교육 등 군대를 양성하는 게 나라에 이익이 된다고 생각하여 주로 후방에 배치하였다. 어렵게 자라 못 배운 사람들은 전쟁의 최전선에 배치되었다. 시대를 막론하고 못 배우면 서러운 법이다.

정규는 영등포역에서 가두징집되어 제주도에서 훈련을 받고 광주 육군통신학교에서 서무계에 배정받아 군대생활이 어느 정도 자리를 잡혀가자 첫 휴가를 오게 되었다. 그 때까지 정규는 가족들의 소식을 제대로 듣지 못한 것 같다. 이때 정규가 파주 마정 고향을 찾아갔기 때문이다. 고향에서 가족들을 만나지 못한 정규는 시집가 살고 있던 누이동생 순규를 찾아갔다. 당시에 순규의 시집은 고양군 송포면 덕이리에 있었다. 순규도 6.25 전쟁이 발발하고 오랫동안 소식 없이 지냈는데 친정 오빠를 만나니 반가 왔다. 정규가 하룻밤을 동생 집에서 자고 부모님이 계신 논산을 찾아 가려 집을 나섰다. 정규의 누이동생 순규는 "나도 엄마가 보고 싶다"고 하면서 따라 나섰다.

정규는 "네가 가고 싶다면 같이 가자"고 하여 순규는 오빠를 따라 기차를 타고 피난지 논산을 찾아 갔었다.

순규가 정규를 따라 피난지 논산을 가보니 모든 식구가 방 한 칸에 생활을 하고 있었다. 피난지에서 아버지 문환과 어머니는 많은 고생을 하고 계셨다. 정규와 현규 두 젊은 사람은 모두 군대로 갔으니 어린 동생 둘과 조카 두 명 등이 생활하고 있었다.

순규는 친정이 피난 간 논산에서 부모님과 함께 한 달간 머물다가 시집이 있는 '덕이리'로 돌아 왔다. 서울에서 논산으로 갈 때는 서울역에서 기차를 타고 갔는데, 돌아 올 때는 노량진까지만 운행하였다. 그래서 순규는 노량진역에서 행주나루 쪽으로 한강을 따라 와서 풀밭에 앉아 하루 종일 배를 기다렸다. 해가 지고 어두워지니 저녁에 배편이 있어 한강을 건너고 다시 걸어서 덕이리 까지 돌아왔다.

정규가 광주 육군통신학교에 있을 때 사촌 동생 명규의 소식을 들었다. 하루는 논산훈련소 정문초소 헌병으로 있는 동생 현규가 "사촌 동생 명규가 논산훈련소에 입소하였다"고 연락을 하였다.

정규는 현규에게 사촌 동생 명규를 광주 육군통신학교로 반드시 올 수 있도록 하라고 하였다. 사촌 동생 명규는 논산훈련소 훈련을 마치고 정규가 있는 육군통신학교로 전속되었다. 사촌동생 명규가 육군통신학교로 교육을 받으러 오자 정규는 동생이 통신학교 기간병으로 남을 수 있도록 노력하였다. 정규는 상사 등 선임자 들을 찾아다니며 "이곳에서 훈련받고 있는 이명규는 제 동생인데 여기 남도록 편의를 봐 주세요?" 하고 간청하였다.

다행히 사촌동생 명규도 통신학교에 배속을 받아 정규와 같은 곳에서 군대생활을 하게 되었다. 정규의 사촌동생 명규는 육군통신학교 정보계로 배속 받았다. 어려운 때일수록 혈육의 정을 돋보이게 하였던 아름다운 추억들이다.

어느 날 대구육군본부에 있던 매부 황대연이 광주 육군통신학교에 정규를 찾아 왔다. 그 때 매부 황대연은 장교시험에 합격하여 간부후보 6개월 과정의 훈련을 받기 위해서 광주보병학교에 입교를 하게 되었다고 하면서 면회를 왔던 것이다.

정규는 매부 황대연에게 "왜 장교가 되려 하느냐?" 물었다.

매부는 "이왕에 군대생활을 할 거면 장교가 되어야 할 것 같아서 장교시험을 응시 하였다"고 하였다. 그렇게 직업군인의 길로 접어든 매부 황대연은 박정희 대통령이 5.16군사혁명을 일으키자 혁명세력의 일원으로 육군 대위 제대를 하였다. 종손 정규도 동생과 함께 전쟁 중에 입대를 하였다. 하지만 정규는 군대생활을 무사히 제대하는 것에만 관심이 있었다. 그것은 정규가 농림부 검사원 기수로 복직할 자리라는 믿는 곳이 있었기 때문이었다. 그러므로 정규는 큰 변화의 시기에 기존의 기득권을 버려야 하는 모험을 할 필요가 없었다. 무엇인가 자기가 가진 모든 것을 버려야 새로운 것을 얻을 수 있다. 미국의 소설가 토마스 울프는 다음과 같은 이야기를 남겼다.

" 더 큰 지식을 얻기 위해서는 네가 알고 있는 이 땅을 버릴 것,

더 큰 삶을 갖기 위해서는 네가 가진 삶을 잃을 것,

더 큰 사랑을 찾아서 네가 사랑하는 친구를 버릴 것" 등 새로운 혁신은 버림 속에 있다. 항상 인생에 발목을 잡는 것은 자기가 가진 것을 버리지 못하는 미련 때문이다. 필요 없는 상상이지만 만약 정규가 당시에 장교를 지원하여 군대로 나갔다면 성공했을 것도 같다. 정규는 당시에 고학력자이고 6.25전쟁 이후에 30년간 군인들의 세상이었기 때문이다. 사람이 살아가면서 생각을 바꾼다는 것은 쉬운 일이 아니다. 자기가 가고 있는 순탄한 길이 있는데 그 길을 버리고 미지의 길을 간다는 것은 더욱 어렵기 때문이다.

종손 정규의 집안은 종손 정규를 비롯하여, 동생 현규와 사촌동생 명규, 둘째 매부 등 4명의 형제들이 6.25 전쟁에 참전하여 나라를 지켰다.

종손 정규는 광주통신학교에서 군복무 중 상관의 배려로 아내 성연과 살림을 하면서 군복무를 하였다. 정규의 선임들의 특별한 배려로 그는 사병이었지만 영외 생활이 가능했던 것이다. 종손 정규가 군복무 중 부부가 둘이서 월세방을

〈종손 정규의 군복무 시절〉

〈정규의 통신학교 동기생들〉

〈6.25 참전 국가유공자 결혼 60주면 기
념행사〉
- 국가보훈처 주관 : 2013. 10. 2

얻어 살림을 하였는데 그에게 처음이자 마지막이었다. 정규의 아내 성연은 시집와서 시부모님을 모시며 대가족의 종부로 살았는데 전쟁으로 피난을 와서 부부가 둘이서만 생활하는 행복을 처음으로 경험하였다. 정규의 부부가 광주에서 살림을 하는 동안 아들 윤종과 한종은 피난지 논산에서 정규의 부모님이 데리고 사셨다. 정규의 부모님 덕분에 종손 정규와 성연은 둘이서만 살 수 있었다. 전쟁 중 정규와 성연이 살림하였던 곳은 광주광역시 남구 월산동이다. 당시에 월산동 산꼭대기 절 밑에 있던 집이었다.

정규의 군복무 중 아내 성연과 살았던 집주인은 '천시일'이라는 사람이었다. 처음에 집주인 천시일의 부인은 세 들어 살고 있는 군인 졸병이 젊은 색시 한사람만 데리고 와서 살림을 하고 있으니까 성연을 '천하게 노는 여자' 정도로 생각하였다. 그런데 집주인 여자가 성연을 자세히 살펴보니까 '심부름도 곧 잘 하고, 어찌 보면 배운 여자 같기도 하고, 얌전하고 조신'하여 좀처럼 가늠을 할 수가 없었다. 그런데 여름 방학이 되자 할머니, 젊은 여자와 아이들이 광주를 찾아왔다. 그래서 주인은 성연에게 '저들은 누구냐?'고 물었다. 성연은 "아이들은 내 아들이고, 젊은 여자는 시누이다"고 대답했다.

주인 여자는 그제서야 젊은 부부가 이렇게 살고 있는 사정을 이해하게 되었다. 그 다음부터 이 군인의 부인은 '양반집 규수가 틀림없구나!' 하고 생각했다. 어쩐지 성연의 모든 행동거지가 참하고 점잖다고 주인은 생각하고 있었다. 주인집 여자는 성연과 다시 대화를 해보니 매우 조신하고 차분하였다.

성연은 이렇게 살고 있는 당시 사정을 그제서야 주인 여자에게 소상하게 설명했다. "저희 남편이 공부를 좀 한 사람인데, 부대에 잘 아는 좋은 상사가 있어서 배려해 주어서 이렇게 살고 있다. 부대에서 매달 쌀 두말을 주어 그것으로 생활을 하는데, 한 말은 월세를 내고, 나머지 한 말은 휴일에 정규의 부대 친구들이 나오면 점심 대접하고 있다"고 하였다. 그 때부터 주인집 부인은 전과는 다르게 성연을 점잖은 양가집 규수로 깍듯하게 대하였다.

정규는 광주에서 3년 9개월의 군복무를 마치고 1954년 11월 10일 육군 일등중사로 만기제대를 했다. 1948년부터 1957년까지는 군 계급이 이등중사, 일등중사, 이등상사, 일등상사, 특무상사의 5단계를 유지하였다. 1957년 정규군 인신분령에 개정에 따라 이등중사, 일등중사를 하사, 이등상사를 중사, 일등상사와 특무상사를 상사로 개편하였다. 정규는 지금의 하사로 제대한 것이다. 그리고 정규가 제대하자 아내 성연과의 살림을 다시 논산으로 합쳤고, 그리고 고향 파주 마정으로 전 가족이 함께 돌아왔다.

정규가 군대를 제대하고 공무원 복직을 위해 중앙청 농림부에 가 보았더니 공무원으로 있던 사람들은 대부분 그 자리에 전쟁 전과 다름없이 근무를 하고 있었다. 이정규는 영등포역에서 가두징집하는 사람들에게 신분증을 빼앗기는 바람에 하지 않아도 될 전쟁 중 군대생활 45개월을 하였던 것이다. 정규는 그런 상황을 알고 나니 마음이 허탈 하였다. 더구나 전쟁 중이라도 수단과 방법을 가리지 않고 군대를 가지 않았던 친구들은 본청에 그대로 자기 자리를 지킬 수 있고 전쟁에 참전하여 나라를 지킨 정규는 원근무지인 고향에 복직이 어려웠다. 3년 전쟁동안 안전하게 자리보전한 사람들 때문에 목숨 걸고 나라 지킨 사람들은 마땅한 복직자리가 없었다. 당시에는 자리를 비우고 군대생활 하였던 기간은 호봉 승격도 되지 않던 때였다. 정규는 당시의 처사가 너무나 억울하여 그 당시 관련 서류를 조회하였지만 정규가 근무하였던 복무 기록 자체가 없었다. 하기야 전쟁 기간 중 없어졌다는데 어디에다 하소연할 방법도 없는 것 같다. 종손 정규의 지난간 억울함을 이제와 소명한 들 무엇을 할 것인가? 정규의 나이가 이미 100살을 4년 앞두고 있는 나이라서 당시에 문제가 있다 하더라도 책임을 물을 사람조차 남아 있지 않다. 다만 진실을 밝히고 싶을 뿐이다.

7. 생존을 위한 피난지 생활

가. 두 아들 피난길에 전쟁에 보낸 부모 마음

영등포역에서 정규의 가족들은 모두 피난 기차를 타고 있었다. 영등포역에 대기하고 있는 뚜껑도 없는 화물차를 타고 이틀 밤이나 보냈는데 아직도 기차는 떠나려 하지 않았다. 당시는 일 년 중 가장 추운 계절이라서 춥기도 하였지만 배도 고팠다. 기차가 떠난다해도 이런 상태라면 며칠을 가야 할지 가늠이 되지 않았다. 정규와 현규만 먹을 음식을 구하려다가 가두징집원에게 잡혀 신분증 뺏기고 끌려갔다. 문환의 두 아들은 가두징집되어 군 예비 병력으로 데리고 갔던 것이다. 온 식구가 살기위해 전쟁을 피해 안전한 곳으로 가겠다고 피난길에 나섰는데 문환의 두 아들을 생사를 알 수 없는 전쟁터로 보내게 되었다. 부모님의 걱정도 컸지만 정규의 아내 성연의 마음 고통이 컸다. 젊은 사람들이 함께 있어도 피난지 생활은 힘들 터인데 두 사람이 군대로 가고 말았으니 걱정이었다. 문환의 두 아들은 가두징집으로 함께 피난을 갈 수 없었으나 남아 있는 가족들은 기차가 떠나기를 기다렸으나 그 날도 떠나지 않았다. 기차에서 기다리던 가족들은 노량진 숙소로 다시 돌아와 하룻밤을 자고 다음날 영등포역에서 기차를 타고 남으로 떠났다.

아버지 문환은 졸지에 가두징집되어 군대 보낸 두 아들이 걱정은 되었지만 남아 있는 가족만이라도 안전한 곳으로 떠나야만 했다. 문환의 가족들은 몇 날을 기차에 타고 기다리다 떠났는데 겨우 대전역에서 모두 하차시켰다. 문환의 가족들을 모두 대전역에 내렸다. 대전에서부터는 호남선 철길을 따라 걸었다. 겨우 하루에 이십 리 정도밖에 갈 수 없었다. 장환은 논산 시내에 방을 얻어 살았고 문환은 가족들을 데리고 논산 성동면 원봉리에서 피난살이를 시작하였다.

문환 일행의 피난 대열에 우연이 부모 잃은 여자아이가 끼어들어 함께 데리고 가게 되었다. 문환은 아이의 부모들을 찾아주려고 종이에 아이의 이름과 연락처를 역마다 써 붙였다. 문환이 피난생활을 시작한 '성동면 원봉리'에서 며칠 지나자 여자아이의 아버지가 찾아 왔다. 아이의 아버지는 자기의 자식을 찾아주어 아주 고마워하면서 그 은혜를 잊지 않겠다고 연신 다짐을 하며 아이를 데리고 갔다.

그 여자아이의 아버지는 서울 경마장에서 말을 사육하고 관리하던 사육사였다. 자기는 말에 대해서는 아는 게 많다고 하였다.

그는 문환에게 "이렇게 어르신의 신세를 져서 정말 고맙습니다. 앞으로도 서로 연락도 하고 만나며 지내자!"고 하면서 자기의 연락처를 알려주고 떠났다. 그리고 얼마 있다가 그 아이의 아버지가 또 연락을 하여 문환을 만나자고 하였다. 그래서 문환이 그 아이의 아버지를 또 만났더니 그가 말하기를 "저는 말을 취급하던 사람이라서 말에 대해 잘 알고 있습니다. 목포에는 제주도에서 나오는 말 시장이 있습니다. 목포 말 시장에서 말을 사서 이곳 논산으로 와서 마차와 말 먹이 사료를 구입해서 사료를 마차에 싣고 서울가서 말, 마차, 사료를 모두 팔면 큰 이익이 남는다"고 하면서 그는 이 일을 통해 문환에게 진 은혜에 보답하겠다고 하면서 함께 장사를 하자고 권했다.

문환도 아무 준비도 없이 맨몸으로 피난 왔기 때문에 가족들의 생계를 위해서는 무엇일이든지 당장 해야만 했다. 더구나 젊은 아들 둘을 군대 보낸 상황이라서 문환은 어린 손자 둘과 자식들을 위해 무슨 일이든지 직접 나서야 할 형편이었다. 그래서 문환은 그 여자아이 아버지가 제안하는 일을 하겠다고 하였다. 그래서 문환은 그 아이의 아버지와 그가 제안한 대로 함께 장사를 시작하였다. 그래서 그 아이의 아버지는 목포에 가서 제주도에서 나오는 말 두 마리를 구입해서 논산으로 타고 오면 문환은 마차 두 대와 싣고 갈 사료를 논산 방앗간에서 구입하였다. 두 사람은 말 두 마리를 각각 마차에 걸어 사료를 가득 싣고 서울까지 끌고 가서 팔았다. 이와 같은 방법으로 장사는 하였는데 그가 말한 대로 제법 재미를 보았다. 하지만 많은 시간이 소요되는 장사였다. 목포에서 말 두 마리를 사서 타고 논산에는 빨리 올 수 있었다. 하지만 논산에서부터 마차에 사료를 싣고 말로 끌면서 서울까지 200㎞가 넘는 거리를 가려면 많은 시일이 소요되었다. 그것도 한강을 건너려면 노량진을 지키는 헌병에게 고정적으로 몇 푼을 반드시 집어주어야 통과 시켜주었다. 이러한 방식으로 문환은 장사를 그와 두 번 정도 하였다. 정규의 장남 윤종도 어렴풋이 이때의 일을 기억하고 있다. 윤종은 논산에 살 때 아침에 자고 일어나면 마당에 매어 있던 말들이 소리치며 기지개를 펴는 것을 보았던 그 당시의 모습들을 아직도 기억을 하고 있다.

정규네 가족이 처음 논산으로 피난살이를 시작 한지 얼마 안 되어 문환의 생일이 되었다. 정규의 아내 성연은 피난지 생활이 어렵지만 시아버지 문환의 생일상을 차려서 올렸다. 아버지 문환은 생일상을 받으시자 수저를 차마 들지 못하시고 눈물을 흘리며 우셨다. 문환은 피난길에 갑자기 징집되어 생사조차 알 수 없는 두 아들을 생각하니 가슴이 아프고 목이 메었던 것이다. 아무리 앞일을 알 수 없는 상황이라 하지만 당시에 문환의 처지에서 생각해 보면 기막힌 현실이었을 것이다. 전쟁이 끝나는 가 했는데 갑자기 온 가족이 피난을 오게 되었고 두 아들은 전쟁에 나가 생사조차 알 길이 없었다. 더구나 고향에는 모든 농토와 가옥을 그대로 놓아두고 나와서 낯설고 물 설은 생면부지 타향에 와서 생일상을 받으니 서러움이 북받쳐 올라왔던 것이다.

이때에 며느리 성연은 시집와서 처음으로 시아버지 문환이 우시는 모습을 보았다. 시아버지 문환은 항상 근엄하시고 태산처럼 단단해 보이셨던 분이다. 당시에 문환의 입장에서는 아들 둘을 생사를 가늠할 길이 없는 곳으로 보내놓았고 또 그 전쟁이 언제 끝날지 알 수가 없는 답답한 상황이었다.

1950년 미군이 북한 평양을 점령하였을 때 노획한 문서 중에 평양우체국에서 노획한 편지가 1200여 통도 포함되어 있었다. 그런데 당시에 전쟁터에 보낸 아버지의 편지 중에 가슴 뭉클한 편지 한통이 있어 소개하고자 한다. 당시에 전쟁에 보낸 어버이의 마음은 인민군에 보냈건, 한국군에 보낸 정규의 부모님들의 마음도 같았을 것이기 때문이다.

집을 떠나 있는 아들에게 어머니가 쓰는 편지는 소망을 담은 명령서와 같은 것이다. "무사히 살아 돌아오라"로 말한다. 아버지가 아들에게 쓰는 편지는 생존 지침서이다. 이건 이렇게 저건 저렇게 하라고 살아남는 법을 구체적으로 꼭 집어 일러준다. 어머니의 편지는 가슴을 울리지만 아버지의 편지는 어금니를 물게 한다.

"그간 몸 평안한지.

여기 집안 시꾸는 평안하니 안심하여라.

그리고 여러 친척도 다 평안하다.

그런데 무순 이윤지 니가 편지하는 편지는 여기서 다 바다 보는데 여기서 하는 편지는 왜 너는 못 바다 보니.

그리고 여기서 가져간 돈을 쓸 데 이수면 다 써라.

돈이 없으면 여기서 부채 줄 터이니 배가 고프면 먹을 것을 다 싸먹어라.

그리고 아버지는 인민군대에 아니 가스니 안심하여라.

편지를 끝지 말고 여전히 종종하여라. 끝으로 너의 몸 건강을 축복하면서 배고
프지 않게 먹을 것을 싸먹어라.

1950.8.26. 부친으로부터"

이 편지는 자강도 장강군 동문면 동문거리 3반 '리철세'라는 분이 당시에 인
민군대에 나간 아들 '리순상'에게 보낸 편지 내용이다. 아버지 리철세는 행여 아
들이 배곯고 있지 낳을까 걱정이 태산이다. 배는 곯지 말라고 간곡하게 거듭 당
부한다. 집에서 가져간 돈을 다 쓰라고도 했고, 돈이 떨어졌으면 집에서 부쳐 주
겠다고 하였다. 뭔들 못할까? 굶는 자식 두고 보는 부모는 없는 법이다. 이 편지
를 보면 맞춤법도 틀리고 문장도 서툴지만 아버지의 아들 사랑하는 마음은 찐하
게 가슴에 와 닿는다. 당시에 두 아들을 전쟁에 보내 놓은 정규의 부모님 마음도
이와 같았을 것으로 생각하여 편지글을 올려 보았다.

그러나 문환은 아무리 힘들어도 전쟁에 나간 두 아들이 돌아올 때까지 문환
에 의지하고 있는 자식과 어린 손자들을 생각하면 무슨 일이라도 하면서 살아남
아야 했다. 처음에 성동면 원봉리에 도착하여 문환네 모든 가족은 시골집 방 한
칸을 얻어서 십여 명 식구가 기거를 하였다.

그 집 주인은 노씨라는 사람이었다. 한옥의 방 한 칸은 대략 가로 길이 8자
로 2.4m다. 그러니 방 한 칸의 크기는 대략 2평이 못되는 크기이다. 이렇게 좁
은 방 한 칸에는 정규네 가족과 정규의 사촌 진자의 외삼촌 등 10여 명이 함께
생활하자니 고초가 이루 말할 수 없었다. 피난생활이라 체면을 차리고 생활하기
어렵다 하지만 고부가 한방에서 기거 한다는 게 여간 불편한 것이 아니었다. 하

지만 전쟁 중 피난지에서는 방 한 칸에 여러 가족이 함께 기거를 하는 것은 허다하였다. 방 한 칸에 한 가족만 생활할 수 있는 것도 당시의 상황으로는 다행이었다. 그러니 온 가족이 칼잠을 자야 했고 자다가 화장실이라도 갔다 오면 자기의 잠자리가 없어지기 일쑤였다.

정규의 가족이 논산에서 피난살이를 시작하였을 때 막내 동생 석규는 당시에 11살, 큰 아들 윤종은 4살, 둘째 한종은 2살이었다. 석규는 피난지에서는 학교에 다니지 못하였다. 석규는 어린 나이였지만 공민학교의 식량배급을 줄 때면 어른들 대신에 줄에 서서 기다리고 있다가 차례가 되면 배급을 타서 집에 부모님께 가져다 드리곤 하였다. 옛날부터 아이들도 7살이 넘으면 반수가락 나이라고 했다. 농경사회에서는 어린아이도 일곱 살만 되면 자기 먹을 농사의 반은 기여를 했다는 의미다. 당시에 11살이던 석규는 작은 심부름을 맡아서 하면서 피난지 생활을 도왔다. 피난지 논산에서 석규는 학교에는 나가지 않았기 때문에 대구의 작은 누나네 집을 혼자서 다녀오기도 하였다. 대구의 누나네 집을 가는 방법은 논산훈련소 헌병대에 있던 작은 형 현규가 가르쳐 주었다. 석규는 작은 형이 가르쳐 준 대구 가는 길과 지나는 기차역을 종이에 적어서 외우면서 혼자서 누나네 집을 다녔다. 이때에 매부 황대연은 대구헌병사령부에 근무하고 있었다. 마침 둘째 누나네 조카인 '인천과 인효'가 어려서 돌봐 줄 겸 해서 대구에 갔다. 하루는 누나가 조카들을 돌보라 하고 시장에 가고 없는 사이 석규는 어린 조카들을 데리고 집 앞 우물가에서 놀다가 그만 샘물에 빠지고 말았다. 당시에 우물물을 두레박을 이용해 물을 길었는데 석규가 두레박으로 물을 푸다가 몸이 두레박 무게를 못 이기고 샘물 속으로 딸려 들어갔던 것이다. 다행히 샘물은 깊지 않았다. 석규는 샘물에 몸이 빠졌으나 그리 깊지 않아서 몸이 다시 곧 솟구쳐 떠오르자 주변 사람들이 달려와 꺼내주어 가까스로 목숨을 구했다. 시장에서 돌아온 누나는 석규의 이런 상황을 이웃사람들에게 전해 듣고 걱정을 많이 하였다.

누나는 석규에게 "네가 조카들을 봐주는 것도 좋지만 너는 엄마가 있는 곳에 가 있어야 할 것 같다. 무슨 일 이라도 났으면 어떻게 하겠느냐?" 하시며 걱정스러워 했다. 그러나 석규는 누나 댁에서 몇 달 보냈다. 누나가 대구 달성공원에서 천막을 치고 무료로 학생들을 가르치는 곳을 알려 주어 석규는 그곳에 가서 공부도 하였다. 어린 나이지만 총명하였던 석규는 대구에서 논산을 혼자서 기차를 타고 다니면서 지나는 모든 역들을 종이에 적어서 외우면서 다녔다. 이렇게 피난지에서 세월을 보냈던 석규는 피난지에서 고향으로 돌아 온 후에 느지막하게 초등학교를 3년이나 늦게 다녔다. 이렇게 석규는 종갓집 막내로 태어났지만 귀여움 보다는 어린 나이에 피난지 생활로 수많은 고생을 하며 일찍 철이 들었다. 정규네 가문은 전쟁의 영향을 가장 많이 받았던 파주 임진면 마정에 살았기 때문에 민간이 출입이 늦어져 3년 10개월 동안 피난지에서 귀향하기를 기다리며 생존 전쟁을 하였다.

정규의 아버지 문환은 피난지 논산에서 살아남기 위해 닥치는 대로 무슨 일이든지 하셨다. 문환은 재주가 많아서 무슨 일이든지 배워서 해도 남보다 잘하셨다. 논산은 주변 야산에 대나무가 많아서 대나무를 베어다 고리짝을 만들어 대전 시장에 팔기도 하였다. 문환은 주변 사람들에게 고리짝 만드는 법을 배워서 만들었지만 워낙 솜씨가 있어 그가 만든 고리짝을 한 본 사람들은 서로들 사려고 하였다.

"누가 이렇게 탄탄하게 잘 만들었느냐?"고 보는 사람마다 감탄을 하였다.

당시에는 시골에서 석유 등잔불을 사용 했으므로 문환은 양철을 말아서 깡통에 납땜을 하여 석유등잔을 만들어 팔기도 하였다. 이렇듯 아버지 문환은 손재주가 좋으셔서 돈이 되는 일이라면 닥치는 대로 일을 하셨다.

문환은 특히 기계의 논리에 밝으셨다. 당시에 피난 생활을 하고 있던 집 주인 노씨의 매부 박종현이라는 사람이 있었다. 그의 매부는 가까운 거리에서 방 앗간을 운영하고 있었다. 그런데 그이 방앗간은 일하는 사람들의 일손이 부족하 여 항상 바빠서 쩔쩔매곤 하였다.

그렇게 손이 모자라 고생하는 방앗간 상황을 본 문환은 방앗간 주인인 박종 현에게 말했다.

"방앗간에 사람의 일손도 부족한데 승강기를 하나 놓으시지요?" 하였다. 승 강기가 있으면 무거운 짐을 운반하기에 편리하여 많은 일손을 덜 수 있다고 하 였다. 그 소리를 들은 박종현은 문환에게 "당신이 방앗간 일에 대해 아느냐?" 고 하였다. 문환은 "방앗간 일은 많이 해보았다"고 하면서 방앗간에 설치된 승 강기의 효용성에 대하여 자세히 설명해 주었다.

그러자 박종현은 구미가 당겼는지 문환에게 당장 방앗간용 승강기를 하나 만 들어 달라고 하였다. 그래서 문환은 박종현의 방앗간에 승강기 만들어 주기로 했 다. 방앗간에 승강기를 만드는 일 정도는 문환에게 어려운 일이 아니었다. 마침 성 동면 원봉리에는 문환과 함께 피난 간 문산 사람들이 살고 있었다. 승강기 분야에 전문기술을 가진 사람도 여럿 있었다. 문환 자신도 방앗간은 운영한 경험이 많았 고 수리조합에 근무하면서 승강기를 전문적으로 취급한 경험이 있었다. 문산 수 리조합에서 수문정비 업무를 하던 '이호'라는 사람과 과수원을 하던 '정태호' 도 문환과 같은 마을에서 피난살이를 하고 있었다. 문환은 문산에서 피난 온 사람 들과 협조하여 승강기를 설계하고 배치하여 빠른 시일 내에 설치하였다. 이렇게 신속하게 만들어 준 승강기를 사용하여 본 박종현은 그 편리함에 탄복을 하였다.

그는 "어르신께서 이렇게 좋은 재주를 갖고 계신 줄 몰랐습니다" 하면서 그 때부터 문환을 대하는 것이 확 달라졌다. 그는 문환에게 승강기를 설치해준 보 답으로 초가삼간 집을 선 뜻 내 주었다.

"어르신께서 방 한 칸에 모든 가족이 사시느라 불편하실 텐데 마침 자기에게 집이 하나 있으니 그 집을 쓰라"고 내 주었다. 그 집은 박종현의 첩이 살고 있던 집이었다. 이때부터 문환은 논산에서 방 하나에서 모든 가족이 생활하는 어려움이 해소되었다. 이후에도 문환은 박종현에게 방앗간 운영과 원동기의 기술 등 많은 조언을 해 주었다. '낭중지추囊中之錐'라는 말이 있듯이 재주는 감추려고 해도 감출 수 없듯이 숨겨둔 능력이 출중하여 다양한 상황에서 문환의 재주가 빛을 발하였던 것이다. 그 후에 아버지 문환은 피난지 논산에서 피난민들의 반장까지 할 정도로 주변에서 인정을 받으며 사셨다. 종손 정규의 삼촌 장환도 피난생활 처음에는 논산읍내 시장에서 고생을 하였으나 미곡상을 하면서 점차 생활이 자리를 잡아가고 있었다. 사람은 어디에서 살아도 환경에 적응하듯이 문환의 집안은 맨손으로 피난지 논산에 정착하였지만 시간이 지남에 따라 생활이 점차 안정되어 갔다.

6.25 전쟁으로 최대 피해자는 가족이었다. 가족 가운데서도 특별히 가족의 생명과 보호를 책임져야 했던 여성들인 어머니였다.

정규의 아내 성연은 논산에서 피난살이를 처음 시작했을 때는 생활이 매우 고생스러웠다. 당시에 여자들의 삶은 평소에도 고달팠지만 전쟁 중에는 더욱 힘들었다. 무엇보다 방 한 칸에 온 식구가 살아야 하고 부족한 식량 등 불편함은 이루 말할 수 없었다. 처음 피난생활 할 때 성연은 남들이 다듬고 버린 채소를 주어서 죽을 만들어 온 식구의 끼니를 이어가기도 했다. 당시에 아들 윤종이 어린 나이였지만 어머니 성연이 이런 모습들로 고생하시던 피난지의 생활상을 지금도 기억하고 있다. 윤종은 피난지에서 은진미륵을 보았던 감동이 아직도 생생하다. 윤종의 어린 눈에 은진미륵의 모습은 매우 크고 웅장하였다. 은진미륵이 있는 관촉사는 윤종이 피난생활을 하였던 성동면에서 이십 리 정도 거리에 있었다. 어린나이에 걸어서 가기에는 좀 먼 거리였다. 은진미륵불은 고려 광종19년인 968년에 시작하여 37년 만에 완성한 높이 18.12m로 국내 최대 석불이었다.

정규의 아버지 문환은 돈이 되는 일은 가리지 않고 일을 하여 생계비를 마련해야 했다. 문환은 특히 기계를 다루는 기술이 뛰어 나셨다. 그래서 문환은 고장 난 시계와 재봉틀도 수리하고, 재봉으로 조끼도 만들어 팔기도 하셨다. 아버지 문환은 피난지 논산에서 말에 마차를 얹어 서울을 오가며 장사도 하셨다. 당시의 어린 나이였던 윤종은 문환이 장사하던 말, 마차 등을 기억하고 있다. 정규의 막내 삼촌 장환도 논산읍내 시장에서 쌀장사로 자리를 잡아가고 있었다. 정규의 집안은 빈손으로 피난지 논산에 정착하여 각자 열심히 일하며 점차 삶이 안정을 찾아가고 있었다. 문환은 갑작스런 1.4후퇴로 모든 전답과 가옥을 모두 파주 마정에 남겨두고 논산 쪽에 피난 와서 안 해본일이 없이 고생을 하셨다. 전쟁 중에 온 가족의 생계를 위해 체면이고 뭐고 가리지 않았다. 이렇듯 6.25전쟁은 전선에서 군인들만의 전쟁이 아니었다. 후방에 있는 가족들은 살기위해 피난지에서 생존전쟁이 날마다 벌어졌다. 전선에서 정규의 두 아들이 군대생활을 하면서 나라를 지키는 국가수호의 전쟁을 하였다면, 후방에 남은 정규의 가족들은 피난지에서 의식주를 위해 살아남기 위한 생존전쟁을 치렀다. 그런 점에서 전쟁터에서 피를 흘리며 싸운 전투가 사나이들의 '남성적 전쟁'이었다면, 후방에서의 생존전쟁은 자식과 부모님들을 먹여 살리는 모성애에 바탕을 둔 '여성적 전쟁'이었다. 정규의 두 형제가 전쟁에 나간 뒤 정규네 남은 가족은 파주에서 600리 남쪽지방 논산에서 생존전쟁을 하며 3년 10개월의 시간을 견뎌냈다.

나. 피난지에서 빈손으로 시집보낸 딸과 가슴에 묻은 손자

피난살이에 가족 모두가 생존전쟁을 위해 사투를 벌이고 있는 피난지에서 삶은 어려워도 사랑의 싹은 자라고 있었다. 저 병자호란 같은 혹독한 난리를 겪거

나 을사년 같은 대흉년에도 계절은 어김없이 찾아오는 것이다. 옛날 대가족 집안의 많은 식구가 부쩍 대는 분위기에서도 자식들이 늘어 가는 데는 부족함이 없었다. 찧는 절구통에도 방아질의 틈새를 이용하여 손을 집어넣을 수 있는 짬이 있듯이 피난지 삶이 팍팍한 어려운 상황이었지만 정규의 막내 누이 복규는 같은 동네 푸줏간 청년과 연애를 하고 있었다. 당시에 복규는 6.25전쟁이 없었다면 벌써 혼사의 얘기가 오갔을 나이었다. 정규의 막내 누이동생이 동네 푸줏간에서 일하는 총각 이천호와 연애를 한다는 소문이 작은 시골마을에 파다하게 퍼졌다. 정규의 아버지 문환은 푸줏간 총각과 연애하는 막내딸을 아주 못 마땅하게 생각 하였다. 당시만 해도 푸줏간에서 소고기 다루는 일을 하는 직업을 천시하였다. 정규의 아버지 문환은 막내딸이 사귀는 총각 이천호가 푸줏간에서 일하는 것 때문에 백정이고 그를 상놈으로 간주 하셨다. 문환은 돌아가실 때까지 '양반과 상놈이라는 반상의 그림자'를 철저히 구분하셨던 분이였다. 많은 세월이 흘러 손녀딸들이 결혼할 때에도 이런 가치관은 변하지 않으셨던 분이었다. 당시에 아무리 전쟁 중에 딸이 결혼하지만 막내딸이 소고기 다루는 백정과 결혼한다는 것을 문환은 도저히 용납할 수 없으셨던 것이다.

문환이 이렇게 딸의 결혼을 결사반대하고 있으니 정규의 어머니 공주이씨는 막내딸의 혼사 때문에 속은 검은 숯덩이가 되셨다. 이러한 문환의 반대를 설득하기 위해 정규의 막내 삼촌 장환은 좋은 말로 형님을 설득하여 형님의 화를 가리 앉히려 많은 노력 하셨다.

장환은 형님 문환에게 말했다. "지금 같은 전쟁인 상황에 양반 상놈을 가릴 때가 아니다. 어려운 피난 생활에 식구를 하나라도 덜면 도움이 되는 것 아닙니까?" 하면서 문환을 설득 하였다.

정규의 어머니 공주이씨도 문환을 적극적으로 설득하였다. 아버지 문환은 막내딸에게 더 마음이 가고 속으로는 딸이 한없이 측은하였던 것이다. 문환은 전쟁이 일어나지 않아 파주 마정에 살고 있었다면 격에 맞는 가문을 골라서 막내딸 순규를 출가시켰을 것이다. 그런데 모든 생활이 부족한 피난지에서 막내딸을 출가 시키려니 제대로 준비하는 것은 불가능 하여 더욱 속이 상하셨다.

더구나 신랑감 이천호가 정규의 아버지 문환의 마음에 차지 않으니 이래저래 그는 속이 터질 것 같았다.

"자식을 이기는 부모가 없다"는 말과 같이 결국 정규의 막내 누이동생 복규는 부모님들 반대를 무릅쓰고 푸줏간 총각에게 시집을 가고 말았다.

막내 딸 복규는 어릴 적부터 고집이 대단 하였다. 그 무섭다는 정규의 조모 덕수이씨도 복규에게는 이기지 못하였다. 속이 매우 상하셨던 문환은 막내 딸 복규의 결혼식에 끝내 참석하지 않으셨다. 문환은 피난 중이라서 복규의 결혼 준비를 제대로 할 수 없는 상황이었다. 이러한 피난 생활의 사정을 이해하여 푸줏간 총각 이천호네 집안에서 폐백에서 혼수까지 모두 준비하여 결혼식을 올렸다. 이런 개운치 않게 막내딸을 피난지에서 출가시킨 것이 문환과 공주이씨의 가슴에는 아픈 응어리가 되었다.

복규는 아무리 살림이 없어도 "폐백 하나도 안 해주는 집이 어디에 있느냐?"며 불평을 가끔 하곤 했다. 막내딸을 피난지에서 제대로 갖추지 못하고 빈손으로 시집보내는 부모의 마음도 말이 아니었을 것이다. 이렇게 부모님 마음을 아프게 하면서 아버지의 극구 만류를 뿌리치고 결혼한 복규는 후에 사는 게 어려워 친정으로 사위와 함께 처가살이를 오게 되었다.

문환은 말리는 결혼을 뿌리치고 제멋대로 고집하여 결혼한 막내딸에게 항상 서운하게 생각하고 있었다. 그런 막내딸이 살다가 어렵다고 온 가족을 끌고 친정으로 되돌아오니 문환은 노발대발 하셨다. 문환은 친정에 온 딸에게 당장 나가라고 야단을 치셨다.

당시에 문환의 막내사위 '이천호'는 국회의원 선거운동원으로 활동하고 있었다. 그 국회의원이 낙마하자 '이천호'는 그의 도움을 받을 수 없었다. 그 국회의원은 '이천호'에게 '사방공사'를 할 수 있는 혜택을 주고 있었는데 그런 혜택을 받을 수 없게 되면서 먹고사는데 문제가 생긴 것이다. 결국 부모님은 겉으로는 막내딸을 미워하시는 것처럼 야단을 치시지만 속으로는 더 안쓰러워 하셨다. 친정살이 하는 막내딸에게 정규의 모친은 아들의 낚시가게에서 낚시 판돈을 딸에게 집어 찔러 넣어 주기도 하였다. 하지만 아들과 며느리 보기에 민망한 정규의 모친은 늘 딸과 외손주들에게 모진 말들을 많이 하셨다. 하지만 그런 모진 말을 하면서도 친정어머니의 속마음은 누구보다도 마음이 아프셨을 것이다. 아내 성연은 이러한 시부모님들의 마음을 이해하여 친정살이 하는 시누이에게 각별하게 마음을 썼다. 친정살이 하는 복규는 친정의 허드렛일을 도맡아 하였다. 친정의 제사가 있는 날이면 며칠 전부터 친정의 부엌일을 도왔다. 복규의 친정은 종갓집으로 기제사와 차례까지 하면 거의 매달 한 번꼴로 제사가 있었다. 정규의 막내 누이동생 복규는 어릴 적부터 집안일 하는 것을 무척 싫어하던 동생이었다. 이런 동생의 모습을 바라보는 오빠 정규의 마음도 편치 않았다. 정규의 부모님에게는 막내 여동생 복규가 저희들끼리 좋아해 원해서 결혼은 시켰지만 피난지 어려운 살림으로 혼수도 마련할 수 없어서 빈손으로 출가를 시킨 것이 항상 마음에 짐으로 살다가 돌아가셨다.

정규의 아내 성연은 1.4후퇴 때 어린 두 아들을 데리고 갔다. 윤종은 피난을 떠나기 전 천연두 예방주사를 접종했으나 한종은 너무 어려서 예방 접종을 못 한 것이 문제가 되었다. 그러다 전쟁이 나서 갑자기 피난을 가서 사는데 골몰하여 예방접종을 하지 못했다. 그런데 그 똑똑하고 당찼던 한종이 천연두에 걸려서 사망한 것이다. 정규의 아버지 문환은 "손자 한종을 잃은 것은 나 때문이다. 내가 한종에게 우두를 제때에 접종하지 못한 것이 한이다"고 많은 자책을 하셨다. 당시에 정규는 군대에 가고 아버지 문환이 가정의 모든 것을 챙기고 계셨는데 그것을 제대로 못하신 것을 후회스러워 하셨다. 하지만 사람이 죽고 사는 문제는 인력으로 어쩌지 못한다고 생각한다. 짧은 생명도 운명이기 때문이다.

천연두뿐만 아니라 6.25전쟁 시기에는 오염된 환경, 굶주림 등으로 인한 면역체계 저하로 바이러스에 감염돼 결핵, 수인성 전염병, 신증후성 출혈열 등 전염병에 걸리는 일이 허다했다.

"부모가 별세하면 산에 묻고, 자식이 죽으면 가슴에 묻는다"고 하는 얘기가 있다. 그 자식 잃은 슬픔이야 다른 무엇에 비할 수 없는 것은 부모의 자식에 대한 마음 때문이다.

사람들은 부모의 죽음을 천붕지괴天崩地壞, 곧 '하늘이 무너지고 땅이 꺼지는 슬픔'에 비유하고, 자식의 죽음을 참척慘慽 또는 단장지애斷腸之哀라 한다. 자식을 묻는 것은 태양을 묻는 것처럼 온 천지가 캄캄해지는 일이라는 뜻이다. "늘 일찍 여의는 자식이 영특하다"는 말이 있듯이 어린 한종도 유독 똑똑하고 씩씩하였다. 어린 한종은 피난지에서 아이들 중에서도 늘 대장 노릇만 하였던 아이였다. 인간사에 있어 이보다 더 가슴 아픈 일이 어디에 있으랴! 가난이나 부지런은 하늘도 돕는다 하고, 한때의 실패야 딛고 일어서면 될 것이지만, 차마 못 볼 일이 부모가 그 자식을 먼저 떠나보내는 참척이다. 사랑은 내리 사랑이라는 말이 있다. 문환이 피난지 논산에서 제 아비는 전쟁에 나가고 대신에 손자를 데리고 있다가 그런 일을 당하였으니 그 심정을 어찌 다 필설로 나타낼 수 있겠는가? 정규과 성연에게도 피난지에서 잃은 한종은 평생 가슴에 박힌 못이 되었다.

전쟁 중에 아들 둘을 전쟁에 내보낸 아버지 문환과 어머니 공주이씨의 마음은 이루 헤아릴 수 없을 정도로 고통스러워 하셨다. 고대 그리스의 역사가 '헤로도투스'가 말하기를 "평시에는 자식이 아버지를 땅에 묻지만, 전쟁이 나면 아버지가 아들을 땅에 묻는다"고 하였다. 전쟁 중에는 자식은 부모님 옆에 건강하게 무사한 것만으로도 효도인데 정규의 부모님은 하루하루 불안한 마음을 졸이며 3년 9개월을 보내셨던 것이다. 당시에 전쟁에 보낸 부모님의 마음은 모두가 그랬을 것이다.

정규의 부모님은 손자인 한종을 피난지에서 아들대신에 키워주시다가 전염병으로 잃으셨으니 그 아픔으로 얼마나 힘들게 사셨을까?

또한 막내딸 복규를 피난지에서 그냥 빈손으로 쫓듯이 시집보낸 문환과 공주이씨의 마음은 또 얼마나 가슴이 아프셨을까?

더구나 젊은 아들 둘을 가두징집으로 전쟁에 나가고 아버지 문환은 어린 손자와 자식들을 위해 가족의 생계를 직접 책임져야만 했다.

정규네 가족이 1.4후퇴로 논산으로 피난 가서 살면서 실제로 전쟁에 참여한 사람은 두 아들이었지만 전 가족의 생계를 책임진 정규의 아버지 문환과 어머니는 땀과 눈물로 3년 10개월의 생존전쟁을 치르셨다.

8. 불구가 된 땅 마정으로 4년 만에 귀향

종손 정규네 가족은 고향 마정을 떠날 때 앞날을 기약 할 수 없는 절박한 심정으로 파주를 떠났다. 1951년 1.4후퇴 때 추운 겨울 온 가족이 파주를 떠나 논산에서 정착한 지도 어느 덧 4년이 되었다. 파주를 떠날 때 정규의 아내 성연의 손을 잡고 따라갔던 네 살배기 아들 윤종은 어느덧 아홉 살이 되어 초등학교 1학년이 되었다. 지난 4년이 꿈처럼 아득한 시간의 악몽이었던 것 같다. 정규는 고향 마정에 남겨두고 떠난 집이 전쟁 중에 무사하였는지 궁금하였다. 집이 폭격에 다행히 그대로 서 있다 해도 한옥을 4년이나 사용하지 않았으니 온전하기는 쉽지 않을 것 같았다.

정규의 아버지 문환은 논산에서 파주로 다시 돌아오려 하니 마음이 설레기도 하지만 한편으로는 착잡하였다. 지나간 4년의 시간들이 주마등처럼 지나갔다. 정규의 아버지 문환과 막내 삼촌 장환도 이제는 논산 피난지에서 어느 정도 어려운 고비를 넘기고 생활이 안정되어 있었다. 정규네 가족이 마정을 떠날 때 함께 왔던 식구들 중에서 두 명이나 줄었다. 아버지 문환은 똑똑하고 영특했던 손자를 천연두로 잃었는데, 고향으로 가려니 죽은 손자가 자꾸만 눈에 밟힌다. 문환의 막내 딸 복규도 아무것도 해주지 못하고 빈손으로 시집을 보냈는데 딸의 마음까지 편하게 해주진 못한 것이 내내 문환의 마음을 잡고 놓지 않았다. 문환은 막상 고향으로 돌아가려 하니 비워진 두 사람의 자리가 유난히 횅한 느낌에 일손을 멈추곤 하였다. 그러나 피난길에 생사를 기약할 수 없는 전쟁터로 나갔던 문환의 두 아들은 건강한 몸으로 다시 돌아와 이들의 빈자리를 채워주고 있었다. 그리고 이제 문환의 막내아들 석규도 15살이 되어 전쟁으로 중지된 학교도 마저 마치도록 하는 것도 시급하였다.

누구보다 논산 피난지 생활에서 가장 많은 고생을 하신 분은 종손 정규의 어머님이었다. 정규의 어머니는 열차사고로 발을 다쳐 자신의 몸 하나 건사하기도 자유스럽지 못한 상태셨다. 정규의 어머니는 거동이 불편하셔서 빈 몸으로도 힘드셨을 터인데 불편한 몸으로 힘들고 다른사람들 보다 더 서러우셨을 것이다. 정규의 어머님은 아들 둘을 피난길에 전쟁에 보내 놓고 3년 동안 마음속 전쟁을 끝없이 치르신 분이다. 종손 정규의 어머니는 전쟁 중에 손자 윤종을 논산에서 키워주시면서 며느리 성연과 아들 정규가 군대생활 하는 광주에서 딴 살림을 하도록 배려 하셨다. 정규의 어머니는 피난지 논산에서 막내 딸 결혼을 시키시느라 마음고생을 많이 하셨다. 옛날이나 지금도 딸을 시집보내려면 어머니가 해야 할 일들이 많은데 아무리 피난중이지만 딸을 시집보내려면 준비해야 할 것이 많으셨을 것이다. 더구나 문환이 막내딸의 결혼을 극구 반대하시니 정규의 어머니 속은 녹아 내리셨을 것이다. 전쟁에서 군대에 나가 싸우는 사람들 못지않게 집에서 이러한 시간을 보내셨던 가족들의 고통은 이만저만이 아니었을 것이다.

정규네 파주 고향 집은 1951년 1.4후퇴 당시 살림살이도 그대로 두고 떠났고 그동안 민간인 통제를 하여 군인들만 있었던 지역이다. 허드렛일을 맡아 해주던 임술이는 정규네 온 가족이 피난 나갈 때 데려갈 수 없어 울고 서 있던 모습도 눈에 선하였다. 종손 정규네 가족은 파주를 떠난 지 4년 만에 피난지 생활을 끝내고 고향으로 돌아 왔다. 1.4후퇴로 피난나간 사람들 중 대부분의 사람들은 다시 자기들 고향이 수복되자 고향으로 곧바로 돌아왔지만 종손 정규의 가족은 3년 10개월이나 피난생활을 하고 파주 마정으로 돌아 왔다. 가장 큰 원인은 임진강 하류에 임해 있는 정규네 고향 마정은 다시 수복은 되었으나 밀고 밀리는 전쟁이 계속된 지역이었기 때문이다. 더구나 휴전 직후에 정규네 마정 마을은 민간인 통제구역으로 지정되어 수복지역에 민간이 통제가 해제되는 시간도 기다려야 했다. 그리고 피난길에 전쟁에 나간 문환의 두 아들도 전쟁이 끝나고도 1년 정도 후에 제대를 하였기 때문이다.

그래서 정규의 아버지 문환은 피난길에 함께 전쟁에 나갔던 두 아들이 휴전 1년 후에 제대를 하였고 파주 마정에 민간인 통제도 풀리지 않아 고향으로 돌아오는 게 늦어지게 되었다. 전쟁 전에 아들 정규가 집안의 모든 살림살이를 책임지고 있었기 때문에 아버지 문환도 정규가 제대를 한 후에 아들들과 상의하여 함께 파주로 귀향 준비를 하려 생각하고 있었다. 대개 한옥은 몇 년간 사람이 살지 않고 방치하면 폐가가 되기 때문에 다시 사용하려면 새로 집을 짓는 품이 드는 게 일반적이다. 6.25전쟁은 1953년 7월27일에 휴전이 되었지만 정규의 집안은 1년이 지난 다음해 12월에 파주로 돌아왔다. 대부분 피난을 간 사람들은 자기의 고향이 수복되면 곧 돌아갔지만 정규의 마정 고향의 특수성 때문에 유독 길고긴 피난 생활을 하셨던 것이다.

정규의 가문은 아주 길고 혹독한 6.25전쟁을 치른 집안이다. 정규네 가족은 국군을 따라서 남으로 피난을 가다 아들 둘은 가두징집되어 전쟁에 나갔고, 정규의 사촌동생과 매부 황대연 등 4명이나 현역으로 참전을 하여 나라를 지키는 데 앞장서셨던 가문이다.

북에서 피난 온 사람들은 고향을 버리고 새로운 피난지에서 정착을 하느라 더 고생을 하였겠지만 정규네 집안도 피난지에서 4년 전쟁을 치른 가문이다.

종손 정규네 온 가족이 고향을 떠난지 4년 만에 돌아와 보니 집의 안채는 넘어지고 굴뚝만 두 개가 고스란히 남아 있었다. 다행히 행랑채의 사랑방은 전쟁의 포화 속에 넘어지지 않고 그대로 남아 있었다. 전쟁 중에 파주는 남북의 격전지였는데 정규네 집은 용케도 폭탄을 맞지 않고 그대로 있었다. 주변에 많은 가옥들이 폭격을 맞았지만 정규의 집은 요행으로 완전하였지만 군인들이 강제로 주저앉힌 것이다. 전쟁 중에 정규네 집이 완전한 상태로 남아 있는 큰집이었기 때문에 주변 미군부대의 기지촌 여자들이 이 집을 드나들며 기거하는 등 기지촌 여자들이 아지트 같이 사용하였다. 당시에 정규의 마정 집 가까이에 한국 해병대도 주둔하고 있었다. 한국 해병대는 기지촌 여자들이 정규네 집에 제집처럼 드나들며 기거하고 있어서 보안을 생각하여 집을 사용하지 못하도록 망가뜨렸다. 군인들이 정규네 집 기둥에 밧줄을 매고 여럿이 당겨서 집을 주저 앉혀서 기지촌 여자들이 사용할 수 없도록 하였다. 한국 해병대가 정규의 집을 곱게 주저 앉혔기 때문에 지붕의 형상은 망가지지 않고 집터에 기둥만 엎어져서 그대로 있었다. 파주로 돌아 온 정규네 가족은 동네사람들과 힘을 합쳐 기존의 주춧돌 위에 넘어진 기둥을 다시 그대로 세우고 그 위에 지붕을 그대로 올려 사용이 가능하도록 하였다.

전쟁 후에 파주 수복지에 돌아왔을 때 군부대에서 지원해 주는 자재가 많아서 그 자재를 이용하여 복구 하였다. 정규 아버지 문환이 못을 박고 이웃사람들과 군인들이 도와주어 하루 만에 옛 모습으로 되찾을 수 있었다.

종손 정규는 주변의 도움을 받아 하루 만에 집을 다시 세우고 방에 불을 지피니 방이 따뜻하게 데워지며 불도 잘 들었다. 당시에는 미군부대에서 지원한 미군용 감자박스를 분해하여 집의 복구자재로 요긴하게 사용하였다.

전쟁이 끝난 후 고향으로 돌아와 아버지 문환이 방앗간을 운영하지 않은 이유는 알 수 없으나 방앗간은 하지 않았다. 정규의 아버지 문환은 수복 후 파주로 돌아와 목수일 등 생활의 보탬을 주기 위해 노력하셨다. 아버지 문환은 피난지 논산에서도 솜씨가 좋아서 다양한 일들을 하셨는데 파주 마정에 돌아오셔서도 생활의 안정을 위해 이것저것 많은 일을 하며 도우셨다.

아버지 문환은 살림을 아들에게 모두 일임 하셨지만 전쟁 중 피난지에서 아들이 군대에 나가고 없는 동안 가족의 생계를 책임지셨다. 수복 후에 마정에 돌아 오셔서도 가세의 안정을 위해 많은 일들을 하셨다. 전쟁 중에 어떻게 되었는지 모르지만 피난 전에 항상 한 집안 사람처럼 일을 도와주던 임술이는 보이지 않았다. 피난전까지 임술이는 정규네 집에 함께 살면서 같은 식구처럼 집안일을 도와주었지만 품삯 등을 요구하는 적이 없었다. 그저 한 식구처럼 밥만 먹여 주었던 것이다. 그래서 가족들은 임술이가 돌아오기를 기다렸으나 그 후에도 영원히 보이지 않았다. 많은 세월이 흘러도 순박하고 착하던 임술이의 모습은 정규의 뇌리에서 지워지지 않고 있다.

이중환의 『택리지』 발문을 쓴 홍중인洪重寅은 "토지가 기름지고 산천이 맑고 아름다우며, 배가 드나들며 생선과 소금을 팔아 얻는 이익이 있으며, 전란과 재앙을 피할 수 있는 곳과 서울에서 멀리 떨어지지 않는 조건까지 모두 갖춰야 살만하다"고 했는데 그 중 한 가지만 갖추기도 힘들건만 어떻게 서너 가지 조건을 모두 갖추겠는가? '우리나라에는 이와 같은 조건을 갖춘 땅은 없다'고 단정하여 말했다.

정규의 고조부 봉현이 선택한 파주 장산리를 비롯한 임진강 하류 지역은 『택리지』에서 말한 땅의 조건에서 세 가지는 갖추었지만 전란과 재앙은 피할 수 없는 곳이었다.

만약에 정규의 고조부 봉현이 파주가 아닌 장단군 소남면 홍화리에 정착을 하셨다면 정규네 가문은 터전을 완전히 잃었을 것이다. 좋은 땅의 조건 중에서 모두 갖추기가 어렵다 하였는데 정규의 옛 고향 마정은 전란의 재앙만은 피할 수 없는 곳이기에 결국 불구의 땅으로 남게 되었다.

9. 부서진 삶의 터전을 되살리려는 안간힘

6.25전쟁이 미친 사회적 영향으로서 가장 중요한 것은 급격한 사회적 변동이었다. 전쟁과정에서 도시와 농촌 어디에서나 극심한 산업과 삶의 파괴가 있었지만 외형적 파괴 이상으로 더 큰 의미를 가지는 것은 사회적 관계의 재구성이었다. 무엇보다 농업을 기반으로 오래된 시골의 풍습과 가치관의 대변화를 가져왔다. 미국과 소련이 자기들의 이해관계로 나누었던 38선은 3년 전쟁을 거치면서 남북이 이념적 가치관의 차이로 새로운 휴전선을 중심으로 사상적으로 거리를 만들고 말았다. 우리나라는 전쟁 전에는 개성 북쪽으로 38선이 분리되었으나 6.25전쟁으로 삶의 분리선이 다시 임진강 하류쪽으로 내려와 파주의 임진강 북쪽은 철조망 속에 갇히는 바람에 정규 가문의 활동지역을 대부분 잃고 말았다.

전쟁 전에는 임진강 이북의 장단이나 개성 서북쪽 홍화리는 종손 정규의 집안이 관계를 형성했던 많은 친인척이 기거했던 삶의 활동범위였다.

그런데 6.25전쟁으로 임진강 남쪽으로 생활공간이 제한되며 파주 마정의 삶은 불구가 되었다. 정규가 어릴 적 삶의 중심이었던 임진강 남쪽 강변 독개벌 주변도 휴전선 설정으로 접근하지 못하도록 철조망으로 막아서 과거 그의 삶의 흔적을 찾을 수도 없게 되었다.

6.25전쟁이 끝나고 1950년대 중반이 넘어서면서 형편없는 소출에 과중한 세 부담까지 있는 토지로부터 탈출하여 외국원조로 어느 정도 연명이 되고 자식 교육의 기회까지 제공되는 도시로 향하는 이촌향도離村向都현상이 크게 나타나기 시작했다. 정규의 고조부 봉현도 갑오개혁 이후에 사회적 패러다임이 변하자 새로운 정착지를 찾아 홍화리, 장산리를 찾아 후손들이 살아 갈 터전을 마련하셨다. 이로부터 60년이 지난 1954년 6.25전쟁이 끝나고 종손 정규가 군대에서 제대를 한 시점도 사회적 패러다임이 크게 변하고 있던 시기였다.

정규는 군대에서 제대를 한 달 남겨 두고 말년 휴가를 받았다. 그는 무엇보다 1.4후퇴 당시 가두징집되어 4년 가까운 근무공백이 발생한 농산물검사소 복직을 서둘러 확인해야 했다. 그리고 피난지 논산에서 지금까지 고생하고 있는 가족들을 데리고 파주 마정의 옛 집으로 돌아오려면 집의 상태도 궁금하였다.

그래서 정규는 말년 휴가를 받자마자 파주 임진면으로 달려갔다. 당시에 6.25전쟁은 끝났지만 정규의 고향 마을은 그때까지 민간인 통제구역으로 설정되어 있었다. 그러나 곧 임진면이 민간인 통제가 해제될 예정이고 그렇게 되면 고향 마을로 들어갈 수 있다고 하였다. 정규에게 시급한 것은 농림부 검사원 복직이었다. 그것은 온 가족의 생계가 달린 문제이기 때문이다.

6.25 전쟁 전에는 모병제 체제라서 현직 공무원이 근무 중 군대에 가서 휴직 후 복직 하였던 사례는 거의 없었다. 전쟁 이후에도 병역관련 체제가 자리 잡혀 있지 않아서 제대 장병에 대한 복직과 원호 등에 대한 구체적인 제도가 거의 없던 시대였다. 더구나 군 복무를 공무원 경력으로 인정해 주는 것도 당시에는 확실하지 않았던 시대였다. 공무원 행정에 대한 것이 제대로 체제가 잡혀 있지 않던 때라서 언제 어디로 복직이 가능하다고 예측하기도 어렵던 시기였다. 당시에는 전쟁 중에 불에 탄 호적이나 북한에서 월남한 수백만의 새로운 서류와 구호 사업 등을 처리하기도 벅차던 시기였다. 정규는 고향 마을 통제가 풀려 고향에

돌아와도 당장 많은 식구들이 먹고 사는 것도 문제였다. 그렇다고 마냥 논산에서 고생하며 지체 할 수도 없었다.

정규가 전쟁 전에 근무하였던 파주 임진면 농산물검사소 기능은 그때까지 폐쇄되어 있었다. 정규는 전쟁 전에 농림부 소속으로 되어 있었고 검사원 발령의 기관이었던 중앙청 농림부를 찾아 갔다. 농림부를 찾아가 그동안 자초지종을 말하고 이제 군대에서 제대를 하였으니 검사원 복직을 시켜달라고 요청하였다. 전쟁 전에 파주 임진면 검사소에서 근무를 하였고 그 곳이 고향이고 집안의 장남이라서 부모님도 모셔야하기 때문에 고향 임진면에 복직을 요청 하였다.

그런데 농림부 담당공무원은 전혀 뜻밖에 얘기를 하였다. 현재 정부에서는 전쟁 전에 있었던 임진면 농산물검사소 존폐문제를 두고 고심 중에 있다고 하였다. 그러므로 파주 임진면에 있는 농산물검사소 조직도 개편이 불가피 하다고 하면서 이러한 상태라서 파주 임진면으로 복직은 불가능 하다고 하였다. 임진면에는 복직이 불가능하므로 전쟁 전에 출장 갔던 강원도 홍천에 가서 일단 복직을 하라는 것이다. 정규는 기가 막히고 답답했다.

정규의 입장에서 이해가 안 되는 것은 농산물 검사소가 조직이 개편되더라도 검사원의 일을 하는 기능은 있을 것이고 그 곳에 보직을 주면 될 텐데 보직을 주지 못하겠다는 것은 이해가 되지 않았다. 정규가 고위직인 기관장이라면 이해가 되지만 하위직이기 때문에 유사 보직은 관심만 있으면 그리 어려운 문제는 아니었을 것이다.

당시에 정규가 복직을 하기 위해 농림부 사무실에 가보니 전쟁에 참전하지 않았던 사람들은 본청에 그대로 근무를 하고 있었다. 전쟁 중에 무슨 수를 쓰더라도 군대 징집을 피했다면 3년 9개월 동안 고생도 안하고 정규도 자기 자리를 지킬 수 있었을 것이다. 군대를 가게 된 것도 길거리 가두징집 으로 신분증을 빼앗겨 피난길에 가족들과 생이별 하고 강제로 끌려갔던 것이다. 정규가 피난 도중 군대로 강제 징집되어 남아 있던 부모님과 어린 자식들은 피난지 논산에서 많은 고생을 시켰다. 결국 전쟁중에 군대에 나가 나라 지키고 돌아오니 원래 있던 자리로 복직할 자리마저 없어진 것이다. 정규는 지나간 4년이 너무나 억울하고 화가 났지만 하소연 할 곳도 없었다. "독립운동하면 3대가 망한다"는 얘기가 있듯이 피난길에 가족들과 생이별하고 6.25전쟁에 참전하였더니 한 사람의 인생이 골병이 든 것이다. 가족들이 4년 동안 피난지에 수많은 고생을 하면서 정규의 제대할 날짜만 기다리던 가족들을 생각하면 가슴이 터질 것 같았다.

이러한 혼란스러운 상황으로 마음을 결정하지 못하고 있는 상태에서 아버지 문환의 절친한 친구였던 황호연 면장을 만났다. 황호연 면장은 정규를 보자 아주 반가워 하셨다. 6.25 전쟁으로 서로 생사를 알지 못하고 몇 년이 지난 뒤 만났으니 꾀 오랜 시간 만에 만난 것이다. 더구나 전쟁으로 생사를 가늠하기 어려운 시절이라서 무사하게 만난다는 것이 다행이었다. 정규는 아버지 문환의 소식과 그간의 어려웠던 사정을 소상히 말하였다.

1.4후퇴 때 온가족과 함께 피난가다 가두징집되어 전쟁 중 군대생활을 하느라 3년 10개월 비워두었던 공무원 복직 등 가족들을 데리고 돌아오기 위해 말년 휴가를 받아 미리 들렸다고 말했다. 그리고 전에 일하던 임진면검사소에 복직이 어려운 상황도 얘기 하였다. 황 면장은 모든 이야기를 들으시고 정규에게 물었다.

"정규야! 그렇다면 너 앞으로 어떻게 할 계획이냐?" 하고 물었다.

"저도 어떻게 해야 할지 모르겠습니다"라고 정규가 대답하였다.

황호연 면장은 정규의 처지를 염려스러워 하시면서 말씀 하셨다.

이곳 임진면도 지금까지 파주역 있는 곳에서 민통선으로 묶여 있었는데 그곳이 곧 해제가 되는 것으로 되어 있고, 곧 내가 임진면장으로 나가게 되어 있다고 하였다.

그러면서 황호연 면장은 미수복지구가 풀려 자기가 임진면장으로 가게 되면 공무원 한 명이 필요하다고 하였다. 필요한 한 명은 특별채용 할 예정이고 이런 경우는 면장의 단독권한 사항이라 자기가 결정할 수 있다고 하였다. 새로 필요한 사람은 병사담임이라 하였다.

그러면서 황호연 면장은 정규에게 "너의 사정이 딱하니 너만 괜찮다면 병사담임을 위한 특별채용으로 임시면서기로 채용 하겠다"고 하였다.

다행히 정규는 군대에서 3년간 육군통신학교 서무계 행정병으로 일하여 더 없이 적격자라고 하였다.

황호연 면장은 정규에게 다시 한 번 다짐을 받으셨다.

"너는 경기도 공무원 기수까지 하던 사람인데, 임시면서기로 채용되면 기수 보직은 말소되므로 크게 손해가 될 터인데 그래도 괜찮겠냐?"

종손 정규는 대답하였다. "지금 고향으로 돌아오면 당장 먹고사는 게 큰 문제이니 보직이나 직급은 상관없이 무엇이든지 일만 할 수 있으면 상관없습니다" 하고 대답하였다.

황호연 면장은 "정 그렇다면 네가 제대하고 임진면으로 돌아오는 대로 채용할 테니 그렇게 알아라. 그런데 보직은 병사담임인데 괜찮겠냐?" 하고 다시 확인을 하셨다.

정규는 제대 후에 가족들과 고향에 돌아오면 임시면서기 보직이라도 일 하도록 만들어 주신 아버지 친구인 황호연 면장이 너무나 고마웠다.

당시에 정규도 절박한 상황에서 황 면장께서 이렇게 도움을 주시니

"면장님의 말씀대로 하겠습니다"며 확실하게 다짐을 드렸다.

정규는 제대 후 곧바로 임진면 황 면장을 찾아 갔다. 황호연 면장은 정규에게 약속한 대로 곧 바로 채용해 병사담임 보직을 주었다. 이렇게 하여 종손 정규는 경기도 농산물검사원 기수보직(4급 9호봉)을 버리고 가장 하위 직급인 임진면 임

시면서기로 다시 공무원 생활을 시작 하였다. 곧 이어서 피난지 논산 성동면에 살고 있던 모든 가족들을 데리고 파주 마정 고향으로 돌아왔다.

정규가 제대를 하고 경기도 기수를 버리고 임진면 임시면서기를 선택한 것도 어느덧 70년 가까운 세월이 흘렀다. 왜 당시에 정규는 그렇게 선택할 수 밖에 없었는지 지금의 기준으로는 이해가 되지 않는다. 하지만 그렇게 결정한 당시의 상황을 검토하여 보면 다음과 같은 이유가 있었다.

첫째 6.25 전쟁이 끝난 이후에는 국가의 재정이 어려워 공무원의 봉급을 제대로 줄 수가 없었다. 당시에는 농림부 기수의 월급이나 임진면의 임시면서기의 월급이나 똑같은 4,500원으로 차이가 없었다.

둘째는 논산으로 피난 간 가족들이 고향으로 돌아와야 하는데 당장 정규가 벌어서 생활비를 마련해야 했다. 전쟁 전에는 아버지가 농사도 지으셨으나 4년간 버려둔 농토이고 다음해 가을까지 1년이나 기다려야 식량이라도 확보가 되기 때문에 당장 취업이 가능한 임진면 임시면서기를 하면서 생활비를 벌어야 할 필요가 있었다.

셋째는 정규의 어머니는 몸이 불편하여 며느리 없이 따로 살림을 하실 수가 없는 상태였다. 더구나 종갓집 종손으로 봉제사 등 집안의 대소사를 책임지려면 정규가 임진면에서 반드시 직장을 얻어야할 상황이었다.

넷째는 미군이 수복해서 하동 제방 둑 아래쪽으로만 일반인 입주를 시키고 그 아래는 일반인은 입주를 허락하지 않았다. 하지만 당시에 면장과 면에서 근무하는 공무원은 집을 짓고 살도록 특별히 허가를 해 주었다.

그래서 황 면장은 "네가 임진면 면서기로 들어오면 읍내에 나란하게 집짓고 같이 살자"고 하였다. 그리고 정규의 입장에서도 자식들의 공부 등 미래를 위한다면 하루빨리 학교가 가까운 읍내로 이사를 해야 하겠다고 생각하고 있었다.

정규는 이러한 여러 사항들을 고민하여 보고 황 면장님의 임시면서기 제안은 받아들였던 것이다. 한 가지 아쉽다면 경농을 졸업하고 전쟁 전까지 하였던 공무원 근무경력을 버리고 다시 시작을 한다는 것이었다. 그러나 당시에 정규에게는 가족들의 생계와 집안을 책임져야 하는 책임감으로 이러한 불리한 선택을 하였던 것이다.

경기도 농산물검사소 기수를 얻기까지 정규의 노고는 물론 희생적인 부모님의 뒷받침이 있었다. 온 가족들도 함께 고통을 감내하면서 공부하여 이루어 낸 공무원 기수였던 것이다. 이렇게 부모님의 땀과 눈물로 이룬 공무원 기수를 포기하고 생계를 위해 임진면 임시면서기로 다시 시작해야 하는 정규의 마음도 매우 불편했었다.

6.25전쟁은 국토를 초토화 하고 많은 사람만 죽게 만든 것이 아니다. 이 땅에 사는 수많은 가정에 큰 상처를 남기고 개개인에게 아물지 않는 회환을 남겨주었다. 전쟁이 종전 된지 70년이 되어가지만 정규에게는 아직도 아물지 않는 마음의 상처로 남아 있다. 이러한 정규의 과거에 대한 기록을 확인 해 보았으나 당시의 기록들을 찾을 수도 없었다. 모든 정부의 서류가 전산화 되어있다고 하지만 종손 정규에게 꼭 필요한 자료는 없어져서 당시의 고통을 확인할 방법이 없었다.

하기야 정부가 자기들 곤란한 서류와 기억은 보존했을 리 없다. 만약 그 당시 정규의 여동생 순규와 함께 보도연맹 사상 분류할 때 잘못 판단하여 죽음을 당했던 사람들도 지금은 자료가 없어 확인하지 못하고 죽은 사람들의 유골만 있을 뿐이다. 5.18 광주 민주화 운동 때에도 총에 맞아 죽은 사람은 있어도 총을 쏜 사람은 없었다. 지금까지 우리들 역사는 승자의 역사이기 때문이었다.

10. 30년간 살아온 마정을 떠남

종손 정규는 마은골에서 마정 734번지로 이사 와서 그해에 출생하였다. 그러니까 이집에서 문산읍으로 이사하기까지 29년을 살았다. 이 집은 참으로 사연이 많은 집이기도 하다.

정규의 조부 종림이 독개벌 제방 둑 공사를 실패하는 바람에 공동투자자의 한사람인 진외가 집안의 은행 대출자금을 대납하고 받은 집 이었던 것이다. 마정 집은 종손 정규가 태어나고, 자라고, 결혼한 집이다. 이 집은 6.25 전쟁으로 피난 가 있는 동안 4년간 비워 두었던 집이기도 하다. 전쟁으로 엎어졌다 다시 일으켜 세운 집이다. 물건도 오래 사용하면 그 기능이 다하듯이 집도 몇 번 주인이 바뀌고 엎어지면 기운을 다하는 것 같다.

정규의 증조부는 이 집으로 이사한 후 종손 정규가 태어나자 기념식수로 은행나무 한그루를 심었다. 그 이후에도 정규의 동생 4남매가 이 집에서 태어났다. 이와 같이 마정 옛집은 정규의 어린 시절의 추억이 고스란히 배어있던 집이다. 증조부 승순과 조부모님도 이 집에서 돌아가시어 3년 상을 모셨다. 이 집이 논산에서 피난 생활하면서 항상 그리며 돌아가고픈 고향 집 이었다. 1.4후퇴 당시 추운겨울 온 가족이 기약 없이 떠난 후 다시 돌아와 복구하여 정상을 찾았으나 고향 마을은 전쟁 전의 정서는 모두 잃고 말았다.

임진강 독개벌 북쪽에 있는 장단은 민간인 통제구역으로 금단의 구역이 되었다. 6.26전쟁으로 마정 마을은 그대로이지만 임진강을 중심으로 북으로는 민간인 통제구역으로 우리나라의 최북단의 마을이 되었다. 전쟁 전에 정규의 생활범위였던 임진강 북쪽의 삶의 공간은 없어지고 말았다. 정규의 큰댁이 사시던 홍화리, 역구내는 휴전선 북쪽이 되었고, 말 타고 장가갔던 처가 마을인 초평도 북쪽 군내면도 갈 수 없는 땅으로 되어 버렸다. 그리고 집 울타리와 근접하여 한국 해병대가 주둔하고 있어 마치 집이 부대 안에 있는 느낌이 들 정도로 전쟁의 후유증이 강하게 남아 있는 상태였다. 이러한 전쟁의 자취가 생활주변까지 근접해 있어 군부대의 군인들이 정규네 집을 제집처럼 들락거려 도무지 삶이 안정되지 않았다.

정규가 살던 마정 옛집은 비교적 잘 지어진 집이었다. 이 집은 독개벌 공사의 실패 후에 정규의 조부가 금융 빚 대납으로 받은 집이었다. 군인들이 미군부대 기지촌 여자들의 사용을 막으려 집을 주저앉혀 놨지만 제대로 지었던 집이라서 기둥이며 지붕이 손상되지 않고 그대로 있었기 때문에 주춧돌에 기둥을 세우고 지붕을 들어 올려 하루 만에 복구를 할 수 있었다.

정규네 집을 복구하는데 군부대에서 에이드파이프 등 많은 건축 자재를 지원해 주었다. 정규의 마정 집은 그 마을에서는 제법 큰집이었고 모양도 좋다고 하던 집이었다. 사랑방이 있던 행랑채는 아랫부분은 양회를 바르고 윗부분은 회칠을 하여 깨끗하고 반듯한 모양의 집이었다. 행랑채의 바깥부분으로는 작은 툇마루도 있었다. 초가을이면 모든 문의 창호지를 하얗게 교체하여 행랑채의 문들을 가지런히 열어 놓으면 먼 곳에서 보아도 아주 깨끗하고 아름답게 보이던 집이다.

이 마정 옛집은 정규네 가문에게는 많은 의미가 있던 집이다. 이집으로 이사를 오기까지 고조부 봉현이 처음 장산리에 정착하시고 가세를 모아 마은골로 이사하셨고 다시 마정 734번지로 27년이 걸린 곳이다. 정규가 문산읍내로 이사 오기전 살았던 마정 마을은 그의 고조부 봉현의 처가 마을인 장수황씨 집성촌이었다. 고조부 봉현이 70년을 방랑으로 사시다가 처가 마을에 의지처를 정하려고 찾아 왔으나 도움을 받을 수 없어 이곳에서 십여 리 떨어진 화석정 부근 장산리 폐가를 얻어 정착을 하셨다. 다시 가까운 마은골로 이사하여 가세를 일으키고 통정대부 직첩도 받으시고 그의 아들 승순이 다시 이곳으로 오신 것이다. 이곳으로 오실 때는 경제력도 웬만큼 갖추시고 망한 나라이지만 대한제국의 통정대부 당상관 직첩도 받았던 양반가문이었다. 이러한 조건을 갖추고 승순은 외가의 마을로 30년만에 다시 정착하셨던 것이다. 하지만 이때 고조부 봉현은 이미 돌아가시고 승순이 아들 종림과 손자 문환 등 4대가 오셨던 것이다. 이와 같이 마정 734번지의 정규의 옛집은 단순한 삶의 터전이 아닌 조상님들의 자존심이었다.

하지만 땅의 의미도 시대가 바뀌고 상황이 바뀌면 바뀌듯이 6.25전쟁 이후 정규의 마정 고향 마을은 제 기능을 잃고 말았다. 전쟁 전에만 해도 남북의 출입이 자유로운 곳이었으나 전쟁 후 휴전선 접경지역으로 최북단 마을로 되었다. 종손 정규는 임진면 면서기로 다시 공무원으로 복무하게 되어 전쟁 전과 다름없이 매일 십여 리 읍내로 출·퇴근을 하였다.

이제 정규의 아버지 문환도 전처럼 농사를 지으실 상황도 아니었다. 그리고 정규가 십 여리 거리의 임진면 면사무소로 출퇴근의 어려움도 있었다. 정규는 아이들 교육을 위해서도 학교가 가까운 읍내로 옮겨야 한다고 생각했다.

더구나 정규네 마정 옛집 주변 가까이 주둔한 군부대 때문에 생활이 안정되지 않았다. 당시에 한국 군부대는 보급 물자가 부족해서 그런지 주택지 부근에 주둔해 있으면서 주변에 피해를 많이 주었다. 특히 정규의 집 주위에 주둔한 해병대의 중대장은 그 중에서도 아주 나쁜 사람이었다. 마침 그 부대에는 정규 사촌동생인 명규의 외사촌인 백 소위라는 사람이 소대장으로 있었다. 백 소위는 '오현리 갈곡' 사람이었다. 백 소위는 "자기네 중대장이 정규네 집에 있는 은행나무를 베려고 눈독을 들인다"고 귀 뜸해 주었다. 그 부대 중대장이 개인적으로 은행나무 목재를 사용하려는 것 같았다. 그래서 그 중대장 놈은 갖은 핑계를 대며 나무를 자르려고 벼르고 있었다. 그러나 부대 중대장이 벼르고 있는 은행나무는 베어 내기에는 정규네 집안에 사연이 있는 나무였다. 그 나무는 종손 정규가 태어났을 때 어른들께서 기념식수로 심어 놓으신 것이다. 은행나무처럼 병이 없고 수명이 길게 종손이 잘 자라기를 바라는 가문의 염원이 깃들여 있는 나무였다. 중대장이 은행나무를 베야 하는 명목을 군부대 옆에 큰 나무가 있으면 불순분자에게 표적이 된다는 것이 이유였다. 부대 옆에 나무가 없으면 먼 곳에서 더 잘 보일 텐데 중대장은 말도 안 되는 억지를 부렸다. 정규는 이러한 논리에 대해 항의를 하였지만 결국 그 중대장은 은행나무를 베어버렸다. 해병대 중대장이 그 은행나무를 무엇에다 쓰려고 하였는지 모르지만 가져가지도 못하고 동네 모퉁이에 두었다가 결국은 목재가 썩어서 버리고 말았다. 그렇게 밉상 굴던 중대장은 무슨 이유인지는 모르지만 은행나무를 베어내고 3개월 후에 원인 모르게 갑자기 죽어 버렸다. 그래서 주변사람들은 남의 가문에 정성이 깃든 큰 은행나무를 제 마음대로 베어서 벌을 받은 것이라고 생각하였다.

이러한 일들이 있으니 정규는 집 주변에 주둔해 있던 한국 해병대에게 감정이 좋지 않았고 보기도 싫었다. 그때 큰 딸 건숙이 태어나서 집에 금줄을 쳐 놓았다. 금줄은 출입을 삼가 달라는 표시인데 최소한의 배려도 이해하지 못하는 당시의 해병들이었다. 정규네 집안이 금줄을 쳐 놓았지만 군인들이 어린아이 구경한다고 집을 마구 들락거렸다. 이러한 상황을 목격한 정규는 가뜩이나 그들을 좋지 않게 생각하고 있었는데 이렇게 무식하고 예의조차 모르는 군인들을 더 이상 보고 살기 싫었다. 이러한 일련의 일들까지 있다 보니 정규는 점점 마정 마을에 살고 싶지 않았다. 그렇다고 군대가 다른 곳으로 옮긴다는 계획도 알 수가 없었다. 그렇지 않아도 문산읍으로 이사를 하려는 마음을 갖고 있었기 때문에 문산 읍내로 이사를 더욱 앞당기게 되었다.

이러한 마음으로 생각이 많았던 정규는 삶의 터전을 문산읍으로 옮기는 것에 대하여 아버지 문환과 상의를 하였다.

무엇보다 정규가 임진면 면서기로 일하면서 매일 면사무소가 있는 문산읍으로 출·퇴근하는 거리가 문제였다. 아버지 문환도 피난지 논산에서 돌아오신후에는 농사일에 손을 놓으신 상태이므로 농사를 지을 사람도 없었기에 마정에 살아야 할 이유도 없었다. 또한 윤종 등 자녀들의 미래를 위해서도 학교와 가까운 읍내에 살아야 한다고 생각했다.

더구나 집 주변에 한국군 해병대가 함께 있어 삶이 안정되지 않았다. 이 군부대가 언제나 철수 할지 기약도 없었다. 이러한 당시의 상황을 아버지 문환도 충분히 이해를 하셨는지 흔쾌히 동의를 하셨다. 아버지 문환과 상의를 마친 정규는 문산읍으로 이사를 위해 여러 가지 준비를 하게 되었다.

당시에 문산을 점령하고 있던 미군은 문산리에 일반인들은 건축허가를 해주지 않았다. 미군은 수해방지 둑을 경계로 하여 하동(문산 2리)에만 입주를 허가 하였다. 하지만 미군은 면장과 면에서 근무하는 직원들에게는 예외로 이곳에 건물허가를 내 주었다. 정규는 임진면에서 면서기로 근무하고 있었기 때문에 무난하게 황호연 면장과 함께 건축허가를 받았다.

정규는 임진면 면서기를 1954년 12월13일 날짜로 임명 받았다. 정규가 제대하고 한 달 남짓 된 시점이었다. 정규가 문산읍으로 이사한 것이 맏딸 건숙이 태어난 후에 이사를 하였으니 아마도 1955년 5월 이후인 것 같다. 문산으로 이사할 집의 안채는 중앙목공소에 의뢰하여 지었고, 행랑채는 몇 번의 증축을 하여 완성하였다. 행랑채는 아버지 문환이 동생 현규와 힘을 합쳐 지었다. 처음에는 6칸을 건축했고, 다음에 한 칸을 더 늘리고 마지막으로 방앗간을 개업하기 위해 증축하는 등 3번에 걸쳐 완성하였다. 이때 정규가 문산읍으로 이사를 위해 신축할 집터는 103평이었고, 당시에 싯가로 20만 원을 주고 구입하였다.

정규가 이사할 집터를 구입하게 된 것도 사연이 있었다. 정규가 문산읍으로 이사할 집의 집터는 기연씨 라는 분의 소유였다. 당시에 기연씨는 탄현면 면장을 하고 있었다. 그는 행정에 밝았고 자기의 아들이 땅을 마음대로 팔지 못하도록 재빨리 회복 등기를 하여 자기 명의로 해 놓았다.

당시에 탄현면장의 아들은 국회의원이 되려고 노력하고 있었던 상황이었다. 그래서 그는 아버지 몰래 땅을 팔아 국회의원 선거비용을 마련하려고 하였다. 그런데 탄현면장은 자기 아들이 정치하는 것을 못 마땅하게 생각하고 있었기 때문에 자식이 땅을 팔아 정치자금을 만드는 것을 반대 하였다.

그러한 상황인데 탄연면장의 아들은 정규에게 다음과 같이 말했다.

"정규 야! 우리 아버지가 등기를 아버지 소유로 만들어 놓아 내가 땅을 못 팔게 만들어 놓았지만, 그 땅은 아버지가 탄현면에 있을 때 우리 공부하라고 사서 주셨던 땅이다. 그러니 그 것은 내 땅이다. 지금은 내가 공부를 다 했으니 그 땅은 이제 아무소용이 없다. 그러니 내가 국회의원 출마 하는 데 비용을 만들어야 하겠으니 일단 땅값을 나에게 주고 너는 일단 영수증만 받아라. 내가 이 땅을 정규에게 팔았다고 도장 찍어 줄게. 네가 구입한 땅의 등기이전은 책임지고 나중에 반드시 해 주도록 하겠다. 그리고 내가 너에게 이 땅을 팔았다고 후에 아버지에게 말하면 등기이전을 해주는 데는 문제없을 것이다. 왜냐하면 우리 아버지하고 너의 아버님이 매우 친하신 황호연 면장과는 잘 아는 사이니 등기이전을 해주는 데는 별 문제 없을 것이다" 하고 그는 정규를 설득하였다.

그래서 정규는 등기도 없이 탄현면장의 아들에게 땅값을 지불하고 문산읍에 집터를 구입하였던 것이다. 다시 말하면 탄현면장 소유의 땅을 그의 아들이 선거비용을 마련하기 위해 아버지 몰래 정규에게 판 땅을 샀던 것이다.

정규는 마정에서 문산읍으로 이사를 오고 난 후에 마정 옛집과 집터는 동네사람들에게 나누어 팔았다. 집터는 같은 마을에 살던 박경득, 김영락, 김옥현 등 세 사람에게 나누어 팔았다. 나머지 농토들도 동네 사람들에게 나누어서 시간을 두고 팔았다. 당시에 정규네는 마정에 집뿐만 아니라 그 근처에 많은 농토가 있었다. 이 땅들은 모두 조부 종림이 장만 하였던 농토였다. 경의선 복선공사를 할 때 정규네 집 주위 산에서 많은 흙을 파다가 철도의 복토용으로 제공하기도 하였다. 철도 복토용으로 흙을 제공함으로써 땅의 높이를 낮추어 농사짓기 편리하게 만들기도 하였다. 정규네 밭을 파내어 낮추어서 논으로 만들기도 하였다.

한 때는 마정 집 앞밭에 뽕나무를 심어 누에를 3장씩 치기도 하였다. 당시에 보통 가정에서는 대개 누에 한 장 미만을 쳤다. 정규의 아버지 문환은 '도라산농잠학교' 출신으로 양잠분야에 전문가였다. 아버지 문환은 누에고치 실로 옷 만드는 기계도 손수 만드시기도 하셨다. 기계 논리에 밝으신 문환께서 이것을 직접 설계하여 제작하신 것이다.

정규가 마정에 살고 있던 경농시절에 정규의 어머니가 열차사고를 당해 큰 고초를 겪으시기도 하였다. 당시에는 의술이 부족하여 상한 발가락을 병원에 잘못 치료하여 발의 앞부분 까지 절단하게 되었던 것이다. 정규 어머니는 이때 열차사고로 평생 불구의 몸으로 사셨다.

당시에 학생이던 정규가 철도병원에 달려가 보니 철도병원에서 일을 보고 있는 사람이 황의균 이라는 파주사람 이고 아는 사람이라고 친절하게 잘 도와주었다. 황의균과 인연이 깊었는지 후에 정규 여동생 순규와 재혼하여 매제가 되었다.

당시에 황의균은 철도국에 들어가 철도병원에서 근무했는데 나중에 철도병원 근무경력으로 약방허가를 받았다. 약국은 허가를 해주지 않았지만 약방은 국가에서 자격을 주었다. 약방 허가를 얻은 황의균은 시골서 약방을 시작하였는데 약방이 잘되어 지금의 문산 버스터미널 옆의 위치로 옮기어 살게 되었다.

종손 정규네 가족이 마정에서 문산읍으로 이사하여 지나간 세월도 어느덧 70년이 가까워진다. 정규 집안이 문산읍으로 이사 온 후 70년 동안 문산 읍내도 많은 모습이 바뀌었다.

처음에 이사 올 때 지었던 안채는 한옥이었으나 다시 시대가 변함에 따라 붉은 벽돌식 양옥으로 개축하였다. 양옥으로 개축 당시 아들 윤종과 아버지 문환의 의견이 맞지 않아 갈등하였던 '에피소드'도 있다. 양옥은 화장실을 건물과 함께 만들어야 하는데 한옥의 개념으로 생각하셨던 문환은 화장실은 건물과 멀리 떨어져야 한다고 주장하셨다. 결국 윤종의 생각대로 건물을 만들어 아버지 문환은 못 마땅하게 생각하셨으나 후에 수세식 양변기를 사용하고 나신 후에야 이해하시고는 매우 요긴해 하셨다고 한다. 하지만 행랑채는 아직도 옛 모습 그대로 남아 있다. 이제는 그 마저도 긴 세월로 집이 낡고 겨울이면 추워서 비워 두고 주변에 있는 아파트로 옮기시어 막내아들이 아버지를 모시고 살고 있다.

정규의 부모님은 문산읍으로 이사 오셔서 40년 정도 사시다 돌아가셨다. 이곳에서 정규의 두 남동생을 장가 보내고 아들딸 5남매를 키우고 결혼시켰다.

이 집은 정규가 공무원을 그만두고 삼오상회를 개업해 미래에 대한 꿈도 키웠던 집이었다. 아버지 문환이 방앗간일 도와주시다가 벨트에 걸려 대형사고가 발생하여 돌아가실 뻔도 한 곳이다. 정규의 고조부가 처음 정착하신 장산리, 마은골, 마정 734번지, 피난지 논산과 문산읍내로 5번의 삶의 거처를 옮기며 지금에 이르고 있다. 이러한 많은 삶의 애환들이 쌓여서 어느덧 종손 정규 가문은 200년이 되었다.

종손 정규가 마정에서 문산읍으로 이사하였던 이 집은 낡고 수명을 다해서 비워두었지만 이곳은 정규의 젊은날의 삶이 고스란히 남아 있는 집이다. 옛 모습 그대로 서있는 행랑채는 정규의 아버지 문환이 손수 지으셨고 세 번씩이나 증축을 하셨던 건물이다. 이제는 낡고 볼품은 없지만 종손 정규의 삶과 부모님의 자취가 배어 있는 집이다. 집 뒤편 동산도 모두 아파트 단지가 들어서 옛날을 추억할 모습도 찾아 볼 수 없게 되어 버렸다. 정규는 이 집을 자손들이 새로운 꿈의 터전으로 만들어 가기를 기대하고 있다.

파주가 남북이 자유롭게 다닐 수 있게 되면 파주 땅의 본래 기운을 다시 찾을 것이다. 종손 정규는 파주에 삶의 터전을 마련한 고조부 통정대부의 뜻을 받들어 후손들이 재도약을 할 미래를 꿈꾸고 있다.

종손 정규는 아직도 1950년 6월25일 전쟁이 나던 홍천에서 있었던 것들이 어제의 일처럼 생생하다. 전쟁이 끝난 후 농림부에서 복직자리를 제대로 받지 못해 마음을 졸이며 답답해하던 일도 어제 일처럼 생생하다.

그때의 일들이 많은 세월이 지나도 잊어지지 않고 정규의 머릿속에는 그대로 화석이 되고 말았다. 이제 와서 지나간 일들에 시시비비를 가려서 아무 소용이 없겠지만 정규에게는 매우 소중했던 삶이다. 어느 덧 종손 정규는 백세를 사년 남겨 두고 있다. 다행인 것은 아직도 그 당시 일들을 생생하게 기억 할 수 있다. 종손 정규에게 6.25는 3년 전쟁으로 끝난 것이 아니라 그의 마음속에는 여전히 진행되는 백년전쟁이다. 전쟁으로 인생역전의 기회를 만든 사람도 많다. 종손 정규는 '요령부득'이라서 이런 긴 전쟁을 하면서 사는지도 모르겠다. 그러나 종손으로 살아야 하는 정규의 삶은 최선을 다해 살았다. 삶에는 원래부터 답이 없는 것 같다. 삶은 그냥 사는 것이다. 종손처럼 오래 사는 것이 답인 것도 같다.

종손 정규에게 있어 전쟁은 아직 끝나지 않았다. 나이 90이 넘어서도 임진각에 달려가서 북녘으로 풍선을 날려 보내는 것에 참여하곤 하였다. 풍선에 전단을 매달아서 바람을 이용하여 북한 동포에게 김일성의 손자 김정은의 폭정을 알리는 것이다. 그러나 지금의 정부는 남북 간의 관계를 고려하여 풍선 날리기 행사장에 경찰을 투입하여 막고 있다. 지금의 대한민국 정부는 북한 동포에게 전단을 살포하는 것을 폭력행위 등 불법으로 정하였다. 종손 정규는 이러한 정부의 처사가 답답하기만 하다. 6.25의 직접 피해자인 정규에게는 여전히 끝나지 않은 전쟁이다. 남북이 서로가 6.25를 이긴 전쟁이라 하지만 정규에게는 영원히 패배한 전쟁이다. 정규는 이 전쟁으로 삶의 가는 길도 잃었고 그의 삶의 터전도 대부분 잃었기 때문이다. 정규의 뇌리에는 평화롭게 남북이 오고가던 시절의 옛날이 그립다. 개성과 서울에 마음만 먹으면 언제든지 오고가던 어린 시절이 있었다. 전쟁 이후 파주는 휴전선에 인접하여 불구의 땅이 되었다. 120년 전 고조부 봉현이 파주 땅에 심으셨던 소망이 언젠가는 반드시 이루어 질 것이다. 정규의 후손들은 파주의 200년 가문의 역사를 발판으로 미래의 꿈을 이루어가기를 기대하고 있다.

제2장

大望을 꿈꾸던 臨津江 少年

제2장

大望을 꿈꾸던 臨津江 少年

1. 임진강 소년의 정신적 지주가 된 가문의 뿌리

임진강은 종손 정규의 가문에 어떤 의미였었나? 임진강은 정규의 고조부 봉현이 문산읍 장산리에 정착한 이래 120년간 가문의 탯줄과 같은 역할을 하였다. 정규는 증조부 승순이 마은골에서 마정리 734번지로 이사 하고 그해에 태어났다. 이곳에서 어린 시절을 보내고 성년이 될 때까지 살았다. 고조부가 정착하시고 아버지 문환까지 4대가 농사를 주업으로 살아 오셨다. 그리고 농사는 임진강 물을 끌어들여 농사를 지으셨으니 고조부가 장산리에 정착하신 이래 임진강은 정규의 가문에 생명수였다.

이러한 임진강을 배경으로 태어나고 성장하였기에 임진강은 정규의 삶에서 분리할 수 없는 존재다. 임진강은 우리나라에서 일곱 번째 긴 강이다. 이 강은 함경남도 덕원군 풍상면 용포리 마식령 산맥에서 발원하여 황해북도 판문군과 파주시 탄현면 성동리 사이에서 한강에 합류하므로 이곳이 교하라 한다. 옛날에는 더덜나루(다달나루)라고 하였고 한자로 표기하면서 임진강이 되었다. 임진강의 임臨은 '더덜', 즉 '다닫다'라는 뜻이고 진은 나루라는 뜻이다. 또 다른 이름은 이진매, 풀어서 '더덜매', 곧 '언덕 밑으로 흐르는 강'이라는 뜻을 담고 있다.

임진강의 물줄기가 워낙 꾸불꾸불 돌면서 흘러 표주박 같다는 의미로 '호로

하' 또는 일곱 번 휘감아 돈다는 의미로 칠중하七重河 라고도 불렀다. 칠중하는 이 강물이 칠중성(경기도 파주시 적성면 구읍리 중성산)앞을 흐르는 강물이라는 뜻으로 적성면 주변으로 임진강의 굴곡이 일곱 개 안팎이다.

임진강은 종손 정규네 가문의 삶을 이어주는 수단이었다. 파주와 강북을 이어주는 나루는 사목나루, 독개나루, 장산진 나루, 임진나루가 있다. 고조부 봉현이 처음 정착하신 장산리에 사실 때는 주로 장산나루와 임진나루를 이용하셨다. 다시 마은골에 이사하신 후에는 주로 독개나루를 건너서 장단역전에 있던 시루리 장을 걸어서 다녔다. 정규가 태어난 마정리 734번지로 이사를 하신 후에는 주로 독개나루와 사목나루를 이용하셨다. 독개나루를 이용하여 정규의 조부 종림은 농산물을 장단 시루리 시장에 가져다 파셨다. 종림은 참외를 지게에 지고 '시루리 장'에 팔기도 하셨다. 소장사들이 독개나루를 통해 도라산에 서는 9일장에서 황해도 황치를 사서 독개나루를 건너서 다니시기도 하였다. 사목나루는 정규의 종중조부가 형님인 증조부 승순의 눈을 피해 놀러 다닐 때 주로 이용하던 나루였다. 사목나루는 임진강 건너 장단반도인 '조레이 벌'에 사는 사람들이 문산읍에 다닐 때 주로 사용하던 나루이다. 강화 교동도 맞은편인 황해도 삽다리에 사는 사람들은 서해안의 조수를 이용하면 배를 타고 한 시간 정도면 파주 사목나루에 도착할 수 있었다. 그들은 이곳 문산포 시장에서 일을 보고 다시 돌아가곤 하였던 나루다.

임진나루는 종손 정규가 말을 타고 장단 처갓집에 장가 갈 때 이용했던 나루이다. 이렇듯 임진강은 강물로 삶을 분리하는 게 아니라 4개의 나루를 통해 더욱 정확하게 남북을 연결시켜 주었다. 임진강은 독개벌 주변에 퇴적층을 이루어 넓은 벌을 형성하였다. 종림은 이렇게 강변에 형성 된 갯벌을 농토로 만들려고 제방 둑 공사를 추진하셨던 것이다. 정규의 가문은 고조부부터 정규에 이르기까지 모두 이곳 임진강의 물을 생명수 삼아 살던 오랜 명문가문과 혼인을 맺었다. 고조부 봉현은 사목나루 주변 마정 석결동 장수황씨 가문으로 장가를 드셨고, 증조부는 화석정 주변에 대대로 사셨던 창원유씨 가문의 사위가 되셨다. 정규의 아버지 문환은 초평도 남쪽 장산리에 공주이씨 가문으로 장가를 드셨으며, 정규는 임진강 덕진산성 북쪽 마을에서 대대로 삼포 밭을 재배하셨던 풍양 조씨 10대 종손 집으로 장가를 가셨다. 이렇듯 정규의 고조할머니부터 정규의 아내 성연까지 5대가 모두 임진강을 배경으로 오랜 세월 살아온 가문들과 맺어졌다. 정규의 가문도 고조부 때부터 임진강에 접해있는 농토를 경작하며 살아왔다. 그래서 임진강은 정규네 가문에는 탯줄이나 다름없다.

정규의 외가 조상님이 옹진수사를 지내셨고 장단도호부는 옹진수사의 관할에 있었다. 이러한 인연들로 정규의 어머니 공주이씨는 전주이씨 가문으로 출가하기 전부터 파주 장산에 정착하시어 이미 200년이 넘게 살아오시던 명문세가의 무남독녀 외동따님이셨다.

조선시대 사대부들이 집이 가난하고 세력을 잃어 삼남지역으로 내려간 자는 집안을 잘 보존해도 경기도 동쪽인 양주, 포천, 가평, 양평이나 서쪽인 고양, 적성, 파주, 교하로 나가 정착한 사대부는 한미하고 쇠잔해져 한두 세대를 거치고 나면 품관이 떨어져 평민이 되는 경우가 많다고 하였다.

정규의 선조들이 고양, 파주 등에서 누대를 사셨는데 한미한 가문으로 전락하였던 것도 이러한 땅의 조건 때문인지도 모른다. 하지만 정규의 고조부 봉현은 이러한 조건중에서 그런대로 사람이 살기 좋은 조건을 갖춘 '장산리'를 선택하신 것이다. 파주 마정은 사람이 살기 좋은 조건 4개 중 대략 3가지를 갖춘 곳이다.

이러한 조건을 갖춘 마은골에서 가문의 터전을 잡고 가세를 일으키신 것이다.

대망을 꿈꾸던 임진강 소년인 종손 이정규의 본관은 전주이다 . 임진강 소년이 선조의 뿌리에 자긍심을 갖고 살아온 세월도 100년을 몇 년 남겨두고 있다. 종손 정규가 중종대왕 이후 그의 직계 종손들 중에서 최대 장수를 하고 있다.

종손 정규는 태조대왕의 22대손이며, 중종대왕의 16대손이고, 중종대왕의 5남인 덕양군의 15대손이다. 종손 정규의 중시조인 덕양군으로부터 4대는 중종대왕에서 헌종 때까지 8대 임금을 거치면서 약 150년 동안 왕실 최고 가문을 이루고 사셨다. 종손 정규의 중시조 덕양군을 비롯한 풍산군, 귀천군, 봉래군 등 4명이 봉군을 받으셨고 그 당시의 임금의 총애를 받으셨다. 중시조 이래 4명의 선조들의 삶의 가치는 충성, 청렴, 배려, 정직, 소신이었다. 중시조이신 덕양군을 비롯하여 풍산군, 귀천군, 봉래군, 사간공 등 모두가 철저한 '노블레스 오블리주'의 정신을 가지셨다. 다시 말해 왕실의 근친으로 당시 사회에 대한 책임이나 의무를 모범적으로 실천하는 높은 도덕성을 갖춘 분들이었다. 중시조인 덕양군으로 부터 사간공 까지 5명의 삶이 정규의 정체성 형성에 어떠한 영향을 주셨는지 정리해 보았다.

종손 정규는 중종 공희대왕恭僖大王의 별자別子 덕양군德陽君 정희공靖僖公 휘諱 기岐를 시조始祖로 삼고 있다. 정희공이 1524년 9월25일 태어나신지 앞으로 3년이면 500년이 된다. 정규가 99세가 되는 해가 덕양군이 출생하신지 500년이 되는 해이다.

덕양군은 태어나신지 닷새 만에 어머니 숙의께서 세상을 떠났다. 중종대왕은 공을 가엾게 생각하시어 사랑하기를 남달리 하셨다. 공은 아홉 살에 봉군을 받으셨다. 중종이 돌아가시고 인종, 명종이 왕위를 이으신 후에도 우애가 돈독하셨다. 선조대왕께서 대통을 이으신 후에도 정희공을 더욱 극진히 예우하시는 은혜의 융성함이 전보다 더하셨다.

공께서는 거의 이순에 가까우셨으나 일찍이 질병이 없으셨고 복록과 번창함이 형제인 다른 왕자군이 따라오지 못했다. 공께서는 1581년 6월 22일 57세로 세상을 떠나셨다. 공의 부음 소식을 들은 선조대왕은 크게 슬퍼하여 사흘 동안 조정의 조회를 정지하시고 시장의 문을 닫게 하셨으며 대관들에게도 나물반찬만 먹도록 하였다. 공께서는 천성이 순박하시어 사람을 대하시고 물건을 접하심에 안팎이 다르지 않았다. 매양 아침부터 사냥을 하거나 물고기를 잡으며 세월을 보내셨다. 경사스런 날이나 명절에는 손수 악기를 잡아 흠뻑 즐거우셔야 그만두었다. 덕양군은 아버지, 형제, 조카가 왕위에 있는 근친이니 이렇게 정치와는 담을 쌓고 사실 수밖에 없으셨다.

정희공의 아드님 풍산군豐山君의 휘는 종린宗麟이니 30세에 관례에 따라 풍산정에 제수 되셨다. 덕양군께서 세상을 떠나시고 3년 상을 마치심에 따라서 정경의 품계로 뛰어 올랐다. 1610년 덕양군의 3년 상을 마치고 종친 중에 가장 연세가 많고 덕이 있어 종친부를 관장하는 사옹원 제조와 오위 도총부도총관을 겸하셨다. 1611년 74세로 운명하시니 광해께서는 몹시 슬퍼하시니 이틀 동안 조회를 철폐하시고 나라의 비용으로 장사를 지내게 하였다. 인목대비도 부의를 내리셨다. 공의 적·서출이 모두 6남 9녀 이었다. 공은 후덕하시며 자비로우시고 어진 마음을 가진 천품으로 타고 나시어 공손하고 검소하시며 이루 말할 수 없을 만큼 조심하시었다. 안으로는 순박하시고 밝으시며 법도를 지켜 행하시고 몸을 단정히 하시어 스스로 삼가는 마음을 지니셨고 자제를 깨우치심에는 엄격하시고 친척을 대접함에는 화락하시고 음식은 가난한 선비와 같이 하시었다. 항상 말씀하시길 "종친은 조정의 귀한 사람들과 교유해서는 안 된다"고 하시며 깊이 들어앉아 사시었고 나들이 하는 일을 가려서 하셨으며 입에는 시정의 득실을 오르내리지 말도록 하는 것을 가훈으로 삼으셨다. 명종께서 조카인 공을 몹시 친애하시어 궁중출입에 가인례家人禮를 쓰시고 혹시 불시에 부르시어 대하기도 하시기 때문에 공도 역시 감히 멀리 나가서 노릴 수가 없으셨으며 어디를 가실 때는 반드시 방향을 아뢰었다. 선조께서 총애하는 예우가 더욱 융성하시어

상을 내리실 때에는 말할 것도 없고 여러 가지 하례와 안부를 물으시고 물건을 선사하시어 높이 빼어나게 발탁하시었으니 명종과 선조의 돈목敦睦하는 정이 실로 이같이 대단 하였으니 공도 역시 충심으로 보답을 하셨다. 집안에 본래 재산이 넉넉하였으나 능히 헤쳐서 곤핍困乏한 사람들에게 나누어 주시었고 또 농사 짓는 어려움을 아시고 때때로 농포農圃에 나가서 일을 돌보셨으며 서쪽 교외에 별장을 지어 두시고 좋은 명절날에는 친척과 친구를 이끌고 나가셔서 거문고와 술로서 즐기셨다. 공께서 오랫동안 대궐의 음식을 관장하는 사옹원 제조를 맡고 계시면서 처음과 끝이 다른 점이 없으셨으며 청렴하고 분별이 있다는 칭찬이 오래도록 그치지 아니하였다.

풍산군의 둘째 아들 귀천군龜川君 충숙공忠肅公 휘 수睟는 1569년 4월 12일에 태어나셨다. 귀천군은 종손 정규의 뿌리조상 5명 중에서 가장 적극적인 자기표출을 하였던 사람이었다. 공은 용모가 남다르게 뛰어나시며 수염이 아름답고 기개가 뚜렷하시어 큰 절개가 있으셨다. 임진년 난리에 부모님을 모시고 산속으로 들어가시어 그 형님 귀성군에게 늙은 부모님을 맡기시고 선조임금을 찾아 갔더니 세자인 광해의 분조를 도우라고 선전관을 제수 하였다. 종실 중에서 문장과 덕망이 있는 자를 뽑아서 수집하고 바로잡게 하였는데 공에게 이일을 맡기셨다. 귀천군은 선조대왕의 5촌 당질이었다.

1616년 금산군錦山君 성윤과 서로 의논하기를 "우리들은 모두 종척이니 기쁜 일이나 슬픈 일, 살고 죽는 일을 마땅히 나라와 같이 해야 할 것이니, 간신 손에 죽는 것보다는 차라리 나라의 일에 죽는 것이 좋겠다" 하시고 손수 이이첨을 공박하는 상소문을 쓰시어 친한 벗들에게 보이니 "상소의 내용이 너무 지나쳐서 이것이 만일 한번 올려 지면 일족이 다 죽는 화가 금시에 내려질 것이다. 기어이 그만 둘 수 없다면 너무 지나친 말은 삭제하는 게 옳겠다"고 했다. 그러나 공께서는 분연히 말씀하시길 "하지 않으면 모르지만 이미 상소문을 올리기로 했으면 어찌 죽음을 두려워하여 해야 할 말을 다하지 못한단 말인가" 하셨다.

이 때 서모가 울면서 충숙공의 옷소매를 잡고 붓을 뺏으면서 말렸으나 공께서는 끝내 꺾이지 않으시고 드디어 정월 초나흗날에 종실 19명과 대궐에 들어가 항소를 올렸는데 공께서 상소를 올린 우두머리가 되셨다. 결국 공께서 '이이첨'을 공박하는 통렬한 상소문을 올리니 삼사와 성균관 유생들이 귀천군과 금성군을 벌주라고 들고 일어났다. 그러나 광해는 "멀리 귀양 보내고 잡아 국문하지 말라" 하여 4월 24일에 전라도 순천부에 정배를 보냈다. 공께서는 순천부에 귀양 가시어 한 칸 초가를 지으시고 이름을 망북望北이라 하시고 스스로 기記를 지으셨다. 이는 임금이 그리워하는 뜻에서 취하신 것이다. 순천부사로 나가 있던 지봉 이수광이 공을 만나보고 친절히 도와주기를 지극히 하였다. '강복성'이 그 뒤를 이어 부임하자 여전히 공의 충의와 대절大節을 우러러 사모하여 정성과 예를 다하였다. 그는 시를 지어 공의 장허奬許한 뜻을 기렸다.

"어리석게 몸을 일으키어 떨어지는 해를 잡으려 했고,

미친 생각으로 손을 뻗쳐 내닫는 물결을 막으려 하였네."

비록 촌백성이나 종들까지 모두 공경하여 사랑하지 않는 자가 없어 때로 술과 안주로 가지고 와서 위로해 드렸다. 결국 이이첨은 인조반정으로 몰락하고 공의 관작은 회복되었다. 1624년 이괄이 난을 일으키자 임금이 충청도 공주로 피난 가시는데 임금의 수레를 모시고 가셨다. 공께서는 1627년 정묘호란 때도 인조임금을 모시고 강화도로 따라 가셨다. 정묘호란이 끝나고 공은 오위도총부 도총관에 올랐다.

1636년 병자호란 때도 임금을 모시고자 남한산성에 달려갔으나 청병에 막혀 함께하지 못했는데 인조는 귀천군이 청병에 잡혀 죽었다고 소식을 들었다.

그래서 인조가 삼전도에서 항복하는 날 적장에게 귀천군의 생사를 두루 물어 찾아나서는 등 총애가 두터웠다.

공께서 77세 되던 해 봄에 장자 봉래군이 초상을 당하시자 공께서는 화를 이기지 못하시고 그해 10월 21일 남소문동 집에서 돌아가셨다.

인조대왕은 공의 부음을 듣고 2일 동안 조정을 폐하시고 공에게는 현록대부를 추증하였다. 공께서는 젊으셨을 때 자못 호방하시고 남에게 얽매이지 않으셨다. 장성해서는 학문을 좋아하시어 스스로의 대의를 통달 하셨다. 식견이 뛰어나고 언론이 명랑하시어 어진 이를 좋아하시고 착한 일을 즐겨하시는 것을 천성에서 나왔다. 남에게 베풀기를 좋아하시고 남의 궁곤한 것을 보시며 구제하고 베푸는 것이 오히려 미치지 못하는 것처럼 여기셨다. 비록 토지와 노비라도 역시 남 주기를 아끼지 않고 일찍이 아우와 누이에게 나누게 하고 자신은 그 메마른 밭과 늙고 약한 종만 차지하시니 온 집안이 탄복하여 아무 말도 말하는 자가 없었다. 공의 군부인은 권판서 따님으로 무남독녀 외딸이어서 그 재산이 모두 공에게로 왔는데 그 밭 중에서 기름진 좋은 땅은 골라서 부인의 본종本宗에게 나누어 주어 조금도 인색한 것이 없었다.

공은 항상 검소하여 자제들에게 말씀하시길 "사치라는 것은 몸을 망치는 도끼요, 경학經學은 몸을 출세시키는 벼리이니, 너희들은 힘쓸지어다" 하셨다.

친척들을 대함에 있어 한결같은 정성으로 대하시고 조금도 거짓이 없으셨다. 귀천군의 시호는 충숙忠肅이다. 어지러움에 임해서 굽히지 않는 것을 충忠이라 하고, 독을 잡고 꺾이지 않는 것이 숙肅이다. 공은 적·서간에 아드님 12명, 딸 2명을 두었다.

봉래군奉萊君의 호는 창주滄州로 휘는 형윤炯胤이시니 귀천군 충숙공忠肅公의 아드님으로서 문장과 행의行宜로 당시 세상에 이름을 날려서 하간동평河間東平의 칭찬이 되었고 시는 기아箕雅 및 악부樂府에 전해진다. 공은 부후한 세업을 이어

받았으나 사물을 마음에 두지 않고 오직 경서와 문학과 역사를 탐독하기를 좋아했을 뿐이고 뽐내고 사치하는 습관은 몸 가까이 아니하였고 거칠고 사나운 말은 입 밖에 내지 않았다. 가정에서 효행을 실천하여 그 의리 있는 행동은 왕실의 족보에서도 으뜸이었다. 그를 만나본 사람은 그가 종반에 태어나서 경륜의 지위나 논사의 직에 나갈 수 없음을 애석히 여기셨다. 그러나 먼저 있던 일을 계승하고 뒷사람을 열어준 실상은 실로 세도에 도움을 주고 국맥을 붙들어준 것이 있으니 그 용지봉각龍池鳳閣의 선비가 호언장담하고 자랑하면서 끝내 아무것도 한 일이 없는 자와는 말할 수가 없다.

공이 저술한 시문이 매우 많았는데 의논하는 자들이 말하기를 작자로서의 목표로 하는 품격이 있다고 했다. 공이 돌아가시자 여러 아들들이 이를 모아서 두 책을 만들었는데 조선 효종 때 시문이 뛰어난 학자 정두경이 감수를 하였다.

'송시열'은 창주공 유고집 서문에서 "나는 생각하기에 시운이 높고 낮은 것이나 청탁은 이미 동명東溟의 증평證評이 있으니 내 어찌 교묘하게 꾸며대며 말을 하리요. 오직 그 충성과 효도와 행의行誼가 한 집에서 빛나서 나라의 밝은 빛이 되었으니 어찌 조종의 어질고 성스러운 덕이 몸에 쌓이고 뒷사람에게 흐른 것이 오랠수록 없어지지 않아서 그런 것이 아니랴!" 하였다.

봉래군의 아들 사간공 휘諱 후垕 자字 자중子重은 1610년 10월 20일 태어나셨다. 사간공의 묘갈명은 아들 기서箕敍의 요청으로 당대의 최대 유학자 문정공 우암 송시열이 지었다. 사간공이 17세 때 서울 성동구 옥수동 중량천 하구의 삼각주 형태의 저자도에서 할아버지 귀천군을 모시고 뱃놀이를 하셨다. 이 때 동악 이안눌도 함께 배에 탔었는데 사간공의 시재詩才를 보고는 "후일에 마땅히 문장의 귀인이 될 것이다"고 했다. 공께서는 1633년 생원시에 합격하고, 1644년 문과에 3등으로 발탁되어 승문원 권지부정자에 뽑혔다. 이 때 택당澤堂 이공식李公植이 대제학이었는데 공의 문재를 칭찬하여 더욱 이름이 널리 알려졌다. 1649년

5월 인조가 승하하시자 공사가 많이 쌓여 있고 기초할 것이 몹시 많은데 공은 붓 움직이는 게 날아가는 것 같으며 하나도 빠뜨리는 것이 없으니 빈청의 여러 늙은 신하들이 몹시 칭찬하기를 '비주서飛注書'라고 했다. 그 때의 일기가 아주 자세했기 때문에 그 후에 수정할 때 그대로 베껴 썼다고 한다. 그 이후 사간공은 부모님 봉양을 위하여 평안도 은산현감으로 나가셨다. 은산殷山은 평안남도 순천군에 있던 지명이다. 은산현감으로 나가서는 청백한 것으로 스스로 지니고, 엄하고 밝은 것으로 아랫사람을 거느리시니 모두가 두려워하고 복종하여 감히 간사한 일을 꾸미지 못하니 고을 안이 편안하였다.

사간공은 1660년 광주목사로 나가셨는데 흉년이 들어 떠도는 사람이 계속 늘어났다. 이에 공은 스스로 월급을 감하고 밤낮으로 애타게 생각하여 백성 살릴 것을 꾀하여 고을 안에 죽을 쑤어 놓고 친히 스스로 돌아다니면서 살피니 살아난 사람이 많았다.

사간공은 23세에 생원이 되었고, 34세에 문과에 뽑히어 승문원, 예문관, 세자시강원, 병조, 사간원, 사헌부 등을 거치고 외직으로 나가 은진, 금성, 광주, 홍주의 네 고을을 거쳤다. 그리고 경차관과 암행어사도 거치셨다. 사간공은 청나라에 잘못한 일을 처리한 높은 직위의 재상들을 탄핵했는데, 현종은 그들이 대신인 까닭에 도리어 사간공에게 벌을 주어 온성으로 귀양을 보냈다.

공의 귀양을 간다는 소식을 듣자 온 집안이 목 놓아 울었으나 공은 말과 웃음이 태연하시며 아무 일 없는 태도로 귀양길에 오르시면서 편지를 써서 형님과 동생들에게 부탁하시기를 "어머니를 잘 봉양하시오. 밝으신 임금께서 계시니 오래지 않아 살아서 돌아올 것이오" 하시고 귀양길 도중에 동생들에게 시를 지어 전하기를

"나라를 떠나는 더디고 더딘 행색이요

어머님을 생각하는 연연한 정 일러라

어머님의 마음을 위로할 말이 없어

내 걸음 멈추지 못 하겠네" 라는 구절이었다.

공은 지방으로 귀양 가는 길이 괴로워서 스스로 편안할 것이 걱정스러웠으나 임금님을 사랑하고 부모님을 그리워하는 뜻은 일찍이 한 시각도 잊지 않으셨다. 공은 배소에 도착하자 오직 시문으로서 스스로를 즐기니 그 지방 선비들이 와서 배우는 자가 많았다. 그들은 공이 거처하는 곳이 몹시 더럽고 또 좁은 것을 민망히 여겨 상의하여 재물을 모아서 정자를 짓고 거처하기를 청하니 공은 이에 '강의정講義亭'이라고 이름 짓고 날마다 학도들과 함께 그 안에서 강의하고 토론하니 원근에서 소문을 듣고 공부하러 오는 사람들이 날로 더욱 늘어났다.

고을 원이 물건을 보내 왔을 때 혹 명분이 없으면 일체 받지 않으셨는데 종성부사 이지온이 공을 보고 위로해 말하기를 "공의 사양하고 받는 것을 들으니 사람으로 하여금 부끄럽게 한다" 했다. 이 때 조정의 양사에서 공을 석방하기를 계속하여 임금에게 청하니 귀양간지 80여일 만에 서울로 돌아 오셨다. 공께서는 본래 등에 종기를 앓으셨는데 한기를 무릅쓰시고 귀양살이를 하여 병이 더하여 졌다. 집으로 돌아와 의원의 말를 듣고 며칠간 쑥뜸을 떴더니 뜸자리가 트집이 생겨 그것이 큰 종기가 되어 마침내 돌아가셨다. 이때가 1668년 4월 6일 향년 58세였다.

사간공은 사람됨이 명민하고 논의가 영특하셨으며 일을 당하면 그 자리에서 결단하고 확실하게 지키는 바가 있었다. 효도와 우애의 독실함은 천성에서 나와서 부모님을 위하여 외직을 빌어서 충성과 봉양이 갖추어 지극하셨다. 형제가 함께 채색 옷과 위로하는 춤으로서 유쾌하게 부모님에 대한 효도를 다하셨다. 그런데 공께서는 늙으신 어머님 앞서 세상을 하직하였으니 구천에서도 눈을 감지 못하셨을 것이다.

공께서는 재주와 학문으로 일을 하는 데에 시행하지 못할 일이 없는 능력자였다. 그러나 반세상 동안 벼슬에 나가 지위가 낮은 보잘 것 없는 박한 녹에 지나지 않았고 하루도 집안에 편안히 있지 못하셨다. 공은 학덕과 재능은 높은데 지위는 낮아도 부끄러워하지 않았고 문부에 밝고 정사에 마음을 다하여 백성 보기를 상한 것과 당신의 마음이 같이하여 슬퍼하고 불쌍히 여기는 뜻이 스스로 일하는 사이에 나타나기 때문에 다스린 고을의 백성이 모두 노래 부르고 칭송하기를 그치지 않았다.

공께서는 평생에 한 결 같이 염백廉白으로 몸을 다스리고 미음과 죽을 계속하지 못해도 거처하기를 태연히 하셨다. 항상 자제들에게 이르기를 "궁하고 통달한 것이나 성하고 쇠하는 것을 스스로 정해진 분수가 있는 것인데 어찌 가난한 것이 내 마음에 누가 되랴" 하셨다. 남을 구제하는 데에 부지런하고 내 몸을 위해서 꾀하는 것에는 서툴렀다. 굳세게 지조를 지키고 많이 가지는 것을 경계하며 모든 의복이나 식기를 간략히 하도록 힘쓰고 본래부터 화려한 것을 일삼지 않고 평온하고 조용한 것을 스스로 지켜 한결같이 가난한 선비의 모양과 같을 뿐이었다.

공은 젊어서 문학으로 이름을 나타냈고 과거에 급제하자 성명과 소문이 자자했다. 평생 쓸데없는 글을 써서 자기의 재능을 자랑하지 않았기 때문에 세상에서 한묵翰墨으로 공을 추앙하지 않았고 공도 또한 조그만 재주로서 스스로 허여許興하지 않으셨다. 공의 집은 왕성 남쪽에 있었는데 공사가 아니면 문밖에 나가지 아니하고 협소한 집안이 쓸쓸하여 사람들이 그 집에 현자가 사는 곳인지 알지 못했다. 항상 스스로 호를 '남곡거사南谷居士'라고 하였다.

조선시대 종친은 왕실의 부계친속을 뜻한다. 종족, 본종, 본족, 동종이라고도 한다. 왕의 자손으로 4대 밖의 자로서 동성을 '종宗'이라 하고 부계를 '친親'이라 일컫는 데서 유래한 용어이다. 모계나 처계의 친속을 '척戚'이라 표현한 데 대해 부계의 친속을 '종宗'이라는 용어를 쓴 것은 그만큼 부계 친속이 으뜸임을 표시한 것이다. 조선초기에는 종친의 범위가 넓었지만 세종대에 와서 종친은 해당 왕의 4대손까지 포함하는 범위로 정해졌다. 그러므로 덕양군, 풍산군, 귀천군, 봉래군까지가 4대가 종친이었다.

조선시대에는 종친들에게 품계를 부여했다. 이를 종친계라 하는데 1443년 세종 25년에 처음 실시했다. 종친계는 정1품 현록대부, 홍록대부 부터 정6품(집순량, 종순량)까지 쌍계로 되어 있었다. 품계만 있고 실직이 없는 명예직이었다. 종친계를 문신이나 무신의 품계와 구분한 것은 이들의 정치 참여를 막기 위한 것이다. 종친은 친진親盡이라 하여 왕과 4대의 친분이 끝나면 그 지위에서 벗어나 관리로 나갈 수 있었다.

귀천군 충숙공이 귀양 가서 계셨을 때 순천부의 부사 지봉 이수광은 전주 이씨 왕실이라서 그의 집안은 한동안 관리가 될 수 없었다. 그러나 이수광의 부친 이희검 대에 이르러 왕실과 인연이 끊어졌기에 관직에 진출할 수 있었다.

종친은 정치적 참여를 일체 할 수 없게 되어 있었기 때문에 귀천군이 '이이첨'을 공박한 상소문은 결국 정치적 참여를 한 것이므로 중죄에 해당되었다. 그래서 결국 순천부로 귀양을 가셨다. 그러므로 사간공 휘諱 후垕부터 종친에서 제외되어 과거를 볼 수 있었고 관리로 나갈 수 있었다. 다시 말하면 왕의 자손에서 대군大君은 4대, 후궁 소생인 군君은 3대 후손까지만 봉군奉君프리미엄을 주었던 것이다.

이와 같이 종손 정규의 중시조인 덕양군에서 사간공까지 5대 조상님들 삶의 행적을 돌아봄으로써 그 분들의 삶의 키워드를 찾아보았다.

2. 파주 마정에 정착하려한 고조부 봉현의 고심

　　종손 이정규의 조상들이 "언제부터, 어떤 이유로 마정 석결동에 정착하려 했는지?"를 먼저 생각해 보았다. 종손 이정규의 가문이 파주 장산리에 정착한 것은 정확히는 알 수 없으나 1900년경으로 추정된다. 정규의 조부 종림이 15세 때 마정에 정착하셨다고 하니까 조부 종림의 출생년도를 역으로 추산하면 대략 1900년도 정도 된다. 정규의 고조부 통정대부께서 장산리에 정착하실 때 증조부 승순 할아버지, 종림 할아버지 등 3대가 함께 오셨다. 장산리에 어느 정도 가세가 안정되자 장산리에서 오리정도 거리의 임진강 하류에 위치한 마은동馬隱洞으로 이사를 하셨다. 정규의 아버지 문환은 마은동에서 태어나셨고 이곳에서 결혼 하셨다.

　　종손 정규의 고조부인 통정대부께서는 1828년 출생하시어 1912년 돌아가실 때까지 조선시대 많은 사회적 격변을 겪으시며 사셨다. 통정대부께서는 태어나 35년 동안은 안동김씨 세도정치로 숨도 제대로 쉬지 못하였고, 임오군란(1882년), 갑신정변(1884년), 동학혁명(1894년), 갑오개혁(1894년), 청일전쟁(1894년), 을미사변(1895년), 러일전쟁(1904년), 한일합방(1910년) 등 유래가 없을 정도로 평생을 전쟁 속에서 사셨다. 이렇게 수많은 목숨이 스러져가는 대형 사건들을 몸으로 겪으며 한 생을 보내셨다. 왕실의 후손이라는 이름이 명예가 아니라 거추장스러울 때가 많으셨으리라. 평생 전쟁의 와중에서 오직 생존과 혈맥의 계승, 자손의 번영, 번창의 길을 모색하시다가 최종으로 선택하신 곳이 덕진산성의 임진강 건너마을인 파주 장산리에 정착하신 것이다.

종손 정규의 고조부 통정대부께서는 가문의 안전을 위해 정쟁의 영향이 미치지 못하는 멀리 함경도 땅을 전전 하시다가 장단군 소남면 홍화리에 숙친熟親을 찾아 생계를 의지하기 위해 찾아갔다. 이때가 갑오개혁 이후인 1895년 이후로 추정된다. 갑오개혁은 정치적인 면에서는 귀족정치에서 평민정치에로 패러다임이 전환을 밝히는 것이었다. 외국에의 종속적인 위치로부터 주권의 독립을 분명히 했다. 사회적으로는 문벌과 신분계급 타파, 문무존비제 폐지, 연좌법 및 노비제 폐지, 과부재가의 자유 보장 등을 보장 하였다. 갑오개혁은 당시의 유교적인 인습과 전통에 사로잡힌 재래의 누습을 타파하고 그 굴레에서 벗어나 자아를 작성하고 과학문명에 입각한 새로운 지식을 체득하게 하려는 시대의식이었다. 이러한 시대의 큰 패러다임의 변화를 읽으신 정규의 고조부께서는 가문의 안전과 번영에 적합한 정착지를 찾아 움직이기 시작한 것이다.

항상 의식이 깨어 있었던 고조부 봉현은 이러한 시대의 큰 변화를 감지하였다. 통정대부 봉현은 새로운 시대를 열어가기 위해 정착할 곳을 위해 처음에 찾아가신 곳이 장단군 소남면 홍화리였다. 그 당시 홍화리에는 봉현의 형님 옥현의 아들 승문의 양자로 들어온 철림의 생가 친척들이 살고 있었던 것으로 생각된다. 봉현이 홍화리를 찾아 갈 시점에는 그의 형님 옥현의 대를 이을 아들은 아직 결정되지 않았을 시점이다. 철림은 1894년생으로 봉현이 찾아갈 시점에는 2살 정도 되었기 때문이다. 봉현의 조부 득겸은 동섭의 맏아들이었지만 동섭의 맏형 동간이 후사가 없이 일찍 돌아가시어 동간의 후사를 이으셨다. 동섭은 맏아들 득겸을 36세에 얻으셨다. 이때는 이미 그의 형님 동간이 돌아가신지 11년이 되었을 시점이었다. 동섭은 맏아들이 성장하자 큰 형님 동간의 후사를 잇게 하셨다. 그러나 동간의 아들로 후사를 이은 득겸도 2 살배기 아들 주원을 남겨놓고 그의 생부 동섭과 같은 해에 나이 서른 살 이른 나이로 사망하셨다.

정규의 고조부 봉현의 아버지 주원은 두 살에 천애고아가 되어 자라셨다. 주원은 성장하여 청주한씨와 결혼하여 22살에 첫 아들 옥현을 낳고 36살에 둘째 아들 봉현을 낳으면서 종가의 후사를 튼튼히 하셨다. 봉현의 형님인 옥현은 마흔 두 살의 아주 늦은 나이에 아들 승문을 얻으셨다. 봉현의 조카 승문과 양자 온 철림이 44살 차이가 나는 것으로 미루어 보아 철림이 옥현의 후사를 이은 시점은 1900년도가 넘은 후인 것 같다. 그러므로 봉현이 홍화리를 찾아갈 시점에는 홍화리가 봉현의 할아버지 득겸의 생가 친척이었던 것으로 생각된다. 당시에 '홍화리'는 개성부 장단군에 속해있었다. 1896년에 홍화리는 다시 경기도 장단군 소속으로 변경되었다. 현재는 황해북도 장풍군 장풍읍의 행정구역으로 되어 있다.

1953년 한국 전쟁의 결과 홍화리는 휴전선 이북 땅으로 되었다. 홍화리가 소속된 소남면은 장단군의 북서부에 위치하고 홍화리의 광산에서는 금, 은, 아연 등이 채굴 되었다. 교통은 마을에 길은 있었으나 불편한 편이었다. 홍화리에는 고려 광종때 창건한 홍화사지弘化寺地가 있었다. 소남면에는 유덕有德, 지금知琴, 홍화弘化, 박연朴淵, 두곡斗谷 등 5개 리里가 있었다.

홍화리가 고려시대에는 서울인 개경에서 가까웠던 곳이었던 것 같다. 고려 사절요에 의하면 "1073년(고려문종 27) 3월 24일 문종이 홍화리에 있는 홍화사에 행차하였다가 그 길로 현화사에 가서 봉래정에서 술잔치를 베풀고 밤이 늦어서야 궁궐로 돌아왔다"는 기록이 있다. 홍화리의 지명은 홍화사라는 절이 있다 하여 생겨난 이름이다. 홍화사는 경기도 장단군 소남면 홍화리에 있는데, 고려 광종 19년(968년)에 창건되었고, 국사로 혜거惠居, 왕사로 탄문坦文을 두었다고 전한다. 고려 말에는 중 신돈이 있던 사찰이라고도 한다.

그러나 정규의 고조부 봉현이 홍화리에 정착하러 갔을 때는 화목을 마차에 실고 송도에 가서 팔아서 생계의 수단을 삼을 정도로 척박한 두메산골 이었다. 고조부 봉현은 홍화리에서 농사래야 화전 밭을 일구어 감자나 옥수수를 심어 간신히 연명을 하였고 쌀밥은 제사상에나 올릴 정도로 어려운 생활을 하셨다. 정규의 고조부 봉현께서는 조부 득겸의 생가 친척들이 살고 있던 홍화리에 가서 의지처를 찾으려 했으나 그 곳의 어려움이 이만저만이 아니었다. 이때 고조부 봉현은 60대 후반으로 아들 승순과 손자 종림을 데리고 3대가 함께 살고 있었다. 고조부 봉현은 이곳에서 이렇게 어렵게 살아서는 후손들의 앞날을 기대하기 어렵다고 판단 하셨다. 고조부 봉현은 홍화리에서 갖은 고생을 하셨으나 미래를 기대할 수가 없다고 판단하여 3년을 채 못 사시고 새로운 거처를 찾기 위해 또 그 곳을 떠나셨다. 이와 같이 고조부 봉현이 홍화리에서 3년 정도 사셨다가 파주로 오셨기에 마정 주변에서는 정규네 집안을 홍화댁弘化宅으로 부르기 시작하여 지금도 그렇게 부르고 있다.

정규의 고조부 봉현은 홍화리에서 도저히 가난으로 계속 그곳에서 사실 수가 없어 다시 파주의 처가 마을을 의지처依支處로 정하기 위해 찾아 가셨다. 봉현이 파주의 처가 마을을 찾아왔을 때가 70세 정도 되었을 때이고, 봉현의 아들 승순은 50세 정도였다. 통정대부 봉현이 나이 칠십에 의지가지依支家支가 안 되어 처가妻家 마을로 의지처依支處를 정하기 위해 찾아간다는 것은 매우 자존심 상하는 어려운 결정이었다.

옛말에 "겉보리 서 말만 있어도 처가살이 안 한다"는 얘기가 있듯이 정규의 고조부가 그런 결정을 할 수 밖에 없는 상황이라는 것은 모든 대안이 없는 마지막 선택이었을 것이다. 그래서 고조부 봉현은 처가인 장수황씨(고조부 장인 석아공 황억) 집안들이 살고 있는 마정 석결동을 찾아 가셨다.

파주 마정은 고조부 봉현의 처가이므로 고조모인 장수황씨 친정붙이들에게 도움을 받을 수 있을 것을 생각하고 찾아 가셨으나 그 곳에도 거처할 곳이 마땅히 없었다.

이때는 이미 고조부 봉현의 장인 장모님은 생존해 계시지 않았다. 늙은 사위가 나이 칠십이 되어 처가 마을로 찾아갔다 한들 처가부모님과 처남들이 모두 없는 처가 집안에서 적당한 대우를 받지 못하는 것은 어쩌면 당연한 것으로 생각된다. 1898년도에 고조부가 칠십 세라면 당시로서는 북망산에 가까운 고령자로 취급되었을 것이고 가난하여 빈털터리로 많은 가솔과 함께 처갓집 마을에 갔을 때 문전 박대는 않았겠지만 크게 반겨주기를 바라는 것도 무리한 생각이었을 것이다.

모든 조건을 갖추고 있거나 장인 장모님이 살아 있어도 처가살이를 하려면 눈치가 보였을 텐데 그렇지 않은 상황에서 충분하지는 못하지만 살아갈 방도를 마련해 주기를 바라는 것은 어려웠을 것이다. 이와 같은 세태의 인심은 시대를 떠나서 별반 다르지 않았다.

고조부 봉현은 막상 처가 동네로 갔지만 처음에는 거처할 곳이 없어서 막막해 하고 있었다. 그렇게 난감한 처지에 있을 때 마침 석결동에서 십여 리 떨어진 임진강 초평도 남쪽 장산리에 경주김씨 묘의 묘막이 하나 비어 있었다. 그 묘막은 누군가 목을 매고 죽은 집인데 흉가라고 소문이 나서 어느 누구도 살려하는 사람이 없어 비어 있던 집이었다. 그러나 당시에 봉현의 처지로는 흉가고 아니고를 선택하여 주거지를 정할 처지가 아니었다. 당장 찬이슬을 가려줄 수만 있으면 그런 것 가릴 게재가 아니었다. 고조부 봉현은 흉가나마 있어서 거처 할 수 있는 것을 다행으로 여기고 그곳에 정착을 하시게 되었다. 이와 같이 정규네 가문은 고조부 봉현이 1898년 경에 파주 마정 장산리 경주김씨 묘막에서 정착하면서 오랜 방랑 생활을 끝내게 되었다.

정규의 고조부가 70년 동안 방황을 끝내고 정착하신 파주는 역사적으로 어떠한 곳이었는지에 알아보았다. 파주가 사람의 주거지역으로 발달하게 된 것은 임진강을 끼고 있기 때문에 일찍부터 삶의 터전으로 적절한 지역이었다. 임진강의 문산포는 서해의 조수의 영향을 받는 곳이라 대형선박이 드나들기 유리한 포구이다. 문산포는 반구정 옆에 붙어 있어 배가 정박할 수 있었는데 이 포구를 말한다. 문산포는 조선시대까지 전국적으로도 유명한 물류항구였다. 여기서 문산포는 반구정 옆 사목나루를 말한다. 6.25발생 전에만 하여도 사목나루를 통하여 임진강 건너 장단 반도를 다녔고 장단반도 방면에 사는 사람들이 이 나루를 이용하여 문산으로 매일 출퇴근을 하는 정규의 친구들도 있었다. 강화도 교동도 맞은편으로 보이는 황해도 삽다리 사람들도 조수를 이용하면 한 시간이면 문산포에 도달할 정도로 중요한 교통기능을 담당했던 곳이다. 지금은 기능이 폐쇄되어 문산포의 위치를 기억하는 사람조차 드물다.

문산 지역은 물류 및 육상교통의 요충지이고 산이 적고 구릉지가 많아 촌락의 발달이 용이한 지역이었다. 현재에도 남북의 이익이 대치한 휴전선에 인접한 도시이다. 파주는 먼 삼국시대부터 전략적 요충지대라서 이익이 교차하는 지대였고 끊임없이 땅의 주인이 계속 바뀌던 격동의 땅이었다.

파주는 서울까지 팔십이리里, 고구려시대에는 파해 평사현坡害平事縣 또는 액봉額蓬이라 불렀다. 신라 경덕왕 때에는 파평이라 하였다. 서원군瑞原郡은 본래 고구려의 술리홀述而忽이었는데 고려 명종 때 서원현으로 불리다가 조선 태조 7년에 서원, 파평을 합쳐서 원평군原平郡으로 부르고 다시 세조 6년에 왕비(정희왕후 윤씨)의 고향이라 하여 목牧으로 승격되면서 오늘의 파주가 되었다. 1895년 고종32년에 한성부 파주군이 되었다. 문산이라는 이름은 문산포라는 명칭만 있었는데 1973년에는 임진면에서 문산읍으로 이름을 변경하였다.

파주의 지리적 특징은 경기도 서북단에 위치하며 동쪽 및 북동쪽은 양주와 연천, 서쪽은 한강을 경계로 김포, 남쪽은 고양을 접하고 있다. 면적은 672㎢이다. 한반도 지맥의 뼈대를 이루는 백두대간은 분수령(금강산위쪽)에서 한북정맥漢北正脈을 낳았는데 이 정맥은 남진하면서 대성산 → 광덕산 → 운악산으로 장엄하게 솟구치며 강원도와 경기도 북쪽을 뻗어 왔다. 파주의 지세를 이룬 지맥은 크게 공릉천을 사이에 두고 두 개로 갈린다.

공릉천 북쪽의 파주 땅은 운악산에서 서진한 기맥은 양주의 호명산에서 지맥이 두 갈래로 갈리는데, 남진한 용맥은 도봉산 → 북한산 → 북악산을 거쳐 서울의 지세를 이룬다. 서진한 파주 용맥은 보광사가 자리한 계명산으로 솟아나 북진과 북서진 하는 지맥을 여러 갈래로 출맥 시켰다.

따라서 공릉천 남쪽은 북한산에서 노고산을 거쳐 낮은 구릉을 이룬 채 고봉산과 장명산으로 이어지고, 공릉천 북쪽은 계명산에서 출맥한 지맥이 금병산, 박달산, 파평산으로 솟아나며 구릉지대를 이룬다.

이와 같이 파주지역의 지리적 이점 때문에 역사적으로 많은 주인이 바뀌었던 땅이었다. 주체가 바뀌면 그곳에 사는 주인도 바뀌고 정체성도 바뀌게 마련이다. 문산포의 강물이 하루에도 몇 번씩 서해의 조수의 방향을 받아 물길에 따라 물류가 들어오고 나가고 하였듯이 역사적으로도 역동적인 곳이었다. 문산 지역은 변화도 많았지만 기회의 땅이기도 한다. 특히, 정치가 안정된 시기에는 많은 기회를 얻을 수 있는 지역이다. 이러한 역동적인 땅 파주 마정지역에 종손 정규의 고조인 통정대부는 정착을 결정한 것이다.

이렇게 하여 종손 정규의 가문이 지금부터 120년 전 마정 장산리에서 시작되었다. 종손 정규의 집이 있던 마정馬井은 본래는 파주군 마정면 지역으로 말우물이 있었으므로 붙여진 이름이었다. 1914년 행정구역 통폐합 때 마정면의 장지리 전부와 마정면의 일부, 신속면의 내벌리 일부 지역을 병합하여 그대로 마정리라 하였다.

"옛날 앞을 분간 할 수 없는 안개와 자욱한 어느 날 새벽

햇살 기둥이 우물에 꽂이자 그 안에서 갑자기 용마가 뛰어 나왔다고

하여 붙은 이름이라고 한다."

그래서 말 우물이라고도 하였다. 또는 옛날에는 '마은동馬隱洞'이라고 불렀다. 마은동은 "말우물에서 나온 말이 숨어 있었던 곳"이라 해서 붙여진 이름라고도 하는데 지금은 그냥 마정으로 불리고 있다.

종손 정규의 고조부가 장산리에 정착하였을 때는 살림이 매우 어려웠으나 이곳에 정착한신지 14년 동안 장산리에서 마은동으로 거처를 옮기며 살림이 점점 늘어나 가세가 점점 안정되어 갔다.

이렇게 가세를 확장한 경제력을 바탕으로 정규의 고조부를 통정대부에 추증하여 당상관의 품계를 받았다. 봉현의 학식과 인품은 일찍이 그의 장인인 황억이 사위인 봉현이 이미 젊었을 때부터 인정을 할 정도였다. 고조모 장수황씨는 돌아가신 이후에 부군께서 첩지를 받아 더불어 숙부인이 되셨다.

이때에 이르러 정규의 증조부 승순은 외가마을인 마정에 빈손으로 정착하여 가정을 안정시키고 아버지 봉현을 추증하여 양반가의 모습으로 다시 세우실 수 있었다. 추증이지만 봉현의 통정대부 당상관 첩지는 청도공 '기서' 이후 6대만에 처음 이었다. 그야말로 평민의 신분에서 양반으로 신분이 바뀌었던 것이다. 아무리 왕실의 후손이라고 하여도 돈도 없고 벼슬도 없어 평민으로 전락하면 주변으로부터 존경을 받을 수 없었다. 정규의 고조부 봉현은 파주 마정에 정착하여 가정을 안정시키고 통정대부 직첩까지 받아 양반가의 모습을 갖추었으나 왕조는 1910년 망하였다. 1828년 출생하신 봉현은 수많은 갈등의 시간을 보내고 나라 빼앗긴지 2년 지난 1912년 향년 84세의 일기로 돌아가셨다. 봉현은 70년을 일정한 거처 없이 떠돌이로 살다가 파주에 정착하여 14년을 더 사시

고 돌아가셨다. 봉현이 70년을 "왜 정처 없이 방황을 하셨는지?"에 대한 정확한 이유는 알지 못한다. 다만 정치적인 사화를 피해 권력의 손이 닿지 않는 곳으로 피해 다니셨다는 것만 전한다. 이러한 방황을 계속하던 봉현은 갑오개혁 이후에 정착을 위해 노력하셨다. 정규의 증조부 승순은 아버지 통정대부가 돌아가시자 백일장百日葬으로 장례로 모셨다. 이때에 이르러 종손 정규의 가문은 파주 마정에 정착하여 반듯한 양반의 신분으로 제자리를 잡은 것은 물론 100일장으로 치러 가세를 주변에 인식시키는 계기가 되었다. 정규의 조부 종림은 가난한 선비의 가문이라는 정체성에서 주변으로부터 주목받는 지방 토호의 모습으로 바꾸어 놓았다.

나는 "왜? 정규의 고조부 봉현이 처음에 홍화리를 가셨으며 다음으로 처가 마을을 선택하여 파주 마정에 자리를 잡으려 하셨는지?"에 대한 많은 고민을 해보았다. 왜? 통정대부 봉현은 벽제, 수원, 안성 등 옛 선조들이 사셨던 곳을 택하지 않으셨는지? 계속 의문이 생겼다. 차라리 못 사시는 게 구차하고 남부끄럽다면 차라리 아무도 이목도 미치지 못하는 함경도 땅으로 가셨을 때 그냥 그대로 살지 않으셨는지? 끝없는 의문이 생겼다.

고조부 봉현은 처음에는 정착을 위해 홍화리를 찾아가셨다. 홍화리는 봉현의 조부 득겸의 생가 부친인 동섭의 후손들이 살고 있어 당시에 봉현에게는 그래도 가장 가까운 친척이었기 때문이다. 봉현에게 있어 동섭의 후손들은 실제로 그에게 가장 가까운 혈육이었다.

그래서 봉현은 오랜 방황을 하셨기 때문에 철림의 생가 가문인 동섭의 후손들이 사시는 홍화리로 가서 그동안 서먹해진 관계를 회복하고 가문의 일원으로 그들과 혈육의 정을 돈독히 하고자 그곳에 가셨던 것으로 추정된다. 당시에 홍화리에 살던 '동섭'의 후손들이 족보상으로는 '봉현'에 8촌이 넘는 촌수이지만 실제로는 봉현도 '동섭'의 증손자로 그들과는 6촌간이었다..

당시에 봉현이 그의 조부 득겸의 생가 가문이 당시에 있었던 유일한 혈육이고 그들과 정을 붙이며 관계를 회복하고자 홍화리에 가셨지만 그곳에 살고 있는 일가붙이도 모두들 살기도 어려웠다. 그곳에 살고있던 일가들도 여유가 있어야 도움도 주고 정을 돈독히 할 수 있는데 그들도 자기 살기도 힘들어 봉현을 돌아 볼 여유가 없었다. 봉현은 갖은 노력을 하면서 홍화리에서 버티려 노력했지만 3년을 채 못 사시고 그 곳을 떠나시고 말았다.

　봉현은 많은 고민을 거듭한 끝에 처가마을인 장수황씨들이 모여 사는 파주 마정 돌결마을을 찾아 가셨다. 봉현이 나이 칠십이 되어 갖는 재산도 없이 처가 마을 찾아가는 심정은 헤아리고도 남는다. 장산리 흉가를 얻어 살 수 있었던 것도 처가인 장수황씨 가문의 배려로 들어가게 되었을지도 모른다. 장산리는 덕진 산성에서 임진강 남쪽에 접해 있는 마을이다. 고조부 봉현은 마땅한 집이 없어 장산리 흉가라는 곳에 정착하셨으나 어쩐 일인지 농사를 지으면 무엇이든 풍년이 들곤 하였다. 그래서 주변에서는 흉가에 있는 귀신이 도와주어 농사를 짓기만 하면 풍년이 들고 가세가 늘어난다고 소문이 나기도 하였다. 고조부 봉현은 장산리에 정착하고 다음해 손자 종림의 결혼을 시켰다. 정착 초기에 살림이 하도 어려워 하나있는 손자를 작수성례로 치를 수밖에 없었다. 그러나 정규의 고조부 봉현은 손자며느리를 화석정 주변 율곡리에 살고 있던 명문세가인 덕수이 씨 가문에서 들였다.

　당시에 화석정 주변 율곡리는 파주시 파평면에 위치하고 있던 오백년이 넘게 살아오던 덕수이씨의 집성촌 이었다. 당시에는 율곡리를 섭저리로 불렀다. 율곡리는 덕수이씨 가문이 대대로 살고 있는 고장이면서 이율곡 선생의 오랜 선대로부터 살아왔던 마을이다. 화석정에서 2km 정도 임진강을 따라 하류쪽에 있는 마을인 장산리는 정규의 어머니 공주이씨의 가문의 200년이 넘는 세거지世居地이기도 하다. 고조부 봉현이 장산리에 정착하여 이곳 임진강을 배경으로 오랜 기간 살아오신 명문 가문들과 사돈을 맺어 사방 십여 리를 강한 인척관계를 만드신 것이다.

봉현이 파주에 처음 정착하셨던 문산읍 장산리長山里는 덕진산성에서 초평도를 건너 임진강 남쪽 강기슭에 접해 있는 마을이다. 장산에서 임진나루까지 약 2km 가량 높이가 같은 산이 임진강 가를 따라 길게 뻗었으므로 진동산 또는 장산이라 하였다. 이곳은 조선시대에 8돈대가 있을 정도로 전략적으로도 중요한 곳이었다. 돈대는 장산리 산 7번지에 '고려 말 몽고군蒙古軍이 침입하여 왔을 때 임진강을 도강하여 오는 외적을 무찌르기 위하여 축조하였다. 이 돈대는 조선시대에도 북방의 적을 방어하는 여전히 중요한 시설로 관리되었다. 옛날부터 돈대 주변에는 전국에서 가난한 사람들이 많이 모여 들었다. 그것은 유사시 돈대의 병력으로 활용할 목적으로 나라에서 농사지을 둔전이 있어 땅을 수월하게 제공하였기 때문이다.

장산리는 파주 임진강변에서는 도강도 수월하고 서해로 올라오는 배가 접안하기도 용이하여 임진면의 사람의 인후와 같이 전략적으로도 매우 중요한 곳이었다. 화석정 앞에 있는 임진나루는 조선시대 의주로 가는 길이었다.

장산리에서 초평도를 건너 임진강 북쪽에는 남쪽의 왜놈들의 침략을 대비하여 강 언덕에 덕진산성을 조성하였다. 임진강 남쪽에는 돈대를 만들어 북쪽 오랑캐의 침략에 대비하였던 것이다. 임진강의 지형 상 장산리가 임진강을 건너서 다니기가 편리한 곳이었기 때문이다.

이와 같이 전략적으로 요충지대인 장산리에 정규의 고조부는 정착하시어 200년 가문의 기틀을 만드셨다. 고조부 봉현은 장산리에서 임시 몇 년 사시면서 가난을 면하자 임진강을 따라 오리 정도 강 하류에 위치한 마은동으로 삶의 터전을 옮기셨다.

마은동은 임진강 북쪽 덕진산성에서 바라보면 바로 덕진산성에서 임진강

〈장산전망대에서 바라본 초평도와 진동면〉

〈덕진산성에서 바라본 임진강 남쪽 마은골〉

건너 남쪽 마을이다. 덕진산성은 정규의 선조先祖인 귀천군과도 인연이 있는 곳이다. 귀천군과 뜻을 함께 하여 연명으로 광해에게 당시에 간신이던 '이이 첨'을 탄핵하시다 19명이 모두 귀양을 가셨던 사건이 있었다. 귀천군은 전라도 여수로 귀양을 가셨지만 나머지 왕자군들은 먼 북쪽으로 귀양을 가셨다. 그런데 인조반정으로 그분들의 신원이 모두 복권되어 돌아오시다가 이곳에 정착하여 덕진산성 남쪽 임진강변에 '침류정'을 짓고 여생을 보낸 곳이기도 하다. 정규의 고조부 봉현은 당대에 선구자이셨다. 봉현이 마은동에 기거하시면서 강건너 덕진산성에 있었던 귀천군과 뜻을 함께하셨던 분들의 삶을 기억하시며 사셨을 것이다.

정규의 고조부 봉현은 높은 학식과 인품을 가지고 있으셨으며 오랜 방랑생활로 일정한 거처 없이 어렵게 사셨으나 세상이 돌아가는 정세에 대해서는 해박하셨던 것으로 보인다. 선구적 사상을 가지셨던 통정대부 봉현이 파주 땅 '장산리'를 선택하여 마지막 정착지로 정하신 것은 그동안 쌓으신 안목에 따라 결정하셨다고 판단된다. 고조부 봉현이 파주 마정 장산리에 정착하였을 때는 새로운 시대에 불어오는 바람과 마정 땅이 품고 있는 전략적 가치를 판단하시고 자손들의 미래를 위해 선택하셨을 것이라 생각된다.

3. 통정대부는 마정을 어떤 땅으로 생각하셨을까?

정규의 고조부가 돌아가신지 어느 덧 109년이 되었다. 지금까지 고조부님이 살아계신다면 그 이유를 아는 것은 쉬운 일이겠으나 그럴 수가 없으므로 당시의 여러 상황을 검토하여 고조부 봉현의 고민을 추적해 보았다.

봉현은 이곳 장산리를 그의 먼 친척들이 있던 '홍화리' 다음으로 선택을 하셨다. 당시에 좋은 땅을 정하기 위해 많은 고민을 하셨을 것이다. 시대를 떠나 가지고 있는 재산이 풍부하다면 선택할 조건이 많아진다. 하지만 넉넉하지 못한 사람이 미래의 후손을 위해 살 곳을 정하는 것은 많은 고민을 요구한다. 정규의 고조부 봉현은 많은 방황과 고심을 거듭한 끝에 파주 마정에서 최종 정착하시어 여생을 마치셨다. 고조부 봉현이 장산리에 정착할 시점의 시각으로 당시의 여건을 분석해보고자 한다.

통정대부 봉현은 70년의 방랑생활을 접고 왜? 파주 마정 처가마을을 최종적인 살 곳으로 선택하셨을까?

통정대부가 태어나시기 50년 전에 살았던 이중환은 『택리지』라는 책에서 "어떤 지리적 요건을 갖춘 곳이 살기에 좋은 곳인지?"를 실학적 입장에서 저술하였다. 좋은 땅에 대하여 논한 그 책이 당시에 지식인들에게는 매우 인기 있는 베스트셀러였다. 당연히 고조부 봉현도 그 책을 읽으셨을 것으로 믿는다. 그 책에서 이중환은 우리나라에 살만한 땅을 가려서 살고자 해도 살만한 땅이 없음을 한스럽게 여겨 이를 썼다고 했다. 그러면서 글을 살려서 읽을 줄 아는 분이라면 문장 밖에서 참뜻을 찾아보는 것이 좋다고 하였다.

당시에 「택리지」의 발원문을 작성한 목회경睦會敬은 좋은 땅이란 "토지가 기름지고 산천이 아름다우며, 배가 드나들며 생선과 소금을 팔아 얻는 이익이 있으며, 전란의 재앙을 피할 수 있는 곳과 서울에서 멀리 떨어지지 않는 조건을 모두 갖추어야" 살만한 땅이라 하였다.

그런데 이러한 땅이 우리나라에는 없다고 단정해 말하였다. 이러한 조건으로 고조부 봉현이 선택한 땅을 하나하나 분석해 보니 그의 고민 속에 숨어있던 많은 생각들을 들여다 볼 수 있었다.

무엇보다 정규의 고조부의 처가인 장수황씨 가문들이 마정에 집성촌을 이루며 살고 있었고 젊어서부터 봉현은 처가에 많은 신뢰를 받고 있었기 때문에 마지막으로 선택하신 것 같다. 그러나 통정대부 봉현이 마정에 처가를 찾아 왔을 때는 이미 봉현에게 절대적 신뢰를 주시던 장인 · 장모도 돌아가셨고 조카들만 살고 있는 처가에 그리 도움을 받을 수 없었던 것은 어쩌면 당연한 것도 같다. 처음 봉현이 처가마을에 찾아왔을 때 거처를 제공해 주지 않았던 것 등이 이를 증명하고 있다. 결국 봉현은 처가 마을에서 십여 리나 떨어진 아무도 살려 하지 않았던 흉가를 구하여 살림을 시작했다는 것으로 보아 처가에서 그다지 도움을 받지 못한 것 같다. 고조부 봉현의 처가 일가붙이들이 도움을 주었다면 돌결마을에 정착을 했어야 했다. 이러한 상황들로 미루어 판단해 보면 당시에 봉현은 애초부터 처가에 큰 기대는 하지 않았던 것도 같다.

봉현을 믿고 지지해주셨던 고조부의 장인 황진사만 살아계셨다면 모든 상황은 달라졌을 것이다.

이러한 설움을 겪으며 마정 장산리에 정착을 결정하셨지만 그런대로 최적의 위치를 선택하셨다고 생각한다. 장산리는 '둔전'이 있어 땅이 없는 사람들이 정착하기에 적합한 지역이고 주변에 임진강변에 하천이 넓게 펼쳐져 있어 부지런히 일하면 농토를 만들기에 양호한 조건을 갖추고 있었다. 마정 장산리는 천혜의 지리적 조건과 물류의 중심인 문산포汶山浦와 접근성은 물론 교통과 정보의 길목이라는 지정학적 요인 등으로 볼 때 상당한 조건을 갖춘 땅이라고 생각된다. 하지만 결국 고조부가 장산리에 정착하시고 한 세대가 지난 다음 마정 734번지인 이사를 하였다. 이곳은 조부 종림이 그의 아버지와 할아버지가 처음에 정착하시려다 못한 진외가 마을에 황씨 가문의 땅과 가옥을 시세보다 비싸게 구입하여 이사함으로써 비록 통정대부 봉현은 돌아가셨으나 30년 만에 그의 뜻을 이루었다.

처음 장산리에 정착할 시점에 모든 의사결정의 중심은 증조부 승순이라 생각된다. 정규의 가문이 장산리에 처음 정착할 때 봉현은 70세, 종림은 15세이고 증조부 승순은 50세였기 때문이다. 당시에 정규의 조상님들이 고민하셨을 내용을 몇 가지 조건으로 나누어 분석해 보았다.

가. 농지 확장 등 천혜의 지리적 조건

종손 정규의 선조들께서 정착한 마정 장산리와 마은골은 임진강을 따라 발달된 넓은 충적토가 발달한 곳이다. 장산리에서 임진강을 따라 하류로 내려가면 강변의 하천이 넓고 비옥한 유휴지가 넓게 분포되어 있어 농토 확장 등 이 적합한 지역이었다.

종손 정규의 선조들이 파주 마정에 정착할 당시는 1989년경으로 조선왕조

시대이며 농업이 주업이었다. 파주 마정리 주변은 임진강 하류로 강변의 퇴적층이 잘 발달해 있었고 문산천이 합류하는 등 높은 산지가 없으며 대부분이 평야지대와 구릉지로 형성되어 있다.

또한 임진강 하류이어서 강 주변에 물이 들고 나는 습지가 많이 형성되어 있었다. 열심히 노력하면 많은 농토를 만들 수 있는 하천변에 유휴지가 잘 발달해 있었다. 파주는 동북 방향의 일부 지역을 제외하고는 대부분 낮은 평야지대에 가깝다. 임진강의 물줄기가 동북쪽에서 남서 방향으로 흐르며 마정리 옆구리를 스치며 지나간다. 임진강 지류인 운천천이 강을 가로 지르며 흐르고 있다. 임진강 하류라서 강의 수량도 풍부하여 관수 등 논농사에 최적지였다. 이러한 지형적 조건들 때문에 장산리와 마정은 임진강을 접하고 있을 뿐만 아니라 강 하류의 퇴적물로 이루어진 갯벌도 발달되어 있었다.

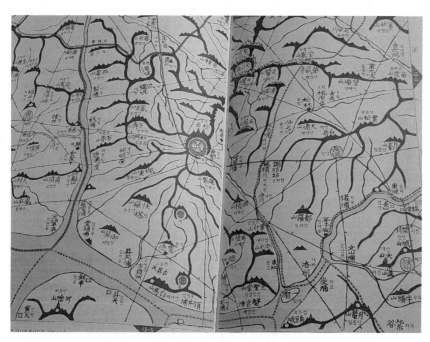

〈대동여지도에 표시된 임진강 하류지역〉

종손 정규의 증조부 승순과 조부 종림은 이러한 천혜의 입지를 활용하여 넓은 농토를 개발하려 추진하셨다. 임진강 주변에 지대가 낮아 물을 들이기 좋은 땅을 찾아 제방 둑을 막으면 기름진 넓은 농토를 확보할 수 있다고 판단하셨다. 그래서 독개벌에 제방 둑을 쌓아 논을 만들기 위해 독개벌 제방 둑 공사를 추진하셨다. 이러한 조부 종림의 도전은 가까운 화석정 주변에 살고 있던 처남들이 도와주어 추진할 수 있었다. 종림의 처가인 덕수이씨들은 대대로 화석정 주변 율곡리에 사셨고 홍수 등 강 주변 상황에 대하여 많은 아이디어를 제공하기도 하였다. 문산에 정착하여 120년간 살아 온 종손 정규의 집안은 대대로 파주의 오래 된 명문가문과 혼인을 하였다. 그야말로 종손 정규의 가문은 파주의 임진강을 젓줄삼아 오랫동안 살아오셨던 명문세가인 장수황씨, 덕수이씨, 공주이씨 및 풍양조씨 가문들과 혼인하여 파주의 진성혈통을 만들었고 오늘에 이르러 200년의 전주이씨 가문이 되었다.

조선 중엽 이율곡의 종조부從祖父 이의무는 1483년 3월에 장산에 올라 임진강과 마정리를 내려다보며 다음과 같은 기록을 남겼다. 장산 아래 그의 외할아버지 인재仁齋공의 별장이 있었고 그 별장은 인재공의 부친이었던 정승이신 암곡岩谷 선생께서 지었다고 한다. 지금은 그 별장의 위치를 알 수 없으나 분명 그 별장은 장산리 임진강 남쪽 강변에 있었던 것으로 보인다.

지금부터 500년 전에 마정리 노인들이 이의무에게 말하길 "정승이신 암곡 선생의 전성기에는 이곳에서 많은 토지를 사들여 농사를 지었는데 가을에는 천여 섬의 곡식을 거두어 들였다"고 했다고 기록하고 있다. 이의무도 어릴 적에 이곳에 있던 외조부 인재공의 별장에서 잠시 머문 적도 있었다고 전한다. 그래서 이의무는 더 늙기 전에 벼슬을 버리고 돌아오게 되면 이곳 장산에 다시 별장을 짓고 노년을 보내고 싶다고 하였다.

그야말로 장산리에서 화석정이 있는 율곡리에 임진강 경치의 절정인 것 같다. 이러한 경치의 절경은 이율곡의 '팔세부시八歲賦試'의 내용에서도 보여주고 있다. 늦은 가을 석양에 장산전망대에 올라 초평도 쪽 임진강을 바라보면 율곡의 팔세부시의 모습이 보이는 것 같았다.

정규의 고조부는 이곳에 정착하시기 400년 전에도 장산리와 마은골 주변에 넓은 농토를 만들어 농사를 지은 사례가 있었다는 것도 물론 알고 계셨을 것이다. 당시에 마은골 임진강 주변은 습지가 광활하게 펼쳐있어 보는 이에게 농지 개발의 유혹을 하였던 땅이었을 것이다.

이렇듯 파주 마정을 따라 형성된 남쪽 임진강변 습지는 논농사에 적합한 여러 조건을 갖추고 있었다.

문산의 한자 지명은 문산汶山으로 사용되어져 왔는데 구전에 의하면 문산 지역에 홍수가 날 때마다 임진강으로 흙탕물이 내려가다가 서해의 조수로 인해 흙탕물이 산더미처럼 밀려 왔다고 하여 문산汶山이라 불려 졌다고 전한다. 그런데 고산자 김정호 '대동여지도'에는 문산의 '문'이 글문文으로 표기되어 있다. 김정호의 대동여지도가 철종 때 만들어 졌으므로 이러한 표현도 철종 이후에 바뀐 것 같다. 마정은 임진강과 접해 있어 임진강 상류에서 내려오는 퇴적물과 서해 조수로 밀려오는 부유물 등이 임진강 양안의 갯벌을 만들면서 기름진 옥토가 자연스럽게 형성되는 지역이다. 덕진산성에 올라 임진강을 바라보면 임진강이 덕진산성을 감싸고 있는 것처럼 보이고 강 하류를 내려다보면 넓은 강폭이 바다 같은 느낌을 준다. 그리고 서해 바다의 조수로 인하여 임진강에 떠 있는 얼음이 조수의 영향을 받아 마치 구겨놓은 이불처럼 되어 있다. 나는 신축년 정월 초하루 덕진산성에 올라 덕진산성 주변 임진강이 서해안의 조수 간만의 영향이 이곳까지 미치고 있음을 확인하였다. 바닷물의 영향이 이곳까지 미치어 부유물이 문산 주변에서 오르내리면서 갯벌을 기름지게 하였을 것으로 보인다.

〈신축년 정월 초하루 덕진산성에서 : 강숙〉

장산리에 돈대가 있었는데 조선시대 한강으로 올라오는 적을 막기 위해 돈
대가 있었다고 하니 돈대가 있던 장소까지는 조수의 영향을 받았을 것이 확실하
다. 왜냐하면 조수의 영향을 이용할 수 있어야 유사시 군사들이 빠르게 오두산
쪽으로 출정하여 한강으로 침입한 적을 방어 할 수 있기 때문이다.

얼마 전 막내처남 화종 내외와 우리부부는 임진각에 곤돌라를 타고 임진
강을 건너면서 정규의 조부 종림이 농토를 확장하려 제방 둑 공사를 하셨던
독개벌 위를 지나갔다. 곤돌라에서 내려다보이는 독개벌에는 가을걷이가 이
미 끝나 있었다. 임진강에 면해 있는 독개 벌과 콩 재배로 유명한 장단반도
도 한 눈에 보였다. 곤돌라 밑으로 보이는 독개벌이 정규의 조부 종림이 강
의 물길을 막아 농토 확장을 시도 했다가 실패한 곳이라 생각하니 만감이 교
차하였다. 지금은 좋은 장비로 높은 제방둑을 막아 넓은 농토가 안전하게 조

성되어 있었다.

현재는 좋은 장비를 이용하여 둑을 높고 튼튼하게 쌓을 수 있지만 조부 종림은 열악한 장비와 인력을 이용하여 제방 둑을 쌓았으나 홍수로 계속 무너져 낙담하는 모습이 상상되었다.

당시에 독개 벌의 습지에 둑을 막아 농토를 만들려는 생각은 매우 창의적이고 도전적인 시도였다. 지금은 당시에 한탄과 눈물은 세월과 함께 잊혀지고 무심한 임진강물만 흐르고 있다. 종림의 후손들은 그러한 조상님의 도전 정신과 노력을 잊어서는 안 될 것이다.

마정리는 문산포에 접해 있어 서해의 풍부한 수산물이 많이 들어 왔지만 임진강에서도 메기, 뱀장어, 잉어 등이 많이 잡혔다. 그리고 매일 강물이 들락거리는 넓은 갯벌이 잘 발달되어 있었다.

장산리 주변 임진강을 접해 있는 지역은 경관도 매우 수려하였다. 장산 주변에는 암곡 선생이 직접 지은 별장도 있었고 강 북쪽 덕진산성 남쪽 임진강 언덕에는 없어 졌지만 '침류정'이라는 정자도 있었다.

장산리 주변 정도면 농사를 크게 짓기에도 좋은 땅이고 풍광도 아름다운 곳이다. 장산리에서 임진강 상류로 2km 정도에 임진나루가 있다. 화석정도 장산리에서 가까운 곳에 있다. 화석정은 1443년 세종 25년 '이명신'이 건립하였고, 1478년(성종 9)에 '이숙함'이 화석정이라 명명하였다고 한다.

'장산리'에서 다시 이사한 마은동馬隱洞은 농업은 물론 강에서 수산물을 얻기도 용이한 위치에 자리하고 있었다. 이러한 농업의 입지적인 조건은 농사가 주업인 당시에는 정착지로 매우 매력적인 땅이었던 것이다. 옛날에도 집안을 일으키려면 적당한 경제력을 확보하는 게 우선이었다.

조선시대에는 가문이 한미해진 사대부들은 주로 삼남지역으로 낙향 했다고 한다. 삼남지방은 물산이 풍부하여 가세를 곧 일으킬 수 있었고 그 가세를 바탕으로 과거를 응시하여 다시 서울로 상경하는 루트를 많이 이용했다. 하지만 한양과 가까운 곳은 적절한 곳이 거의 없다고 옛 기록에 전 하지만 마정리는 당시의 선조들의 안목의 기준으로 판단해 보면 사람 사는 곳으로는 최적의 장소였다고 판단된다. 고조부 봉현이 처가 마을에 정착하고 싶어 하셨던 것은 새롭게 정착하는데 처가마을에서 오백 년 된 명문세가의 인프라를 활용하는 게 중요하였기 때문이다.

그래서 옛사람들은 정착지를 고르는데 지리, 생리, 인심, 산수 네 가지 조건에서 인심을 중요하게 생각하였다. 고조부 봉현이 처가 마을인 장수황씨 집성촌을 고집했던 이유도 자식들을 교육시키고 미래를 위해 인적인프라가 최적인 곳이라고 생각하였던 것으로 판단된다.

나. 사통팔달의 문산포汶山浦와 근접 지역

조선시대에는 농사짓는 농토의 적합성 다음으로 무역과 운송을 중요시 하였다. "화물을 수송하여 무역하고 교환하는 일은 신농씨神農氏 이래 성인의 행위"라 하였다. 물을 이용하기는 바닷가가 좋겠지만 사람들의 삶과 떨어져 있고 파도 때문에 효용성은 있지만 위험도 크다고 생각하였다. 그래서 강과 바다가 만나는 곳을 선호 하였다. 이러한 조건으로 볼 때 문산포는 천혜의 조건을 갖추었다. 문산포는 한양의 마포나루 정도의 기능을 갖추고 있었다. 정규의 고조부가 장산리에서 이사한 마은동에 인접한 임진강 하류는 서해의 조수의 영향을 받고 있어 이 조수를 이용하면 뱃길이 용이하였다. 그리고 이곳에서 거래된 물품은 다시 교하에서 한강으로 거슬러 갈 수도 있고 황해도, 경기도, 강원도 내륙까지 교통이 가능하였다. 이중환의 「택리지」에서는 이러한 조건을 두 번째 정착 조건으로 생각하였다. 정규의 고조부가 정착하신 장산리나 마은골은 10리 거리에 전국에서 여섯 개의 시장규모에 속하는 뱃길 물류시장인 문산포장汶山浦市場이 있었다. 이외에도 마은골에서 저포猪浦, 압포鴨浦 등은 5리 내에 인접해 있었다.

문산포는 교통수단이 없었던 조선시대에는 유일한 대량 수송수단인 선박이 임진강을 통해 들어와 정박할 수 있는 수운교통의 요지였다. 문산포는 서해의 조수 간만의 차가 영향을 미치고 있었기 때문에 물의 흐름을 이용한 대형 규모의 배들이 들어오고 나감이 용이하였다. 이 문산포는 반구정 옆에 위치해 있는 나루터를 말한다. 현재는 문산포의 기능이 중지되어 있다. 6.25전쟁 후 민간인 통제구역으로 지정되어 철조망이 막혀 있고 문산포에서 임진강 하류 쪽인 오두산 앞부분으로 배가 다닐 수 없어 문산포의 기능은 이름만 전할 뿐이다. 문산포는 종손 정규가 초등학교와 경농을 다니던 일제강점기에도 기능을 유지하고 있었다. 정규는 어린 시절 문산포에서 장이 서던 모습을 기억하고 있다.

문산포는 서해와 한양으로 부터 파주는 물론 장단, 개성, 연천, 포천, 철원, 평강 등지 까지 화물을 공급하는 각종 물산의 집산지였다.

종손 정규가 태어나 6.25 이후까지 살았던 마정리 734번지에서 문산포까지는 1km 정도의 거리에 있었다. 그리고 마정 집에서 문산포로 가는 길에 방앗간을 운영하고 있었다. 임진면장을 지냈던 이영실李永實의 증언에 따르면 그의 부친은 한말에서 일제강점기 까지 문산포장을 중심으로 개성, 고랑포, 영천 등지를 무대로 활약하였던 상인이었다고 한다.

파주의 6개 정기시장 중 문산포 시장은 전국적으로도 유명했던 곳이다. 문산포 시장은 각종 물화의 집산지로의 큰 시장으로 유명 했다. 지금으로 말하면 물류의 중심지였던 것이다. 시장이 개설되어 있던 문산포는 서울과 인천 등지로

부터 각종 화물을 가득 실은 배들이 한강을 거쳐 임진강 포구에 줄을 이어 드나들었다. 개성, 장단, 연천, 포천, 철원, 평강 등지로 공급되는 화물이 대부분 문산포를 경유하여 물류가 이루어졌다.

문산포를 경유하여 파주에서 나가는 상품은 쌀을 비롯한 농산물이 주류였다. 문산포 시장으로 들어오는 물건들은 생조기, 굴비 등 각종 수산물과 소금, 직물, 옹기 류 등이었다.

이와 같이 정규의 선조들이 생산한 쌀도 문산포장에서 배에 실려 외지로 나갔을 것이다. 종손 정규의 선조들이 정착한 마정은 전국적인 물류 중심지였던 것이다.

다. 수륙교통의 중심지역으로 다양한 인적교류 가능

다양한 사람들이 모이는 곳에 다양한 정보가 있다. 옛날에는 오프라인 시대라서 다양한 사람들을 만날 수 있어야 유익한 정보를 모을 수 있었다.

중국의 삼국시대 형주 땅이 전란으로부터 비교적 안정하여 전국에 명사들이 모였고 그곳에서 후삼국을 주도하는 인물들이 쏟아져 나왔다.

당시에 장산리에서 5리 정도 떨어진 임진나루는 관서 관북을 가는 길목이었다. 한양이나 개성을 오가는 사람들은 모두 이곳을 통해 다녔다. 그리고 임진진이나 장산돈대는 국가의 유사시 병력으로 활용하기 위해 국가에서 둔전을 두고 신분에 관계없이 사람들을 받아들여 정착을 시켰기 때문에 다양한 능력을 보유한 사람들이 모여들던 곳이다.

정치에서나 경제에서나 정보를 장악하는 것이 곧 게임의 승패를 좌우하기 때문에 정보의 싸움에서 유리한 위치를 점유한다는 것은 매우 중요하다.

정규의 고조부가 장산리, 마은골에 정착할 시기인 조선시대 말기에는 남북으로 자유롭게 이동할 수 있었기 때문에 이곳의 기능을 제대로 활용할 수 있었다. 6.25전쟁 이후에 지금과 같이 부자연스러운 불구의 땅이 되었다.

파주 마정은 한양과 개성을 오가는 길의 중간 지점이며 북쪽에서 한양으로 가려면 반드시 거쳐야 하는 위치이다. 고조부 봉현이 처음 정착했던 장산리는 경의로 옛길인 임진나루에 근접해 있어 육상교통의 요지였다. 당시에는 모든 정보를 사람의 입을 통해 얻던 시대였다.

많은 사람들이 장산리를 지나가면서 다양한 정보를 흘리고 지나갔을 것이다. 곧 사람이 정보이던 시대에는 삶의 위치가 모든 것을 좌우하였다.

정규의 고조부 때부터 찾아오는 길손들에게 최대의 예의를 갖추어 숙식을 제공했다고 지금까지 전해지고 있다. 정규 조상님들의 이러한 호의는 지금까지 주변의 입소문으로 전해 내려온다. 하룻밤 묵어가는 길손에게 정성을 다해 접대를 했다. 이러한 과분한 접대를 받은 길손들은 자기의 모든 정보와 지식을 제공하였을 것이고 두고두고 좋은 관계로 인적네트웍을 유지하려 했을 것이다. 이렇게 정규네 옛 마은골 집을 찾았던 길손들 중에는 선비, 장사꾼 등 다양한 사람들이 있었을 것이다.

중국 전국시대 말기에 정치가이자 대상인이었던 '여불위'는 식객들로 하여금 각기 그들의 들은 바를 저술케 하고 이를 모아 「팔람八覽」「육론六論」「십이기十二紀」 등을 만들었다. 이 만큼 입을 통해 얻는 정보는 대단한 것이다. 정규의 고조부 봉현은 사대부 가문에서 중요하게 여겼던 '봉제사접빈객奉祭祀接賓客'을 철저히 실천하셨던 분이셨다. 이러한 가풍을 이어받은 조부 종림도 지나가는 길손에게 최선을 다해 접대를 하셨던 분으로 지금까지 그 덕이 후손에게 전해지고 있다.

더구나 파주 마정리나 장산리는 한양에서 의주로 통하는 주요 교통로였다.

조선시대는 모든 선진 문물이 중국을 통하여 들어왔고 중국을 통해 들어오는 모든 국제 정보는 반드시 이곳을 지나야만 하는 루트였다.

조선시대 초 개성에서 한양으로 도읍을 옮기기 전 고려시대에도 의주로는 조정에서 특별히 관리하던 도로였다. 조선시대 문산을 지나가는 의주로는 조선시대 제1로 이며 연행로燕行路 또는 사행로使行路라고도 불렀다. 조선시대 도로 가운데서 가장 큰 비중을 차지하였던 교통로이다.

국내 사절은 물론 중국사절의 내왕이 잦은 교통로일 뿐 아니라, 특히 사절들의 숙식 및 연향宴享을 담당하기 때문에 서울에서 의주까지에는 관사가 설치되어 있었다.

파주에는 고려 중기 개성과 한양을 오가던 관료와 백성의 편안한 숙박시설인 '혜음원지惠陰院址'가 있었다. '혜음원 惠陰院'은 남경과 개성사이에 통행하는 관료 및 백성의 안전과 편의를 위하여 고려 1122년 고려 예종 17년에 건립된 '국립숙박시설'이었으며 국왕의 행차를 대비하여 별원別院도 축조하였다고 전한다. 이와 같이 파주 마정이나 장산은 수운과 육상교통의 핵심거점 지역으로 모든 정보를 가장 빠르게 입수하기 최적인 곳이다.

개성이나 한양도 마음만 먹으면 말을 타고 하루면 가능하고 걸으면 이틀이면 다닐 수 있었다. 걸어 다니던 시대에 하룻길은 아주 적당한 거리다. 양반 가문에서 자식들이 정계에 진출하기도 용이하고 벼슬에서 물러나 재기하기에도 용이한 위치였다. 이곳에 조선시대에 대표적인 인물들인 황희 정승이나 율곡 이이 가문 등이 파주를 거점으로 활약하였던 분들이다.

조선시대에는 뱃길이 매우 중요한 교통이었던 시대였다. 조선시대 파주는 뱃길로도 국가 제일의 교통의 요충지였다. 강의 물길이 전략적으로 중요했기에 임진강을 따라 설치되어 있던 군사시설 돈대가 이를 증명하고 있다. 문산포는 바닷길과 강원도, 경기도와 서울을 수운을 통해 자유자재로 드나들기에 아주 편리한 곳이었다. 또한 서해의 조수 영향이 문산포까지 작용하고 있어 바다의 물때를 이용하면 큰 배의 접안도 용이하였다. 문산포에서 배를 타면 한양, 개성은 물론 강원도 내륙 깊숙이 철원 까지도 갈 수 있고, 서해바다를 이용한다면 중국 등 해외로도 나갈 수 있던 전략적으로도 중요한 곳이었다.

무엇보다도 후손들이 과거를 보거나 등과를 하면 가세家勢를 한양으로 옮기기도 매우 용이한 거리였다. 한양의 정보를 수시로 접할 수 있어 시대에 뒤 떨어지지 않고 벼슬에서 은퇴 후 노년을 보내기도 좋은 위치였다.

덕진산성은 남쪽에서 오는 신라군을 막기 위해 고구려 때부터 있었고 조선시대에는 왜놈들을 방어하기 위하여 보강하였던 요새인 것이다. 귀천군이 선정관이 되어 왜적과 싸웠던 광해군은 이 덕진산성을 보강하여 또 다른 환란을 대비하였던 곳이기도 하다.

임금이 계시는 한양과 거리가 멀어질수록 후손들의 벼슬의 품계도 낮아지기 마련이다. 따라서 항상 한양의 가까이에서 조정의 소식을 접하며 자극을 받아야 자손들이 깨어있는 법이다. 그래서 사람이 살만한 곳을 선정하는데는 한양에서 멀지 않아야 한다고 한다. 정규의 고조부는 비록 가난하고 방랑생활을 하면서 70년을 보냈지만 선비의 자세를 잃지 않고 항상 깨어 있었던 것 같다.

승순과 승순의 아들 종림도 대한제국은 멸망했지만 파주향교와 자운서원의 중책을 맡아 선조들의 정신을 이었다. 종손 정규의 외가인 장산리 공주이씨 가문도 명문가의 명맥을 이어갔으며 외삼촌은 파주향교의 전교를 맡으며 파주유림의 맹주역할을 이어갔다. 이러한 땅의 기능은 남북이 분단된 현재에도 그대로 유지되고 있는 것 같다. 좋은 땅의 조건 중 서울이 가까워야 한다는 것은 세월이 지나도 그 것의 중요성은 유지되는 것으로 보아 어느 정도 진리에 가깝다고 본다.

라. 500년 가문의 장수황씨 처가 인프라 활용

파주 마정 장수황씨 가문은 정규의 고조모의 친정이다. 고조부 봉현과 함께 이곳에 정착한 승순, 종림의 외가와 진외가이다. 고조부 봉현도 처가 마을에 발을 붙이려니 처음에는 자존심이 좀 상하셨을 수 있었으나 일단 합류하여 처가 마을의 일원이 됨으로써 많은 도움을 받을 수 있었다.

정규의 고조부는 파주의 장수황씨 가문의 사위가 되어 파주에서 500년 된 명문가문의 일원이 되었다. 그러나 나이 70이 되어서야 처가 마을을 의지처로 삼기 위해 마정 석결동에 돌아왔던 것이다.

조선시대 농경사회에서는 주변에 사는 이웃들의 사심 없는 협력은 대단히 중요하였다. 그래서 같은 성씨의 사람들이 집단으로 마을을 이루어 서로 협력하며 살았다. 정규 고조부의 처가마을인 파주 마정은 파주의 4대 대성大姓인 장수황씨들의 집성촌이자 파주 3현 중에 한 사람인 황희 정승이 사셨던 마을이다. 장수황씨 가문은 이곳에서 500년을 살아오며 집성촌을 이루며 살고 있었다. 그야말로 파주 마정은 장수황씨들의 작은 왕국 이었다.

이러한 강력한 삶의 인프라를 갖추고 있는 마을에 정규의 고조부 봉현은 이들과 친척의 일원으로 합류하러 찾아가신 것이다. 고조부 봉현은 장수황씨 가문의 사위가 되어 50년간 인연을 이어왔고 아들인 승순과 손자인 종림은 장수황씨 혈통을 이어받은 외손들이었다.

그러나 고조부 봉현이 처가마을을 찾아 오셨을 때는 이미 나이도 많았고 살림이 너무 어려워 처가의 도움을 받으려 했지만 그렇지 못 하였던 것 같다. 왜냐하면 처가 마을에서 10리 정도 떨어진 장산리에 아무도 살려고 하지 않았던 흉가라서 비어있던 집에 처음 정착을 하셨던 것이 모든 것을 보여주고 있기 때문이다.

옛날 농경사회에서는 그 지역을 배경으로 수백 년 동안 자리 잡고 있는 전통 있는 가문이 적극적으로 도와주면 자리를 잡기가 매우 용이하던 시대였다. 그래서 옛날에는 이사를 하려면 한 가문이 함께 이사를 하거나 그것이 안 될 때는 일가붙이가 있는 동네로 이사하는게 일반적 이었다. 이와 같이 농경사회에서는 주변에 협력을 받지 않으면 정착해 살기가 녹녹하지 않았다.

고조부 봉현은 황희 정승 같이 훌륭한 조상을 둔 처가마을에서 정착하여 후손들의 호연지기浩然之氣를 키우고 싶은 야망도 있으셨을 것이다.

파주 임진강변은 벼슬에서 물러난 조선의 명 정승 황희와 미수 허목 등이 노년의 남은 생애를 보냈고 이이와 성혼이 어린 시절을 보낸 곳도 장산리 주변 임진강변의 '화석정'이었다.

파주는 시간과 공간을 넘어 훌륭한 옛 성현의 많았으며 그들의 삶이 여전히 살아 숨 쉬고 있던 땅이다. 파주 3현인 율곡 이이는 시대를 앞서간 선비이고, 황희는 세종대의 치세를 만들고 조선 500년의 기틀을 튼튼히 한 사람이다. 고려시대 별무반을 창설하여 17만 대군을 이끌고 여진을 정벌한 윤관장군도 파주사람이다. 세월은 흘렀지만 윤관 장군은 최고의 해동명장의 명성을 떨친 장엄한 기운으로 파주의 정신을 만들어 내고 있다.

그 외에 조선 중기 성리학의 대가 성혼 선생, 동양의 의성 허준선생의 혼이 살아 있는 한반도 정신문화의 중심에 위치한 문화유산의 보고가 바로 임진강을 품고 있는 파주에 있다. 이러한 파주의 정신을 고스란히 고조부 봉현의 자손이 내려 받을 수 있는 명당처가 바로 파주 처가마을 이었다.

이와 같이 파주 마정 일대는 임진강변에 접해 앉아 있어 농지확장과 농사를 짓기에 천혜의 조건을 갖추고 있었고, 문산포 등 강을 이용한 수로와 육상 교통에 사통팔달의 요지였다. 따라서 한양과 개성을 오가는 많은 사람들이 반드시 거쳐 가는 요충지며, 유용한 정보를 언제든지 얻을 수 없었다. 무엇보다 봉현이 이곳에 정착해 살면서 처가인 장수황씨 가문의 눈에 보이지 않는 많은 도움을 받았을 것이다.

고조부 봉현의 며느리도 화석정 주변 창원유씨 가문에서 왔다. 파주에 정착한 다음 해 손자 종림을 화석정 주변의 덕수이씨 가문으로 장가를 보냈다. 종림의 처가는 장산리에서 강을 따라 5리 정도 상류에 인접한 율곡리에 사셨던 가문이다. 정규의 고조부 봉현은 강을 기반으로 문산포에서 화석정 주변까지 20리 정도를 명문가문과 친인척으로 인적 네트웍을 형성하였던 것이다.

이러한 조건들을 활용하여 고조부 봉현은 처음에 정착하실 때는 장산리에 흉가에 정착하여 농사를 시작하셨으나 빠른 속도로 가세를 키우셨다. 새로운 지역사회와 결혼을 통해 친척이 된다는 것은 농경사회에서 지역에 정착하기 위한 가장 확실하고 빠른 길이다. 특히 농경사회 기반인 조선시대에는 결혼으로 혈족을 만드는 것이 가장 확실한 '인프라'였다.

더구나 여러 대를 거치면서 벼슬길과 멀어져 한미한 가문이 되었으나 고조부 봉현은 조선왕조의 후손이었고 상당한 학식을 갖춘 선비였다. 고조부 봉현의 학식과 인품은 일찍이 그의 장인 황진사도 높이 평가하신 바 있다.

이와 같은 왕가의 혈통이 지역 명문가문과 혈연관계를 만들었고 고조부 봉현은 높은 학식을 갖추고 있어 지역의 정서를 좌우하는 지역 유명인사들과 빠르게 친분관계를 만들어 나갔다.

고조부 봉현이 '장산리' 흉가에서 가세를 안정시키고 '마은골'로 이사하였으며 인근에서 최고의 부를 쌓아가면서 추증으로 당상관 통정대부의 직첩을 받아 양반가로 회복하시는데 10년 남짓 기간이 소요되었다. 종림의 처가는 율곡리에 대대로 살아왔던 덕수이씨 가문으로 임진강 주변에 대해서는 많은 것을 파악하고 있었다. 이들이 독개벌 제방 둑을 쌓아 농지를 개발하는 아이디어를 제공하게 되었다. 결국 여러 번 홍수로 제방 둑이 무너져 결국은 공사비를 감당하지 못하여 실패를 하였지만 정규의 조부 종림이 한때는 많은 농토를 보유하시어 이 지역에서 수세水稅를 가장 많이 납부하였다고 전한다.

이러한 결과로 볼 때 고조부 봉현은 70년의 방랑은 허송세월이 아니라 삶을 펼치기 위한 축적의 시간이었던 것 같다.

고조부 봉현이 처음 '마정 석결동' 처가에 정착을 의탁하러 왔을 때는 겉모습은 떠돌이의 삶으로 퇴락한 선비의 모습이었다. 그러나 삶의 내공을 갖추고 준비가 되셨던 고조부는 장산리에서 미미하게 시작하였지만 14년 동안에 부와 양반의 직첩을 모두 갖추셨다.

정규의 증조부 승순은 고조부 통정대부가 돌아가시고도 13년을 더 마은골에서 사셨다. 이때에 고조부 봉현이 통정대부가 되셨고 아들인 승순도 생원 시험을 통과한 생원이었다. 이렇게 마은골에서 27년을 사시다가 1926년 처음 고조부 봉현이 처가 마을인 석결동에 정착하려다 못한 것을 그의 손자인 종림이 장수황씨 가문의 가옥과 전답을 구입하여 이사를 하셨던 것이다..

이때까지 장산리에 정착해 세 번의 이사를 하면서 드디어 봉현의 손자인 종림이 장수황씨 500년 가문의 집성촌으로 이사를 하셨던 것이다.

이렇게 정규의 가문이 짧은 기간에 사대부의 모습을 갖추었던 것은 500년 된 장수황씨 가문의 보이지 않은 도움이 많았을 것으로 보인다.

4. 가문家門을 파주에 안착시킨 마정馬井의 선조들

종손 정규는 태어났을 때는 증조부 승순을 비롯하여 4대가 함께 사는 대가족이었다. 종손 정규가 태어났을 때는 조선왕조가 망하여 국통이 끊어지고 16년이 지난 일제강점기였다. 종손 정규는 가문이 마은골에서 마정리 734번지로 이사를 온 해에 태어나셨다. 마정 옛집은 독개 벌 제방 둑 공사를 추진하였을 때 함께 추진했던 장수황씨 가문의 사람이 차용한 금융 빚을 대신 갚아주고 받은 산과 집이다.

정규의 증조부 승순과 조부 종림은 마은동에서 농지확장을 위한 제방 둑 공사를 실패하고 새로 이사하여 가세를 크게 줄인 충격에서 벗어날 시점에 종손 정규가 태어난 것이다. 정규의 가문은 많은 재산이 줄어들기는 했지만 여전히 주변에서는 부자소리를 들을 정도였다.

정규가 때어났을 때는 파주에 함께 정착하셨던 고조부 봉현은 이미 돌아가시고 증조부 승순이 집안의 최고 어른이셨다. 승순은 한학에도 조예가 깊으셨다.

승순은 생원시에 합격하였을 정도의 학식을 갖추고 있어 집안에서 손녀 딸들의 공부를 직접 가르치시기도 하였다.

종손 정규에게 정신적인 영향을 준 중시조 덕양군을 비롯하여 풍산군, 귀천군, 봉래군, 사간공 등의 훌륭한 선조들로부터 가풍을 이어받았고 자긍심도 가지며 성장하였다. 이러한 가문의 가풍과 자긍심은 통정대부 봉현, 생원공 승순, 조부 종림과 아버지 문환을 거쳐 정규에게 이어졌다. 파주에 정착하신 후 가세를 일으키신 정규의 선조들 덕분에 어린 시절은 비교적 유복하게 성장할 수 있었다.

종손 정규의 성장에 직접적 영향을 주신 분들은 가문을 파주에 정착시키신 고조부 통정대부로부터 아버지까지 4대의 조상님들이다. 통정대부 봉현은 파주 마정에서 종손 정규의 가문을 시작하신 분이다. 정규네 가문은 고조부 봉현이 파주 마정에 정착하여 가문을 여신이래 120년 동안 항상 4대가 함께 생활하고 있다.

이와 같은 4대가 공존하는 대가족 체제로 이어져 정규의 가문은 가풍이 흐트러지지 않고 이어져 올 수 있었다.

한 가정에 4대가 가풍과 전통을 가지고 살다보니 기차가 레일을 따라 가듯이 핸들이 없어도 목적지로 제대로 가는 것과 같이 자연스럽게 이어졌다. 이러한 것은 한 가문이 대가족 체제로 사는 경우에나 있을 수 있다. 그래서 이러한 가문에서는 특별히 자식들을 가르칠 필요가 없이 내 자신만 제대로 하고 살면 저절로 집안이 바로서는 것이다. 이것이 가풍이다. 봄바람에 얼음이 풀리고 새싹이 돋는 것과 같은 이치다. 이러한 가풍을 가진 대표적 가문이 경주 최 부자 가문이다. 이 가문도 이러한 가족 체계가 유지되었기에 몇 백 년 동안 가풍을 이어 갈수 있었을 것이다.

그러나 대가족 체제의 단점이라고 생각되는 것은 종손 정규가 항상 4대가 함께 사는 가문에서 성장하여 개인의 개성을 나타내기는 어려웠던 것 같다. 종손이라는 위치는 삶을 살아가는 제한적 범위가 존재하여 그 안에서 살아야 하는 숙명이 있다. 이런 경계범위 안에서 성장하고 살아왔기 때문에 정규는 후손들에게 소극적이고 답답하게 보일 수도 있다. 종손이 어렵다고 하는 것은 가문의 안정을 위해 주관적 삶을 살 수가 없다는 것이다.

중요한 사람을 모시고 다니는 운전기사는 현란하게 잘 하는 운전은 금물이다. 운전을 잘 하는 기술보다는 안전하게 하는 것이 우선이기 때문이다. 종손 정규의 집은 대가족 형태는 아니지만 여전히 4대가 함께하고 있다. 그러므로 종손 정규의 삶의 기본 속에는 그의 조상님들의 삶의 모습이 그대로 살아 있는 것이다.

정규의 증조부 승순은 정규가 초등학교 다닐 때까지 생존해 계셨다. 그래서 정규의 어린 시절의 삶의 기억에는 증조부 승순의 기억이 남아 있다.

정규는 증조부 승순과 동생인 종증조부 승억과 함께 같은 이불속에서 잠을 자며 어린 시절을 보냈다. 그러므로 종손 정규의 삶에는 증조부, 조부, 부친의 삶의 모습이 섞여있는 것이다.

증조부, 조부, 아버지는 또한 고조부 통정대부와 60년, 27년, 6년을 함께 사셨던 분들이다. 또한 이분들과 함께 살아온 정규의 삶속에는 선조들의 삶도 함께하고 있는 것이다. 결국 정규는 파주에 정착하여 가문을 여신 고조부 등 선대 4대의 영향 속에서 성장하였다.

증조부까지 함께 4대가 살아가는 대가족의 종손으로 태어난 정규는 온 가족의 귀여움과 기대를 받으며 자랐다. 정규가 태어났을 시점에는 가세도 넉넉히 갖추어져 있어 제법 주변에서 부자소리를 듣는 집안이었다.

대부분의 가문이 그렇듯이 정규네 집안에서도 장손이자 종손인 정규에게 쏟는 사랑은 매우 크셨고 가문의 기대 또한 컸었다.

종손 정규의 인성은 이러한 대가족 분위기 속에서 성장과정을 거쳐 다듬어졌다. 파주에 처음에 정착하신 고조부 통정대부는 종손 정규가 출생 전에 이미 돌아가셨다. 하지만 종손 정규의 증조부, 조부와 아버지 문환을 거쳐 고조부의 인품과 학식은 정규에게 가풍으로 이어졌다.

고조부 통정대부는 장산리에 정착하였을 때 집안에 가장 큰 어른이셨고 세상을 70년 동안 방랑하시어 살림은 어려우셨지만 삶은 달관한 분이셨다. 고조부 통정대부께서는 추증으로 벼슬을 받으셨지만 벼슬에 뜻은 그다지 두지 않았던 높은 인품과 학식을 가지셨던 분이었다.

과거 조상님들은 자기가 입신하여 가문을 빛내고 부모를 영광스럽게 하는 것이 효 중에서 으뜸이라 하지만 부모를 추증하여 직첩을 받게 하는 것은 더 큰 효도라고 하였다.

이와 같은 결과로 종손 정규의 가문은 어엿한 파주의 사대부 가문으로 자리를 잡았으며 떠돌이에서 지역사회에서 신분의 격상을 공식적으로 인정받는 계기가 되었다. 이러한 이유 때문에 조선시대 양반가에서는 살아생전에 가문의 신분 상승을 위하여 계속해서 과거시험에 도전을 하였다.

또한 후손들은 돌아가신 부모들을 위해서도 가세를 모아 선조들의 벼슬을 추증하는 등 죽은 영혼의 영광을 위해서도 노력을 아끼지 않았다.

고조부 봉현은 통정대부 직첩을 추증으로 받으셨다. 봉현이 벼슬을 받은 년도는 정확한 기록이 남아 있지 않아 확인할 수는 없으나 1898년 파주에 정착하여 1912년도에 돌아가셨으니까 왕조가 존속하였던 1910년 이전에 직첩을 받으셨을 것으로 추정된다.

조선시대에는 벼슬을 추증하는 제도가 있었다. 추증은 생전의 벼슬을 높이거나 벼슬이 없었던 사람에게 벼슬을 내리는 제도이다. 조선시대에는 추증으로 받는 벼슬도 아주 중요하게 생각하였다. 추증도 품계를 인정받기 때문에 그 가문은 양반으로 인정받고 당내의 모든 집안이 일제히 신분상승을 할 수 있기 때문이다.

지금도 자녀들 결혼과 군대 입대가 중요 하듯이 조선시대에는 한 가문家門에서 벼슬의 직첩을 받으면 8촌 이내 모든 집안이 세금을 면제해 주고 병역의무가 면제되었으며 자녀들이 결혼 시 같은 벼슬 등급의 가문과 결혼이 허용되었다. 그래서 조선시대에는 양반의 자격 존속과 벼슬을 얻기 위해 가문의 명운을 걸었던 것이다.

그런데 통정대부가 돌아가실 때에는 대한제국이 멸망 했으므로 이에 대한 혜택은 받을 수 없었다. 하지만 가문이 사대부이고 양반가문이라는 자긍심은 충분히 만들어 주었다. 이러한 반상의 그림자는 대한제국이 멸망을 하고도 오랫동안 지워지지 않고 남아 있었다.

삶의 모든 곳에 빛과 그림자가 있듯이 통정대부가 빛이라면 아들인 승순 과 손자인 종림은 봉현의 그림자가 되어 아버지의 추증 노력을 다하셨다.

통정대부가 돌아가신 1912년은 승순 할아버지가 64세이고 종림은 28세의 청년이었다. 모든 정황상으로 볼 때 봉현의 통정대부 추증 노력은 정규의 증조부 승순이 주도적인 노력을 하셨을 것이다.

통정대부의 추증은 대한제국이 멸망하기 전에 받으셨을 것으로 보아 봉현이 살아계실 때 직첩을 받으셨을 것이다. 정규의 증조부 승순은 65세가 될 때까지 아버지 봉현의 그림자 뒤에 가려져 있었던 분이시다.

통정대부 봉현은 84세에 돌아가셨다. 승순은 생원시에 합격한 실력자로서 아버지인 봉현의 통정대부 추증 자료의 작성 등에 충분한 능력을 발휘하셨을 것이다.

지금의 시대에도 민간인 신분에 있는 사람을 대통령상을 받도록 하려면 많은 증빙 자료와 인정받기 위한 노력이 필요하다. 조선시대에도 벼슬을 추증 받으려면 많은 증빙 자료와 경제력 지원이 없으면 어려웠을 것이다.

이러한 조건을 만들어 추증을 받을 수 있었던 것은 정규의 고조부 승순과 조부 종림의 많은 노력과 고뇌의 결과였을 것이다. 이러한 노력을 하는 것은 자손이라면 당연히 해야 할 일이고 효도였다.

　모든 상황으로 판단해 보면 통정대부 봉현은 아들과 손자의 존경을 많이 받으셨던 분이라고 생각된다. 봉현이 평생 일정한 거처 없이 방랑으로 세월을 보내며 아들과 손자를 고생시켰지만 자손들이 효도를 다하셨던 것은 그만 큼 승순이나 종림에게 봉현이 존경을 받고 사셨다는 반증이기도 하다.

　정규의 어린 시절은 증조부까지 함께 사는 대가족 가문의 종손으로 가문이 거는 기대와 사랑을 담뿍 받으며 성장하였다. 사랑을 많이 받은 사람이 또 사랑할 줄 알듯이 성장과정에서 조상님들의 많은 사랑을 받은 정규는 자연히 조상님들을 존경하게 되었고 지금까지 숭조의 정신을 그대로 이어가고 있다.

　온 가문의 화합을 최우선으로 해야 한다는 선조들의 교훈을 마음속 깊이 새기며 성장 하였다. 이러한 가문의 정서는 그대로 정규의 정체성이 되어 지금까지 그 영향 속에서 살고 있다.

　종손 정규가 성장 하면서 가문의 가풍과 선조들의 삶의 방식을 익히며 자랐다. 고조부 봉현은 파주 마정 장산리에 정착하면서 어렵게 시작했지만 조선왕조 후손이라는 자존심을 잃지 않고 가문을 세우신 분이다.

　증조부 승순은 학문을 겸비하고 평생 아버님을 따라 방랑하시면서 묵묵히 효를 실천한 선비였다.

　조부 종림은 어린 나이에 봉현을 따라 방랑을 하시면서 배고픔과 고생을 함께 겪으며 성장하신 분이다. 물려받은 재산이 없었어도 원망이나 불평 없이 노력하여 효도에서도 최선을 다하셨고 정규네 가문을 파주 마정에 견고하게 자리 잡게 만드신 분이었다.

　조부 종림이 이룬 경제적 안정성을 바탕으로 선산과 위토를 마련하여 진정한 숭조를 실천 할 수 있도록 실질적 기반을 조성하신 분이셨다. 정규의 아버지 문환은 장가 든 첫 날 신방을 뛰쳐나가 밤새도록 독립만세를 불렀다. 가슴속에서 치밀어 오르는 나라 잃은 설음에 신혼 첫 날 밤도 잊고 만세운동에 참여 하셨던 열혈 소년 이셨다. 이와 같이 종손 정규는 마정에 정착하셨던 조상님들의 정신을 이어받으면서 성장하였다.

가. 70년 방랑생활을 접고 장산리를 선택한 고조부

종손 정규의 고조부인 통정대부 봉현은 주원(1792년~1867년)과 청주한씨 사이에 둘째 아들로 봉일천 대원리(현재 벽제읍 사리현리)에서 1828년 태어나시고 1912년에 덕진산성에서 임진강 맞은편 남쪽 마은골에서 84세로 돌아가시었다.

고조모인 숙부인淑夫人 장수황씨는 진사 황억黃憶의 따님이시고 통정대부와 같은 나이였으며 68세에 돌아 가셨다. 고조모는 봉현이 마정 석결동 처가마을 찾아가시기 전에 돌아가신 것으로 보인다. 그러니 숙부인 장수황씨는 평생 서방님 따라 방랑하며 고생만 하시다 돌아가신 것이다.

정규의 고조부 봉현과 고조모의 금슬 등 부부관계는 전해지는 얘기가 없어서 두 분이 어떻게 사셨는지는 알 수가 없다.

그러나 정규의 고조부 봉현은 인품과 학식이 매우 높으셨다고 전한다. 파주 장수황씨 가문으로 장가를 가셨을 때 봉현의 장인인 진사進士 황억은 사위를 얻고 만족감에서 다음과 같이 하셨던 말씀이 전해온다.

그는 사위 봉현의 인품과 학식을 대해보고는 "내가 성균관 졸업도 하고 진사이기도 하지만 봉현 같은 명문가의 자손이며 저런 학식과 인품을 가진 사람을 내 사위로 맞이한 것을 대단히 만족한다"고 하시며 만족해 하셨다.

고조부 봉현은 조정으로부터 여러 차례 벼슬 제수도 받았으나 응하지 않으셨다. 조선시대에 선비가 벼슬을 초개처럼 버릴 수 있는 자신감은 어지간한 내공으로는 불가능 하였다. 대부분의 선비들이 그렇게 하고 싶지만 현실적으로 그런 선택을 하지 못했던 것이다.

벼슬은 생각하지도 않고 전국을 방랑하며 자기 딸 장수황씨를 고생시키는 데도 사위의 인품과 학식을 칭찬하신 봉현의 장인도 대단하셨던 것 같다. 하긴 봉현의 장인 황억도 진사를 거쳐 성균관에서 졸업을 하였지만 대과를 응시하지 않고 벼슬을 탐하지 않은 것으로 보아 봉현과 생각이 많이 같으실 것으로 보인다.

그러나 봉현의 학식과 인품이 워낙 높으셨기에 주변으로부터 항상 존경을 받았으며 결국 대한제국에서 정3품 통정대부로 추증되셨다. 고조모 장수황씨도 돌아가셨지만 숙부인 직첩을 받으셨다.

봉현의 장인 황억이 사위에 대하여 가지고 있던 믿음이 오랜 세월 후에 결국 이루어진 것이다. 봉현의 장인 황억은 당시에 마정 석결동에 사셨는데 훌륭한 사위를 맞은 것을 대단히 만족한다고 하면서 자신의 호를 '석아石我'라고 스스로 지으셨다고 전한다.

정규의 고조부 통정대부 봉현은 왕실의 후손으로 망해가는 왕조의 고통을 함께 하셨던 유학자 이셨다. 통정대부 봉현은 청백리 가문의 피가 뜨겁게 흐르는 혈통으로 높은 관직과 부귀영화에는 연연해하지 않으셨다.

봉현은 태어나서 생을 마칠 때까지 유래가 없을 정도로 많은 전쟁과 정변을 겪으시면서 가문의 안정과 혈맥을 보존하는 일을 중요시 하셨다. 그래서 조정에서 봉현에게 여러 차례 관직을 제수 하였지만 관직에는 뜻을 두지 않으셨다. 통정대부 봉현은 아예 조정의 관직제수를 받지 않기 위해 은거생활을 하시느라 항상 빈곤하게 사셨다. 종손 정규의 고조부 봉현은 1912년 84세로 파주 마은골에서 생을 마칠 때까지 기울어져 가는 왕조 말기의 크고 작은 역사적 사건을 몸으로 체험하며 사셨던 분이다.

1895년 갑오개혁 이후에 오랜 방황과 은거를 끝내시고 큰댁 일가붙이가 사시는 홍화리에 정착하려 찾아 가셨다. 홍화리는 황해도 수룡산 남쪽에 있는 오지 마을이었다. 개성에서도 20여리가 넘는 먼 거리이며 개성을 가자면 송악산, 천마산 등 준령을 넘어야 하는 두메산골이었다.

봉현이 70년 동안 방랑 생활로 가문과 멀어져 있었다. 형님 옥현이 마흔이 넘어 얻은 장조카 승문이 삼십대 중반이 지났으나 여전히 후사가 없어 걱정이었다. 봉현은 아버지 주원이 서른일곱에 얻은 아들이었고 형님 옥현과는 16살의 많은 나이 차이로 자랐다. 봉현의 아버지 주원은 큰할아버지 댁으로 양자 온 아버지 득겸이 주원이 두 살때 돌아가시어 조실부모하여 불쌍하게 성장 하셨지만 76세 까지 사셨다.

봉현은 70년 가까운 세월을 떠돌이로 살다보니 그의 조부 득겸의 생가친척들과 혈육의 정을 나눌 기회가 없었다. 더구나 홍화리 친척들과는 당시에 이미 멀어진 촌수 관계였다. 봉현은 일가붙이들과 정을 가까이 이으려 하였지만 화전을 일구어서 살고들 있어 도저히 먹고사는 것조차 어려웠다.

그래서 견디다 못해 다시 홍화리를 나와 찾아간 곳이 처가 마을인 파주 마정에 있던 장수황씨 집성촌 이었다.

고조부 봉현이 파주 마정 처가 마을을 찾아 갔을 때는 부인 장수황씨도 이미 돌아가셨고 처가의 장인 장모는 물론 처가 형제들도 대부분 죽고 없었다. 막상 처가 마을의 도움을 받을 것으로 생각하고 찾아갔지만 모든 게 여의치 못하였다. 마침 처가마을에서 십여 리 거리에 있는 장산리에 폐가가 하나 비어 있어 그 곳에 거처를 정하고 오랜 방랑생활을 끝냈다.

장산리에 정착한 다음해에 손자 종림을 화석정 주변에 살고 있던 16세의 덕수이씨 가문의 딸과 결혼을 시켰다. 오랜 세월 방랑을 끝내고 폐가에서 맨손으로 시작을 하였으나 살림이 불처럼 일어나 다시 마은골로 이사를 하셨다.

이렇게 고조부 봉현은 장산리와 마은골로 옮기시며 14년 동안 가난을 걷어

내고 가세를 안정시키며 84세로 생을 마치셨다. 마은골에 이사하시어 봉현은 통정대부 당상관 직첩을 받으셨는데 청도공 이후 6대, 200년 만에 받으신 직첩이셨다.

정규의 가문은 고조부 봉현이 장산리에 정착하시어 가문을 안정시키고 정3품 직첩을 받아 어엿한 당상관이 되셨다. 봉현의 아들 승순은 소과를 통과한 생원이므로 봉현의 통정대부 직첩을 더하여 완벽한 양반의 가문의 모습을 갖춘 것이다. 당시에는 생원시를 통과한 생원도 엄연한 지방에서는 관리로 인정받던 시대였다.

고조부 봉현은 장남 승순과 승억 두 아들을 두셨다. 봉현은 아버지 주원이 36살에 느지막하게 얻은 아들이었지만 그는 맏아들 승순을 19살에 이른 나이에 얻으시어 84세까지 65년 동안 효도를 받으셨다.

70년 가까운 세월동안 일정한 거처가 없이 방황으로 세월을 보내셨지만 말년에 파주에 정착하여 시작하셨지만 빠르게 안정시킨 가세와 당상관의 직첩을 받아 사대부의 가문을 세우시고 효심이 강한 아들과 손자까지 두시는 복록을 누리셨다.

하지만 정규의 고조부 봉현의 삶에 대해서는 이해하지 못하는 부분이 너무나 많다. 봉현은 왜 70년 동안 정처 없이 떠돌이 생활을 해야만 했는지? 더구나 조정의 눈을 피해가며 숨어 살아야 하는 이유는 무엇인지? 고조부 봉현이 돌아가시고 100년 남짓 되었지만 그의 삶에 대해 자세히 전해오는 가문의 얘기가 거의 없다.

그러나 이러한 의문은 당시의 봉현의 처지로 보아 이해가 안 되는 것도 아니다. 정규의 고조부 봉현의 증조부 '동간'이 나이 41살에 자식 없이 돌아가시어 동생 동섭의 맏아들 '득겸'으로 후사를 이었으나 나이 30살에 요절하셨다. '득겸'의 아들인 봉현의 아버지 주원은 두 살에 아버지를 잃으셨으니 가세의 어려움은 이루 말할 수 없을 정도로 힘드셨을 것이다. 더구나 봉현의 형님 옥현과는 16살 차이로 어려워 살갑게 형제간의 정을 붙이기도 어려우셨을 것이다. 그리고 봉현의 6대조인 청도공 이후 5대가 모두 백두로 생을 마치시어 왕가의 후손이라는 양반의 그림자만 있었다. 이러한 가문의 상태였지만 봉현은 당시에 파주 마정의 장수황씨 가문으로 장가를 가셨다. 그의 장인 황억黃億은 황희 정승의 후손이며 진사進士였으며 명문가 집안이었다. 황억은 진사에 합격한 후 성균관을 졸업 하셨던 분이었다. 이런 가문에서 왕손이지만 한미한 가문의 봉현을 사위로 맞아들인 것은 장인 황억의 자존심에 걸 맞는 충분한 자격을 갖추신 분으로 간주하셨기 때문이다. 이와 같이 통정대부 봉현은 떠돌이 쇠락한 가문을 파주 마정에 정착하여 가세를 안정시키고 양반 가문으로 다시 세워 후손들의 200년 터전을 마련한 선구적이고 역동적인 분이시다.

고조부 봉현보다 70년 전에 살았던 청담淸潭 이중환은 조선시대 당쟁의 소용돌이 속에서 수많은 고난의 시절을 겪은 뒤 전국을 방랑하며 보고 느낀 것을 「택리지」라는 책을 만들었다. 그는 사람이 살만한 조건으로 첫째는 지리적 조건, 둘째는 생리生利적 조건, 셋째 인심, 넷째 산수의 경치가 좋은 것을 들었다. 끝에 가서 해거海居, 강거江居, 계거溪居의 세 곳을 말했다. 그런데 강거를 천거하였다. 그것도 수량이 풍부한 곳이라면 강의 중하류를 말하는 것으로 이해된다. 이러한 기준에 따라 검토해 보면 고조부 봉현이 선택한 장산리도 살만한 조건에 해당하는 곳이다.

그러나 이중환은 이렇게 말했다. "사대부들이 살 만한 곳은 사실은 없었다. 그러므로 내가 살고 있는 곳을 살만한 곳으로 만들어 나가야 하지 않겠는가?" 이중환은 후세를 살아 갈 사람들에게 완전한 땅은 아닐지라도 살만한 땅은 그 땅에 살고 있는 사람들이 스스로 만들어 나가야 하는 것임을 강조했다. 이러한 「택리지」의 기준으로 고조부 봉현이 선택한 파주 마정과 장산리를 한 번 생각해 보면서 봉현의 고심을 이해하였으면 한다.

고조부 봉현은 70년을 방랑생활을 하면서 삶에 대하여 대단한 내공을 갖추신 것 같다. 왜냐하면 그 이후 14년 동안 평생 하실 것을 대부분 이루셨기 때문이다. 역사에서는 주나라를 창건한 태공망인 "강태공은 나이 70살에 은나라 수도인 조가朝家에서 소 잡는 백정 노릇을 하였고 맹진孟津에서 밥장수를 하면서 세월을 보냈다. 그러다 문왕에게 발탁되어 전군을 이끌고 목야의 들판에서 일전으로 은나라를 멸망시키고 천하를 평정한" 고사가 있다.

70년을 참고 견디는 내공은 아무나 할 수 있는 일이 아니다. 당시에는 70살까지 살기도 힘든 시대였다. 차라리 삶이 내 기준에 맞지 않으면 이생에서 그냥 그대로 끝내리라는 장부다운 용기가 있어야만 가능하다.

결국 강태공은 70년을 기다려 주나라를 열었지만 정규의 고조부 봉현도 70년을 방랑하며 후손들이 살아갈 정착할 곳을 찾았고 파주 장산리에 정착하여 후손들이 살아갈 200년 가문을 열어갈 터전을 잡으셨다. 후손들은 고조부 봉현이 70년을 방랑하며 삶의 소중한 패를 함부로 사용하지 않고 참고 장고하며 기다려서 결정하는 인내와 용기를 배워야 할 것이다.

나. 덕을 겸비하고 효를 실천한 증조부 승순

축구경기에서도 수준 높은 경기내용을 보여 주려면 링커역할을 매끄럽게 잘해야 좋은 경기 내용을 보여 줄 수 있다. 한 가문에서도 가문의 아름다운 조화를 이루려면 중간 역할을 하는 세대의 소리 없는 적극적 희생이 있어야 가능하다. 정규의 증조부 승순은 통정대부의 맏아들로 아버지 봉현과 어머니 장수황씨 사이에서 19세에 얻은 아들이다. 정규의 증조부 승순은 1847년에 태어나 89세까지 사셨다. 증조부 승순은 정규가 9살 때까지 생존해 계셨다. 그래서 정규에게 는 증조부 승순의 기억이 많이 남아 있다. 정규는 어린 시절 증조부가 기거하는 방에서 종증조부 승억과 함께 셋이서 밤이면 함께 잠을 자곤 하였다. 증조부 승순은 종손 정규를 매우 사랑하셨다.

증조부 승순은 두 번의 결혼을 하셨다. 첫 번째 결혼한 덕수이씨는 승순보다 한 살 연상이었다. 덕수이씨는 소생이 없이 스물한 살의 젊은 나이로 유명을 달리하였다. 증조부 승순은 창원유씨와 재혼을 하셨다. 그래서 외아들 종림을 36세에 느지막하게 얻었다. 지금은 서른여섯 살에 아들을 얻으면 정상적이라 늦은 나이로 보지 않지만 당시에는 40세면 손자를 두던 시대였다. 정규의 증조부 승순은 정규가 9살이 되기까지 생존해 계셨다.

정규의 증조부 승순은 초시인 생원시에 합격했을 정도의 학식을 갖추셨던 분이셨다. 생원은 조선시대 과거제도의 소과를 통과한 유생을 말한다. 소과를 통과하면 생원이나 진사가 되었으며 초시를 통과하면 대과를 응시할 자격을 부여하였다. 이러한 과거제도는 1984년(고종 31)까지 계속되었다. 그러므로 정규의 증조부 승순은 36살 이전에 생원시험에 합격한 것으로 보인다. 생원들은 진사와 더불어 성균관에 입학할 수 있는 자격이 부여되었다. 생원과 진사는 3년마다 실시하는데 한 번에 전국에서 100명 정도 뽑았다. 이들은 생원이라는 신분으로 각 지방 유지가 되어 가문을 이끌어 갔다. 생원이나 진사는 군역이나 잡역을 면제 받았을 뿐 아니라 향촌 사회에서 주변으로부터 존경을 받으며 지도자로 군림하였다.

종손 정규의 집안이 파주 임진면에 정착한 이후 지금까지 120년의 가족사를 짚어보면 증조부 승순의 역할이 매우 컸다고 생각한다. 아버지 봉현의 성격을 맞추며 함께 방랑하는 생활을 수행하는 것은 많은 인내를 요구하였을 것이다. 하지만 부모님께 효도를 다하시고 아들 종림에게도 아버지 역할을 제대로 하려면 성격이 매우 참을성이 많으시고 낙천적이고 긍정적이셨을 것이다. 증조부 승순도 봉현을 따라 50년을 방랑으로 세월을 보내셨다. 승순은 장산리에 정착한 이후에 마은골로 이사하시고 독개벌 제방 둑 공사 실패 후 '마정 734번지'로 이사하여 사시다가 89세에 돌아가셨다.

아버지 봉현이 19세에 아들 승순을 얻어 84세 돌아가실 때까지 65년을 함께 하셨다. 승순은 아버지 봉현의 뜻에 따라 방랑과 배고픔을 함께 하셨으며 장산리에 정착하신 이후에도 가세를 안정시키며 효도를 다 하셨다. 승순은 장산리에 정착하여 가세가 안정되자 아버지 봉현의 추증을 위해 노력을 다하셨고 돌아가시자 100일장으로 모시며 효를 다하셨다. 통정대부 봉현이 돌아가셨을 때 승순도 어느 덧 65세로 연로하시어 손자 종림이 아버지 승순을 대신하여 조부의 3년 시묘살이를 하셨다.

시묘侍墓살이는 상례의 절차 중 하나인데 부모님이 돌아가시면 자식이 탈상을 할 때까지 3년 동안 묘소 근처에서 움집을 짓고 지내면서 묘를 돌보고 제사를 올리는 일을 말한다. 부모님이 돌아가시면 예전에는 3년 동안의 시묘살이를 자연스럽게 받아들였지만 아무나 실천 할 수 없는 일이 시묘살이다. 더구나 종림과 같이 조부의 시묘살이를 하는 경우는 매우 드문 경우였다. 조선시대에도 시묘살이를 마친 자식은 그의 효심을 높이 평가하여 어디에서나 칭송의 대상이 되었다. 역사적으로 조선시대 이율곡이나 성리학의 대가인 정몽주도 부모님의 3년간 시묘살이를 하였다. 고조부 봉현이 돌아가신 때는 대한제국이 멸망하고 2년이 지난 해였다. 하지만 종림은 조선시대 양반가문의 풍습대로 조부의 3년 시묘살이를 하셨다.

이때에 이르러 파주 장산리에 정착한 정규의 가문은 완벽한 양반가의 모습을 갖추었던 것이다. 가세도 더욱 안정되어 어느 정도 부를 이루었고, 고조부 봉현은 정3품 통정대부 직첩을 받으셨고, 승순도 생원이었다. 통정대부가 돌아가시자 100일장으로 모셨고, 아무나 할 수 없는 3년 시묘살이까지 하시면서 효를 실천하는 등 주변에 양반가의 모범을 보이셨다.

정규의 가문이 장산리에 정착하여 양반가의 가문을 반듯하게 세우는데 승순은 중심적 역할을 하셨다. 승순이 아버지 봉현의 뜻을 따랐듯이 아들인 종림이 승순의 효심을 그대로 이어받으셨다.

정규의 증조부 승순은 아들 종림을 비교적 늦은 나이에 얻으셨다. 증조부 승순은 아버지 봉현과 왕조 멸망도 함께 맞았다. 승순은 안동김씨 세도, 임오군란, 갑신정변, 갑오개혁, 동학혁명, 을미사변, 청일전쟁, 러일전쟁, 경술국치, 중일전쟁 등 많은 전란을 겪을 때마다 단장의 아픔을 아버지 봉현과 함께 하셨다.

정규의 증조부 승순은 평생 선친의 고귀한 뜻을 존경하고 따르셨기에 선친과 함께 방랑하며 어려운 은거생활을 마다하지 않으시며 자식의 도리를 다하셨다. 승순은 선친을 따라 부와 개인의 명예를 초개처럼 버리고 모진 고난을 피하지 않으며 효를 다하셨다. 승순은 선친의 뜻에 따라 사시면서 효를 몸소 실천하며 모범을 보이신 분이다.

증조부 승순의 효를 보면서 성장한 아들 종림도 대단한 효자였다. '왕대밭에 왕대 난다'는 속담이 있다. 효는 가르쳐서 되는 것이 아니라 부모가 스스로 실천함으로써 그 뒷모습을 보며 자식들이 배우는 것이다. 그래서 「법구경」에서 이르기를 "부모에게 효도하면 효도하는 자식을 두게 되고 자식이 불효하면 불효하는 자식을 두게 된다. 그러므로 효도하는 사람이 불효하는 자식을 둘 수는 있으나 불효하는 사람이 효도하는 자식을 두기는 어렵다"고 하였다.

승순은 선친인 봉현을 통정대부로 추증을 받기 위하여 자료를 준비하였고 추증 심사 관련자들을 찾아다니며 많은 노력을 하셨을 것이다. 아들 종림도 승순을 도와 추증 업무를 수행하는 데 크게 기여했을 것으로 생각된다.

이러한 증조부 승순은 양반가의 위상을 되찾아 후손들이 자긍심 갖고 살아

갈 수 있도록 많은 노력을 하셨다. 하지만 6.25전쟁으로 가문에 내려오던 많은 자료들을 유실하여 정확한 자료를 확인할 수 없어 다만 구전으로 전하는 얘기를 참고로 하여 당시의 상황들을 정리하고 있다.

가문의 전하는 내력을 조금씩 알아 전할 수 있는 분들도 이제는 유명을 달리 하셨기 때문에 토막지식을 한두 마디씩 모아 기록을 정리하였다. 하지만 여러 가지 정황으로 판단해 보았을 때 증조부 승순은 정규네 200년 파주 가문에서 89년간 사셨기 때문에 정규네 가문이 파주에서 기반을 잡는 데 주도적으로 활동하셨던 분이었던 것은 틀림없는 것 같다.

물론 후손들도 전해들은 얘기가 조금씩 다르고 기억에 의존해 가문의 내력을 정리하다보니 보는 입장에 따라 조금씩 다르게 기록될 수도 있다. 하지만 그것도 큰 흠이 될 수 없다고 생각한다. 결국 조상님들이 이루어 놓으신 결과를 바탕으로 만들어 온 이야기의 결과는 같기 때문이다. 이렇게 조상님들이 사셨던 내용을 증빙하는 과정이 조금은 부족하더라도 큰 흐름에는 문제가 되지 않는 다고 본다. 조금 내용이 부족한 부분과 누락된 부분이 있을지라도 그것을 탓할 수는 없을 것이다.

종손 정규는 태어나서 유년시절에는 증조부 승순 등 4대가 대가족으로 함께 살았다. 증조부 승순에 대한 정규의 기억은 아주 단편적이고 토막지식으로 간직하고 있었다. 정규가 어린시절 증조부의 동생인 승억도 함께 같은 방에 생활 하며 정규네 집에 기거하셨다. 종증조부 승억의 아들 계림이 일찍 사망하였기 때문에 승억의 손자와 함께 조부 종림이 모셔와 함께 살았다. 종손 정규는 증조인 승순이 초시인 생원시에 합격한 것도 최근에야 알았다. 정규는 종손으로써 증조부가 어떠한 분이신지 모르고 살았던 것이 송구스러웠다. 이 같은 사례로 보아 증조부 승순은 본인을 나타내지 않고 조용히 자신의 몫을 다하시는 겸손한 분이셨다고 본다. 증조부 승순은 정규가 9살 때 돌아갔으니 유명을 달리 하신지 금년에 87주기가 되었다. 종손 정규는 지금까지 증조부 승순의 제사를 모실 때 제사상 지방을 '유인'으로 사용해 왔으나 이제부터는 '생원공'으로 고치기로 하였다.

다. 가문의 정착을 견고하게 다진 조부 종림

정규네 가문이 파주 마정에 정착을 결정하신 분은 고조부 봉현이고 양반가의 모습을 다시 복원하는 틀을 만드신 분은 승순이라면 이러한 가문의 의지를 이루도록 실천하고 가문의 기반을 공고히 다지신 분은 조부 '종림'이시다.

종림은 정규의 고조부 봉현이 파주 장산리에 정착할 때가 15세 이셨다. 장산리에 정착한 다음해 장산리 경주김씨 묘막에서 덕수이씨와 결혼을 하여 신혼살림을 시작하셨다. 종림은 통정대부 봉현에게 효를 다하시는 아버지 승순을 따라 일정한 거처 없이 방랑하며 어려움을 함께하다 장산리에 정착을 하였다. 그러므로 조부 종림은 15살 나이가 될 때까지 조부 봉현과 아버지 승순을 따라 어려움을 함께 하면서 어린 시절을 보냈다. 조부 종림은 어른들께서 방랑 생활의 이유를 이해할 수 없었겠지만 봉현과 승순을 묵묵히 따르며 효도를 하셨다.

조부 종림은 종손인 정규가 15세 가 될 때 까지 생존해 계셨다. 정규의 조부 종림은 손자인 정규가 어린 시절을 유복하게 보내고 경농까지 공부를 할 수 있도록 경제적 기반을 만드셨던 분이다. 통정대부 봉현이 돌아가셨을 때 종림은 29세 였다. 조부 봉현이 돌아가시자 아버지 승순을 도와 어엿한 집안의 장손으로 역할을 다하셨다. 연로한 아버지 승순을 대신하여 종림은 조부의 3년 시묘살이도 하셨다. 젊은 손자가 아버지 대신 조부의 시묘살이를 한 것으로 보아 종림은 통정대부를 존경하며 효성이 지극하셨다. 봉현이 돌아가셨을 때 종림의 가세가 비교적 탄탄하였던 것으로 보인다. 장산리에 처음 정착하여 해마다 농사를 지으면 대풍이라서 재산을 모아 가세를 늘렸으며 다시 마은골로 이사해 가세가 더욱 커진 상태였다. 종림은 통정대부 봉현의 산소를 모시기 위해 법원리에 선산과 묘답을 구입하였고, 백일장례를 치렀다. 이와 같이 무한한 효도를 할 수 있는 것은 마음에서 우러나지 않으면 안 된다. 다시 말하면 종림은 아버지와 할아버지를 마음으로 존경하셨던 것이다.

하늘도 능력 있고 착한사람은 항상 시샘하는 법인가 보다. 종림이 집안을 일으키시는데 가문의 경제력 기반을 공고히 하였으나 아버지 승순이나 조부 봉현에 비하면 이른 나이에 돌아가셨다. 종림은 할아버지 봉현과 아버지 승순 등과 함께 어린나이에 방황하는 어려운 삶을 함께 하셨고, 장산리에 처음에 정착하셔도 폐가에서 시작하여 가난을 벗어나기 위해 많은 어려움을 겪으며 많은 고생을 하셨다.

〈정규의 조부 종림〉

이런 어려운 생활을 어려서부터 경험한 종림은 한 곳에 정착하여 안정된 생활을 하는 것이 무엇보다 부러웠을 것이다. 정규의 조부 종림의 삶을 되짚어 보면 "종림이 왜? 아들인 문환이 신학문을 공부하는 것을 반대하고 농사에 전념하고 종손의 역할을 강요하셨는지?" 이해가 간다.

아들 문환이 서울 중동학원에 공부하러 간다고 할 때가 문환이 12살 정도의 나이였다. 이때는 대한제국이 멸망하고 채 10년이 되지 않았던 때이다.

종림은 이때에 일제강점기 왜놈들에 의한 신학문을 마땅찮게 생각하셨을 수도 있다. 종림은 아들 문환이 진득하게 고향에서 농사를 지어서 안정된 삶을 살아가고 종손으로서 조상님 잘 모시는 것이 무엇보다도 중요하다고 생각하셨던 것 같다. 종림이 어렸을 때 일정한 거처가 없이 떠돌아다니면서 배고픈 삶이 얼마나 힘든 것인지 누구보다 처절하게 겪으며 살아 왔던 경험이 있기 때문이다. 종림은 문환이 공부하는 것 자체가 싫은 게 아니라 어중간하게 학문하여 반거충이로 고생이나 하지 않을까 우려하여 외지에 나가 공부하는 것을 반대 하였을 것으로 생각된다. 또한, 종림은 왜놈들의 학문 자체를 경멸하셨을 수도 있다.

공부는 하였어도 70년을 방랑하며 사셨던 할아버지 봉현과 생원시를 합격한 아버지 승순의 삶을 경험한 종림은 아들의 장래를 위해서 공부하는 것을 반대하셨을 수도 있다.

봉현, 승순, 종림 등 3대의 삶을 경험하면서 배고픔으로 많은 고통을 겪었기에 종림은 아들 문환이 신학문을 배우는 것보다 농사일을 열심히 하면서 온가족을 굶지 않도록 하면서 종손의 역할을 잘하는 것을 더 중요하게 생각하셨던 것 같다. 종림이 살아온 삶을 검토해 보면 아들 문환이 농사일을 열심히 하기를 바라시던 마음을 이해 할 수 있다.

정규의 아버지 문환의 입장에서는 자신의 신학문 공부를 시키려 들지 않고 농사를 강요하시는 종림이 답답하고 원망스러웠다. 그래서 종림과 문환의 부자간에 잦은 갈등으로 많은 대화가 없으셨다. 이러한 상황은 종손 정규를 자식들이 이해하지 못하는 것과 같은 상황이기도 하다. 모든 사람들은 자기의 방향에서 만

보려는 경향이 있다. 대부분의 사람들은 자기가 살아오면서 경험했던 것을 우선 믿으려 하는 경향으로 종림의 생각도 그러하였던 것 같다. 좀 더 마음을 터놓고 대화를 하였다면 바람직한 대안을 만들 수도 있었겠구나 하는 아쉬움이 남는다.

정규의 조부 종림은 장산리에 정착하신 다음해인 16세에 결혼을 하셨다. 당시에 종림의 집안이 가난하여 물 한 그릇 떠놓고 결혼식을 올렸다. 이렇게 어렵게 시작한 살림이었지만 두 분의 금슬은 매우 좋으셨다. 조부 종림의 처가는 화석정 주변 율곡리(섭저리)에 살고 있던 덕수이씨 율곡의 후손인 명문가문이었다. 화석정은 장산리에서 오리 정도의 거리에 있었다. 정규가 소학교 다닐 때 할머니 만나러 주말이면 찾아가던 섭저리 방앗간이 있는 곳이 종림의 처가 마을인 화석정 주변이다. 섭저리 방앗간이 있던 곳은 정규의 조모인 덕수이씨 친정붙이가 살고 있던 마을이기도 하다.

종림은 덕수이씨와 결혼하여 3남 4녀를 낳으셨다. 정규의 조부 종림은 살림이 어렵게 시작하였지만 두 분은 금슬도 좋고 화목하였다. 두 분은 장산리 묘막에서 신혼살림을 시작하였다. 더구나 조부 봉현까지 모시고 3대가 한 집에 사셨으니 당시의 삶이 얼마나 힘들게 사셨는지 충분히 이해하고도 남는다.

그러나 흉가라서 아무도 살지 않는 폐가인 묘막에서 신혼을 시작했지만 무슨 농사든지 하면 풍년이 들었다. 그래서 해마다 풍년이 들어 살림이 빠르게 안정되자 다시 마은골로 이사를 하셨다. 마은골은 장산리에서 오리정도 임진강 하류 쪽에 있는 마을이다. 이렇게 종림은 점점 가난을 벗고 가세를 안정시켜 갔다.

작수성례로 결혼하여 어렵게 살림을 시작하였지만 조부 종림과 덕수이씨 할머니의 부부금슬은 매우 좋으셨다. 덕수이씨는 내 주장을 강하게 하시는 분이였지만 종림은 모든 걸 너그럽게 이해하며 화목한 가정을 이루셨다. 과거나 지금이나 부인들의 주장에는 옳은 말이 많은 것 같다. '가화만사성家和萬事成'이라는 말이 있듯이 부부가 화목하면 모든 어려움을 극복할 수 있는 것을 보여 주셨다.

이 성어는 『명심보감明心寶鑑』 「치가편治家篇」에 실려 있는 문장의 뒷부분이다. 즉, 子孝雙親樂 家和萬事成(자효쌍친락 가화만사성) '자식이 효도하면 어버이가 즐겁고, 집안이 화목하면 만사가 이루어진다'라는 얘기다. 그러므로 집안이 잘 되려면 자식이 효도해야 하고 부부는 물론이려니와 가족 모두가 화목해야 하는 것이다. 덕수이씨 할머니가 내주장이 강하셨다고는 하지만 매우 합리적인 자기주장을 굽히지 않으셨던 것 같다. 조부 종림은 앞에서도 기술했듯이 그의 할아버지와 아버지에게 매우 효도를 다양하게 하셨고 부부간에는 화목하셨다고 하니 모든 게 잘 이루어지는 것은 당연하다 하겠다. 바로 책대로 이루어진 것이다.

정규의 조부 종림은 가난하게 사는 집안으로 시집와서 열심히 살기위해 노력하는 아내 덕수이씨의 처지를 생각해서 많은 것을 참고 경청하며 가정의 화목을 만드셨던 것이다. 옛날이나 지금이나 가난한 집의 남편들은 부인의 말에 귀를 기울이고 인내하며 가정의 화목을 유지해야 가정이 화목하고 경제적으로도 안정되는 것은 진리인 것 같다.

조부 종림은 부부화목과 근면하고 성실함을 생활신조의 첫째로 삼으셨다. 종림은 농사만 열심히 지었지만 결국 가난에서 탈피 하셨다. 종림은 계속 토지를 장만하여 한 때는 임진면에서 수세水稅를 가장 많이 지불하기도 하였다. 수세는 논의 면적에 따라 부과되므로 결국 수세가 가장 많으면 농사를 가장 크게 지으셨다는 얘기다. 종림이 부를 축적하자 선산과 위토를 구입하여 조상님들을 모시는데 최선을 다하셨다. 종림은 정규네 큰댁의 선산까지 구입하여 드렸다. 이렇듯 종림은 봉제사를 위한 선산과 위토뿐만 아니라 스스로 시묘살이를 할 정도로 효자였다.

족보에서나 후손들은 벼슬을 받으신 통정대부 봉현만 기억하겠지만 직첩을 받을 수 있는 실질적인 뒷바라지를 하신 조상님들은 잘 생각하지 못한다. 통정대부 봉현의 직첩도 아들 승순과 손자 종림이 최선을 다해 노력하였기에 가능

했다고 생각된다. 옛날에 궁궐을 지으면 소목장 이름이 알려지다가 세월이 지나면 대궐 짓는 일을 주관한 대신의 이름만 역사에 기록된다고 한다. 한 가문도 이와 유사하다. 세월이 지나면 보이지 않는 곳에서 노력한 사람은 묻혀서 보이지 않게 마련이다.

바꾸어 말하면 정규의 고조부 봉현을 위해 그 아들 승순과 손자 종림이 많은 노력을 하셨다는 얘기다. 항상 세월이 지나고 나면 결과만 남기 때문이다. 정규의 조부 종림이 그런 조연 역할을 하신 분이라 생각된다. 그러나 고조부께서 사회적인 덕망과 학식이 없었다면 불가능 했을 것이다. '추증'이란 서류심사를 통해 벼슬을 얻는 것이지만 준비 된 사람만이 얻을 수 있다고 본다. 시험이 아닌 증빙서류로 심사하는 것은 객관성 입증도 중요하지만 이를 추진하는 사람이 어떻게 노력하는지가 더 중요하기 때문이다. 이 서류를 심사하기 위해서는 많은 검증과정과 결재 단계를 거쳐야 했을 것이다. 이러한 서류 검증 과정과 심사과정을 원만하게 진행하기 위해 발로 뛰며 행동하는 것에 따라 결정되기 때문이다.

〈옛날 임진강 철교 옆 독개 벌〉

사 하여 조부인 봉현의 통정대부 직첩도 받으며 당당한 양반가로 자리를 잡았다. 종림은 처가의 처남들이 화석정 주변 율곡리에 살고 있어 많은 도움을 받을 수 있었다. 종림의 재산이 점점 늘어가자 종림의 처남들은 독개벌 주변에 둑을 막아 농토를 만드는 아이디어를 제안하였다. 독개벌은 옛날 임진강 철교가 있던 임진강 남쪽 강변의 습지를 말한다.

지금은 독개벌 위로 임진강을 가로지르는 곤돌라가 설치되어 있어 곤돌라를 타면 한 눈에 보인다. 종림은 독개벌의 둑을 만들어 넓은 농토를 만들고자 제방 둑 쌓는 공사를 시작하였다. 왜냐하면 종림은 열심히 일만 잘하는 농사꾼이라 이러한 도전적인 결단은 덕수이씨 할머니의 결단으로 시행된 것으로 보인다. 당시에 이러한 토목공사를 추진 할 수 있다는 것은 종림이 상당한 경제력을 갖추었을 것으로 생각된다. 당시에 제방 둑 공사를 위한 비용은 금융기관에서 차용하여 추진하였다. 일제강점기는 은행 등 금융기관 차용이 어려웠을 텐데 당시만 해도 제도권의 자금을 이용 한다는 것 자체가 웬만한 신용으로는 불가능 하였던 시대였다. 금융기관에 차용한 자금은 농토를 간척하여 가을에 수확하여 상환하는 것으로 계획하고 추진했던 것이다. 당시에는 간척사업의 규모가 커서 종림이 혼자서 공사비를 감당하기 어려워 다섯 사람이 연명으로 자금을 차용 하였다.

사업성을 보고 투자자를 모집하여 추진자금을 확보하였으니 현대판 BOT 방식이었다. 이 사업이 첫해에는 공사비도 충분하고 비교적 잘 진행 되었다. 그런데 홍수로 두세 번 쌓아놓은 둑이 무너지고 농산물 수확이 어려워 점점 자금의 압박을 받기 시작했다. 결국 금융기관에서 차용한 비용이 문제가 되었다. 홍수로 방제 둑이 무너져 농산물 수확이 불가능 하고 다시 둑을 보수하기 위해서는 또 자금의 압박을 받아 결국 금융 빚을 갚지 못하자 문제가 된 것이다. 현대에도 간척 사업은 일반적으로 세 번 정도의 둑이 무너지는 것을 감안한 공사비를 설계에 반영하여 리스크를 방지하고 있다. 당시에는 사업의 위험회피 개념이 없었기에 투자비 확보에 문제가 발생하였던 것이다.

방제 둑 사업에 함께 참여한 종림을 제외한 나머지 사람들은 연대보증으로 차용한 금융비용을 갚을 여력이 없는 사람들이었다. 종림과 함께 공사를 추진하였던 사람 중 세 사람은 제방 둑 공사가 실패하여 연대 보증으로 차용한 금융 빚을 갚을 방안이 없자 세 사람은 몰래 만주로 도주를 하였다. 결국 종림과 진외가 친척 동생이 나머지 세 사람과 연대 보증한 금융비용을 갚을 수밖에 없었다. 그러나 나머지 한사람인 진외가 친척동생은 당시에 임진면장(마정면장 황문주 씨가 집터와 임야를 금융빚 대신 줌)을 하고 있었는데 그 사람도 금융 빚을 갚을 여력이 되지 않았다. 하는 수없이 종림은 혼자서 나머지 4명의 금융 빚을 갚을 수밖에 없었다. 그래서 종림은 금융 빚을 갚기 위해 파주에 정착하여 이십여 년 간 구입하였던 농토 중 상당량을 팔아서 상환하셨다.

정규의 조부 종림은 독개벌 제방 둑 공사의 실패로 금융기관에 차용한 자금을 지불하느라 가세가 많이 줄었다. 하지만 종림은 농토 확장사업의 실패로 많은 재산을 줄이기는 했지만 금융기관에 차용한 비용을 제 날짜에 모두 갚았다. 그래서 일제강점기에 금융기관으로부터 신용등급 1등급을 받기도 하였다. 종림은 금융기관에 신용을 잘 지켜주었다고 감사장까지 받았다. 개인이나 법인이나 신용은 생명과도 같은 것이다. 일제강점기는 밀주를 담그거나 나무 베는 것 등을 금지하여 주기적으로 마을마다 집뒤짐을 하였으나 종림의 마을은 종림의 신용도 덕분에 이런 것에서 면제까지 받았다.

결국 종림은 제방 둑 공사를 함께 추진하다 만주로 야반도주한 세 명의 금융 빚까지 상환하여 주었다. 그들이 지레 겁먹고 도망은 갔으나 법적으로는 문제가 되지 않게 하여 준 것이다.

조선 중기에 살았던 만상 임상옥은 "장사란 사람을 얻는 것이며, 사람이야 말로 장사로 얻을 수 있는 최고의 이윤이고, 따라서 신용이야 말로 장사로 얻을 수 있는 최대의 자산이다"고 했다. 농사를 짓고 살아도 사람을 잃어서는 안되는 것이다. 종림 같이 큰 농토를 유지하고 농사를 지으려면 주변으로부터 사람의 인심을 얻어야 하는 것이다. 결국 정규의 조부 종림은 독개벌 제방 둑 공사를 실패하여 가세는 기울어 금전적 손실은 많았지만 금융기관의 신용도 유지했고 공동 추진했던 사람들에게 믿음도 잃지 않으셨다. 지금의 세상도 재벌이 좀 더 희생하면 세상이 더 살 만할 텐데 정규의 조부는 가진 자로써 이 사업의 모든 책임을 감당하셨던 것이다.

현재 정규의 조부 종림이 잠들어 있는 선산과 옛 집터인 마정리 734번지의 땅은 독개벌 농토 간척사업을 하였던 금융비용을 대납하고 받은 것이다. 그 땅을 내어준 사람은 종림의 진외가陣外家 동생뻘 되는 사람이 금융 빚 갚아준 비용 대신 내놓은 땅이었다. 그는 자기의 산과 땅을 내놓으면서 종림에게 이렇게 말했다. "형님! 산과 땅이 형님이 대납한 가격에는 훨씬 부족하지만 이 것 밖에 내가 가진 재산이 없으니 이거라도 받으세요!" 하면서 건네준 땅이다. 종림은 갚아준 가격에는 턱없이 부족하지만 그거라도 돌려주겠다니 고맙다고 하면서 받은 땅이다. 그 땅은 당시 일반적인 시세보다 3배 이상의 가격을 계산해서 받았다. 그러니까 금융기관에 대납한 비용의 1/3만 받은 셈이다.

〈정규의 마정 734번지 옛집이 있던 곳〉

이렇게 하여 마정리 734번지의 땅과 가옥은 정규의 가문의 소유가 되었다. 종림은 마은골에서 가세를 일으키고 양반가의 모습을 되찾아 또 한 번의 도약을 위해 독개벌 농토 확장 공사를 추진했으나 실패를 하여 도리어 가세를 줄이는 상황이 되고 말았다. 그리하여 정규네 가문은 다시 마은골에서 마정 734번지로 이사를 하였다. 그때까지 장산리에 정착하시어 마은골로 옮기며 27년을 사셨다. 종림의 아들 문환도 결혼하여 어느덧 가정을 이루었고 이제는 가문의 장손 역할을 능히 감당할 나이가 되었다. 문환은 파주에서 출생하여 어느 덧 장성하여 새로운 곳에서 가문의 재도약을 위해 살아갈 터전을 마련해 주고 싶으셨던 것이다.

정규의 조부 종림이 마정 석결동 근처로 거처를 옮겨 그 곳에 새로운 터전을 마련한 것은 의미가 크다. 마정 석결동이 어떤 곳이던가? 종림이 조부 봉현과 함께 방랑을 하다 마지막 의지처로 믿고 진외가 마을로 따라 왔지만 겨우 10여리 떨어진 흉가라서 아무도 살 수 없는 폐가가 된 묘막을 소개 받아 정착하였다. 결국 봉현의 처지로는 처가 마을인 석결동에 들어갈 거처가 없었던 것이다. 정규의 고조부는 마은골에서 가세도 일으키고 돌아가시기 전에 양반 직첩도 받아 양반가의 모습을 회복하였지만 살아생전에는 마정 석결동 장수황씨 마을에는 살지 못하셨다. 봉현의 아들 승순과 손자 종림이 30년 가까운 한 세대가 지난 후에 진외가 마을에 와서 살게 된 것이다. 종림이 마정 734번지로 이사했을 때는 27년 전 진외가에 의지 하려던 모습의 초라한 가문이 아니었다.

종림이 아들 문환이 스무 살 성년이 되는 해에 새로운 곳으로 이사함으로써 가문에 새로운 기운을 열고 아들의 시대를 열어 갈 새로운 터전을 마련하신 것이다. 그리고 이곳에 이사 오시자 종손 정규까지 출생하여 후사를 안정시키며 가문을 반석위에 올리셨던 것이다.

종림은 경제력을 확보하자 마정 선산뿐만 아니라 법원읍 오현리와 고양 사리현리에도 선산과 위토를 마련하는 등 종사宗嗣를 우선으로 하셨다. 고양 사리현리는 종림의 큰댁으로 양자 온 철림의 생가 선조와 정규의 큰 댁 조상님들이 모셔져 있던 선산이었다. 고양 사리현리에는 동간에게 양자 와서 후사를 이은 정규의 6대조 득겸을 비롯해서 득겸의 생부 '동섭'과 득겸의 아들 주원, 옥현, 철림과 1982년 사망한 창환이 모셔저 있는 선산이었다.

그러므로 족보상에는 정규의 8대조 건재의 맏아들 동간과 동섭의 후손으로 나누어져 있으나 사리현리에 모셔져 있던 조상님들은 혈통적으로는 모두 '동섭'의 후손이다. 왜냐하면 건재의 셋째 아들 '동섭'의 맏아들 득겸을 동섭의 맏형 '동간'의 후사를 잇게 하였고, 득겸의 증손자 승문의 후사가 없자 득겸의 동생 '용겸'의 증손자 승언의 첫째 아들 '철림'을 다시 '득겸'의 고손자로 후사를 이어가게 하셨던 것이다. '동섭'은 맏형 '동간'의 후사를 위해 맏아들 '득겸'을 형님에게 후사를 잇게 하였으나 절손되었다. 다시 득겸의 증손자 승문의 후사가 없자 '동섭'의 둘째 아들 '용겸'의 4대 종손인 '철림'을 다시 '득겸'의 4대 종손으로 후사를 이었다.

그래서 '동섭'은 장남과 5대 종손을 형님 '동간'의 후사를 잇기 위해 두 번이나 장손을 형님 집안으로 보내다 보니 정작 '동섭' 자신에게는 제사를 모실 후손이 없자 다시 정규네 집안에서 정규의 7대조 '동간'의 동생 '동섭'의 제사를 올리게 되었던 것이다.

정규네 가문은 그의 7대조 형제분들의 우애를 지키기 위해 그들의 후손들은 200년 이상 조상님들 형제의 우애를 지켜 왔던 가문이다. 그러므로 종손 정규의 실제 혈통적으로는 7대조 '동간'의 동생인 '동섭'의 후손이다.

종림은 일제강점기 묘지령墓地令으로 개인의 선산에 묘를 쓰는 게 금지된 상황에서 아버지 승순이 돌아가시자 체형을 각오하고 마정 734번지 뒷동산에 모시는 등 선조들의 효를 위해서는 몸을 아끼지 않으셨다. 종림의 효심에 하늘도 감동하였는지 다행히 일제로부터 법적 처벌은 받지 않으셨다. 1912년6월12일 일제강점기 조선총독부는 「묘지 화장장 매장 및 취제 규칙」을 발표하여 누구든지 공동묘지만을 사용하도록 하였다. 일제는 묘지를 아무 산에나 매장 할 수 없고, 정해진 공동요지에만 장사를 치르도록 법으로 정하여 강요하였다. 또한 조부 종림은 숙부 승억의 아들 계림이 먼저 사망하자 숙부님과 그의 어린 손자를 모셔와 양육하시며 사망한 사촌 동생을 대신해 작은아버지 가족들까지 봉양하였다.

정규의 조부 종림은 종가인 수원 큰댁의 선산과 위토도 마련해 드렸다. 수원 큰댁을 위해 구입해 드린 고양 사리현 위토 구입 시 증조부 승순을 도와 아들인 종림이 구입하여 드린 것으로 보인다.

정규네 가문을 주변 마을에서는 '홍화댁'이라는 택호로 불렀다. 그 이유는 정규의 고조부 통정대부 봉현께서 파주 장산리에 정착하시기 바로 전에 경기도 장단군 소남면 홍화리에서 3년 정도 사시다가 파주로 오셨기 때문인 주변에서는 모두 그렇게 부르게 되었다. 조상님들의 순간 선택이 참으로 중요한 것 같다. 만약 고조부가 '홍화리'에서 적응하여 그 곳 사람이 되었다면 정규네 가문은 모두 현재 북쪽에 남아 있을 것이다.

정규의 조부 종림이 농토를 많이 구입하여 농사를 크게 지으면서 살림이 넉넉해지자 일 년에 몇 차례씩 안택고사安宅古祠를 지냈다.

안택고사는 떡을 필수적인 제물로 준비하였기 때문에 떡을 준비한다는 의미에서 '시루구멍 막기'라고도 하였다. 정월에 하는 '정월 떡 고사', 가을에 안택을 행한다는 의미에서 '가을 떡 고사' 또는 '햇곡 맞이'라고도 하였다. 특히 "가정이 편하고 일 년 농사 잘 짓고, 가축이 잘 크게 해 달라"고 성주, 오방 터 신, 조왕을 모시면서 안택을 행하였다. 안택고사는 농사가 주업인 시대에는 일반적인 가정에서 수시로 있었던 행사였다.

정규의 조부 종림은 안택고사를 지낼 때마다 음식을 충분히 장만하여 인근 동네 사람들을 모두 초청하여 동네잔치를 일 년에 몇 차례 하면서 음식을 대접하였다. 종림이 안택고사를 통해 주변 마을에 베풀었던 후하였던 인심은 지금까지 전해온다. 정규의 조부 종림은 자신이 너무나 배고프고 어렵게 살아왔기 때문에 이웃에 배고픈 사람들을 생각하여 안택고사를 할때마다 푸짐하게 음식을 준비하셨다.

해마다 농사가 풍년이 들었고 농사로 가세가 일어난 종림의 입장에서는 성주, 오방 터 신, 조왕신 등에 대한 고마움과 은혜를 남다르게 느끼고 사셨을 것이다. 종림이 매년 농사가 잘 되어 땅을 장만하니 주변에서는 장산리 흉가 귀신이 붙어 도와주기 때문에 매년 농사가 잘 된다고들 부러워 하였다.

조선시대 농경사회에서 큰 농토의 농사를 지으려면 주변 이웃들이 많은 도움이 필요하고 그들의 마음을 얻어야 하는 것이기에 안택고사라는 빌미를 활용하여 주변에 음식을 대접하였던 것이다.

지금과 같이 의식주가 풍족한 시대에는 한 끼 식사를 대수롭지 않게 생각할지 모르지만 옛날 배고픈 시대에는 한 끼 식사에 목숨을 걸던 어렵던 시절이 있었다. 그래서 남의 집 제삿날, 생일 등에 많은 관심을 갖고 살던 시대가 있었다.

오늘날 입장에서 보면 종림이 안택고사를 자주 한 것을 미신을 많이 믿는 사람으로 간주하는 것은 어려웠던 농경시대 삶의 속살을 이해하지 못하기 때문이다. 우리 조상들이 사셨던 농경사회는 하늘에 의지하여 농사를 지었고 그 결과에 따라 삶의 결과가 달라진다고 믿고 사셨기 때문에 이러한 믿음에 많은 의지를 하셨던 것이다.

정규의 조부 종림은 신체가 건장하고 기품이 있어 한복을 곱게 갖추어 입으시면 모습이 아름다운 풍채였다고 한다.

특히, 종림의 두루마기 입은 모습이 '아주 보기 좋으셨던 분'이었다고 이웃들에게서 전한다. 종림은 이웃이나 친척들 간에 친목 유대와 상부상조를 매우 중요하게 생각하셨다. 정규네 집을 찾아오는 손님에 대해서는 누구든 가리지 않고 종림은 극진한 접대와 봉사를 베푸시었다.

조부 종림이 마정 734번지로 이사를 오셨을 때 사십대 중반으로 젊은 나이였기 때문에 여전히 농사일을 열심히 하셨다. 아들 문환에게 종림을 따라 농사를 잘 지으면서 봉제사 잘 하기를 바랐다. 그러나 문환은 '도라산농잠학교'를 졸업하고 누에고치검사관으로 공무원 생활을 하였기 때문에 종림의 농사일을 옆에서 도울 수 없었다. 현재 농업이 많이 기계화 되었지만 농사일은 여전히 힘들기 때문에 젊은이들이 기피하고 있다. 당시에도 종림은 아들 셋이 아버지 뒤를 이어 농사일에 전념하기를 바랐으나 종림의 아들 3형제는 아버지의 뜻을 이어 농사일을 하려고 하지 않았다.

당시에 마정리 방앗간은 종림의 아들 문환이 친구와 동업으로 운영하고 있었는데 사목리에서 마정으로 가는 새말고개에 있었다. 정규의 누이동생 순규는 지금도 새말고개에 있던 방앗간에서 일을 하시던 종림의 모습을 기억하고 있다. 순규는 소학교 다니 던 어느 날 학교 갔다 오는데 커다란 개가 자꾸만 따라와 무서움을 느껴 방앗간으로 도망쳐 들어갔다. 이때에 순규는 방앗간에서 일하시던 할아버지 종림을 보았다고 한다.

정규의 조모 덕수이씨는 친정 마을인 섭저리 방앗간에서 또 다른 방앗간을 운영하고 계셨다. 덕수이씨 할머니는 섭저리 방앗간에 식구를 나누어 살림을 하시면서 방앗간에서 일하는 사람들 식사도 만들어 주시면서 방앗간에 붙여서 가게까지 열어 가세에 보탬을 주려고 노력하셨다. '섭저리'는 조모 덕수이씨 친정 붙이들이 많이 살고 있던 화석정 주변 율곡리를 그렇게 불렀다.

당시에 종림이 독개벌 제방 둑 공사 실패로 줄어든 가세를 회복하기 위해 온 가족이 많은 노력을 하셨던 것으로 보인다.

친정마을인 섭저리에서 따로 방앗간을 관리하시던 덕수이씨가 어느 날 새벽 갑자기 돌아가셨다. 섭저리 방앗간에서 일하는 머슴이 정규의 돌아가신 할머니를 모시고 마정으로 돌아왔다. 창졸지간에 돌아가신 할머니 모습을 보신 조부 종림은 그만 놀라서 대문간에서 기절을 하셨다.

조부 종림과 덕수이씨 할머니는 작수성례로 결혼식을 올렸지만 두 분이 어려운 시절을 극복하면서 고생도 많이 하셨고 금슬도 소문날 정도로 좋으셨다. 두 부부는 가세를 키워 집안을 일으키시고 또한 독개벌 공사를 하시면서 가세를 많이 줄이시기도 하셨다. 두 부부가 맨손으로 일으킨 집안의 재산을 잃었으니 그 쓰린 마음이야 오죽했으랴! 성질이 대단하셨던 부인 덕수이씨의 목소리가 높았지만 종림은 잘 참아내며 부부화목을 이루고 사셨다. 자식들의 객관적 입장에서는 보면 덕수이씨 할머니의 주장이 너무 강하시니 종림 할아버지가 늘 지고 사시는 것처럼 보였다. 그러나 두 분이 가정을 시작하여 살아오셨던 상황을 생각해 보면 충분히 이해가 간다. 똥구멍이 찢어지게 가난한 집으로 시집오신 덕수이씨 할머니는 시아버지와 시할아버지 모두 모시며 어렵게 살아가는 집안을 일으키셨으니 당연히 목소리가 클 수밖에 없었다. 특히, 농경사회에서는 가정의 경제는 안살림을 하는 여자들의 역할에 달려 있을 정도로 여자들의 활동이 중요했다. 이러한 가난을 벗고 늘려 놓았던 재산을 독개 벌 공사를 실패하여 가세를 줄였으니 당연히 덕수이씨의 불평과 책망을 피하시기 어려웠을 것이다. 그러나 정규의 조모 덕수이씨는 다시 집안을 일으켜 보려고 섭저리에 딴 살림까지 하면서 방앗간을 운영하다가 어느 날 갑자기 돌아가시어 새벽에 돌아오니 조부 종림은 하늘이 캄캄하셨을 것이다.

정규의 조모 덕수이씨가 섭저리 방앗간에서 돌아가셨을 때 겨우 오십대 중반의 나이였다. 너무나 젊은 나이에 사망하신 것이다. 두 부부의 금슬이 남 다르셨던 조부 종림은 덕수이씨가 돌아가신 후 아내를 못 잊어 하시면서 애를 태우시다가 마음의 병을 얻어 59세의 젊은 나이로 돌아 가셨다. 종림의 할아버지 봉현도 84세 까지 사셨고 아버지 승순의 생존기간 보다는 30년이나 일찍 돌아가셨다. 종림은 부인 덕수이씨를 잃은 마음의 상처가 너무나 깊었던 모양이다. 두 분이 살아생전에 각별한 금슬은 죽음까지도 함께 하셨던 것이다.

종손 정규의 가문은 가족 간에 정이 유난히 깊은 내력은 유전적 요소인 것 같다. 가족 중에 가까운 사람이 사망하면 그 슬픔과 외로움을 못 견뎌 마음의 병을 얻어 이어서 사망한 사례를 가족사에서 여러 번 볼 수 있었다. 정규의 조상님들 중에 대표적인 분이 귀천군 충숙공이다. 충숙공은 맏아들 봉래군이 먼저 죽자 애간장을 태우며 상심하시다 아들을 따라 곧이어 돌아가셨다고 기록에 전한다. 이 분외에도 두 사람이 더 있다. 우리가 매우 슬플 때 단장斷腸, 즉 창자가 끊어지는 것 같다고 말한다. 근심과 슬픔으로 넋이 빠지고 창자가 끊어지는 듯한 상태를 소혼단장消魂斷腸 이라고 하는 말이 있다. 이와 같이 정규의 가문 DNA에는 '사랑하는 가족에 대하여 정이 유별난' 내력이 있는 것 같다.

종림에 대한 학식은 구체적으로 알 수는 없으나 파주의 향교와 서원의 장위와 직원으로 봉사하신 경력이 있다. 향교와 서원은 파주의 유림들의 중심이며 그곳에서 책임을 맡을 정도면 주변 유림으로부터 학식을 인정 받으셨다는 것을 보여준다. 정규의 조부 종림은 봉현이 장산리에 정착하신 이후 가문이 파주에서 살아갈 수 있도록 실질적 기반을 공고하게 하신 분이었다. 갖은 고생을 극복하여 집안을 다시 일으켜 세우셨을 뿐만 아니라 가문의 많은 선산과 위토를 장만하여 후손들이 숭조할 수 있도록 기반을 만드셨다. 정규의 조모 덕수이씨는 종림이 열심히 일을 하실 수 있도록 안에서 내조를 잘 하셨다. 특히 농경사회에서는 모든 가족이 힘을 합해야 가능하므로 집안 살림을 맡아하는 여성들의 역할이 대단히 중요하였다. 조선시대와 같은 농경사회에서는 남자들도 고달프지만 여자들도 밥 짓는 일 외에도 빨래, 옷 만드는 일과 틈틈이 농사일도 도와야 했다.

무엇보다 명절이나 기제사 때에는 여자들은 허리가 부러지도록 일을 해야 했다. 그 것 뿐만 아니다 바쁜 속에서 자식들도 7~8명은 기본으로 키워내어 가문의 후손을 번창시킬 책임과 의무도 있었다.

　정규의 조모 덕수이씨는 마정에 방앗간이 잘 운영되고 방앗간 운영에 대한 노하우가 생기자 또 하나의 방앗간 개업을 구상하였다. 그래서 덕수이씨는 자신의 친정 덕수이씨들이 많이 살고 있는 화석정 부근 섭저리(율곡리)에도 새로 방앗간을 열기로 하였다. 화석정 부근 섭저리는 덕수이씨의 친정마을이고 이곳에서 친정의 남동생들은 물론 덕수이씨 피붙이 등이 많이 살고 있었다. 마침 아들인 문환이 방앗간 원동기에 대하여 기술이 뛰어나 고장 없이 방앗간을 운영할 수 있었다. 그러던 차에 공무원인 아들 문환이 파주 쪽으로 근무지를 옮기게 되어 마정 집에서는 출퇴근이 어려웠다. 전부터 아들 문환이 어머니에게 외갓집 마을에 새로운 방앗간을 개설하였으면 한다고 상의를 한 적도 있었다. 정규의 조모 덕수이씨는 살려고 애쓰는 아들 문환을 위해 친정마을인 섭저리에 방앗간을 새로 열어 아들을 도와주기로 하셨다.

　그래서 정규의 조부 종림은 마정과 섭저리로 가세를 나누기로 하였다. 종림은 마정 734번지에서 살림을 건사하며 농사를 지으셨다. 마정 집의 안살림은 식구도 많고 허드렛일도 많아 덕수이씨 할머니가 감당하기 어려우니 며느리인 정규의 어머니 공주이씨가 맡았다. 섭저리에 새로 낸 방앗간에는 문환의 모친 덕수이씨가 살림을 나누어 나 가 살겠다고 하셨다. 덕수이씨는 일하는 사람을 두고 방앗간을 운영하고 매일 출퇴근 하는 아들 문환에게 식사도 해 주시겠다고 하셨다. 정규의 조모 덕수이씨의 주장이 강하셔서 할머니의 의견대로 식구들을 나누었다. 섭저리 방앗간에는 정규의 조모 덕수이씨와 문환, 정규의 막내고모와 여동생 순규 등 4명이 딴 살림을 시작하였다. 정규의 아버지 문환은 섭저리에서 파주로 출퇴근을 하면서 원동기에 대한 기술적인 문제는 마정과 섭저리를 오가며 관리를 하셨다.

당초에는 정규의 아버지 문환과 어머니 공주이씨는 새로 연 섭저리 방앗간에서 딴살림을 하며, 문환은 그곳에서 파주로 출퇴근을 하려고 하였다. 이러한 아들의 계획을 눈치 챈 조모 덕수이씨는 "마정집의 큰살림을 나 혼자 도저히 할수가 없다"고 하시면서 당신께서 아들 문환의 밥도 해주고 가게도 보고 하신다고 하셨다. 그래서 문환은 어머니의 주장에 밀리어 덕수이씨의 뜻에 따를 수밖에 없었다. 정규의 조모 덕수이씨는 막내딸에게 심부름도 시키고 가게도 관리하게 하려고 섭저리에 데리고 갔으나 게으르고 심부름도 제대로 못하여 어린 손녀인 순규가 고모가 할 일들을 하며 할머니 시중을 들었다. 덕수이씨는 자신의 막내딸이 어린 손녀인 순규 보다도 못하다고 수시로 꾸중을 하였다. 당시에 열다섯 살이었던 순규의 막내고모는 할머니 잔소리 정도는 한귀로 듣고 흘리며 매일 방에서 누워 잠만 자곤 하였다.

순규가 열 살이 되자 임진심상소학교 입학을 위해 마정의 엄마 곁으로 돌아오고 대신에 순규 보다 두 살 어린 복규가 할머니를 돕기 위해 섭저리로 가서 살게 되었다. 순규는 동작도 빠르고 영리하여 할머니는 늘 마음에 들어 하셨는데 두 살 어린 복규는 순규 만큼 잘 따라주지 못하여 꾸중을 자주 들었다.

덕수이씨 할머니가 막내 손녀인 복규를 꾸중을 할 때면 복규는 서러워하며 울면서 엄마 집에 간다고 난리를 쳐댔다. 이럴 때마다 복규는 "할머니하고 안 살거야!" 하면서 울어댔다. 그리고 복규는 할머니에게 심사가 뒤틀리면 울면서 마정 엄마네 집에 간다고 울면서 가다가 돌아오기를 반복하였다. 섭저리에서 마정으로 가려면 큰 개울을 건너야 하는 곳이 있는데 복규는 그 곳까지 가서 징검다리를 건너가는 게 무서워 건너지도 못하고 개울가 그냥 털썩 주저앉아 울다가 돌아오곤 했다. 이렇게 자주 울어대며 생떼를 쓰는 막내 손녀를 무섭다고 소문난 덕수이씨 할머니도 어쩔 수 없었다. 그래서 할머니는 "복규는 말을 안 들어 도저히 데리고 있을 수 없다"고 포기하시고 마정 집으로 어머니 옆에 다시 데려다 놓으셨다.

정규의 조모 덕수이씨가 운영하시는 '섭저리 방앗간'이 자리를 잡아 잘 되어 가고 있을 때 큰 고모님이 섭저리 방앗간으로 자주 찾아 왔다.

정규의 큰고모부가 장갑공장을 하다가 실패하여 대전의 한 중국집에서 심부름을 하고 연명하고 있으니 도와 달라고 하였다. 정규의 큰고모님은 살림이 매우 어려우셨던지 섭저리에 계시는 친정어머니를 수시로 찾아와 도와 달라고 졸라대곤 하였다. 시대를 막론하고 사업하는 자식이 있으면 부모는 큰 우환거리를 달고 사는 격이다. 그것도 늘 작은 사업하는 자식은 항상 형제·자매를 힘들게 하는 경우가 많다.

정규의 할머니는 큰 딸이 섭저리를 찾아와 도와 달라고 할 때면 너무나 속상해 하셨다. 딸의 어려운 상황을 도와주지 못하는 친정어머니의 심정은 어쩌면 딸 보다 더 속이 상하셨을 것이다. 그래서 큰 딸이 왔다 가는 날이면 할머니는 늘 속상해 하며 마음 아파 하셨다. 자식을 도와주고 싶어도 도와 줄 여력이 되지 않으면 친정어머니에게는 큰 고문이었을 것이다.

당시에도 정규네 집안의 살림의 건사는 할머니 덕수이씨가 하셨던 것 같다. 대개 딸들은 친정아버지에게 얘기해야 하는데 어머니에게 계속 찾아온 것을 보면 이때까지 덕수이씨가 가정경제 결정권을 가지고 있었던 것 같다.

덕수이씨 입장에서 보면 온 가족이 기운 가세를 회복하기 위해 노력을 하고 있고 아들 문환도 이제 막 일어서려고 하는 시점인데 아들에게 딸의 어려움을 이야기하기 어려우셨을 것이다. 당시에는 시집간 딸이 친정에 와서 도와달라는 것을 매우 수치로 생각하는 시대였다. 더구나 할머니 덕수이씨는 '독개벌 제방둑 공사' 실패로 기울여진 가세를 다시 일으켜 세우시겠다고 스스로 두 집 살림까지 하면서 가문이 총력을 기울이고 있던 시기였다. 정규와 그의 누이동생 순규는 지금도 그 당시 할머니가 속상해 하시는 모습을 기억하고 있다.

정규의 할머니는 큰딸이 섭저리에 다녀갈 때면 "에이 속상해 못 살겠다"는 말을 수없이 되 뇌이며 속을 끓이셨다. 정규의 조모 덕수이씨는 이러한 화를 이기지 못하시고 결국은 스스로 자진을 하셨다.

방앗간에서 일하는 머슴이 돌아가신 할머니를 새벽에 발견하여 급히 마정 집으로 모시고 오셨다. 종림은 할머니의 시신을 대문간에서 마주하시고는 그 자리에서 혼절을 하셨다. 가세를 다시 살리겠다고 금슬 좋으신 부부가 딴 살림까지 차리고 노력을 하셨지만 싸늘한 시신으로 돌아오신 할머니를 보시자 종림은 세상이 아득하고 눈앞이 캄캄 하셨던 것이다.

그동안 종손 정규의 할머니는 자신의 친정동생들이 제안하여 시작한 독개벌 제방 둑 공사가 거듭되는 홍수로 실패하여 공사비로 빌린 금융 빚을 갚기 위해 그동안 이루어 놓은 많은 재산을 줄이고 말았다. 정규의 조부는 물론 할머니까지 딴 살림을 하면서 기울어진 가세를 회복하기 위해 전 가족이 힘을 합쳐 많은 노력을 하고 있던 중이셨다.

그래서 정규의 할머니 덕수이씨는 다시 어려움을 딛고 막 일어서려던 아들 문환을 돕기 위해 섭저리에 또 다른 방앗간까지 열어서 노력하고 있던 시기였다. 이러한 상황이니 정규의 할머니는 큰 고모님을 도울 수가 없는 상태였던 것이다. 결국 정규의 할머니는 자신의 큰 딸로 인한 심한 스트레스를 받고 속상해 하시다가 극단의 결단을 하시고 말았다. 섭저리의 방앗간을 운영하시던 덕수이씨 할머니가 갑자기 돌아가시자 방앗간을 더 이상 운영할 수 없어 다시 마정 집으로 가세를 합치고 말았다.

조부 종림의 삶을 돌아보면 어려서부터 그의 조부와 아버지를 따라 방랑생활을 하며 갖은 고생을 하셨으나 한평생 효도를 다하셨다. 가세가 안정되자 가문의 선산과 위토를 장만 하여 숭조의 기반을 단단히 하셨으며 가문의 경제적 기반을 만드신 분이다.

정규의 조부 종림은 어른들을 따라 15세까지 방랑의 생활을 하다가 장산리에 정착하여 어려운 살림에서도 효도에 최선을 다하셨다. 종림은 가세를 일으키시어 가문이 경제적으로 안정을 기하는 데 큰 역할을 하셨다. 조부 봉현을 위해 연로한 아버지 승순 대신 시묘살이도 3년간 하셨을 정도로 효자셨다. 조부 봉현과 승순의 묘는 종림이 마련한 선산에 모시었다. 종림이 선산을 구입하여 부모님과 조부모님을 모시어 돌아가신 후 영혼까지 편하게 하여드렸다. 종림은 큰댁의 조상님들과 큰댁으로 양자 온 철림의 생가 집안의 조상님들의 선산과 위토까지 마련하여 종사가 만년토록 이어지도록 하셨다.

종림은 1926년 파주 '마정리 734번지'로 이사하여 장수황씨 집성촌으로 합류를 하였다. 한 세대가 지나난 후에 종림은 진외가 마을인 장수황씨 집성촌에 당당히 입성하셨던 것이다. 비록 종림의 조부 봉현은 돌아가시어 안 계시지만 아버지를 모시고 어려웠던 지난 세월을 잊게 만드셨다. 더구나 종림의 할아버지 봉현은 대한제국에서 정3품 당상관의 직첩도 받으셔서 당당한 양반으로 복귀하셨고 살림도 남의 어려움을 도와 줄 정도로 가세가 안정된 상태였다.

정규의 조부 종림은 가문을 일으켜 마정 진외가 마을로 이사 오셨을 때 감회가 남 다르셨을 것이다. 더구나 진외가 집안인 마정 장수황씨 가문의 집과 산을 시세보다 3배나 비싼 가격으로 쳐서 빚을 탕감해 주며 이곳으로 오신 것이다. 그러나 정규의 조부 종림이 한 세대를 거치면서까지 진외가 마을로 왜 오셨는지? 그 이유는 알 수가 없다. 하지만 단순히 농사만 짓는다면 마을골 입지조건이 더 좋을 것 같았기 때문이다. 당시에 독개나루를 지난 사람들이 정규의 마정 집 옆 길로 사목리를 거쳐 당동리와 문산읍을 지나 봉일천장으로 갔다는 것으로 보아 마정 734번지가 더 역세권으로 보인다.

그리고 사목나루인 문산포도 이곳에서 1km 정도의 가까운 거리에 있었다.

이러한 조건으로 보면 마정 734번지가 마은골보다 당시에 좀 더 교통의 중심지였던 것이다.

현재 종손 정규의 고조부 때부터 4대가 모셔져 있는 마정의 선산은 정규의 가문에는 의미가 많은 선산이다. 이 선산에는 정규의 조부 종림의 땀과 눈물과 염원이 묻혀 있는 땅이다. 이 선산과 함께 통정대부 봉현이 파주에 정착하시어 200년 가문을 시작했던 고심을 이해하고 그가 염원했던 가문의 미래가 무엇인지 후손들은 한번쯤 생각하고 가슴에 새겨야 할 것이다.

마정 선산에는 정규의 고조부 통정대부를 비롯하여 부모님까지 4대가 잠들어 계신 파주 200년 가문의 종산이 되었다.

이 곳 마정은 고조부 봉현이 정착하시려 던 염원을 한 세대 만에 그의 손자인 종림이 이루어 드렸다. 마정 선산은 고조부 등 3대가 맨손으로 파주에 정착하여 눈물, 피, 땀 등이 쌓여 만들어진 종산이다. 파주에 정착하여 어렵게 고생하시며 이루어 놓은 재산이지만 조부 종림은 독개벌 제방 둑 공사를 함께 추진하였던 다른 4명의 금융 빚도 대신 갚아주어 모두들 법적 처벌을 면제받게 해주셨다. 종림이 이사한 집과 산도 당시의 시가에 비해 세 배나 더 쳐주고 진외가 장수황씨 집안에게 받으신 것이다. 조부 종림은 한 세대 전에 할아버지와 함께 진외가의 도움을 받으려 온 처지였으나 오히려 진외가 집안 사람에게 은행 빚을 갚아주고 덕을 베푸실 정도의 부를 확보하셨던 것이다. 조부 종림은 이렇게 셈이 안 맞는 계산이지만 그들의 어려운 사정을 감안하여 쾌히 받아 들이셨던 것이다. 종림은 돈이야 또 벌면 된다고 생각하셨다. 종림은 독개벌 제방 둑 공사를 추진하다 그동안 피와 땀으로 이룩한 가세는 많이 줄였지만 그의 도전과 배려의 정신으로 주변의 모든 삶을 믿음으로 만들어 놓으셨다.

마정 선산을 찾는 후손들은 이 선산에서 선조들의 고통, 설음, 극복, 배려 등 파주의 200년 가문을 여신 그분들의 피와 땀을 잊지 말아야 하는 것이다. 종산은 단순히 선조의 혼백만 묵혀 있는 곳이 아니다. 자손들이 선조들의 정신과 삶을 교감 할 수 있을 때 종산은 더욱 의미가 있는 것이다.

종림이 어려운 사람을 배려하는 넓은 마음과 부부간에 가정을 화목으로 이끌고 부모님과 조상님들께 효성을 다하시는 모습 등은 후손들이 닮으려 해야 할 모습이다. 종림은 승순이 첫 부인을 사별한 다음 두 번째 부인인 창원유씨의 외아들로 태어 나셨다. 종림의 숙부인 승억도 슬하에 외아들 계림을 두셨으나 어린 손자를 남겨두고 사망하여 승억이 손자를 건사하시며 사셨다. 이를 딱하게 여기신 종림은 작은 아버님인 승억과 어린 당질 두환을 집으로 모셔와 아버지 승순과 함께 모시며 효도를 다 하셨다. 조부 종림은 가문의 모든 삶에서 종손으로써 가문의 '빛과 소금'의 역할을 하셨던 분이다.

역사에서도 세상에 큰일을 하신 성인들은 오래도록 수명을 누리신 분이 거의 없다. 예수님, 알렉산더 대왕, 광개토 대왕, 안중근 의사 등이 모두 그러시다. 아마 이 분들은 삶의 집중을 짧은 시간에 모두 쏟아 붓기 때문에 단명 하신 것 같다는 생각이다. 공부도 잘하는 사람은 길게 붙잡고 있는 것보다 짧은 시간에 집중력이 뛰어 난 경우가 많다. 조부 종림도 정규네 200년 파주 가문을 반석위에 올려놓으시느라 고생을 하셨는지 아버지인 승순보다도 30년을 적게 사셨다.

그러나 사람이 죽고 사는 것을 인력으로 할 수 없는 노릇이다. 정규의 조부 종림과 할머니 덕수이씨의 짧은 삶이 너무나 아쉽다는 생각이 든다. 종림이 봉현이나 승순 정도만 사셨어도 30년 정도 더 생존하셨을 것이다.

정규의 조부 종림은 마음 씀씀이가 매우 긍정적인 분으로 판단된다. 그의 조부 봉현과 아버지 승순이 집안은 건사하지 않으며 평생을 가족들 배 골리며 방랑생활을 하셨어도 원망도 없이 한결같은 마음으로 그분들을 존경하며 사셨다. 파주에 정착하여 부를 이룬 후에는 선대들을 위해 선산과 위토 등 많은 재물을 사용하셨다. 종림은 부인인 덕수이씨가 주장이 강하신 분이였지만 화목하게 가정을 이끌며 부인의 능력을 최대한 이끌어내 가세도 안정시키셨고 부부금슬도 매우 좋으셨다. 종림은 좋은 부부금슬로 손이 귀한 집안에 3남4녀를 두시어 후사도 튼튼히 하셨다. 종림은 "가화만사성家和萬事成 즉, 집안이 화목하면 만사가 이루어진다"라는 얘기가 만고의 진리임을 자신의 삶을 통해 실증하시며 보여 주신분이다.

라. 시대의 패러다임과 가풍에서 고뇌하신 아버지 문환

종손 정규의 삶과 인격형성에 가장 큰 영향을 준 사람은 당연 아버지 문환이다. 문환은 1906년 종림의 3남 4녀 중 장남으로 파주 마은골에서 태어나셨다. 통정대부 봉현은 문환이 태어나 여섯 살 까지 살아계셨다. 문환이 태어났을 때 봉현, 승순, 종림 등 4대가 함께 사는 대가족이었다. 정규네 가문은 문환이 태어난 이후 100년 이상 4대가 함께 사는 가문이 되었다. 문환의 조부 승순이 문환이 29세에 돌아가시고 ,문환의 할머니 창원유씨는 문환이 21세 때 돌아가셨다. 문환의 어머니와 아버지도 문환이 31세, 36세에 사망하셨다. 그문환의 30전후의 몇년간에 윗세대분들이 모두 사망하시어 문환은 36세에 온 가문을 책임져야만 했다. 문환의 증조부, 조부가 가장의 역할을 할 때는 80살에서 20살까지 4대가 적절하게 나이가 배분되어 있었으나 문환에 이르러 집안이 갑자기 젊어졌고 대가족의 밸런스를 잃었다. 가문의 의사결정이 팔십대에서 삼십대로 젊어진 것이다.

문환은 아버지 종림과는 다르게 정규가 신학문을 배워 새로운 시대에 적합한 능력을 배양하도록 공부 뒷바라지에 최선을 다하신 분이다. 정규의 아버지 문환도 가문에 대한 자긍심은 아버지 종림 못지않게 대단하셨던 분이다.

정규의 아버지 문환은 14살에 18세의 공주이씨와 결혼을 하였다. 정규의 어머니 공주이씨 '순아'는 문환이 살고 있던 마은골에서 오리 미만의 거리에 있는 장산리에 살고 있었다.

종손 정규의 어머니 공주이씨는 파주에서 200년 이상 살아오신 명문가 종 갓집 무남독녀이셨다. 공주이씨 시조 '이천일'은 신라 때 사람이다. 문헌에 의하면 그는 기원전 53년(신라 박혁거세 5)에 문명이 뛰어나 중국 한나라에 들어가 18세에 과거에 급제하고 대장군이 되어 흉노정벌에 공을 세워 요동백遼東佰에 봉군되어 신라로 들어와 공산군公山君에 봉해졌으므로 후손들이 본관을 공주로 삼았다고 한다.

공주이씨 '순아'는 중시조인 문성공 이명성明誠의 18대손이다. 이명성의 자는 경장敬章, 호는 송은松隱이고 시호는 문성文成이다. 문성공은 전공판서(정3품 장관) 충정공 이엽李曄의 둘째 아들이며 첨의 정승(고려말 종1품 정승)을 지낸 이사손李思孫의 손자이다. 동생 이명덕과 더불어 목은 이색의 문인으로 고려말에 벼슬하여 적성감부(작은 현에 중앙에서 파견한 감독관)을 역임하고 내직으로 감찰어사(종6품)에 올라 지제고(왕에게 글을 지어 바치는 벼슬)을 겸하고, 정몽주와 도의의 친교를 맺고 문관들의 문학을 장려하고 시험하였다. 고려의 국운이 기울어 가자, 하늘을 우러러 탄식하기를 "나라가 망함에 있어 이를 구하지 못하면 충忠이 아니오, 어버이가 늙었는데 이를 부양하지 않으면 효孝가 아니다. 그러나 고국의 의리는 중하고 노모의 은혜는 가볍다" 하고 드디어 정몽주와 만월대 아래에서 눈물로 이별하고, 강원도 이천伊川 산속으로 은거하였다. 충신 정몽주가 살해되고 조선이 개국되자, 모든 아들의 이름자에 초두艸頭를 붙여 근筋, 분 , 말茉 자 등으로 지어 부르게 하니 이는 대개 조선조에 벼슬하지 말고 초목과 벗 삼아 고려를 향한 굳은 마음으로 살라는 뜻을 나타낸 것이다. 태종이 여러차례 벼슬을 주어 불렀으나, 그때마다 말하기를 "차라리 옛날 초楚나라 굴원屈原과 같이 귀를 짜르고 물에 빠져 죽을망정 절대 나가지 않겠다" 하고 끝내 이를 거절하였다. 이명성은 두문동 72현 중 향절충신香節忠臣으로 추앙되고 있다.

이명성의 충절에 대하여 매산 홍직필洪直弼은 "그윽한 난초향기를 깊이 간직한 것 같아 모진 바람 혹독한 서리 짓이기는 데에도 남은 향내 음은 스며오는 듯하다" 하고 "세상을 피해 살면서도 후회하지 아니하고 우리들의 인륜을 바로 세웠다. 대의를 지킨 것은 어떠하였나. 포은과 목은과 같으리라"고 하였다. 판서 안광직은 "공이 세상에 남긴 그윽한 향기는 부인이나 어린이까지도 그분의 소문을 듣고 충의를 지킨 그 뜻을 사모하지 않는 이가 없었다". 또 "벼슬을 버리고 과감히 물러나 왔으니 그것은 본래 먹었던 뜻을 편 것이요. 대의를 지키는 데 열렬했던 것은 뒷사람들을 충동시키기에 충분했다" 라고 하였다.

공주이씨의 문성공 가문은 300년 정도 양주에 사셨으나 공주이씨의 7대조인 진숭鎭嵩부터 파주에 정착한 것으로 보인다. 진숭은 1702년에 태어나 영조2년, 1726년 식년시 병과에 급제하여 영월군수, 대흥군수, 옹진수사, 전라병사, 길주진관병마첨절제사, 무신원종공신, 통정대부 등을 역임하셨다. 공주이씨는 문성공의 어사공파 이후 18대손으로 원종공신이 4명이나 있는 명문가의 따님이시다.

정규의 어머니는 아버지 이운탁李雲倬과 어머니 청송심씨 사이에서 태어나신 무남독녀였다. 정규 어머니 가문이 파주에 정착한 것은 7대조 진숭鎭嵩이 황해도 옹진 수사를 역임하신 이래 파주에 정착한 것으로 보인다. 어머니 공주이씨의 아버지는 '운탁'은 6형제의 맏아들이었으나 아들이 없어 후사를 이은 필인必仁은 동생 운제雲霽의 아들이다. 정규의 어머니는 장산리 맨밧골에서 태어나셨고 아버지 문환은 장산리에서 임진강 하류 쪽으로 5리 정도의 거리인 마은동에서 태어나 성장하셨다. 정규의 외조부 이운탁은 한학에 조예가 깊으셨으며 장산리에서 한문서당을 열어 글을 가르쳤다. 정규의 어머니 이순아도 동네 아이들

〈문환과 공주이씨 회갑연〉

〈증손녀를 안고 있는 문환〉

과 함께 아버지에게 한문을 배웠다.

임진면 장산리는 정규의 고조부 봉현이 처음 파주에 정착한 곳이기도 하다. 옛날에는 동네 결혼은 3대가 나서서 노력해도 성사되기 힘들다고 하였는데 양 가문의 믿음이 서로 매우 컸던 것으로 보인다.

문환이 임진면 장산리의 공주이씨 가문으로 혼사가 이루어져 봉현 이래 4대 가 모두 파주 임진면의 가문과 혼인을 맺어 정규의 가문은 파주의 200년 동안 파주의 혈통으로 이어져 오고 있다.

문환은 마은동에서 출생하여 결혼 하셨다. 문환이 스무 살 되었을 때 마은골 에서 '마정리 734번지'로 이사를 하였다. 이때 문환은 조부 승순, 아버지 종림과 함께 마정으로 이사를 하셨다. 6.25전쟁 이후 다시 문산읍으로 이사를 하여 30 년 이상 사시다가 생을 마감 하시고 마정 옛 집 뒤 선산에 모셔져 있다.

종손 정규의 아버지 문환은 많은 재주를 갖고 태어나신 분이었다. 문환은 초 등학교를 2년 정도만 다니셨다. 일제강점기 문산에 문창학원이라는 2년제 문농 동학교의 전신이었던 초등학교가 있었다. 문환은 초등학교 2년을 졸업하고 중 학교 진학을 하려 하였으나 아버지 종림의 반대가 심하셨다. 정규의 조부 종림 은 "장남이란 농업을 해야 하며, 조상을 잘 모시는 게 본분이다"는 생각이 확고 하여 장남인 문환이 상급학교에 진학하는 것을 결사반대를 하셨다. 그래도 문 환은 학업에 대한 열망으로 집을 나가 금촌에 살고 있던 같은 전주이씨인 친구 에게 의탁하여 아버지 몰래 중학교 시험을 치렀다. 문환은 금촌에 친구와 둘이 서 서울중동학교 2년제를 지원하여 합격하였다. 그러나 문환의 아버지는 끝까 지 학비를 대주지 않으셨다. 이를 딱하게 여긴 금촌에 있는 문환의 친구 아버지 가 등록금을 대신 지불해 주어서 문환은 가까스로 1학년을 마쳤다. 그러나 문환 의 아버지는 금촌의 친구 부모를 찾아가 "집안의 맏아들은 농사를 지으면서 조 상을 잘 모셔야 한다. 공부가 무슨 가당치 않는 것이냐?" 하시면서 문환에게 등록금을 지불해준 친구의 부모를 책망하며 화를 내고 가셨다. 금촌에 있는 문환의 친구는 전주이씨의 같은 일가이기도 하였다. 입장이 난처해진 금촌의 친구 부모님은 문환을 불러서 다음과 같이 말했다. "너희 아버지가 허락하지 않으면 같은 일가끼리 얼굴을 붉히면서까지 2학년 등록금은 대어 줄 수가 없구나" 하시면서 문환에게 그만 너의 집으로 돌아가라 하였다. 하는 수 없이 문환은 친구 집을 나와서 마정으로 돌아 올 수밖에 없었다. 문환은 하는 수 없어 친구의 집을 나와 마은골 집으로 돌아왔다. 그리고 얼마를 있다가 문환의 아버지 종림의 마음이 변하셨는지 문환에게 2학년 등록금을 납부하고 공부를 계속하라 하셨다. 그러나 이미 등록금 납부가 마감되어 등록을 받아주지 않아서 결국 서울중동학교를 1년만 다니고 학업을 더 이상 이어갈 수 없었다.

　당시에 종손 정규의 조부는 재산도 넉넉하여 문환의 학비 정도는 문제가 되지 않았다. 문환의 아버지 종림의 가치관은 공부하여 새로운 시대의 도래를 준비해야 한다는 것에는 미처 생각하지 못하신 것 같다. 문환의 아버지는 조상을 위해 선산과 위토를 장만하는 데는 많은 돈을 썼지만 아들의 학문을 하는 데는 가치관이 다르셨던 것 같다. 종림은 어려서 성장기에 조부와 아버지를 따라 방랑으로 어려운 시절을 많이 보내셨기 때문에 농사를 잘 지어 가정을 안정시키고 조상님을 잘 모셔 가문의 근본을 튼튼히 하는 것을 가치관의 우선으로 삼으셨던 것으로 보인다. 대한제국이 멸망하여 일제강점기의 식민지가 되었고 새로운 교육시스템에 적응하여 미래를 대비해야 하는 시기였지만 종림은 왜놈들의 신교육을 그다지 중요하게 생각하지 않은 것 같다. 종림은 새로운 패러다임에 대한 대응을 위한 새로운 능력을 배양하는 것보다 가문의 안위安危와 혈족 보존에만 최선을 다하셨던 분이었다. 시대가 바뀌며 새롭게 불어오는 바람의 방향을 느끼지 못하신 것 같다. 안전한 항해를 하려면 파도의 높이만 보아서는 안 되고 바람이 불어오는 방향을 항상 생각하며 항해를 해야 안전한데 종림은 이러한 사회적인 큰 패러다임 전환을 감지하지 못하셨던 것 같다. 이러한 종림의 가치관이 문환의 재능과 열정을 발휘할 기회를 잃게 하였다. 이러한 아버지 종림의 생각이 문환에게는 너무나 야속하였던 것이다.

서울중동학교를 1학년만 다니고 집에 와 있는 문환을 아버지 종림은 딴 생각을 못하도록 서둘러 결혼을 시켰다. 가문의 종손을 집안에 주저앉히는 방법으로 결혼을 시켜 책임감을 부여하는 것보다 좋은 방법은 없는 것으로 생각하셨다. 지금은 기계로 농사를 지어도 힘들다고 하는데 당시에는 육체적 노동에 의존하는 시대라서 농사는 너무나 힘든 일이었다.

정규의 아버지 문환은 14살에 장가를 드셨다. 문환이 장가를 든 때는 1919년 3월 기미년 독립만세운동이 일어난 시점이었다. 문환이 장가든 첫날밤 신방에 들어갔을 때 문 밖에서 독립만세소리가 들렸다.

혈기 왕성한 문환은 독립만세소리를 듣고 신방을 뛰어나가 밤새도록 만세를 부르다가 다음날 새벽에야 장산리 처가로 돌아 왔다. 당시에 파주에서도 전국 어느 지방 못지않게 독립만세운동이 격렬하게 일어났었다. 경기도에서 전개된 3.1독립만세운동 중에서도 파주는 경기도의 어떤 지역보다도 격렬하게 시위가 전개 되었다고 전한다. 당시에 파주시 3.1만세운동은 중앙민족대표와의 연계가 없었고 파주군 내에 특별한 결사조직이 없었음에도 불구하고 군민의 대다수가 만세운동에 자발적이고 적극적으로 참여하였다.

당시에 파주에는 문환과 같은 열혈 청년이 많았고 서울과 거리가 가까워 민족의식이 다른 지방보다 더 강하였던 것 같다. 역사에서 파주의 3.1만세운동은 발발을 3월10일로 규정하고 있다. 따라서 문환이 장가가신 날은 1919년3월10일 경으로 추정된다.

종손 정규의 아버지 문환은 장가를 간 후에도 공부에 대한 꿈은 접지 않으셨다. 아버지 문환은 종림이 바라는 농사일은 별로 관심이 없었다. 종림도 나름대로 아들이 자기의 뜻대로 살기를 거부하여 많은 스트레스를 받으셨을 것이다. 종림은 조부 봉현이나 아버지 승순의 뜻을 거스르지 않고 순종하며 살아왔기에 이러한 아들의 행동은 이해하기 힘드셨을 것이다.

당시에 정규의 아버지 문환은 장단군 도라산에 2년제 농잠학교가 있음을 아시고 곧바로 '도라산농잠학교'에 입학하여 2년제 중등학교 과정을 졸업하셨다. 마은골에서 강 건너 도라산농잠학교 까지 종림의 눈을 피해 가며 다니셨다. 종림도 더 이상 아들의 뜻을 꺽지 못하고 지켜보시기만 하였다.

이렇게 어렵게 공부를 마치신 문환은 일제강점기 누에고치검사관이 되었다. 일제강점기인 1915년 당시 조선총독부는 조선의 잠업蠶業을 양성하기 위해 경기도에 잠종제조단지를 조성했다. '도라산농잠학교'는 일제강점기인 1919년 누에고치 병과 병충해를 막기 위한 목적으로 조선잠업령朝鮮蠶業令을 발표하였는데 이 법을 기초로 하여 설립한 2년제 학교였다.

양잠은 일제강점기 수탈의 가장 중요한 종목의 하나로 지목되게 되었는데, 이는 생사가 당시에 일본의 가장 중요한 수출 물자로서 우리나라의 기후가 양잠을 하는 데 적당할 뿐만 아니라 우리나라의 양잠은 오랜 전통산업으로 농민에 대한 기술보급에 어려움이 없고 또 농촌에 유휴노동력이 많다는 이유 때문이었다. 당시에 양잠산업은 농가경제에 향상을 꾀하고, 일제의 수출무역에 도움을 주며, 우리나라의 자연적 인적 요소를 적당히 이용할 수 있다는 등 식민지에 대한 수탈정책을 강력히 추진하기 위해 수행하였다.

태평양 전쟁이 가열되어감에 따라서 조선총독부는 모든 산업을 전시체제로 개편하고 강력한 통제를 하게 되었다. 1942년에 조선잠사통제령朝鮮蠶絲統制令을 공포하고 이 법령에 따라서 조선잠사통제회사를 설립하여 잠사업 전체를 완전 통제체제로 전환시켰다. 그 결과 누에고치 가격을 공정가격제도로 실시하여 조선총독부가 통제하고 농민이 생산한 누에고치는 일정한 양을 할당하여 강제로 판매하게 하는 '공출제도'로 바꾸어 놓았다. 그런데 생사의 생산량을 유지하기 위한 강제수단으로 항상 과중한 공출물량을 할당함으로써 농민을 괴롭혔던 가장 악랄한 일제의 수탈수단이었다. 이러한 일제강점기에 문환은 누에고치검사관이 된 것이다.

문환은 누에고치검사관이 된 후에 고향에서 누에고치검사관 공직 생활을 원했다. 하지만 당시에는 정실에 좌우되어 누에고치검사 판정하는 것을 막기 위해 특히 고향에는 발령을 금하였다. 그래서 문환은 바다건너 강화군에 누에고치검사관 기수로 첫 임명을 받았다. 아버지 문환은 누에고치검사관 기수가 되어 누에고치검사업무에 능력이 뛰어나 강화군에서 문환의 능력을 인정받았다. 강화군 각 부서에서는 서로 문환을 데려다 일을 시키려고 부서 간에 서로 경쟁을 하였다.

문환은 강화도에 발령받아 집을 떠나 혼자서 살면서 2년을 근무한 후에 다시 고향인 파주로 보내주기를 원했지만 이번에도 들어주지 않고 경기도 시흥으로 발령을 냈다. 그래서 정규의 아버지 문환은 또 다시 시흥군에서 2년을 더 근무를 하였더니 그제야 파주로 발령을 내어 주었다. 아버지 문환은 고향인 파주로 오기까지 4년을 객지에서 보냈다. 파주군 농회의 기수로 부임한 문환은 파주군 임진면 농무담임으로 근무 하셨다. 파주로 돌아 온 아버지 문환은 마정 고향 집에서 출퇴근 하며 임진면 농무담임으로 지내시다가 그마저도 당시 면장과 의견이 맞지 않아 사퇴를 하셨다. 정규의 아버지 문환은 정규가 경농을 졸업하던 1945년 까지는 계속 공무원 생활을 하면서 아들의 학비를 대어 주셨던 것으로 보아 일제강점기에는 계속 공직 생활을 하셨던 것 같다. 정규의 가문은 성격상 조직에 들어가 인내하며 견뎌내는 것은 맞지 않는 것 같다. 정규의 아버지 문환이 윗분과 뜻이 안 맞아 공무원을 그만 두었듯이 정규도 공무원의 자격을 자신의 뜻과 맞지 않는다고 그만 두었다.

문환은 공무원을 사퇴하고 마정수리조합 양수정기사로 다시 취업하였다. 문환은 수리조합에 근무하면서 배운 기술들은 물론, 방앗간 원동기 원리 등 기계 논리에 밝으셨다. 이러한 기술들은 6.25가 발발하고 논산에 피난 가서 어려울 때 이러한 기술들을 가지고 있었기에 피난생활을 조기에 안정화시키는데도 많은 도움이 되었다. 아버지 문환은 간단한 의료 기구를 준비하여 주변 동네사람들에게 간단한 응급조치를 실시하여 주변 사람들에게 많은 도움을 주시기도 하셨다. 정규의 아버지 문환에게 이러한 간단한 응급조치를 배운 사람 중에 '황○○'이 있었다. 황○○은 문환과 함께 수리조합에서 근무 하였던 사람으로 문환을 아주 잘 아는 사람이었다. 그는 문환의 응급조치 의료행위에 반해서 의학 서적을 구해서 침술까지 공부해서 시골의사가 되어 침을 놓으러 다니기도 하였다. '황○○'은 급체 등 응급환자가 생기면 불려 다닐 정도로 응급조치를 직업적인 의료행위로 하셨던 분이다. 이와 같이 정규의 아버지 문환은 책을 통해 원리를 이해하고 깨우치는데 남다른 재능을 가지고 계셨다.

　　정규의 아버지 문환은 기계적인 원리를 이해하는데도 천부적인 능력을 타고 나셨다. 문환은 기계공학을 특별히 배우지 않으셨지만 논리이해는 완벽히 하셨다. 문환이 마은골에서 마정으로 이사를 와서 방앗간을 하게 된 것도 원동기인 내연기관 원리에 대해 완벽히 이해하고 있어 주변으로부터 인정받았기 때문이다. 이러한 문환의 기술적 능력을 인정받아 방앗간 투자비는 모두 동업자가 부담하고 이익은 각각 반씩 나누자는 제의를 받아들여 방앗간을 시작하게 되었다. 문환에게 이와 같은 조건으로 방앗간 동업을 제의한 사람은 '김○○'이라는 사람이었다. '김○○'은 당시에 경제적 여유는 있었으나 기술이 없었다. '김○○'이 재산을 많이 모은 것도 수수께끼 같은 얘기가 전한다. 어느 해 우박이 많이 떨어졌을 때 그의 어머니가 벼이삭을 주어서 모았는데 그 것을 종자돈으로 하여 집안이 불처럼 일어났다고 한다.

벼이삭을 주워서 기반을 잡았다는 것은 잘 이해가 안가는 얘기지만 '김 ○○'이 굉장한 구두쇠라고 소문이 났다는 것으로 미루어 그는 매우 근검절약한 생활을 한 사람임에 틀림없다.

이렇게 소문난 구두쇠인 '김○○'이 방앗간 투자비는 자기가 모두 부담하고 함께 사업을 하자고 제안하였다. 이때에 문환의 기계 다루는 기술은 주변에 정평이 있었지만 소문난 구두쇠가 선뜻 전 금액을 투자 한다는 것은 이례적인 일이었다. 다시 말하면 정규의 아버지 문환의 가치는 구두쇠가 돈을 아까워하지 않을 정도로 높았다는 것이다. 그래서 구두쇠 '김○○'과 문환은 방앗간 동업이 시작 되었다. 문환의 기술력을 바탕으로 동업을 시작한 방앗간은 고장 없이 잘 운영되었다. 문환은 원동기의 소리만 듣고서도 문제점을 미리 알아서 대처할 정도로 전문가였다. 마정리 새말고개에 있던 방앗간이 잘 운영되자 문환은 원동기 1대를 더 확보하여 이동용으로 사용하였다. 그래서 마정에 있는 방앗간은 가까운 마을에서 찾아오는 물량을 처리하였다. 이동용 방앗간은 마정에서 먼 거리에 있는 화석정에서 운천으로 이동하며 소량의 방아물량까지 수용하였다. 지금으로 말하면 찾아가는 고객 맞춤형서비스를 하였던 것이다. 문환은 이동정미소를 창안하여 원동기, 현미기, 정미기를 마차에 싣고 다니며 도정을 하였다.

문환은 마정리 방앗간과 이동용 방앗간이 잘 운영되자 외가 마을인 섭저리에도 방앗간을 내고 싶어 하였다. 문환의 어머니 덕수이씨는 아들이 섭저리(지금의 율곡리)에도 방앗간을 내기를 원하자 동의를 하셨다. 섭저리는 화석정에서도 가까이 있는 마을로 문환의 외가 친척이 많이 살고 있었다. 섭저리 방앗간은 섭저리 안말에 사는 이백용이라는 사람을 고용해서 방앗간 일을 시키며 운영하였다. 방앗간 원동기는 문환이 섭저리에서 덕수이씨와 기거하며 파주읍으로 출퇴근을 하면서 여가를 이용하여 틈틈이 돌보았다. 이러한 아들을 위해 문환의 어머니 덕수이씨는 이곳 방앗간에서 살며 문환과 방앗간 일하는 사람들 식사도 해

주시며 도우셨다. 문환은 섭저리 방앗간에 상점까지 개업을 하였다. 그래서 당시에는 정규의 마정 집에서 가족 일부를 나누어 섭저리 방앗간으로 분가를 하였던 것이다. 섭저리 방앗간에는 문환의 어머니 덕수이씨를 비롯하여 문환과 문환의 막내 누이동생, 문환의 딸 순규를 데리고 살림을 나누었다. 그런데 정규의 할머니 덕수이씨가 갑자기 돌아가시자 방앗간을 관리 할 사람이 없게 되어 화석정 문환의 외가댁 일가 사람인 '이공영'씨에게 방앗간을 매도하고 다시 마정으로 가정을 합하였다.

일제가 태평양전쟁을 시작하면서 조선총독부의 식량정책이 점점 강화되었다. 일제의 식량통제정책의 일환으로 한 개면에 방앗간 1~2개만 하도록 허용하였다. 아버지 문환이 운영하는 마정 방앗간도 사목리 황호연의 방앗간과 통합하도록 되어 있었다. 이 때 '김ㅇㅇ'과 동업으로 운영하시던 아버지 문환이 "방앗간을 안 하시겠다"고 하여 방앗간 운영을 접게 되었다. 정규의 아버지 문환은 방앗간을 정책에 따라 두 개를 하나로 통합해야 하는 상황이라서 잘 아는 사이인 황호연에게 피해를 주지 않으려고 양보를 하신 것 같았다. 더구나 마정 방앗간은 동업으로 하고 있어 방앗간 운영을 접는다 하여도 문환이 직접 투자한 비용은 없었기 때문에 금전적 손실은 없었다.

정규의 부모님은 장남인 정규에게 공부를 가르치기 위해 많은 고생을 하셨다. 정규가 서울 경농을 유학할 때 매월 지불하는 교육비는 50원 이었다. 아버지 문환은 임진면 농사담임으로 근무하시면서 매월 받는 월급이 45원 이었다. 그러므로 아들 정규의 교육비를 내려면 월급을 한 푼도 안 써도 매월 5원이 모자랐다. 아버지 문환은 정규의 서울 유학을 위해 이렇게 5년 동안이나 뒷바라지를 하셨다. 통정대부 봉현이 장산리에 정착하여 마은골로 이사하여 집안의 가난은 극복하였고 나라가 망해 일제의 식민지가 되었지만 새로운 시대로 대전환이 이루어지는 시기였다. 이러한 시대의 변화를 감지한 문환은 신학문을 공부하려고 갖은 시도를 하였지만 아버지 종림의 다른 가치관 때문에 결국 자신의 뜻을 꺾고 제대로 된 공부를 할 수 없었다.

문환은 아버지 종림이 자신의 뒷바라지를 안 해주어 부족했던 공부를 아들인 정규에게 모든 노력을 아끼지 않으셨다. 문환은 아들인 정규가 신학문을 배워 새로운 세상을 살아가는데 힘이 되기를 바라는 마음으로 최선을 다하셨다. 문환은 매월 월급보다 더 많은 교육비를 5년 동안 한 번도 납부기일을 어기지 않고 제 날짜에 마련해 주셨다. 납부해야 할 날짜를 어기지 않으시는 것도 집안의 내력이신 것 같다. 문환의 선친인 종림도 독개벌 제방 둑 공사비로 차용한 금융기관의 큰돈을 파산의 상태이지만 가산을 팔아 제 날짜를 지켜서 신용을 잃지 않았다. 이러한 가문의 내력은 종손 정규도 자녀들의 학교 등록금 입금 날짜를 하루도 어긴 적이 없었다고 한다.

문환은 아들 정규에게 제 날짜에 교육비를 지불하여 아들에게 마음의 걱정을 주지 않으려고 하셨다. 아버지 문환이 아들 정규에게 쏟은 정성에 대해 정규는 지금도 한없이 고맙고 감사함을 느끼고 있다.

문환은 정규가 19세가 되자 한 살 많은 풍양조씨 성연과 결혼을 시켰다. 아버지 문환은 정규가 결혼을 하고 가정을 이루자 모든 것을 일임하며 장남이자 종손의 역할을 부여 하셨다. 종손 정규에게 가정의 모든 살림과 집안의 대소사를 일임하시고 문환은 아예 관여를 하지 않으셨다. 문환이 아들의 능력을 믿어 주신 것은 고맙지만 정규에게는 큰 부담이 되었다. 그 때까지 부모에게 기대어 힘들지 않게 살아온 정규에게는 장남과 종손의 역할을 실감하였다. 어쩌면 문환의 이러한 결정은 장남인 정규가 큰살림을 맡아 관리 해 보게 함으로써 자신감을 키우기 위한 것이라고 생각된다. 실제로 아들을 모든 가정사에 앞장 세웠지만 집안에 힘들고 어려운 일이 있을 때는 아버지 문환이 직접 나서시어 도와 주셨던 일들이 많기 때문이다. 그런데 정규는 모든 가정의 대소사를 일임하니까 혼자서 마음대로 결정하여 처리하라는 것으로 오해를 한 것 같다. 종손 정규는 문환과 많은 대화가 필요한 시점에 혼자 독단으로 결정한 일들이 많았기 때문이다. 어려움에 봉착하였을 때 혼자서 해결하려 하지 말고 아버지와 대화를 통해 최선의 방법을 찾았더라면 하는 아쉬움이 많다. 정규네 가문은 조부 종림부터는 자식들과 대화가 그다지 원활하지 않았던 것처럼 보인다. 왜냐하면 아버지가 하신 중요한 일들을 아들이 모르는 일들이 너무나 많기 때문이다. 문환도 아들인 정규와 거의 대화가 없었던 것 같다.

정규는 아버지 문환으로부터 가장의 역할을 모두 일임 받아 많은 부담을 가지게 되었지만 어려움을 해소하기 위한 현명한 방법은 강구하지 못하였다.

이러한 상황은 정규의 조부 종림과 문환과의 관계에서도 유사한 상황이 보인다. 모든 것을 혼자서 해결하려 하니 정규의 삶은 더 힘들어 졌다. 이렇게 정규가 문환과 모든 일을 별 대화 없이 해결하려 한 것은 서로가 마음을 열려고 노력하지 않았기 때문이다.

종손 정규의 아버지 문환은 모든 일에 다재 다능하셨다. 이러한 부모의 능력과 정규는 시너지를 만들지 못한 것이 너무나 아쉽게 생각한다. 아버지 문환이 정규에게 이른 나이에 모든 것을 일임한 것은 정규에게 믿음을 준 것이고 새로운 학문을 한 아들이 마음껏 기량을 펴 보라는 아버지의 큰 사랑의 모습으로도 보인다. 문환은 종손 정규가 아들이지만 위로는 아버지, 할아버지와 함께 살았으므로 어린 아들의 성장과정에 주도적으로 관여하지 못할 수도 있었을 것이다. 종손 정규는 조부와 증조부에게는 너무나 귀엽고 사랑스러운 종손이라서 꾸중보다는 칭찬을 많이 받고 자랐다. 이러한 상황에서 자란 정규를 아버지가 모든 것을 맡겨서 부담을 주었던 것은 고생하며 삶을 깨우치게 하려는 아버지의 큰 사랑이라고 생각된다.

태종이 세종에게 미리 권좌를 물려주시어 제왕의 수업을 충분히 쌓도록 하여 종사를 안정시키려 한 사례와 같은 경우로 판단된다. 결국 이것은 아들에 대한 큰 사랑의 실천이라고 생각된다.

정규의 아버지 문환과 어머니 두 분 모두 큰 안전사고가 있었다. 다행히 큰 사고는 겪으셨지만 천수를 다하시고 돌아가셨다. 아버지 문환은 방앗간 일을 도우시다가 벨트에 왼 팔이 걸려 중상을 당하셨다. 문환은 왼손의 살점이 흩어지고 뼈가 밖에서 흔들리는 것이 보일 정도의 큰 상처를 입었다. 다행히 빨리 큰 병원으로 옮기어 치료를 할 수 있었다. 문환은 이사고의 후유증을 돌아가실 때까지 갖고 사시다가 돌아가셨다.

정규의 어머니는 1940년 경의선 철도 복선공사를 하던 해에 다치셨다. 복선공사 중에는 공사를 위한 임시 역인 '운천역'이 있었다. 정규의 어머니가 이 운천역에서 기차를 타고 문산역에 내리시다가 열차 바퀴에 발가락 부위가 끼여서 일어난 사고였다. 정규의 어머니는 열차가 정지되지 않았지만 잠시 조시다가 열차가 정지 된 것으로 착각하여 급히 내리시다가 일어난 사고였다. 정규의 어머니는 곧바로 용산에 있는 철도병원에 이송되어 치료를 받았으나 의술이 부족하여 열차에 치었던 부분의 치료를 잘못하여 발의 앞부분을 절단하여 치료를 하였다. 이렇게 발의 앞부분을 절단하여 돌아가실 때까지 발을 제대로 사용하지 못하셨다. 이때가 정규의 어머니가 39세 되던 해였다. 종손 정규의 어머니는 막내 동생인 석규를 임신하고 5개월에 큰 사고를 당하셨다. 정규의 어머니는 임신한 상태에서 발목을 절단하는 대수술을 받으셨지만 다행히 순산을 하셨다. 더구나 당시로서는 39세에 임신이면 노산이었다. 정규의 막내 동생 석규는 어머니가 임신한 상태에서 큰 사고를 당해서 그런지 다른 형제들 보다 약하게 태어났다. 정규는 이러한 동생이 항상 안쓰럽고 측은하였다. 석규의 경우를 보면 사람의 생명은 하늘이 점지하시는 것 같다. 사고로 엄청난 충격을 받으시고 또 수술까지 하셨는데 아무 탈 없이 순산을 하신 것은 어머니의 모성이 그 만큼 컸기 때문이다. 정규의 누이동생 순규는 막내 동생 석규가 출생 하던 날의 상황을 기억하고 있었다. 순규는 할아버지와 함께 대문간에서 앉아서 파를 다듬고 있는데 안채에서 어린애 우는 소리가 들렸다. 어린애 우는 소리가 들리자 순규는 직감적으로 어머니가 석규를 출산 한 것을 알았다. 이때 조부 종림은 반가워하시는 기색 보다는 수심이 가득한 얼굴로 "며느리 발도 저렇게 불편한데 어떻게 애기를 키우지?" 하면서 긴 한숨을 쉬셨다.

순규는 동생이 태어났는데 할아버지가 손자를 순산한 기쁨보다 며느리의 불편한 발 때문에 애를 키우는 것에 대해 더 걱정스러워 하시는 모습이 왠지 매우 서운한 마음이 들었었다.

종손 정규는 삼오상회와 방앗간을 운영할 때 아버지 문환과 방앗간 일을 하면서 크고 작은 마찰이 많았다. 예를 들면 방앗간의 곡식을 정미하는데 종손 정규는 정미기 나사를 조여 정미 속도를 빠르게 하여 고객들에게 시간을 줄여주려고 하였다. 문환은 기계의 매뉴얼을 잘 아시기 때문에 기계를 보호하는 차원에서 정미기의 조임을 늦추어 정미하는 시간을 늦추곤 하였다. 이와 같이 '기계를 보호 하느냐?'와 '고객을 우선시 하느냐?'가 두 부자의 갈등 사항이었다. 현재의 입장에서 판단해 보면 두 분의 입장은 모두 옳기 때문에 절충점을 찾았으면 좋았을 것이다. 손님에게 물어서 시간에 여유가 있는 사람은 문환의 방식대로 기계를 늦추고, 바쁘신 손님들은 정규의 방식대로 하면 좋았을 것이다.

아버지 문환은 팔을 치료한 후에도 불편한 몸으로 아들의 방앗간 일을 계속 도와 주셨다. 문환의 입장에서는 맏아들의 고생이 늘 안쓰럽고 염려스러워 조금이라도 도움을 주고 싶으셨던 것이다.

종손 정규의 아버지 문환은 1.4후퇴로 피난 시절에도 가정을 책임져야 했다. 집안의 모든 일들을 맡고 있던 맏아들 정규와 둘째 아들 현규가 피난 도중 가두 징집되어 전쟁에 나갔기 때문이다. 전쟁이 얼마나 계속될지 알 수 없었기에 약간의 물건만 챙겨서 갔기 때문에 많은 고생을 하셨다. 당장 피난지에서 먹고살려면 수단과 방법을 가리지 않고 무슨 일이든지 해야만 했다. 정규의 어머니는 다친 발을 가지고 피난을 가시느라 많은 고생을 하셨고 논산에서 어려운 피난 생활을 보내셨다. 아버지 문환은 타고난 출중한 손재주를 갖고 있어 위기의 상황에서 빛을 발하셨다. 그래서 마음만 먹으면 어떤 일이든지 잘 해 내셨다. 그러나 문환이 재주를 타고나셨지만 재산, 명예 등에는 그다지 큰 욕심은 없으셨던 분이셨다.

문환은 파주 유림에서도 많은 활동을 하셨고 주변에서 상당한 인정도 받으시며 사셨다. 6.25전쟁 중에는 맏아들 정규와 둘째 아들이 군대에 나가 전쟁에 참전 중일 때 피난지 논산에서 모든 가족의 생계를 책임지셨다. 그래서 피난 생활을 할 때에는 돈이 되는 일은 가리지 않고 하셨다. 재봉틀 등 기계고치는 일, 고리짝도 만들어 팔았으며 깡통으로 석유 등잔도 만들어 팔아서 생활비를 마련하셨다. 정규의 아버지 문환은 말을 구입해 마차와 사료를 싣고 서울 노량진에 가서 팔기도 하였다. 그리고 피난에서 파주 마정으로 돌아 왔을 때도 대목수 일 등 다양한 노력으로 집안의 생활 안정을 위해 일하셨다. 정규의 아버지 문환은 타고난 재주도 많았지만 시대를 보시는 감각도 탁월하셨다. 문환이 일제강점기 '도라산농잠학교'에 진학하여 누에고치검수원이 되셨다. 당시에는 누에고치로 만든 견사絹絲가 조선총독부의 가장 전략적 수출품목 이었다. 지금으로 말하면 전자제품 같은 국가의 전략적 주력산업이었다. 문환은 이러한 시대적 트렌드를 감지하고 그 길을 선택하신 것이다. 아들 정규의 신학문을 가르치기 위해 헌신적으로 뒷바라지도 하셨다. 지난 세월을 생각해 보면 문환은 집안의 위기시마다 능력을 발휘하셨다. 종손 정규의 아버지 문환은 위기관리능력에도 뛰어 나신 분이었다. 종손 정규의 아버지 문환은 정규의 고조부, 증조부, 조부와는 많은 면에서 다른 분이셨다. 이와 같이 문환이 선대의 조상님들과 다른 생각을 가지신 것은 시대가 바뀐 일제강점기에 성장하여 다를 수도 있다. 문환도 봉현 등 4대가 함께 하는 대가족 가풍속에서 성장하였으며 양반 가문의 자손으로서 자부심도 대단하였다. 문환과 같은 자부심은 대가족의 분위기 속에서 자연스레 받으며 만들어진 것이다. 이러한 영향으로 문환은 양반과 상놈을 구분하는 반상의 그림자가 돌아가실 때 까지 짙게 남아 있던 분이셨다. 그러한 생각은 문환의 증조부 봉현, 조부 승순, 아버지 종림이 반상의 구분이 있던 시대에 양반으로 살아오셨던 분들이므로 충분히 이해가 간다. 문환의 증조부와 조부는 많은 노력을 하시어 양반의 자격을 얻으셨던 분들이다. 이러한 분들과 수십 년을 함께 사셨던 문환도 양반의 정체성을 오래도록 유지하셨던 것 같다. 정규의 아버지 문환은 1906년에 대한제국 말엽에 태어나신 분으로 양반으로 태어나 나라가 망하면서 평민의 신분이 되었던 분이다.

이러한 출생과 성장조건으로 볼 때 문환은 자신의 정체성에 대한 많은 갈등을 느끼면서 사셨다. 정규의 아버지 문환은 양반의 신분으로 태어나 일제강점기, 8.15해방, 미군정, 6.25전쟁을 거치면서 수없이 가치관의 변화를 경험하셨던 분이다. 문환이 자란 어린 시절은 대가족 가정으로 조선왕조에서 통정대부 직첩을 받으신 그의 증조부와 생원이신 조부로부터 영향을 받으며 자랐다. 문환은 나라가 일본에 빼앗겨 모든 사회체제가 일본화 되어가고 있는 상태에서 기존의 기득권을 모두 빼앗기고 모든 삶을 왜색화倭色化 하려는 일제에게 의도적으로 반발을 하셨던 것 같다. 이러한 당시의 상황을 생각해보면 종림은 조부와 부모님의 뜻을 거스르지 않는 효자였기 때문에 우리의 전통과 가풍을 지키기 위해 의도적으로 시대에 저항한 것이란 생각이 든다. 그러나 문환은 새로운 시대가 바뀌었으니 탐탁하지는 않았지만 새로운 시대에 살아가는 방법을 배워야한다고 생각하고 계셨다. 이러한 종림과 아들 문환이 서로 다른 가치관을 가지고 있어 갈등은 피할 수 없었을 것 같다.

이렇게 문환이 아버지 종림과 가치관의 갈등을 겪고 사셨지만 여전히 문환도 자신이 양반이라는 가치관 속에서 사셨던 분이다.

대가족 체제에서 세대 간 가치관의 차이가 3대를 내려오면서 부자간 갈등을 겪으며 자연스런 대화를 어렵게 한 요인이라 생각한다. 일본 제국주의는 대한제국의 국권만 강탈한 것이 아니라 한 가문의 세대 간 원활한 대화마저 앗아간 원인을 제공하였던 것이다.

우리나라는 영호남의 갈등으로 지금까지도 완벽한 민족의 시너지를 만들어 내지 못하고 있다. 이러한 갈등은 5.18 광주혁명운동 같은 또 다른 비극을 만들어 내기도 하였다. 이런 비극도 따지고 보면 일제강점기의 잔재라 생각한다. 식민지 통치의 방식에서 항상 제국주의자는 분리 통치를 위해 지역 간 갈등을 조성했다. 해방 후 친일파들이 정권을 이어받아 이러한 일제의 잔재를 그대로 정치에 이용하여 우리들에게 씻을 수 없는 비극을 남겨주었다. 마찬가지로 정규의 가문도 이러한 세대 간 가치관의 차이가 부자간 대화의 단절을 만들고 이것으로 결국 가문이 피해를 받게 된 것이다.

종손 정규의 100년 삶 안에는 당연히 그의 조상님들의 영향을 받을 수 밖에 없었기에 고조부 봉현 부터 살아오신 내력을 더듬어 보았다. 한 가문은 물론이려니와 자손들의 정체성과 삶은 저절로 만들어 지는 경우는 없다. 4대가 공존하는 대가족에서 성장하면서 선대의 삶의 모습으로부터 배우면서 내 모습이 만들어지는 것이다. 우리는 이러한 가문에 좋은 가풍을 가진 집안을 뼈대 있는 집안이라고 한다. 여기서 뼈대는 육체의 뼈대가 아닌 정신적 뼈대인 것이다.

종손 정규의 정체성 형성에 영향을 주신 조상님들은 파주 장산리에 정착하여 200년 가문을 일궈내신 고조부 봉현부터라고 생각된다. 증조부 승순은 오랜 세월 아버지 봉현을 모시고 그의 뜻에 따라 효도를 다하시고 아들 종림을 훌륭하게 키워내셨다. 뿐만 아니라 증조부 승순은 50년간 봉현을 모시고 방랑으로 사셨지만 파주에 정착하여 아들 종림과 함께 가세를 일으켜 양반가의 모습을 다시 세우고 조상님들을 위한 위토와 선산까지 마련하여 봉제사를 위한 안정된 인프라를 만드셨다. 정규의 조부 종림은 할아버지 봉현과 아버지 승순의 뜻에 따라 가문을 더욱 공고히 하는 데 힘을 다하셨다. 종림은 아버지 승순을 도와 가세를 일으키고 조상들의 가풍을 이어가면서 효를 실천하셨다. 종림은 정규의 윗대 4대 조상님들 중 '빛과 소금' 같은 분이셨다. 종림은 조선왕조에서 성장하여 일제강점기를 사셨던 분으로 가치관의 갈등을 가장 많이 받으셨던 분이다. 정규의 아버지 문환은 일제강점기 새로운 문화를 적극적으로 수용하려 노력하는 편이셨다. 문환은 새로운 변화를 빠르게 수용하는 분이셨다. 이러한 문환은 전통을 지키려는 종림과 크고 작은 갈등을 겪으셨다. 이러한 가문의 흐름으로 보아 종손 정규의 정체성 속에 숭조 등 가문의 가치관을 지키려는 마음이 이해가 된다.

종손 정규 가문은 200여 년간 수많은 가치관의 변화를 겪으며 살아오셨지만 가문을 받쳐주는 기둥은 효를 중심으로 숭조의 정신을 가장 중요하게 여기고 있다. 시대는 변하여도 숭조와 효의 가치관은 여전히 중요한 덕목이라 생각한다. 어떠한 가문도 '숭조와 효'에 대한 정신이 제대로 지켜지면 시대의 변화에도 흔들림이 없을 것이다.

전통을 지키려는 모습은 약간은 답답하고 고루하게 보일수도 있다. 삶에서 진정한 참모습은 항상 어딘가 부족함이 있는 것처럼 보인다. 삶에서도 새로운 곳에 도전하며 다양하게 살아가는 것보다 자기가 옳다고 생각하는 길을 담담하게 평생 지속하는 것은 몇 배가 더 어렵다. 가문의 가풍을 지키고 종손으로 살아가는 길이 그런 것이다. 종손 정규는 그런 길을 100년 동안 걸어오고 있다.

5. 종손 정규의 출생과 가족관계

5대 종손 정규는 파주군 임진면 마정리 734번지에서 아버지 문환文煥과 어머니인 공주이씨 순아順娥의 3남4녀 중 장남으로 1926년 8월 27(음)에 태어났다. 태어난 계절은 일 년 중 가장 좋은 계절인 추석을 지나 열이틀 후인 가을에 태어났다. 정규는 마은동에서 마정 734번지로 이사 오던 해 가장 풍요한 계절에 종손이 태어난 것이다.

이현규, 이석규, 황대연, 이정규, 이천호, 막내며느리, 맏며느리:성연, 둘째딸, 셋째딸, 막내딸, 둘째며느리

〈종손 정규의 형제 · 자매〉

정규의 어머니 공주이씨는 전주이씨 종갓집 종부로 시집와서 위로 딸 둘을 생산하신 후에 첫 아들을 보셨으니 그 기쁨은 이루 말할 수 없이 컸다. 어머니 공주이씨가 처음 시집왔을 때 손아래 시누이 세 명이 있었는데 공주이씨는 마음 고생을 많이 하셨다. 정규의 어머니는 장산리 10대 종손 집에서 태어났지만 무남독녀라서 친남매가 없이 외롭게 자랐다. 처음 시집왔을 때 시어머니 덕수이씨는 매우 무서웠고 시누이들이 올케에게 돌아가면서 한마디 씩 면박을 주어 정규의 어머니는 주눅이 들어서 사셨다. 이러한 상황에서 시집와서 딸을 내리 두 명이나 이어서 출산하였으니 그 불편한 마음은 짐작이가고도 남는다. 더구나 공주이씨의 친정어머니 청송심씨는 10대 종손 며느리가 아들이 없어 양자로 후사를 이었으니 그의 딸인 정규 어머니에 대한 주변 사람들의 쑥덕거림에 많은 마음고생을 하셨다.

정규의 막내고모는 둘째 누님과 같은 해에 출생하여 둘이 나이가 같았다. 막내고모는 2월이 생일이고 정규의 둘째 누님은 11월이 생일이다. 이런 상황이니 정규의 어머니는 딸을 키우면서도 항상 어린 시누이 눈치를 보며 키웠다. 더구나 정규의 어머니는 처음 와서 내리 딸만 둘을 낳으시니 아들을 바라는 종갓집 집안에서 더욱 기를 펴지 못하셨다. 이러한 집안 분위기로 마음고생을 하고 있던 상황에서 새 곳으로 이사와 마침내 첫 아들을 낳았으니 어머니뿐만 아니라 온 가족의 기쁨은 이루 말할 수 없었다.

정규가 태어난 시기는 대한제국이 일본에 나라를 빼앗기고 16년이 지난 일제강점기였다. 정규의 고조부는 통정대부 직첩까지 받으셨고 조선 왕족의 후손이었던 어엿한 양반가였던 정규네 가문은 나라 잃은 상심으로 살아오시던 때였다. 더구나 마은동에서 독개벌 제방 둑 공사를 하려다 실패하여 가세까지 많이 줄이며 마정 734번지로 이사와 새로운 마음으로 출발하려 하시던 시기였다. 이러한 암담한 시기에 손이 귀한 5대 종가의 종손인 정규가 태어났으니 공주이씨의 기쁨을 넘어 가문에 큰 경사였다.

옛 선조들은 어려운 난세 일수록 가문의 대를 이을 아들을 더 중요시 하여 가문의 번성을 위해 혈통관리에 더 집착하였다.

정규가 태어날 무렵이 고조부 봉현이 파주에 정착하고 한 세대가 되었을 시점이었다. 이러한 차에 가문의 뿌리를 단단히 해줄 금지옥엽 종손이 태어난 것이다. 종손 정규의 어머니는 무남독녀 외딸로 외롭게 자라신분이다.

공주이씨의 아버지 이운탁은 친정어머니 청송심씨를 매우 사랑하셨던 분이셨다. 대부분 아들이 없으면 또 다른 부인을 두어 후사를 이을 아들을 얻는 것이 일반적인 시대였지만 공주이씨의 아버지는 딸 하나를 만족하며 사셨다. 결국 종손이었던 친정아버지 대를 이을 아들이 없자 공주이씨의 친정 작은 아버지 댁의 아들인 사촌이 종손의 대를 이었다. 누구보다도 종갓집 며느리가 대를 이을 종손을 생산하지 못하면 처지가 어렵게 된다는 것을 뼈저리게 체험한 정규의 어머니였다. 이와 같이 어려운 처지에 있던 정규의 어머니는 종손이자 첫 아들을 생산하여 종갓집의 며느리가 해야 할 가장 중요한 책무를 이행하신 것이었다.

종손 정규가 태어날 시점에 독개벌 제방 둑 공사로 인한 뒷정리도 되었고 가세는 기울었지만 그래도 생활은 안정되어 있었다. 나라는 망했지만 지방의 양반가의 모습이 여전이 남아있던 가문이었다. 비록 대한제국은 일본에 망했지만 조선왕가의 핏줄을 당당한 자부심으로 하는 가문의 종손인 정규가 태어났다.

정규는 위로 누님이 두 분 있었다. 첫째는 옥규, 둘째가 희규 인데 그 당시 남존여비의 남녀차별이 심해서 딸들은 출생신고도 미루고 안했다. 셋째로 종손 정규가 태어나자 그때서야 누님 두 분도 출생신고를 하였다. 종손 정규의 어머니는 정규를 얻고서야 며느리 대접도 받았다. 더구나 정규의 어머니가 출산할 때 시어머니도 같이 출산을 하시니 시어머니 도움을 제대로 받을 수 없었다. 정규의 바로 위 누나인 희규와 막내 고모는 같은 해 출산하여 같은 나이였다. 정규의 누님 두 분은 막내 고모와 같이 자라면서 기를 펴지 못하고 자랐다. 정규의 어머니 공주이씨는 자신의 둘째 딸과 나이가 같은 시누이가 시할아버지 승순에게 글을 배우고 있었지만 감히 딸들을 함께 글을 가르쳐 달라고 하지 못하여 전전긍긍하셨다. 정규의 외할아버지도 한문서당을 열어 훈장을 하셨던 분이라서 두 누님을 외가로 보내어 글을 가르쳐도 되지만 그것도 어른들에게 말씀드리기 어려워 속을 태우셨다. 정규의 두 누님들은 고모들과 같은 집에서 자라면서 기도 제대로 못 펴고 항상 눌려서 지냈다. 정규의 둘째 누나 희규는 막내 고모와 같은 나이지만 생일이 거의 1년 가까운 차이가 났다. 하지만 소학교를 다닐 때 조카 희규는 공부 등 모든 방면에서 고모보다 우수하였다. 희규는 학업 성적도 뛰어나고 그가 다니던 소학교 교실에는 희규의 그림, 작문 등으로 도배하다시피 하였다.

그런데 동갑내기 희규의 막내고모는 공부를 싫어하여 성적이 항상 꼴찌였다. 희규의 막내고모는 매일 학교에 갈 때면 학교 가기 싫다고 울고불고 난리를 쳐댔다. 할아버지 종림은 막내 고모 때문에 매일 속이 끓이시다가 홧김에 막내 딸은 물론 두 손녀들까지 모두 학교에 다니지 못하게 하였다.

그래서 정규의 누님들은 겨우 초등학교 2학년 밖에 다니지 못하였다. 이와 같이 정규의 집안에서는 딸들의 공부에 대해서는 별로 중요하게 생각하지 않았다. 하지만 종손인 정규의 공부에 대해서는 예외로 모든 희생을 아끼지 않으셨다.

옛날에는 어느 집안 없이 삼신을 중요하게 모셨다. 집안에 삼신三神은 아이를 배게 하고 낳게 하며, 아이가 자라나는 것을 돕는 신神이기 때문이다. 옛날 조상들은 삼신은 한집에 한 분 뿐이라고 생각하였다. 그래서 시어머니와 며느리의 산달이 같으면 며느리는 반드시 친정으로 돌아가서 아이를 낳도록 하였다. 당시에 정규의 어머니와 할머니는 같은 해 출산은 하였지만 산달이 차이가 많이 나기 때문에 그냥 같은 집에서 출산을 하였다. 옛 날에는 며느리가 출산하였을 때 시어머니 등 식구들의 도움을 받으며 아이를 키우는데 정규의 어머니는 그러한 도움을 받지 못하고 혼자서 아이들을 키우시는 수밖에 없었다. 정규의 어머니는 시할아버지까지 있는 대가족의 종손 며느리로 시집와서 엄한 시어머니와 시누이들 때문에 숨도 제대로 못쉬고 시집살이를 하셨다.

종손 정규는 4대 종갓집에 7남매 중 장남으로 태어났다. 종손 정규가 태어나자 아버지 문환은 출생신고를 미루어 두었던 딸 둘도 정규와 함께 출생신고를 하셨다. 문환은 딸 둘과 정규 등 셋을 한 번에 출생신고를 하려다 보니 생년월일을 조정할 수밖에 없었다. 그래서 정규는 위로 누님 두 분의 생년월일을 조정하느라 1927년 2월 10일로 출생신고를 하여 나이가 한 살 늦추어 사용하게 되었다.

정규의 어머니 공주이씨가 태어나신 '장산리 범박골'은 임진강 초평도 남쪽의 구릉지에 있는 마을이다. 공주이씨의 생가 뒷산이 지금의 장산전망대가 있는 산이다. 정규의 어머니가 태어나신 집은 뒤쪽은 낮은 동산이 있고 앞에는 작은 들판이 있는 전형적인 농촌마을이다. 정규가 태어나기 30년 전 정규의 고조부 봉현이 파주에 처음 정착하신 곳도 '장산리'였다. 장산리는 정규의 가문에게 있어 참으로 인연이 깊은 마을이다.

장산리에 정착한 고조부 봉현은 파주에서 정착할 발판을 만들었고 이 마을과 인연이 이어져 20년 후에 공주이씨 가문과 사돈이 된 것이다. 옛말에 "같은 마을에서 사돈이 되려면 3대가 덕을 쌓아야 맺어진다"는 말이 있다. 결국 전주이씨 봉현 등 3대가 이 마을에 와서 덕을 쌓아 공주이씨 가문과 100년 혈족이 된 것이다. 비록 봉현은 장산리에 정착하신지 오래되지 않았지만 주변에 유서 깊은 가문과 사돈을 할 수 있으셨던 것은 왕실의 후손이었고 인품과 학식이 주변으로부터 상당히 인정받고 존경받았기 때문이었다.

이와 같이 정규의 가문에서 볼 때 '장산리'는 정규네 '200년 파주가문'을 탄생시킨 자궁과 같은 곳이다.

'장산리'는 도대체 어떠한 곳인가? 나는 이러한 의문을 품고 '장산리'라는 땅의 의미를 이해하기 위하여 장산리 마을 곳곳을 헤집고 다니며 그 의미를 찾아보았다. 또 이곳에서 5리가 채 안 되는 거리에 위치해 있는 마은동은 장산리와 삶이 어떻게 연결되어 있는지도 살펴보았다. 고조부가 사셨던 마은동 옛 집은 없어지고 그 터에 새로운 집이 들어서 있었다. 주변에 몇 집을 수소문하여 보았더니 그 터가 틀림없이 '이종림'의 집터라고 알려 주었다. 고조부 봉현이 이 터에서 3대가 함께 살며 가세를 다시 일으키시고 통정대부 당상관 직첩도 받는 등 가문을 회복한지 어느 덧 120년이 되었다. 그 당시의 자취는 찾아 볼 수는 없으나 아직도 주변에 사시는 노모들의 기억을 통해 당시의 삶을 더듬어 일부 전해준다. 그러나 당시에 정규의 고조부와 삶을 같이하였던 옛 집터에서 100미터 정도 거리에 서있는 460년 되는 커다란 느티나무뿐이었다. 아마도 이 느티나무는 120년 전에 사셨던 정규의 선조들이 얼마나 열심히 사셨는지 보았고 기억하고 있을 터였다.

정규의 외조부 '이운탁'은 한학에 조예가 깊었으며 서당을 열어 주변의 학동들을 모아 글을 가르치셨다. 이때에 정규의 어머니도 동네 아이들 속에 섞여 한문을 배웠다. 당시에 여자가 글을 배운다는 것은 그리 흔하지 않았다. 더구나 '남녀칠세부동석男女七歲不同席'이라는 유교적 관념 때문에 딸을 남자 아이들과 함께 공부시키는 결정은 쉽지 않았던 시대였다. 이러한 상황으로 미루어 보아 '이운탁'은 선구적인 개화사상을 가지셨던 것으로 보인다. '장산리'에는 8돈대가 있었고 돈대 주변에는 전국에서 모여 든 다양한 사람들이 살고 있었다. 장산리 돈대 주변에 주민들은 유사시 병력으로 사용하였기 때문에 나라에서 둔전을 제공해 못 사는 사람들이 정착하기에 유리한 곳이었다. 이러한 조건들 때문에 전국 각지에서 모여든 사람들이 다양하였다. 이러한 지역적 특성으로 '이운탁'의 한

문서당에서 글을 배우는 학동들의 신분도 각양각색이었다.

이운탁에게 공부하는 학동들 중에는 상놈의 아들인 박순봉朴順奉의 재주가 가장 특출 났다. 이러한 박순봉의 재능을 간파하신 '이운탁'은 동네의 어린아이들에게 "너희들은 곧 박순봉의 제자가 될 것이다"라는 말씀을 하시곤 하였다. 이러한 정규의 외조부 예언은 후에 적중하였다. 다름 아닌 외조부에게 박순봉과 함께 공부하셨던 공주이씨의 아들인 정규가 박순봉의 제자가 된 것이다. 박순봉은 정규의 소학교 담임선생님이셨다.

정규의 외가댁이 있던 장산리에는 임진강을 따라 조선시대 8돈대가 있었다. 지금은 장산리 돈대의 흔적은 없어졌으나 장산리 돈대에 대하여 역사에 상세히 기록으로 전해오고 있다. 장산리 돈대가 있는 지역은 아주 오랜 삼국시대부터 요충지였다. 북에서 내려오는 적을 방어하기 위해 장산리 돈대가 있었지만 남에서 오는 적을 방어하기 위해서는 초평도 북쪽에 덕진산성이 있다. 장산진 돈대는 장산리 산 7-1번지에 있었다. 이 지역은 한양도성의 방어를 위해 중요한 지역으로 국가에서 관리가 이루어졌던 군사 요충지였다. 장산진 돈대는 영조 30 년 갑술년에 우참찬 홍봉한이 "평안도와 황해도의 요로인 마포가 여울이 얕아서 방어대책을 세우지 않으면 안 된다"고 영조를 면대하여 설치토록 하였다. 장산리에 돈대墩臺를 쌓고 둔전을 설치하며 군량미를 내놓아 모곡을 받고, 별장別將을 두었다. 정묘호란 때는 후금군의 도강을 막기 위해 방어선이 구축되기도 하였다. 조선시대 장산진 돈대가 있는 장산나루와 임진나루는 중요성이 지속적으로 강조되었다. 조선 숙종 때는 임진나루 및 관청 소유의 선박인 관선 관리를 맡던 도승을 별장으로 바꾸기도 했다. 영조 30년 도성으로 들어오는 외곽 방어체계를 강화하고 도성으로 들어오는 길목인 임진강 일대의 방어체계를 개편했다. 이 때 임진나루를 임진진으로 바꾸고 강의 하류에 장산진을 추가로 설치하였다. 그리고 이곳을 경기지역의 경비를 위해 만들어진 총융청소속으

〈마은동 옛 집터 : 옛집은 헐리고 지금은 그 터에 집이 두 채가 세워져 있음〉

〈마은동 집에서 100m 떨어진 곳에 있는 460년 수령의 느티나무〉

로 하였다. 장산진이 관할하는 돈대는 총 8개소가 있었다. 돈대의 뒤로는 장산진성이 축성되어 있어서 상호간의 연대방어체계를 구축하였다. 장산돈대는 임진진성과 약 1km 거리에 있다. 그래서 유사시 유기적인 방어체계를 갖출 수 있었다. 돈대 주변에는 국가에서 변란이 발생하면 즉시 군인을 모집하기 위해 어려운 사람에게 땅을 주었으므로 전국에서 온갖 사람들이 모여 살았다. 그래서 장산리에는 상놈이지만 특출 난 사람이 많았다. 그 특출 난 사람 중에 한사람이 박순봉 같은 사람이었다.

고귀한 가문의 정신은 후손에게 자연스레 흘러간다. 고귀한 가문의 정신을 이어받지 못하는 것은 후손들이 그러한 가치를 인지하지 못하는 자신의 수용성 부족하기 때문이다. 정규는 어릴 적부터 외가의 영향을 많이 받으며 자랐다. 외할아버지 이운탁의 아들이 없어 정규의 외당숙이 외할아버지의 양자로 들어와 외삼촌으로 대를 이었다. 외할아버지에게 동생이 다섯 분이 계셨는데 그 분들도 대단히 존경받을 만한 학식과 인품을 지니고 있었다.

정규의 외조부는 6형제의 맏이였다. 외조부가 후사가 없어 두 번째 외조부의 맏이가 대를 이었다. 이름은 '필인'이고 첫째가 병일, 둘째가 병규 두 아들을 두었다. 정규의 외조부 6형제 중 셋째와 여섯째 외조부만 정규가 보았고, 나머지 외조부 세분은 보지 못했다. 셋째 외할아버지는 공부를 많이 하여 학식이 대단한 분이셨다. 여섯째 외조부는 체격이 건장 한 분이셨다. 정규의 외조부가 후사가 없이 돌아가시자 둘째 외조부 댁에서 양자가 들어 왔지만 셋째 외조부는 조상님들의 사당을 모셔갔다. 그 이유는 부모님은 생존해 있는 아들이 모셔야 한다는 논리였다.

정규는 지금도 외할아버지 이운탁의 고기 잡는 그물을 뜨던 모습을 기억하고 있다. 정규가 어느 날 외가에 들르니 외할아버지가 마당에서 그물을 만들고 있었다. 그물을 만들게 된 동기는 외조부의 친구인 '신철승'이라는 사람이 초평도 주변에 어업허가권을 받았는데, 서당 훈장을 하던 이운탁이 그의 친구이고 여가 시간이 있다고 하여 동업에 동의했다는 것이다. 정규의 외조부 이운탁은 고기 잡는 그물만 만들어 주면 되는 일이었다. 정규의 외조부 친구인 신철승은 중종 대왕의 폐비신씨의 친정인 거창신씨 신수근의 후손이었다. 폐비신씨 단경왕후는 '신수근'의 딸이었다. 연산군의 왕비가 폐비신씨의 고모였다. '신수근'은 10년 정도 대단한 권력을 가졌으나 신원이 복원되기까지 200년의 세월을 대역죄인의 오명을 쓰고 보냈다. 이러한 '신수근'의 후손들이 파주에 정착하여 살아왔고 정규의 외조부 '이운탁'과 친구가 되었던 것이다.

'신철승'은 '이운탁'보다 두 살 많았으나 '이운탁'은 황해도 옹진수사의 후손이고 신철승도 '신수근'의 후손으로 의기투합하여 친구가 되었다. '신철승'에게는 아들이 둘이 있었다. 첫째 아들과 둘째 아들은 모두 문산초등학교 출신으로 정규와는 같은 동문으로 첫째 아들은 정규보다 두 살 많았으므로 정규가 형님으로 불렀다. 이렇게 정규의 외가는 정규의 삶의 주변에 항상 있었고 외가와 관련된 사람들도 정규의 삶과 함께 살아왔다.

정규가 고조부부터 아버지에 이르는 4대의 비문을 세우게 된 것도 외할아버지 형제분들의 효를 실행하는 것에서 큰 감동을 받았기 때문이다.

종손 정규의 아버지는 정규가 경농을 다닐 때 고조선의 역사에 대한 숙제를 도와주시기도 하였다. 너무 리얼하게 단군조선에 대하여 설명을 해 주셔서 그대로 작성하여 과제를 제출하였더니 일본인 선생들에게 오히려 낮은 점수를 받았다. 그것은 일본인들이 요구하는 조선사를 작성하지 않았기 때문이다. 이렇듯 종손 정규는 조선왕실의 후손이라는 자부심뿐만 아니라 민족의식이 강하셨던 아버지 문환의 영향을 받으며 성장하였다.

종손 정규가 태어난 후 2남 2녀의 동생들이 더 태어났다. 정규가 어린 시절에는 아버지 문환의 동생들도 살았고, 증조부 승순의 동생인 종증조부 승억과 그의 손자 등 많은 사람들이 대가족을 이루며 살았다. 아직도 정규는 증조부 승순 할아버지 방에서 함께 잠자던 기억들과 조부 종림과 손잡고 논과 밭으로 다니던 유년기를 아득한 꿈결처럼 기억하고 있다. 이처럼 종손 정규는 임진강을 끼고 있는 외가 마을인 장산리를 비롯하여 진외가 마을 율곡리 등 모두 임진강과 더불어 사시던 외가 가문의 영향을 받으며 성장하였다.

6. 대망을 꿈꾸던 임진강 소년

가. 발랄하고 영특한 어린 시절

정규는 가문이 마은동에서 임술·계해 년에 마정 734번지로 이사하고 그해에 태어났다. 정규의 위로 두 분의 누님인 딸에 이어서 종손으로 태어나 온 가족의 귀여움을 독차지 하면서 성장하였다. 정규의 어린 시절 마정 집에는 증조부인 승순을 비롯하여 조부 종림과 덕수이씨 할머니 그리고 아버지와 어머니가 등 모두 대가족으로 함께 살았다. 정규가 어린 시절에는 아버지 문환의 동생들인 삼촌들도 함께 살았다. 위로 누님 두 분 딸을 낳고 주눅 들어 사시던 어머니가 맏아들 정규의 출산으로 기를 펴시고 사셨다. 종증조부 승억까지 한 집에 사셨으니 많은 사람들이 북적대는 대가족 집안이었다. 안살림을 맡아 하시는 정규의 어머니 공주이씨는 큰 살림으로 늘 허리 펴실 사이가 없었다. 하지만 정규는 부모님의 이러한 고충을 모르던 어린 시절에는 마냥 즐겁기만 하였다. 이 많은 가족들이 함께 살면서 모두가 종손 정규에게 사랑을 듬뿍 주시었다.

정규가 태어난 집은 조부 종림이 마은골에서 사실 때 독개벌 제방 둑 공사에 실패하였을 때 종림이 진외가 동생의 금융 빚을 대납한 대가로 받은 집이었다.

아버지 문환은 비교적 선구적인 사고를 가지신 분이었다. 종손 정규의 아버지 문환은 신학문에 대한 열망이 강하셨으나 아버지 종림이 공부보다는 종손의 역할을 강조하시어 공부를 지속하지 못하여 항상 아쉬워하시며 사셨다. 아버지 문환은 이렇게 자신의 못 다한 아쉬움을 자식인 정규에게 이루어 주려고 노력하셨다.

정규의 어머니는 친형제는 없이 외롭게 자랐지만 부모님의 사랑과 아버지 형제가 6형제로 5명의 숙부가 계셨다. 정규의 어머니는 어려서부터 외조부가 한문서당에서 글을 가르칠 때 동네 아이들과 함께 글을 배웠다. 당시만 해도 아들 선호사상이 강하던 시대였고 귀한 집 종손이기 때문에 유독 귀여움을 많이 받고 유년을 보냈다.

위로 두 누나는 보리밥을 먹을 때도 정규는 특별히 쌀밥을 주었을 정도로 차별하여 키우셨다. 정규의 누나 두 분은 남자 동생 정규를 둔 뒤에야 출생신고를 할 수 있었을 정도로 차별을 받고 자랐다.

종손 정규는 4대가 함께 사시는 대가족의 종손이자 장자로 태어나 집안의 귀여움과 기대는 물론 온 가문의 관심을 독차지 하면서 자랐다. 이때 정규는 증조부 승순과 종증조부 승억도 함께 잠을 자곤 하였다. 당시에 증조부 승순의 잠자리 머리맡에는 생강 편강이 늘 그릇에 담겨 있었다. 생강 편강은 생강을 얇게 썰어서 튀긴 후 꿀을 발라 놓은 것인데, 어른 들이 주무시다 입이 마를 때 드시라고 특별히 준비하여 놓은 것이다.

그런데 정규의 종증조부는 머리맡에 담아 놓은 편강을 부지런히 계속 집어 드시면 승순은 보다 못해 동생 승억에게

"야! 나도 좀 먹게 남겨 두라!"고 걱정을 하시면 종증조부 승억은 찔끔하여 먹는 것을 중지하고 남겨 두곤 하시던 모습을 생생하게 기억하고 계셨다.

어릴 적 정규가 증조부 이불속에 들어가면 증조부 승순은 어린 정규에게 생

강편강을 하나 씩 입에 물려주었다. 어린 정규는 이러한 증조부 승순이 너무 좋아서 매일저녁 승순의 이불속에 들어가 함께 잠들곤 하였다.

정규가 기억하는 종중조부는 다리는 수정다리였는데 힘이 장사였다. 키도 매우 크셨던 거한이었다. 그런데 정규에게 풀리지 않은 의문은 종중조부 부인인 종중조모 산소를 임진강 너머 성령대군 집안의 선산에 장사를 지낸 것이다. 당시에 종중조부 승억은 일은 항상 뒷전이시고 주로 도랍산 주변에 가서 건달들과 시간을 보내셨다. 그런데 종중조부 승억의 부인이 "왜 도랍산에 가서 돌아가셨는지?"가 풀리지 않는 의문이다. 더구나 당시에 그곳은 해산군이나 경성군 후손들이 집단으로 살던 곳이었고, 그들의 선산에 장사지내는 것이 거의 불가능 하였을 것이기 때문이다.

당시에는 정규네 마을 마정리에 임시기차역이 있어 기차를 타면 도랍산을 거쳐 시루리까지 갈 수 있었다. 당시 장단역이 있던 지명을 '시루리'라고 불렀다. 정규의 증조부 승순이 동생 승억이 나돌아 다니는 것을 늘 걱정을 하시니 그는 승순의 눈을 피해 반구정 사목나루를 이용하여 조레이 벌을 거쳐 시루리 못 미처 있는 도랍산장場으로 가시곤 하였다. 조레이벌은 반구정 강건너 맞은편에 있는 장단반도를 말한다. 도랍산장에서 시루리장까지는 20여리 되었기 때문에 황해도에서 나오는 '황치'들은 시루리장까지 가지 않고 도랍산장에서 하루전날 우시장이 형성되어 거래되었다. 당시에 장단 시루리장은 9일 날 섰었는데 소장 사들은 시루리장까지 가지 않고 하루 전 8일날 도랍산장에서 흥정하여 황치들을 구입하였다. 황치는 황해도에서 길러진 한우들을 당시에는 그렇게 불렀다. 황치는 황해도 너른 벌판에서 좋은 풀을 먹고 자라서 덩치도 크고 당시에는 육질이 유명하였다.

당시에 시루리장에서 구입한 황치들은 주로 봉일천장으로 가져가 서울 사람들에게 넘겼기 때문에 도랍산장에서 시루리장까지 또다시 가야할 필요가 없었

기 때문이다. 황해도 소장사들이 도랍산장에서 소를 사서 소몰이꾼들에게 넘겨
주면 소몰이꾼들은 한사람이 4~5마리씩 끌고 갔다. 당시에 도랍산장에서 구입
한 소들은 소몰이꾼들이 독개나루에서 나룻배를 태워 임진강을 건너서 독개벌
로 해서 마정리 정규네 집 앞길로 지나갔다. 소몰이꾼들은 소를 몰고 마정리 종
규네 집 옆길을 지나 사목리와 당동고개를 넘어 지금의 문산고등학교앞을 통해
문산천을 따라 봉일천 시장으로 다녔다.

시루리장이 설 때면 소몰이꾼들이 구입한 황치들을 봉일천장으로 끌고 가는
와자지껄한 소리와 딸랑거리는 소목에 매단 방울소리가 끝이지 않고 이른 새벽
부터 정규네 집 앞길을 가득 메우곤 하였다.

당시에는 반구정 사목나루와 독개나루를 모두 사용하였는데 반구정나루를
이용하는 사람이 더 많았다. 반구정나루 임진강 북쪽에 조레이벌에 사는 사람들
이 많았고 파주로 출퇴근 하는 사람들이 많았다. 당시에는 조레이벌(장단반도
쪽)도 문산의 일일생활권이었다. 정규가 잘 아는 성령대군 후손으로 파주군청에
군무하는 사람으로 이종구라는 사람이 있었다. 그는 매일 조레이벌에서 배를 타
고 사목나루로 건너와 사목리, 당동리를 거쳐 문산읍으로 출퇴근을 하던 사람이
었다. 당시에 지금의 문산읍에 파주 군청과 임진면사무소가 있었다. 지금은 휴
전선으로 임진강 수로水路로 이어졌던 파주와 황해도의 삶의 고리가 모두 끊어
졌지만 정규가 어린 시절에는 강화 교동도 맞은편 황해도 삽다리 사람들도 문
산포를 많이 이용하였다. 그들은 서해의 조수간만을 이용하면 삽다리에서 배를
타고 한강 하류인 오두산을 지나 문산포까지 도착하는데 한 시간 남짓 걸렸다.

황해도 삽다리 사람으로 이웃에 살았던 '유순경'이라는 정규의 친구도 있
었다. 삽다리 사람 유순경은 정규보다 2살 위였으나 둘은 친한 친구 사이였다.

그는 6.25이후 문산에 살면서 순경노릇을 하였다. 그는 6.25전쟁 이후 이웃
에서 순경노릇을 하면서 친구인 정규를 의지하며 살았다. 정규가 공무원을 그

만두고 삼오상회를 시작 하였을 때 친구인 유순경이 '삼오'라는 상호를 같이 사용하자고 하여 허락하였더니 그는 경찰을 그만두고 '삼오부동산'을 차렸던 사람이다.

이와 같이 정규가 어린 시절에는 파주가 임진강을 활용하여 남북의 교류를 이루며 삶이 조화를 이루던 곳이다. 정규의 어린 시절 기억을 더듬어 그 시절 삶을 기록하였다. 휴전선으로 삶의 접근이 단절된 지 어느덧 70년의 세월이 넘어 이러한 임진강과 관련된 삶의 일상을 기억하는 사람이 거의 없다.

종림은 들에 일하러 나가실 때도 항상 손자를 데리고 다니시기를 좋아하셨다. 독개벌은 마정 정규의 집에서 5리 정도 거리에 임진강변에 있었다. 지금은 독개벌 위로 곤돌라가 설치되어 있어 곤돌라를 타면 독개벌의 위치를 명확하게 볼 수가 있다. 정규의 조부 종림은 농사에 각별한 기술을 가지고 있으셨다. 그러므로 조부 종림은 매년 농사를 지어 얻은 수확으로 돈을 모으실 수 있었다. 임진강변에는 습지가 많이 있지만 독개벌이 있는 곳이 제방 둑을 쌓아 농토를 만들기 용이한 곳이었다. 종림은 마은동에서 임진강 하류로 5리 정도 떨어진 독개벌에 방제 둑을 쌓아서 농토를 만들려고 공사를 추진하셨다. 그런데 몇 번의 홍수로 방제 둑이 계속 무너져 쌀을 수확하지 못하자 금융기관에서 차용한 비용을 감당할 수 없었다. 그래서 종림은 그동안 모아 두었던 재산을 많이 줄이게 되었다. 독개벌은 현재 임진각이 있는 옛 철교가 있던 부근인데 독개는 동네 이름이었다. 이곳에는 예전에 독개나루가 있었던 곳이기도 하다. 독개나루는 도랍산이나 장단 시루리장에 갈 때 이용하던 나루였다.

종손 정규는 할아버지가 독개벌에 참외 농사를 지으셨던 것도 기억하고 있다. 종림이 참외밭에 갈 때면 정규도 할아버지를 따라 가곤 했다. 하루는 조부 종림이 정규에게 "시루리장에 가서 참외를 팔고 올 테니 여기서 혼자 기다리고 있을래?" 하여 정규는 그런다고 하였다. 할아버지는 지게에 참외를 지고 시루리장에 가시고 어린 정규는 원두막에 혼자 있었다. 어린 정규는 들에 혼자 있으니 무서운 생각이 들었는데 갑자기 천둥과 번개를 치면서 소나기가 쏟아졌다. 가뜩이나 원두막이 작고 부실하여 소낙비까지 들이 쳤다. 어린 정규는 천둥소리가 무섭기도 하고 원두막으로 치고 들어온 비를 맞아 추워서 엉엉 울면서 할아버지를 찾던 기억이 아직도 생생하다. 시루리장은 옛날 장단역전 시장 이름이다. 장단역은 경의선의 옛 철도역으로 도라산역에서 철로를 따라 북서쪽으로 1.7km 가량 떨어진 곳이다. 당시에는 장단역 주변에는 각종 은행과 금융조합이 밀집해 장단 시가지가 들어서 있었다. 장단역 앞에 있던 장단군청 주변에 있었던 시장 등으로 장단역 주변은 상권이 밀집해 있었다. 정규가 어릴 때 할아버지 종림이 다니셨던 시루리장도 장단역 주변에 있었던 시장이다. 당시에는 문산 독개벌에서 참외를 지고 이십 리 길을 걸어서 장단역전 시장까지 가서 농산물을 팔곤 하였다.

정규는 어릴적부터 총명하고 인사성이 바르다는 소리를 들으며 자랐다. 집안의 어른들은 종손의 배움에 대해서도 많은 관심을 가지고 계셨다. 옛날 양반집에서는 어린아이가 숟가락을 잡을 정도만 되면 붓글씨를 가르치고, 말을 할 때면 글을 가르쳤다고 한다. 지금도 어린아이에게 조기교육을 하고 있지만 4대가 함께 사는 양반가문이라고 자부하셨던 정규의 집안에서도 관심이 대단하였다.

종손 정규는 7세 때부터 글을 배우기 시작했다. 종손 정규는 막내 삼촌 장환과 나이 차이가 8살 이었다. 막내 삼촌 장환도 종손 정규를 형님처럼 자상하고 각별하게 대해주셨다. 정규의 어린 시절 성장에 많은 도움과 영향을 준 사람 중한 사람이 삼촌 장환이었다. 정규의 조부 종림은 맏아들 문환은 물론 나머지 아들들도 초등학교 이상 더 공부하는 것을 탐탁하지 않게 생각하셨다. 그래서 막내 삼촌 장환도 보통학교를 졸업하자 상급학교 진학을 포기하고 한문서당에 다넜다. 삼촌이 한문서당을 다닐 때 정규도 삼촌을 따라 서당에 한문을 배우러 다녔다. 정규의 할아버지 종림은 늘 장환에게 조카 정규를 잘 데리고 다니라고 당부를 하셨다. 할아버지 종림은 어린 손자가 늘 염려스럽고 소중했던 것이다. 조부 종림은 종손 정규에게 항상 많은 관심과 정성을 기울였다.

종손 정규가 유년시절 다니던 한문서당은 임진면 사목리 반장동에 있었다. 그 당시에는 반장동은 장수황씨 집성촌이었다. 한문서당 선생님은 창원유씨였다. 창원유씨는 정규의 증조모의 친정 집안으로 아버지 문환의 진외가 이기도 하였다. 그 때 삼촌 장환은 소학을 배우고 종손 정규는 천자문을 배우고 있었다. 정규는 초등학교 입학 전에 천자문을 다 배우고 명심보감을 배우다가 입학하였다. 정규는 문산초등학교를 9살에 입학하였다. 당시에는 문산초등학교를 임진심상소학교라고 하였다. 소학교는 마정 집에서 10여리가 되었다. 정규는 사목리와 당동리 고개를 넘어 문산읍에 있는 소학교로 다녔다. 정규가 초등학교에 다닐 때 위로 두 누님은 학교를 다니지 않았다. 조부 종림이 정규보다 세 살 위인 막내 고모가 학교에 가기 싫어하고 공부도 못하니 학교에 다니지 못하게 하였다. 그 바람에 정규의 위로 두 누나들인 옥규와 희규도 학업을 계속할 수 없었다.

어린 시절 정규는 친구들에게 지기를 싫어하였다. 정규가 한문서당에서 글공부를 할 때 정규보다 4~5세 많은 황의삼이라는 친구와 같이 공부를 하였다. 황의삼은 정규와 함께 천자문을 함께 배우고 있었다. 정규는 장난기가 발동하여 쉬는 시간에 황의삼이 화장실에 들어가는 것을 보고 밖으로 문을 잠그고 교실로 들어왔다. 다시 수업은 시작되고 황의삼이 자리에 보이지 않자 선생님은 '황의삼'을 찾으셨다. 정규는 양심에 가책을 받아 "황의삼은 제가 화장실에 들어간 뒤 밖에서 문을 잠 그어 놓았다"고 솔직히 말씀드렸다. 이러한 일로 소년 정규는 선생님에게 종아리를 맞은 일이 있다. 이와 같이 종손 정규도 어린 시절에는 장난기 많은 영특한 어린이였다.

정규는 삼촌 장환과 한문서당에서 글을 배웠는데 하루 전에 배운 구절을 책을 안보고 돌아앉아 외우는 시간이 있었다. 그때 삼촌 장환은 한 구절을 외다가 생각이 안 나는지 못 외우고 있을 때 종손 정규가 옆에서 읽어 주자 그제 서야 삼촌은 생각이 났는지 구절을 외웠다. 한문서당 선생님은 삼촌이 조카만도 못하다고 하면서 장환의 종아리를 때렸다. 그 때 일이 어린 정규에게는 충격이 컸는지 기억에 남아 있었다. 오랜 세월이 지나 미국으로 이민 간 삼촌이 고향에 다니러 왔을 때 그 때 일이 생각이 나서 과거에 장환과 함께 한문서당에서 공부하던 추억을 얘기 하였다. 그랬더니 삼촌 장환은 나도 기억을 못하는 어렸을 때 있었던 일을 소상하게 기억하고 있다고 하면서 정규의 기억력을 칭찬하며 감탄을 하셨다. 이렇듯 어린 정규는 대가족 집안의 귀여운 손자로 자라면서 장난기 심하고 영특한 아이였다.

나. 새로운 꿈에 눈 떠가던 소학교 시절

일제강점기 조선총독부는 1911년8월 조선교육령을 제정하여 전형적인 식민지 교육정책을 펼치기 시작했다. 당시에 조선교육령은 일본군국주의의 교육정신을 담고 있는 '교육에 대한 칙어'에 바탕을 두고 제정되었다. 이 때문에 조선교육령의 목표는 일본에 대하여 충량한 국민을 양성하는 것을 기본으로 하였다. 아울러 식민지 교육으로서의 목적을 달성하기 위해 조선 내에서의 교육을 보통교육과 실업교육 · 전문교육으로 한정했으며 고등교육에 대한 규정은 아예 두지 않았다. 종손 정규는 문산공립보통학교를 9살에 입학 하였다. 문산공립보통학교는 일제강점기인 1914년 4월 1일 사립인 문창학교로 개교를 하였다.

1918년 3월 1일 문산공립보통학교로 개편하였다. 정규는 일제강점기인 1934년 도에 파주군 임진면 문산리 소재 문산공립보통학교에 입학하였다. 1938년, 종손 정규는 문산공립보통학교 입학해서 3학년 때 군청 소재라는 이유로 임진공립 심상소학교로 개명되었다. 그리고 1941년 4월 1일 임진공립국민학교로 개칭되었다. 다시 1950년 6월 1일 문산국민학교로 또 학교명이 바뀌었다. 문산초등학교의 이름이 많이 바뀐 만큼 이 땅에 살았던 파주의 삶도 수많은 변화를 겪었다.

종손 정규는 마정리에서 당동리 고개를 넘어 십 여리 거리를 걸어서 문산읍에 있는 초등학교에 다녔다. 정규가 다녔던 이 길은 임진강을 중심으로 삶을 이루었던 사람들의 오래된 루트였다.

정규의 초등학교 3학년 담임선생님은 '박순봉'이었다. 박순봉은 어릴 적 정규의 외조부가 한문서당을 할 때 학동들 중 상놈의 아들이었지만 특출 난 재주를 가지고 있었던 아이다. 외조부는 공부하는 학생들에게 말씀하시길 "앞으로 너희들은 '박순봉'을 선생님으로 모실 날이 온다"고 습관처럼 예언을 하시곤 하였다. 그 이후 박순봉은 외조부의 예언대로 상놈의 아들이었지만 공부를 잘하여 초등학교 선생님이 되었다. 종손 정규의 어머니와 박순봉은 함께 서당에서 공부했던 동무인데 외조부 이원탁의 말씀대로 순아의 아들인 정규가 박순봉의 제자가 된 것이다. 박순봉은 어릴 적부터 출중한 재주를 가지고 있었던 학생이었다.

'박순봉' 선생님은 수업 시간이면 옛 서당 스승님의 외손자 정규에게 각별하셨고 정규를 자주 앞으로 불러 발표를 시키곤 하였다. '박순봉' 선생님은 정규에게 "앞에 나와서 옛날 얘기를 좀 할 수 있겠니?" 하였다. 그럴 때면 정규는 신이 나서 학생들 앞에 나가서 얘기를 하였다.

정규가 학생들에게 얘기한 것 중에는 지금도 기억나는 것이 있다. 한번은 정규가 "수원의 방화수류정"에 대해서 이야기를 하였더니 같은 반 친구들이 너무도 좋아하였다. 선생님도 정규가 이야기를 재미있게 잘했다고 칭찬하셨다. '방화수류정'은 수원성 팔달문 옆에 있는데 조선 후기 최고로 아름다운 정자로 손꼽히는 정자이기도 하다. 방화수류정은 "꽃을 찾고 버들을 따라 노닌다訪化隨柳"라는 뜻을 가지고 있다. 방화수류정은 1794년(정조18년) 10월 19일에 완공된 건물이다. 방화수류정은 주변을 감시하고 군사를 지휘하는 지휘소와 주변 자연환경과 조화를 이루는 정자의 기능을 함께 지니고 있는 아름다운 건물이다.

정규가 어린 시절에는 장날 시장에 가면 이런 종류의 옛날 얘기책을 구입할 수 있었다. 방화수류정에 대한 얘기는 정규가 책력의 겉장에 적혀있는 것을 보았던 것이었다. 그런 옛날 얘기들을 읽고 소년 정규는 그 내용을 이야기 형식으로 급우들에게 들려주었던 것이다. 종손 정규가 학생들 앞에 나가서 얘기를 할 때면 박순봉 선생님은 시간 가는 줄 모르고 좋아 하시곤 하였다. 박순봉 선생님은 교장을 거쳐 제1대 파주교육장을 역임 하셨던 분이다. 당시에 재주에 있어서는 누구도 박순봉 선생님을 따라 갈 수 없었다고들 주변에서 이야기 하였다. 박순봉 선생님의 출생 신분이 천하여 그의 형은 '신철승'이란 집의 종으로 평생 살았다. 박순봉 선생님과 그의 형은 형의 주인이었던 '신철승'의 선산에 묻혔다. 신분철폐가 없어지고 오랜 세월이 지난 다음이었지만 선생님의 부모님이 종의 신분이었기 때문에 결국 돌아가신 후에도 부모님이 종살이 하셨던 집안의 선산 발치에 묻혔다. '신철승'은 정규의 외조부 '이운탁'의 오랜 친구이기도 하다.

정규가 초등학교를 다니 던 시절은 조선왕조가 망하고 30년이 넘었지만 여전히 반상班常의 그림자가 짙게 남아 있었다.

정규의 초등학교 시절은 일제강점기이므로 학교를 오가는 골짜기 마다 신사神祠가 있었고 신사에 매일 절을 하며 다녀야 했다. 그 당시 어린 정규는 그렇게 해야만 하는 것으로 알았다. 일제는 1938년 개정교육령을 재개정하여 황국신민화 皇國臣民化와 관련된 교과목이 강화되어 국어와 국사, 수신, 체육교과가 교육과정을 차지하는 비중이 높아졌다.

아울러 필수과목이었던 조선어를 선택과목으로 분류하여 대부분의 보통학교에서 선택하지 않도록 유도하였다. 이 시기에는 1937년 조선인 교육 관료가 만든 '황국신민서사'를 학생들이 암기하게 하였으며 표면상으로는 일본인과 제도상으로 동등한 교육을 시키겠다는 정책을 펼쳤지만 황국신민화 교육을 강화하였던 시기에 종손 정규는 초등학교를 다녔다.

대한제국이 멸망할 당시 26살이던 정규의 조부 종림은 일제가 권장하는 신학문을 탐탁하게 여기지 않았던 것도 일제에 의한 신학문은 조선의 정체성을 잃게 만드는 것이라는 생각에 아들 문환의 신학문을 그렇게 마음 내켜 하지 않으신 것 같다.

종손 정규는 임진공립심상소학교를 1940년 3월에 6학년 졸업(현 문산초교 23회)을 하였다. 정규는 150명이 졸업생중 진학생 30명에 속하였다. 정규가 임진공립심상소학교 5학년이 되자 학교에서는 상급학교 진학하는 학생을 선별하였다. 그 당시 5, 6학년 때 담임선생님은 일본인 '후리야마' 선생님 이었다. 정규는 후리야마 선생님과 자주 만나면서 2년제 경기직업학교, 3년제 조선전기학교(해방 후 광운대) 그리고 5년제 경성공립농업학교 등 3개 상급학교를 선별하여 진학을 검토하였다. 정규는 3개 학교에 모두 합격하였다. 그래서 정규는 아버지 문환과 많은 생각을 거듭한 끝에 경성공립농업학교로 진학하기로 결정하였다.

종손 정규가 서울로 진학하고 2년 후 1942년 4월 7일 문산공립농업학교가 설립되었다. 종손 정규가 만약 3년 늦게 임진공립심상소학교 졸업 하였다면 문산공립농업학교를 졸업하고 초등학교 교사로 봉직하였을 것 같다. 당시에는 고등학교를 졸업하면 초등교사로 임명이 되었다. 문산공립농업학교는 후에 다시 문산중학교와 문산제일고등학교로 분리되었다.

아버지 문환은 자신이 하고 싶은 공부를 아버지 종림이 극력으로 반대하여 뜻대로 공부하지 못하신 것을 한으로 여기셨다. 그렇기 때문에 그의 아들 정규는 서울유학 등 공부에 전념하도록 모든 지원을 아끼지 않으셨다. 정규가 임진공립심상소학교를 다니던 때에도 할아버지 종림과 할머니가 생존해 계셨다. 하지만 종림이 손자인 정규의 공부에 대해서는 반대하지 않으셨던 것 같다. 이때쯤에서는 조부 종림도 신학문의 필요성에 대하여 충분히 이해를 하고 있으셨던 것으로 생각된다.

정규가 임진공립심상소학교를 다닐 때 정규네는 마정에서 정미소를 하고 있었다. 할머니의 친정 마을인 섭저리(율곡리)에서도 다른 방앗간을 열어서 일하는 사람을 두고 할머니가 건사하시고 있었다. 섭저리 방앗간에는 정규의 할머니 덕수이씨가 가세를 나누어 따로 살림을 하시면서 관리하시고 있었다. 정규의 누이동생 순규는 초등학교 입학 전까지 섭저리 방앗간에서 할머니를 도우며 함께 살았고 이후에도 몇 년간 더 운영을 하셨던 것으로 기억하고 있다.

정규는 매주 토요일이면 섭저리에서 방앗간에 계시는 할머니를 찾아가곤 하였다. 섭저리 방앗간은 마정에서 십여 리가 넘는 거리였다. 이 때 섭저리 방앗간은 할머니가 큰 힘쓰는 머슴을 두고 운영하였으며 문환도 틈틈이 방앗간을 돌보며 매일 출퇴근을 하셨다. 섭저리로 가세를 나눌 때가 정규의 여동생 순규는 일곱 살 이었다. 순규는 어렸지만 영특하여 덕수이씨 할머니를 도우면서 함께 살았다. 이 때 덕수이씨 할머니는 막내 딸과 손녀 순규를 섭저리 방앗간에서 잔심부름도 시킬 겸 해서 데리고 나가 함께 사셨다. 덕수이씨 할머니는 성격이 깔끔하고 무서운 분이셨다. 어느 날 순규가 알밤을 구우려고 통째로 화로에 묻어서 밤알이 터지면서 방바닥에 온통 불똥이 튀었다. 당시에 순규는 나이가 어려서 알밤 껍질에 흠집을 주어야 화로불에 구을 때 터지지 않는다는 것을 몰랐다. 이러한 광경을 보고 놀라신 할머니는 빗자루 채로 순규에게 매질을 하신 일

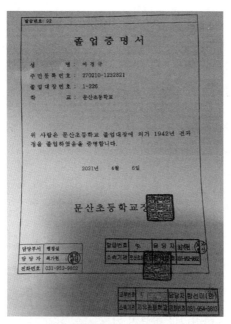

〈종손 정규의 초등학교 졸업장〉

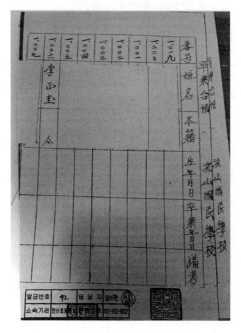

〈학적부〉

도 있다. 당시에 할머니는 방앗간 건물에 붙여서 상점도 하셨는데 이 가게를 지키며 장사를 하는 것도 늘 어린 순규의 차지였다. 순규의 고모는 순규보다 6살이나 많았지만 항상 게으르고 할머니 맘에 들게 못하여 항상 꾸중을 달고 살았다. 정규의 아버지 문환은 방앗간 원동기를 비롯하여 기계 다루는 기술이 탁월하여 마정리와 섭저리 방앗간 설비에 문제가 생기면 해결을 하셨다. 이때에 정규가 초등학교를 다니고 있었고 그는 매주 토요일이면 덕수이씨 할머니를 보러가기 위해 마정을 출발해 추동을 거쳐 임진고개를 넘어 험한 산길을 혼자 걸어서 섭저리(율곡리)까지 찾아가곤 했다.

금지옥엽 종손자가 토요일 마다 먼 거리를 걸어서 할머니를 보고 싶다고 찾아오는 정규를 매번 반색을 하시며 기뻐하셨다. 그 뿐만 아니라 가게에서 파시던 과자와 사탕 등 맛있는 것도 많이 집어 주셨다. 십여 리 시골길을 걸어서 섭저리 방앗간에 사시는 할머니를 만나러 가는 것은 어린 정규에게는 먼 거리였다. 그러나 정규는 맛있는 과자도 늘 주시면서 반가워하시는 할머니가 주말마다 보고 싶어 힘든 줄 모르고 찾아갔다.

정규는 토요일에 섭저리 할머니가 하시는 방앗간에 가서 일요일까지 실컷 놀고 월요일에는 장단마을에 사는 같은 반 친구인 박재복의 자전거를 함께 타고 등교를 했다. 박재복은 장단마을에서 문산초등학교까지 자전거를 타고 학교 다니던 같은 반 친구였다. 박재복은 친구인 정규가 할머니의 섭저리 방앗간에서 월요일이면 학교를 함께 가기 위해 기다리는 것을 알고 있어 월요일 아침이면 어김없이 정규를 데리러 왔다. 박재복은 자전거 앞에 타고 정규는 자전거 뒤에 앉아 둘은 재잘거리며 문산초등학교로 등교를 했다.

당시에는 자전거 뒤에 사람을 태우고 다니는 게 불법이었던지 하루는 정규가 박재복과 함께 자전거를 타고 등교를 하다가 일본 순사에게 적발되어 5전의 벌금을 지불하기도 하였다.

종손 정규가 소학교 6학년 때 덕수이씨 할머니가 갑자기 돌아가시어 섭저리 방앗간으로 나뉘었던 살림을 다시 마정으로 합치었다.

정규가 어린 시절 '섭저리(율곡리)'는 '화석정'을 지나서 있던 진외가 마을인데 화석정 가기 전에 '장산리 맨밧골'에는 외할아버지 댁이 있었다. 정규는 어린 시절 어머니 공주이씨와 외갓집을 다니던 기억도 있다. 외갓집은 당시에 그다지 부유하지 못하게 사시던 집안이었다. 외조부에게 친 자손은 정규네 남매들 밖에 없었다. 외조부 '이운탁'에게는 무남독녀인 딸이 낳은 정규가 한없이 귀여운 외손자였지만 딸은 출가외인으로 여기던 시대였다.

초등학교 시절 소년 정규는 장손을 귀여워 해주시는 할아버지, 할머니가 있었고 형처럼 보살펴 주시는 막내 삼촌이 있어서 정서적으로 안정된 대가족 분위기에서 자랐다. 정규의 소년시절 집안 살림도 안정되어 다른 사람들이 겪으며 자랐던 배고픔은 거의 모르고 보냈다. 당시에 시골에 살면서도 배고픔도 없이 보통학교를 졸업하고 상급학교에 진학할 수 있었다면 잘사는 집안의 '유복한 삶'이었다고 할 수 있는 시대였다.

이와 같이 종손 정규는 소학교 시절은 할아버지, 할머니의 사랑 속에 대가족 집안의 장손으로 자랐다. 더구나 아버지 문환의 남다른 교육열로 어린 정규의 꿈을 마음대로 꿀 수 있는 환경에서 성장하였다. 이러한 환경에서 자랐던 정규의 어린 시절은 발랄하고 영특한 성품을 가지고 성장하였다.

다. 민족의식과 장손의 역할을 자각한 서울유학

임진공립심상소학교를 졸업한 종손 정규는 유복한 대가족의 품을 떠나 서울로 유학을 떠났다. 아버지 문환은 공부를 하고 싶어도 뒷바라지를 해주시지 않는 조부를 많이 원망스러워 하며 살아 오셨다. 하지만 아버지 문환은 아들의 학업을 위해서 어떠한 어려움도 마다하지 않으시고 뒷바라지에 최선을 다하셨다. 아버지 문환은 아들 정규가 서울에 있는 3개의 학교를 모두 합격하고 3개 중에서 골라서 5년제 경농을 진학하게 되었을 때 너무나 아들을 자랑스러워 하셨다. 정규가 서울로 유학을 떠난 것은 가문에서 볼 때도 의미가 컸다. 이때가 정규의 고조부 봉현이 파주에 정착하여 40년이 넘었고 왕조가 망하고 30년이 지난 은둔의 가문에서 신학문을 위해 종손 정규를 서울로 보낸 것이다. 지금이야 서울에서 공부하는 것이 일반적인 것으로 특별할 것도 없지만 1940년대 일제강점기에는 가문에서 어려운 큰 결정이었다.

종손 정규가 1940년 4월 5일 서울에 3개 학교에 모두 합격하여 아버지 문환과 숙고 끝에 5년제 경성공립농업학교로 진학을 결정하였다.

당시에 경성공립농업학교는 정상적으로 졸업만 하면 전원 취업이 보장되었다. 경성공립농업학교에는 문산초등학교에서 6명이 응시했다. 합격자는 종손 정규와 파주시 천연면에서 전학을 온 우종현 등 단 2명 뿐 이었다. 종손 정규의 기쁨은 말로 다할 수 없었다. 정규의 집안에서도 큰 경사였다.

시대를 막론하고 자녀들 진학시험은 학생 혼자 보는 것이 아니라 온 가문이 함께 마음 졸이고 시험을 보는 것이다. 무엇보다 아버지 문환과 어머니 공주이씨는 맏아들이 서울로 유학하게 되어 기뻐하셨다.

정규가 경농에 입학하자 아버지 문환은 아들을 데리고 선릉에 참배를 시키셨다. 선릉에는 정규의 중시조인 덕양군의 아버지 중종대왕이 모셔져 있는 곳이다. 정규의 아버지 문환은 아들의 장한 모습을 할아버지 중종대왕에게 보이고 정규에게 왕손의 자부심을 심어주고 싶으셨던 것이다.

어린 정규는 이때에 어른들께 얘기로만 듣던 조상님들의 묘소를 보았던 것이다. 문환은 아들 정규에게 중종대왕을 비롯해 그 위로 태조대왕까지 7명의 조상이 모두 이 나라를 통치하시던 제왕이었다는 혈통의 자긍심을 심어주셨던 것이다.

〈정규의 경농 재학 시절〉

종손 정규가 당시에 아버지 문환을 따라 중종대왕이 모셔진 선릉陵을 참배하러 가던 옛 모습이 지금도 기억에 생생하다. 그 당시 정규는 아버지 문환과 함께 문산에서 기차를 타고 서울역까지 갔다. 다시 뚝섬까지 전철을 타고 13.6km를 갔다. 당시에 뚝섬까지 가는 전철 코스는 서울의 청춘남녀들의 유명한 데이트코스였다. 정규는 문환과 함께 뚝섬에서 전철을 내려 다시 나룻배를 타고 한강을 건너갔다. 한강의 남쪽에 배에서 내려 봉원사 쪽으로 오르막 언덕길을 따라 갔느데 가는 길에 홍살문이 서 있었다. 정규와 문환은 봉원사 고개를 넘어 미루나무 길을 지나 걸어서 함께 선릉으로 걸어갔던 기억이 새롭다.

당시에는 파주 임진면에서 선릉을 한번 다녀오려면 하루해로 어려운 긴 여행이었다. 처음으로 조상님들이 묻힌 왕릉을 보게 되었던 정규는 큰 감동을 받았다. 당시는 일제강점기이고 더구나 나라 잃은 왕조의 후손으로써 이 땅의 주인이셨던 조상의 릉을 본 충격은 매우 컸다. 늘 할아버님들에게 말로만 들었던 조상님들의 실체를 현실로 확인하는 순간이었다. 조상님의 자취를 보고 느낀 큰 감동을 체감한 자긍심은 정규가 평생 살아오면서 힘든 일에 부딪혀 방황할 때마다 항상 마음에 위로가 되었다.

정규의 아버지 문환은 신혼 첫날밤 새신랑이라는 것도 잊고 밤새도록 만세를 부르셨던 분이다. 조선왕실 후손으로 나라 잃은 빼앗긴 설움을 남달리 가지고 계셨던 분이셨다. 당시는 비록 일제강점기이지만 미래는 독립이 된 나라에서 주인으로 살기를 바라셨을 것이다. 이때가 문환이 14살이었지만 민족의식과 자부심으로 일찍부터 눈 떠 있으셨던 당찬 소년이었다.

당시에 정규의 아버지 문환의 마음이 삼성기三聖紀를 쓴 안함로安舍老, 단군세기를 저술한 이암李嵒, 북부여기를 쓴 북애거사 범장 등이 역사서를 저술하여 후손들이 역사를 잃어버리지 않도록 하였던 심정과 같으셨을 것이다. 문환은 나라를 잃어버린 지 30년이 넘었고 아들 정규도 15살이 되었으니 조선왕실의 후예라는 정체성을 잃지 않도록 하려는 마음이 간절하셨을 것이다. 그러한 마음으로 아들 정규가 이제는 성장하였다고 생각하시어 아버지 문환은 시간을 만들어 선릉을 참배시킨 것이다. 정규가 경농에 입학할 당시의 나이가 아버지 문환이 독립만세를 부르던 나이였다. 그 당시 아버지 문환과 어린 정규는 중종대왕이 묻힌 선릉을 참배하며 신선한 충격과 감동을 받았고, 80년이 넘는 세월이 흘렀지만 여전히 그 날의 기억을 하면 가슴이 뛰고 생생하다.

종손 정규는 1940년 경농에 입학을 하였다. 이때는 일제가 태평양전쟁을 일으켜 발악적 민족수탈이 막 시작되던 시점이었다. 정규는 어린 시절과 소학교 6년 과정을 보낸 파주 마정을 떠나 큰 뜻을 품고 경의선 서울행 기차에 올랐다. 정규는 서울로 떠나면서 많은 결심을 하였다. 고생을 하시는 부모님을 위하고 가문의 명예를 위해서 열심히 공부에 전념하리라 마음먹었다.

정규는 문산역에서 경의선을 타고 다시 서울역을 경유하여 청량리역에서 내렸다. 당시에 경농은 지금의 서울시립대학교 위치인 동대문구 전농동에 있었다. 청량리역에서 내려서 걸어서 학교로 갔다. 정규는 처음으로 부모님 곁을 떠나 기숙사 단체생활을 하게 되었다. 모든 것이 낯설고 어색 하였다. 당시 일제강점기 경농의 학칙은 신입생의 경우는 서울에 살아도 1학년 과정은 무조건 기숙사에 입소해야만 되었다. 정규는 부모님의 품을 떠나 모든 사람이 함께하는 엄한 규율의 기숙사 생활을 시작하였다.

종손 정규는 1학년 과정의 강제 입소원칙에 따라 다른 신입생들과 함께 기숙사 생활에 적응하려 노력하였다. 학교 기숙사에는 어디를 가나 규율이 세고 하급생은 궂은일을 감당해야 하는 군대식 생활이었다. 기숙사 규정에서 사감 선생님 지시는 무조건 복종해야 하는 군대 같은 분위기였다. 학교에서 모든 교육은 물론 기숙사에서도 일본말만 허용되었다. 기숙사에는 한쪽은 일본학생, 다른 쪽은 조선인 학생으로 구분하여 반반씩 입소를 하였다. 학년별로 학생은 3~4백 명이며 정규가 입학할 당시에 탄현 사람은 윤석범, 이재화, 우규로, 김해권이 있었고 파주 파주사람은 조규성, 적성의 김홍기, 문산의 이국현, 김록기, 유상희 등 당시에 성적이 뛰어난 우등생이었던 고향 선배들이 있었다.

종손 정규는 1중대 3호실에 배치를 받았다. 당시에는 학교에도 군대식 조직으로 구분되어 있었고 실정室正은 4학년 학생이었다. 그리고 3학년 곽성근, 2학년 김형식 그리고 양평 사는 같은 1학년 신달한이었다. 종손 정규가 배치받은 기숙사의 3호실 실정은 4학년 수의축산과 회장이었다.

종손 정규는 학칙에 따라 1학년 때는 의무적으로 기숙사 생활을 했으나 2학년부터는 기숙사에서 나와 망우역에 사는 친구의 집(양주군 구리면 망우리)에서 1년을 다녔다. 친구의 집에서는 같은 학년 친구인 이성전, 이성구 등 세 명이 함께 있었다. 세 명은 모두 전주이씨 종친들이어서 대화도 잘 되었고 서로 잘 어울렸다. 3학년부터는 자하문 밖에 사는 친구의 집에서 다녔다. 그 친구 삼촌은 동대문도살장 책임자였고 시구문 밖에 문화주택을 개발했는데 그의 삼촌 집에 가서 같이 있자고 하여 친구와 함께 기거하며 졸업할 때까지 있었다. 그 당시는 하숙비가 한 달에 쌀 한말이면 충분하였다. 그래서 종손 정규는 마정 고향집을 다녀 갈 때면 주말마다 쌀을 조금씩 품속에 나누어 가져갔다. 정규는 쌀을 가져가는 도중에 몸 뒤짐으로 빼앗기지 않으려고 몸에다 전대를 단단히 차고 조금씩 숨겨서 가져가며 한말을 채우곤 했다. 그 당시는 쌀 한말 값이 30원이었다. 정규와 함께 있던 이 친구는 후에 사법서사를 개업하였는데 그에게 많은 도움을 받았다.

정규는 1945년 2월 졸업예정자인데 학제가 개편되어 1944년 12월 22일 앞당겨 졸업을 하였다. 그것은 태평양전쟁 말기에 전시동원체제를 발동하여 후방 요원의 부족을 메우기 위해 졸업을 앞당겼던 것이다. 졸업 후 종손 정규는 더 진학을 하고 싶었으나 5년 동안 학비로 힘드신 아버님을 생각하여 진학은 아예 포기하고 취업하기로 결정하였다.

경농 5년 동안 공부하면서 학업과정에서 일본학생과 큰 차별은 없었다. 학업성적은 조선인 학생이 일본인 학생보다 항상 월등하였다. 그러나 1936년부터 제7대 조선 총독을 지낸 '미나미 지로'의 급사로 있다가 경농에 입학한 '야마다 마스더'라는 학생이 있었다. 정규의 동창인 일본인 학생 '야마다 마스

더'는 나이도 조선학생들보다 두세 살 많았고 워낙 똑똑하여 경농에서 항상 일등을 차지하였다. 이등은 한국인 학생인데 수원 동탄 출신의 오왕근 학생이었다.

학급에서 보이지 않게 일본인 학생과 조선인 학생들 간에 경쟁이 심했다. 조선인 학생들은 어떻게 해서든지 일본인 학생을 이기려 하였다. 그런데 조선인 학생 중 가장 공부 잘하는 학생이 항상 이등이었다. 속이 상한 정규는 오왕근에게 "너는 계속 이등만 하는데 더 노력하여 저 왜놈을 따라 잡을 수 없겠니?" 하며 화를 내었더니, 그는 머리를 절레절레 흔들었다.

오왕근은 "왜놈학생 '야마다 마스더'는 머리가 월등하고 상식도 대단하여 자기로서는 도대체 이길 방법이 없다"고 한탄하였다.

하루는 종손 정규와 '야마다 마스더'가 함께 화단을 정리하고 있었다. 종손 정규는 다알리아 꽃이 마침 떨어져 있어서 "아이구 다리야" 하면서 땅에 앉아 버렸다. 그랬더니 그 왜놈 학생은 정규가 한국말을 했다고 지랄을 떨어댔다. 1942년부터 일본제국주의는 '국어전해全解운동'을 펼쳐 "일본어만 쓰고 말하라"라는 일제의 한국어 말살 정책을 본격화하였다. 한국인을 징병과 징용으로 전장에 끌고 가기 위해서는 일본어를 알아듣고 말할 수 있어야 했기 때문에 일제는 모든 한국인에게 일본어를 일상어로 강요했기 때문에 학교에서는 당연히 일본어만 사용해야 했다.

그래서 정규는 '야마다 마스더'에게 "아이구는 감탄사고, 다리아는 다알리아 꽃을 우리는 그렇게 말하는데 뭐가 일본말 했다는 것이냐?" 하면서 소리를 질렀다. 꽃이 아름답다고 일본말로 감탄했는데 뭐가 조선말을 했다는 것이냐? 하고 정규는 오히려 화를 냈다. 야마다 마스더는 분명히 조선말을 했는데 "정규가 그렇게 잘 둘러댔으니 이번 한 번은 봐 주겠다"며 고발하지 않겠다며 생색을 냈다. 일제강점기에는 학교 내에서도 일본인 학생들과 조선인 학생이 서로를 감시하면서 생활하였다.

종손 정규의 어머니는 정규가 경농 1학년을 다니고 있을 때 열차사고로 발 앞부분을 크게 다치셨다. 정규의 집안에서는 안살림을 온통 도맡아 하시던 어머니가 몸이 불편하여 집안일을 건사하지 못하시므로 종손 정규가 하루속히 결혼하여 며느리를 들이기를 원하였다. 정규도 불편한 어머니를 생각하면 장남인 자신이 하루빨리 결혼해야 하겠다는 생각으로 부담감을 가지게 되었다.

그러던 상태인데 이러한 사정을 알고있던 마침 시집간 정규 사촌누이의 시아버지가 신붓감을 소개하였다. 소개한 신붓감도 당시에 17살이라서 정신대에 나갈 나이가 꽉 차서 정신대 차출을 피하기 위해서는 하루빨리 결혼을 해야한다며 걱정을 하고 있었다. 당시에 정신대는 미혼 여성에서 차출하였다. 그래서 정규는 신붓감의 사진을 받아 보기만 했다. 당시의 상황에서 미혼의 딸을 둔 부모는 다급할 수밖에 없는 상황이었다. 그러던 차에 정규가 농촌 지원대를 간 곳이 우연히 얼마 전 사진을 건네받았던 신붓감이 살고 있는 마을이었다. 그래서 정규는 얼떨결에 사진으로 건네받았던 김순중과 맞선을 보았다. 당시에 경농의 학칙은 재학생은 여자와 교재를 절대 허락하지 않았다.

그런데 김순중은 종손 정규와 헤어져 한 달이 지나도 정규에게서 소식이 없자 "학교에 편지하면 절대 안 된다"는 정규의 당부를 어기고 편지를 하였다. 그래서 정규는 가까스로 퇴학은 면했지만 곤욕을 치렀다. 정규는 김순중이 약속을 어기고 편지를 하여 큰 곤욕을 치렀기에 그녀를 생각조차하기 싫었다. 김순중은 기약 없이 계속 기다리다가 정규가 결혼했다는 소식을 듣고서야 결혼을 했다.

정규가 다니던 경농에서는 학생들이 단체로 춘원 이광수의 소설인 「흙」을 읽었다고 200명의 학생이 단체로 동대문경찰서에 갇히기도 했다. 「흙」은 춘원 이광수가 1932년 동아일보에 연재한 한국 농촌 계몽 소설이다. 일제는 1941년

「사상범 예비구속령」을 발표하여 조금만 의심이 가면 자기들 마음대로 우리 민족을 예비구속 하였던 것이다. 결국 일제는 가두었던 경농학생들을 모두 석방시켜 주었다.

당시는 제2차 세계대전이 막바지에 다다른 시기여서 경농학생들에게도 학업만 전념하게 두지 않았다. 허다한 국민총동원이 발동되어 각종 작업장에 동원됨은 물론 각 부대에 배치되어 현역과 같이 군사훈련에도 동원 되었다. 종손 정규도 각 군에 배치되어 정신대 명목으로 농사지도 업무에 종사하였기 때문에 수업시간은 그만큼 손해를 보았다.

당시에는 정규가 다녔던 경농을 졸업하면 자동적으로 징병이 되어 일본군으로 징집되었다. 정규는 재학 중 징병검사를 받았지만 나이가 어려서 졸업 직후 일본군으로 징집되지는 않았다. 곧 해방이 되어 일본군으로 나가지 않아도 되었다.

종손 정규가 다녔던 경농은 졸업 후에 100% 공무원으로 취업이 보장되었다. 그러나 졸업성적에 따라 서울시내에 있는 식산은행, 산업은행, 동척, 만척, 금융조합 등에도 발탁되었다.

졸업생에는 조선인과 일본인이 반반 정도 되는데 조선인의 성적이 일본인 학생보다는 어느 학급을 막론하고 우수하였다. 그런데 일인들은 거의가 서울근처에 거주하는 학생들이었다. 일본인 학생들은 서울에 있는 기관에 취업을 원하지만 성적이 뒤따르지 못해 표면적으로 차별하기가 곤란하므로 학교에서 일본인 학생들에게 혜택을 주기위한 기발한 아이디어를 짜냈다.

전에는 졸업성적표 등위를 학과와 실습점수를 2등분 평균하여 채점하였다. 종손 정규가 졸업할 때는 조선인 학생들의 성적이 월등하므로 일본인 학생들에게 좋은 성적을 줄 방법이 없자 교련 점수를 추가하여 평균을 산정하였다. 실습과 교련의 점수는 교사의 주관적 채점이 가능하므로 일본인 학생들에게 유리하게 만들어 줄 수 있기 때문이었다.

교련 과목에서 겨울방학 숙제로 한국역사에 대해서 알아오라고 하였다. 겨울방학이 되어 고향에 돌아온 한국인 학생들은 어른들께 물어 자세한 내용을 적어 냈다. 예를 들어 한국인 학생들은 단군시조 기자조선국의 역사 등 고대 한국 역사를 비교적 자세하게 적어 제출하였다. 반면 일본인 학생들은 한국역사 근본은 일본국에서 일시 조선국으로 분리 되었다가 한일합방으로 다시 합친 야마도 민족이라고 적어냈다. 이로 인해서 조선인 학생들은 점수가 대부분 병丙이고 일본인 학생들은 거의가 갑甲이었다.

점수 결과를 그렇게 평가한 이유는 학생들의 교련과목의 겨울방학 숙제의 목적은 일본정신을 심어 주려는 것이 목적인데 조선의 단군건국신화 등을 논함은 교육정신에 크게 위배된다는 것이었다.

이와 같이 해서 졸업성적은 일본인 학생이 실습점수와 교련점수가 상上으로 채점되고 조선인 학생은 학과성적에서만 상上점을 받았으나 결국 3개를 평균하니 결국 일본인 학생이 상위권을 차지하고 한국인 학생은 중·하위권으로 밀려났다. 이렇게 성적을 터무니없이 조작하여 일본인 학생들을 서울에 있는 금융기관에 취직시키기 위해 교묘한 수법을 적용하였던 것이다.

종손 정규는 1945년 2월에 졸업예정인데 5학년 11월인 1944년에 앞당겨 졸업하였다. 당시에 졸업을 단축한 이유는 일제가 2차대전 말기 부족한 인력을 공급하기 위해서였다. 일제는 많은 조선인을 전쟁터로 끌로 갔기 때문에 후방의 병참 지원 인력이 부족하였던 것이다.

종손 정규는 한 해 후배인 4학년과 함께 3개월 앞당겨 졸업을 하였다. 그래도 종손 정규는 5학년에 졸업을 하여 경기도 기수를 받았으나 일 년 후배들은 1년 조기 졸업하여 기수보를 받았다. 종손 정규는 졸업하면서 경기도청 식량과에 배치를 받았다.

〈종손 정규의 경농 졸업증명서〉

라. 아들 정규의 교육에 헌신적이었던 부모님

종손 정규의 아버지 문환은 아들의 상급학교 진학을 위해 임진보통심상소학교 6학년 담임선생님을 찾아 왔다. 이 때 아버지 문환은 파주군 농회 서기로 계시다가 면서기로 일하고 있었다. 일본인 담임선생님은 "학부형이 이렇게 찾아와 자식의 앞날을 걱정을 하는 부모님의 경우는 처음이다"고 하면서 문환의 아들 사랑을 입이 마르도록 칭찬을 하셨다.

그 당시에는 정규의 아버지처럼 자식의 교육에 적극적인 관심을 갖고 선생님을 찾아뵙는 사람이 거의 없었다. 정규의 6학년 담임선생님은 아버지 문환의 성의에 감동하여 입학을 위한 내신서를 최상의 내용으로 작성해 주셨다. 정규의 내신서를 선생님이 이렇게 최상으로 작성해 주신 것은 문환의 정성에 감동한 덕분이었다. 정규의 담임선생님은 3개의 진학 대상학교 중에서도 경성공립농업학교의 내신서를 최상으로 작성해 주셨다. 그 내신서 덕분에 정규는 경농에 무난히 합격할 수 있게 되었다.

정규의 아버지 문환은 아들 정규의 교육에 대하여 대단히 열정이 많으셨다. 당시에는 대부분의 부모들은 자식들의 공부에 관심을 그다지 두지 않았다. 그런데 문환은 다른 아버지와 다르게 아들에 대한 교육열이 매우 강하셨다. 아버지 문환은 농회서기 월급으로는 정규의 학비에 턱없이 부족하셨다. 이때에 많은 식구들의 생활비도 만만치 않으셨을 것이다. 종손 정규의 아버지는 이러한 어려움을 기꺼이 감수 하면서 아들의 미래를 위해 헌신하신 것이다. 결국 모든 살림을 하시는 것은 어머니였는데 정규가 경농에 공부하는 5년 동안 부모님들은 학비 납부일자를 하루도 늦지 않게 마련하여 주셨다. 부모님은 아들 정규가 학비 때문에 근심하지 않고 공부에만 최선을 다하도록 하셨다. 당시에 아버지 문환이 공무원이므로 매월 월급은 나오지만 그것으로는 턱없이 부족하였는데 나머지는 어머니가 생활비 등을 아껴서 마련하셨던 것이다.

그렇지만 정규에 대해서는 무엇이든지 해 주려고 부모님은 노력하셨다. 정규가 서울에서 학교 다닐 때 겨울방학 동안 고향에 오면 그 당시에는 보기도 힘들었던 구두가 달린 스케이트를 탔다. 동네 사람들은 스케이트 타는 정규를 보고 부러워했다. 이와 같이 정규의 아버지 문환과 어머니는 아들 정규를 위해 모든 정성 지원을 아끼지 않으셨다. 그만큼 정규에게 기대가 크셨던 것이다.

집안에서 종손 정규의 두 남동생도 경기직업학교에 보냈다. 그것도 파주 마정에서 서울 아현동까지 매일 경의선 기차통학으로 먼 거리를 다니며 학업을 마쳤다. 누님들과 여동생 들은 초등학교도 제대로 다니지 못하였다. 정규의 아버지 문환은 오로지 맏아들 정규에게 많은 정성을 기울이셨던 분이다.

정규의 아버지 문환은 집안의 중요한 행사가 있을 때는 장남인 정규를 데리고 다니면서 집안의 어른들에게 인사를 시키곤 하였다. 그리고 각종 왕릉의 제향에도 참여토록 하였다. 한 집안의 정체성을 이해하는 것에는 제사에 참여하는 것이 가장 빠른 길인 것이다. 종손 정규는 집안의 종손이고 맏아들이므로 아버지 문환은 집안의 중요행사에 아들과 함께 참석하면서 교육을 시키는 등 기대가 각별하셨다.

정규의 어머니도 정규의 뒷바라지를 위해 많은 고생을 하신 분이다. 정규는 어머니께서 열차사고를 당하자 어머니의 빈자리를 크게 느끼게 되었던 계기가 되었다. 정규에게는 병풍같이 크고 작은 바람을 막아 주시던 어머니였다. 인간은 항상 어머님의 손길이 멀어져야 소중함을 느낀다. 정규가 서울유학을 하면서 겪는 고생도 어머니가 겪으셨던 고생에 비할 수 없었다.

종손 정규는 어머니가 열차사고로 다친 발로는 큰 살림을 제대로 하시기 곤란한 상태가 되었음을 알았다. 어머니를 도우려면 장남인 정규가 빨리 결혼하여 어머니의 고생을 덜어 드려야겠다는 심각한 고민을 하였다. 정규는 어머님 사고로 집안의 장남의 역할을 자각하게 되었다. 종손 정규는 항상 어머니의 친정인 공주이씨 가문을 존경하며 자랐다. 종손 정규가 조상님에 대한 숭조정신과 부모님에 대한 효도를 생각하도록 영향을 준 것도 존경스럽던 외종조부님들의 처신 때문이었다. 이러한 외갓집 혈통을 그대로 이어 받은 정규의 외사촌 그는 성실하고 근면한 자세는 대단하였다. 병일은 어릴 적부터 철도국에 취직하여 일을 하였다. 철도국 월급은 작았지만 기차의 교통비는 어디를 가도 무료였다. 일은 고달팠지만 병일은 대단한 인내로 견뎌냈다. 매일 서울에서 퇴근하여 문산역에 내리면 밤10시였다. 문산역에 내려서 다시 장산리 맨밧골 까지 또 10여리를 걸어서 갔다. 집에 도착해 잠시 눈을 붙이고 새벽 4시면 다시 일어나 반대의 코스로 출근을 하곤 했다. 지금에 와서 생각해 보면 도저히 상상이 되지 않을 정도로 혹독한 근무조건이었다. 이런 인내력이 그의 조상님들 삶의 영향으로부터 생겨난 것이라 생각된다. 정규의 외가 조상님들의 숭조정신은 대단하셨고 이러한 외가의 영향은 어린 정규에게 큰 감동을 주었다. 이와 같이 정규는 장산리 외가인 공주이씨 가문으로부터도 많은 영향을 받고 성장하였다. 많은 세월이 흘렀지만 '소나무 장작 속에 남은 관솔' 처럼 썩지 않고 정규의 마음속에 여전히 그리움처럼 남아있는 것은 부모님으로부터 받은 큰 사랑이었다.

7. 빼앗긴 나라의 관리로 첫발을 내딛다

가. 일제의 '농산물검사원'의 정체성

일제강점기 조선총독부는 1910년부터 토지조사사업을 실시하여 수많은 농민들의 농지를 침탈함으로써 조선의 토지에 대한 강제적 권리를 확보한 후 자국의 식량공급, 군량미 충당 등을 목표로 3차례의 산미증식계획을 추진하였다. 제1차는 1818년~1926년, 제2차는 1926년~1933년, 제3차는 1940년 이후의 정책이었다.

종손 정규가 경농 5년 과정을 마치고 식량검수원 자격을 얻어 경기도 기수로 공직과정에 첫발을 내 디뎠을 때는 일제의 제3차 산미증식계획이 진행되고 일본의 대동아 전쟁으로 군량미 충당을 위해 총력을 기울인 때였다. 당시에는 대부분이 농업에 주력하여 농업이 국가경제에 미치는 영향이 컸기 때문에 특히, 쌀을 검수하는 검수원의 역할은 매우 중요한 위치를 차지하고 있었다. 식량 검수원의 역량을 여하에 따라서 당시 지자체의 공출목표에 지대한 영향을 주었다. 또한, 곡식을 생산하는 농민의 입장에서는 식량검수원이 판결한 등급에 따라 수입이 결정되었기 때문에 검수원의 판결에 예민한 반응을 하였다.

〈검수원 시절〉

농산물검사소의 조직은 중앙에 본소가 있고 각 도 마다 지소가 있고 시군에 출장소가 있다. 일제강점기에 '문산농산물검사소'가 경기도 소속이었다. 주요 수행업무는 일제의 양곡 수매검사와 정부 방출미의 품질검사다. 그 당시에는 농민들로부터 수매검사를 하여 공출물량을 맞추는 것이 지자체별로 할당되어 있어 혈안이었다.

농민은 농지세, 수세, 비료대 등을 현물인 벼로 납부하고 벼를 정부에 팔아 현금화 하는데 그 가격 기준은 농산물검사의 검사등급에 따라 결정되었다. 정부관리 양곡 물량 확보를 위해서 일제는 각급 행정기관에 확보할 물량을 할당하고 그 목표 달성을 심하게 독려했다. 이러한 시스템은 일제강점기, 미군정 시절과 대한민국정부 수립 후에도 별반 다르지 않았다. 왜냐하면 항상 식량물량이 부족하였기 때문이었다.

정규가 하였던 농산물 검사원은 이러한 정책을 수행하는 갈등의 최첨단에 있었기 때문에 크고 작은 다양한 스트레스를 받았다.

종손 정규가 6.25때 공산치하 3개월 몸을 숨기고 있을 때 집뒤짐을 하여 종손 정규를 고발하려 했던 감정을 나타냈던 같은 마을사람 이었다.

그는 정규의 농산물검수과정에서 불만으로 틀어진 감정을 누적해 가지고 있었다. 그는 6.25전쟁으로 갑자기 파주가 공산군에게 점령되어 정규의 처지가 어렵게 되자 약점 잡아 이웃이 서로 도와주지는 못할망정 해코지를 하고자 혈안이었던 것이다. 당시에는 농업이 주업인 만큼 농산물 검사의 등급 결정에 항상 농민은 예민해 있었다.

현재는 산업에서 농업이 차지하는 점유율이 적고 농업에 종사하는 사람도 적어 농산물 검사의 중요성을 인식하지 못하지만 일제강점기는 물론, 정부수립 이후에도 농산물의 등급 판정은 농부들의 일 년 수입에 지대한 영향을 주었음은 물론, 정부의 식량정책에도 매우 중요한 수단으로 활용하였다.

일제강점기는 식량검수원의 판결의 정도를 조정하여 공출의 물량을 조정하였다. 당시에 합격한 곡식은 일본으로 공출을 해야 하고 불합격은 그 지역에서 소비하도록 하였기 때문에 일제강점기의 식량검수원은 참 어려운 위치였던 것 같다. 특히, 정규와 같이 고향에서 이러한 역무를 수행하는 것은 더욱 어려웠다. 곡식의 등급판정이 자기가 기대한 것보다 낮을 때는 매우 서운하게 생각하기가 일수였다.

미군정이 시작되어도 식량정책은 나아지지 않고 더 심해졌다. 미군정 치하에서 3년을 보낸 종손 정규의 심적 고통이 매우 컸다. 미군정 때도 여전히 공출과 식량배급이 지속되었다. 미군정은 공출물량이 적어 목표량에 미달한 면장 등 기관장을 사법처리까지 하였다. 그래서 미군정시절에는 농산물검사소의 검사원이 농민들에게 폭행당하는 사례가 빈번하여 '검사소'를 '검사서'로 명칭도 바뀌고 사법권까지 검수원에게 부여 하였다. 하지만 크고 작은 다툼은 항상 끊이지 않았다.

미군정시대 농산물 검사에서 등급을 낮게 판정하면 등외품이 생기게 되고 등외품은 자기 지역에서 소비할 수 있어서 지역 주민들에게 쌀을 공급할 수 있었다. 등외품이라고 하여도 식량으로 사용하는 데는 큰 지장이 없었다. 쌀의 절대량이 부족한 시대에는 어절 수 없는 선택이었다.

광복 이후에 우리나라는 식민지 전시경제체제에서 농업 생산기반이 파괴된 이후 제대로 생산력을 회복하지 못하고 있었다. 이러한 사정을 모르는 미군청정이 수급안정에 필요한 대책을 세우지 않은 채 쌀의 자유판매를 허락함으로 써 결과적으로 쌀값이 폭등하는 결과를 낳았다.

1945년의 대흉작과 만주, 일본, 북한 등으로부터 230만 명에 달하는 동포의 귀환과 남하, 국민들의 쌀 소비증가 등의 요인이 겹치면서 실량부족이 심해지자 미군청정은 결국 한 달도 버티지 못하고 같은해 11월 자유거래를 폐지하였다. 이와 같이 식량공급 부족 등 살기가 어려울 때일수록 농산물검수원의 역할도 더욱 힘들어졌다.

이렇게 쌀값 폭등이 되자 식량검수원을 폭행하는 사례가 빈번하여 검수원 보호차원에서 미군정은 사법권을 검수원에게 부여 했다. 이와 같이 그 당시에는 검수원을 정책의 도구로 이용하곤 했다. 당시의 식량검수원은 공적 업무를 수행하는 것이 아니고 정치적인 수단이었던 것이다. 이러한 보직으로 첫 발을 내디딘 종손 정규에게는 어린 나이에 자신의 처세가 어려웠다. 항상 일제의 수탈 목표와 농민의 아들인 정규는 고향 사람들의 판정의 불만 사이에서 항상 마음이 불편하여 갈등 속에 있었다.

이와 같이 식량검수는 식량공출을 추진하는 일제통치기의 가장 중요한 정책이었고 식량검수원은 그러한 정책의 중심에 있었다. 식량검수원은 일제 시기는 물론 미군정 시절과 대한민국 정부 수립 이후에도 농산물검사소는 매우 중요한 수단으로 활용하였다. 이러한 갈등은 정규가 6.25발발 직전 홍천에서의 출장업무를 수행할 때도 그대로 남아 있었다.

나. 큰 꿈으로 시작한 공직의 길을 짧게 접음

(1) 일제의 발악적 식량수탈시기에 첫 발령

일제는 태평양전쟁 말기로 접어들어 국민총동원령 발동되면서 후방 병참지원 인력 충원이 필요하였다. 일제는 병참 지원인력 충원 명분으로 경농의 학제를 단축하여 졸업을 앞당겼다. 졸업을 1년 앞당기는 바람에 1년 후배인 4학년과 함께 졸업을 하였다. 종손 정규는 가정 형편상 대학 진학은 아예 포기하고 취업을 선택했다. 하루빨리 취업을 하여 가정의 보탬이 되어야 했기 때문이다.

당시에는 경농을 졸업하면 취업은 100% 보장 되었다. 일제강점기에는 경농을 졸업하면 대부분 자동적으로 우선 군 입대를 하여야 했다. 그러나 종손 정규는 경농을 졸업했을 때 나이 미달로 인하여 일본군으로 징집을 면하였다. 그래서 정규는 경농을 졸업하자 경기도청 식량과에 첫 발령받았다. 그리고 경기도 농산물검사소 기수 자격을 받았다.

종손 정규는 일제강점기 첫 발령을 받고 정식 검사원의 업무를 수행하기 위해서는 일정기간 교육연수를 받아야 했다. 그래서 1945년 1월 20일 경기도 수원시 세류동에 있는 수원식량검사원에 교육을 받기 위해 입소했다. 검사원 자격을 받기 위한 연수교육은 6개월간 받았다. 이때에 검사원 교육은 경농의 5명을 비롯하여 15명이 교육을 받고 자격을 얻었다. 이전 까지는 검사원은 일본인들만 하였는데 한국인 검사원은 정규가 첫 번째였다. 아버지 문환은 외가의 집안인 '맹주'라는 사람이 마침 수원에 살고 있었다. 당시에 맹주도 정규와 같은 경농출신으로 화성군청에 근무하고 있었다. 맹주는 문환에게 부탁을 받고 정규가 수원에서 교육받을 동안 수원 역전 부근에 있는 경기산업회사 내에서 기거하도록 주선해 주었다. 그래서 정규는 경기산업회사 내에서 맹주의 아들과 함께 교육받는 동안 기거하며 6개월을 보냈다. 정규는 검사 강습요원으로 입소하여 양성과정 6개월간의 강습을 받고 각자 자기의 희망지로 지원하면 재배치받게 되어 있었다. 정규는 가문의 종손으로 부모님을 모시고 형제·자매들과 살아야 하기 때문에 고향 임진면을 제1지망으로 원했고, 제2지망으로 금촌검사소를 신청하였다.

그러나 당시에는 농산물 판정에 정실을 우려해서 첫 발령을 고향 임진면에 보내주지 않았다. 정규는 금촌검사소로 1945년 6월 5일자 첫 발령을 받았다. 정규가 경농을 졸업하고 첫 발령을 기수자격으로 금촌검사소에 부임하자 삼촌 장환은 매우 부러워하셨다. 삼촌 장환은 초등학교를 나와 산림계에 13년을 다니고 있었지만 그때까지 기수보를 달고 있었기 때문이다. 그래서 삼촌 장환은 공부하지 못한 것을 한스럽게 생각하셨다.

당시에 금촌검사소 소장은 일본인 이었다. 이 때 종손 정규는 이미 결혼을 하였고 파주 마정 집에서 출퇴근 하려 했다. 그런데 검사원 근무 규정이 근무지에서 4km 이내에 거주하도록 되어 있었다. 당시에 마정리에서 금촌은 이심 리 길이었다. 종손 정규는 금촌읍 아동면衙洞面사무소 앞에 초가집에 기거하기로 하였다. 그 집 주인은 할머니인데 출장 직원 음식대접 등을 하시던 분이었다. 정규는 그 할머니의 집에서 당분간만 거주하기로 약속하였다. 종손 정규는 금촌에서 검사원 생활을 3개월 정도 되었을 무렵 일제로부터 8.15해방이 되었다.

종손 정규는 중일전쟁의 막바지에 첫 검사원 기수를 시작 하였던 것이다. 일제치하에서 정규가 검사원을 시작하던 시점은 일제의 식량수탈이 가장 심한 발악적인 시기였다.

태평양전쟁 말기에 조선총독부는 각 도에 출하 통제할 공출물량을 할당하고 도는 각 군에 군은 각 읍·면에 할당 하도록 했다. 그리고 "공출에 대해서는 자발적 실행을 기대하더라도 필요할 때는 출하명령을 발동하여 반드시 소정의 수량을 확보"하도록 했다. "공출을 명령받은 도道는 농회 기타 산업단체의 원조를 받고 국민정신총동원 부락연맹을 단위로 하여 '공출필행회'를 조직하고 총협화 정신에 따라 자발적으로 공출하게 한다는 방침도 정했다. 그리고 공출 물량이 유출되는 것을 막기 위해 "공출을 명령받은 수량의 공출이 완료되기까지는 도내에서 자유거래를 일체 금지"하도록 했다. 조선총독부는 이러한 공출물량을 채우기 위해서 각 도, 군을 심하게 독려했다. 각 도, 군에서는 이를 달성하기 위해 죽창을 가지고 가가호호 가택수색을 하는 만행을 연출하기도 하였다. 이러한 시기에 공무원은 이 같은 궂은일에 앞장을 서야만 하는 곤혹스러움이 있었다.

종손 정규가 사회에 첫 발을 내디딘 1945년도는 일제가 전쟁으로 최후의 발악을 했던 시기다. 당시에 경상도 대구 지역에서는 식량공출독려를 담당한 군 직원, 면 직원 들이 농민의 실정을 무시하고 젖먹이를 안은 자의 집에 흙 묻은 신발을 신은 채로 올라가 가택 수색을 하고 구석구석 숨기고 있던 한 두 되의 쌀 조차도 전부 공출시키니 어린 아이 어머니는 "내일부터 이 아이에게 무엇을 줄까?" 하고 탄식 했다고 한다. 이렇게 각박한 시대에 조선인으로 수탈을 앞장서기 위해 농산물검사등급 결정으로 농산물 공출물량을 맞추어야 하는 종손의 마음은 매우 고통스러웠다.

박완서가 쓴 『그 많던 싱아는 누가 먹었을까』에서도 일제 말기의 식량공출에 대한 절박했던 이때의 상황을 아주 유사하게 묘사하고 있다.

"1944년 겨울방학에 귀향했을 때는 박적골 사정도 매우 흉흉했다. 순사와 면서기가 합동을 해서 식량을 뒤지러 나오는데 그 때에 온 동네가 발칵 뒤집혔다. 우선 그들이 들고 다니는 기구가 무기보다 더 섬뜩했다. 긴 장대 끝에 창같이 생긴 날카로운 쇠붙이를 꽂고 다니면서 그것으로 천장, 아궁이, 볏 짚단, 갈잎가리 등을 마구 찔러 보았다~~" 라는 내용인데 일제 말기의 각박했던 실제의 얘기들이다.

이러한 암울한 시대에 농산물검수원으로 사회에 첫 발을 내디뎠던 종손 정규는 자신의 처세가 매우 어려웠다. 항상 조선의 농민 아들이었던 정규는 일제의 수탈 목표와 고향 사람들의 사정을 누구보다 잘 알기에 마음은 늘 갈등 속에 있었다.

이와 같이 일제강점기의 식량검수는 식량공출을 추진하는 일제통치기의 가장 중요한 수탈정책이었다. 식량검수원은 일제의 수탈을 수행하는 정책의 중심에 있었다. 정규는 어렵게 공부하여 이룬 식량검수원이 일제의 식민지 수탈 도구로 활용되는 것을 생각하면 참으로 참기 힘든 고통이었다.

(2) 미군정의 식량정책실패 뒤처리로 이용 됨

종손 정규는 금촌 검사소 검사원으로 발령받아 3개월 만에 해방을 맞이하게 된다. 그런데 해방된 조국은 미국과 소련에 의해 38선이 생겨 조선은 분단되어 남북이 미국과 소련이 각각 군정을 실시하게 되었다. 당시에 38선 이남에 있던 종손 정규는 미군정의 통치를 받게 되었다. 정규는 해방이 되자 관리주체가 일본제국주의자들에서 미군정으로 넘어가고 미군정의 지침에 따라야 했다.

대한민국은 일본이든 미국이든 누가 통치해도 먹고사는 문제인 식량정책은 쉽게 개선되지 않았다. 1945년 9월 8일 38선 이남에 진주한 미 점령군이 가장 예상치 못했던 문제가 식량문제였다. 미국은 조선을 일본으로부터 인수 받기 이전부터 쌀 수출국으로 알고 있었다. 미군정 당국이 한반도에 진주한 직후 "조선은 결코 쌀을 충분히 생산한 적이 없으며 앞으로도 그럴 가능성이 거의 없다"는 사실을 발견하고 큰 충격을 받았다.

미군이 점령했을 때는 일본이 전선의 군량확보를 위해 조선에서 식량을 거의 공출하여 조선의 식량재고는 바닥을 드러내고 있었다.

그래서 미군정도 다시 미곡정책을 통제하고 강화할 수밖에 없었다. 종손 정규는 우리민족의 삼천리강산이 굶주림으로 주린 배를 쥐어짜던 미군정 시대에도 농산물검수원의 역할을 수행하였다.

종손 정규는 대한민국 정부가 수립되기 전까지 3년 동안 미군정이 실시되어 민정장관이 통치하는 혼란스러운 기간에 미군정 식량정책의 손과 발이 되어야 했다. 미군정은 농산물검사서 업무를 경기도에서 농림부로 이관되면서 검사업무 담당자에게는 업무를 방해하는 자를 고발할 수 있는 사법권한까지 주었다.

그 만큼 당시의 식량정책이 어렵던 시절이어서 검사원에 대한 농민들의 폭행이 많았다. 그래서 종손 정규가 근무하고 있던 검사소는 검사소 명칭이 바뀌었다. 파주검사서는 서울지소 '문산농산물검사출장서'와 '금촌분소'로 분리되어 명칭도 변경되었다.

첫 발령을 받고 3개월 후인 1945년 8월 15일 조국은 해방이 되었다. 정규는 더 이상 일본군대에 나갈 일도 없게 생겼다. 이제는 한 가족을 이루고 부모님을 모시고 생활하면서 모든 게 안정되어 가고 있었다.

종손 정규는 8.15해방 후 미군정이 실시되고 다음해 1946년 1월 1일자로 금촌에서 문산 농산물감사출장서 차석으로 발령을 받았다. 드디어 종손 정규는 고향으로 금의환향錦衣還鄕하여 돌아왔다. 정규가 소학교를 졸업하고 6년 만에 다시 고향에 와서 일하게 되었던 것이다. 정규는 문산출장서와 금촌분소의 국고금 전도자금 출납관리자에 임명되었다.

정규는 문산출장서에서 인사, 농무, 회계를 담당하였다. 종손 정규의 책임은 예산과 결산을 하고 그 결과가 경기도보에 발표되어야 그해의 모든 업무가 종결되는 프로세스로 되어 있었다.

정규는 해방된 조국이었지만 공무원의 시스템은 일제시대 그대로였다. 조선은 해방이 되었지만 일본이 다스리던 나라를 미국이 다스리는 것이 다를 뿐이었다. 미군정도 식량정책은 일제강점기와 다름없는 혼돈의 연속이었다. 당시에 식량의 절대량이 모자라는 상황에서 많은 시책을 강구하여 보았지만 효과가 없었다. 해방 직후 남한의 식량 사정은 해외동포의 귀환과 월남동포의 증대 및 일제하에서 억제되었던 소비수요의 폭발이라는 수요 측 요인과 생산부진과 같은 공급 측 요인으로 인해 크게 악화되었다. 이런 상황에서 미군정은 초기의 미곡에 자유거래를 용인하였으나 그 부작용 때문에 다시 식량공출제로 복귀할 수밖에 없었다.

미군정은 초기에 한국의 식량구조에 대한 인식이 미흡하여 커다란 혼선을 빚었다. 즉 미군정은 일제하의 식량공출에 시달려 온 농민을 배려하고 시장 메

카니즘을 통해 식량문제를 해결한다는 차원에서 1945년 10월 5일 소작료 3.1 제를 공포함과 더불어 미곡의 자유거래를 제한하던 일체의 법령을 폐지하였다. 다만 갑작스러운 쌀값 폭락을 방지하기 위해 최저가격을 설정하였던 것이다.

그러나 미군정이 예상과는 정반대로 쌀값은 계속 폭등하고 시장질서는 혼돈에 빠졌다. 그리하여 '최저가격제'는 무용지물이 되고 미군정은 식량자유화 이후 2주 만에 식량통제의 실시를 거론하였다. 미군정은 12월에 들어 미곡의 최고가격을 지정하였다. 하지만 최고가격의 비현실성으로 인해 오히려 미곡의 시장 출하가 부진해지고 매점매석이 성행하는 결과를 초래 하였다. 이에 따라 노동자와 도시 소시민 등은 극심한 식량난을 겪게 되었던 것이다. 미군정의 식량정책 오류는 결국 국민들의 엄청난 고통만 안겨주게 되었다. 그 당시 농민들이 식량 검수원을 폭행하는 사례가 빈번 하였다.

미군정은 식량위기를 해소하기 위해 일제가 시행하던 공출제도 까지 부활하였으나 문제는 해소 되지 않았다. 전국 각지에서 미군정 당국을 향해 식량배급을 요구하는 시위가 끊이지 않았다. 심지어 굶주린 사람들이 직접 식량창고를 습격하는 사태가 빈발하는 등 그야말로 민심이 흉흉하였다.

미군정은 식량이 부족하여 통제경제로 군정에서 식량배급 제도를 시행하였다. 군정에서는 쌀, 보리를 공출하기 위해 통제를 실시하는데 수매가 부진하여 군정장관이 지방면장을 구속하는 사태까지 발생 하였다. 종손 정규가 근무하고 있던 임진면 지역에서도 특별한 대책을 구상하게 된다.

임진면 기관장 회의에서 임진면검사서 관내에 임시도정공장을 설치해서 불합격품도 수배를 해서 특별도정방식으로 처리하자는 내용이었다. 즉, 불합격품 농산물을 검사기준을 완화해서 임진면에서만 자체 처분하여 식량부족분을 해결하자는 것이었다. 이것은 식량 부족이 심각하여 임시조치로 전에 없던 방식이기도 하였다.

기관장회의에서 임진면의 쌀 공출물량을 맞추기 위해서는 검사소가 주관
이 되어야 한다고 의견을 모았다. 이번에도 농산물검사서가 어떻게 역할을 하
느냐에 달려있었다. 검사서가 어려운 일에 또 총대를 메야 하는 것이다. 정규
는 "공출물량을 맞추려면 임시로 간이방앗간을 만들어 검사 수수료를 더 지불
하는 한이 있더라도 불합격품을 합격시켜서 이것을 임진면이 임시로 지정한 간
이방앗간에서 도정하도록 해야 한다"는 의견을 게시하였다. 당시에 상황이 절
박하여 공출물량을 맞추지 못하면 기관장을 연행해서 감옥에 가두기까지 하였
다. 다른 선택이 없었기에 기관장회의는 정규의 의견대로 추진하기로 결정되
었다. 그래서 마정리와 봉서리에 각각 한 곳씩 방앗간을 지정해서 도정을 시행
하였다. 이렇게 해야만 불합격품을 합격으로 처리한 곡식은 파주 내에서만 유
통을 제한적으로 할 수 있고 공식적인 공출물품에 불합격품이 섞이는 것을 방
지 할 수 있었다.

이러한 상황에서 근무하고 있던 검사서 차석 이정규는 주변으로부터 많은
오해를 받았는데 아직까지 그 오해를 풀지 못하였다. 하긴 이제는 그 오해를
풀려는 대상들도 모두 돌아가셨기 때문에 영원히 해명할 길이 없다. 그 당시에
어려웠던 상황을 이제와 책을 통해 밝히지만 당시의 상황을 이해하여 줄 사람
도 거의 살아있지 않을 것 같다. 문산검사소에 차석으로 있을 때 검사소장은
정규보다 20여살 많은 아버지뻘 되는 사람이었고, 정규와 같은 경농 출신으로
대선배였다. 이러한 관계 때문에 차석인 정규는 검사소장의 기에 눌려 그의 각
종 요구를 수용할 수밖에 없었다. 그런데 검사소장은 차석인 정규가 미리 농산
물검사를 나가서 합격품이라도 일단 불합격을 주기를 주문했다. 그래야 검사
소장이 뒤에 나가서 정규가 불합격 판정을 한 농산물을 돈을 받고 슬쩍 합격
을 시켜주면서 그들에게 생색까지 냈다. 당시에 검사소장은 당연히 합격해야
할 농산물이지만 불합격품을 합격시켜 주는 방식으로 금품을 갈취하였던 것이

다. 그런데 만약 종손 정규가 양심껏 제대로 판정하여 합격시켜 주면 소장은 다시 뒤로 나가 어깃장을 놓으면서 불합격을 주었다. 그리고 검사소장은 차석 정규에게 불합격품을 합격시켜 준 판정 잘 못에 대한 책임을 묻겠다고 난리를 쳐댔다. 이러한 상태가 당시의 상황이다 보니 정규는 검수만 나가면 일단 불합격을 주어야만 했다. 그러면 예외 없이 검사소장은 뒷돈을 받고 합격시켜 주는 것이 관례가 되었다. 그러니 주변 사람들의 원성이 정규에게 집중 되었다. 당시에 주변에서는 차석 이정규가 불합격시켜 주면 소장은 뇌물 받고 합격시켜 주니 둘이 뇌물을 받기 위한 한통속으로 보았던 것이다. 더구나 정규는 고조부 봉현 때부터 살아온 고향이므로 모든 사람들과 오랜 유대관계가 있었기 때문에 처신이 매우 힘들었다.

당시에 정규가 사는 마을인 마정정미소 주인은 정규의 큰댁 동생들의 외삼촌과 동네사람이 함께 동업을 하고 있었다. 이같이 고약한 검사소 소장을 모시고 있던 차석 정규는 같은 마을에 살고 있는 큰댁 동생들의 외삼촌과 동네사람에게도 제대로 판정을 할 수가 없었다. 그러니 당연히 나쁜 말이 마을에 돌 수밖에 없었다. 큰댁 동생들의 외삼촌은 수원 큰댁에 들러 "정규가 중간에서 농간하여 합격품을 불합격시키고 그러면 검사소장은 뇌물 받고 합격시키 주면서 생돈을 쓰게 만드니까 미치겠다"고 하면서 많은 험담을 하며 다녔다. 그러니 상세한 내막을 모르는 수원 큰댁의 동생들은 그들의 외삼촌 얘기만 듣고 형님인 정규를 아주 나쁜 사람으로 인식하게 되었다. 수원 큰댁 동생 중에 정규의 동생 현규와 경희대 동창으로 경희대 학생회장까지 한 똑똑한 사람이 있었다. 그는 정규에 대한 험담을 자기의 외삼촌에게 자주 들어서 형인 정규를 아예 상종도 하려 하지 않았다. 그 당시 그러한 상황을 모르는 정규는 종친회 일을 맡고 있어서 큰댁의 동생이 종친회 일을 좀 도와주기를 수없이 요청하였다. 하지만 그는 정규를 청을 아주 냉담하게 거절하였다. 처음에는 정규도 큰댁 동생이 왜 저렇게 냉정하게 거절하는지 그 이유를 몰랐다. 하지만 정규의 동네 사람과 동업으로 방앗간을 하고 있는 자기 외삼촌으로부터 정규의 나쁜 짓을 모두 전해 듣고 정규에게 비위가 상해서 그랬다는 것을 후에 알게 되었다. 그 이유는 "큰댁 외삼촌이 정규의 큰댁 동생을 만나면 너의 작은집 형인 정규라는 놈은 죽일 놈이다. 아주 남보다도 더 못하다"고 하면서 불평을 만날 때마다 하였던 것이다.

그러니 큰댁 동생들은 정규에게 말은 못하고 있었지만 정규를 야속하게 생각하였고 정규가 책임지고 있는 종친회에 대해서도 냉담했던 것이었다. 따지고 보면 모든 게 정규의 잘못이었다. 같은 마을 사람이라면 조그만 것이라도 도움을 주려는 성의를 보였어야 했는데 오히려 피해를 주었기 때문이다. 그러한 이유를 검사소 소장에게 핑계를 대고 있지만 최소한 고향 마을 사람들을 위해서는 아무리 못된 소장이라도 맞서서 바로 잡았어야 했다. 하지만 정규가 있던 그 시대는 상사의 명령에 절대복종해야 하는 시대라고는 하지만 많은 반성을 하게 하는 사례이다.

당시에는 정규는 경험과 연륜에서 검사소장의 권위를 이겨내지 못했을 것이다. 그렇다면 아버지 문환과 이러한 애로 사항을 충분히 상의하였다면 슬기로운 대안을 마련하였을 것이다. 이러한 악연으로 6.25 전쟁중 인공치하 90일 동안 어려운 시기에 가장 가까워야 할 동네사람이 도리어 가장 악한 적이 되어 정규의 가족을 괴롭혔던 것이다.

미군정 시대에는 공출물량을 채우지 못하면 면장을 잡아다 가두기 때문에 방앗간을 따로 해서 검사기준을 탄력적으로 운영하는 등 수단방법을 가리지 않고 공출물량을 맞추었다. 이러한 시대를 거치면서 크고 작은 갈등들이 누적되어 있었는데 인공치하 3개월 동안 정규의 처지가 어렵게 되자 그런 상황을 이용해 과거 곡식등급 판정에 앙심을 품은 사람들이 앙갚음을 하려 들었던 것이다. 하마

터면 그런 악연의 고리가 정규를 죽음으로 내몰 뻔하였다.

항상 권력과 권한은 위험한 무기이다. 정규의 아버지 문환은 시흥에서 문산인 고향으로 돌아오자 누에고치검사관의 보직을 버리고 일반면서기를 택하여 보직을 변경하셨다. 누에고치 검사 등급을 결정하는 일은 항상 많은 적을 만들 수 있기 때문이다. 아무리 좋은 등급을 주어도 받는 입장에서는 항상 부족함을 느끼기 마련이다. 정규가 이러한 문환의 처세를 배웠더라면 좀 더 보람된 공직생활을 하였을 것 같다.

종손 정규는 문산검사서에 근무하던 1947년 8월 15일 첫 아들 윤종을 얻었다. 이 집안을 이어갈 또 다른 종손이 출생한 것이다. 그로부터 일 년 후인 1948년 8월 15일 미군정은 끝나고 대한민국 정부가 새로 탄생하였다. 종손 정규도 신생국 대한민국의 공무원으로 정체성이 바뀌며 새로운 출발을 하였다.

(3) 정부수립 후 조변석개朝變夕改 식량정책

종손 정규는 1948년 8월 15일 남한에서만 수립된 이승만 정부의 공무원으로 새롭게 시작하게 되었다. 해방이후 지난 3년간에 많은 변화가 있었다. 정규가 하고 있는 일은 같을지 모르지만 이 나라의 주체가 세 번이나 바뀌면서 드디어 우리민족을 위해 일하는 공무원이 된 것이다. 정규는 내 조국 대한민국을 위해 일한다는 게 한없이 자랑스러웠다. 비록 나라는 분단되었지만 내 나라를 위해 일한다는 것 보다 더 자긍심을 주는 일은 없었다.

대한만국 정부수립 초기 정부의 식량정책은 그야말로 조변석개로 변했다. 양곡의 배급정책만 보도라도 도시민 전체를 대상으로 한 일반 배급제에서 특수대상을 대상으로 한 중점배급제로 중점배급제에서 수배 대상을 최소화한 '최중점배급제'로 최중배급제에서 다시 '균등배급제'로 상황이 수시로 변했다. 제도변경에 따라 최소한의 수배 인원을 새롭게 확정해야 했음에도 불구하고 그러한 준비가 이루어질 틈도 없이 다시 정책이 바뀌었다. 정부의 양곡 매상 정책 역시 마찬가지였다.

강제적 매상이 불가능한 상황에서 시가에 준거한 양곡매상을 표방하였으나 실제 양곡매상정책 시가에 훨씬 미치지 못하는 것이었고 결국 1948년산 추곡 매상이 실패하자 양곡시장을 자유화하고 정부의 양곡 매상 량을 최소화하는 정책으로 바뀌었다.

배급에서 제외된 시민들이 양곡을 시장에서 조달하기 위해 양곡 시장을 자유화 하였으나 그것은 양곡시장과 양곡상인의 육성을 수반한 것이 아니었다. 양곡시장이 자유화되면 수요와 공급의 법칙에 따라 쌀값이 조정될 것이라는 낙관론에 근거하여 아무런 대책도 동반하지 않은 것이었다.

정부의 예상과는 달리 쌀값이 폭등하자 임기응변식으로 정부 보유미를 방출하여 쌀값을 안정하려 했으나 정부 보유미의 절대량이 부족한 상황에서 그것도 효과를 거둘 수 없었다. 이렇게 쌀값이 앙등하자 종래 양곡의 자유매매와 반입이 허용되면 쌀값이 반드시 내려갈 것이라고 낙관하던 정부 당국자는 비로소 쌀값 폭등의 원인이 "자유 시장을 육성하지 않았기 때문"이며, "지금부터라도 자유 시장을 육성하며 쌀값을 조절할 것이다"고 토로 하였다.

그러나 정부의 양곡 정책은 곧이어 발발한 6.25전쟁으로 새로운 국면으로 접어들게 되었다. 종손 정규는 정부 수립이후 조변석개의 정책을 따라 다니느라 정신이 없었을 것이다. 현재는 식량이 안정되어 있어서 중요성을 인식할 수 없지만 6.25 이후 상당 기간 까지도 정부의 식량정책은 늘 핫이슈였다.

정규는 6.25가 발발하는 순간에도 누에고치검사지원 위해 강원도 홍천에 있었다. 그만큼 국가의 검사업무와 관련된 업무는 한순간도 정지할 수 없는 지속되어야 할 업무였다. 결국 정규는 자의적이 아닌 천재지변인 6.25전쟁으로 인해 원근무지인 임진면출장소가 있는 곳으로 목숨을 걸고 돌아왔지만 이미 인민군에게 적화된 다음이었다. 정규가 사무실로 되돌아 왔을 때는 이미 파주지역은 공산군에게 점령되고 문산농산물검사소 기능이 폐지되어 있었다.

적 치하 파주로 돌아온 정규는 현직 공무원이라는 신분 때문에 김일성치하 3개월간 목숨을 부지하기 위한 긴장의 시간을 보내야 했다.

(4) 전쟁에 참전한 공무원 복직자리 없앤 정부

종손 정규는 1950년 6월 22일 문산출장소 차석으로 근무하던 중 강원도 홍천지역 누에고치 검사지원을 위해 출장을 떠났었다. 하지만 출장지에서 3일 만에 6.25전쟁이 발발하여 출장업무를 중단하고 급히 임진면으로 돌아왔다. 서울도 6월 28일 인민군에게 점령 되었다. 한강다리가 끊겨 서울에 갇힌 정규는 오도 가도 못하여 목숨을 걸고 임진면으로 돌아와 6월 29일 검사소를 찾아 갔지만 이미 폐쇄된 상태였다.

인민군 치하를 목숨의 위협 속에서 불안하게 보낸 정규는 9.28수복으로 대한민국 정부에 자술서를 제출하고 다시 검사소에 출근을 하였다. 그러나 전황이 나빠져 다시 국군이 서울을 내주는 바람에 정규도 가족과 함께 남으로 피난을 떠났다. 피난을 떠날 때 서울의 경기도청에 들렸으나 정규에게 아무런 지침도 없었다. 그 당시는 전쟁으로 후퇴는 하는 마당에 아무런 대안이 없었다. 그래서 종손 정규도 가족을 데리고 가던 피난길을 재촉하였다. 피난 열차를 기다리던 정규는 동생과 함께 영등포역에서 먹을 것을 구하려다 강제로 가두 징집되어 대한민국 육군에 입대 하였다. 종손 정규는 6.25전쟁이 끝나고도 1년을 더 군대생활을 하고 1954년 11월에 45개월 만기제대를 하였다.

군대를 제대하자 종손 정규는 해야 할 일이 너무 많았다. 우선 1.4후퇴 중에 군대입대를 하였으니 공무원 신분 중이던 정규는 전쟁 중에 공무원에서 이탈하여 소식 없이 45개월을 지낸 꼴이 되었다. 그러니 무엇보다 공무원의 신분으로 복귀하는 것도 시급하였다. 그리고 1.4후퇴로 피난갔던 많은 사람들이 자기들 고향이 수복되면 곧 돌아갔지만 정규네 집안은 전쟁이 끝난지 1년이 지났지만 고향으로 돌아가지 못하고 피난지 논산에 그냥 살고 있었다. 파주 마정리 고향은 전쟁이 끝났어도 그 후 1년 동안 미군이 민간인 통제지역으로 설정하고 있었다. 그때까지 부모님과 가족들은 군대 간 두 아들이 제대하기를 기다리며 고향땅에 민간인 통제가 풀리기를 기대하면서 논산에서 피난생활을 하고 있으셨다.

'문산농산물검사소' 소속이었던 이정규는 제대를 한 달 앞 둔 말년 휴가를 받자마자 파주로 달려왔다. 정규가 왔을 시점에는 당시 임진면의 모든 행정기구는 정상화되어 있지 않았다. '임진면농산물검사소'도 기능이 없었다. 그래서 정규는 전쟁 전에 검사소가 농림부 소속이었기 때문에 중앙청 농림부를 찾아갔다. 당시 농림부에는 경기도 지원에 근무하던 안면 있던 몇몇 사람들이 그대로 근무하고 있었다.

그래서 정규는 "이제 군복무도 끝나고 복직을 해야겠으니 조치를 해달라"고 하였다.

그랬더니 그들은 "지금 문산의 검사소 조직이 없어지느냐 마느냐 기로에 있기 때문에, 원근무지였던 임진면검사소로는 발령을 낼 자리가 없다"고 하였다. 그들은 정규에게 "정 검사소로 가고 싶다면 6.25발발 전에 이틀간 출장 갔던 홍천에 가서 복직신청을 해볼 수밖에 없다"고 하였다.

정부는 종손 정규에게 문산에서 홍천으로 누에고치검수지원 같던 홍천 출장지로 가라는 것이었다. 종손 정규는 기가 막힐 노릇 이였다. 이것은 말도 되지 않는 것이었다. 왜냐하면 정규가 홍천으로 출장을 갔지만 이미 돌아왔고 9.28수복 이후에 다시 소명을 하고 '임진면농산물검사소'에서 3개월간 근무했는데 조직이 아직 불투명 하다고 해서 한번 출장 간적 있는 곳으로 가라니 납득할 수 없었다. 차라리 농림부에 대기발령이라면 이해가 되었을 것이다. 정규가 농림부에 가보니 수원에 있던 사람들은 경기도청으로 갔고, 경기도청에 있던 사람들은 농림부에 가서 일하고 있었다.

6.25전에는 군대가 모병제이기 때문에 군대복무자에 대한 복직규정의 체제가 안 잡혀 있을 수는 있다고 치더라도 최소한으로 파주지역에 복직이 곤란하면 경기도내에서 다른 곳에 복직시켜야 했다. 정규가 복직을 신청할 시점이 전쟁이 끝나고 1년4개월이 지난 시점이라서 공무원 복직자리가 부족할 수는 있다. 당시는 전쟁이 끝나고 제대 군인 등으로 실업자가 많았던 시기였다. 그렇다 하더라도 새로운 자리를 만드는 것도 아니고 멀쩡하게 근무하던 사람이 전쟁에 참전하느라 군대 갔다 온 사이에 보직을 줄 자리가 없다 함은 세월이 지나도 이해가 되지 않는다. 그래서 정규는 화가 났다. 군대 가지 않은 너희들은 모두 자리를 한 단계씩 옮겨가며 자리를 차지하고 군대 가서 전쟁 중에 나라 지키고 온 정규에게는 강원도 홍천에나 가보라는 것은 말이 되지 않는다고 생각하였다. 1.4 후퇴로 입대 전 정규의 소속근무지는 파주 임진면 이었다. 이런 처사에 울분이 쌓인 정규는 공무원을 그만 두려 했으나 당장 고향으로 데리고 올 가족의 생계가 걱정이었다.

정규가 제대할 시점은 겨울로 시작되는 계절이었고, 1.4후퇴 당시 모든 농토와 집을 버리고 떠났기 때문에 농사를 지으려 해도 다시 일 년을 기다려야만 하는 실정이다. 그러니 피난지에서 가족들을 데려 오려면 생계를 위해 무슨 일이든지 해야만 하였다.

그래서 정규는 홍천으로 가는 것도 심각하게 고민하여 보았다. 그렇게 되면 피난 가 있는 논산의 가족들은 고향으로 당장 데리고 올 수가 없었다. 6.25 전쟁이 끝난 직후에는 정부의 예산부족으로 공무원의 월급도 제대로 지급되지 않았는데 홍천으로 가세를 나누어 산 다는 것도 어려웠다. 임진면에서 검사원 생활을 할 때도 가족들은 농사도 지어서 식량을 보태어 생활을 하였다. 하지만 강원도 홍천으로 가서 복직을 한다 해도 대가족이 모두 함께 가지도 못하고 딴 살림을 하자니 박봉인 월급으로 생활을 할 상황이 아니었다. 더구나 정규의 어머니가 불편한 몸으로 피난지 논산에서 큰 고생을 하셨는데 또 고생을 하시게 하는 것도 마음이 허락치 않았다. 그래서 정규는 이러지도 저러지도 못하는 상황에서 아버지 친구 황호연 면장을 만났다.

황호연 면장을 만난 정규는 그 동안의 자초지정을 다 말씀 드렸다. 모든 얘기를 듣고 황 면장은 전쟁으로 출장지 홍천에서 돌아왔는데 "이곳으로 돌아 왔으면 이곳에서 해결해 주어야 하지 않느냐?" 하셨다.

더구나 "검사원 자격까지 얻은 사람을 홍천으로 가라고 하는 것은 말이 되지 않는다"고 황 면장은 말씀하셨다.

정규는 말했다. "농림부에서는 임진면농산물검사소 조직이 없어진 것도 김일성이 전쟁을 걸어와 생긴 것이기 때문에 어쩔 도리가 없으니 출장가서 잠시 있었던 홍천으로 가라고 합니다."

정규의 이러한 얘기를 한참 듣고 난 황 면장은 조심스레 말했다.

"그래! 네가 좋다면 임시직이라도 채용해주마!" 하고 황 면장은 말했다.

정규는 제대를 하자마자 황호연 면장을 찾아 갔다.

당시 임진면 서무과장은 매부 황대연의 사촌인 황어연 이었다.

황어연은 정규에게 "자네가 억울하겠지만 임시면서기 밖에 줄 수 없다"고 매우 안타까워하였다.

임시면서기 보직은 서무과장인 매부의 사촌이 서류를 작성하여 발령을 냈다.

이렇게 정규는 임진면사무소 임시면서기로 일을 시작하였고 곧이어 논산에 기다리고 있던 가족들을 데리고 마정리 734번지로 돌아왔다.

정규는 임진면 임시면서기도 햇수로는 3년이지만 겨우 1년 3개월을 하다가 공무원의 길을 접었다.

종손 정규가 제대 후 정부에 복직을 요구했을 때 '임진면농산물검사소' 조직이 없어졌다 하더라도 경기도 다른 지역에 유사한 다른 보직을 주면 되었다. 그런데 농림부는 업무의 융통성을 발휘하지 않았다. 물론 이러한 처사는 정부의 방침보다 인사담당자의 잘못된 판단일 수 있다. 이러한 상황을 현재의 기준으로 판단해 보면 이해가 되지 않는다. 하지만 6.25전쟁 이후에는 모든 행정이 체제가 제대로 잡혀있지 않아 억울한 일이 생겼던 것이다.

종손 정규가 제대를 하고 15개월 동안 임진면사무소에서 임시직으로 선택하여 근무를 하였지만 분하고 억울한 마음에 지금까지 70년 동안 정식으로 농림부에 사표를 제출하지 않았다. 결국 행정상으로는 지금까지 복직을 하지 못한 것이다.

그러나 그 이후 정부에서는 아무 조치도 하여 주지 않았다. 종손 정규에게 농산물검수원의 검수원 기수는 목숨과 같은 것이었다. 그것을 위해 아버지 문환이 갖은 고생을 하며 뒷바라지를 하셨으며 맏이를 공부시키기 위해 동생들을 희생하며 이룬 아들의 꿈이자 부모님에게 희망이었던 것이다.

종손 정규는 3년 9개월 동안 대한민국을 지키기 위해 전쟁 중 복무를 하였으나 국가는 정규에게 공무원을 스스로 그만 두도록 무언의 폭력을 가한 것이라 생각한다. 국가는 정규가 나라 위해 목숨을 바친 대가로 포상은 못해 주더라도 당연한 권리마저 박탈한 것이다. 국가는 "동냥을 못 줄망정 쪽박까지 깨버린 격"이 되었다. 종손 정규는 "나라 지킨 사람에게 전쟁이 끝나고 직제가 없어졌다고 하더라도 유사한 다른 보직이라도 주었어야 마땅하다"고 억울해 하고 있다. 6.25전쟁 중에 정규는 현직 공무원이라서 군복무를 하지 않아도 되었지만 불가항력으로 전쟁에 참전하였다. 수단과 방법을 가리지 않고 공무원의 자리보전을 한 사람들은 전쟁 중에도 안전한 후방에서 편하게 있을 수 있었고, 그들은 전쟁 후에도 자기 자리를 안전하게 지키며 승승장구할 수 있었다.

지금도 정책에 성실하게 따르고 충성하는 사람들만 피해를 보는 상황은 여전한 것 같다.

다. 시대를 앞선 강직한 자존심이 꿈을 접게 만들다

종손 정규는 서울유학까지 하면서 공부를 하여 1945년 6월부터 1950년 6월까지 만 5년 동안 농산물검사소 검사원 기수로 근무하였고 6.25전쟁으로 4년 가까운 기간 동안 군대생활을 했다. 그리고 전쟁이 끝나고 임진면사무소에서 임시 면서기 생활을 15개월 하였다. 종손 정규에게는 사회에 첫발을 내디딘 후 10년 동안 너무나 많은 변화를 겪었다. 처음 공무원을 시작하여 해방 될 때 까지는 일본 조선총독부의 명을 받았다. 해방되고 3년간은 미군정의 정책에 따라 야만 했다. 1948년 정부가 수립된 이후에는 대한민국의 정책에 따라 공무원의 업무를 수행하였다. 그것도 고작 2년 만에 남북 간 전쟁으로 김일성 치하의 세상도 맛보았고 45개월간 전쟁과 함께 군대생활을 하였다. 정규가 생활한 지난 10년간은 가치관과 국가의 정체성이 수없이 바뀌는 격변의 시기였다.

1945년 일제강점기 검수원 기수로 시작하여 1950년 6.25 전쟁이 나기까지 정치의 주체는 일본, 미군정, 대한민국 정부 등으로 바뀌었지만 정규의 업무는 여전히 농산물의 등급을 결정하는 일이었다. 농업이 주업인 농민에게는 등급 판결의 결과가 일 년의 농사를 결정하는 일이라서 한 등급이라도 높이려고 혈안이었다. 그러다 보니 항상 편법이 오가면서 뇌물이 오갔다. 강직한 성격을 가진 종손 정규는 항상 판결은 양심대로 결정하였다. 특히, 동네 이웃사람들은 잘 아는 사이니까 좋은 판결을 기대했다가 자기들이 기대한 결과가 되지 않으면 철천지원수처럼 사이가 나빠졌다. 종손 정규는 항상 양심과 현실사이에서 고뇌하고 방황하였다. 종손 정규가 불합격 판정을 하면 검사소 소장은 뇌물 받고 결국은 합격으로 처리하여 주곤 하였다. 이러한 방식은 시간이 흘러도 크게 바뀌지 않았다.

농산물검사에서 부정은 조선총독부시절, 미군정시정이나 그리고 조국 대한민국에서도 변하지 않았다. 정부의 식량공출이 강화되거나 식량사정이 나쁠수록 이러한 부정의 행태는 오히려 더 심해졌다. 종손 정규는 자긍심을 가지고 있는 자신의 역할을 수행하기 점점 버거워 지며 지쳐만 갔다. 6.25 발발 후 마정 고향마을에 숨어 있던 3개월에 가장 힘들게 한 것도 농산물검사에서 불리한 판정을 받았던 이웃사람들 이었다.

종손 정규는 출장 중 6.25전쟁을 만나고 피난길에서 징집되어 3년 9개월 나라를 위해 목숨을 바치고 제대하기 한 달 전 휴가를 나와 임진면을 다녀왔다. 임진면농산물출장소가 있던 임진면은 민간인 통제를 하고 있어 임진면에는 들어 갈 수조차 없었다. 당장 제대를 하여도 정규가 복직을 하여야 피난지 논산에서 고생하고 있는 가족들을 데리고 돌아올 수 있는데 난감하였다. 그래서 정규는 도 기수 자격을 가지고 임진면 임시서기로 생계를 위해 일하게 되었다. 처음에는 면임시서기의 보직은 병사담당 이었다.

그런데 묵묵히 일하는 종손 정규에게는 업무가 가중되었다. 임시면서기가 병사, 서무, 총무까지 담당해야 했다. "일 잘하는 소가 멍에 벗을 날 없다"는 속담이 있듯이 일 잘하는 임시직 정규에게는 날이 갈수록 업무가 늘어 만 갔다. 종손 정규는 임시직이지만 강직하게 업무를 수행 했다. 당시에는 특히, 병사업무는 비리가 많았다. 이러한 비리에 적당히 타협하지 않았던 종손 정규는 갈수록 하는 일에 회의를 느꼈다. 경기도 기수로 복직이 안 되어 임진면

〈공무원 시절 : 작약도〉

〈도봉산〉

임시면서기로 일하고 있는 것도 맥이 풀리는 일인데 병사, 서무, 총무 등 공석이 생길 때 마다 임시직이 감당하다 보니 격무의 고달픔이 매우 컸다. 종손 정규는 점점 공무원의 길에 회의를 갖게 되고 공무원의 길을 끝내고 싶은 마음이 들었다.

종손 정규에게 공무원의 길은 어릴 적부터 가지고 있던 꿈이었다. 공무원으로 성공한 모습은 본인의 희망이자 온 집안의 자랑이기도 했다. 특히, 아버지 문환이 공무원 월급을 다하고도 모자라서 보태서 뒷바라지를 하시면서 아들 정규를 5년 동안 서울 유학을 시키셨다.

임진면 면서기조차 사표를 생각하는 종손 정규의 마음은 심란하기만 했다. 해방 되던 1945년에 농산물 검사원으로 임명되어 일제강점기, 미군정 시대와 정부 수립 후 정부의 식량정책을 위해 일했던 시간들, 6.25발발하던 날 전선 가까이 있는 홍천으로 누에고치 검사 출장에서 목숨을 걸고 회사로 돌아오던 일 등 지나간 10여년이 주마등처럼 종손 정규의 뇌리를 스쳐갔다. 종손 정규는 생각을 거듭했지만 공무원의 길에서 더 이상 희망을 찾을 수 없을 것 같아서 마음이 답답하기만 했다. 결국 많은 생각을 거듭했지만 종손 정규는 공무원 길을 끝내기로 하였다. 이때가 정규의 나이 30세가 되었을 무렵이었다. 결국 20년을 공부하여 10년 정도 근무하다가 다른 길을 택한 것이다. 어찌 보면 인생 30살에 공무원의 길을 버리고 사업의 길로 나아간다는 것은 매우 진취적인 행동으로 보인다. 이때부터 정규는 명예는 택하지 않기로 하였다. 정규는 시골 파주에서 서울 경농에 유학까지 하였지만 다른 길을 모색할 수밖에 없었다.

정규 6.25전쟁 후 군대서 제대하여 여러 가지 상황이 어려워 어쩔 수 없이 임진면 면서기를 선택하였지만 대한민국 농림부에는 많은 유감이 남아 있다. 6.25발발 때에도 그렇고 1.4후퇴 시에도 농림부는 정확한 지침이 없었다. 전쟁이 끝난 후 정규는 농림부에 정식으로 사표를 제출하지 않았지만 자동 면직처리가 된 것 같다. 그래서 정규는 70년이 지났지만 답답하여 당시의 기록을 확인하려 하여도 증빙자료 조차도 없다고 한다. 지나간 억울한 삶을 누구에게 보상 받아야 하는지?

8. 결혼으로 종손의 무게가 더해지다

가. 교칙 어기고 몰래 본 맞선으로 퇴학 위기 겪음

종손 정규의 어머니는 정규가 경농 1학년 재학 중에 열차사고로 발의 앞부분을 절단 하셨다. 그래서 정규의 어머니는 삼각지에 있는 철도병원에 입원을 하였다. 철도병원에는 문산 사람 황의균이 있어서 많은 도움을 받았다. 그런 인연 때문인지 그는 후에 여동생 순규의 남편이 되었다. 정규의 어머니는 오른발을 반이나 절단하여 한발을 사용할 수 없었다. 정규의 집안에서는 모든 안살림을 하시던 어머니가 가사 일을 제대로 할 수가 없게 되었다. 정규의 부모님은 물론 집안에서도 정규가 하루속히 결혼하기를 원하였다. 정규도 불편한 어머니를 생각하면 빨리 결혼해서 안살림을 안정시켜야 한다는 생각을 하고 있었다.

그러던 차에 정규의 4촌 누이의 시아버지의 사돈의 친구에게 딸이 있었는데 17살 이었다. 그 딸의 이름은 김순중이고 정신대에 나갈 나이가 꽉 차서 걱정하고 있었다. 그래서 정규의 4촌 누이의 시아버지는 정규에게 "결혼하지 않겠나?" 하며 김순중의 사진을 가져왔다. 그래서 정규는 신붓감의 사진을 받아 한

번 보기만 했다.

여자 정신대는 제2차 세계대전 말기에 조직된 태평양 전쟁 지원 조직이었다. '근로정신보국단', 일명 정신대挺身隊라고 하였다. '나라를 위해 몸을 바치는 부대'라는 뜻이며 일제에 의해 노동인력을 강제징용당한 사람들을 말한다. 1944년 8월 23일에 '여자정신근로령'이 공포되면서 합법적인 근거가 마련되고 공식적으로 출범하였다. 조선여자근로정신대에는 12세 이상 40세 미만의 배우자가 없는 조선 여성으로 구성 되었다. 이 같은 상황에서 김순중은 17세의 미혼이라서 딸을 둔 부모 입장에서 다급할 수밖에 없었다.

그런데 마침 정규는 5학년 이른 봄에 농촌 지원대를 파주로 가게 되었다. 파주 탄현에 가보니 그 동네가 바로 김순중의 마을이고 정규에게 선보려고 사진을 보냈던 집안이 있었다. 그래서 정규는 여자의 사진을 보여 주면서 "제가 이러한 사람인데 김기홍씨 소개로 댁의 따님하고 혼인 얘기가 있었던 사람입니다" 하니까 그녀의 부모님들이 아주 반갑게 정규를 맞이해 주었다. 그 여자의 부모님들은 "아! 그러냐고 하면서 정규에게 이렇게 찾아 주셔서 고맙습니다" 하면서 자기 딸을 불러다 만나게 해 주었다. 김순중의 부모님은 둘이 얘기를 하라고 하면서 자리를 만들어 주었다.

정규는 농촌 못자리 지원대를 마치고 파주에서 학교로 돌아오면서 김순중에게 "학교로는 절대로 편지 등 어떠한 연락도 해서는 안 된다"고 신신 당부를 하고 학교로 돌아 왔다. 당시에는 경농의 교칙은 재학 중에 여자와 교재는 절대로 허락되지 않았다. 정규는 염려가 되 학교에 여자가 편지를 하면 반드시 문제가 되므로 편지하면 안 되는 이유를 김순중에게 상세하게 몇 번이고 주지를 시켰다. 학교가 아닌 곳에서 정규가 편지하기 전에는 절대 먼저 학교로 편지하면 안 된다고 몇 번이고 강조하니까 그 여자는 알았다고 하였다. 이렇게 단단히 약속을 하고 정규는 다시 학교로 돌아왔다. 그런데 종손 정규가 파주를 떠나고 한

달이 지나도 소식이 없자 김순중은 궁금하고 조급증이 생겼다. 왜냐하면 김순중은 여자정신대에 언제 차출될지 몰라 불안해 하다가 참다못해 학교로 편지를 하고 말았다.

어느 날 일본인 담임선생님이 이정규를 오라고 하여 갔더니 대뜸 "너 이 새끼! 정신대 나가서 하라는 일은 안하고 연애질이나 하고 자빠졌었냐?" 하고 화를 냈다. 당시에 정신대는 지원대를 말하는 것인데 이정규는 못자리 지도를 나갔던 것이다. 그래서 종손 정규는 "이 편지를 쓴 사람은 같은 친구인 '가네미스 지로'인 김형중의 동생입니다" 하고 얼른 둘러 댔다. 그 가네미스 지로는 나와 같은 우리학교 재학생입니다. 이 사람은 가네미스 지로의 동생인데 "왜 화를 내고 그러십니까?" 하면서 선생님께 정규가 정색을 하며 말했다. 그러니까 선생님은 '가네미스 지로'인 김형중을 당장 불러 오라고 하였다. 정규는 '가네미스 지로'는 한국 이름이 김형중이고 그 편지를 보낸 이름은 '김순중'으로 둘의 이름이 비슷하여 김형중에게 너의 사촌 동생이라고 해 달라며 친구와 미리 말을 맞추었다.

김형중은 정규의 담임선생님에게 불려가 김순중이 자기의 4촌 동생이라고 하였다. 그 김순중과 김형중의 이름이 비슷하여 담임은 화를 냈지만 할 말이 없었다. 그러나 선생님은 김순중의 편지의 내용으로는 남녀사이의 연애편지가 틀림없다고 노발대발 난리를 쳐댔다. 정규와 김형중은 입을 맞추어 그렇지 않다고 선생님께 우겨댔다. 그래서 가까스로 정규는 위기를 모면했다. 하지만 정규의 일본인 담임선생님은 정규에 대하여 개운치 않다는 듯 계속 좋지 않게 말하고 다닌 모양이다.

정규가 5학년 때 조선 사람인 과수원 지도사 실습담임 선생님이 말했다. "정규야! 어째서 너의 담임이 너를 헐뜯고 다니느냐?"고 하였다.

정규는 조선인 선생님에게까지 거짓말을 할 필요가 없어서 그간의 사정을 솔직하게 모두 말하였다.

정규는 파주에 정신대 지원 가서 있었던 일들을 조선인 실습 선생님에게 소상하게 설명하였다. 저의 사돈께서 아시는 친구 분의 17살짜리 딸이 여자 정신대에 나갈 나이가 되어 걱정이 많으니 저보고 결혼할 수 없느냐고 사진을 보내왔습니다. 그런데 제가 파주로 못자리지원대를 나갔던 파주 탄현면이 마침 맞선을 보자며 사진을 보내온 여자가 사는 마을이라서 우연히 만나서 선을 보게 되었던 것입니다.

"그 여자의 이름이 김순중이고 동급생이 김형중이 있어서 마지막 중자가 같아서 김형중의 4촌 동생이라고 일본인 선생님을 속였습니다" 하였더니 실습 선생님은 "그런 일이 있었느냐?"고 하였다. 조선인 선생님들은 딸을 둔 부모님들이 정신대를 어떻게 생각하고 있는 것을 잘 아시기 때문에 같은 조선인 선생님들까지 속일 필요가 없었다. 당시에 학교에서 일본인 선생에게는 마음을 터놓을 수 없었지만 조선인 선생님은 마음을 열어놓고 대화를 할 수 있었다.

정규는 김순중이 약속을 지키지 않아 큰 고역을 치렀기에 그 이후 그 여자를 생각조차하기 싫었다. 그래서 그 여자는 까맣게 잊어 버렸고 학교 졸업을 앞두고 풍양조씨 성연과 결혼을 했다. 이러한 사실을 모르는 김순중은 32살까지 계속 정규를 기다렸다. 그러다가 정규가 풍양조씨 성연과 결혼 했다는 소식을 듣고서야 아주 늦은 나이에 결혼했다.

김순중은 후에 정규가 학교로 절대 편지 하지 말라는 것을 자기가 어기고 편지를 하여 정규가 학교에서 큰 고역을 치렀다는 것도 알게 되었다. 김순중은 자기가 편지를 하여 정규에게 크나큰 고역을 치렀던 것이 미안하여 항의도 하지 못했다. 하지만 김순중은 다른 곳으로 시집을 가야 할지 말아야 할지 고민을 하며 32살까지 기다렸던 것이다. 이렇게 호된 홍역을 치른 정규는 김순중을 까마득하게 잊고 살았기 때문이다.

나. 장단의 큰 삼포 밭집 셋째 딸을 배필로 맞음

종손 정규는 1944년 11월 14일 장단의 명문가인 풍양조씨 집안의 셋째 딸 성연과 결혼을 하였다. 아내 성연은 경기도 장단군에서 조상 대대로 삼포 밭을 하던 부잣집 딸이었다. 아내 성연은 풍양 조씨 10대 종손인 대종손 집 딸로 태어나 성장하였다. 성연의 집은 동네에서는 가장 오래되고 잘사는 집이었다. 성연이 살았던 친정집은 그 마을에서 가장 크고 반듯한 집이었다. 아내 성연은 4남4녀 중 셋째 딸 이었다. 종손 정규가 장가 갈 무렵에 아내 성연의 부친인 조남수趙南壽는 이미 돌아가시고 장모만 생존해 계셨다. 종손 정규와 성연의 중매는 장단 풍양조씨 가문으로 출가하신 정규의 대고모님이 하셨다.

성연의 친정은 대대로 삼포 밭을 크게 하는 집안이었으며 숙부인 조남훈은 당시에 개성인삼조합 이사로 계셨다. 개성삼업조합은 1910년 삼도 개성에서 송삼계원의 모임인 삼도중을 인수해 조직했다. 이후로 개성은 오랫동안 인삼무역의 중심지 역할을 감당해 오면서 조선의 인삼재배를 선도했었다. 당시에 개성삼업조합 이사였던 성연의 숙부 조남훈은 성연이 시집올 때 장단에서 마정까지 함께 따라오셨던 분이셨다. 성연의 외가도 매우 부자였고 성연의 친정어머니인 창원박씨가 풍양조씨 집안으로 시집올 때 종을 3명이나 딸려 보낼 정도였다. 성연의 가문은 대대로 삼포 밭을 크게 하셨고 어린 시절 부유하여 고생을 모르고 성장하셨다. 성연은 장단군 군내면에서 군내심상소학교를 졸업하였다. 당시에는 시골에서 여성이 소학교를 졸업하는 것도 매우 드물던 시대였다.

아내 성연의 풍양조씨 가문은 '고려국통합삼한벽상개국공신삼중대광문화시중평장사' 조맹趙孟의 후손이시다. 성연은 천화사 전직을 지낸 조지린趙之藺의 26대손이고 회양공파의 20대손이시다. 조상님들은 주로 부여, 춘천, 장단 등지를 옮기시며 사셨던 집안이다. 조상님들이 충남 부여로 가서 사시게 된 것도 성연의 20대조 조신趙愼이 둘째 아들 '개평'을 데리고 피신을 한 곳이 부여로 가시게 되었기 때문이다.

고려말 공민왕 총애를 받고 있던 신돈이 정권을 휘두르자 회양공 조신의 둘째형 사공이 여러 명사와 더불어 신돈을 제거하려고 음모를 꾸미다가 그만 탄로나 모두 참형을 당했다. 그러자 형제들은 멸문지화를 면하기 위해 서둘러 분산 피신하여 혈족을 보존하기 위해 회양공 조신은 차남 개평을 데리고 충남 부여로 피신하셨고, 회양공 부인 고성이씨는 맏이 안평을 데리고 친정아버지 연고인 춘천으로 낙향하였다. 이후 맏이 안평과 고성이씨는 춘천에 사셨고 나머지 가족들은 부여에서 살게 되었다. 성연의 12대조 조면趙沔에 이르러 장단에 정착하시어 6.25때까지 400년 넘게 살아오셨던 종갓집의 따님이셨다. 장단에 정착하신 조면은 무과에 등과하여 통정대부, 언양 현감, 병마절제도위 등을 지내셨다. 또한 풍양조씨는 조선시대 말엽에는 3대 세도가문의 하나였다. 종손 정규도 임진강 덕진산성 북쪽의 장단에 사시던 명문세가로 장가를 가셨다.

정규는 19살 아내 성연은 20살에 결혼하였다. 결혼식 날 아침 종손 정규는 임진강 남쪽 마정 집에서 말을 타고 성연을 맞으러 갔다. 당시에는 화석정까지 가서 임진나루를 건너 장단군 군내면으로 갔다. 정규의 처갓집 군내면은 임진강 초평도 북쪽 덕진산성 북쪽에 있었다. 처갓집까지의 거리는 마정에서 약 20여리가 넘는 거리였다. 장단 친정집에서 결혼식을 치른 성연도 이십 리 길을 가마타고 말탄 정규를 따라 시집을 왔다. 시집오기 전 성연의 친정어머니는 말하시길 "일단 시집에 들어가면 어떤 어려운 일이 있어도 참고 그 집 귀신이 되어야 한다"고 신신당부를 하셨다. 성연은 처음에 시집오자 모든 게 낯설고 어려웠다. 아내 성연은 시집오기 전에 시집이 부자라고 하였는데 시집와 보니 살림살이가 친정보다 한참 못한 것 같아서 실망도 하였다. 더구나 시어머니는 발을 다쳐 안살림을 거의 도와주시지 못하였다. 여기에 시동생, 시누이 등 십여 명이 함께 사는 대가족이었다. 성연의 친정은 몸종이 있어서 시중을 받고 살았는데 시집와서 모든 것을 직접 해야 하니 모든 게 서툴고 힘들었다. 성연은 친정에서 해보지도 않은 일을 하면서 힘든 시집살이에 적응하느라 많은 고생을 하였다.

성연이 처음에 시집을 와보니 성연보다 네 살 어린 시누이 순규는 영리하고 몸도 빠르고 집안 살림은 무엇이든지 잘 하였다. 순규는 바느질은 물론이고 재봉질도 잘하였다. 성연은 처음 시집와서 정규의 한복을 만들지 못해 쩔쩔맸으나 시누이 순규는 손쉽게 만들었다. 성연은 친정에서는 20살이 되도록 곱게 자라 집안일을 잘 배우지 못하여 처음에는 눈치도 보이고 집안일도 서툴렀다.

성연의 시누이들은 남자들이 하는 오줌동이까지 머리에 이고서 오줌을 퍼서 밭으로 날라다 거름을 주곤 하였다. 아내 성연은 그러한 일은 해본 적이 없어서 어찌할 줄 몰라 난감하기도 하였다. 가만히 보고만 있을 수도 없고, 가만히 있자하니 눈치가 보여서 매우 힘들었다. 더구나 신혼 초이고 남편인 정규는 수원에 공무원 연수교육을 가고 없어 이러한 애로사항을 상의도 할 사람이 없었다. 친정과 너무 다른 환경이므로 성연의 마음고생이 이만저만이 아니었다. 성연은 시집와서 처음에는 시집생활에 도저히 적응할 수 없었다. 그래서 성연은 우물에 빠져 죽으려고 몇 번이나 마음도 먹었다. 하지만 친정어머니의 "너는 시집가면 아무리 힘들어도 그 집 귀신이 되어야 한다"는 생각이 떠올라 참고 또 참았다.

농경사회인 당시의 며느리들의 삶은 너무나 힘들었다. 특히, 양반입네 하는 집안은 더욱 힘들었다. 조선시대 양반가에는 봉제사라는 형식으로 죽은 조상에게 효를 행하는 것을 주요하게 생각하였다. 며느리들은 조상의 제사를 받들고 시부모를 섬기며 아들을 낳아서 대를 잇기 위한 도구 정도로 취급 받았다. 그러므로 옛날에는 딸을 시집보낼 때는 으레 "부디 공경하고 조심하라" 하고 "조석으로 부지런히 잘 받들어라" 하는 것이 부모의 마지막 당부였다. "여자는 한번 시집가면 그 울타리 밑에서 죽어야 하는 것"이기에 아무리 괴롭고 서러워도 견디어 내야하는 것이 시집살이였다. 정규의 아내 성연도 이러한 전통적 윤리관 속에 갇히어 고민하고 괴로워하면서 팍팍한 시집살이를 하며 신혼 초기를 보냈다.

종손 정규의 아내 성연의 친정인 장단군 군내면은 6.25전쟁 후 민간인 통제구역이 되어서 친정 형제들이 모두 임진강을 건너 고향에 돌아가지 못하고 각자 헤어져 정착하였다. 결국 전쟁으로 성연의 친정마을인 고향을 잃은 것이다. 고향 마을에 돌아갈 수 없으니 수백 년 살던 고향 친척들도 뿔뿔이 헤어졌다. 전쟁이 끝나고 20년이 지난 1974년 영농출입이 허용되어 선영을 찾아 제사를 올릴수 있었다. 장단에서는 성연의 12대조 까지 모셔져 있었다. 1997년 미군사격장으로 선산주변이 수용되어 선산을 집단 이주하게 되었다. 성연의 11대조 통덕랑 정규공 직계 종중의 납골묘역을 경기도 파주시 진동면 서곡리 산 193-1번지에 설치하여 2003년에 집단 이묘하였다.

그래서 정규의 아들딸들은 외갓집이 임진강 하나만 건너면 되는 가까운 곳이지만 갈 수가 없었다. 아내 성연이 전주이씨 집안에 시집와서 첫 친정을 간 것이 시집 온지 6년만이었다고 한다. 그리고 곧 이어 6.25전쟁으로 논산으로 피난 가서 4년 후에 돌아 왔으니 충분히 이해가 되고도 남는다. 정규의 아내 성연은 시부모님의 오랜 병석의 뒷바라지를 다하였다. 정규네 가문은 여전히 고조부 봉현까지 봉제사를 모시고 있다. 어느덧 정규의 손자에게는 봉현이 6대조가 되었다.

정규는 장남으로, 종손으로 살아오다보니 어느 덧 자신의 꿈이 무엇인지 조차 잊은지 오래되고 말았다. 삶에서 무엇이 성공된 삶인지 점점 모르겠다. 지난 날을 뒤돌아보면 적당히 살았던 적은 없는 것 같다. 하지만 마음속에 생긴 공허한 느낌을 채울 길이 없다. 삶에 있어서 오늘의 나의 모습은 모두 나의 탓인 것만은 틀림이 없다. 누구를 원망 하겠는가? 공허한 넋두리다.

제3장

뒤틀린 삶을 되돌리려는 몸부림

뒤틀린 삶을 되돌리려는 몸부림

우리나라에서 아무일 없이 순탄하게 살아온 가문은 거의 없겠지만 종손 정규의 집안도 시대의 어려운 고비를 겪으며 이어 왔다. 정규의 고조부 봉현은 갑오개혁 이후에 홍화리에 정착하려 3년을 갖은 노력을 하셨지만 너무 생활이 어려워 다시 파주 처가 마을을 찾으셨다. 고조부께서 처가 마을로 찾아왔으나 마땅한 거처할 곳이 없어서 장산리에서 정착하신 후 다시 마은골로 옮기셨다. 마은골에서 가세를 일으키시어 다시 마정으로 이사하셨으며 6.25전쟁이 끝나고 피난지 논산에서 돌아와 새로운 시대 변화에 맞추어 문산읍으로 삶의 터전을 옮겼다. 마정에서 문산읍으로 이사를 하게 된 연유는 피난지에서 고향으로 다시 돌아 왔으나, 휴전선 남방한계선 임진강쪽으로 설정되어 마정이 접경마을이 되었다. 그리고 종손 정규가 공무원 생활을 시작하고 자녀들의 학업을 위해 학교가 가까운 문산읍으로 옮기게 되었다.

종손 정규는 중시조 덕양군 이후 400년 된 가문에 4대 종손으로 태어났다. 덕양군에서 봉래군까지는 4대가 봉군을 받았던 가문이다. 중종대왕부터 헌종 때까지 무려 8대 임금 150년 동안 왕실의 중심으로 크고 작은 역사와 함께 했다. 중시조 덕양군 등 5대를 지나면서 가문의 정체성이 만들어 졌고 그것은 15세손인 정규의 삶에도 정신적 바탕이 되었다.

정규는 이러한 가풍을 이어온 봉현의 고손자로 태어났다. 고조부 봉현은 어렵게 사셨지만 왕실의 후손으로 자긍심을 가지고 계셨던 유학자셨다. 조부 종림은 장산리에 터를 잡자 가세를 늘리는 데 앞장서셨으며 아버지 문환은 새로운 20세기 전환기에 시대의 변화를 감지하시고 아들 정규에게 신학문 공부를 위해 서울 유학을 시켰다. 정규도 이러한 가문의 자부심과 부모님의 뜻을 숙지하고 있었기에 자신의 길에서 최선을 다하였다.

하지만 예기치 않은 6.25전쟁 발발로 정규의 삶은 원하지 않는 방향으로 바꾸어져 버렸다. 순간순간 참으로 목숨이 아슬아슬한 순간도 많았다. 정규는 홍천으로 출장을 갔기 때문에 인생의 진로가 틀려졌다고 하지만 목숨을 구한 것보다 더 다행은 없다고 생각한다. 그리고 정규가 홍천에서 서울로 돌아올 수 있었던 것도 당시에 인민군이 춘천전투에서 국군에게 패하여 남하가 지체됐기 때문이었다.

정규는 홍천에서 서울로 돌아올 때만해도 서울에 도착하면 모든 게 순조로울 것으로 생각하였다. 그래서 정규는 홍천에서 국군을 따라 남쪽으로 후퇴하지 않고 목숨 걸고 청량리에 도착하였지만 결국 공산군의 점령지로 들어온 꼴이었다. 점령된 고향 마정으로 돌아오면서 몇 번의 죽을 고비를 넘겼다. 긍정적으로 생각하면 전쟁 중에 목숨을 구한 행운이 최고라고 생각한다.

안타까운 것은 종손 정규는 잃어버린 삶에 집착하고 얻은 행운을 잊고 살아온 것 같다. 종손 정규가 6.25 이후에 살고 있는 삶을 덤이라 생각했다면 모든 일을 긍정적으로 생각하며 즐겁게 살았을 것이다. 사람의 운명은 노력해서 바꿀 수 있는 게 아니다. 하늘의 뜻이 있어서 정규가 지금까지 살고 있다고 생각해야 한다. 지금까지 살아있는 정규의 가장 필요한 소명을 찾아서 살았다면 더 보람되고 성공한 삶을 사셨을 것이다. 종손 정규가 사회적인 입신출세는 못하였지만 가문을 보존하였고 조상님들을 잘 받들며 살아오신 것도 훌륭한 삶이라고 본다. 그것이 곧 정규가 지금까지 살고 있는 소명이라고 생각한다.

모든 삶에는 우연이라는 것은 없다고 본다. 만약 종손 정규가 주어진 숙명을 거부하고 개인의 욕망을 추구했다면 백 년의 삶을 사시도록 건강이 주어지지 않았을 것이다. 지금까지 그는 바뀌진 삶에서 발버둥을 치셨지만 마음먹은 대로 이루지는 못했다. 하지만 정규가 못 이룬 뜻은 또 후손이 이어가면 되는 것이다.

성공한 삶에 대한 기준도 없는 것 같다. 성공이라는 것도 손에 쥐고 있는 뭉쳐진 눈덩이 같이 주변의 평판이 만들어 놓은 허상일 뿐이다. 잡고 있을 때는 제법 짜릿한 느낌이지만 손을 펴고보면 아무것도 없는 빈손이듯이 성공도 그런 것이다. 종손 정규에게 그의 정체성에 부합하는 성공된 삶은 무엇인지 되묻고 싶다. 성공한 명예란 후손들이 지표로 하는 삶을 살아간 조상들의 삶일 것이라 생각된다. 그런데 종손 정규가 경기도 기수의 공무원의 길을 계속 가서 높은 직위에 올랐다면 그것이 후손들에게 자랑스러운 자긍심이 되리라는 보장은 있는지 의문이다. 직위에 대한 목표는 개인적인 욕심일 뿐이다. 정말 중요한 명예와 자긍심이 무엇인지 정확히 생각하셨다면 평생 자책하며 사시지 않아도 되었을 것이다. 지나간 조상님들이 후손들에게 진정으로 남겨 놓을 진정한 유산은 살아가신 자취에 남아 있는 진한 인간적 향기일 것이다. 이러한 삶의 향기가 후손들이 진정으로 존경할 수 있는 '명예'라고 생각한다.

종손 정규는 나이 삼십에 그동안 목표로 살았던 방향을 바꾸고 새로운 길을 선택하여 많은 고생을 하였다.

하지만 삶에서 만족한 삶이 어디 쉬운 일이던가? 성인聖人들도 자기의 삶은 늘 허무하다고 하고 있다. 정규의 뿌리 조상님들 중에 종친에서 처음으로 제외되어 과거를 통해 정치에 참여한 '사간공'처럼 정규의 삶의 여정에서 많은 시행착오를 겪었다. 사간공은 대과에 3등으로 입격했지만 주변에서 일어나는 수많은 그릇된 부분을 고치려다 반복되는 귀양과 징벌로 벼슬의 직위가 낮은 상태로 생을 마감하셨다. 사간공은 능력은 있지만 능력에 부합되는 직위를 가질 기회가 없었다. 그는 명예와 부에 상관하지 않고 자기가 옳다고 생각하는 길로 열심히 가셨을 뿐이다. 사간공은 늘 이익이 없어도 옳다고 생각하는 일에는 피하지 않고 옳은 일에 목숨을 두려워하지 않았다. 사간공이야말로 임금에 대한 진정한 충신이었고 왕실을 사랑하는 사람이었다. 사간공의 아버지 봉래군 까지 봉군을 받았고 종친의 유력한 집안이었다. 사간공이 부귀영화를 추구했다면 그의 가문이라는 인프라가 가능하게 하였을 것이다. 하지만 항상 자신의 신념대로 사셨기 때문에 사간공의 삶의 향기는 후손들에게 세월을 넘어 존경을 받고 있다. 그런 삶이 진정으로 성공한 삶이라고 생각한다.

이렇게 의기가 강한 아들을 둔 어머니와 형제들은 사간공이 귀양길을 들 때마다 온 가족을 고통스럽게 만들곤 했다. 추운 겨울을 이겨내야 매화의 향기가 짙듯이 삶에서도 어려움을 극복한 삶이 향기가 짙은 법이다.

1. 공직의 길을 접고 자유인이 되다

스피노자는 『윤리학』에서 "어떤 사람이 나쁘다는 판단에서 피할 수 있는 일이라면 그일 외에 다른 것이 훌륭하다는 판단에서도 피할 수 있다"고 했다. 스피노자는 습관적으로 부정적인 인식을 바탕으로 행동하는 사람을 노예라 부르고, 습관적으로 긍정적인 인식을 바탕으로 행동하는 사람을 '자유인'이라고 부른다. 예를 들면, 거짓말이 나쁜 짓이어서 진실을 말하는 것이 아니라 명예와 정직을 추구하는 정신적 태도 때문에 저절로 진실을 말하게 되는 그런 사람이 자유인이다.

그런 자유인이 되려면 무엇보다 자기 주관이 뚜렷해야 하고, 용기도 필요하고, 통찰력도 있어야 하고, 항상 행동이 앞서야 한다. 우리가 진정한 참 자유를 누리기 위해서는 내려놓아야 할 것들이 있다. 첫째는 자기의 것을 내어놓을 때 우리는 더 많이 자유로워진다. 자기에게 주어진 짐을 줄이고 무게를 줄이고 돈에서 멀어져갈 때 그에 비례하는 자유를 맛보게 된다.

둘째는 낮아질 때 자유로워진다. 어울리지 않는 자리를 내 놓을 때, 포기할 때 우리는 놀라운 자유를 맛 볼 수 있다.

셋째는 져주고 양보할 때 최고 수준의 자유가 찾아온다. 때로는 깨끗하고 과감하게 져주고 양보해 보면 참 자유를 맛보게 된다.

나는 종손 정규가 공무원의 길을 접고 삼오상회를 개업한 것을 자유인이 되었다고 표현하였다. 당시에 정규는 자신의 뚜렷한 주관에 따라 자기의 주관을 관철 시켰다. 당시에 정규가 자신의 길을 결정한 판단은 스피노자의 '습관적 긍정적 판단'과 너무나 부합하기 때문이다. 그리고 자유인이 되려면 "무엇보다 자기 주관이 뚜렷해야 하고, 용기도 필요하고, 통찰력도 있어야 하고, 항상 행동이 앞서야 한다"는데 당시에 종손 정규의 행동이 이와 같았다.

정규는 일반적으로 55세 정년인 시대에 30세에 자유인이 되었다. 당시에는 공무원 같은 셀러리맨을 최고의 직업으로 생각하던 시대였다. 하지만 종손 정규는 그러한 길을 버리고 지금까지 가지 않았던 새로운 길을 선택하였다.

이러한 과감한 결정은 군대에서 제대한 다음 임진면 임시면서기를 선택하는 과정에서도 나타난다. 전쟁 전 근무하고 있던 농산물검사원 기수 보직을 버리고 현실적 판단에 따라 임시면서기를 택하는 결단을 보통의 사람이라면 결정하기 힘든 선택이다. 이미 이때부터 정규는 공무원의 길을 자신의 최고의 길이라 생각하지 않았던 것으로 보인다. 왜냐하면 당시에 기수 보직을 버리고 임시 면서기를 선택한 것은 말과 염소를 맞바꾸는 결단을 한 것이나 같은 형국이기 때문이다. 염소가 꼭 필요한 상황이라 할지라도 시세의 가치가 큰 말을 주면서 바꾸는 것은 아무나 할 수 있는 일이 아니다. 이러한 독특한 삶을 살아온 종손 정규를 아무 고민 없이 자유인 이라고 불러야 마땅하다고 본다.

정규는 15개월의 임시면서기를 체험하였지만 작은 권력이라도 있는 곳에는 항상 부정부패가 있었다. 정규의 바랐던 것처럼 조용히 일만 하도록 놓아두지 않았다. 정규는 현실과 양심사이에서 갈등해야 하는 마음도 너무나 힘들었다. 그래서 정직한 땀의 결과에 따라 마음편한 일을 선택하게 된 것이다. 그러나 안전한 길에서 이탈하여 새로운 길을 선택하는 용기도 아무나 결정 할 수 없는 것이라 생각한다. 종손 정규는 모든 사람들이 아깝게 여기는 공무원의 길을 과감히 버리고 새로운 길에 도전 하였다.

종손 정규는 피난길에 가두 징집되어 6.25전쟁에 참전한 후 3년 9개월 만에 만기 제대를 하였다. 정규의 막내 삼촌처럼 가두 징집과정에서 눈치 빠르게 행동했다면 피할 수도 있었다. 그렇게 요령을 부리지 못하는 정규의 두 형제는 가두 징집원의 요구에 따라 피난길에 있던 어린 두 아들과 부모님을 생이별 하고 입대를 하였다. 당시에 정규는 현직 공무원이라서 다른 사람들처럼 잔머리를 굴렸다면 6.25전쟁에 참전하여 고생을 하지 않을 수도 있었다.

이렇게 남은 안하는 고생을 자처하였던 종손 정규는 군대에서 제대를 하자마자 중앙청 농림부를 찾아가 복직을 요청하였다. 정규가 농림부를 찾아가 보니 경기도 지원에 근무하여 검사원 시작할 때부터 알고 있는 몇몇 사람들이 한 자리씩 승진하여 여전히 근무하고 있었다.

그들은 "지금 검사소가 없어지느냐 마느냐 기로에 있다. 그렇기 때문에 원근무지였던 임진면검사소는 조직도 아직 없고 복직할 자리가 없으니 6.25전쟁 3일 전 누에고치 검사 지원출장을 갔던 홍천에나 가면 혹시 자리가 있을지도 모르겠다"고 하였다.

농림부에서는 종손 정규에게 전쟁 전에 2주간 누에고치검수지원 같던 강원도 홍천으로 가서 복직시켜 달라고 사정해 보면 검사원 기수 등급으로 혹시 복직 시켜 줄지도 모르니 그곳으로나 가보라고 하였다.

정규는 기가 막혀 말이 안 나올 지경이었다. 더욱 종손 정규가 화가 난 것은 옛 동료였던 그들은 적절히 자리를 옮겨 자기 자리들을 그대로 지키고 있었다. 그런데 3년 9개월 전쟁하고 살아 돌아온 정규에게는 옛 근무지에 복직도 불가능하고 자리가 없으니 전쟁 전에 출장 갔던 강원도 홍천으로 가야 한다는 처사에 분노가 치밀었다.

6.25라는 천재지변으로 어쩔 수 없다고는 하지만 당시에 홍천 출장은 정부의 지시를 수행하는 일시적인 것이었다. 결국 정부의 지시를 수행하기 위해 홍천에 갔고 출장 중에 전쟁이 났는데도 아무런 지침도 없어 급히 서울로 돌아왔지만 고위직의 사람들은 이미 서울을 비우고 없었다. 결국 인민군에게 서울에서 갇혀 오도 가도 못하여 결국 고향 '임진면농산물검사소'로 돌아갔지만 이미 공산치하가 되었고 소장은 총살당하고 검사소는 폐쇄된 상태였다. 정규는 현직 공무원이라서 인민군과 지방 좌익들의 눈을 피하기 위해 매부 황대연과 공산치하 3개월간 논바닥에 숨어서 목숨을 구했다. 다행히 파주가 다시 수복되어 정규는 대한민국 정부에 그동안 경위와 자술서를 쓰고 검사소에 다시 복귀할 수 있었다.

1.4후퇴 시 국군이 후퇴할 때 종손 정규는 남으로 피난가다 강제로 가두 징집되어 전쟁에 참전하면서 3년 9개월의 군대생활을 하였다. 이러한 고초를 겪은 정규가 복직하려는 데 자기들은 자리를 다 차지하고 있으면서 정규에게 복직할 자리가 없다고 하였다.

공무원은 그때나 지금이나 새로운 시도로 소속을 변경하면 거의 새로 시작하는 것이나 다름없다. 이미 경기도에서 자기위치를 차지하고 있던 정규를 강원도로 보내면 모든 것을 다시 시작해야 하는 것이다. 조직에서는 단순히 같은 월급만 받는다고 하여 같은 조건은 아닌 것이다. 다시말하면 좌천과 같은 것이다.

종손 정규을 더욱 화나게 하였던 것은 6.25전쟁 중에도 현직 공무원이라는 신분을 이용하여 병역을 기피한 사람들은 고생도 안 하고 자기 보직도 안전하게 유지하고 있었다. 그런데 정규처럼 군대 나가 전쟁에 참전하며 개 고생한 사람들은 군대 안간 자기들이 차지하고 있는 보직 때문에 남은 보직이 없었던 것이다. 더구나 6.25발발 당시 검수지원출장 갔다가 악몽 같은 순간을 보냈던 홍천으로 가라고 하니 그 당시 정규의 막막하였던 심정은 이해가 가고도 남는다.

항상 역사의 정의는 만들어지는 게 아니라 펜 잡은 사람이 만든다. 종손 정규의 경우에 있어서도 마찬가지였다. 당시에 종손 정규는 군대 기피한 동기들은 모두 농림부에 그대로 남아 있었다. 종손 정규같이 나라위해 전쟁 치른 사람에게는 일말의 배려도 없었다. 정규는 아무리 생계로 어려운 시점이라 하지만 그들의 결정에 응할 수 없었던 것이다. "호랑이가 아무리 배가 고파 죽어도 풀을 뜯어 먹지 않는다"는 얘기가 있듯이 정규는 그러한 처사에는 따를 수 없었다.

그 옛날 정규네 가문의 조상님인 귀천군께서 인조임금의 말고삐를 잡고 충청도 공주 땅으로 몽진을 가게 한 '이괄의 난'도 결국 반정에서 공신들의 납득할 만한 논공행상을 제대로 하지 않았기 때문에 일어났던 것이다. 역사는 이괄을 역적이라 하고 있지만 이괄을 역적으로 만든 사람은 당시에 붓잡은 집권 세력이었다. 결국 이괄이 몸을 사리지 않고 인조반정을 주도하여 성공했지만, 당시에 몸을 숨겨 피신해 있던 김유 등이 반정의 공신을 분류하는 과정에서 자기들이 펜대를 잡고 가장 공이 큰 이괄을 2등 공신에 책정하였고 설상가상으로 먼 북쪽지방으로 유배 같은 좌천을 시켰기 때문이다. 시대는 바뀌었어도 종손 정규에게 하였던 처사를 보면 이괄이 난을 일으키게 만든 그놈들의 태도와 크게 다를 바 없었다.

당시에 종손 정규는 군대에서 제대하자 우선 가족들의 생계를 책임져야 할 처지였다. 정규가 제대할 때까지 정규의 부모님 등 온 가족이 고향 파주를 떠나 피난 지 논산에서 아직 돌아오지도 못한 형편이었다. 고향의 모든 농토는 그대로 두고 부모님 등 온 가족과 함께 강원도 홍천으로 갈 처지는 더욱 아니었다. 더구나 월급 4500원으로는 부모님과 정규 가족이 두 집으로 나누어 살림을 하기 에는 턱 없이 부족하였다. 그래서 종손 정규는 홍천으로 부임을 거절 하고 정부에서 이러한 사정을 감안하여 선처를 요구 하였다. 경기도 파주 공무원이었던 사람을 생면부지 강원도 홍천에 가서 복직을 하라는 것은 아무리해도 이해

할 수 없었다. 이정규가 공무원의 직책도 뒤로하고 남들이 기피하는 전쟁에 나가 나라를 지킨 것이 무슨 큰 죄라도 지었단 말인가? 45개월을 죽을 고생하고 복직하려는 종손 정규에게 포상을 해도 시원하지 않은데 강원도 홍천으로 가라고 하였던 것이다. 정규는 6.25전쟁이 지나고 70년이 지났지만 아직도 그 때의 분심으로 치를 떨고 있다.

세월이 지나도 지워지지 않고 점점 더 선명해지는 기억이 있다. 종손 정규에게 있어 6.25전쟁 후 정부의 처사가 그런 것이다. 종손 정규는 온 가족의 생계를 위해 대책도 막막하고 강원도 홍천으로 갈 수도 없어 전전긍긍하고 있었다. 그러던 차에 임진면장으로 있는 황호연 면장을 만났다. 황 면장은 종손 정규의 아버지 문환과는 둘도 없이 친한 친구사이였다. 황호연 면장은 사범학교 출신으로 후에 파주교육장과 파주여상 고문도 역임도 하셨던 분이다. 황 면장은 정규의 아버지 문환과 돌아가실 때까지 마음이 서로 통했던 친구로 사셨다.

이런 황 면장이 전후 사정을 소상히 듣고 나서 정규에게 말하였다. "자네의 처지가 참으로 억울하기는 하지만" 월급 4500원 정도로 마침 임진면에 임시서기로 1명 필요하던 참인데 면장의 직권으로 채용이 가능하다고 하였다.

그러면서 황 면장은 "도의 기수보직까지 하던 사람이 임진면의 임시면서기로 일하게 되면 자네에게 큰 손해인데 어떻게 하냐?"고 하였다.

그때에 정규는 황 면장에게 말했다. "현재는 먹고 사는 게 가장 시급한 문제인데 그런 것은 후에 바로 잡으면 되겠지요" 하면서 임시 면서기라도 채용해 달라고 하였다. 종손 정규는 제대 후 바로 임진면을 찾아가니 바로 임시면서기 발령을 내 주었다.

종손 정규는 6.25전쟁이 끝난 후 경기도 검수원 기수 자격을 버리고 임진면 임시면서기로 일하게 되었다. 이 같은 결정은 당시의 상황을 모르는 사람들은 이해할 수 없는 상황이다. 황 면장의 제안으로 종손 정규는 경기도 기수에서 임진면 임시면서기로 다른 길을 걷게 되었다. 당시에 임시면서기가 다시 기수가 되려면 10년을 근무해도 불가능하던 시대였다. 정규는 임시면서기를 시작했어도 햇수는 3년이지만 총 근무기간은 1년 3개월 정도 근무하고 결국 사표를 제출했다.

처음에는 임시면서기로 병사업무 담당이었다. 당시에 임진면은 민간인 통제구역 이었으나 민간인에게 개방되면서 면사무소에 병사업무가 신설되었고 이때 정규를 병사담당으로 임시면서기를 채용하였던 것이다. 당시에 임시로 채용하는 보직은 면장인 황호연이 결정할 수 있었다.

종손 정규는 임시 면서기이지만 열심히 일했다. 이정규는 이미 1945년 6월부터 농산물검사소 검사원 경력이 있었고 군복무 기간에는 통신학교에서 서무담당을 했기 때문에 이 정도 일은 문제가 되지 않았다. 종손 정규는 긍정적 마인드를 가지고 신설된 병사업무에 많은 창의적인 제안을 하여 황 면장의 칭찬을 항상 독차지 하였다.

종손 정규는 병사업무를 시작하자 먼저 일련번호를 만들어 등록부를 만들고 개개인의 고유번호를 만들어 관리해야 한다고 제안 하였다. 이러한 제안을 받은 황 면장은 정규에 대한 믿음을 보이면서 역시 창의적이고 머리 좋은 사람은 다르다고 칭찬하였다.

황호연 면장은 조회 때 임시서기 이정규를 크게 칭찬을 하면서 "정규같이 창의적으로 안을 내어 만드는 사람은 발전성이 있다"고 여러 사람 앞에서 적극 칭찬을 하였다. 종손 정규는 황 면장의 칭찬에 고맙고 가슴이 뿌듯했다. 정규에게 면에서 병사업무 정도는 부담 없이 잘 할 수 있는 업무였다.

종손 정규는 면서기로 있으면서 6.26전쟁이후 문산의 복구과정에서도 좋은 제안을 하였으나 결국은 시행되지 못한 아쉬운 일도 있었다. 즉, 전쟁이 끝나고 문산의 복구과정에서 미군으로 하여금 뒷산을 뭉개서 문산 읍내의 낮은 곳을 메우게 하는 복토작업을 할 기회를 버린 것이다. 당시에 문산읍의 뒷산을 파서 땅을 높이기 위해서는 낮은 곳에 있는 집들을 밀어버려야 가능한 상황이었다. 당시에는 아직도 피난에서 돌아오지 않아 빈집이 그대로 있는 곳이 많았다. 그래서 여러 의견이 분분하였다. 당시에는 피난을 나가며 중요한 물건은 땅에 묻고 간 사람이 많다는 것이었다. 그런데 그 사람들이 아직 돌아오지 않아 빈집으로 있는데 그 빈집을 밀어 버리고 복토작업을 하면 "그 사람들의 집은 어떻게 하느냐?"며 반대하는 사람도 많았다.

전쟁이 끝나고 1년 반이 지날때까지 귀향하지 않았다면 사정은 있겠지만 이곳에 남겨둔 집은 중요하지 않다고 생각하고 있을 것도 같았다. 그래서 정규는 각자의 사정은 있겠지만 그런 사소한 사정을 무시하고 미래 임진면의 홍수로부터 안전를 위해 추진해야만 된다고 주장 하였다. 그래서 미군의 도움을 받아 막 시행하려 하는데 주민들의 항의가 또다시 들어 왔다. 주민들은 미군 공병대에서 도와주는 것은 고맙지만 피난 나간 집의 귀중품을 묻고 간 사람들이 많다는 것이었다. 그런데 그 집주인 허락도 없이 "집을 뭉개버리고 흙을 채우겠느냐?"는 반대가 만만치 않았다. 정규는 듣고 보니 그것도 일리가 있다고 생각하였다. 그냥 집을 건드리지 않으면 집 주인이 피난에서 돌아와 자기의 물건을 찾을 수 있을텐데 하는 생각으로 결국 시행을 못했다. 그래서 결국 정규는 문산 읍내를 땅을 높이는 작업은 포기하였다. 그 때 미군의 도움을 받아 문산읍의 낮은 지역을 높여서 안전하게 만들었다면 그 이후에 4번의 큰 물난리는 없었을 것이다. 결국 큰 물난리로 문산은 상습침수지역으로 전국적으로 유명 지역이 되었다. 최근에 방제 둑을 더 높이고 배수시설을 만들어 홍수의 위험은 없어졌다. 이렇듯 종손 정규는 창의적이고 미래지향적으로 생각을 하였다. 만약 종손 정규가 오랫동안 문산읍에서 공무원으로 일했다면 문산의 발전을 위해 많은 기여를 하였을 것이다.

그런데 말없이 자기 일을 열심히 일하는 종손 정규에게는 업무가 계속 가중

되었다. 임시면서기가 병사담당 업무는 물론 비어있는 서무와 장기휴직 처리한 총무업무까지 담당해야 했다. 임시면서기라는 약점을 이용하여 계속 추가업무를 가중시켜 정규는 열심히 일했지만 날이 갈수록 업무가 늘어 갔다. 종손 정규는 지난과정의 모든 것을 잊고 과중한 업무지만 능숙하게 수행 했다. 그런데 당시에는 특히 병사업무에 비리가 많았다. 이러한 비리 중에는 군대를 기피하기 위한 서류 조작 등이 많았다. 성격이 강직한 종손 정규는 이들의 요구를 받아주지 않으니 많은 협박 등이 갈수록 심해졌다. 종손 정규는 농산물검사소 검사원으로 일할 때 악연으로 6.25전쟁 중 인공치하 90일간 그 때의 앙심을 가진 이웃들로부터 목숨의 위기를 간신히 넘기기도 했던 악몽도 있다.

전쟁이 끝나고 평화가 왔어도 이해가 대립되는 보직을 맡아 일을 하는데 많은 회의를 느끼게 되었다. 정규의 성격이 그들과 적당히 야합하는 그러한 성격은 더욱 아니었기에 공무원의 길에서 많은 고민이 있었다.

종손 정규의 학교 동창 중에 문산역 소장으로 있던 친구가 있었다. 그는 "정규야! 너무 강직하고 꼿꼿하기만 하면은 상황이 다급한 사람들에게 칼부림을 당할 위험도 있다"고 하면서 은근히 협박을 하였다. "야, 정규야! 너무 강직하게 하지만 말고 좀 봐주면서 너그럽게 좀 해라!" 하면서 어르기도 하였다.

이러한 일들은 시간이 갈수록 많아졌다. 그렇지 않아도 점점 업무는 가중되어 일을 감당하기 힘들어 일에 회의를 느끼기 시작하였다.

경기도 기수 복직을 못하여 임진면 임시면서기를 궁여지책으로 하고 있는 것도 맥이 풀리는 일이었다. 하물며 면서기 이정규는 지금 하고 있는 일에 부정을 눈감아 주지 않고 제대로 일한다고 오히려 친한 친구들로부터 협박을 당하고 있는 상황이었다. 그렇다고 정규는 그들과 어울려 적당히 부정을 저지르며 지나간다는 것은 성격상 생각도 할 수 없었다.

"중이 절이 싫으면 절을 떠날 수밖에 없다"는 속담이 있다. 종손 정규는 점점 공무원의 길은 본인의 길이 아니라고 생각했다. 일제강점기부터 일했던 경기도 검사원 기수의 업무나, 6.25전쟁 후 임시로 하고 있는 면서기나 종손 정규의 길은 아닌 것 같았다. 종손 정규는 새로운 길을 모색하기 위해 많은 고민을 거듭한 끝에 공무원의 길을 끝내고 새로운 길을 가게 되었다.

종손 정규는 일제강점기 관리로 첫발을 내디딜 때만 해도 관리로 성공하여 집안을 일으키고 후손에게는 좋은 모습을 보여주는 게 그의 꿈이었다.

종손 정규가 관리로 성공해야 하는 것은 본인의 희망이기도 하지만 온 집안의 가족들의 기대감에 부응 하는 것이기도 했다. 특히, 아버지 문환과 아들을 끔찍하게 사랑하시는 어머니 순아는 문환의 월급을 모두 정규의 학비로 사용해도 턱없이 부족하였지만 5년 동안 서울유학 뒷바라지한 부모님께 대한 보답을 해야 했다. 부모님과 모든 가족의 기대감을 저버리고 새로운 길을 생각한다는 것은 종손 정규에게 아주 고통스러운 일이었다. 세월은 지났지만 그 당시의 종손 정규의 심적 고통을 생각하면 마음이 찡함을 느낀다.

임시 면서기 사표를 결심한 정규는 마음이 심란하기만 했다. 해방 되던 해 일제의 관리로 임명되어 일제강점기, 미군정 시대와 정부 수립 후 정부의 식량 정책을 위해 어려운 고비였지만 무사히 넘겼다. 종손 정규는 6.25 발발하던 날 전선 가까이 있는 홍천에서 누에고치 검사지원 중에 목숨을 걸고 이미 적에게 점령된 사무실로 돌아오기도 했다. 그만 큼 소임을 중요하게 여기던 정규였다. 전쟁이 끝나고 강원도 홍천으로 복직하라는 것을 거부하고 임진면 면서기를 택해야만 했던 난감 했던 일 등 지나간 10여 년의 기억들이 주마등처럼 스쳐갔다. 생각을 거듭하였지만 종손 정규는 공무원의 길에서 더 이상 희망을 찾을 수 없었다. 결국 종손 정규는 임진면 면서기에서 사표를 쓰기로 결심하였다. 종손 정규는 임진면 임시 면서기도 결국은 햇수로 3년이지만 15개월만에 종지부를 찍고 말았다.

그러나 종손 정규는 대한민국 농림부에게 아직 끝나지 않은 사무처리가 남아 있다. 종손 정규는 당시에 홍천으로 가기는 것에 대해 가부 의사는 하지 않았고 아직까지 정식으로 사표도 제출 하지 않았다고 한다.

종손 정규는 생계를 위해 하는 수 없이 임진면 임시면서기를 1년 3개월간 근무는 하였지만 대한민국 정부는 종손 정규의 억울한 사연을 해명해 주어야 한다.

다른 사람들은 공무원이면 적절히 전쟁에 나가지 않고도 전쟁 중에 자기자리를 보존하고 있었는데 정규는 신분증을 뺏겨 가두 징집되어 3년 9개월의 군복무도 하였다. 전쟁 중에 군대를 안간 동료들은 자기 보직을 그대로 유지하여 승승장구 하였지만 정규는 군복무하고 오니 오히려 복직할 보직은 없어지고 생면부지 먼 타도로 가라고 하여 결정을 하지 못하고 임진면 임시면서기를 선택하여 가족의 생계를 유지 하였다.

이렇게 궁여지책으로 하는 수없이 얻은 임시직이지만 갈수록 업무는 가중되었고 병역 담임을 맡고 있는 정규에게 각종 병역비리를 묵인하라는 주변의 강요에 종손 정규는 더는 견딜 수 없었다. 이러한 비리에 동조하지 않는다고 목숨의 위협까지 받아가며 공무원의 생활을 계속할 수는 없었다. 종손 정규의 자존심이 더 이상 허락하지 않았다.

종손 정규의 삶의 DNA는 조직 생활에는 적응하지 못하는 유전인자가 있는 것 같다.

종손 정규의 아버지 문환도 일제강점기 누에고치 검수관인 기수로 공무원을 시작하였으나 결국 면장과 의견이 맞지 않아 공무원을 그만두고 말았던 전력이 있다.

결국 종손 정규는 자신의 길이라고 여겼던 공무원의 길을 접고 자유인으로 새 길을 가게 된 것이다.

2. 삼오상회와 방앗간 운영

종손 정규가 공무원을 접고 사업을 시작한 나이는 30세 정도 이다. 가장 적당한 나이에 과감히 공무원을 버렸다. 용기가 없는 사람은 결정하기 힘든 것을 종손 정규는 결정했다. 당시는 셀러리맨 지상주의 시대였으며 버티고만 있으면 출세가 보장되는 학벌 만능 시대였다. 이때에 결단은 공무원으로 모든 조건을 갖춘 종손 이정규로서 매우 과감하고 용기 있는 행동이었다.

손정의는 「사업을 한다는 것」에서 "성취는 실패의 가능성, 패배의 위험에 맞설 때만 얻을 수 있다. 바닥에 놓인 밧줄 위를 걷는 일에 성취감을 느낄 수 없다. 위험이 없을 때는 무언가를 이루었다는 자부심도 있을 수 없다. 따라서 행복도 없다. 우리가 발전할 수 있는 유일한 길은 개척자의 정신으로 무장하고 앞으로 나아가는 것이다" 라고 하였다. 종손 정규는 공무원의 길은 '바닥에 놓인 줄을 걷는 것'같이 의미 없는 일로 생각하였던 것이다.

종손 정규는 경기도 기수대신 임시면서기를 받아 시작한 면서기는 1년 3개월 만에 마치고 1956년 3월 5일 자유인이 되었다. 종손 정규가 면서기를 퇴직한 날짜인 3월 5일이었다. 정규는 이 퇴직날짜를 기념하기 위해 삼오상회를 개업하였다. 삼오상회는 문산읍 살던 집 행랑채에서 개업을 하였다. 삼오상회는 모든 물품을 취급하는 만물상이었다. 삼오상회는 우표, 주류, 담배 등을 정부에서 허가 하는 모든 물품을 취급했다. 근처에는 하동에 시장이 있었지만 상설시장이나 공설시장이 없어서 비교적 잘되었던 편이었다.

처음에 삼오상회를 개업했을 때는 문산읍에 미군들이 많이 있었다. 문산 시장에는 달러가 많아서 달러를 환전하여 주었는데 그 수입이 괜찮았다. 달러를 바꾸어 줄 때 보통 10%의 이윤을 제하는데 당시에는 그것이 일반적 약속이었다. 그 10%는 달러를 바꾸어 주려면 달러를 가지고 은행에 가서 바꾸어야 하고, 미리 환전할 돈을 준비해 둬야하기 때문에 그 수고비용을 받는 것이다. 삼오상회가 잘 될 때는 고객의 범위가 상당히 넓었다. 고객의 분포는 금촌읍에서부터 민통선 부근 마을까지 광범위한 지역과 거래를 하였다. 파주의 주내면, 천연면, 광탄면, 파평면, 적성면, 통일촌 등 인근의 거의 모든 지역이 삼오상회의 고객이었다.

그 당시에는 한 달간 물건을 외상으로 가져가고 후에 지불하는 방식인데 모두가 그 방식을 선호하였다. 거래장부 라고 해야 공책 한 권이면 충분하였다. 당시에는 면사무소에도 사무용품을 그런 방식으로 거래를 하고 한 달 후에 갚았다. 당시에 면사무소에서 가장 많이 쓰는 용품은 원지였다. 즉, 마분지라고도 하는데 주로 8절지를 사용하여 공무인쇄 등에 많이 쓰였다. 면사무소에서도 한 달간 외상으로 가져가고 지불하는 방식을 애용하였다. 종손 정규가 면사무소에서 근무하였던 경력이 있어서 면에서는 더욱 믿고 거래하였던 것 같다. 이렇게 장사가 잘 되고 있었을 시점에 문산읍에서 공설시장을 만들어 정부에 기부체납을 하여 운영하면서부터 장사가 지지부진하기 시작했다. 그렇지만 정규는 삼오상회를 40년 정도 계속 하였던 것 같다. 종손 정규는 장사를 하면서 안 해본 일이 없을 정도로 다양한 일들을 하였다.

종손 정규가 공무원을 그만두고 삼오상회에 모든 노력을 하고 있을 때 주변에 유혹도 있었다. 어느 날 한 여자가 연신 가게를 드나들면서 처음에는 연필 사고, 조금 있다가 공책 사고 또 조금 있다가 책받침 사는 방식으로 계속 가게를 들락거렸다. 하지만 정규는 고객을 소홀이 할 수 없어 최대한 친절로 대했다. 그런데 그 여자는 아이를 둘이나 둔 경찰 부인이었다. 그 여자의 남편은 금촌경찰서 보안과 형사였다. 그런데 그의 남편은 장마루 양색씨 촌을 관리하는 형사였다. 그의 남편은 양색씨들을 관리하다 바람이 나 양색씨와 딴 살림을 차렸다. 그래서 그의 부인은 그 남자와 헤어져 누구네 집의 첩이라도 들어가려고 벼르던 참이었다. 그 형사 부인은 정규의 이웃에 사는 유순경 부인에게 접근하여 정규에 대한 정보를 알아냈다. 유순경과 정규는 친한 친구사이였다. 유순경은 황해도 삽다리가 고향인 사람이다. 정규보다는 2살 많지만 둘은 친한 친구가 되었다. 이러한 속셈을 모르는 유순경 부인은 종손 정규를 대단한 사람이라고 사람됨을 칭찬하며 치켜세웠다. "저 삼오상회 주인은 일본시대 때 서울에 있는 왜놈학교를 졸업하고 문산의 검사소 차석까지 하였던 사람이다. 지금은 그 것도 집어 던지고 저렇게 가게를 열어 열심히 일하고 있다고 하였다." 그 소리를 듣고 그 형사부인은 하루를 살아도 저런 남자와 함께 살아야겠다는 결심을 하였다. 그래서 그 형사부인은 삼오상회에 작은 물건 구입을 핑계로 "풀 방구리 쥐 드나들 듯" 하면서 정규의 눈에 들려고 온갖 수작을 부렸던 것이다. 이러한 그 여자의 속셈을 모르는 정규는 물건 사려는 고객으로 알고 좀 이상하게 보였지만 최대한 친절하게 대했다. 그렇게 며칠이 흐르고 어느 날 해질 무렵 그 형사의 부인은 밖에서 좀 보자고 하였다. 정규는 그 여자가 오라고 하는 대로 따라 갔더니 동중학교 활터가 있던 신사마당으로 데리고 갔다. "왜 보자고 했느냐?"고 정규는 물었다. 그 여자는 자기가 순경 부인이고 "아이 둘이 있는데 정규를 만나려고 아예 애들을 남에게 맡기고 왔다"고 하였다. 그 여자는 그동안 정규에 대해서 많은 사항을 알아보았다면서 자기가 그렇게 수작을 부렸던 자초지종을 모두 정규에게 말하며 첩으로라도 살게 해 달라고 하였다. 첩살이를 하여도 아저씨 같은 사람과 살고 싶다. "자기 남편 같은 저런 순경 놈들은 진절머리가 난다"고 하였다. 지금 살고 있는 남편인 순경의 월급은 이미 이혼을 전제로 자기 아이들 양육비로 들어오도록 조치해 놓았으니 먹고사는 것은 상관없으니 그저 첩으로만 살게 해 달라고 애원하였다. 그 소리를 들은 종손 정규는 기가 막혔다. 그래서 대뜸 말했다. 우리 전주이씨 덕양군 가문은 자부심을 가진 삼한의 갑족이다. 우리 가문에서는 첩이라는 것은 절대 용납하지 않는다. 그러니 "딴 생각은 아예 하지 마라!" 하고 일언지하에 거절하였다. 그랬더니 그 여자는 깨끗이 단념하고 얼마 후 택시운전기사와 결혼하여 잘살고 있다는 소문이 들렸다.

문산읍에 상설시장이 들어서자 삼오상회의 손님들이 점점 줄어들기 시작했다. 아버지 문환은 정규에게 방앗간을 곁들여 하는 게 어떻겠냐고 하셨다. 방앗간 운영은 아버지 문환이 많은 경험이 있는 일이었다. 그래서 행랑채를 증축하여 방앗간을 놓을 공간을 추가로 확보하였다. 아버지 문환은 방앗간에 대한 믿음을 가지고 있으셨다. 그래서 문환은 "밥 벌어 먹기는 그래도 방앗간이 제일 낫다"는 생각을 확고히 가지고 계셨다. 그래서 정규는 아버지 문환의 의견에 따라 삼오상회와 더불어 방앗간도 겸하여 개업을 하였다. 그런 것을 현대판 경영에서는 '경영다각화'라고 한다. '경영다각화'는 기업의 성장정책 또는 확장정책의 일환으로 추진되는 것으로서 새로운 능력을 개발하거나 현재의 능력을 더욱 강화하기 위해 새로운 분야로 진출하는 경영정책이다. 과거에 아버지 문환은 쌀 찧는 방앗간을 운영 하신 경험이 있으셨으나, 이때에 새로 연 방앗간은 떡 방아 위주의 방앗간 이였다. 새로 열 방앗간의 기계선정과 배치 등을 설계하고 설치하는 것은 아버지 문환이 손수 하셨다. 방앗간 운영도 일하는 사람을 두고 아버지 문환이 직접 운영하며 도와 주셨다.

그런데 방앗간을 하시면서 아들 정규의 사업을 도와주시던 아버지 문환이 방앗간 벨트에 걸려 큰 안전사고가 발생하였다. 아버지 문환의 팔이 돌아가던 벨트에 걸려 큰 사고가 난 것이다. 종손 정규는 급하게 아버지를 모시고 문산에 있는 친구가 하는 병원을 찾아 갔더니 병원장인 친구는 상태가 심각하니 시설이 좋은 세브란스와 같은 큰 병원으로 가는 게 좋겠다고 하였다.

그래서 급히 매부 황대연에게 연락하였더니 곧바로 세브란스병원에 입원할 수 있도록 조치를 하였다. 문산에 병원을 하고 있던 정규 친구는 아버지 문환을 곧바로 엠블런스에 태우고 세브란스병원에 입원토록 도와주었다. 마침 세브란스병원에서 훌륭한 의사들이 치료한 덕분에 수술도 잘 되었고 치료 경과도 매우 빨랐다. 아버지 문환은 평소에 항생제 치료를 받은 적이 없어서 병원 치료의 결과가 매우 빨랐다고 한다. 아버지 문환은 팔을 크게 다치셨지만 이후에도 사고 후유증 등은 없으셨다. 문환은 팔이 완치된 후에는 불편한 몸으로 계속 정규의 방앗간 일을 계속 도우셨다.

종손 정규가 야심을 갖고 시작한 삼오상회와 방앗간도 일정기간이 지나자 더 이상 유지가 되지 않았다. 삼오상회는 새로운 공설시장이 들어섰을 때 마케팅, 서비스 등 적기에 사업 확장을 하지 못해 더 이상 성장하지 못했다. 정규는 삼오상회와 방앗간 두 사업의 시너지를 살리지 못했다. 삼오상회의 고객과 방앗간 고객의 연계 점을 찾아 시너지를 만들며 고객이 이탈하지 않도록 하는 것이 중요한데 그 것을 찾지 못한 것 같다. 요즘에는 방앗간에서 참깨도 볶고, 커피도 볶는 복합용 방앗간으로 변모하고 있다. 예를 들면 방앗간과 커피숍이 융합하여 새로운 삶의 문화를 만드는 것이다. 이와 같이 시대와 환경의 변화에 따라 다양하게 적응 했어야 했다. 문산에 공설시장이 들어섰을 때 공설시장 내에 제2의 삼오상회를 개업하여 기존의 고객의 이탈을 막으면서 새로운 고객을 확보하여 사업의 영역을 넓혀 나갔어야 했다.

그러나 삼오상회와 방앗간을 개업하여 성공하지 못했다고 하여 정규를 비난

할 수는 없다. 어떤 사업을 시작하더라도 성공하여 큰 기업으로 성공할 확률은 1% 정도라고 한다. 종손 정규가 1956년도에 공무원을 버리고 사업을 시작한 도전정신은 당시로서는 대단한 용가 필요했다고 생각한다. 스티브 잡스가 스탠퍼드 대학 졸업식에서 한 연설인 "항상 열망하고, 항상 어리석어라"라는 조언은 그를 롤 모델로 삼은 이들에게 일종의 바이블이 되었다. 열망하라는 것은 현재에 만족하지 말고 언제나 도전하라는 의미이며, 어리석게 행동하라는 것은 남들이 하지 않는 새로운 시도를 두려워하지 말라는 의미다. 종손 정규는 공무원이라는 현실에 만족하지 않고 과감히 공직을 접고 새로운 길인 삼오상회에 도전 하였다. 당시에는 남들이 도전하지 않는 사업이었으며 새로운 길이지만 두려워하지 않고 과감히 실행하였던 것이다. 비록 정규가 성공적인 기업으로 키우지 못했지만 당시로서는 대단한 도전이자 용감한 실천이었다.

3. 지자체 제2대 면의원 당선

조선시대 이후로 현대까지 우리 시회는 유난히 모든 권력이 중앙 정치권에 집중된 형태를 띠어왔고, 개인의 입신양명과 신분은 오로지 중앙 정치권에 얼마나 다가설 수 있는 가로 결정되었다. 그나마 사람취급 받던 양반들 중에서도 가장 대우를 받았던 것은 과거에 급제하여 관료가 된 사람들이었다. 현대에도 이 모습은 남아있는 것이다. 높으신 분들은 자기 분야에서 아무리 성공해도 공천 한번 받아보지 못하면 뭔가 부족하다고 느끼고 있다.

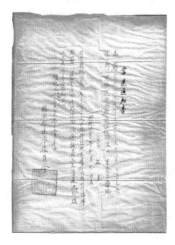

〈제2회 임진면의원 당선증〉

그래서 한국의 정치인은 하고 싶은 이유가 있고 적성이 맞아서 하는 것이 아니라, 특권이 있으면 자기도 모르게 하게 되는 것이 되어 버렸다. 어차피 하고 싶다고 할 수 있는 게 아니라 기존 정치인들에게 잘 보여서 자격이 주어져야만 할 수 있는 체계라 더욱 그렇다. 정치인이 직업이 아니라 계급이 되어 버린 것이다.

종손 정규에게도 이러한 사회적 계급을 가질 기회가 있었다. 우리나라의 지방자치는 1960년 4. 19이후 민주당 정부가 들어서고 같은 해 11월 「지방자치법」이 개정되면서 지방의회와 단체장을 직선제로 하는 완전한 민선 지방자치제의 기틀이 마련되었다. 이에 따라 1960년 12월 19일 시 · 읍 · 면의회 의원선거가 실시되었다. 종손 정규는 지방자치제 제1회 면의원 선거에서 우연히 황 면장의 도의원 선거를 도우면서 정치에 실눈이 떠졌다.

당초에는 생각하지 않았지만 우연한 기회로 제2회 임진면 면의원 선거에 도전하여 강력한 경쟁자를 물리치고 면의원에 당선되었다. 황호연 면장과 정규는 이때에도 파트너가 되어 활동했다. 황호연 면장 선거를 도우며 정규는 사전 학습을 하였던 것이다.

종손 정규는 임진면 임시면서기를 그만두고 자유업을 4년 정도 하였을 때 지방자치제 제2회 임진면 의회 의원에 당선되었다. 당초에 종손 정규는 면의원을 하려는 생각은 없었다. 그러나 임진면장 이었던 황호연 면장의 도의원 선거 출마를 하였을 때 정규가 도울 수 있는 기회가 계기가 되었다.

황 면장은 종손 정규가 어려움이 있을 때 손을 잡아끌어 주었을 뿐만 아니라 아버지 문환의 절친한 친구였다. 종손 정규는 당연히 황 면장의 선거 운동에 적극적으로 나설 수밖에 없었다.

당시에 황 면장은 경쟁자인 '민○○'이라는 분에 비하여 상당히 열세였다. '민○○'은 적성면 사람으로 엄청난 부자였다. 그는 양조장이 적성면, 천연면, 광탄면 등 세 군데나 있을 정도로 부자여서 돈을 물 쓰듯 하였다. 결국 황 면장은 선거자금이 없어 쩔쩔매다가 도의원 선거에서 낙선하고 말았다.

종손 정규는 1960년 제2대 면의원 선거에 도전 했다. 다행히 전에 황호연 면장 도의원 출마 시 사무장으로 도와드린 경험이 큰 도움이 되었다. 종손 정규는 면의회를 통해 그 동안 공직 생활을 통하여 불합리했던 면 업무들을 개선하고 싶었다. 정규는 임진면 마정리 대의원으로 출마하였다.

마정리는 정규가 태어나 성장한 고향이고, 고조부 봉현 때부터 살아오던 터전이었기 때문이다. 이러한 지연과 혈연의 배경이 있어 경쟁력이 충분하다고 판단하여 마정리 대표로 도전하였다.

또한 자유인 신분에서 바라본 임진면의 크고 작은 불합리한 문제점을 바로잡아 고향의 발전에 기여하고 싶었다. 그래서 별 기대도 안하고 도전하였는데 면의원에 당선 된 것이다.

결국 선거는 유권자들의 지원이 없이는 불가능하므로 정규는 젊은 나이지만 주변에 인정을 상당히 받고 살았던 반증이었다. 당시에 정규는 여러 가지로 불리한 여건에서 당선 된 것에는 또 하나의 인연이 만들어낸 결과였다.

그 인연은 군시절 부산 통신학교에서 이어졌다. 종손 정규의 선임 중에 이등중사 정규보다는 나이도 어리고 이북에서 의과대학 전문대학을 나온 사람이 있었다. 그 선임은 항상 거슬리는 친구였다. 그런데 어느 날 배식 과정에서 별 사항도 아닌데 그 어린 선임은 이등중사 이정규를 갑자기 손으로 후려쳤다. 정규는 순식간에 당했지만 선임이라 해도 나이도 어린 녀석인데 분하였다. 아무리 이북에서 내려와 선후배도 없는 버릇없는 놈이라 해도 그 행동이 괘씸하기 짝이 없었다.

그래서 종손 정규는 기회를 봐서 그 선임을 손을 한번 봐 주려고 마음속으로 단단히 벼르고 있었다. 그런 상태인데 정규는 잡지책을 우연히 보다가 "설사 남이 나를 해한다 할지라도 나는 그와 겨루지 아니하려다. 참으면 덕이 되고 겨루면 그와 같은 사람이 되거늘, 더구나 잘못은 내게도 없지 않을 터인데, 그와 맞서서 싸울 까닭이 있겠는가?" 하는 문구를 보았다.

이 문구는 조선 영조 때 가객歌客이며 창唱에도 능한 백회재百悔齋 이정신李廷藎의 시였다. 이 글을 보고 감동받은 정규는 그에 대한 복수의 마음을 거두었다. 그래서 그 선임과는 더 이상 관계가 나빠지지 않은 상태에서 제대한 후 잊고 살았다.

그런데 제대 후 그 선임을 문산에서 우연히 만났다. 종손 정규가 문산읍에 황해도에서 6.25때 피난 나온 사람이 장사하던 음식점에 갔는데 군대에서 악연이었던 그 선임을 만나게 되었다. 그래서 그동안 자초지종을 물으니 그 친구의 고향은 황해도 진남포인데 이 식당의 주인이 그 선임의 고향 아저씨가 된다고 하였다.

정규의 군대 선임은 제대 후에 미8군 지원단인 한국근무단(KSC :Korea Service Corps.)의 단장이라고 했다. 당시에 한국근무단은 주한 미군 육군 구성군인 제8군 예하 제19원정 지원사령부, 주한 육군물자 지원사령부에 예속된 지원부대인 KSC는 주한 미군에 대한 전투지원 및 전투근무지원을 맡고 있었다. 평시에는 민간인 2,200명으로 구성된 17개 중대가 편성되며 전시에는 159개 중대 2만 명으로 증원되도록 되어 있던 큰 조직이었다. 종손 정규의 선임이었던 그 친구는 이 KSC의 책임자였다.

그런데 정규는 그 선임을 원수 같이 생각 했는데 정규가 면의원 출마 시 그 친구가 그의 부하들 표를 몰아주었다. 그래서 당시에 정규가 불리하였던 여건에서 군대에서 선임이었던 KSC의 책임자의 일방적인 지원으로 강력한 경쟁자인 제1회 면의원을 제치고 모든 사람들의 예상을 깨고 제2회 면의원으로 당선 되었다.

종손 정규는 짧은 기간의 면의원 생활을 했지만 조례도 만들어 면의회에서 만장일치로 통과 되는 등 열정적으로 임했다. 조례 내용은 '원활한 시장운영을 위한 시장조례'였다. 조례를 발의한 이유는 당시에 문산 시장에는 상인들 간에 갈등이 많았다. 그래서 갈등을 방지하기 위한 방안을 제시하였다. 즉, "자동차 통행을 하루는 윗길로 일방통행 시키고, 다음날은 아랫길로 다니게 하자는 내용"인데 임진면 의회에서 만장일치로 통과 되었다. 그래서 통과된 조례를 지방자치단체장인 '성○○'에게 제출하였다.

그런데 '성○○'은 조례의 시행을 안 하고 차일피일 미루고 있었다. 그는 조례 시행을 계속 보류하다가 "문산시장조합을 공설시장으로 해서 나라에 기부하는 게 낫다"고 하면서 다른 제안을 하였다. 그는 결국 후에 문산시장조합장을 하였다.

결국 자기 욕심을 채우기 위해 다른 제안을 하였던 것이다. 대표적인 위인설관爲人設官이라고 할 수 있다. 즉, 자기 자리를 만들기 위해 공설시장을 만든 것이다.

종손 정규의 면의원도 5.16혁명세력에 의해 면의회가 해체되어 짧은 기간으로 종지부를 찍고 말았다. 1961년 5.16군사정변으로 인해 지방자치는 제도의 중단이라는 격변의 기로에 들어서게 되었다. 군사혁명위원회는 도입기의 지방자치가 민주주의의 기여라는 성과에도 불구하고 다양한 현실적 문제를 야기하는 것으로 판단하였다.

즉, 선거를 둘러싸고 발생되는 씨족적 파쟁과 민심의 분열, 금품매수, 정당 파쟁, 이권청탁, 예산낭비 등의 문제와 지방의회의 자치단체장 불신임권 남용 등으로 효율적인 지방행정의 수행이 곤란하다는 것이 지방자치 해체의 명분 이었다. 당시에 혁명세력인 박정희는 강력한 독재정치를 하는데 지방자치제는 여러 가지로 불편하니 적절한 명분으로 폐지한 것이다.

임진면 제2회 면의원은 종손 정규에게 정치인으로 입문할 또 다른 기회였다. 종손 정규가 생각하지 못했던 숨은 능력이 있었던 것이다. 그러나 정규는 이 길에 대한 더 이상의 의지가 없었다.

　우리나라에서 유명한 정치인들이 이렇게 지방자치에서부터 시작하여 성장한 큰 정치인들이 많다. 당시에 종손 정규는 문산에서 출생하였고, 이곳에서 초등학교를 다니고 서울 가서 공부까지 마치고 임진면에 와서 식량검수원, 면서기 등 공무원 경험도 거쳤기 때문에 자질과 경력으로는 나무랄 것이 없는 자격이었다. 집안도 고조부 때부터 마정에 정착하여 지역 사람들과 일제강점기, 6.25를 거치면서 문산에 토박이로 뿌리를 단단히 박고 있었던 상태였다. 그야말로 학연, 지연, 혈연 등 3박자를 고루 갖고 있으면서도 오랫동안 이 길을 살리지 못한 아쉬움이 있다.

4. 부모님의 사고발생과 장남의 역할 自覺

가. 두 분 모두 각각 대형 사고를 겪으시다

(1) 어머님 열차사고의 충격과 아들의 책임감 통감

엄마는 하루 종일 밭에서 죽어라 힘들게 일해도/

찬밥 한 덩이로 대충 부뚜막에 앉아 점심을 때워도/

한겨울 냇물에 맨손으로 빨래를 방망이질해도/

배부르다 생각 없다 식구들 다 먹이고 굶어도/

손톱이 깍 을 수조차 없이 닳고 문드러져도/

아버지가 화내고 자식들이 속 썩여도 전혀 끄떡없는/

외할머니 보고 싶다, 외할머니 보고 싶다, 그 것이 넋두리인 줄 만.. /

한밤중 자다 깨어 방구석에서 한없이 소리 죽여 우시던 어머니~

위의 시는 2003년도 「한국문인」을 통해 등단한 심순덕 시인의 〈엄마는 그래도 되는 줄 알았습니다〉는 시의 내용이다. 이런 어머니의 모습이 우리 들 모두

의 어머니 모습이자 종손 정규의 어머니의 모습이었습니다. 아쉬워 져야 느끼는
존재인 어머니! 인간의 영원한 결격사유는 정말로 큰 사랑은 평소에 함께 있을
때는 느끼지 못하는 것 같습니다.

　정규의 어머니는 무남독녀 외딸로 자라서 친정에서는 곱게 자랐지만 시집와
서는 많은 고생을 하셨다. 시누이가 넷이나 있었고 어린 시누이들 때문에 마음
고생이 심했다. 친정에 친 혈육이 없어 가뜩이나 외로운 올케를 시누이들은 항
상 주눅이 들게 하였다.

〈정규의 어머니 공주이씨〉

정규의 어머니는 무서운 덕수이씨 시어머니와 말이 많은 시누이들 때문에 크고 작은 속을 한없이 썩 이시며 살았다. 그런데 손이 귀한 집안에서 시집와 내리 둘을 딸을 낳으니 더욱 위축이 되어 힘이 들어도 숨도 제대로 쉬지 못하고 사셨다. 그러니 정규의 어머니는 항상 부엌데기 면하시기 힘들었다. 정규의 조모 덕수이씨는 성격이 깐깐하시고 무섭게 대하여 항상 주눅이 들어 사셨다. 정규의 어머니는 시할아버지 대소변도 3년을 받아내며 갖은 고생을 다하셨다. 어릴 적 자라실 때는 무남독녀 외딸이라서 외롭지만 귀엽게 자라셨다. 외할아버지 이운탁은 한문서당 훈장이므로 어려서부터 학동들과 함께 공주이씨에게 글을 가르치셨다.

종손 정규의 어머니의 열차사고는 정규가 서울 경농을 다닐 때 발생하였다. 종손 정규의 어머니는 경의선복선공사 시 임시역인 운천역에서 문산역으로 기차를 타고 내리시다가 잘못하여 발이 기차바퀴에 눌리어 발의 앞부분을 기차에 바퀴에 크게 다친 사고였다.

이 사고도 시누이들 뒤치다꺼리를 하다가 발생한 것이다. 정규의 셋째고모가 시집가서 첫 아이가 죽었다. 그런데 두 번째 아이도 시름시름 병을 앓았다. 그래서 정규의 셋째 고모가 무당에게 가서 점을 치니 친정귀신이 따라와서 아프니 친정 가서 굿을 하면 낫는다고 하였다. 그래서 셋째 고모가 친정에 굿을 하러 왔다. 정규의 어머니가 아버지 문환에게 이러한 얘기를 하니 펄쩍 뛰듯이 역정을 내며 "그런 일이 어떻게 있을 수 있느냐?"며 말도 못 붙이게 하였다. 그래서 정규의 어머니는 이러지도 저러지도 못하고 있었다. 그런데 하려했던 굿도 문환 때문에 못하고 아이는 병이 더 심해지니 급히 병원을 데려가야 하였다. 정규는 어머니는 가만히 있을 수 없어 셋째 시누이와 아이를 데리고 문산읍에 있는 병원에 함께 가려고 경의선복선 공사 임시역인 운천역에서 기차를 탔다. 그런데 기차의 끝 칸에 간신히 올라탄 정규의 어머니는 피곤함을 못 이기고 졸고 있었다.

기차가 문산역을 도착할 무렵 졸고 있는 모습을 보고 셋째 시누이는 '이 상황에 형님은 잠이 와요?' 하면서 소리를 질렀다. 정규의 어머니는 깜짝 놀라 눈을 떠보니 기차가 정차하려고 서행을 하고 있는 것을 기차가 서 있는 것으로 착각하여 정차하지도 않은 기차에서 뛰어 내렸다. 그런데 잠결에 발을 실족하여 한쪽 발이 철길에 떨어져 기차 바퀴에 눌리어 손상된 것이다.

정규의 어머니는 시누이들 때문에 마음고생을 많이 하셨다. 특히, 셋째시누이 때문에 마음고생을 유독 많이 하셨다. 정규의 어머니가 시집 왔을 때 셋째 시누이는 일곱 살이었다. 그런데 어린 시누이가 사사건건 말썽을 부렸다. 우물에 물을 길으러 가도 앞세우고 가야지 뒤에 떨어지면 울고 난리를 쳤다. 밥솥에 밥을 풀 때도 자기가 푸겠다고 주걱을 뺏고 난리를 쳤다. 그래도 밥을 다 푸고 나서 주걱을 주면 누룽지 먹겠다고 부뚜막에 올라앉아 난리를 쳤다. 큰살림에 바빠서 눈코 뜰 사이도 없는데 셋째 시누이는 툭하면 울고 난리를 쳤다. 그러나 시누이라서 야단도 함부로 칠 수 없는 상황이었다. 시누이가 이렇게 자라면서 속을 썩이다 시집을 갔는데 시집가서도 셋째 시누이 치다꺼리를 하다가 결국은 평생 불구의 몸이 되신 것이다. 처음 사고가 났을 때는 발가락이 붙어 있어 발가락이 조금은 움직였다. 당시에 철도병원에서 치료를 받았는데 의술이 부족하여 제대로 치료하지 못하여 결국 오른발 앞부분 반이나 잘라낸 것이다.

당시에는 정규의 어머니 열차사고는 매우 큰 사고였다. 정규의 어머니는 곧바로 철도 병원에 입원하여 치료를 받을 수 있었다. 하지만 한쪽 발이 잘려 나가 평생 불구가 되셨다. 이 때 종손 정규도 매우 놀라서 삼각지에 있는 철도병원에 달려갔다. 이 때 까지 종손 정규는 어머니는 언제까지나 든든하게 집안의 모든 살림을 책임지고 있으리라 생각하고 있었다. 그래서 정규의 어머니가 제 역할을 하시기 어렵다는 것은 집안에 큰 어려움이 봉착했다는 것이자 종갓집의 큰살림을 책임질 수 없으시다는 것이다.

종손 정규의 어머니가 열차사고가 나던 때는 막내 동생인 석규를 임신하여 5개월 때였다. 그러나 막내 동생 석규는 무사히 태어났다. 그렇게 큰 사고를 겪었지만 어머니의 지극한 모정으로 정상적으로 태어났다. 정규는 어머니가 큰 사고를 겪으시고 치료하느라 관리가 안 되어 막내 동생이 약하게 태어난 것만 같아서 항상 마음이 짠하였다. 이렇게 고생하면서 보내셨던 어머니가 석규를 낳는 날 정규의 동생 순규는 할아버지 종림과 대문간에서 파를 다듬고 있었다. 그때에 아이 우는 소리가 안채에서 들렸다. 순규는 그 당시 할아버지의 깊은 한숨을 지금도 기억하고 있었다. 할아버지 종림은 아이우는 소리가 들리니 하시던 일을 멈추고 "며느리가 다리도 성치 않은데 애를 어떻게 키우지? 어떻게 하면 좋지?" 하며 한숨을 쉬었다. 그러한 할아버지의 모습을 보고 있던 어린 순규는 할아버지가 동생이 태어났는데 기뻐하는 것 보다 수심에 쌓인 할아버지 모습이 매우 싫었다. 정규의 어머니는 막내 석규를 낳았을 때 도와 줄 사람이 없어 손수 탯줄을 가르고 아이를 씻겼다. 둘째 딸 희규가 미역국과 물도 끓이는 등 부엌일을 도왔다.

정규의 어머니가 사고를 당해 집안일을 정상적으로 추스르지 못하자 당시에 한집에 살고 있던 정규의 막내 숙모가 할 수 밖에 없었다. 정규의 삼촌 장환은 어머니가 열차사고 나던 해 봄에 장가를 들어 마정 집에서 같이 살고 있었다. 그리고 정규의 어머니가 하시던 일들은 이웃에 살고 있던 작은어머니와 두환 네가 돌아가며 집안일을 챙겨 주셨다. 정규의 누나 희규와 동생 순규는 어머니가 다치시는 바람에 더 많은 일을 하며 고생을 하였다.

집안 살림은 정규의 누이들과 이웃에 사시는 숙모님들이 있어 어머니를 돕는다고는 하지만 아들 정규의 근심은 너무나 컸다. 이러한 상황을 잘 알고 있었던 정규는 어린 나이지만 고민이 매우 많았다. 집안의 장남으로써 집안 살림에 대한 책임으로 항상 무담을 느꼈다.

〈정규의 어머니 공주이씨와 동서들〉

그러나 당시에는 정규가 경농을 다니고 있어 결혼을 할 수가 없었다. 재학 중에는 결혼이 허락되지 않았기 때문이다. 정규의 부모님은 집안 살림을 할 며느리를 얻어야 한다고 정규가 결혼하기를 바랐다.

이 때 정규는 어머니는 항상 집안일을 보살펴 주시는 것을 당연하다고 생각하였는데 크게 다치시자 심각하게 고민하게 되었다. 그리고 정규는 장남의 역할에 대해 책임감을 느끼기 시작했다.

그런 상황으로 정규의 마음이 복잡할 때 사촌 누이 진자의 시아버지 사돈의 딸이 나이가 차서 정신대에 갈 것을 우려하여 맞선을 보라며 사진을 건네 주었다. 정규가 농촌 못자리 지도를 나간 마을이 사진을 건네준 여자가 사는 동네였다. 그래서 어떨 결에 맞선을 보게 되었다. 정규는 농촌 지원대를 마치고 학교로 돌아가면서 선을 본 여자에게 학교로 연락이나 편지를 하면 정규가 학칙에 의해 어려움이 봉착하니 절대 안 된다고 하였다.

그러나 정규와 헤어진 여자는 하루 이틀이 지나고 한 달이 지나도 소식이 없자 정규가 당부한 약속을 잊고 편지를 하였다. 그래서 정규는 학교에서 위기에 봉착했으나 가까스로 모면하였다.

정규는 간단한 약속도 지키지 못하여 곤욕을 치르게 만든 그 여자와는 멀어지고 결혼도 무산이 되었다. 결국 정규는 경농 5학년 2학기인 1944년 11월 풍양조씨 성연과 결혼을 하였다.

정규의 어머니는 열차사고가 나시기 전까지 집안의 안살림을 모두 책임지고 계셨다. 다행히 사고로 다친 발의 치료는 되었지만 제대로 사용할 수 없어 집안 살림을 제대로 감당하기가 어려우셨다.

그러나 결혼 안한 딸들도 있었고 정규의 막내 삼촌은 결혼하여 분가 전이라서 정규네 마정 집에서 같이 살림을 하고 있었기 때문에 힘든 일을 많이 하셨다. 이 때 집안에서는 종손 정규가 서울 유학 중이었지만 빨리 장가들어 집안을 안정시키라고 하였다. 마음에 부담은 있었지만 정규는 학업 중이라서 그러한 부모님의 요청을 수용 할 수 없었다.

정규는 "나에게 어머니란 누구인가?"에 대해서 많은 생각을 하였다. 정규에게 어머니는 하늘보다 높고, 바다보다 깊은 사랑과 헌신의 대명사였다. 어머니는 대가를 바라지 않고 자식인 정규를 위하여 죽음도 두려워하지 않으며 맹목적이며, 무조건적이고, 그 이유를 묻지 않는 사람이었다.

어머니는 정규에게 모든 것을 주고 또 주고, 한 없이 주기만 하면서도 더 못주어 안달인 사람, 어머니는 또 자식의 건강과 안녕과 평화를 위해서 그리고 성공과 출세를 위해, 자신의 심신을 촛불처럼 한 없이 녹아내리려는 사람, 어머니는 자식이 아파서 사경을 헤매게 되면 대신 죽게 해 달라고 빌고 또 비는 사람이었다.

어머니는 오늘의 정규를 있게 해주신 전부였던 분이었다. 이와 같은 어머님의 열차에 의한 중대 사고는 정규에게 장남의 역할에 대해 일깨워 준 계기가 되었다. 부모님에 대한 장남으로써 책임감은 정규가 군대에서 제대한 후 공무원 복직과정에서도 크게 느꼈다. 장남에 대한 책임감으로 10년 가까이 몸담았던 경기도 기수 보직을 과감하게 포기하고 임진면 임시면서기를 택했다. 종손 정규는 어느 덧 종손이자 장남의 무게감을 느끼며 개인의 꿈보다는 가문의 안위가 삶에 어느덧 앞자리를 차지하고 있었다.

(2) 아버님 벨트사고로 문환의 그늘을 느낌

『채근담』에서 이르기를 "아버지가 아들을 사랑하고 아들이 효도하며 형이 우애하고 아우가 공경하여 비록 극진한 경지에 이르렀다 할지라도 그것이 모두 마땅히 그렇게 해야 하는 것일 뿐인지라, 털끝만큼도 감격스런 생각으로 볼 것이 못되느니라. 만약 베푸는 쪽에서 덕으로 자임하고 받는 쪽에서 은혜로 생각한다면 이는 곧 길에서 오가다 만난 사람이니 문득 장사꾼의 관계가 되고 만다" 하였다. 아버지와 아들 간에는 이해가 있을 수 없는 무조건적 관계를 얘기하고 있는 것이다.

정규와 아버지 문환은 항상 많은 갈등이 있는 것처럼 보였다. 하지만 겉으로는 그렇게 보였지만 정규에게 아버지 문환은 영원한 멘토와 맨티 관계였다. 이 세상에서 아버지 보다 더 위대한 멘토는 없을 것이다. 멘토는 꼭 모든 조건을 완벽하게 갖춘 인물만 역할을 하는 것은 결코 아니다. 아들의 입장에서 멘토를 너무 높은 것만 기대하고 바라보니까 소중한 아버지 멘토의 가르침을 흘려보내게 되는 것이다. 공자가 말하길 "삼인행 필유아사三人行 必有我師"라 하였다. 이는 능력에 관계없이 누구로 부터든지 가르침을 받을 수 있다는 의미이며 그 가르침이라는 것이 결코 고차원적인 이상적 가르침을 의미하는 것이 아닌 기본적 삶의 형태에 있어서 도움을 주는 작은 가르침을 소중하게 배우려는 의도로 맨티인 아들의 입장에서 항상 배움의 자세를 지향해 나가야 함을 의미한다.

정규와 아버지 문환은 겉으로는 잘 맞지 않는 것처럼 보였다. 하지만 아버지처럼 사랑으로 맨티인 아들을 대하는 멘토는 세상에 없다고 본다.

아버지 문환의 입장에서 보면 아들인 정규에게 크고 작은 결점은 바로 교정해 주고 싶기 때문에 갈등이 있어 보이는 법이다. 아버지 문환도 아들에 대한 서로 간 존중이 좀 더 있었으면 많은 대화를 만들어 냈을 것이다. 정규의 지나온 삶의 고비마다 아버지 문환과 마음을 터놓고 진지한 대화를 나누었더라면 훨씬 더 좋은 결과를 만들어 냈을 것이다.

유교에서 '부자유친' 이라는 것을 강조하는 이유를 정규와 문환의 삶의 결과를 통해 보면 그 단어의 실천을 아무리 강조해도 부족하다.

정규가 백 살이 되어도 아버지 문환을 모두 이해 할 수는 없다. 아버지란 때로는 울고 싶지만 울 장소가 없기에 슬픈 사람이다. 윤문원이 쓴 『아버지 술잔에는 눈물이 절반이다』에서 아버지의 눈에는 눈물이 보이지 않으나 "아버지가 마시는 술에는 보이지 않는 눈물이 절반이다"고 하였다. 어머니의 눈물은 얼굴로 흐르지만 아버지의 눈물은 가슴으로 흘러 가슴에 눈물이 고여 있다. 아버지의 울음은 그 농도가 어머니의 울음에 열 배쯤 될 것이다. 정규의 아버지 문환도 1.4후퇴 때 피난길에 두 아들을 목숨이 위험한 전장에 내보내고 걱정되어 생일상을 받으시고는 차마 숟가락을 들지 못하고 눈물을 흘리셨다고 한다. 아버지가 아무리 강하게 보여도 자식을 앞에 두고는 약해지는 법이다. 아마도 이 때 아버지 문환의 눈물은 피눈물이었을 것이다.

아버지란 존재는 가족을 자신의 수레에 태워 묵묵히 끌고 가는 말과 같은 존재이다. 아버지란 침묵과 고단함을 자신의 베게로 삼는 사람이다. 아버지란 겉으로는 태연해 하거나 자신만만해 하지만 속으로는 자신에 대한 허무감과 가족에 대한 걱정으로 괴로움을 겪는 존재이다. 아버지의 마음은 먹칠을 한 유리로 되어 있어 속은 잘 보이지 않는다.

아버지가 길을 내면 자식은 그 길을 걸어간다. 아버지의 말은 씨가 되어 자식의 꿈이 되고 삶이 된다. 아버지는 비탈길에 서 있는 나무 같은 존재이다. 위험한 등산길에 등산객들의 손을 잡아 주는 것처럼 자식들이 힘들 때 쓰러지지 않고 살게 하는 삶의 기둥이다. 바로 그런 손으로 자식이 넘어지지 않게 손을 잡으면서 사랑의 빛을 발한다. 아버지는 자식의 힘이고 자식은 아버지의 힘이다. 자식은 아버지의 그늘 아래서 아버지의 사랑을 먹으면서 성장하고 있다. 성공한 아버지만이 아버지가 아니라 아버지는 있는 그대로의 아버지로서 위대하다. 비록 부족하고 허점이 있어도 아버지는 아버지인 것이다. 아버지는 아버지이기에 세월이 흘러도 가슴에 하나의 뜨거움으로 다가오는 존재이다. 아버지는 끝없이 강한 불길 같으면서도 자욱한 안개와도 같은 그리움의 존재이다.

정규가 백 년을 살아보니 아버지는 뒷동산의 바위 같은 존재임을 새삼 느끼고 있다. 그러한 것을 이제와서 깨닫고 있지만 마음을 터놓고 아버지 무릎에 얼굴을 묻고 울어볼 아버지는 없다.

종손 정규의 아버지 문환은 친구와 동업으로 마정에서 방앗간을 하셨다. 섭저리에도 방앗간을 열었고 이동용 방앗간을 만들어 마을 마다 찾아다니면서 방아를 찧으셨다.

문환은 학문에도 열정이 있어 결혼을 하고서 농잠학교를 졸업하여 일제강점기 관리가 되셨다. 아버지 문환이 누에고치 검사관을 하면서 매월 봉급을 다 정규의 학비로 내어도 모자랐지만 5년 동안 아들 서울유학을 시키셨다. 아버지 문환이 아들 정규에게 기울인 정성은 대단하셨다.

아버지 문환은 6.25전쟁 중 논산에 피난 가서 정규와 현규 두 아들을 전쟁에 보내고 가족들의 생계를 위해 팔을 걷어 부치고 일을 하셨다. 논산에서 피난에서 돌아와 부서진 집을 수리하고 문산읍으로 이사를 위한 집을 지을 때도 손수 목수 일을 하셨다. 피난에서 돌아와 아들 정규가 면서기를 버리고 삼오상회를 시작한 후 시간이 지나서 장사가 잘 안되자 방앗간을 곁들여 하자고 제안하여 직접 방앗간 일도 도우셨다. 종손 정규가 힘들고 어려울 때 문환은 항상 든든한 버팀목 노릇을 하셨다.

종손 정규의 아버지 문환은 아들을 돕겠다고 방앗간 일을 하시다가 벨트에 팔이 걸려 대형사고가 발생한 것이다. 종손 정규는 아버지를 모시고 문산에 있는 병원으로 갔으나 사고의 정도가 심해 서울에 있는 세브란스와 같은 큰 병원으로 다시 옮겼다. 다행히 세브란스에서 수술을 받고 치료가 잘되었다. 아버지 문환은 항생제 등을 사용한 적이 없어서 치료가 매우 빨랐고 후유증 없이 완치되셨다. 그러나 이후부터는 아버지 문환은 힘든 일을 하실 수 없었고 아들 정규를 적극적으로 도와주지 못했다.

정규의 아버지 문환의 벨트 사고로 경황이 없을 때 벽제 선산 위토를 팔 수밖에 없는 상황이 발생 하였다. 아버지 문환의 사고만 없었다면 아버지 문환과 차분하게 상의하여 대처 하였다면 큰 손실을 막았을 텐데 평소에 몰랐던 아버지 문환의 빈자리가 너무나 크다는 것을 새삼 절감하였다. 아버지 문환의 방앗간 벨트 사고는 정규에게 아버지 문환의 그늘을 크게 느꼈던 사건이었다.

종손 정규는 아버지의 큰 사고를 겪으신 후 종손의 무게가 더해졌다. 아버지의 사고 이후 문환은 완전하게 모든 대소사를 정규에게 일임하였다. 종손 정규의 어머니는 열차사고로 발을 다쳐 평생 불구로 사셨고, 아버지 문환은 방앗간 벨트 사고로 팔을 다쳐 평생 불편하게 사셨다. 그러나 부모님 두 분 모두 고생은 하셨지만 천수를 누리셨다. 종손 정규에게 있어 부모님에게 발생한 두 번의 큰 사고는 종손과 장손으로서의 역할과 책임을 절실하게 느끼게 하였던 큰 사건이었다.

종손 정규는 아직도 부모님을 모두 이해하지는 못한다. 하지만 어머니와 아버지는 종손 정규에게 영원한 스승이며 멘토였던 것이다.

나. 부모님의 오랜 병수발은 장남의 숙명

종손 정규의 아버지와 어머니는 모두 80세 이상까지 생존하셨다. 어머니 이순아는 막내인 석규를 임신하셨을 때 열차사고로 병원에 입원하여 치료를 하시느라 큰 고초를 겪으셨다. 정규의 막내 동생 석규는 배속에서 어머니와 함께 고생을 하여 다른 형제들에 비하여 약하게 태어났다. 정규의 어머니는 병원치료는 잘 되었으나 평생 반신불구로 사셨다.

정규의 어머니는 나이 사십에 열차사고로 발을 다쳐 40년 이상 불편한 몸으로 사셨다. 열차사고로 큰 충격을 받은 몸으로 막내 자식을 나으셨다.

정규의 어머니 공주이씨는 큰살림의 도맡아 하시었다. 어머니가 시집오셨을 때 시할아버지까지 함께 사는 대가족이었다.

정규의 어머니는 증조부 승순의 대소변을 3년이나 받아 내시며 병수발을 하셨다. 정규의 어머니는 열차사고를 당하여 몸이 불편하여 제대로 집안일을 건사하실 수가 없으니 그 답답함이야 이루 말 할 수 없으셨을 것이다. 정규의 어머니가 역할을 제대로 하지 못하시자 정규의 누이동생들이 대신 할 수밖에 없었다. 정규는 막내 동생 복규가 많은 고생을 하였다. 그렇게 고생을 하였는데 피난지 논산에서 살림살이가 여의치 못하여 남의 자식시집 보내듯이 빈 몸으로 출가시킨 것이 내내 마음에 걸렸다.

정규의 어머니는 6.25전쟁 때 아들 둘을 피난길에 군대로 보내고 피난지 논산에서 수많은 밤을 눈물과 마음 졸임으로 보내셨다. 아들 둘을 전쟁에 보낸 정규 부모님의 마음을 『부모은중경父母恩重經』에 자식 걱정하는 대목을 빌어서 적어 보았다.

"자식이 멀리 나갔을 때 걱정하시는 은혜,

죽어서 이별이야 말할 것도 없고 살아서 생이별 또한 고통스러운 것.

자식이 집 떠나 멀리 나가면 어머니의 마음 또한 타향에 가 있네.

낮이나 밤이나 자식 뒤쫓는 마음,

흐르는 눈물은 천 갈래 만 갈래

새끼를 사랑하는 어미 원숭이 울음처럼 자식생각에 애간장이 녹아나네."

당시에 두 아들을 전쟁에 보내놓은 정규의 어머니 공주이씨의 심정도 이와 못지않게 눈물로 수많은 밤을 지새셨을 것이다.

이런 어머니이기에 종손 정규가 어머니에 대한 마음은 각별 하였다. 정규의 어머니는 정규와 아버지가 갈등이 많았는데 이 모든 것을 중간에서 어우르며 가슴으로 안으셨다. 정규의 어머니가 그래도 거동을 하실 때는 손자 손녀의 운동회, 소풍 등 아이들의 크고 작은 일에 며느리가 할 일 들을 대신하셨다. 피난지 논산에서는 어머니가 윤종과 한종 두 손자를 기르셨다.

한종을 잃어버리는 아픔도 겪으셨다. 정규의 어머니는 명문가의 양반집 무남독녀로 태어나 전주이씨 집안으로 시집오셔서 대가족의 종부로 숫한 고생을 하셨다. 정규의 어머니는 기울어가던 대한제국 말엽인 1902년에 태어나 경술국치, 3.1만세운동, 일제강점기 36년을 몸으로 겪으시고, 열차사고까지 당하셨다. 뿐만 아니라 6.25전쟁, 피난생활 등 전주이씨 집안의 풍파와 어려움을 함께 하시며 사셨다. 정규의 어머니 순아의 삶은 형극荊棘의 삶이셨다. 성한 몸으로 살아도 힘에 부치는데 발이 불편하여 제대로 걷지 못하는 불구의 몸으로 사셨으

니 서러움도 크셨을 것이다. "남의 죽음이 내 고뿔만도 못하다"는 말이 있다. 정
규의 어머니 불편함을 자식들이 이해한다고 하지만 본인이 아니고는 그 불편함
을 어찌 이해할 수 있단 말인가?

〈정규의 어머니 공주이씨
와 손주들〉
종찬, 강숙, 수자, 미라, 혜
원, 공주이씨, 금선

〈공주이씨와 문환 : 손자
돌잔치에 참석〉

정규의 어머니는 가뜩이나 발을 다쳐 걸음걸이가 힘드셨는데 연세가 들어 다리에 힘이 빠지자 돌아가시기 7년 전부터 거동이 불편하셨다. 정규의 어머니도 여러 해를 대소변을 받아내며 자리보존을 하셨다. 다행이 정규의 어머니는 치매는 없으셨다. 그러므로 돌아가실 때까지 손자, 손녀들은 물론 자식들과 대화는 하실 수 있었다. 정규는 어머니가 고생스럽게 사신 한평생 삶을 이해하고 있었으므로 마지막까지 효를 다하려 노력하였다. 지금은 부모님을 모시지 않기 위해 형제간에 남이 되는 사람도 많다. 하지만 정규와 성연은 아버님 어머님을 모시면서 효도의 책임을 당연한 장남의 숙명으로 여기셨다. 아들 정규가 부모 모시는 것이 힘들다 하여도 아내 성연의 고통에 비할 수 없다. 하루 세끼 식사와 대소변을 받아 내야 하는 며느리 성연의 노고를 누가 이해 할 수 있을 것인가? 그것도 하루이틀도 아니고 두 분 시부모님을 위해 10년 정도 수발을 하셨다.

가족 중에 누가 아픈 것만큼 큰 걱정거리가 없다. 자신이 아픈 것도 큰일이지만 가족이 아픈 것은 그에 못지않은 고통을 준다. 사람을 불행하게 만드는 요인 중에서 가장 으뜸가는 일이 가족의 아픔일 것이다. 가족 중에 누가 아프면 집안에 어둠이 자리하게 된다. 종손 정규와 아내 성연은 부모님의 병수발로 기나긴 시간을 보냈다. 사람이 사는데 자식이 아픈 것과 부모가 편찮으신 것은 큰 차이가 있다. 자식이 아무리 오래 아프다고 하더라도 부모는 자식을 포기할 수 없기 때문에 끝까지 이겨내고 자식의 치료에 몰두한다. 하지만 부모가 편찮은 경우에는 시간이 지남에 따라 의지가 약해지고 자꾸 핑계를 대게 된다. 그래서 속담에 '긴병에 효자 없다'는 말이 있다. 이것은 마음에 없어서가 아니고 오랜 병구완에 지쳐서 자꾸 힘들어하는 모습을 보이기 때문에 나온 말이다. 나이 드신 부모의 병은 나아지는 경우가 거의 없다. 오히려 긴 병구완을 함에도 점점 정도가 심해지기 때문이다. 그만큼 부모님의 병구완은 인내를 요구하고 어렵다는 이야기다.

돌아가실 때까지 정신이 비교적 맑으셨던 정규의 어머니도 아들 며느리에게 미안하고 힘들어 하셨다. 금쪽 같이 생각하시던 아들과 며느리가 내 몸이 아픔으로 해서 자식들이 힘들어 하는 것을 보시는 어머니도 견딜 수 없는 큰 고통이셨을 것이다. 부모님은 정성스럽게 병구완 하는 자식을 보면서 마음이 아프고 자식은 병으로 고통받으시는 부모님을 보면서 눈물을 흘리는 것이다.

종손 정규는 부모님의 수발을 하였던 얘기를 이글에 담는 것도 송구스러워 했다. 정성을 다하여 봉양한 효도라 할지라도 자식이 입으로 말하는 순간 불효가 되기 때문이다. 하지만 후손들은 정규와 성연이 어떻게 부모님을 모시며 살아가셨는지 잊지 말고 기억해야 한다. 종손 정규의 어머님이 돌아가신지 어느덧 30년이 지났다. 정규의 어머니는 돌아가시자 오현리 통정대부 산소 바로 아래에 모셨다가 아버지와 합장으로 모셨다. 지금은 두 분 모두 마정리 옛집 뒷산으로 이묘를 하였다. 마정리 옛집은 정규의 어머니가 시집오셔서 아들 딸 7남매를 낳으시고 키우신 곳이다. 정규의 어머니의 젊은 시절 삶이 깃들어 있던 마정리 옛집 뒷동산에 문환과 세상사 모두 잊으시고 편안하게 영면하시길 빌어 본다.

정규의 아버지 문환은 아내 순아가 돌아가시고 4년 후에 아내를 따라 가셨다. 정규의 아버지는 어머니 돌아가시고 한 해 정도 있으시다 중풍이 와서 3년 정도 불편을 겪다가 돌아가셨다. 정규의 아내 성연은 또 다시 병수발을 하여야 했다. 아버지 문환도 돌아가실 때까지 정신은 비교적 맑으셨다. 정규의 아버님도 한평생을 뒤돌아보면 너무나 힘든 굴곡의 삶이었다. 아버지 문환도 자신의 꿈과 종손의 위치에서 많은 방황을 하신 분이었다. 문환의 아버지 종림은 아들 문환이 공부보다는 집에서 장손의 역할을 하면서 농사나 지으며 종가를 지키는 것을 더 중요시 하였다. 새로운 일에 호기심이 많으셨고 선각자적 자질을 가지셨던 문환의 마음은 답답하였고 많은 좌절을 하셨을 것이다. 정규의 조부 종림의 삶을 자세히 들여다보면 종림의 생각도 이해가 되었다. 조부 종림은 위로 아버지, 할아버지와 함께 방랑생활을 하면서 안정되지 않은 생활과 배고픔을 몸소 겪으시며 살아오신 분이다. 이러한 삶을 살아 오셨던 조부 종림에게 삶의 정의는 안정적인 생활과 배고픔 없는 넉넉함 이었을 것 같다. 그러니 아들 문환에게도 조부 종림의 생각에 따라 살기를 바랐던 것이다. 그리하여 조부 종림과 아버지 문환은 서로 많은 갈등이 있을 수밖에 없었을 것 같다. 그러한 면에서는 정규와 아버지 문환도 대화를 많이 하는 다정한 부자사이와는 다소 거리가 멀었다. 그런데 문환의 삶을 재해석 해 보면 아들인 정규에게 말보다는 행동으로 보여주는 희생적인 모습을 보여주셨다. 그렇다고 정규도 아들 윤종에게도 다정한 아버지는 아니다. 정규의 고조부 봉현과 승순과의 관계는 어떠한 부자지간인지 모르지만 참으로 달갑지 않은 가문의 내림이다. 이러한 가문의 내림으로 볼 때 후손들은 명심하고 가꾸어야할 집안의 문화가 있다. 바로 '부자유친父子有親'이다. 유교의 집안을 자처하는 전주이씨 집안에서 이런 가장 기본적인 '삼강오륜'은 가볍게 생각하신 것 같다. 오륜의 첫 번째로 나오는 부자유친은 "어버이와 자식 사이에는 친함이 있어야 한다"는 뜻이다. 종손 정규의 집은 부자유친이라는 가장 첫 번째 덕목을 실천함에 있어 미흡하였다. 즉, 부자간에 소통이 적었다. 정규의 조부 종림과 문환이 좀 더 마음을 열고 대화를 했다면 더 많은 부를 이룰 수 있었고, 아들 문환의 꿈도 크게 이루어졌을 것이다. 종손 정규와 문환도 다정한 부자의 대화를 이루었다면 정규의 인생에서 많은 위기를 기회로 만들 수 있었을 것이다. 이제부터라도 정규와 아들들은 좀 더 마음을 열고 대화를 이루어 '부자유친'의 가풍을 이루어야 한다.

집안이 경제적이나 학문으로 성장하려면 집안에서 3대의 노력과 지속됨이 있어야 이룰 수가 있다. 만약에 종림이 아들 문환과 경제 문제든 학업에 대한 진로이든지 간에 조금씩 양보하여 대화를 하였다면 종림과 문환의 시너지로 가문의 또 다른 희망을 이루었을 것이다. 지나간 결과를 놓고 가정을 한다는 것은 의미가 없을지도 모른다. 그러나 세대 간 소통의 필요성에 대한 교훈은 종손 정규네 가문 200년 삶을 비추어 보면 그 중요성은 '명약관화'하게 보여주고 있다.

아버지 문환이 정규를 너무 믿으셔서 그런지 정규가 결혼을 하여 가정을 꾸리자 집안의 모든 대소사를 아들에게 일임 하셨다. 어린 나이에 종손 정규는 모든 집안의 대소사를 책임지면서 많은 부담감을 느끼지 않을 수 없었다. 아버지 문환은 피난지 논산에서 가족들이 마정 고향으로 귀향하는 것도 아들이 제대한 후 추진하기를 바라셨다. 정규가 경기도 기수를 버리고 임진면 임시 면서기를 받아들였던 것도 생계를 책임져야 하는 장남의 책임감 때문이었다. 종손 정규에게는 능력이 출중하신 아버지 문환이 좀 더 가르치고 집안을 건사하셨다면 좋았을 것 같다.

그러나 아버지 문환은 집안이 위기일 때는 아들을 대신하여 최선을 다하셨다. 논산에 피난 가셔서 두 아들이 없는 가정을 지키기 위해, 대나무로 광주리도 만드시고, 남의 방앗간을 만드는 것도 도우시고 마부가 되어 서울로 사료를 싣고 가서 팔기도 하셨다. 피난지에서 문산으로 돌아 왔을 때도 목수일 까지 하셨다. 정규가 집을 문산읍으로 이사할 집을 지을 때도 행랑을 직접 지으셨다. 종손 정규가 공무원을 그만두고 삼오상회를 할 때도 방앗간을 곁들여 운영하시면서 아들을 도우셨다.

이렇게 볼 때 아버지 문환도 아들의 뒤에서 계속 일을 하시며 도우셨던 것 같다. 정규의 아버지 문환은 집안일에서 거의 손을 놓으시고는 자운서원에서 일을 하셨다. 문환의 한학에 대한 실력을 인정 받으셨던 분이다. 정규에게 있어서 아버지 문환은 영원한 멘토 이시다. 아버지 문환은 다방면에서 능력이 출중한 분이셨다.

정규는 아버지 문환과 사소한 의견 차이는 늘 있었지만 60년을 모시고 사셨다.

"진정으로 훌륭한 스승은 가르치지 않는다"는 말이 있듯이 정규의 아버지 문환도 그런 아버지셨다. 부모의 사랑을 살아계실 때 알 수 있다면 불효라는 말은 생기지 않았을지도 모른다.

종손 정규는 이제야 아버지의 마음을 뼈저리게 느끼고 있다. 그래서 인간은 원천적으로 어리석게 살아가다 죽게 되어있는 것이다. 정규에게 이러한 아버지도 중풍으로 반신불수가 되어 3년을 투병하시다 돌아가셨다.

아내 성연은 시어머니에게 하였던 병수발을 다시 시아버지를 다시 시작하였다. 이렇게 3년을 누워서 사시고 아버지 문환도 돌아 가셨다. 이때는 정규도 어느 덧 육십이 넘어 섰다.

정규도 아들 윤종에게도 다정한 아버지가 아니었다. 정규는 4대가 함께 사는 대가족 집안의 장남으로 태어나서 귀여움도 독차지 하였다. 하지만 나이가 들고 철이 들기 시작하면서 종손의 위치가 무게감으로 변하였다. 정규에게 종손의 무게감은 행동을 자제하게 되고 도전을 위한 야망을 위축되게 만들었다.

다. 부모님께 부족했던 효도가 아쉬움으로 남아

종손 정규는 어머니는 열차사고로 다리를 다치셨고, 아버지 문환은 방앗간 사고로 팔을 다치셨다. 두 분 모두 큰 사고는 겪으셨지만 다행히 천수를 누리셨다. 종손 정규에게 있어 부모님에게 발생한 두 번의 큰 사고는 부모님을 다시 생각하게 만든 사건이었다.

정규의 어머니는 정규가 경농 1학년 때 열차사고를 당했다. 이때에 정규는 15살 이었지만 집안의 장남이라는 책임감을 처음 느꼈던 사고였다. 정규의 어머니는 장남인 아들에게 모든 것을 믿고 의지 하셨다. 정규가 서울유학 중에는 한 번도 학비를 늦지 않게 준비하여 아들이 마음고생을 하지 않도록 하신분이다.

정규의 어머니 공주이씨는 장산리에 귀한 가문에 태어났지만 무남독녀였다. 곱고 귀하게 자란 어머니였는데 시집오셔서 7남매를 낳아 기르시느라 고생을 이루 말 할 수 없을 정도로 하셨다. 그런데 급기야는 발까지 잘려서 불편한 몸으로 남은 평생을 살아가신 것을 생각하면 불쌍하시고 가슴이 아프다.

정규는 이러한 어머님을 생각하면 항상 불쌍한 생각에 가슴이 저민다. 더구나 어머님이 살아생전에 좋은 의족을 만들어 드리지 못한 것이 두고두고 후회가 된다. 지금같이 의술이 좋아서 몸에 딱 맞는 의족을 채워드렸다면 별 불편 없이 사셨을 것이다. 어머니는 오래도록 거동이 불편하게 사시다가 돌아 가셨다. 부모님은 돌아가시고 오랜 시간이 지났지만 좀 더 효도하지 못한 것이 항상 후회가 된다.

아버지 문환은 아들 정규의 공부를 위해 최선을 다하신 분이다. 정규가 어렸을 때는 아들에게 많은 기대를 갖고 무한의 사랑을 쏟으셨다. 정규가 경농을 다닐 때 매달 월급으로는 학비가 모자랐지만 한 번도 내색을 하지 않으셨던 분이다. 소학교에서 중학교 진학을 상담할 때도 6학년 일본인 담임선생님이 아버지 문환의 교육 열정에 감탄하여 내신점수를 최고로 주셨다. 모든 노력을 맏아들인 정규에게 집중하셨던 부모님들이셨다.

아들 정규가 아버지 문환에게 받은 은혜는 너무나 컸다. 이런 아버지가 바라는 기대치만큼 성장하지 못한 것이 정규는 너무나 죄송스럽다. 정규의 아버지 문환은 모든 방면에서 재주가 출중하였다. 이러한 아버지를 두었지만 정규는 문환과 허심탄회한 대화를 나누지는 않았다. 어찌 보면 아들 정규가 아버지 문환과 모든 것을 터놓고 대화하는 것이 아버지에게 가장 큰 효도라는 것을 뒤늦게 알게 된 셈이다.

누구든 아버지는 아들에게는 영원한 멘토이다. 부모에게는 또한 아들이 모든 것을 대화하고 상의 하는 것이 큰 효도이다. 정규는 부모님에 대한 은혜를 나이가 들어감에 따라 더 사무치게 느꼈다.

공자孔子는 인생삼락을 부모님 모시고 사는 것, 벗이 있고, 후학을 가르치는 선비라고 하였다. 정규 가문은 유교의 영향을 받아 효를 가문의 근본으로 삼으셨다. 대표적으로 효도를 하신 분이 정규의 조부 종립이다. 부모가 자식을 사랑하고 자식이 부모를 존경하고 사랑하는 인간의 본능은 시대가 변했다고 해서 변할 수 없는 것이다. 21세기 현재에도 부모가 자식을 사랑하는 본능은 그대로 남아 있지만 자식이 부모를 사랑하는 방식은 많이 변했다.

따지고 보면 부모가 자식을 사랑하는 것은 개, 소, 돼지, 말 등도 하고 있다. 그런데 동물들은 자식이 부모를 사랑하는 동물은 거의 없다. 그러고 보면 인간도 오히려 동물을 닮아가고 있는 것 같아 씁쓸하다. 인간은 대부분 부끄럽게도 양친부모 생존해 계실 때도 효도한번 못해 드리고 불효한 것이 평생 후회하고 뉘우치면서 살고 있다. 정규는 부모님들께서 아들을 서울유학 시키시느라 손발이 다 닳도록 고생하신 부모님의 은혜가 사무치도록 그립다. 가을이면 쌓이는 낙엽처럼 가슴속에 후회와 아쉬움이 쌓여가고 있다. 부모님에 대한 자식의 불효를 대부분 철이 없는 것으로 합리화를 시키지만 그것으로 어떻게 불효를 용서 받을 수 있겠는가?

부모님에 대한 속죄의 마음으로 사모곡을 쓰고 있지만 결국 내 마음의 편함을 얻고자 하는 것으로 여전히 부모님에 대한 그리움은 태산처럼 태양처럼 가슴속으로 밀려들어 온다. 현재의 삶을 아무리 합리화 하여도 부모님과 함께 하지 못하는 행복과 영광은 아무 의미도 없는 공허일 뿐이다. 율곡 이이는 「격몽요결」에서 "천하의 모든 물건 중에는 내 몸보다 더 소중한 것이 없다. 그런데 이 몸은 부모가 주신 것이다"라는 말을 남겼다. 이는 부모님께 효도하는 것은 아무리 강조해도 지나치지 않는다는 의미이다.

5. 가문의 대소사가 삶의 중심이 되다

가. 홍화댁 인연을 소중히 여김

하루는 뒷집에 살고 있던 '김원석'이라는 사람이 종손 정규에게 "어떻게 자네 같은 양반 집안이 김해김씨 같은 천한 집안하고 혼인을 하였냐?"고 물었다. 그가 말한 '천한 집안의 김해김씨'는 정규네 방앗간에서 허드렛일을 돌봐주던 사람을 두고 하는 말이었다. 정규의 큰댁에서는 집안 형편이 어려워 딸을 시집보내게 되었는데 이것저것 따질 상황이 아니었다. 그래서 큰댁의 딸을 정규네 방앗간에 일하던 김해김씨에게 시집을 보냈는데 그것을 두고 빈정대는 투로 하는 얘기였다. 정규의 큰댁이라면 정규의 고조부 봉현의 형님인 종고조부 옥현의 집안을 말한다. 정규의 큰댁 집안은 이상하리만큼 손이 귀한 집안이었다. 그래도 계속 대는 이어 왔는데 옥현의 아들인 승문이 후사를 이을 수 없자 승문의 11촌 조카인 승언의 맏아들 철림으로 후사를 이었다. 정규의 큰댁 승문의 후사를 이은 철림은 정규의 8대조 건제의 셋째 아들인 '동섭'의 5대 종손이었다. 정규의 6대조 '동간'의 후사를 잇기 위해 '동섭'의 집안에서 두 번이나 형님집안으로 장손을 보내어 후사를 잇게 하였다. 정규의 수원 큰댁은 계속 후사가 이어지지 않다보니 살림도 어려우셨다. 정규의 가문은 7대조 형제분들의 막내 집안인 '동섭'의 후손들은 200년이 넘는 세월동안 종가의 후사를 지키기 위해서 노력해 오신 가문이다.

정규의 큰댁 승문의 후사를 이은 철림의 아들 3형제는 건강하여 힘도 세고 농사일도 잘하는 상일꾼이었다. 그 아들 중에서도 태환 이 가장 특출 난 힘을 가지고 있었다. 이때에 철림의 아들들은 최영장군 신당으로 유명했던 덕물산(또는 德積山) 앞에 역구내라는 마을에 살고 있었다.

덕물산은 개성의 동남쪽 교외에 있는 해발 200m 정도인 야트막한 산이다. 덕물산은 예로부터 산신을 모셨던 곳인데 최영 장군이 이성계에 의해서 처형을 당한 뒤 그의 충의와 영험이 점차 민간에 추모되어 조선 초기에 모셔진 것이다. 개성 덕물산은 만신의 조종祖宗으로 간주되는 산이었다. 정규는 어릴 적에 할머니 덕수이씨 손을 잡고 큰댁이 살고 있던 덕물산 역구내를 다녀 온 적이 있다. 정규의 할머니 덕수이씨는 어느 날 정규에게 큰댁에 가자고 하시어 따라 갔는데 개성을 지나서 갔었던 기억이 있다. 하지만 집안의 택호가 '홍화댁'이라 하지만 정규는 평생 홍화리는 가보지 못했다.

정규의 고조부 봉현이 생존해 계실 때도 홍화리에 사는 친척들은 촌수가 멀었는데 4대가 지난 정규 세대에 와서 촌수가 더 멀어져 삶의 관심에서 서로가 멀어지고 말았다.

정규의 큰 댁 철림의 아들 태환이 살고 있던 덕물산 역구내 마을에는 청주한씨라는 부자가 있었다. 청주한씨는 산전 밭을 일구기 위해서는 황소를 부려야 했다. 그런데 황소가 힘은 세고 일은 잘하지만 도대체 말을 들어 먹지 않아 다룰 수가 없었다. 마침 그 동네에 살고 있던 철림의 아들 태환이라는 사람은 기운이 장사이고 소를 다루는데 특출 난 재주가 있다고 소문이 나 있었다. 그래서 그 동네에서 가장 부자인 청주한씨는 태환을 부득이 하게 고용할 수밖에 없었다. 그 것은 태환만이 일 잘하고 힘센 황소를 꼼짝 못하게 하고 일을 시킬 수 있는 기술이 있었기 때문이다. 그래서 정규의 큰댁 태환은 역구내에서 청주한씨네 일을 해주고 아예 그 집에 눌러 붙어 살고 있었다. 태환은 정규의 큰댁 철림의 둘째 아들이었다. 이곳에 있던 철림의 후손들이 당시에 어렵게 살고 있었기 때문에 부자인 청주한씨 집에 들어가 머슴살이를 한 것이다. 이러한 큰댁의 어렵게 사는 후손들 때문에 고조부 봉현은 항상 마음속으로 걱정을 하셨다. 당시에 봉현 자신도 오랜 방랑생활로 가세가 어려워 큰댁의 어려운 사정을 도울 수 없는 형편이 아니라서 더욱 답답하셨다. 그래서 정규의 고조부는 장산리에 정착을 하셨을 때도 항상 큰댁을 염려 하셨다. 이러한 봉현의 마음 걱정을 아들 승순이나 손자 종림은 늘 곁에서 보면서 사셨다. 이러한 집안의 전후사정을 면밀히 생각해 보면 종림이 큰댁을 위해 선산과 위토를 마련해 드린 것도 봉현의 뜻을 받들었던 것으로 생각된다. 종림은 봉현의 시묘侍墓살이를 아버지 승순 대신 하셨을 정도로 효자이셨다. 이렇게 종림은 부모님이 살아계실 때 효도를 다하셨고 돌아가신 후에도 조상님들께 효를 다하신 분이다.

정규의 큰댁을 모두들 '홍화댁'이라 불렀다. 그것은 정규의 큰댁 승문의 후사를 이은 철림의 생가, 즉 '동섭東燮'의 후손들이 홍화리에 사셨기 때문에 그렇게 부른 것으로 보인다. 이같은 인연으로 정규의 고조부 봉현은 오랜 방랑생활을 끝내고 맨처음 찾은 곳이 옛 가문의 후손들이 살고있는 홍화리를 찾아간 것이다. 후에 봉현의 장조카 승문의 후사를 이을 철림의 생가 가문은 봉현과 이미 촌수가 멀어졌지만 그에게는 그래도 가장 가까운 혈육이었다. 봉현이 방랑생활을 끝내고 홍화리를 찾아간 이유는 그의 조부 득겸의 생가 친척들과 떨어진 혈육의 정을 더욱 돈독히 하고 싶었기 때문이었다. 당시에는 많은 가문들이 집성촌을 이루며 살았다. 정규의 고조부 봉현이 홍화리를 찾아가신 것은 아들 승순과 손자 종림이 멀어진 친척들과 좀 더 가까워지게 하고자 하셨던 것 같다. 철림의 생가 가문이 있는 '홍화리'의 친척들의 5대조인 '동섭'은 봉현의 증조부 동간의 막내 동생 가문이셨다. 봉현은 홍화리를 찾아가 3년 정도 정을 붙이며 살아보려고 노력을 하셨지만 너무나 살기가 어려워 그곳에 살 수가 없었다. 당시에 홍화리에 사시는 친척들이 너무나 어렵게 살고 있어 정착하려고 찾아온 봉현을 도와주지 못하였다. 그래서 봉현은 '홍화리'를 떠나 다시 파주 마정 석결동 처가 마을을 찾아갔던 것이다. '마정 석결동'은 고조부 봉현의 처가마을인 장수 황씨 집성촌이었다.

봉현이 장산리에 정착하였을 때 주변에서는 정규네 집안을 '홍화댁'이라는고 불렀다.

정규의 고조부 봉현이 홍화리에서 3년 정도 사시다 오셨기 때문에 자연스럽게 '홍화댁'이 된 것이다.

나는 아내 강숙의 호號를 '홍화弘化'로 부르게 하였다. 아내 강숙은 홍화댁의 자손으로서 '홍화댁'의 가풍과 조상님들의 노고를 잊지 말기를 바라는 마음에서다. '홍화'의 뜻은 '넓은 세상을 덮는다'는 의미이므로 '2021 아세아 미술초대전'에 출품하는 아내 강숙의 작품에 홍화라는 호를 처음 사용토록 하였다.

정규의 큰댁 옥현玉鉉의 아들 승문承文을 40살이 넘어서야 두었는데 승문 역시 늦게라도 아들을 얻을 것으로 기대했으나 후사가 없었다. 그래서 이번에도 정규의 7대조 '동간'의 막내 동생 동섭東燮의 5대 종손 철림喆林으로 승문의 후사를 이었다. 그런데 동섭의 6세손 승언의 아들 철림을 그의 맏형님인 동간東幹의 대종손으로 승문의 후사를 잇게 하려다보니 정작 철림의 생가에 조상님인 '동섭'의 제사를 모실 수 없게 되었다. 그래서 정규네 집안에서 '철림'의 생가 조상님들 제사를 대신 모시게 되었다. 정규의 조부 종림은 고양 사리현에 선산과 위토를 마련하여 철림의 생가 조상님들의 봉제사의 안정을 기하셨다. 따지고 보면 철림의 생가 5대조 중 '동섭'은 정규네 집안의 실제 조상님이시다. '동섭'의 맏아들인 '득겸'이 '동섭'의 형님 댁으로 왔고, 정규가 '득겸'의 6대손이니 결국 '동섭'은 실제로는 7대 종손인 셈이다.

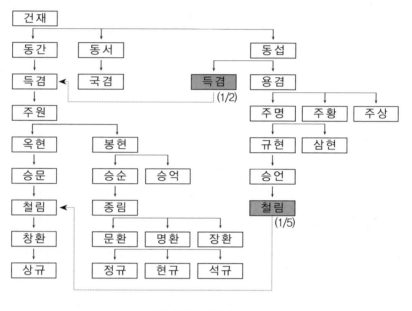

〈종손 정규의 가계도〉

철림의 생가 조상님들을 위하여 정규의 조부가 위토와 선산을 마련해 드렸으나 철림의 손자인 '상규'가 사업밑천으로 종림이 구입해 큰댁에 드린 선산을 담보로 잡혔다가 결국은 잘못되어 조상님들의 묘까지 모두 파내어 화장을 하였다.

고양 사리현리에는 정규의 7대조 '동간'의 동생인 '동섭', 정규의 6대조 '득겸', 5대조 '주원'과 정규의 고조부 봉현의 형님 '옥현', '철림', '창환'의 묘가 있었다. 결국 정규의 큰댁 종손 '상규'가 7대조까지 모셔진 선산을 없앤 것이다. 이러한 상황을 보고 정규는 매우 마음이 불편했었다. 이러한 사실을 종림이나 큰댁의 조상님들의 영혼들이 보시고 통탄하실 것이다. 하긴 어느 집안 없이 선산이나 위토를 장손 개인 명의로 되어있는 집안들은 결국에는 이러한 상황이 되고 만다. 그러므로 장손이 선산을 자기의 개인 명의로 하는 것 자체가 잘 못된 것이다. 선산이나 위토를 장손 개인 명의로 하였을 경우에는 반드시 없어지기 때문이다.

하루는 종손 정규가 '문산기원'을 하고 있을 때 장림이라는 사람이 찾아 왔다. 장림은 정규의 8대조 건제의 후손이었다. 그도 '홍화댁'이라는 택호를 가지고 있었다. 그는 6.25전쟁으로 피난을 나왔다가 고향으로 돌아가지 못하고 사는데 바빠서 거의 소식을 끊고 살다가 어느 정도 가세가 안정되고 자식들이 커가자 자기의 가문을 찾기 위해 종약원을 찾아갔다. 그가 종약원을 찾아 갔더니 '문산기원'을 하고 있는 이정규가 '홍화댁'이라는 택호를 사용하고 있는 사람이니 찾아가 보라고 하여 정규를 찾아왔다. 그의 모든 사정 얘기를 들어보니 그는 홍화댁 자손이 틀림없었다. 그래서 정규는 장림에게 족보에 올릴 자료와 호적등본을 제출받아서 종친회에 제출하였다. 그런데 무슨 이유인지 족보에 등재되지 않고 계속 누락되었다. 나중에 알고 보니 종친회에서 일하는 사람이 장림이 족보에 올리려는 집안의 사람인데 자기 집안 족보에는 신원이 확실하지 않은 사람은 절대 올릴 수 없다고 고집하여 계속 누락되었던 것이다. 그가 허락을 하지 않으니 하는 수 없어서 장림을 정규네 집안의 자손으로 족보에 등재를 했다. 이렇게 하여 정규네 집안으로 '동섭'의 후손이 또 한 명 본의 아니게 오게 된 것이다. 장림이 자기 부모 밑에 이름을 등재하지 못했지만 그는 '홍화리'의 틀림없는 후손이었다. 결국 정규네 가문도 혈통은 동섭의 후손으로 윗대의 조상은 같은 분이기 때문에 그는 서운하지만 받아들였다.

정규네 집안 족보에 올린 장림은 1.4후퇴 때 '홍화리'에서 피난을 왔던 분이다. 전쟁은 끝났으나 옛 '홍화리'는 휴전선 이북 땅이 되어서 장림은 옛 홍화리 고향으로 돌아갈 수가 없었다. 그는 하는 수 없어서 김포 장릉 입구에 정착하여 장사를 하며 살게 되었던 것이다. 장림은 처음에 정착하여 먹고 사는데 바빠 정신없이 살았으나 어느 정도 가세가 안정되자 크는 아이들을 생각하여 가문의 뿌리를 찾게 되었던 것이다. 그는 전쟁 중에 경황없이 몸만 빠져나오다 보니 족보도 일가친척도 모두 잃고 말았다. 장림은 아이들이 커 갈수록 더욱 조상의 뿌리를 찾아야겠다는 마음이 절실함을 느꼈다. 그는 조상님들의 뿌리를 찾기 위해 '전주이씨 종약원'을 찾아갔다. 장림은 자기가 '홍화댁' 후손임을 말하며 그의 친척들을 찾고 싶다고 하였다. 당시에 종약원 이사장은 양주 돌머루 백석리에 사시는 일가 어른이었다. 종약원 이사장은 "홍화댁이라는 택호를 쓰는 사람은 문산에 살고 있는 정규라는 사람이라고 하면서 장림에게 편지를 써 주면서 정규를 찾아보라 했던 것이다. 그래서 장님은 그 편지를 가지고 '문산기원'을 찾아 왔던 것이다.

이렇게 하여 정규는 문산을 찾아온 장림을 만나게 되었다. 그는 '홍화댁'을 아시느냐고 정규에게 물었다. 정규는 "홍화댁이라면 너무도 잘 안다"고 하였다. 정규는 "우리 집도 큰댁과 함께 이곳에서 지금도 홍화댁으로 불리고 있다"고 하였다. 정규는 우리의 큰댁으로 양자 온 '철림'을 '홍화 댁' 으로 부르고 작은 집 안인 우리 집안도 이곳에서는 그렇게 부른다고 하였다. 정규는 장림이 찾아 온 이유를 물었다. 그가 종약원에 갔더니 종약원 이사장이 문산에 살고 있는 정규를 그에게 알려 주었다"고 하면서 그동안의 자초지종을 얘기하였다. 정규는 모든 얘기를 다 듣고 장림에게 '걱정하지 말라'고 말했다. 정규는 호적등본 등 입증할 수 있는 서류를 종약원에 제출하면 족보에 등재 해 주도록 하겠다고 약속하였다. 1.4후퇴 때 피난을 왔으니까 여기서 호적을 등록했을 텐데, 서류만 제출하시면 된다고 하였다. 장림은 호적등본 등 증빙서류를 정규에게 보내와 그 서류를 받아 종약원에 접수를 시키고 특별히 당부를 하였다. 그런데 다시 족보를 발간하였는데 정규가 제출한 서류는 전혀 반영되지 않았다.

난감한 정규는 원인을 종약원에 알아보았다. 종약원 이사장인 '중섭' 씨는 정규의 부탁을 받고 장림이 제출한 서류를 분명히 접수 하였는데 "어째서 서류가 없어졌느냐?"고 오히려 반문하였다. 그래서 알고 보니 정규의 큰댁으로 양자온 철림 생가의 차종손 집안에서 자기네 '참판공 집안'에는 신분이 확실하지 않는 사람은 자기네 족보에 올릴 수 없다고 하였다. 그들은 장림이 제출한 서류를 족보에 등재하는 것은 고사하고 아예 서류까지 없애 버렸다. 그래서 할 수 없이 정규는 다시 서류를 보내라 해서 제출했는데 또 등재를 거부하고 서류를 폐기해 버렸다. 도저히 자기네 집안의 족보에 올릴 수 없어서 장림은 '세가포기'를 하고 족보에 올렸던 것이다. 그래서 장림은 족보상 정규네 집안사람이 되었다. 결국 정규는 윗대에 큰댁으로 양자 온 철림을 생각하여 정규네 집안으로 받아드린 것이다. 그래서 철림과 장림은 건제의 장남 동간의 후손이 되었다. 종손은 현재만 보며 사는 게 아니라 돌아가신 조상님들의 옛날 정서까지 생각하며 살아가는 것이다. 이와 같이 종손 정규에게 '홍화댁'의 인연은 고조부 봉현 때부터 붙은 택호이지만 여전히 살아있는 이름이었다.

정규네 집안의 후손으로 족보에 올린 장림은 6.25이후 가문과 떨어져 살면서 아들을 키웠지만 자식들을 모두 잘 키웠다. 장림의 아들은 건국대 부총장을 역임했다. 장림의 아들은 건국대 교수인 정규의 처조카 조성일에게 채용되어 박사가 되고 신임을 받아 결국 건국대 부총장까지 되었다. 장림의 나머지 아들들도 모두 박사학위를 가지고 있다. 이렇게 조상님들의 인연은 여러 세대가 지나도 계속 이어지는 것이다. 그것은 같은 혈통이 이어지기 때문이다. 정규의 7대조 동간의 동생 '동섭'은 형님 댁 종사를 위해 그의 5대 손이 내려가는 도중 두 번이나 그의 종손으로 절손 된 형님 댁을 위해 후사를 이어 주셨다. 가까운 형제들의 자손으로 후사를 잇는 경우는 흔하지만 이렇게 형님집안을 위해 본인의 맏아들과 그 이후 5대 종손을 다시 형님댁 후사를 잇게 하는 경우는 드물다.

정규의 가문은 조상님들의 형제간에 우애를 200년이 지나도록 지켜주는 아름다운 숭조의 가풍을 보여 주고 있다.

이 이야기를 이렇게 상세하게 기술하는 것은 비록 족보에 대한 이야기만은 아니기 때문이다. 정규네 집안이 홍화리에 뿌리를 두고 있고 홍화리라는 택호가 불리게 연유를 이해할 수 있기 때문이다. 장림이라는 먼 친척의 삶을 정규네 집안의 삶으로 연결하면서 조상님들이 주고받은 삶의 빚을 몇 대가 지난 다음에 서로 갚게 되는 인연으로 다시 이어지고 있다. 조상님들의 음덕으로 세월이 지나도 후손들은 계속 삶이 이어짐을 잊지 말아야 할 것이다.

나. 고조부까지 4대 비문을 세워 마지막 효도를 다하다

종손 정규가 선대 4대의 조상님들의 비문을 설치한 것은 효의 마지막 실천이었다. 더구나 이 글을 통해 집안의 기록을 남기면서 정규의 고조부 봉현 부터 파주에서 살아오신 공덕을 기리고 추모하는 글을 남기는 것도 또한 더 큰 효의 실천이다.

돌아가신 부모를 비롯하여 선조에게 효를 다하는 것은 제사를 지내며 돌아가신 부모의 행적을 정리하여 세상에 전하는 일이다. 즉, 유고를 간행하고 묘비를 세우는 일이다. 망자는 기록으로 세상에 기억된다. 선대의 유고는 조상의 성정과 정신이 깃든 산물이다. 비록 돌아가신 후에라도 삼가 받들어 보존하여 후세에 전하는 것이 자손으로 효를 다하는 것이다. 그러나 조상들의 문집이나 유고를 내세울 만한 것이 없을 때는 선대의 행적을 정리하여 묘비를 세우는 일을 해야 한다.

조선시대 유학자 이황도 오랜 기간의 준비에도 불구하고 선대의 묘갈墓碣을 세우지 못하였다. 그리하여 죽음에 즈음하여 아들에게 남긴 유계에서 선세의 묘비를 세우지 못한 것을 종천지통終天之痛이라 말했다. 그래서 이황은 아들에게 반드시 묘갈을 세우도록 당부하였다. 조선 선조 때 성리학자인 의성김씨 김휴도 다음과 같은 유서를 남겼다. 김휴는 "묘비명과 묘지명은 조상을 드러내는 한가지 도道이다. 내가 이런 뜻을 모르는 것은 아니지만 게을러 시간을 끌다 선세의 언행을 아직도 초기草記하지 못하였으니 불효의 죄가 크다"고 하였다. 김휴는 조상의 행적을 보존하고 세상에 드러내는 일은 자손의 도리로 인식하였다. 종손 정규는 이십 여 년 전 아버지부터 고조부까지 4대의 비문을 세워 드렸다. 정규는 종손으로써 자신이 할 수 있는 마지막 효도를 다한 것이다.

이렇게 정규가 행한 효의 실천을 조선시대 그 유명한 이황, 김휴 같은 학자들도 실행하지 못하여 자식에게 유언으로 남긴 일이었다. 또한, 돌아가신 선대의 기록을 책으로 만든다는 것은 효 중에서도 최대의 효의 실천이라고 하였다. 이와 같이 아내 강숙康淑이 친정 조상님들의 삶의 기록을 정리하도록 나에게 요청하도록 한 것은 친정 가문의 조상님들께 최고의 효를 실천한 것이라 생각한다.

종손 정규는 서울에서 경농 유학을 할 때 아버지 문환과 어머니는 어려운 상황에서도 아들의 학비를 한 번도 제 날짜를 어기신 적이 없었다. 정규는 이러한 부모님의 노고에 대한 고마움을 항상 잊지 않고 살아 왔다.

그런데 미국으로 이민 간 정규의 막내 삼촌이신 장환이 종림이 돌아가시고 많은 시간이 지났지만 비석을 세워드리지 못한 것을 한탄하시면서 1,000달러를 장손인 정규에게 내 놓으셨다. 이러한 장환의 효성에 감동을 받은 정규는 조부 종림의 비석을 세우게 되면 반드시 작은 아버지 장환의 이름으로 비를 세우겠다고 마음먹고 있었다. 그래서 정규는 조부 종림의 비문을 세우게 되었을 때 작은 아버지 장환의 이름으로 비문을 세워 장환의 효심을 비문에 기록하였다.

정규는 외갓집은 외할아버지 형제들의 행실을 비추어 보면 진정한 유학자 집안이며 명문가문이 틀림없다고 하셨다. 정규는 이런 외갓집의 가풍을 어려서부터 진심으로 존경하며 성장였다. 정규의 어머니 공주이씨는 9대 종갓집 무남독녀였다. 정규의 외할아버지 후사는 둘째 외조부의 맏아들 '필인'으로 후사를 이으셨다. 정규의 외조부의 후사로 그의 조카가 종손이 되었지만 정규의 셋째 외조부가 사당을 모셔다 제사를 모셨다. 이것은 외조부와 바로 아래 동생이 돌아가시고 셋째 외조부가 살아있는 서열중에서 가장 빠른 사람이 조상을 모셔야 한다는 논리셨다. 왜냐하면 조상님들 중에는 셋째 외조부의 부모님도 포함되어 있어 후사를 이은 둘째 형님의 아들인 손자 보다는 살아 있는 셋째 아들이 모셔야 더 타당하다고 하시면서 돌아가실 때까지 그렇게 하셨다. 이렇게 외조부 6형제가 순서대로 한마디 불평 없이 책임을 다하는 것은 보통 가문에서는 찾아보기 어려운 효의 실행이었다. 조상을 어떤 마음으로 모셔야 하는지 몸소 실천으로 정규를 깨우쳐 주셨던 것이다.

정규의 외가 선조는 옹진수사 등 종2품의 벼슬을 하셨던 가문이다. 조상님들 명성 못지않게 외조부 형제들의 행실에서도 명문가의 가풍이 그대로 표출되었다. 그러한 외가의 가풍들을 보며 정규는 큰 감동을 받았고 정규도 조상을 위해 더 잘 해야 하겠다고 결심하게 되었다. "아! 나에게 이런 외가의 조상들이 계시구나!" 하고 정규는 큰 감동을 받았다. 그래서 정규는 조상님들 비문이라도 세워드리며 효도를 다하겠다는 결심을 하게 되었다. 이러한 결심을 정규가 하고 있었는데 미국의 막내 삼촌 장환의 효성스러운 천 달러가 정규가 비문을 세우도록 한 동기가 되었다.

종손 정규는 이러한 결심을 실행하기 위해 2002년도에 둘째 사위였던 나에게 통정대부 고조부 봉현에서 장조부 문환에 이르기까지 4대의 비문을 작성해 보라고 하시며 약간의 기록을 정리하여 건네주셨다. 비문은 1,000자 정도의 문장으로 작성하라고 하셨다.

당시에 나는 회사에서 위탁교육으로 서울대학교 경영대학에서 MBA과정을 공부하고 있었다. 다행히 방학 동안은 시간적 여유가 있었다. 그래서 그 시간을 이용하여 작성하려고 마음먹고 있었다. 둘째 사위였던 나는 장인어른의 당부가 너무나 간절하여 차마 거절할 수도 없었다. 장인어른은 이 비문을 작성해야 하는 이유를 설명하시면서 비문작성의 의지를 말씀하셨다. 막상 비문을 작성하려 하니 조상님들의 살아오신 기록이 너무나 없었다. 그래도 장인어른은 고조부 등 네 분 조상님에 대한 기록은 약간이나마 준비하고 있으셨다. 이 몇 단어 안 되는 기록이지만 그래도 핵심단어는 정리되어 있어서 비문을 작성하는 데 부족함이 없었다. 그런데 비문에 대하여 공부를 하고 보니 비문의 형태는 어느 정도 정형화되어 있었다. 그래서 여러 문헌을 살펴보니 비문의 내용은 달라도 일정한 형식이 있음을 알았다.

먼저 비문을 작성하기 위해 다른 집안의 비문을 200여 편 읽고 검토하여 분석해 보았다. 그리고 비문 하나에 천여 자를 완성하는데 여러날 밤을 새우며 작성하였다. 비문이란 돌에 새겨 대대로 이어지기 때문에 한 번 기록하면 고칠수가 없기 때문에 많은 고민이 되었다. 작성한 비문의 내용은 거칠고 조잡했지만 내 일생에서 가장 어려웠던 경험이었다.

이러한 노력에도 불구하고 비문을 작성해 놓고 읽어보면 읽을수록 마음에 들지 않았다. 그래서 어느 정도 완성하여 다시 처가 집안에서 다시 수정하고 다듬게 하여 다음해 한식날에 장인형제 7남매를 포함해 모든 가문이 선산에 모여 묘비 제막식을 하였다. 이러한 추억도 어느덧 이십년 전에 이야기다.

다시 장인어른이 100살을 4년 앞둔 신축년 정월부터 장인어른의 삶을 중심으로 처가 가문 200년의 기록을 작성하고 있다. 이번에도 또다시 장인어른의 요청을 거절하지 못하여 회고록을 작성하고 있다.

나는 이러한 글을 평생 써 보지 않아 서툴기 짝이 없지만 부모님들에 효도한다는 마음으로 무작정 시작하게 되었다. 어찌 생각하면 장인어른이 시키지 않아도 해야 될 일이었다고 생각한다. 장인어른이 사위에게 요청하고서야 마지못해 이글을 쓰게 되니 내가 자식 된 도리로 불효가 너무나 커서 몸 둘 바를 모르겠다. 그리고 처가 가문의 지나간 이야기의 주춧돌을 하나 둘 찾아가며 글을 지으려니 군데군데 여기저기 무리하게 표현 할 수밖에 없었다.

하지만 깨진 사기그릇 파편만 있어도 그릇은 분명히 있었던 것이고, 무너진 집터에 주춧돌과 기와 파편 몇 조각만 있어도 집은 분명히 있었음을 의심 할 바가 없다. 그래서 나는 이러한 처가의 삶의 흔적들을 이어서 이글을 완성해 나가고 있다. "무식이 곧 용감함이다"라는 말이 있듯이 단지 용기만 갖고 한 장 한 장 채워가고 있다. 분명한 것은 종손 정규의 삶을 각색하거나 가문에 없는 내용을 만들어서 작성한 내용은 없다. 이 책은 남들에게 보이기 위한 책이 아니라 후손들에게 선조들의 삶의 흔적을 알리고자 하는 것이기에 가장 정직한 글로 표현될 때 많은 교훈이 되리라 믿기 때문이다. 가장 훌륭한 글은 쉽고, 단순하고 정직한 글이라야 생명력있고 힘이 있을 것으로 믿는다.

내가 처가 집안의 기록을 남기게 된 것도 깊은 인연이 있는 것 같다. 정규의 고조부 봉현이 장산리에 처음 와서 정착한 곳도 경주김씨 묘막에서 시작하셨다. 다른 사람들은 그 묘막에서 사람이 죽어 흉가라고 들어가 살기를 꺼려하였다. 하지만 봉현은 그 흉가에서 일어나 파주에서 터전을 잡으셨다. 이렇게 장산리에 정착하신 봉현, 승순, 종림의 비문을 이십 년 전에 경주 김가인 내가 비문을 작성하게 된 인연이 이어졌다.

비문은 단순히 글만 쓴다고 되는 게 아니다. 그 분들의 삶에 깊숙이 들어가야만 가능했다. 이런 인연으로 다시 장인 정규의 조상님들이 이 종손 정규의 사위인 나를 이 글을 쓰도록 인도하신 것 같다. 더구나 정규의 큰댁 후사를 이은 철림도 동섭東燮의 5대 종손이다. 정규의 6대조 '득겸'도 '동섭'의 맏아들이다. 그러므로 종손 정규도 실제 7대조는 '동섭'이지만 그의 맏아들 '득겸'을 형님인 '동간'의 후사를 잇도록 하여 '동간'의 7대손이 된 것이다. 우연의 일치지만 나와

〈종림의 비문 설립을 위해 천 달러를 내놓은 장환의 가족들〉

〈통정대부 봉현의 비문〉

〈비문을 설치한 후 문환의 묘소에 제사지내는 정규의 형제들〉

〈통정대부 등 4대 조상님 비문을 세우고 승순의 묘소에서 후손들 기념촬영〉

이름이 한자까지 똑같다. 이 글을 쓰면서 알게되었지만 참으로 묘한 인연이 나와 이어져 있다는 생각을 떨쳐 버릴 수 없다. 사람이 살아가면서 어떤 결과도 우연은 없는 것 같다. 내가 이글을 쓰게 된 것도 필연적일 것이라는 생각이 든다.

정규의 고조부와 아버지 문환이 묻힌 선산은 조부 종림이 구입하여 마련한 산이다. 정규의 조부 종림의 효와 정성이 깃 들인 오현리 선산은 군부대 사격장으로 선정되어 하는 수없이 그곳에 모신지 100년 된 고조부 통정대부와 아버지 문환의 합장묘를 마정으로 이전 할 수밖에 없었다.

국가는 정규의 선산을 강제로 매입하여 사용하기 위하여 정규 가문의 애로사항을 들어주지 않았다. 종손 정규는 선산에 편안하게 잠들어 계신 조상님들의 묘를 옮겨야 하는 것을 막아 보려고 몇 년을 국방부와 씨름하며 막으려 하였지만 국가의 정책을 바꿀 수 없었다.

정규는 할아버지 종림이 장만하여 후손에게 남겨준 선산을 지키지도 못하여 많은 자책도 하였다. 결국 정규는 국방부의 정책에 따라 오현리 선산에 모셔진 조상님들의 묘를 이장을 할 수밖에 없었다. 오현리 선산에는 정규의 고조부와 고조모, 아버지 문환과 어머니 공주이씨가 모셔져 있었다. 전국적으로 매도하는 임야를 검토하여 이장을 하려고 해도 선산으로 마땅한 땅을 구할 수 없었다. 더구나 오현리 선산을 국방부 사격장으로 국가에서 수용을 하면서 시세에 비하여 터무니없는 낮은 공시가격으로 책정하여 그 돈으로 대토를 하는 것은 사실상 불가능 하였다. 그야말로 명당인 선산을 국가에 싼 값에 그저 빼앗기고 만 형국이었다. 이번 일도 국가가 하는 일이라 어쩔 수 없다고 하지만 정규에게 있어 국가는 평생 여러 번의 고통을 안겨주었다.

정규의 집안에서는 고조부 통정대부가 모셔진 오현리 선산은 명당이라고 믿고 있었던 선산이기 때문에 이묘를 하려니 더욱 안타까웠다. 오현리 선산은 정규의 조부 종림이 1912년도에 통정대부가 돌아가셨을 때 장만하셨다. 당시에 종림은 그의 조부 봉현의 장례를 100일장으로 치르시며 유명한 지관으로 하여금 파주 주변의 땅을 고르고 골라 최고의 길지를 구입해 모셨던 것이다. 더구나 종림은 통정대부를 그곳에 모시고 아버지를 대신하여 3년 시묘살이까지 하시며 효도를 다하셨던 선산이다.

선산은 땅이 확보되었다 하더라도 아무 곳이나 이묘가 가능한 것은 아니었다. 그래서 하는 수 없이 고조부와 아버지의 묘소를 옛날 마정 집 뒤 선산으로 이장을 하였다.

마정 선산에는 정규의 조부 종림과 증조부 승순의 합장묘가 모셔져 있었다. 정규는 마정 선산이 북향으로 있어서 따뜻하고 양지바른 곳에 모셔져 있던 고조부모님과 부모님을 마정 선산으로 모시게 되어 마음이 아프고 송구하였다. 하지만 마정 선산도 북향이지만 상당한 명당이라고 하는 곳이다. 이러한 연유들로 마정 선산에는 정규의 고조부에서 아버지 문환과 작은 아버님 등 모두 내외분을 합장으로 모시게 되었다.

오현리에서 이묘한 정규의 고조부, 아버지와 작은 아버지 명환은 증조부 승순의 묘의 지절에 평장으로 모셨다. 고조부 봉현은 오래된 묘라서 이장할 수가 없어서 화장으로 모시게 되어 너무나 안타까웠다. 아버지 문환과 어머니는 그냥 이장 하였다. 증조부 승순의 묘 지절에 할아버지 봉현과 아들인 문환, 명환의 묘를 끌어 앉고 있으신 형국이 되었다. 증조부 승순은 생전에도 집안을 위해 아버지 봉현에게 평생을 받들며 효도로 모셨는데 돌아가신 영혼이 되어서도 부모님을 가슴에 앉고 있는 형국으로 되었다.

마정리 뒷산에는 100년 전에 마은골에서 대가족을 이루며 함께 사셨던 4대가 돌아가신 후에 영혼이 되어서도 다시 한 곳에 모이신 것이다. 정규의 조상님들은 살아생전에 인연이 돌아가신 후에도 다시 이어지신 것이다. 돌아가신 영혼이지만 4대가 함께 계시니 후손의 입장에서도 참으로 다행이란 생각도 된다.

이렇게 돌아가신 후에 이어지는 인연도 살아생전에 인연이 깊지 않았다면 사람의 노력으로는 이루어 질 수는 없다고 한다.

마정리 옛집 뒤 선산은 정규네 집안의 소종산小宗山이 된 것이다. 후손들이 앞으로 조상님들의 묘를 관리하는 편에서도 매우 바람직하게 되었다. 지금부터 120년 전 정규의 고조부 통정대부 봉현이 장산리에서 마은골로 옮기시며 살아 가셨던 파주 임진면의 땅의 가치는 미래에 반드시 부활할 것으로 믿는다. 더구나 마정리 종산은 2차선 포장도로가 인접해 있으니 미래에 후손들이 선산을 찾기도 매우 수월한 곳에 위치해있다.

인생 백 세를 건강하게 살 수 있는 것은 조상님들의 음덕을 받지 않고는 불가능하다고 생각한다. 종손 정규는 금년으로 인생 백 세를 4년 남겨두고 있다. 다산 정약용이나 사성史聖 사마천이 오래 살아남아 있었기에 불후의 명작들을 남길 수 있었다. 종손 정규도 건강하게 장수를 한 덕분에 선산도 정비하고, 비문도 설립하고 파주의 200년 가문의 기록도 남길 수 있는 것이다. 궁궐을 지을 때 처음에는 집을 건축한 대목의 이름이 남지만 세월이 지나면 주관한 사람의 이름만 남는다. 이 글도 마찬가지다. 세월이 지난 다음에는 이 글을 쓰도록 한 종손 정규의 효심만 남을 것이다.

종손 정규에게 있어 마정리 선산은 그저 평범한 산이 아니다. 이 선산에는 정규의 가문에 모든 애환이 담겨져 있다.

정규의 고조부 봉현은 무슨 일 때문인지 알 수는 없으나 오랜 세월을 방황으로 보내시다 파주 장산리에 정착 하셨다. 고조부에게 무슨 아픈 사연이 있으셨는지 전해오는 이야기는 없으나 한 곳에 정착하여 사시지 못하는 깊은 사연이 있었던 것만은 틀림없는 것 같다.

통정대부 봉현의 방랑생활의 이유를 증조부 승순이나 조부 종림은 아시고 있었겠지만 후손에게 전하여지지 않는다. 그렇게 70년을 거처 없이 방랑으로 보내시다가 봉현이 정착한 곳이 파주 임진강변 장산리였다. 조선시대에는 방랑으로 일가를 이룬 몇몇 사람들이 있다. 대표적인 사람이 고산자 김정호 와 청담 이중환이다. 고산자는 방랑으로 대동여지도를 만들었고 청담은 「택리지」라는 당대의 베스트셀러를 남겼다.

정규의 고조부 봉현은 이러한 방랑의 결과물은 남기지 않았지만 삶의 내공은 상당히 기르신 것으로 판단된다. 왜냐하면 봉현은 70년을 방랑으로 세월을 보냈지만 장산리에 정착하시어 마은골로 옮겨 사시면서 남은 인생 14년 동안에 가세도 일으키셨고, 통정대부 당상관의 직첩도 받으셨기 때문이다. 보통사람들이 평생을 노력해도 어려운 일을 고조부 봉현은 14년 만에 이루신 것이다. 당시에는 70년을 사는 것도 어려운 일이었다. 그런데 고조부는 70년을 느긋하게 방랑으로 보내시고 삶의 마지막 단계인 14년 동안 집중하여 자신의 뜻을 이루셨다. 후손의 입장에서는 정규의 고조부 봉현의 삶을 별 관심 없이 볼 수도 있다. 하지만 통정대부 봉현의 삶은 특별한 삶이었다. 통정대부의 삶을 보면 서울대 윤석철 교수의 『삶의 정도』에서 제시하는 '사이클로이드 곡선의 지혜'를 생각하게 한다. 사이클로이드 곡선의 지혜는 전반기에는 수단매체_{운동에너지}를 형성하고 축적하여 후반기에 그것을 발산하는 전략이다. 그는 이러한 현상을 '우회축적迂廻蓄積, roundabout accumulation'이라고 하였다. 삶에서는 우회축적의 전반기 동안에는 우회축적을 안 하는 경우보다 더 많은 고생을 감수하게 된다. 즉 미래를 위해서 오늘 무엇을 희생하지 않는 삶에는 미래의 발전이란 있을 수 없다.

정규의 고조부 봉현은 우회축적에 성공하기 위해 다음의 3가지 필요조건을 충족시켰다. 첫째 목적을 분명히 정립하였는데 통정대부의 목적은 한미한 가문을 반듯한 양반 사대부 가문으로 만드는 것이었다. 두 번째 필요조건은 정립한 목적 달성에 필요한 수단매체가 정해져야 하는데 봉현은 그것을 적절한 부를 확보하기 위한 「택리지」에서 제시하는 좋은 조건을 갖춘 땅을 찾는 것이었다. 또한 주변에 수백 년 된 명문가문과 혈연관계를 맺어 사회적 인프라를 확보하였다. 그리고 사대부로 회복을 위해서는 학문을 하는 데도 게을리하지 않았다. 통정대부 봉현은 원대한 목표를 위해 확고한 신념과 의지를 가진 가문의 가풍을 유지하고 있었다. 그러한 조건을 갖춘 봉현은 장산리에 정착하자 14년 만에 '우회축적'의 지혜를 발산하신 것이다.

정규의 조부 종림이 봉현을 위해 시묘살이까지 하며 효도를 다하셨다. 종림은 조부의 70년 방랑의 삶에서 15년을 함께 방랑하며 배고픔의 설음을 함께 하신분이다. 그런데 종림은 할아버지에 대한 원망보다는 존경과 지극한 효를 행하신 것으로 미루어 고조부 봉현을 간접적이나마 평가를 할 수 있을 것 같다. 더구나 고조부 봉현의 장인인 진사 황억도 사위의 인품에 대하여 높이 평가하였고 만족해 하셨다는 얘기가 전해온다.

이러한 결과로 보았을 때 고조부 봉현의 70년 방랑은 삶의 내공을 갖추기 위한 과정이었다고 판단된다. 이러한 가문의 정신을 이어받은 조부 종림은 가세의 확장과 가문의 틀을 안정화 시키는데 많은 노력을 하셨다. 빈손으로 장산리에 들어와 농사로 부를 이루고 급기야는 아버지 승순과 힘을 합해 고조부를 추증하여 정3품의 통정대부 직첩을 받아 당당한 양반 가문으로 복귀하였다. 통정대부 봉현이 돌아가시자 100일장으로 치르면서 양반가의 효도의 모범을 보이셨으며 양반 가문의 위상을 단단히 하셨다.

마정리 선산은 정규의 조부 종림의 의지와 숨결이 함께하는 산이다. 후손들은 이러한 조부 종림의 피와 땀이 배어 있는 마정리 선산에 깃들여 있는 의미를 후손들이 잊지 않고 기억해야 하겠다.

6. 종손의 책무를 소명으로 여기다

가. 종손의 역할과 자신의 꿈 사이에 방황

조선시대 일반적인 종손은 문중을 대표하고 문회門會를 통솔하며, 문중의 중요행사나 업무의 결정권을 갖고 있었다. 종손은 대외적으로 문중을 대표하는일, 문중 고유재산의 최고관리자로서의 임무, 제사 때 초헌관의 구실, 종가 사람들의 사회적 행위를 통제하는 구실, 그리고 문회의 의결사항들을 최종결정하는구실을 혼자 수행하였다.

그리고 종손은 시조 혹은 중시조의 가계와 가통을 잇고 조상의 제사를 모실책임을 지고 있었다. 오늘날에 이르러 민주화, 도시화, 산업화의 영향으로 종손의 사회적 지위는 급격히 떨어졌으나, 관습의 영향으로 종손의 책임과 구실은그대로 지속되고 있다.

따라서 종손은 문중을 유지하고 이끌어가는 데 어려움을 겪고 있으며, 지손들에게는 비난과 문책을 받기가 일쑤이다. 종손 정규는 고조부의 5세 종손이므로 소종이라고 할 수 있다. 종손 정규의 어려움은 전통적인 종손의 권한과 지위는 없고 관습적인 책임만 있기 때문에 어려운 것이다.

종손 정규는 장남이자 종손이라는 책임감 때문에 방황하는 삶이 여러 번 있었다. 종손 정규에게 이러한 장자의 역할과 종손이라는 책임감을 심각하게 고민한 것은 정규가 서울에 유학중인 경농 1학년 때이다.

이때가 정규가 나이 15세 때이다. 지금은 이 정도 나이면 어리다고 하겠지만 정규가 자라던 시대는 많은 것을 책임져야 할 나이였다. 무엇보다 갑작스런 어머님의 열차사고 이다.

그러자 당장 집안 살림이 문제가 되었다. 모든 집안 살림을 책임지고 있으시던 어머님을 대신하여 줄 사람이 없었다. 물론 누나와 여동생은 있었지만 어머니의 역할을 대신 할 수는 없었다. 다행히 어머니는 절단된 발의 치료도 잘 되었다. 그리고 사고 당시 어머니 배속에 있던 막내 동생 석규도 정상적으로 태어났다. 이 때 집안에서는 맏아들인 정규가 빨리 결혼하여 며느리가 들어와 어머니의 역할을 대신하기를 바랐다. 정규에게 하루속히 결혼하여 가정을 안정시켜 주기를 원했다. 장자인 정규는 이때에 많은 고심을 하였다.

집안의 어려움을 생각하면 집안 어른들의 말씀에 따라야 하지만 학칙에는 재학 중 결혼은 허용되지 않았다. 물론, 소문내지 않고 결혼하는 방법은 있었다. 그래서 학교 몰래 맞선을 보았고 그 것이 문제가 되어 학교에서 문제를 삼았으나 친구의 협조로 선생님을 속이고 위기에서 모면하여 퇴학은 면하였다. 가까스로 무마는 되었지만 어린 정규는 마음에 큰 상처를 받았다. 이러지도 저러지도 못하는 정규는 자신이 장남이자 종손이라는 책임감으로 자신의 역할을 생각하는 계기가 되었다.

두 번째는 6.25전쟁 후 군대에서 제대 후 복직과정에서 파주 임진면에 복직이 불가능하고 강원도 홍천에서 복직이 가능하다는 것을 알고 고민하였다. 이 때에도 정규는 종손이나 장자의 위치가 파주 마정을 떠나서 복직하는 것을 수용할 수 없게 하였다. 정규는 어머님의 불편한 몸으로 별도의 살림을 하시기 어렵기 때문에 부모님을 떠나서 따로 살림을 할 수 없었다. 그래서 여러 가지 정황상 경기도 기수 직을 버리고 고향 임진면의 임시면서기를 선택할 수밖에 없었다.

부모님을 모시지 않았다면 강원도에 가서 근무 몇 년을 하고 있으면 또 다른 대안이 있었을 것이다. 결국 정규는 경기도 검사원 기수 등급을 포기하고 어쩔 수 없어 임진면의 임시 면서기를 하게 된 것이다. 가뜩이나 동기부여도 안 되어 업무의 열정보다는 생계를 위해 하는 수 없이 하고 있는 일인데 많은 업무가 계속 가중되고 있었다.

당시에 병사업무를 하는 데는 병무기피를 위해 서류조작을 강요받기 일 수였다. 그런데다 서류조작에 비협조적이라고 각종 위협까지 받게 되었다. 결국 종손 정규는 그 임시면서기 자리마저 버리고 말았다. 종손 정규가 살아오면서 중요한 결정을 할 때면 항상 장남과 종손이라는 자신의 위치가 마음을 결정하는데 중요한 자리를 차지하고 있었다.

조부 종림은 아들 문환이 종손과 장남의 역할을 소홀히 할까 염려하여 신학문을 공부하는 것을 꺼리하여 결국 학업의 길을 포기하게 할 정도였다. 종손 정규의 아버지 문환은 조부 종림 같이 아들에게 공부하는 것을 막지는 않았지만 장남과 종손의 역할을 충실히 해 주기를 바라는 것은 조부와 다르지 않았다. 그러므로 종손 정규가 중요한 의사결정을 할 때면 항상 자신의 처지가 종손이나 장남이라는 것이 의사결정에 우선을 차지하고 있었다.

조부 종림 같이 아버지 문환도 정규에게 집안의 살림을 정규가 결혼하여 가정을 이루자 일임하셨다. 정규가 가정을 이루고 성인이 되었다고 하지만 20살이었다. 정규의 아버지가 아들에게 집안의 대소사를 내 맡기고 의사결정을 하도록 하신 아버지의 믿음은 고마운 일이지만 어린 정규에게는 큰 부담으로 작용하였다.

새로운 일을 계획하거나 결정하기에 앞서 집안에서 정규의 처지를 감안할 때 망설여지고 과감한 도전보다는 안정을 우선으로 하는 소극적 자세가 되곤 하였다. 종중의 일이거나 집안의 대소사에도 정규가 집안을 대표해서 활동해야만 했다.

항상 책임이 무거우면 모든 일에 신중할 수밖에 없다. 더구나 정규는 정확한 것을 좋아하고 소심한 성격이었다. 이러한 정규의 성격이 형성된 이유는 종손이라는 무게감 때문에 신중을 기할 수밖에 없었고 그것이 성격이 되어 버렸다. 정규가 삼오상회를 운영할 당시에 아버지 문환이 방앗간 일을 도우시다가 벨트사고로 중상을 입으셨다.

아버지 문환은 다행히 치료의 경과가 좋아서 치료는 잘 되었으나 후유증 등으로 더 이상 아들의 살림을 적극적으로 도울 수 없게 되었다. 종손의 위치는 모든 대소사를 혼자서 결정하여 처리해야 하는 외롭고 고독한 자리였다.

종손 정규는 마음에 있는 것을 툭 터놓고 아버지는 물론, 아들 윤종과 대화는 것을 하지 못하는 습관이 있다. 어려서부터 집안 대소사를 책임 맡아 혼자서 생각하여 결정하던 것이 습관이 된 것 같다. 아버지 문환도 아들에게 모든 것을 맡긴 이상 대부분 아들의 결정에 따르셨기 때문이다.

이렇게 대화 없이 정규가 단독으로 생각하고 처리하다가 잘못하여 어려움을 겪은 일들이 하나 둘이 아니다. 집안의 일들을 진행함에 있어 혼자 결정하는 습관이 많은 시행착오를 겪었다. 그리고 그러한 결과는 많은 금전적 손실로 이어지곤 했다. 정규가 현명한 아버지와 합리적인 아들 윤종과 3대가 생각을 잘 융합하여 조화롭게 모든 일을 처리하였다면 "더 발전된 종가를 만들었지 않았을까?" 하는 아쉬움이 남는다.

종손과 장남의 자리는 외로운 위치지만 모든 것을 독단으로 처리해도 되는 것은 아니다. 결국 잘못된 결정은 가문의 피해로 이어지기 때문이다. 이렇게 아버지와 아들 간에 합리적인 대화가 없이 외통으로 이루어져 시행착오를 겪었던 사례들을 교훈삼아 집안의 모든 일들은 충분한 소통이 되는 가문으로 거듭나야만 하겠다.

집안의 모든 일을 가족들과 충분히 대화하며 소통하고 나서 신중하게 결정하는 것보다 합리적인 대안은 없다. 일본에는 "세 사람이 모이면 문수보살의 지혜"라는 속담이 있듯이 우둔한 사람도 셋이 모이면 좋은 지혜를 얻을 수 있다는 얘기다.

종손 정규가 종손의 위치에서 혼자 고민하지 말고 아버지 문환과, 동생들 그리고 아들 윤종과 상의하여 최선의 방안을 찾았다면 두 갈래 길 위에서 항상 방황하지 않아도 되었을 것이다. 실타래처럼 꼬여 있어 어려운 인생도 항상 푸는 길은 있었다. 그래서 성공하는 사람은 바쁜 속에서도 모든 것을 이루는 것이다. 그것은 바로 허심탄회한 대화와 깊은 생각 속에 있다.

이제부터라도 정규는 아들 윤종 등 가족들과 많은 대화를 나누어야 한다. 또한 지나간 삶속에 남아 있는 갈등과 오해가 있다면 충분한 대화를 통해 풀어야 한다. 사람의 마음을 푸는 방법 중에 대화만한 수단은 없다. 정규가 자신의 꿈과 종손의 위치에서 방황하며 꿈을 향한 도전의 열정이 점점 작아져 갔다고 하지만, 집안을 위해 본인의 욕망을 절제하는 것은 더 훌륭한 행동이라 생각한다.

나. 종손의 가장 중요한 역할은 봉제사와 선산관리

(1) 선산관리

선산은 분묘와 이에 부속된 임야를 합친 것으로서 분묘의 기지를 제외한 임야에서 나오는 수익이 묘제나 묘의관리 등을 위하여 쓰일 때는 위토의 일종이 된다. 제사비용과 묘지관리비는 주로 선산의 위토에서 나오는 수익으로 지출되었다. 또 선산의 관리를 위하여 묘지기를 두었다. 종손 정규의 집안은 고조부 봉현이 파주에 정착한 이후 마련한 모든 선산과 위토는 조부 종림께서 구입하셨다. 종부 종림께서는 가세가 어느 정도 안정되자 마정 선산은 물론이고 오현리 선산과 위토 그리고 벽제 사리현 큰댁의 선산과 위토까지 마련하셨다. 벽제 선산은 큰댁으로 양자 온 큰댁의 철림의 생가인 홍화리 조상님인 동섭 할아버지와 정규의 큰댁 묘소를 위한 선산과 위토였다. 정규의 조부 종림은 벽제 큰댁 조상님들의 묘소의 관리를 위해서도 선산을 구입하여 큰댁에 드렸다. 결국 주현 할아버지의 3대손으로 양자 온 철림의 생가 선조들에 대한 봉제사를 위한 선산과 위토도 구입하여 대대손손 제사가 이어지도록 하셨다.

벽제 선산의 묘답은 정규의 조부인 종림이 구입하여 큰댁으로 양자 온 철림의 자손들이 사용토록 하였다. 정규의 조부 종림은 벽제의 큰댁 선산 묘답은 '산소에 제사를 지내고 묘를 관리하는 비용을 마련하기 위해 경작하던 논'으로 묘지기를 두고 관리하였다. 벽제에는 선산은 큰집의 명의로 하였고 위토는 정규네 명의로 되어 있었다.

정규의 아버지 문환이 방앗간 벨트에 걸려 크게 다치신 사고로 병원에 입원하여 치료를 받으시느라 모두들 정신이 없었다. 그러던 어느 날 벽제 선산 옆에 있던 세종화학에서 급히 연락이 왔다. 그래서 정규가 세종화학의 관련자를 만나 보았더니 그 사람은 세종화학과 인접하여 있는 정규네 묘답을 값은 얼마가 되더라도 팔라고 하였다. 왜냐하면 세종화학의 설비를 증설하기 위해서는 인접해 있는 정규의 묘답이 반드시 필요하다고 하는 것이다. 그래서 정규는 "선산의 묘답은 값을 많이 준다고 하여 팔 수 있는 땅이 아니다"고 하였다. 그랬더니 세종화학도 땅은 있지만 다른 곳은 개발제한구역에 있고 정규네 묘답만이 그들의 공장 확장에 가능하니 위토를 팔라고 간청하였다. 그래서 세종화학 측은 묘답은 을 다른 곳에 정하시고 꼭 땅을 자기들에게 팔라고 계속 졸라 댔다. 옆에서 그러한 상황을 알아차린 묘답지기는 약삭빠르게 정규에게 말했다. "우리가 3대 동안 이 농토를 관리했습니다." 그러니 자기들이 이 땅에 대하여 권리를 주장할 수 있다고 하였다. 즉, 토지개혁 때 종토가 아니었으면 우리 땅인데 이렇게 팔아야 한다면 자기들에게 권한을 주어야 한다고 주장 하였다. 묘답지기는 이곳의 땅값의 시세가 평당 3만 원이니 평당 3만 원씩 쳐서 땅값을 찾아가게 할 수 있지만 그 이상은 안 된다고 하면서 권리주장을 하였다. 묘답지기는 자기네들이 이 땅을 3대 동안 관리하고 사용했으니 자기네 땅이나 다름없다고 하면서 버티고 있었다. 그 당시 정규가 잘 아는 송달영군수가 토지개혁에 대한 지식이 많고 그 분야에 권위자여서 이러한 상황에 대하여 문의 하였더니 법이 그러하니 묘답지기의 주장을 어떻게 할 도리가 없다고 하였다. 하는 수 없어 정규는 묘지기의 제안을 따를 수밖에 없었다.

그때가 하필이면 정규의 아버지 문환이 방앗간 벨트에 큰 사고를 당해 경황이 없는 상황이라서 깊게 생각하지 못하고 묘답지기의 의견을 수용하고 말았다. 묘답지기들은 농사를 짓고 사는 사람이라서 묘답의 크기만큼 농토를 주변에 장만하여 그에게 주고 세종화학이 제시하는 금액으로 팔아서 대토를 하였으면 기존의 종토 이상 되는 토지를 마련 할 수 있었을 것이다. 그렇다면 묘답지기도 농사짓는 땅 크기만큼 주었다면 반대할 명분이 없었으므로 순순히 땅을 내어 주었을 것이다.

당시에 시세보다 몇 배의 땅 값을 쳐주었기 때문에 종토 보다 넓은 땅을 구입하고도 큰돈을 받아 가세에 보탬을 줄 수 있는 기회를 놓쳤다.

당시에 아버지 문환의 불행한 사고는 있었지만 조상님께서 또 다른 좋은 기회를 주셨는데도 상황에 대한 대처를 잘못하여 두고두고 아쉬움을 남겼다. 그 땅은 조부 종림께서 피와 땀으로 이룩하신 묘답이었다.

이렇게 좋은 기회를 활용하지 못하고 묘답을 팔고 말았지만 선산은 그대로 남아 있었다. 이 벽제 사리현리 선산도 정규의 종림 할아버지가 구입하신 땅이다. 그런데 조부 종림의 큰집으로 양자 온 철림의 후손들이 사업을 하다가 실패하여 그 선산을 팔아서 없애고 말았다. 정규의 큰댁 철림의 후손인 '상규'가 사업을 한다고 벽제 선산을 담보로 하여 그 돈으로 사업을 하다가 실패하여 선산이 넘어간 것이다.

결국 벽제 사리현에 큰댁 조상님들을 위하여 정규의 조부 종림께서 구입하여 봉제사의 안정을 기하여 놓으셨으나 3대만에 모두 물거품으로 만든 것이다. 정규의 큰 댁 상규는 벽제에 모셔진 모든 조상님들 묘를 파서 발안에 있는 자기의 친구 선산으로 옮긴다고 하며 모셔갔다. 조부 종림이 갖은 고생을 하시며 구입하여 드린 것인데 이러한 상황이 되고보니 속이 상하여 정규는 발안에 까지 갈 의지가 없었다. 정규의 7대조 '동섭' 등 6대가 모셔졌던 선산은 이렇게 없어지고 말았다. 어느 집안 없이 종토나 선산을 장손 개인의 명의로 되어 있는 집안은 결국 없어지게 되어있다. 만약 이러한 권리를 정규의 조부께서 큰댁과 정규네 집안이 공동 소유로 하셨다면 지금까지 존속하였을 것이다. 종손 정규는 조부 종림의 피와 땀으로 이룬 효도를 자손들이 허망하게 만들어 버린 결과가 참으로 원망스럽게 생각하고 있다. 사리현은 전주이씨들이 많이 모여서 사셨던 곳이다. 정규의 집안도 고조부 봉현은 물론이고 고조부 이전에 조상님들이 대대로 사셨던 곳이다. 고양 사리현에 선산과 위토가 없어지고 묘까지 없어지고 말았으니 정규의 선조들이 그곳에 터전을 잡고 사셨다는 것을 이제는 기억조차 하지 못할 것이다. 한양에서 사는 게 멀어지면 멀어지는 거리에 비례하여 가문의 영화도 줄어든 다고 한다. 종손 정규의 조상님들도 300년 이상 한양에서 사셨다. 그러다가 왕실 종친에서 제외되고 벼슬의 직급이 낮아지며 점점 한미해져 한양에서 멀어지게 되었다.

그렇지만 경기도 고양 사리현은 파주 보다는 모든 입지 조건이 좋았던 곳이다. 정규의 고조부 봉현이 홍화리에서 사리현으로 가시어 정착하지 않고 파주 마정 장산리에 정착하신 것은 미래를 위한 선택이셨다.

정규의 고조부 봉현을 모셨던 오현리 선산의 묘답관리에도 '에피소드'가 있다. 정규의 처남이 부면장으로 있어서 오현리에 종림의 위토를 아버지 문환으로 회복등기를 해 달라고 처남에게 부탁하였다. 정규의 처남이 당시에 토지대장을 조회하니 '종림'이라는 이름이 있어 즉시 회복등기를 만들었다. 그리고 30년 정도 시간이 지났다. 어느 날 한 군인 상사가 정규를 찾아 왔다. 그는 정규네 오현리 위토를 군영지로 징발하는 문제로 찾아 왔다고 하였다. 그 군인은 이번에 정규의 위토를 징발하는 업무를 책임 맡았는데 무사히 수행하지 못하면 원사 진급에 누락되어 제대를 해야 한다고 하였다. 그 상사는 자기가 제대하면 자기의 자식들은 먹고 살 길이 없다고 하면서 애걸복걸 하였다.

그래서 정규는 상사에게 위토位土는 함부로 팔수도 없지만 군영지로 징발하는 데 "땅값을 평당 얼마씩 주려고 하느냐?"고 물었다. 그는 오현리 위토 지가 고시가 '평당 오천 원'이라고 하였다.

그래서 정규는 그에게 "조상의 위토라서 팔지도 않지만 평당 오천 원짜리 땅이 지금 어디에 있느냐?" 고 하면서 그 값으로는 도저히 대토를 할 수 없다면서 응하지 않았다.

그 상사는 "위토의 공시지가가 평당 오천 원으로 책정되어 있어 자기네들은 가격을 조정할 수 없다"고 하였다. 그러니 "공시지가 대로만 지급하게 되어 있다"고 하였다.

그래서 정규는 대꾸도 하지 않았다. 그런데 그는 끝없이 찾아와 졸라댔다. 종손 정규는 버티다가 하는 수 없어 승낙을 하게 되었다. 그런데 보상을 받으려고 서류를 확인해 보니 등기서류가 없었다. 누군가 벌써 그 땅을 매매하여 군부대에서 보상을 받아갔다. 그래서 정규는 다시 확인해 보니까 그 보상받은 사람은 자기가 살림날 때 분재한 땅이라 하였다. 그는 자기 것이라서 보상을 받고 팔았다는 것이다. 알고보니 그 땅 주인은 경주이씨 '이종림'이었다. 그래서 그 땅을 다시 확인해보니 지금까지 '이종림'의 땅을 모르고 정규가 이중으로 가지고 있었던 것이었다. 30년 전에 정규의 처남에게 회복등기를 부탁했었는데, 처남이 정확하게 확인하지 않고 이름이 같은 경주이씨 이종림의 땅을 정규네 땅으로 회복등기로 만들어 놓았던 것이다. 그래서 정규의 진짜 땅을 찾아보니 그 때까지 미등기로 되어 있었다. 그러니 정규는 경주이씨 '이종림'에게 할 말이 없었다. 지금까지 정규네 땅이라고 생각하고 30년간 관리하였던 땅은 경주이씨 이종림의 땅이 틀림없었다. 그래서 정규는 그에게 미안한 마음에 정중하게 사과를 하였다.

그래서 조부 종림의 미등기 토지를 다시 손자인 정규의 명의로 회복등기를 하려니 정규의 아버지 문환이 돌아가신 후라서 문환의 자손 모두의 동의를 얻어야 했다. 정규의 형제 3남 4녀를 동의하는 것은 문제가 되지 않았다. 그런데 형제 중에 이미 사망한 경우는 또 그의 자식들까지 모두 동의를 얻어야만 가능했다. 먼저 사망한 큰 매부의 자녀 중에는 입양한 딸이 있었는데 그 것이 문제가 되었다. 그 입양한 딸은 우연한 인연으로 대수롭지 않게 맺어진 관계였다. 정규의 큰 매부는 미군 부대가 있는 문산읍 선유리에 살고 있었다. 당시 선유리에는 미군부대 기지촌 여자들이 많았는데 정규의 큰매부 집에도 세 들어 사는 미군 기지촌 여자가 있었다. 그런데 그 여자는 미군과의 사이에 딸이 하나 있었다. 그 딸의 아버지는 주한 미군으로 파견되어 근무하던 군인이어서 미국으로 돌아가고 없으니 출생신고를 할 수가 없었다. 세 들어 살 던 기지촌 여자는 그 아이의 출생신고를 하려하나 할 수 없으니 정규의 매부 딸로 출생신고를 할 수 있게 해 달라고 사정을 하였다. 마음씨가 착한 정규의 매부는 허락을 하여 그 아이를 호적에 올렸다. 그런데 얼마 간 세월이 흐른 후에 기지촌 여자의 딸은 미국으로 입양을 가고 소식이 끊어졌다. 그런데 정규가 미등기 선산 위토를 매매하려 하니

이 입양한 딸의 동의를 받아야 하는 게 문제가 되었다. 정규는 등기서류를 만들자니 법적절차가 먼저 큰 매부의 입양한 딸을 신문에 실종신고를 해야 하였다. 실종신고를 하고 최소 6개월은 기다려야 하므로 또 6개월을 기다려 가까스로 오현리 위토의 미등기서류를 다시 회복등기를 만들 수 있었다. 정규네 집안에는 이러한 종림 소유의 토지들이 지금도 20여 필지 정도 남아 있다. 정규의 조부 종림이 구입하여 확보한 토지를 여러 사람들에게 소작을 주어 운영했으나 후에 이러한 내용이 후손들에게 정상적으로 인수인계가 되지 않았기 때문이다. 정규의 조부 종림이 피땀으로 이루어 놓으신 재산이지만 후속관리가 미흡하여 후손들이 소유권을 주장 할 수 없게 된 것이다.

정규네 가문의 오현리 위토가 주인을 찾아오게 된 경위를 상세하게 이 글에 기록하는 이유는 아직도 이렇게 찾지 못하는 땅들이 많이 있어 후손들이 교훈으로 삼기위해 글을 남기는 것이다.

(2) 마정리 옛집 뒷산을 4대 종산으로 만들다

마정리 734번지 옛집 뒷산은 정규의 가문에서 많은 의미를 담고 있다. 현재는 법원읍 오현리에 있던 선산의 묘소들도 모두 마정으로 이묘하여 현재는 정규의 고조부에서 아버지 문환까지 4대가 모셔져 있다. 일부러 이곳에 모두 모시려고 해서 이렇게 된 것은 아니지만 오현리 선산이 군대 사격장으로 징발되어 이렇게 되고 말았다. 살아생전 특별한 인연으로 돌아가신 다음에도 이렇게 4대가 함께 모이신 것이다. 고조부 봉현에서 문환까지 4대는 마은골에서 함께 사셨던 분들이다. 이렇게 살아생전에 인연이 내세에서도 이어지기는 쉽지 않은 일인데 고조부 봉현이 정착하시어 함께 하였던 분들이 영혼이 되어 다시 모이신 것이다.

마정 석결동이 어떤 곳인가? 이곳은 단순히 통정대부의 처가마을이 아니다. 지금부터 120년 전 고조부 봉현이 의지처를 찾아 손자인 종림을 데리고 3대가 방황하다 정착하려 찾아가셨던 곳이다. 처음에 봉현의 처가 마을에서 마땅한 의지처를 제공받지 못하여 십리 정도 거리의 장산리에 공동묘지 흉가에 어렵게 정착을 하였다. 그러나 장산리에서 마은골로 옮기며 가세를 일으켜 드디어 한 세대 만에 승순의 외가 마을로 다시 오게 된 것이다. 결국 봉현은 처가 마을에 들어오지 못하고 마은골에서 돌아가셨다.

마정 선산은 종림이 독개벌 제방 둑 공사를 실패하여 함께 추진하였던 진외가 황문주씨에게 금융차용 빚을 대납해준 대금을 대신 받은 땅이다.

당시에 황문주씨의 형편으로는 대납해준 비용을 다 갚을 수 없는 상태라서 대납금액의 30%정도만 받았는데, 그것도 부동산으로 주었다. 그 부동산이 마정 선산과 마정 734번지 옛집이었다.

1926년도 정규의 조부 종림은 진외가 마을에 한 세대가 지난 후에 다시 정착하면서 안정된 가세와 양반가의 모습을 갖추게 되었다. 그러므로 종손 정규의 마정 선산에는 조부 종림의 도전정신이 깃들여 있고 함께 추진하였던 어려운 이웃 사람에게 큰 배려의 마음이 깃들어 있는 산이다.

정규의 조부 종림은 마정리 선산뿐만 아니라 오현리 선산과 위토도 구입하여 후손들이 조상님께 효도를 할 수 있는 기반을 마련하셨다.

조부 종림은 오현리에 선산 삼천평과 위토 천오백 평을 구입하여 통정대부 봉현을 위한 만년향화지지를 만드셨다. 통정대부 봉현은 1912년에 돌아가셨는데 조선왕조가 망하고 일제강점기가 막 시작되던 시점이었다. 그 당시 오현리 선산을 평당 80원에 구입하였다. 오현리는 당시에는 매우 시골이어서 산의 가격이 저렴하였으나 조상을 모실 묘자리라는 점을 고려하여 당시에 마정의 땅 값과 같은 비싼 가격을 지불하고 매입하신 것이다. 처음에 오현리 선산은 통정대부만 모셨는데 정규는 아버지 문환이 돌아가시자 통정대부 바로 아래에 모셨다. 종손 정규가 생각하기에 마정리 선산은 북향이고, 오현리는 볕이 잘 드는 남향이라서 부모님을 그곳에 모시게 되었다.

오현리는 통정대부와 인연이 없는 땅이었던 것 같다. 국방부에서 오현리 정규네 선산 일대를 군대 사격장으로 수용한다는 발표를 하였다. 종손 정규는 국방부를 찾아가 이 땅이 종중의 선산임을 강조하고 사정도 하여 보았지만 가문의 애로사항은 전혀 반영되지 않았다. 결국 고조부와 아버지 문환의 산소를 옮길 수밖에 없어서 전국을 대상으로 선산을 삼을 만한 땅을 수없이 찾아보았지만 마땅한 곳이 없었다.

더구나 오현리 선산의 땅 값을 시세의 10분의 1가격으로 책정하여 국가에서 강제로 수용하고 말았다. 그 돈으로는 대토가 불가능 하였다. 정규는 몇 년을 고민 하다가 결국 마정 옛집 뒷산에 조부 종림이 모셔져 있는 선산으로 이묘를 할 수밖에 없었다.

종손에게는 선산관리가 어렵고 힘들다. 특히, 선조들이 장만하여 놓으신 그대로 유지하는 것도 어려웠다. 세월이 바뀌면서 도시화가 되어 선산을 그대로 유지하는 게 가문의 바람대로 되지 않았다. 국가에서 선산을 수용하는 것은 고시가로 하여 시세보다 터무니 없이 싼 가격으로 계산하여 주고 비슷한 정도의 땅을 새롭게 구입하려고 하였으나 보상받은 가격으로는 턱 없이 부족 하였다. 억울하지만 국가를 상대로 이길 수도 없다. 그래서 선산을 줄이는 경우는 많아도 새로 장만하는 것은 어려운 것 같다. 옛날 조상님들은 가문에서 선산과 위토를 확보하는 일을 가문에서 최우선으로 하였으나 요즘은 그런 일을 집안에 강요할 수도 없는 시대이다. 종손의 이런 고통을 누가 알겠는가? 결국 종손 정규는 법원읍 오현리 산 51번지에 모신지 100년 되는 2012년 9월 20일 통정대부 합장묘를 비롯하여 종손 정규의 부모님과 삼촌 명환의 합장묘를 마정리 선산으로 이장하였다.

정규네 마정 선산에는 이미 증조부 승순과 조부 종림의 산소가 있었기 때문에 기존의 묘는 그대로 두고 고조부와 문환의 묘를 이전하여 모셨다. 오현리 통정대부의 산소는 모신지 100년이 되어 이장이 불가능하여 화장을 선택할 수밖에 없었다. 정규의 고조부 묘소는 명당이라고 하여 유골상태가 양호하리라 예상하였는데 당시에 매장과정에서 회처리를 잘못하여 유골상태가 훼손되어 정상적인 이장이 곤란하였다. 정규의 부모님과 작은아버지 내외분은 그대로 이장을 하였다. 통정대부의 내외분과 문환의 내외분은 승순의 묘 우측에 차례대로 평장으로 모셨다. 결국 효성이 남다르셨던 승순은 돌아가신 후에도 조부 봉현과 손자 문환을 품에 안고 있는 형국이 되신 것이다. 이러한 상황도 인연이 없다면 사람의 인력으로 만들 수는 없다. 조상님들의 인연이 있어서 오늘과 같이 다시 한곳으로 모이신 것이라 생각된다.

종손 정규가 불가피하게 한 이장 이었지만 마정으로 선조들의 묘들을 한 곳으로 모시고 보니 고조부 봉현에서 아버지 문환까지 마은골에서 함께 사셨던 분들이 백년 후에 영혼이 되어서도 다시 한곳에 모이신 것이다.

정규의 고조부 봉현은 살아서는 장수황씨들 마을에 사시지 못하셨지만 결국 돌아가신지 100년이 지나 영혼이 되시어 처가마을인 석결동으로 오신 것이다.

더구나 4대가 생전에 사시던 옛 집의 뒷산에 다시 모이셨다고 생각하니 종손 정규의 마음은 좀 편해지는 것 같았다. 살아 인연이 돌아가신 다음에도 맺어지신 것이다. 이와같이 마정 선산은 종손 정규 가문의 명실 공히 종산宗山이 된 것이다.

파주 마정, 마은골, 장산리는 120년 전에 고조부 봉현이 정착한 이래 정규의 4대 선조들의 터전 이었다. 정규의 4대조 봉현은 처가 마을에 빈손으로 들어와 터를 잡으시고 조부 종림은 이 터전위에서 집안을 일으키고 자손들이 대대로 살아갈 기반을 닦으셨다. 종손 정규의 선산인 마정은 윗대 4대의 눈물과 땀이 스며있는 땅이다. 살아서도 지극하신 효도를 다하셨던 정규의 조부 종림의 효성은

〈마정 선산에 통정대부 봉현의 직계 후손의 가족묘역〉

〈오현리 선산을 마정 선산으로 이장한 연유 기록문〉

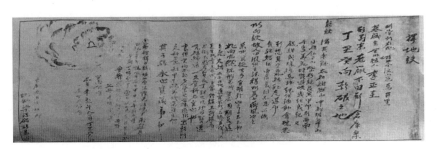

〈마정 선산 택지결〉

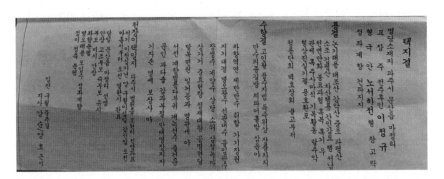

〈택지결 번역문〉

돌아가신 이후에도 이어지는 것 같다. 마정의 선산은 정규 가문의 후손들에게 영원한 마음의 고향이 되기를 바라고 있었다.

(3) 봉제사에 대한 숭조정신의 승화

종손 정규의 가문이 장산리에 고조부인 통정대부 봉현이 정착하시고 어느덧 120년이 지났다. 통정대부 봉현이 1912년에 돌아가시고 제사를 모신지도 100년이 넘었다. 종손 정규는 고조부 봉현부터 아버지 문환까지 4대의 제사를 모시고 있다. 그러니 일 년에 설명절을 비롯하여 기제사 등 10번의 제사를 모시고 있다. 정규네 가문이 시작될 즈음에는 유교가 중심인 시대였으나 지금은 세계가 하나가 되는 지구촌의 4차 혁명 시대가 되었다. 하지만 4대가 대가족을 이루며 살아오는 정규의 가문은 봉제사에 있어서는 고조부 봉현 때 정체성이 그대로 이어지고 있다. 세계 어느 민족들도 마찬 가지다. 가장 변화하기 어려운 관습이 제례문화이다. 외국에 이민 가서 사는 사람들도 제례풍습은 그대로 가지고 있는 집안이 많기 때문이다. 신라 김씨 왕조들이 흉노족의 후예라고 단정 짓는 것도 장례문화가 중앙아시아에 살고 있는 흉노족의 모습과 같기 때문이다.

유교를 중시하던 조선시대에는 특히, 봉제사 등 제례문화에 각별한 정성을 들여 조상들을 모셨다. 정규의 가문도 예외는 아니었다. 하지만 미래에는 새로운 방법으로 바꾸어야 한다고 생각한다. 봉제사를 중시여기는 문화 때문에 이를 수행하기 위해 아들 중시현상이 강하게 되었다. 이러한 아들 중시현상은 종손 정규의 어린 시절에도 그대로 이어졌다. 그래서 정규의 위로 두 분 누님은 딸이라는 이유로 출생신고도 미루다가 아들인 정규가 태어난 후에 하였고, 학교도 초등학교 2학년 정도만 수료하였다.

종손 정규는 이러한 숭조 방식은 시대에 적합하게 바꾸어야만 한다고 생각하고 있다. 전통적인 숭조의 정신은 이어져야 하지만 실행방식은 새로운 시대에 적합하게 개선되어야만 하겠다. 형식적인 숭조가 중요한 것은 아니기 때문이다.

옛날에는 자식을 많이 출산하였다. 이러한 시대에도 아들로 계속 대를 이어가는 가문이 거의 없었다. 그래서 가까운 집안에서 아들을 데려와 후사를 이었다. 종손 정규네 가문도 15대를 이어오면서 두 번이나 작은집안에서 아들을 데려다 후사를 이었다. 이러한 현상은 종손 정규의 처가 집안인 풍양조씨 가문도 마찬가지였다.

이러한 사례로 미루어볼 때 많은 가문들이 끊어진 혈통을 가까운 집안에서 이어왔던 것이다. 과거에 우리 선조들이 후사를 이어가는 것을 중시하던 가장 큰 목적이 봉제사 때문이라고 본다. 그러므로 봉제사의 방식도 아들이 반드시 해야 하는 것을 개선하면 이러한 어려움도 없을 것 같다.

이제는 숭조의 방식도 바꿔야 하는 것이다. 종손 정규는 장자이며 종손이라는 굴레 때문에 자신의 꿈과 의견을 적극적으로 피력하며 살아오기 못하였다. 그러한 굴레를 더 이상 후손들에게 강요해서는 안 된다고 생각한다. 미래에는 6대종손 7대종손이라는 위치가 개인의 삶을 제한하는 요소가 아니고 가문의 정체성을 가진 종손이라는 위치가 강점이 되도록 해야 한다. 종손의 위치가 힘들고 고달픈 의무가 되지 않도록 해야 한다. 이러한 것에 대한 해결은 가문에서 매우 시급하게 해결해야 할 과제다.

이러한 문제에 대한 해결방안은 경상도의 전통적인 양반가처럼 조상의 제사를 모시고 선산을 관리하는 사람은 집안에서 선별해서 임명하고 그로 하여금 종손이라는 역할을 하도록 하는 새로운 시스템을 구상해야 한다. 지금과 같이 아들 중심의 봉제사는 현실적으로 바꾸지 않으면 안 된다. 영국 왕실 등 유럽에서는 아들이 꼭 아니어도 왕위를 계승하고 있다. 강력한 이권이 있는 왕조도 그런데 하물며 가족의 대를 이어가는 것에 남녀의 구별이 있을 수 없다. 앞으로 가문은 핏줄을 이어가는 것이 중요한 것이 아니라 정신을 이어가도록 해야 한다. 왜냐하면 핏줄을 이었다고 해도 가풍이 이어지지 않으면 아무 소용이 없음은 많은 사례가 있기 때문이다. 고대 중국의 요임금은 덕 있는 순임금에게 임금의 자리를 물려주었듯이 가문도 세습이 아니라 딸 아들 구별말고 덕 있는 사람에게 물려주는 선양禪讓이 되어야 한다.

　가야의 시조인 김수로왕도 자신의 아들 중 두 명을 부인인 허 황후 성을 따르게 하여 허씨를 만들었다. 참으로 창의적이고 미래 지향적인 김수로왕이었다. 이러한 진취적인 방법을 이천 년 전에 이미 실행을 하였던 사례가 있다. 신라에서도 여왕이 왕위를 물려받기도 하였다. '온고이지신溫故而知新'이라는 말이 있다. 오래된 역사는 미래라는 말이 있듯이 이러한 전향적인 사례는 역사에서도 많은 사례가 있어 길을 알려주고 있는 것이다.

7. 60살 이후 40년의 활력과 빛나는 삶

2015년도 초에 유엔에서 전세계 인류의 체질과 평균수명에 대한 측정결과 연령분류의 표준에서 새로운 규정을 발표하며, 사람의 평균연령을 5단계로 나누어 발표를 하였다. 미성년자는 17세 미만이고, 청년은 18세부터 65세까지라 하였다. 중년은 66세에서 79세이며, 80세부터 99세까지가 노년이라 하였다. 현재 종손 정규가 96세이므로 노년에 빛나는 40년이란 표현은 맞지 않는 표현인 것도 같다. 그러므로 종손 정규의 경우는 중년과 노년의 빛나는 삶으로 표현해야 옳을 것 같다는 생각이 든다.

유대계 미국 시인인 '사무엘 울만'은 일찍이 그의 유명한 시 〈청춘Youth〉에서 이렇게 노래했다. "청춘이란 인생의 어떤 기간이 아니라 마음의 상태를 말한다. 때로는 20세 청년보다도 70세 노년에게 청춘이 있다. 나이를 더해가는 것만으로 사람은 늙지 않는다. 이상과 열정을 잃어버릴 때 비로소 늙는다"고 하였다. 종손 정규는 어쩌면 늙지 않은 영원한 청춘인 것도 같다. 종손 정규는 90살이 넘어서까지 새로운 것에 호기심이 많았고 이상을 갖고 있었다.

경영학자 피터 드러커도 아직도 공부하시냐고 묻는 젊은이들에게 '인간은 호기심을 잃는 순간 늙는다'는 유명한 말을 하였다. 중국의 영웅 모택동도 죽기

6시간 전까지 책을 읽었다는 유명한 일화가 있다. 호기심이 없다면 독서에 열중할 수 없기 때문이다. 지금까지 종손 정규가 건강하게 살아왔던 것도 이러한 호기심과 열정 때문이라고 생각한다.

　종손 정규의 어린 시절은 4대 종가의 대가족 집안의 종손으로 태어나 귀엽게 자랐다. 가문에서는 정규에 대한 기대가 남달랐다. 그래서 정규는 그의 가문에서 처음으로 서울 경농으로 유학을 하게 되었다. 처음에는 가문의 소망에 따라 학교를 졸업하고 그는 일제강점기 관리로 출발하였다. 곧이어 해방, 미군정, 대한민국 정부 수립으로 이어지며 혼돈의 시대를 겪었다. 당시에는 농업이 주력산업이었고 농정에서 농산물검수원을 시대에 적합한 수단으로 이용하였다. 6.25가 발발하고 정규는 전쟁으로 순탄했던 삶의 방향이 뒤바뀌었다. 더구나 당시에 정규는 격전지 서부전선인 파주에 근무하고 있어 전쟁의 상황에 따라 국가의 주인이 수없이 바뀌고 또 바뀌는 지역에 있었다. 그리하여 안전한 지역에 있었다면 문제가 되지 않았을 것인데 이런 상황 때문에 그의 인생 방향이 바뀌게 되었다. 여러 가지 우여곡절 끝에 전쟁에 참전 후 공무원 생활을 조금한 것으로 끝을 맺고 자영업의 길을 걷게 되었다. 정규가 처음에 자영업을 시작하였을 때는 장사가 잘 되어 희망도 있었다. 그러나 문산읍에 상설시장이 개설되면서 점점 장사가 안 되어 방앗간도 곁들여 하였으나 방앗간도 그리 신통치 못하였다. 결국 장사와 방앗간을 접을 수밖에 없었다. 종손 정규가 50살이 넘어가자 공직의 길을 함께 걸었던 친구들은 지역기관장에 하나둘 임명되었다. 정규는 공직의 길을 본의 아니게 버렸으나 그의 삶이 힘들수록 옛 동료들이었던 친구들과 자신의 삶을 비교하며 자격지심도 많이 들었다. 정규의 자영업이 잘 되어 성공을 하였다면 삶에서 아무 스트레스도 없었을 것이다. 그런데 하는 일들이 신통치 않으니 아무 이유 없이 삶에 불만이 있었다. 결국 인생은 정규 자신이 선택한 일이지만 현실이 만족하지 못하므로 많은 울분을 갖고 이 시기를 보냈다. 그러나 정규는 이러한 힘든 시기를 지나며 삶에 대한 자세도 바뀌었다. 비록 사회에서 눈에 보이는 삶은 성공하지 못하였지만 하고 있는 일에 열심히 집착하는 성격이 되었다. 여러 가지 일들을 경험하면서 삶에 대한 여유도 조금씩 생기기 시작했다.

나이 30살에 공무원의 길을 버리고 장사도 하고 면의원도 경험하며 삶의 어려움을 겪으며 마음도 조금씩 긍정적으로 바뀌어 갔다. 사람이 살아보면 특별한 삶은 없는 것이다. 중요한 것은 자기 자신이 어떤 마음의 자세를 갖고 살아가느냐에 달려있다. 정규가 공무원의 길을 쉽게 버린 것 같은 아쉬움과 공직에서 성공하는 친구들의 삶과의 사이에서 비교하며 갈등하였던 삶이 50대 중반을 넘어서면서 그러한 비교되는 삶에서 점차 해방이 되었다. 그동안 많은 시행착오를 겪으며 살아왔던 삶에 내공이 생겨 점점 마음의 여유와 긍정적 사고로 마음의 안정을 찾아갔다. 농사와 약초를 채취하면서 건강에도 자신감이 생겨났다. 건강이 개선되면 생각도 긍정적으로 바뀌게 마련이다. 정규가 60살을 넘어가면서 인생의 스트레스도 어느 순간에 없어졌다. 사회적으로 잘 나가던 친구들도 60살이 넘으니 모두 가정으로 돌아와 평범한 생활로 돌아오면서 친구들과 비교로 인한 스트레스도 자연히 소멸되었다. 정규는 지난 30년 동안 키워온 삶의 내공으로 오히려 60살에 넘어서면서 삶을 긍정적으로 살며 새로운 활력을 가지게 되었다.

가. 가문의 자긍심 제고와 적극적인 종친회 참가

(1) 300년간 조선왕조 왕실이었던 가문의 자부심

종손 정규가 공무원에서 사표를 내고 자영업을 하면서 사업이 잘 되건 안 되건 평생 관심을 갖고 하였던 일은 종친회에서 적극적으로 활동하였던 일이다. 정규의 선조들은 조선왕조를 창업하여 중종대왕까지 7대가 왕을 역임하시고 중시조인 덕양군에서 봉래군까지 4대가 왕실의 일원으로 봉군을 받았다. 그야말로 300년을 조선왕조 왕실 가문으로 사셨던 것이다.

　종손 정규의 바로 전 9대 조상님들은 벼슬과는 초연하게 사셨지만 조선왕조의 후예라는 자부심은 대단하셨다. 정규의 조상님들이 벼슬과는 거리를 두고 사셨지만 마음은 항상 왕실 가까이에 다가서 있었다. 정규의 고조부 봉현은 평생을 유래 없는 전쟁이나 사화를 겪으시며 사셨다. 마지막에는 조선왕조가 일본에게 망하는 통한의 아픔도 겪으셨던 분이다. 종손 정규가 종친회 일에 적극적이었던 것은 선조들의 삶을 더 가까이서 느끼고 그들의 삶을 통해 마음의 위로를 받을 수 있기 때문이다. 삶이나 인생에 의욕이 없는 사람들은 조상에게도 관심이 없는 것이다. 그래서 옛날부터 조상을 제대로 모르는 사람이 크게 되는 경우가 드물었다. 조상님의 훌륭한 오래된 삶은 곧 미래의 후손들의 모습이기 때문이다. 어느 누가 조상을 위한 숭조 정신을 고루하다 할 것인가? 정규는 종손으로서 의무이기 때문이 아니라 이러한 삶에 의욕이 많았기 때문에 조상에게도 최선을 다하였던 것이다. 모든 가문의 후손들은 종손의 뒤에서 그림자를 보고 가문의 가풍을 만들어 가기 때문에 항상 종손은 가문의 중심에 위치해 있었다.

　전주이씨 종약원에 따르면 조선시대 임금의 적자 자손은 4대, 서자는 3대손까지 종친으로 대우해 군君으로 봉했다. 덕양군은 적자가 아니므로 그의 자손은 3대까지 군으로 봉해졌다. 즉 덕양군 이후 풍산군, 귀천군, 봉래군까지 3대가 군호를 받았다. 중종의 적자인 인종, 명종이 후사가 없이 일찍 사망하여 덕양군 이후 봉래군까지는 적자와 다름없는 역할을 하였다. 풍산군, 귀천군이 종친부에서 오위도총부 도총관을 지낸 것이 그것을 증명하고 있다. 종친부의 오위도총부 도총관은 종친 중에서 최고의 위치에 있는 사람에게 임명되었다. 이 같은 경우를 볼 때 종손 정규의 중시조인 덕양군은 서자이지만 적장 대군 같은 지위를 누리셨다.

종손 정규의 선조들은 중시조 덕양군 이후 사간공 까지 중종, 인종, 명종, 선조, 광해, 인조, 효종, 헌종 때 까지 근친으로 150년간 왕실의 지위를 누렸다. 조선왕조 518년에서 150년 동안 왕실의 지근에서 중심역할을 하셨다.

종손 정규의 선조들이 왕실의 중심이었던 150년 동안 역사적인 사건도 많았다. 두 번의 사화인 기묘사화와 을사사화가 있었다. 세 번의 전쟁인 임진왜란, 정묘호란, 병자호란 있었다. 그리고 이괄의 난과 인조반정이 있었다. 이러한 큰 사건에는 으레 가까운 왕족이 연류 되기 마련인데 정규의 선조들은 다행히 모두 무사하였다. 오히려 8명의 왕조를 거치면서도 오히려 절대적 신임을 받았다. 물론, 작은 갈등은 있었지만 그 것은 곧 전화위복이 되곤 하였다. 정규의 선조들은 왕실의 중심으로 충과 효를 근본으로 명예와 부를 탐하지 않았기 때문에 가문의 보존하고 명예를 지킬 수 있었다. 병자호란 때 인조는 삼전도에서 항복하는 날 종친인 귀천군의 안부부터 청나라 장수에게 물을 정도로 귀천군을 믿고 의지하였다. 간적 이이첨을 척결하라고 들고 일어났지만 광해는 귀천군을 죽이지 않고 순천부로 귀양조치 하는 것으로만 마무리 하였다. 이이첨 무리들이 귀천군을 죽이려고 온 조정을 선동하여 광해를 압박했지만 광해는 듣지 않았다. 이렇듯 정규의 조상들이 왕실의 일원인 150년 동안 임금은 물론 왕실의 든든한 울타리로 바람막이 역할을 하셨다.

이와 같이 정규는 가문이 왕실의 일원으로 4대 봉군 시절의 선조들의 훌륭한 행적에 대하여 큰 자부심을 가지고 있다. 그 이후 사간공, 청도공은 종친부에서 제외되어 과거를 통해 정치에 참여할 수 있게 되었다. 봉래군의 둘째 아들인 사간공은 어려서부터 재능이 뛰어나고 시문에 능하여 소과, 대과를 통과하여 조정의 요직을 두루 거쳤다. 하지만 다른 사람의 억울한 사연이나 불편부당한 일을 보고 가만히 있지 못하는 성격으로 목숨을 두려워하지 않는 간언으로 체직, 좌천, 귀양을 되풀이 하였다. 그래서 재능은 월등하셨지만 품계는 높지 않게 일생을 마치셨다.

왕실의 일원이었던 정규의 선조들은 부귀영화 보다는 왕실의 옳은 길을 위해서 목숨을 두려워하지 않으셨다. 나라를 사랑하고 왕에 대한 진정한 충忠이 무엇인지 몸소 실천한 조상님들이셨다. 부귀영화에 편승하여 비겁하게 행동하지 않았던 선조들이었다. 이와 같이 왕실을 구성하여 사셨던 정규의 선조先祖들은 임금에 대한 충성을 으뜸으로 했으며, 효, 청렴, 공정, 여유, 배려 등으로 사셨던 삶들이 가문의 정체성이 되었다. 종손 정규는 중시조 이후 황실의 일원으로 150년간 사셨던 뿌리조상님들 삶에 큰 자긍심을 가지고 있다.

종손 정규의 가문은 중시조 덕양군 이후 약 150년간 왕실의 가까운 일원으로 살았다. 그 후 세대를 거듭하면서 왕실의 신분에서 양반으로 신분이 바뀌었다. 하지만 정규의 가문은 왕조가 망하고 110년이 흘렀지만 왕실의 후손이라는 자긍심은 여전하다. 종손 정규가 이러한 자신의 정체성을 느끼고 새롭게 하는 것은 왕실 제향에 참여하여 후손들과 일원이 될 때였다. 5대 제향으로는 조경단대제, 원구대제, 종묘대제, 사직대제, 건원릉대제가 있다. 이런 큰 제사에 참여하면 자신이 왕실의 후손임을 몸으로 느끼며 마음에 큰 자긍심을 가지게 된다.

다시 말하면 종손 정규의 조상님은 조선 태조 이성계부터 중종대왕까지 7대 150년간은 조선의 군왕으로 사셨고, 이후 덕양군에서 봉래군까지 4대는 왕실의 종친으로 사셨다. 더구나 덕양군은 적통대군은 아니었으나 인종, 명종과 매우 가깝게 지내셨으며 이 분들이 일찍 사망하시어 적통대군 같은 지위를 누리셨다. 중종대왕의 많은 아들이 있었지만 풍산군, 귀천군, 봉래군 등이 종친부의 최대 지위인 오위도총부 도총관을 지내셨으므로 당시에는 종친 중에 최고의 집안을 이루셨다. 이러한 조상님들의 삶을 생각하면서 종손 정규는 항상 자부심을 가지고 있다.

정규의 가까운 4대인 고조부, 증조부, 조부, 아버지 문환도 왕실의 자손이라는 자부심이 정규 못지않게 대단 하셨던 분들이다. 아버지 문환이 장가드신 첫

〈종친회에 참석한 종손 정규 : 앞줄 가운데〉

〈왕릉 제향에 참석 : 맨 왼쪽에 앉아서 있는 정규〉

〈파주시 분원 정기총회〉

〈능제향 참석〉

날밤 신방을 뛰쳐나가 밤새도록 만세를 부르신 것도 조선왕조의 후손으로서 일제에 대한 울분이 터져 나왔기 때문이다. 이러한 가문의 가풍을 이어받은 종손 정규가 숭조의 정신을 강조하고 실천하려한 것은 집안의 내력을 감안하면 오히려 자연스러운 것으로 보인다.

(2) 적극적인 종친회 참여로 가문의 결속력 제고

종친회 활동의 중요한 행사는 무엇보다 시제를 지내는 일이다. 왕릉 제향은 거의 매일 있다시피 했다. 그래서 종손 정규는 종친회 회장직을 여러 번 제의 받았지만 거절을 하였다. 종친회 회장을 하려면 집안일을 밀어두고 제향 등 종친회 일에만 전념해도 어려울 지경이었다. 정규는 집안의 가장이며 가문의 종손으로 종친회 일 때문에 집안을 포기할 수 없었다. 그래서 정규는 종친회장을 여러 번 제의받았으나 수락할 수 없었다. 하지만 종친회의 회장을 보좌하는 재무이사는 맡아서 열심히 도와주었다. 책임감이 강한 종손 정규는 종친회 행사 때마다 오시는 손님을 안내하고 접대하느라 늘 식사도 제대로 하지 못하고 열성적으로 일했다. 종친회 일을 제대로 하는 것은 정말 어려웠다. 항상 종친회 일은 탈도 많았고 말도 많았다.

전 국회의장이던 이재형이 종친회 이사장이었던 시절에는 정규가 맡고 있는 문산분원 재무이사가 최고 잘한다는 평가를 받았다. 이러한 종손 정규의 노고에 힘입어 종약원에서 문산 분원에 전국에서 제일 먼저 분원기를 하사하기도 하였다.

어느 해 건원릉 제향을 갔는데 종손 정규는 파주에서 버스 6대에 300여 명을 태우고 제향에 참석하였다. 그런데 늘 준비하여 제공하던 식사를 예산이 부족하다는 이유로 준비하지 않았으니 각자 알아서 해결하라고 하였다. 종손 정규는 체면도 말이 아니었고 삼백 명의 식사를 갑자기 준비할 수도 없어서 난감 하였다. 그래서 종손 정규는 행사 주체 측에 강력하게 항의 하였다. "여보시오? 파주에서는 바쁜 일들을 팽개치고 버스 여섯 대를 가득 태워 후손들을 제향에 참석시켰는데 점심을 안 주고 각자 해결 하라면 어떻게 하느냐!" 하면서 항의를 했다. 하지만 준비 안 한 점심을 얻어먹을 수도 없었다. 하는 수 없이 파주에서 온 종친들은 건원릉에서 나와 각자 알아서 점심을 사먹고 제향에 참여하기도 하였다. 이와 같이 종친회 일을 앞에서 하다보면 욕도 많이 먹기 일쑤였다. 그러나 종손 정규는 항상 몸으로 뛰면서 종친회 활성화를 위해 노력하였다.

이러한 난감한 상황으로 종친들에게 죄송한 일들도 있었지만 주변의 종친들로부터 신임을 받고 있었기 때문에 전주에 조경단 제향에도 해마다 파주에서 버스 4대 이상의 인원이 참석하였다. 그것은 교하, 파평, 문산, 광탄, 탄현 등에서 활동하는 종친회 총무들이 자기 돈을 써가면서 열성적으로 도와준 덕분이었다. 그당시 정초에도 하우스 농사 등으로 바쁜데도 열성적으로 종친회에 참석하여 주었다. 그 사람들은 잘들 살아서 자기들 개인 돈을 쓰면서까지 제향 행사에 참여한 고마운 종친들이었다.

정규는 경제적 여력이 없어서 주로 몸으로 때우며 종친들을 발로 찾아다니며 활동하였다. 한 때는 종약원에서 발행하는 '이화보'를 파주 종친들이 100% 구독하기도 하였다. 파주 파종회의 기금을 마련하여 파종회의 활동을 강화하는 데도 몸을 아끼지 않았다. 이러한 정규의 활동으로 전주이씨 종약원에서는 파주처럼 종친회 일을 적극적으로 잘 하는 곳이 없다고 하면서 분원기를 전국 최초로 하사받은 적도 있었다.

종친회 일을 하다 보면 특이한 사람들도 있다. 종친회 일을 위해 회장을 하는 것이 아니라 자기의 입지를 다지기 위해 종친회를 수단으로 이용하는 사람들도 있었다. 종친 중에 모처 읍장을 지낸 사람이 있어 그가 조직도 운영해 보았던 경험을 믿고 잘할 줄 알고 종친회 회장을 맡겼다.

정규는 그에게 말하기를 "고양군에서는 왕릉 하나에 200만 원씩 지원을 받는다"고 하는데 당신이 읍장 출신이고 하니 파주에도 왕릉이 3군데나 있으니 잘 해결해 보라고 정보를 제공해 주었다. 그랬더니 그 사람은 파주시에 달려가 고양군의 사례를 제시하여 파주에도 200만 원을 지원받게 되었다. 종손 정규는 당시에 회장으로 선출된 사람이 읍장 출신이라서 그래도 능력이 있구나 하면서 활동에 기대를 하였다. 그런데 그는 자기의 종친회장 취임식에 파주에서 지원받은 왕릉 지원비 200만 원을 다 쓰고도 오히려 모자라 적자를 만들었다. 결국 그는 보조금을 받아서 자기 취임식에다 기분을 내는 데 다 쓰고 말았던 것이다.

그래서 정규는 "이런 정신없는 사람을 보았나!" 하고 실망을 크게 하였다. 그는 파주시에 있는 전주이씨 왕릉 관리비로 나온 보조금 200만 원을 자기 개인을 위해 모두 사용한 것이었다. 그것도 모자라 어렵게 모아놓은 기금까지 마음대로 사용했다. 이렇듯 외형상으로는 종친회 일을 잘할 것 같아 보이는 인물도 아주 형편없는 사람들도 있었다. 종손 정규는 종친회 운영을 함에 있어서 이렇게 조상 팔아 제 놈 뱃속을 채우는 인간들을 보면 강하게 비난하며 바로잡으려 하였다.

종손 정규가 종친회 일에 앞장서는 것은 그 일을 통해서 전주이씨 정체성을 확인하고 자긍심을 만드는 길이기 때문이다. 나태주 시인의 "오래보고 있으면 좋아진다"는 시 구절이 있듯이, 조상님을 매개로 한 종친회 일에 오래도록 열심히 참여하다 보면 종친에 대한 애착이 생기고 더욱더 조상님을 존경하게 된다. 조상님을 사모하는 마음도 참여하여 행동으로 배워야 만들어지는 것이다. 따라서 종진회 일도 열심히 하다보면 조상님들을 더 이해하게 되고 선조들에 대한 자긍심도 더 커짐을 느꼈다. 종손 정규에 있어서 종친회 일과 조상님들에 대한 숭조의 정신은 종교인의 믿음처럼 해를 더할수록 믿음도 커져 갔다. 그래서 종손 정규는 조상에 대한 이해와 믿음의 싹은 제향 등에 참여하는 것이 시작이라고 말한다.

　한 사람의 잘 살고 못살았다는 평가는 무엇으로 해야 되는지 기준은 없는
것 같다. 과거 조상님들의 삶의 기준에서 보면 높은 직위의 관리가 되어야 성
공했다고 한다. 지금과 같이 물질 만능주의 시대는 돈을 많이 모으면 성공했
다고 한다. 그것은 둘 다 돈과 직위만을 조건으로 했을 때는 그렇다고 볼 수
있다. 하지만 미래의 4차 혁명의 시대에는 좀 더 다른 관점으로 성공의 기준
을 평가할 것이다. 종손 정규와 같이 가문의 전통을 되살리고 숭조의 정신을
이어나가는 것이 미래에는 살아가는데 큰 경쟁력이 될 것으로 믿는다. 중요
한 것은 가문의 오랜 정신문화를 후손에게 어떠한 모양으로 각인 시켜 오래
도록 계승되고 전해지는가에 따라 결정된다고 본다. 미래는 물질만능의 가
치관의 시대인 것처럼 보이지만 정신적 가치가 우선시 되는 고품격의 시대가
될 것이라 믿는다.

　미래에는 누구나 물질의 풍요를 마음 것 누릴 수 있을수록 정신적 가치
는 더욱 요구하게 될 것이다. 결국 마이다스 손만으로 인간의 행복을 충족시
키지 못할 것이다. 자신의 정체성은 누구나 자신의 뿌리로부터 시작된다. 그
래서 내가 어디서 왔고 나의 뿌리가 무엇인지 아는 것은 무엇보다 중요하다.
하루하루를 쾌락으로 영위하려는 젊은이들에게 종손 정규의 생각은 고루하
게 보일지 모른다. 항상 몸에 좋은 음식은 입에서는 그다지 황홀한 맛이 없
다. 몸이 요구하는 음식을 먹으려면 입은 좀 고생을 해야 하듯이 자기의 발전
된 삶의 미래를 만들어 가려면 자기만의 정신적 자양분이 되는 자긍심이 있
어야 한다. 사람이 자긍심과 정체성이 없는 삶은 장난감이나 인형같이 외형
만 있을 뿐이다. 가문에 정신적 유산이 없고 단순히 몸과 마음의 쾌락만을 추
구한다면 개, 소, 돼지와 무엇이 다를 것인가? 어쩌면 미래에는 가장 진부하
게 보이는 것이 가장 큰 경쟁력이라 생각한다. 자기 자신에 대하여 자신의 뿌

리를 정확히 아는 것이야 말로 진정한 미래 지향적이라 생각한다. 가장 먼 옛날은 곧 미래인 것이다.

나. 종손과 부모의 마지막 역할을 다하다

한 사람이 살아가는 과정은 태어나고 자라며 공부하고 더 장성해서 결혼하고 한 가정을 이루며 살아간다. 지금도 일반적으로 60살에 퇴직을 하므로 이러한 싸이클로 진행디고 있다. 그리고 60부터는 자녀들의 남은 공부와 결혼이 있고 부모님이 계신다면 부모님에 대한 살아생전 효도와 돌아가신 다음에 부모님의 영혼을 모시는 제사 등이 있다. 그러므로 인간은 죽어도 끝나는 게 아니다. 그러나 대부분의 사람은 자식에게 부모의 역할을 다하는 사람도 드물고 돌아가신 부모님을 위해 선산 관리 등 마지막 효도를 다하는 것은 더욱 힘들다.

종손 정규와 같이 여러 자식을 두었을 경우는 자식들도 자기가 성장할 시점의 부모의 삶에 따라 다른 모습을 보며 성장한다. 현재처럼 한두 명 나아 기르면 부모님의 젊은 모습과 사회적 능력이 있으므로 부모가 좋은 모습을 보여 줄 수 있고, 자식들도 부모님의 이미지를 비슷하게 느낄 수 있다. 하지만 정규와 같이 20년간 자식을 낳고 마지막 낳은 자식을 키우고 공부시키고 결혼시키자면 60살이 훨씬 넘어서 역할이 끝났다. 그러므로 부모님에 대한 감정도 자식들에 따라 모두 다르다.

우선 장남인 윤종은 사물을 이해하기 시작할 때 6.25전쟁이 나서 피난지 논산에서 아버지와 떨어져 할머니 손에서 9살까지 자랐다. 윤종은 말을 배우기 시작하여 초등학교 1학년까지 아버지의 그늘이 가장 필요한 시기를 아버지 사랑을 받지 못하고 자랐다. 그러나 막내인 화종은 부모님이 40세 정도에 얻은 아들로 성장 시점이 윤종과 20살 정도 차이가 있다. 화종이 자라던 어린이 시절에는 아버지가 하는 사업이 신통치 못하여 정규가 마음속으로 많은 번민을 하던 때 성장하였다. 계절에 따라 그림자의 크기가 달라지듯이 부모님이 어떤 상태일 때 성장하는가에 따라 자식에게 투영되는 부모님의 모습도 다르게 인식한다. 그러므로 종손 정규에 대한 자식들의 인식도 너무나 다르다. 그러나 정규의 아버지 역할은 같은 세대의 다른 아버지들 보다는 자식에게 최선을 다하셨던 것 같다. 그래도 정규의 자녀들은 그들의 사촌동생들에 비하여 할아버지와 할머니가 함께 생활을 하며 조부모님의 사랑을 듬뿍 받을 수 있었다. 우리 전통 가정에는 부모님만 있는 게 아니다. 대가족 제도에서 며느리는 힘들지 모르지만 부모님, 조부모님이 같이 살며 성장하기 때문에 보이지 않게 조부모님의 사랑을 동시에 받으며 성장 할 수 있었다. 어린 나이라 할아버지 할머니가 무서울 수도 있다. 하지만 조부모님은 엄하시던 부드러우시던 어느 집 없이 사랑이 많으시다. 태양빛을 매일 받고 있으니 그 효능과 고마움을 인식하지 못하지만 그 영향이 매우 크듯이 조부모님의 역할도 그런 것이다. 종가 집에서 자란 사람들은 가족끼리의 오순도순 사는 게 부러울 수도 있다.

하지만 종가에서는 가문의 가풍과 전인적인 교육을 받고 자란다. 왜냐하면 대가족 체제에서는 부모님과 조부모님 등 인생의 멘토가 4명이나 있는 것이다. 상황이야 어떻든간에 종가에서 자식을 키울 수 있을 때 그것이야 말로 전인교육을 받고 성장하는 것이다.

가풍은 가르쳐서 만들어 지는 것이 아니다. 손주들이 할아버지의 뒷모습과 아버지의 그림자를 보며 성장하는 것이다. 그런면에서 정규의 5남매는 매우 좋은 환경에서 자란 것이다. 내가 바라는 것은 자식들이 가끔 부모님의 입장에서 한 번씩 부모님을 생각해 보는 기회를 가졌으면 좋을 것 같다. 종손 정규는 30세 정도에 공무원을 버리고 자영업을 하였다. 자영업이 신통치 않아 그 후 여러 가지 일을 하였다. 중국집에도 매뉴가 많은 집에 명품요리가 많지 않듯이 많은 업종을 도전해서는 성공하기가 어렵다. 종손 정규는 60세가 넘어서 어렵게나마 늦은 나이 얻은 자식들이 대학을 마칠 수 있었다. 사람이 대학을 졸업한다는 것을 좋은 직장을 얻는 것으로 관계식으로 보아서는 안 된다. 많이 배웠다는 것은 삶을 영위하면서 더 풍부한 생각과 마음으로 살아가게 하는 수용성을 키운 것이라 생각한다. 우리 선조들은 공부를 인간의 소양을 키우는 길이라 생각하여 평생 동안 책을 손에서 놓지 못하게 하였다. 종손 정규가 같은 세대의 다른 사람보다 더 배웠다하여 다른 사람보다 더 출세해야 하고 돈을 더 많이 벌어야 성공이라는 생각은 바꾸어야 한다. 그것보다는 좋은 인품으로 생을 좌절하지 않고 좋은 아버지로 긍정적으로 사셨다면 그것이 곧 성공한 인생이라고 생각한다.

세상에 고귀하고 비교우위의 가치라고들 말하지만 그것도 세태와 사람들이 만들어 놓은 가치에 불가하다. 더욱 안타까운 것은 남이 만들어 놓은 가치관에 자신의 가치관을 대비시켜 놓고 불행하게 한평생을 사는 행위이다. 나는 인간 정규의 삶에서 진정으로 성공한 삶은 무엇인지 다시 한 번 생각하는 기회가 되었으면 한다.

종손 정규는 5남매를 두어 모두 공부시키고 60살이 훨씬 넘어서야 자녀들을 모두 결혼시켰다. 정규의 세대에는 아버지의 역할을 다하지 못하고 세상을 떠나는 경우가 대부분이다. 나의 아버님 경우도 8남매를 낳으시고 끝으로 3남매는 결혼도 시키지 못하고 돌아 가셨다. 끝으로 3남매는 큰 형님이 결혼을 시키셨다. 그런데 종손 정규는 부모의 역할을 다하셨다. 종손 정규와 같은 세대에 태어난 사람들은 어려운 시대에 태어나시어 일제 수탈과 태평양 전쟁 등으로 모든 물자가 공출되어 어린 시절에 영양을 제대로 갖추지 못하여 약하고 제대로 자라지도 못했다. 해방 이후에도 6.25 전쟁과 전쟁 후 보릿고개 등을 겪으시며 고생들을 하시어 평균 수명도 다른 세대에 비하여 유난히 짧았다. 그래도 종손 정규는 건강하게 백세 가까이 살아계시니 자식들에게는 그보다 큰 복이 없다고 본다.

다음은 종손 정규의 자식으로서의 완벽한 역할이다. 종손 정규와 아버지 문환은 20살 차이다. 아버지 문환이 82세 까지 사셨으니 정규와는 62년을 함께 사셨다. 물론, 아버지 문환의 기대만큼 모든 것을 부응하지 못하여 부족한 자식이다. 그렇지만 정규가 20살 전에는 아버지 문환에게 기대와 기쁨도 많이 주었던 아들이었다. 어린 시절에는 증조부 승순까지 있는 대가족에서 많은 사람들의 사랑 속에서 자라셨다.

그래서 그런지 조상님들에 대한 숭조의 정신도 높으시다. 세상에 자식이 부모의 마음을 흡족하게 해 줄 수 있는 자식이 몇이나 있던가?자식은 아무리 귀하게 되어도 부모님 입장에서는 늘 부족한 법이다. 그런데 이른 나이에 아버지 문환의 기대를 버리고 다른 길을 택한 종손 정규에 문환의 실망도 매우 크셨을 것 같다. 그런데 자식에게 더 중요한 것은 부모님의 위로와 믿음이다. 정규가 사회적 출세는 포기하였지만 아버지 문환과 평생을 같이 한 것은 또한 행복이다. 인간에게 작은 행복은 느끼지도 못하고 보이지 않는 것이다. 실은 삶에서 90% 이상은 이렇게 작은 행복으로 가득 차 있지만 보지 못하고 사는 것이다. 종손의 삶은 더욱 그런 것 같다.

종가 집 종손에게는 생활을 하면서 주기적으로 해야 하는 것들이 너무나 많다. 고조부 까지 많은 기제사와 설명절 등이 그것이며, 가문을 대표하여 참석해야 하는 일들이 많다. 종친회에서 주관하는 시향 등도 거의 연이어 있다 보니 자기의 삶을 돌아 볼 날이 거의 없었다. 한 가문에 종손이 아닌 자식들은 자기가 하고 싶은 일을 자신만의 결정으로 실행할 수 있는 것이 종손과 다르다. 차손은 공부를 더 할 수도 있고, 마음대로 하고 싶은 일을 바꾸어도 상관없다. 하지만 종손의 경우는 자신의 삶을 제한하는 것이 너무나 많다. 종손 정규의 부모님은 모두 80살이 넘도록 생존하셨다. 부모님 모두 팔십 세까지는 건강하게 사셨는데 그 이후에는 거동이 불편하여 거의 대소변을 받아내셨다. 이러한 힘든 일들을 자식의 숙명으로 받아들이며 마지막 까지 효도를 다하였다.

종손 정규는 부모님이 돌아가신 후 오현리에 모셨다. 오현리는 남향으로 볕이 잘 들어서 마정리의 북향보다는 좋으실 것 같았기 때문이다. 그래서 오현리에 부모님을 고조부모님의 묘 아래에 모셨으나 군부대 징발로 다시 마정 선산으로 옮길 수밖에 없었다. 종손 정규의 인생에 있어서 군대라는 것은 참으로 악연인 것 같다. 6.25로 끝났다고 생각한 군대에 입대하여 전쟁에 참전을 하였으며, 마정 집 주변에는 해병대가 주둔하여 집을 문산읍으로 앞당겨 옮기게 되는 계기가 되었다. 그런데 오현리 선산을 군부대 때문에 또 마정으로 이묘를 할 수밖에 없게 만들었다. 그것도 선산을 제대로 값을 지불해 준 것도 아니고 시세의 몇 분의 일에 해당하는 금액만 주었다.

그래서 고조부 봉현 부터 문환까지 4대를 마정 산에 모셨다. 마정산은 교통편도 좋아서 미래에 후손들이 찾아뵙기도 편리하다. 정규가 의도하여 모든 조상님들을 한 곳에 모신 것은 아니지만 그렇게 된 것이다. 현재는 많은 사람들의 가족들의 공동납골당을 만들고 있다. 어찌생각하면 조상님들을 한 장소에 모시게 된 상황은 오히려 잘 된 것으로 보인다.

종손 정규는 이미 20년 전에 고조부까지 비문도 세워드렸다. 이 책을 통하여 지나가신 선조들의 삶을 일부나마 글로 남겨 놓게 되니 그보다 더 큰 효도는 없을 것이다. 조상님들도 선조들의 기록을 남기는 것을 효 중에서 최고로 여기셨다. 종손 정규는 60살이 넘어 부모에게 할 수 있는 모든 효도를 하였다. 자식들에 대한 역할 도 모두 끝냈다. 짧고 굵게 사는 게 성공이 아니라 가늘게 오래 살아 자기의 역할을 자신이 다하는 것이 진정으로 성공한 삶인 것 같다.

다. 100세가 되도록 자립경제 유지

　종손 정규는 96살이 되도록 자식들에게 의지하지 않으시고 스스로 생활비를 챙기시고 아직도 집안의 크고 작은 일들을 모두 손수 해결 하신다. 지금은 막내아들 화종의 봉양을 받고 있으시지만 4년 전까지만 해도 아내 성연과 두 분이 함께 사셨다. 지금은 아내 성연이 인근 요양병원에서 요양 중이라서 막내아들 화종과 함께 하고 있다. 정규의 고조부 봉현에서 부터 아버지 문환에 이르기까지 아들이 장가들어 가정을 이루면 모든 대소사를 아들에게 일임하셨다. 그런데 종손 정규는 지금까지 집안의 대소사는 물론, 살림도 직접하고 있다. 종손 정규는 아버지 문환이 가정살림을 너무 이른 나이에 일임하여 많은 부담을 갖고 살았다고 탄식을 하곤 하셨다. 그래서 그런지 정규는 아직까지 아들 윤종에게 종손의 역할을 일임하지 않고 있다. 오히려 이렇게 모든 일을 자신이 직접 해결하려 하는 것도 문제인 것 같다. 종손 정규가 부자간에 자상한 대화가 없음은 종림 부터 계속되고 있는 것 같다. 서로들 대화가 없는 것을 누구의 탓이라 일방적으로 얘기할 수는 없다. 종림이 아들인 문환과 서로 대화가 없어 아버지가 무엇을 하는지 알 수가 없던 소통의 부재가 지금까지 증빙으로 나타나고 있다. 종림의 명의로 되어 있는 많은 부동산이 아들인 문환에게 전달이 안 되고 몇 세대가 지나며 소유주가 바뀌며 이제는 재산이 모두 남의 것이 되었다. 물론 못사는 사람들을 위하여 적선한 것으로 생각하면 좋은 일이지만 너무나 황당한 사항들이다. 신뢰라는 것은 장사꾼들이나 있어야 하는 것이 아니다. 부자간에는 대화와 신뢰가 없으면 이렇게 대를 이어가며 문제가 발생하는 것이다. 부자간에 대화와 신뢰는 배움의 정도하고도 관계가 없다. 종손 정규의 가문에서 가장 먼저 해결해야 하는 것은 부자간에 대화와 신뢰이다.

　정규가 논을 구입하여 농사를 시작하게 된 것도 우연이었다. 정규의 아버지 문환이 운영하던 방앗간에서 벨트에 어깨가 걸리어 중상사고를 당하여 정신이 없던 시기였다. 이 때 벽제 사리현에 있던 위토를 인근에 인접한 세종화학에서 공장을 확장하기 위해 그 위토를 구입하려 시세보다 몇 배의 가격을 제시하며 끈질기게 요청하였다. 당시에 정규는 문환의 치료에 경황이 없어 제대로 가격을 받고 처리하지는 못하였지만 위토를 판돈으로 문환의 치료비를 지불하고 남은 돈으로 다시 논 삼천 오백 평을 적성면에 구입하였다. 당시에는 한 사람이 농토를 보유하는 한계가 구천 평이었다. 그런데 적성에 매물로 나왔던 땅은 만평이 넘어 매부 황대연과 황의균 세 명이 나누어 구입하였다.

그래서 땅은 구입하였으나 정규는 농사를 지어본 경험이 없어서 무덤골에 농사를 짓고 사는 8촌 동생인 의규와 상의를 하였다. 무덤골 의규는 정규의 증조부인 승순의 동생 승억의 증손자였다. 의규는 8촌이지만 정규는 항상 친동생같이 생각을 하며 살았다. 그래서 정규는 의규를 만나 "내가 적성에 땅을 구입해 놓았는데, 그 땅을 네가 농사지을 수 있느냐?" 하니 "형님! 제가 그 땅으로 농사를 짓겠습니다" 하였다.

이러한 정규의 제안에 따라 8촌동생 의규는 무덤골에서 농사짓던 땅들을 정리하고 파주 적성면으로 이사를 하였다. 이렇게 의규는 적성에 가게 되었는데 내리 3년을 홍수로 수해를 받아 가을 수확을 할 수가 없었다. 정규도 그 땅이 그렇게 수해에 취약한 땅인지 모르고 구입하였던 것이다.

결국은 정규는 8촌 동생을 도와주려고 위토로 구입한 땅을 농사짓도록 한 것인데 오히려 큰 손실을 입히는 결과가 되어 의규는 정규를 원망하고 서먹한 사이가 되어 버렸다. 물론 8촌 동생 의규의 마음도 충분히 이해는 갔다. 무덤골에서 처갓집의 땅을 빌려서 문산에서 그냥 옮기지 않고 농사를 짓고 있었다면 LG 필립스가 주변에 들어왔을 때 많은 보상비를 받았을 것이다. 지나간 세월을 돌아보면 아쉽지 않은 인생은 없다. 그런데 1980년대가 지나면서 정규네 방앗간마저 수지타산이 맞지 않아 거의 운영이 되지 않았다. 설 등 명절 때는 온 가족이 도와야 할 정도로 손님이 많았으나 평소에는 일주일에 손님이 몇 명 정도밖에 없어 운영이 되지 않았다.

8촌 동생 의규는 주월리 자기 땅에 농사를 짓고 있었는데, 정규네 땅을 덧붙여 농사를 짓고 있었지만 해마다 홍수에 잠겨 헛농사를 지으니 힘만 들고 수확을 못하여 이제는 정규의 땅을 사용하지 않겠다고 하였다. 그래서 정규는 그 땅을 도로 받아서 팔려고 하여도 팔수가 없었다. 그 땅을 구입한 가격보다 싸게 팔려고 해도 팔수가 없었다. 그러나 같이 땅을 샀던 두 매부는 땅을 팔았으나 정규는 땅을 팔 수가 없어 그 땅을 그대로 가지고 있어서 하는 수 없어 농사를 지었다. 당시에 정규가 구입한 땅은 임진강에 홍수가 나면 상습적으로 침수가 되던 곳이었다. 당시에 그곳에도 안정한 방제 둑이 없었다. 그래서 홍수가 요행으로 없는 해는 제대로 수확을 했지만 여름이나 가을장마가 있으면 그해 농사를 망치곤 하였다. 정규네 가문은 홍수와 방제 둑은 할아버지 종림 때부터 악연이 있었다. 조부 종림도 독개 벌에 제방 둑이 터져 논이 수몰되어 많은 재산을 줄였는데 손자인 정규도 적성에 구입한 땅이 해마다 물이 드는 상습침수 지역이었던 것이다. 어쩌면 오랜 기간 임진강 주변에서 농사를 지어오던 가문으로서 피할 수 없는 상황인 것도 같다.

이렇게 농사를 짓던 정규는 그 땅을 구입한 가격인 평당 5만원에 팔고 문산 주변에 평당 10만원씩 천 평의 논을 구입하였다. 나머지 땅을 판 차액은 생활비로 사용했다. 농토의 규모는 줄었으나 홍수에 안전하고 집에서 가까워 농사짓기도 수월하였다.

적성에 있던 땅은 문산읍에서 버스를 타고 또 많은 거리를 걸어야 했는데 새로 구입한 땅은 자전거로 타고 가면 적당한 거리였다. 이 땅은 정규가 계속 쌀농사를 짓다가 맏아들 윤종이 직장에서 퇴직하여 아버지에 이어 소일거리로 농사를 짓고 있다. 지금은 논에 흙을 채워 높여서 밭으로 사용하여 계절에 따라 다양한 채소를 심으며 소일거리로 삼고 있다.

종손 정규는 기원도 여러 해 동안 운영하였다. 방앗간은 사양 산업이 되어 점점 손님이 끊기고 늦게 둔 금선과 화종이가 대학을 가게 되자 학비로 살림의 압박을 받자 기원도 개업을 하였다. 그래서 정규는 농사와 기원을 하면서 살림을 유지하였다. 방앗간을 하면서 기원을 해도 금선과 화종을 대학공부 시키기가 어려웠다. 그러던 차에 마침 법원읍 오현리에 있던 선산의 위토가 군부대 땅으로 징발된다는 통보를 받았다. 그 땅은 정규도 알고 있지 못하던 땅이었다. 갑자기 숨어 있던 땅에 대한 보상을 받은 것이다. 그래서 정규는 화종과 금선의 대학 학비에 보탤 수 있었다. 지나고 보면 조부 종림은 정규가 어려울 때마다 이렇게 도움을 주셨던 것이다. 벽제 사리현리 위토는 물론 오현리 위토도 정규의 조부 종림이 구입한 땅이다. 사리현리 위토는 문환이 큰 사고를 당해 의료비가 크게 들어가는 시점에 갑자기 매도할 사항이 생겨 어쩔 수 없이 팔았지만 요긴한 시점에 팔려 종림의 아들인 문환의 치료비에 도움을 주셨다. 오현리 위토는 그의 손자인 정규도 모르고 있던 땅인데 증손자와 증손녀의 학비에 도움을 주셨던 것이다. 정규에게 있어 조부 종림은 돌아가신 후에도 손자를 보호하고 계신 것이다. 아마도 정규와 조부 종림과 인연의 끈은 매우 단단하셨던 것으로 보인다.

　금선과 화종은 나이 터울이 없어 화종이 대학을 입학하고 곧바로 군대에 입대를 하였고 금선은 그 사이에 대학을 졸업을 시킬 수 있었다. 금선은 큰 딸 건숙이 제주도에 살고 있어 건숙의 집에서 제주대학을 마칠 수 있었다. 막내아들 화종이 군대에서 제대를 하자 정규는 큰 아들 윤종과 막내 화종을 불러 놓고 말했다. 이제부터 아버지는 경제적 여력이 없으니 형님과 상의하여 대학을 졸업하라 하였다. 막내 아들 화종이 복학한 대학에는 외사촌 형님이 교수로 있어 장학생 선정 등에 많은 도움을 받을 수 있어 화종도 대학을 졸업할 수 있었다. 외사촌 형님이 도와줄 수 있었던 것도 화종이 공부를 잘 했기 때문에 가능하였다. 화종의 외사촌 형님도 고모부인 정규가 많은 도움을 주었기 때문에 이러한 것이 가능한 것이라 생각한다. 삶에는 항상 이렇게 빚을 주고받으며 살아간다. 그래서 좋은 인연은 대를 이어 가는 것이다.

정규에게는 늦게 둔 딸 금선과 아들 화종의 뒷바라지를 위해 나이가 들어서도 열심히 경제 활동을 하게 된 동기가 되었던 것이다. 그렇지 않았다면 적당히 삶에 안주하고 다른 사람들처럼 사셨을 것이다. 적극적인 삶이 오히려 노화를 멈추고 젊게 살게 만드는 동력이 되었다. 이런 경우로 볼 때 나이가 들어도 목적이 있는 삶이 필요하다는 것을 새삼 느끼게 된다. 종손 정규는 문산 기원을 운영하면서 기원을 종친회 사무실로도 사용하면서 종친회 운영에 활력을 주려고 노력하였다. 문산에서 기원을 하다가 후에는 다시 금촌으로 기원을 옮겨 계속하였다. 금촌에서 기원을 하게 된 것은 금촌에 종친회 교하 분회장 건물이 있었는데 그 곳에 와서 기원을 하라고 배려해 주어서 금촌으로 가게 되었다. 정규는 금촌에서도 기원을 하면서 기원을 종친회 사무실로 사용하였다. 종손 정규는 끝으로 둔 딸과 아들 대학을 졸업시키고 결혼시키니 어느덧 칠십 살이 넘었다. 그 이후에도 90살까지 논농사는 계속 지으면서 경제활동을 하였다. 매일 무언가 해야 할 농사와 돌보아야 할 곡식이 있다는 게 건강한 삶으로 이끌었다. 종손 정규는 90살이 가까운 나이가 되어서도 마정리 선산의 나무들을 간벌하고 산에 조그만 밭을 일구어 곡식을 심어서 가꾸며 소일을 하셨다. 이제는 당뇨로 눈이 잘 안보여 그마저도 일을 할 수 없게 되었지만 아직까지 아내 성연의 요양원 치료비는 정규가 직접 지불하고 있으시다.

라. 구십 살이 넘도록 소주 3병 즐기는 체력 유지

어려서는 공부 잘하는 친구들이 어깨를 펴고 대학을 졸업 한 후에는 취직을 잘해야 하고 40대에는 자식들이 공부 잘하여 좋은 학교에 들어간 사람들이 기를 펴고 산다. 인생이 60을 넘으면 건강한 친구들이 최고다. 동창회에 나가도 활기 있고 술도 잘하는 건강한 친구들이 단연 인기가 있다. 종손 정규는 귀엽게는 태어났지만 그리 건강하게 태어난 것 같지는 않다. 그렇지만 80살이 넘어 척추 수술을 한 것을 제외하고는 큰 병이 없이 살아오셨다. 그는 육십이 될 때까지는 소주 1~2병이면 다음날 일어나지 못하는 체질이었다. 그리고 다른 평범한 사람들처럼 고혈압과 당뇨가 있었다. 지금도 고혈압과 당뇨 약은 복용하고 있다.

종손 정규와 같은 세대에 태어난 남자들은 건강은 물론이고 지금까지 살아 있으면서 장수를 한 사람들이 거의 없다. 정규가 80대 중반이 넘어서자 주변의 친구들은 모두 먼저들 저 세상으로 가고 십여 살 어린 나이의 사람들과 어울릴 수밖에 없었다. 사람이 건강을 유지 하는데 삶의 책임감이 매우 중요한 것 같다. 정규는 칠십 살이 넘도록 자식들을 공부시키고 결혼시켜야 하는 책임감이 삶을 열정으로 이끌어 건강한 삶으로 연결된 것으로 보인다.

정규는 금년 신축년에 96세가 되셨다. 불과 2~3년 전까지만 해도 소주 2~3병을 거뜬히 비울 정도의 체력을 유지하고 있으셨다. 그러나 최근 눈 수술을 잘 못하여 앞을 못 보시는 바람에 자유롭게 걷는 것 조차 어렵게 되었다. 코로나19로 외부의 출입이 줄어들어 건강이 더욱 나빠지신 것 같아 안타깝다. 종손 정규는 같은 부모에게 태어났어도 다른 형제분들과는 매우 다른 체질로 살아오셨다. 다른 형제분들은 거의 술을 못해 소주 3잔을 넘기지 못하는 체질이다. 종손 정규도 젊은 시절에는 다른 형제분들의 체질과 비슷하였다고 한다. 그런데 삶의 어려운 시기를 넘기면서 강도 높은 노동과 빈번한 과음 등 삶의 체질이 바뀌면서 건강 체질도 바뀌어 진 것 같다. 그래서 인생에서는 삶에 답이 없는 것이다. 어떤 삶이 이익이고 손해인지는 판단하기 어렵기 때문이다. 종손 정규는 최근에 까지 농사를 지으면서 노동을 하셨다. 그런데 그런 삶의 습관이 체질을 바꾼 것으로 보인다. 정규는 나이가 70~80살 때는 영지버섯 등을 채취하기 위해 산으로 들로 등산도 많이 하며 걸어 다녔다. 정규는 어릴 적 경농을 다니면서 배운 약초 등에 대해서도 호기심이 많아 파주 산야를 돌아다니시면서 많은 영지와 천마 등을 채취하여 복용하셨다.

이러한 야생 영지와 천마는 심혈관이나 강장제로 높은 약성을 가지고 있는데 이런 자연산의 약초들이 체질을 바꾼 것도 같다. 사람이 살아가면서 건강만한 복은 없다고 생각했다. 이러한 건강도 스스로 구하지 않으면 얻어지지 않는법이다. 종손 정규는 노동과 등산을 통하여 체력 얻었고 약초를 통해서 심혈관 계통의 개선이 된 것으로 판단된다. 요즘 90살을 넘게 사는 사람들은 많다. 하지만 건강하게 오래 사는 경우는 그리 많지 않다. 사람이 모든 복을 다 얻을 수는 없다. 명예와 부를 가지면서 장수를 누리기는 경우가 거의 없다. 세계적인 장수를 누린 사람들은 중간 정도의 생활수준으로 사는 사람이 대부분이다. 사람은 오래 살아야 개인의 행복을 넘어서 가문을 지키고 숭조도 할 수 있는 것이다.

종손 정규는 사회적은 고위직의 출세는 하지 않았다 하지만 장남으로 태어나 부모님을 돌아가실 때까지 모시면서 두 분 모두 마지막까지 효도를 다하며 모시다가 선산에 장례를 모셨다.

아들딸 5남매를 낳아 모두 공부시키고 출가를 시켜서 모두가 건실한 가정을 이루고 살고 있다. 막내아들과 막내딸까지 모두 출가시킨 후에는 고조부모님을 비롯해 부모님까지 모두 비문을 세워 드렸다.

그리고 최근에는 오현리 선산이 군 사격장으로 강제 징발되어 오현리에 모셨던 고조부모님과 부모님 그리고 작은 아버지 내외분도 모두 마정리 선산으로 모시는 등 후손들까지 이어갈 선산으로 정비를 하셨다. 정규와 같은 세대를 사셨던 대부분의 사람들이 자식들 출가도 제대로 시키지 못하고 죽는 경우가 대부분인데, 그는 이 모든 것을 자신의 손으로 완수할 수 있었다.

종손 정규는 60살이 넘어서는 종친회에 솔선수범으로 활동하여 본인의 숭조의 정신을 몸으로 실천하셨다. 이런 경우를 보면 건강하게 오래 살아야 하는 것이 가장 중요하다는 것을 다시 한 번 느끼게 된다.

다산 정약용 선생이 당시에 매형 이승훈이나 형님들처럼 형장의 이슬로 살아졌다면 그 많은 저술은 하지 못했을 것이다. 중국의 사성 사마천은 『사기열전』을 저술하기 위해 궁형의 치욕을 참고 생명을 부지하였던 것처럼 오래 살아 자기의 할 일을 완성한다는 것은 이래서 훌륭한 것이다. 만약 종손 정규가 6.25발발 때 홍천으로 출장가시지 않아 임진면에 남아 있다가 인민군에게 검사소장과 함께 총살을 당했다면 정규네 가문에서 그의 삶의 흔적들은 없었을 것이다. 이때도 조상님들의 음덕으로 죽음의 자리를 피할 수 있었다는 생각이 든다.

사람이 자신들의 운명을 개척한다고 말들은 하지만 곰곰이 생각해 보면 이미 필연적으로 운명이 지워져 있는 것 같다. 마치 지나간 삶을 잘 노력했다면 더 좋았을 것이란 삶의 가정은 필요 없는 아쉬움만 남긴다.

바꾸어 말하면 종손 정규가 사회적으로 출세를 포기하고 가문의 종가를 지켰기에 부모님에게는 효도할 수 있었고 숭조의 정신을 기릴 수 있었다. 그러했기에 4대 봉사는 물론이고 종친회 활동에도 최선을 다할 수 있었다.

그래서 종친회 활동에서도 회장직의 명예보다 총무를 맡아 종친회의 내실을 기하는데 노력하였다. 종손 정규가 아버지 문환의 뜻을 만족시켜드리는 것에는 미흡하였지만 조부 종림의 뜻에는 아주 흡족한 종손이었다는 생각이 든다.

옛날의 가문에는 종손은 학문은 해도 벼슬은 최소한으로 마치기를 바라셨다. 정규의 경우도 종손으로 당연히 신학문을 배워서 학식은 갖추었고 사회생활 경험도 적당히 하였으니 종손의 자력으로는 충분한 것이었다. 아마 정규의 조부 종림이 살아계셨다면 정규가 종손으로 살아온 삶의 여정을 매우 긍정적으로 보셨을 것이다.

조부 종림은 아들인 문환도 공부는 하되 사회에 나가지 않고 집안에 남아 조상 잘 모시고 가문을 지키는 것을 종손의 역할로 으뜸으로 여기셨다.

종손 정규의 삶을 자식들의 입장에서는 만족하지 않을지 모르지만 조상님들 입장에서 보시면 철저히 가문의 종손으로 살아온 것이다. 종손 정규는 여전히 4대 봉제사를 모시고 숭조의 정신을 이어가고 있다. 전통적인 양반가문의 종손의 역할로 볼 때 정규는 최상의 삶을 살고 있는 것이다.

마. 삶의 활성화를 위한 이웃들과 친목활동

종손 정규는 공무원을 그만두고 장사를 시작하면서 뜻이 맞는 이웃사람들과 친목계를 조성하였다. '계'는 상고 시대부터 있었으며 삼국시대와 고려시대에 크게 성행한 불교의 결사조직체인 향도에서도 그 모습을 찾을 수 있다. 사상·감정·생산 등 생활양식이 같은 분야에서 성립되어 모든 행사를 공동으로 하는 풍습이 있었다. 이 풍습은 삼국시대, 고려시대를 거쳐 조선시대로 오면서 몇 백년 동안 여러 종류의 계가 조직되어 민중 속에 자리 잡았다. 정규가 결성한 친목계는 혼인, 환갑, 초상을 당할 때 계원끼리 물질적으로나 노력으로 상호부조하며 생활 친목을 도모하는 것이다.

현대에도 '계'가 오늘날 까지 지속되고 있는 이유는 크게 3가지이다. 첫째, 계의 형평성이다. 모든 계는 평등원리를 바탕으로 조직되어 있으며, 이러한 형평성이야말로 혈연이 아닌 타인과 조직하는 계의 생명력을 지속시키는 커다란 이유로 작용한다. 둘째, 계는 혼자서는 해결하기 어려운 문제를 신속하게 처리해준다. 큰일을 치르거나 어떤 목적을 이루고자 할 때 계를 통해 물질적 도움과 일손을 얻을 수 있다. 셋째, 계를 통해 관계의 탄력성을 얻을 수 있다. 평소 친하게 지내는 사람일지라도 계를 통해 더욱 친해지면서 결속을 다지는 것이다.

정규는 오래하지 않는 공직생활이지만 이 일을 그만두고 사업을 시작하였다. 처음에는 장사를 시작하여 일을 배우느라 정신이 없었고 다행히 사업도 잘되어 일에 몰두하여 시간이 빠르게 지나갔다. 시간이 지나자 일에 대한 물리도 어느 정도 트였고 장사를 하다 보니 같은 업을 가지고 살아가는 이웃들과도 자동적으로 어울리게 되었다. 그래서 이웃들과 친목도 더 다지고 정을 나누며 살아가는 방법을 생각하게 되었다. 정규는 이러한 이웃들 중에 나이와는 상관없이 서로 마음이 통하는 사람들을 모아 '문우친목계'를 구성하였다. 친모계원은 신분이나 나이는 고려하지 않았다. 이러한 사람들을 모아 보니 15명 정도 되었다. 친목회원의 나이는 최고 10여살 차이가 났지만 모두 고향사람들이라서 친목을 도모하는 데는 어려움이 없었다. 지금도 생각나는 회원은 제일상회, 광복상회 주인과 버스회사를 운영하는 사람 등 친목회를 위해 노력하였던 사람들이 기억된다.

정규는 문우친목회의 회장을 탈퇴 할 때까지 하였다. 이 친목회를 탈퇴한 이유는 나이도 고령이 되고 회원으로 감당해야 할 회비도 부담이 되었기 때문에 스스로 탈퇴를 하였다. 친목회는 친목을 다지는 게 목적이라 매월 1회 정기적으로 서로 만나서 정보도 교환하였다. 만나는 장소는 수십 년간 문산에 있는 중국집인 '은하장'에서 만났다. 수십 년을 이곳에서 만나다 보니 은하장 주인도 회원처럼 가까웠다. 좀 더 의미있는 중요한 모임은 임진각에서 만나서 의견을 나누었다. 회원 중에는 임진각에서도 근무하고 있었던 사람이 있어 많은 도움을 받았다.

'문우친목회' 처음 시작해서는 회원의 기금확보를 위해서 회비 사용을 절약하였다. 친목회를 처음 시작했을 때 회장은 '이ㅇㅇ'이라는 사람이 맡았다. 그는 정규의 아버지 문환의 처가의 먼 처남뻘이 되었다. 그는 농협에서 직원으로 일하다 퇴직하였다. 같은 회원 중에는 그와 같은 농협에서 허드렛일 하다가 퇴직한 '정ㅇㅇ'이라는 사람도 있었다. '정ㅇㅇ'은 '이ㅇㅇ' 보다 7~8세 나이가 많았다. 하지만 '이ㅇㅇ'은 '정ㅇㅇ'을 아랫사람 부리 듯 대접을 하였다. 그래서 함께 보는 고향사람들은 항상 '이ㅇㅇ'의 처신을 못마땅하게 생각하였다. 그는 둔하고 미련하였지만 운동하나만큼은 매우 잘 하였다. 특히 유도를 잘 하였다. 그래서 그는 경찰의 무술사범으로 채용되어 일했다. 한번은 친목회장인 정규에게 청탁을 하였다. 그의 아들을 취직시켜 달라고 요청하였다. 더구나 아버님 처가의 먼 처남뻘이 되므로 거절하기도 어려웠다.

그래서 정규는 회장의 아들을 건국대 교수로 있는 처조카에게 부탁을 하였다. 정규의 처조카는 고모부에게 꼭 취직시켜주어야 하는지 되물었다. 그래서 정규는 꼭 취직시켜달라고 처조카에게 단단히 당부를 하였다. 친목회 회장의 아들을 건국대 직원으로 채용하였다. 그런데 취업시켜 준 회장의 아들이 말썽을 부린 것이다. 그의 아들은 건국대에서 노조를 결성하여 사사건건 학교의 일에 반대를 하였다. 상황이 이러하니 그를 채용하도록 부탁한 정규의 처조카는 대학 측에 입장이 난처하게 되었다.

이렇듯 친목회 회장의 아들도 아버지와 같이 모든 일에 자기의 처신을 모르고 안하무인으로 굴었다. 그는 '문우친목회' 회장을 맡고 있으면서 투명하게 운영하지 않아 회원들의 불만이 많았다.

그래서 처음에는 '이ㅇㅇ'이 회장을 맡았으나 총회에서 회원들이 회장을 정규로 만장일치로 교체하였다. 문우회 인수인계를 하려고 장부를 확인해 보니 문제가 많았다. 회비를 늘린다고 사채로 빌려주고 그 이자의 일부를 자기가 마음대로 쓰고 나중에 통장을 다시 만들어 잔고를 맞추는 식이었다. 당시에 장단에서 피난 와서 정착하여 살고 있던 '이한수'라는 사람이 있었다. 그는 파주의 야당 지구당위원장을 하면서 일본으로 '하오리'를 만들어 수출하는 사업을 하

〈친목계 회원들과 함께 : 이정규(왼쪽에서 세 번째), 조성연(왼쪽에서 네 번째)〉

〈친목회원들과 동남아 여행〉

〈태국 여행 기념〉

〈하와이 여행 기념〉

〈유럽 여행〉

〈유럽 여행〉

〈유럽 여행〉

였다. '하오리'는 외출하기 위해 입는 골반이나 넓적다리까지 내려오는 일본의 전통 겉옷이다. 회장은 '이한수'에게 매월 4부이자로 돈을 빌려주고 2부 이자만 회비에 들여놓고 2부 이자는 자기 마음대로 사용하였다. 이렇게 장부통장까지 다시 발급해 2부 이자를 받은 것으로 만들었다. 하지만 회원들은 회원 간에 친목을 생각해 모르는척 하고 회장만 교체하는 것으로 마무리지었다.

문우회원 중에는 문산초등학교 교사가 있었는데 서울에 있는 버스회사에 취직이 되어 교사를 그만두고 직장을 버스회사로 옮겼다. 그는 문우친목회 기금을 많이 키워 친목활동을 안정적으로 하도록 기반을 만드는데 많은 기여를 한 회원이다. 그가 취업한 버스회사는 신월동에서 안양, 수원을 다니고 있었는데 황금노선이었다. 그의 협조로 문우친목회에서는 당시에 그 버스회사에 버스 한 대반을 들여놓았는데 매달 300만원의 비용이 입금되었다. 그는 현재까지도 능력을 인정받아 그 버스회사의 고문으로 남아있다. 후에 그는 버스회사를 자기회사와 같은 회사로 만들었다. 그는 정규와 같은 전주이씨인데 전주이씨 종약원의 총무이사까지 하였다. 그의 활동으로 문우친목회 기금이 탄탄해져 매년 연말 결산은 임진각 귀빈실에서 하였다. 임진각에서 근무하던 회원도 전주이씨 이고 양영대군 집안이었다. 친목회 기금이 더욱 많아져 연말 결산모임에서 선물로 금반지도 하나씩 만들어 나누어 갖기도 하였다.

정규는 문우친목회를 탈퇴 할 때까지 회장을 맡았다. 워낙 틀림없이 꼼꼼하게 회계 등을 처리하므로 모든 사람들이 계속 원했기 때문이다. 총무는 강릉김씨인 '김명래'가 담당하였다.

정규가 회장을 하면서 회비가 모이자 대만, 홍콩, 싱가포르와 동남아를 다녀왔고 10박11일 동안 유럽여행도 하였다. 그러나 하와이 여행이 가장 재미있었고 추억에 많이 남아 있다.

이웃과 길흉사 등에 서로 도우며 친목을 도모하는 정도로 시작하였지만 회원들 중에 유능한 회원들이 있었고 정규가 회장이 되어 잘 운영하여 삶에 활력을 불어넣어 준 것이다.

이웃사촌들과 서로 어려울 때 마음을 나누고 용기를 주고 하는 것은 매우 중요하다. 특히, 농사나 상업 등 개인이 하는 사업일수록 삶에 활력을 넣어 줄 수단이 있다는 것은 생명수와 같은 것이다.

종손 정규는 아내 성연과 19살에 결혼하여 지금까지 80년 가까이 살아오면서 이렇게 해외여행 몇 번 다닌 것이 마지막이 되었다. 아내 성연은 층층시하의 농사 많이 짓는 종갓집 종부로 들어와 많은 고생을 하였다. 종부 성연은 젊어서 시집와 처음 몇 년 시집살이 하다 보니 6.25전쟁과 피난살이 4년을 보내니 서른 살이 되었고, 피난에서 돌아와 다시 삶이 자리를 잡고 문산읍으로 이사하여 일 년에 열 번의 제사와 두 분 부모님 모시다 여의고 자식들 모두 출가 시키니 어느덧 칠십 살이 넘었다.

그러니 부부가 여행이라는 것을 생각할 수도 없었다. 부모님 모시고 사는 것도 항상 마음을 많이 써야 했으며 부모님 두 분 모두 돌아가시기 전 3년 정도 병치레로 자리보존 하시다가 돌아가셨다. 정규의 부부에게 '문우친목회'와 같은 삶의 숨통이 없었다면 삶이 훨 씬 더 고달프셨고 힘들었을 것이다.

바. 가문의 기록을 남기는 일은 종손의 소중한 과제

조선왕조와 고려시대에는 왕조실록이 있었다. 조선시대에는 일반적인 양반 가문에는 집안의 기록을 작성하여 가승家乘을 하였던 것이다. 그런데 정규의 가문은 고조부는 오랜 방황생활 등 정확한 기록을 통하여 전하여 내려오는 기록이 없다.

정규의 고조부, 증조부, 조부, 아버지 모두들 글은 배우셨으나 집안의 기록은 전해오지 않았다. 그것은 6.25전쟁 중 집을 4년 가까이 방치하여 소실된 것으로 보인다. 증조부 승순은 생원시까지 통과할 정도로 학식이 있으므로 충분한 능력이 되었지만 역시 그런 기록은 없다. 정규의 조부와 아버지 문환은 파주 향교에서 중요한 직책을 맡아 일을 할 정도의 능력은 되었으나 그런 기록은 전하지 않아 안타깝다. 하긴 한 나라의 역사도 없어서 잃어버리는 경우가 있다.

이와같이 국가의 전란은 수많은 사람들의 삶만 파괴하는 게 아니라 그들의 삶의 흔적마저 없애버렸다. 정규의 고조부가 태어나신 1828년부터 정규의 아버지가 사셨던 150여 년은 유사이래 가장 혼란한 시기였기 때문에 모든 기록이 없어졌던 것이다. 더구나 이 시기는 조선왕조가 멸망하여 국가의 주권이 일본에게 빼앗겨 역사가 단절되었다. 세계적으로 산업혁명으로 삶의 방식이 대전환되던 시기였다. 이렇게 없어진 가문의 200년 내력을 종손 정규의 기억에 의존해 정리하자니 착오도 있을 수 있다.

고려의 김부식이 완성한 「삼국사기」도 신라가 멸망하고 210년 후에 저술한 기록이다. 그런데 비하면 정규는 비록 기억에 의존하지만 200년 가문의 160년은 정규가 체험한 삶으로 볼 수 있다. 왜냐하면 정규가 100년을 살면서 대가족으로 함께 사셨던 증조부 승순의 나이를 합하면 160년이 되는 것이다. 이러한 정규의 삶을 회고하여 보면 정규의 기억에 남아 있는 내용은 살아있는 이야기라고 볼 수 있다. 오랜 세월이 지나면서 정규의 기억에는 삶의 엑기스만 남아있으니 오히려 핵심만 정리할 수 있는 장점도 있다. 비록 정규의 기억이 정확하지 않을지도 모르지만 기록으로 남겨야 하는 가치로는 충분하다고 생각한다.

조선시대 양반가에서는 가문의 종손은 당연히 종손이 경험했던 아버지, 할아버지, 증조부 등 행적과 삶을 정리하여 기록으로 남겨두어야 종손의 마지막 역할을 다하는 것이었다.

이러한 전통으로 미루어볼 때 종손 정규가 가문의 기록을 남겨야 하는 것은 당연한 책무라고 본다. 이러한 정규의 행위를 이해하지 못하는 것은 그들의 무식의 소치라고 생각한다. 다시 말하면 종손 정규는 고조부에서부터 하시지 못한 일을 하는 것이다. 정규가 가문의 종손으로서 완벽한 역할을 다하고 있는 것이다.

종손으로서 가장 중요한 봉제사와 종친회 참여 활동을 누구보다 열성적이다. 고조부까지 선산을 정비하였고 비문도 모두 작성하여 설립하였다. 종친회 활동을 열심히 하였다는 것은 고조부 전에 사셨던 조상님들도 극진히 모셨다는 의미이기도 하다. 거기에다 가까운 조상님들의 기록까지 글로 남긴다면 종손으로서 완벽한 숭조의 실천이다. 이러한 연유로 종손 정규는 기록을 남기는 일을 시작하게 된 것이다.

종손 정규는 마음속으로 항상 아쉬움이 있었다. 고조부 봉현 할아버지에서부터 파주에 정착하여 살아오셨던 기록을 남기지 못한 아쉬움이다. 이러한 글을 남기고자 하였던 것은 60살이 넘으면서부터 가지고 있었던 생각이었다. 정규의 가문에는 가까운 조상님들이 행적에 대한 기록이 없는 것이다. 더구나 6.25 전쟁을 겪으면서 많은 기록들을 분실하여 가문의 내력을 구문으로 들어서 대략 알고 있을 뿐이다.

지금은 정규 자신도 집안의 내력을 정확히 알지는 못한다 하지만 세월이 흐르면 지금에 알고 있는 토막지식도 결국 없어지기 때문이다. 그래서 나이는 점점 많아지고 조급함을 느끼고 있었는데 이러한 심정을 정규의 두 번째 사위에게 전하여 이 글을 쓰게 하였다.

정규의 고조부 봉현이 1828년에 태어 나셨으니 2028년이면 정규의 고조부께서 출생하신지 200년이 되는 것이다. 봉현과 함께 64년을 사셨던 정규의 증조부는 직접 보았고 어린 시절 같은 방에서 증조부와 함께 생활하셨으며 종손 정규가 10살 때까지 생존하셨다. 종손 정규는 100년을 살고 있지만 체험한 가문의 간접 체험한 삶까지 160년을 품고 사시는 것이다.

이러한 까닭으로 종손 정규의 삶을 중심으로 이글을 작성해야 하는 당위성은 논할 필요가 없는 것이다.

중요한 것은 종손 정규가 이 글을 남기게 되고자 함은 정규 자신의 삶을 위함이 아니다. 정규의 고조부 봉현부터 시작하여 200년의 내력과 조상님들이 살아오신 삶과 정신을 후손들이 조금이나마 이해 할 수 있도록 하기 위함이다. 참으로 종손 정규의 기억력은 대단 하셨다. 많은 세월이 흘렀어도 그 당시의 이름까지 기억을 하고 있다. 그만큼 정규의 삶에서 종손이라는 책임과 조상님들을 중요하게 생각하였기 때문에 가문의 중요한 일들을 기억할 수 있었다고 생각한다.

불교에서 부처님의 말씀들을 500여 년 동안 구전으로만 전해오던 것을 후에 문자화하여 지금의 불경을 만들었다고 한다. 정확한 이야기의 내용을 기록해야 하지만 더 중요한 것은 그 얘기의 내용이 담고 있는 정신일 것이다.

그러므로 이 책은 무엇을 평가하려는 책이 아니다. 종손 정규의 삶을 중심으로 파주에 정착하신 고조부 봉현 이후 200년 가문의 기록을 남기고자 함이다. 이러한 역할은 대를 이어 계속되어야 한다. 종손 정규가 종손이라 하지만 가문의 모든 내력을 다 아실 수는 없을 것이다. 더 정확한 기록이 있다면 고치고 또 고쳐서 제비집 쌓듯이 세월을 더하며 후손들이 계속 보완하고 또 보완해야 할 것이다.

제4장
百年 삶에 대한 悔恨과 다시 꾸는 꿈

제4장

백 년 삶의 회환悔恨과 다시 꾸는 꿈

1. 종손宗孫이 가문家門의 기록記錄을 남기는 이유

인생 100년을 살아가며 정규가 이 글을 남기려는 이유는 남보다 자랑할 만한 삶의 이력이 있어서도 아니다. 정규가 가문과 함께 살아오면서 겪었던 삶의 시행착오들을 기록으로 남김으로써 후손들이 자긍심을 가지고 보다 나은 미래를 살아가는 데 도움이 되기를 바라는 마음에서다. 어쩌면 후손들의 미래를 염려하는 것 또한 헛된 욕망인지도 모르겠다.

『논어』 「학이편」에 "본립이도생本立而道生"이란 말이 있다. "근본이란 무엇인가?" 근본이 바로서고 열리는 길이란 인간이 가야하고 시대가 필요로 하며 역사가 이루어지는 길이다. 한 가문도 근본을 바로 세우려면 가문이 걸어온 길을 추적하여 과거의 길을 더듬어 보는 것이 또한 무엇보다도 중요하다고 생각한다. 어쩌면 이것이 이 책을 쓰는 모든 이유인 것이다. 정규의 고조부 봉현이 70년을 방랑생활로 사셨고 파주 장산리에 정착하여 120년이 된 가문이 살아온 삶의 자취를 후손들에게 전해야 할 책임감으로 이글을 남기게 되었다. 한 사람이 훌륭하게 살아왔다고 하여도 진정으로 후손에게 길을 밝혀줄 삶의 가치가 얼마나 되겠는가? 하지만 정규의 가문은 고조부 봉현이 1828년에 출생하신 이래 지금까지 200년을 이어오면서 어느덧 통정대부 봉현의 7세손이 가문의 중심이 되었다. 고조부 봉현으로부터 정규에 이르기까지 겪었던 가문의 시행착오를 정리하면 앞으로 후손들이 살아가면서 삶의 방향을 바로잡는 데 긍정적 지침이 되리라 확신하고 있다. 이것이 종손 정규가 이 책을 편찬하는 목적이다. 이런 행위는 본인에 대한 삶의 정리이자 자손들을 사랑하는 또 다른 방법이기도 하다. 호적법이 개정되어 혈통 중심의 가치관도 이미 없어졌다. 미래의 가문은 혈통보다 정신을 이어가는 것이 더 중요하다고 생각한다. 오래된 과거는 곧 먼 미래다. 그래서 선조들의 삶 속에 후손들이 밝은 미래를 찾기를 바라며 가문의 지나간 흔적들을 기록으로 정리하고자 한다.

"홍안의 젊은이 어느새 늘그막에 이르러

늘어뜨린 댕기머리는 순식간에 백발로 변하니

일생 동안 마음 썩인 일들이 실로 그 얼마였던가?

불문(佛門)에 들지 않는다면 어디서 해탈할 수 있으리?"

위 시는 왕유가 말년에 지은 시이다. 왕유는 지금부터 1,300년 전 중국 당나라의 시인이다. 왕유는 60세까지 살다가 죽었다. 왕유가 60세 정도에 백발을 한탄하며 지은 시인데 '일생동안 마음 썩인 일들이 실로 그 얼마였던가?' 하고 한탄 하였다. 왕유에 비하면 정규는 40년은 더 사신 분이다. 종손 정규는 많은 역사적 격변기를 거치며 가문의 가치관 유지와 현실 사이에서 마음 썩인 일들이 수없이 많았다. 정규는 그의 조상님들이 역동의 땅 파주에 정착하시어 살아왔기에 20세기 역사적 숱한 사건들을 고스란히 겪으며 살아오고 있다. 종손 정규는 아직도 일제강점기 나라 잃은 설음과 6.25전쟁으로 겪은 고통스런 체험이 생생하게 살아있는 분이다. 종손 정규가 살아온 100년의 삶은 그의 가문만 겪은 삶이 아니다. 같은 시대를 사셨던 모두가 겪은 경험이다. 중요한 것은 그때의 경험을 종손 정규는 살아있는 육성으로 생생하게 들려줄 수있다는 것이다.

정규는 아버지 문환과 어머니 공주이씨가 있으므로 해서 태어 나셨다. 아버지 문환 역시 조부 종림이 있어서 태어 나셨다. 그와 같이 조상은 우리를 이 세상에 태어나게 한 근본이라 말할 수 있다. 사람이 자신의 존재를 부인하지 않는다면 어찌 자신의 근본인 조상을, 부모를 위하지 않겠는가? 나무의 가지와 잎이 무성하기를 바란다면 어떻게 그 뿌리를 배양하지 않겠는가? 우리가 평소에 잘 모르던 사람도 그와 자기가 동성동본, 즉 전주이씨 라는 사실을 알게 되면 당장 친근감을 느끼게 된다. 그것은 우리가 친족을 만났을 때 조상을 생각하고, 조상을 생각하면 서로가 혈육의 정을 느낄 수 있기 때문이다. 이것이 바로 '하늘이 맺어준 인연, 즉 천륜이라는 것이다. 그래서 많은 동물 가운데서 사람을 '만물의 영장'이라 부른다. 지금 종손 정규는 100년의 삶을 바라보고 그에게 삶을 이어준 직계혈통 종손 중에서 최고령의 나이로 살고 있다. 종손 정규의 고조부 때부터 이곳 파주 장산리에 정착하시어 어느덧 122년이 흘렀다. 그 122년의 기간 중에 종손 정규가 96년을 살고 있는 것이다. 지난 122년 동안 정규의 고조부, 증조부, 조부와 아버지 문환 등 4대가 파주에서 사시다 돌아가셨다.

정규의 고조부께서는 70년 방랑생활을 하시고 파주에 정착하시어 122년이 되었으므로 통정대부부터 시작하여 그의 가문을 '파주 200년 가족사'로 표현하였다.

조상님들의 기록은 족보에 간단히 생몰연월일 정도만 적혀 있다. 벼슬을 하지 않았다면 아무리 치열하게 사셨어도 한줄 기록으로도 남아 있지 않다. 그러므로 정규네 가문이 200년간 겪으셨던 피와 눈물의 자취는 구전으로만 전해지는 것이다. 기록으로는 전하지 않지만 평범함으로 이어오는 가문의 삶 속에 숨어있는 조상님들의 흔적들이 더 소중하게 다가오는 것 같다. 그래서 종손 정규는 고조부 봉현이 정처없이 다니셨던 70년과 파주에 정착하시어 민초로서 살아오신 120년 동안 가문의 삶을 이 책에 담고자 하였다.

　정규의 고조부가 70년 동안 정처없이 방랑을 하신 이유가 무엇인지 알 수는 없으나 한 곳에 정착하지 못하신 사연이 있었던 것만은 틀림없다. 정규의 고조부 봉현은 70년을 방랑생활을 하시느라 아들과 손자에게 많은 고생을 시키셨다. 그래도 그들은 아무 불평없이 어려운 방랑생활 속에서도 효도를 다하셨다. 가세가 안정되자 그의 아버지와 조부를 위해 선산과 위토부터 마련하여 숭조의 기반부터 만드셨다. 종림은 조부 봉현이 돌아가시자 아버지를 대신하여 시묘살이까지 하셨다. 이렇게 3대가 함께 고생을 하였지만 구체적으로 전해지는 얘기는 거의 없다. 그러나 종림이 그의 조부와 아버지에게 다한 효도를 미루어보아 봉현은 손자 종림에게 존경받으실 삶을 사셨던 것 같다. 조부 종림은 가세를 일으키고 조부의 통정대부 추증을 위하여 노력을 아끼지 않으셨다. 종손 정규는 가문에서 최고 연장자가 되자 가문의 기록을 정리해야 할 책임감을 갖기 시작했다. 종손 정규는 그러한 마음을 먹고 있었지만 차일피일 미루어 오다가 이제는 더이상 미룰 수 없어서 이 기록을 추진하게 되었다. 옛날 조상님들도 가문에서 최고 연장자가 되면 가문의 기록을 정리하여 종손에게 인계하였다. 하지만 종손 정규는 하루가 다르게 기억력이 약해져 가문의 많은 부분을 잊어가고 있어 안타까웠다. 좀 더 일찍 실행하였더라면 하는 생각에 '만시지탄晩時之歎'일 뿐이다.

　막상 기록으로 남기고자 하지만 지나간 가문의 일들을 구체적으로 알아내기는 어려웠다. 정규는 가문의 내력과 지나간 삶의 자취를 그때그때 기록으로 남겨두지 못한 것이 지나고보니 너무나 아쉬웠다.

　이순신 같은 명장은 임진왜란의 급박한 상황에서도 기록을 꼼꼼히 남겨 두셨지만 보통의 사람들은 마음만 먹고 실행하기는 어려운 일이다. 그나마 남아 있던 가문의 기록들도 6.25전쟁으로 피난살이 4년을 하며 집을 장기간 방치하여 모든 자료가 소실되어 버렸다. 가문의 자료가 기록으로 남아 있다면 종손 정규가 이렇게 96세의 나이로 과거의 기억을 짜내어 기록으로 남기는 수고를 하지 않았을 것이다. 다행한 것은 종손 정규가 고령임에도 불구하고 전해오는 가문의 중요한 내용들을 아직도 기억하고 있어서 미흡하나마 이 글을 정리할 수 있었다. 종손 정규가 가문의 조상님들이 살아오셨던 삶의 내용 중 중요한 핵심 내용들은 어느 정도 기억해내시어 그것들로 엮어서 글을 완성할 수 있었다.

고고학에서 조상들의 유물로 나온 도기의 파편 몇 개만 발견되어도 도기의 용도는 물론 그들의 삶의 수준까지 알 수 있다. 이러한 상황에 비하면 정규가 전해준 조상님들에 대한 기억이 비록 정확하지 않더라도 핵심 내용을 전하였고, 그분들과 함께 사셨던 종손 정규가 전해준 내용은 명확한 진실이라고 생각한다.

우리가 역사를 배우는 것은 역사를 통해 우리가 살고 있는 사회와 국가에 대한 이해를 더하고 우리의 제도, 사고방식, 관습을 이해함으로서 내가 어떤 삶을 살아야 하는 지에 대한 통찰력과 비판적 사고력, 판단력을 가질 수 있기 때문이다. 즉, 우리는 역사를 통해 현명한 미래를 살 수 있는 것이다. 정규가 조상님의 기록은 물론 자신이 살아온 가문의 삶을 후세에 전하려 하고자 하는 것도 그들의 삶속에 미래를 살아가는 해답이 있기 때문이다.

후손들은 평범하게 보이는 조상님들의 삶속에서 무한한 미래 가치를 발견 할 수 있어야 한다. 사람들은 살아가면서 다른 사람에 대해서는 좀 아는 듯 생각하나 가장 중요한 자기 자신에 대한 모습은 평생 못보고 살아가는 경우가 대부분이다. 이와같이 나 자신을 아는 것이 결코 쉬운 길이 아니다. 고승대덕들도 자기 자신을 제대로 알기 위해 수많은 세월을 소비한다. 자기 자신이 옳바르게 살아가기 위해서는 자신을 바로 아는 것에서 시작해야 한다. 내 자신을 바로 알기 위해서는 나의 뿌리인 조상님들의 삶을 이해하는 것이 선결되어야 한다. 종손 정규가 살아온 인생은 태어날 때부터 증조부와 함께 4대가 사셨고 현재는 정규가 증조부가 되어 역시 4대가 공존하고 있다. 정규의 삶은 지난 100년 동안 위로 3

대와 아래로 3대의 징검다리 역할을 하며 가문의 종손으로 살아왔기 때문에 그를 중심으로 가문의 이야기를 정리하는 것은 당연하다. 곧, 정규가 종손으로 살아온 100년의 삶을 조명해 보면 정규네 파주 200년 가문의 삶이 그대로 투영되어 엿보이기 때문이다. 자서전이나 회고록이라고 하면 유명한 사람들의 일대기를 다룬 전기물로 생각하는 경향이 크다. 하지만 평범한 우리 선조들의 삶속에도 후손들이 살아가면서 삶의 지표로 삼기에는 충분한 교훈들이 있다. 그래서 이 기록은 가치가 있는 것이다.

제대로 된 기록은 그리 많지 않다. 하지만 우리민족사에서 가장 격동의 시대에 살아온 정규 가문의 삶은 그대로 민초들의 모습이다. 종손 정규는 평범한 사람으로 태어났지만 최근 100년 동안 역사적인 큰 사건들을 겪으며 살아 왔다. 일제강점기, 태평양전쟁, 해방, 미군정, 6.25전쟁. 휴전, 4.19, 5.16, 5.18 등 무수한 시대의 갈등을 경험했다. 최근의 대한민국은 다른 나라 사람들이 겪는 변화의 수십 배의 변화를 겪으며 살아 왔다. 그런 격동의 나라에서도 갈등이 첨예한 땅 파주에서 태어나고 자라면서 오늘에 이르고 있다. 이러한 시대를 살아온 종손 정규가 삶의 기록을 남기지 않는다면 후손들에게 더 나은 삶을 살아갈 방법과 가치를 방치한 직무유기라 생각한다.

종손 정규가 200년 가족사와 회고록을 남기고자 하는 것도 21세기에 적합한 가문의 가치관을 만들기 바라는 마음에서다. 이 책을 통하여 후손들은 통정대부 봉현이 어떤 생각으로 마정에 정착하시고, 그의 삶을 이어 승순과 조부 종림은 어떤 노력으로 집안을 안정화 시켰는지를 이해 할 수 있을 것이다. 또한, 증조부 승순이 고조부 봉현을 통정대부에 추증한 것이 가문에는 어떠한 의미인지 다시 한 번 생각해 보아야 한다. 종손 정규는 지난 20세기 격동의 한국 역사의 집통을 몸으로 직접 겪으시며 100년을 살아온 그의 삶속에 가문의 이야기가 함께 살아있다. 다행히 종손 정규가 고령이지만 아직도 지나간 과거의 많은 부분을 상세히 기억하고 있어서 임진강을 중심으로 살았던 그의 젊은시절 삶이 이글을 통하여 70년 만에 되살아나게 되었다. 정규는 임진강을 중심으로 후손들이 살아갈 미래를 위해서도 이 책이 새로운 희망을 다지는 등불이 되기를 바라고 있다.

부처님의 말씀과 행적은 오백 년 동안 구전으로 전하다가 후에 글로 남기게 되었다고 전한다. 하지만 많은 시간이 지난 뒤 글로 옮긴 부처님의 뜻과 정신은 한자락도 훼손되지 않고 다시 천 년을 이어져 내려오며 많은 중생을 고통에서 구해 주시고 있는 것이다.

비록 종손 정규의 200년 가문의 이야기를 상세하고 정확하게 전할 수는 없겠지만 조상님들이 살다가신 족적과 가문의 정신은 정확하게 전하였다고 본다. 종손 정규는 조상님들의 정신과 가풍을 전하는 것이 이글을 쓰고자 하는 처음이자 마지막 이유다.

종손 정규가 백 세가 되는 해가 중시조인 덕양군이 태어나신지 오백 년이 되는 해이다. 정규의 가문은 오백년의 세월 중 200년의 시간을 파주 마정에서 살아오신 것이다. 덕양군 부터 현손인 사간공 자중子重까지 약 150년의 기록은 비교적 상세히 남아 있다. 아쉽게도 그 이후 200년 동안 조상님들의 이야기는 기록이 전해오지 않는다. 정규의 고조부 봉현이 파주에 정착하시기 전에는 고양군 벽제 사리현리에 사셨다고만 전해지고 있다. 당시에 벽제에는 분파된 전주이씨들이 대거 모여서 살고 있었다. 종손 정규의 7대조 '동간'의 동생인 '동섭'부터 벽제에 사셨던 것으로 보인다. 그러나 종손 정규에게 자료가 거의 없고, 구전으로 전하는 내용들이라고 하지만 다음 세대의 후손들이 글로 남기는 것보다는 더 충실할 내용일 것이라는 것은 틀림없다. 따라서 이 기록이 미흡하더라도 충분한 가치가 있는 것으로 확신한다.

미래에 후손들은 현재의 4차 산업혁명의 시대보다는 아주 다른 세계에 살 것이다. 세계는 하나의 글로벌 시대를 살아갈 것이며 다양한 가치관이 혼재된 상태에서 살아갈 것이다. 다양한 사람들이 어울려 살아가는 세상이 도래 할수록 자신의 정체성을 가지고 사는 것은 더욱 가치가 있을 것이다. 자신의 뿌리를 정확히 이해하고 선조들의 가풍을 이어받아 새로운 세상의 주인이 되어야 한다. 미래에는 가문의 독특한 정신과 가풍이 곧 글로벌 경쟁력의 원천이 되리라 확신한다. 미래에는 국가나 민족이란 개념도 파괴될 것으로 보인다. 하지만 개개인의 정체성을 중심으로 새로운 사회적 가치를 만들어 가는 사회가 될 것으로 보인다. 가장 우리만의 것으로 차별화 할 수 있는 가치관이 곧 세계적이 될 것이다.

2. 세월을 더할수록 그리움이 커져가는 부모님 은혜

하늘이 서럽도록 파란 어느 봄날 정규의 어머니 순아順我는 1984년 82세로 저 먼 하늘로 가셨습니다. 공주이씨 가문의 10대 종가 집에서 무남독녀 외딸로 태어나 가문의 대를 잇지 못하는 죄책감과 외로움 속에서 성장한 어머니였습니다. 어머니 순아는 어릴 적 아버지 무릎에서 부터 글을 배우며 자랐습니다. 곱디곱게 자란 어머니는 전주이씨 가문으로 시집와서 숫한 마음고생을 하며 살다 가셨습니다. 시집살이 고되고 서럽다 한들 피붙이 하나도 없는 외로움만이야 할까? 정규는 나이가 들어 백 살이 되어도 어머님 품이 그리운 어린 아이다. 이제는 정규의 맏아들도 칠십 살이 넘었고 증손까지 보았지만 여전히 어머니의 사랑을 그리워하신다.

아버지 문환도 아들과 거의 대화는 없는 분이셨지만 아들을 많이 믿고 의지하셨다. 문환은 아들에 대한 사랑을 주로 대화가 아닌 행동으로 보여 주셨던 분이셨다. 정규가 경농에 유학하던 시절 문환은 일제강점기 누에고치 검수원 기수 월급으로는 매달 학비가 부족하였지만 한 번도 납부 일자를 어기지 않으셨던 아버님이셨다. 정규의 소학교 6학년 담임선생님도 아버지 문환을 훌륭한 부모님이라고 침이 마르도록 칭찬을 하셨다. 부자지간에 많은 대화를 하지는 않았지만 이보다 더 큰 신뢰가 어디에 있단 말인가? 옛날에 우리들의 아버지는 이렇게 말이 아닌 모습으로 사랑을 보여 주셨다. 깊은 물은 소리가 없듯이 큰 사랑은 말보다는 보이지 않는 마음으로 보낸다.

지난 가을에는 유난히 맑고 청명한 가을 날씨가 많았다. 당뇨로 종손 정규의 시력이 나빠져 앞으로는 마정 선산도 몇 번을 더 다녀올지 자신이 없어 더 열심히 조상님들의 묘소를 찾으셨다. 삶은 살아갈 수록 부모님과 조상님의 은혜가 점점 더 크게 느껴지고 사무치게 된다. 마정을 오가는 길은 정규가 부모님과도 많은 세월을 함께 걸었던 길이며 마정 고향은 떠났지만 백 년 동안 다녔던 길이다. 부모님의 은혜는 자식이 나이가 들어감에 따라 느끼는 것도 달라진다. 그것은 자식도 부모님의 나이가 되어야만 부모님의 마음을 이해할 수 있기 때문이다. 다른 지식은 책으로 배울 수 있지만 삶은 그렇지 않기 때문이다.

『효경』에서 공자는 말씀하셨다. "몸이며 털이며 살갗은 부모에게 받은 것이니 감히 훼손하거나 상하게 하지 않는 것이 효도의 시작이다. 입신하여 도를 행하여 후세에 이름을 떨쳐서 부모의 이름을 빛내는 것이 효도의 마지막이다." 정규는 지나간 나이가 들어갈수록 부모님의 큰 은혜를 가슴깊이 느끼며 부족하였던 효도에 대한 후회의 눈물이 가슴에 강이 되어 흐른다. 부모님과 함께 할 때 부모님의 뜻에 더 따르고 더 열심히 효도하지 못한 것이 후회가 된다.

정규의 증조부 승순은 평생 아버지인 통정대부의 뜻을 어기지 않으셨던 분이시다. 봉현을 따라 갖은 고생을 하며 방랑생활을 하셨으나 말없이 부모님의 뜻에 따르셨다. 조부 종림도 집안의 가난한 가세를 원망하지 않고 최선을 다한 노력으로 가세를 일으키시고 조부 봉현을 통정대부로 추증하여 다시 양반가의 모습으로 회복하는 데 크게 기여하신 분이다. 통정대부가 돌아가신 후에는 100일장으로 장례를 모셨으며 아버지 승순을 대신하여 조부의 시묘살이 3년도 하셨다. 그야말로 효도를 몸소 실천한 분이셨다. 그는 모든 선산과 위토를 장만하여 후손들이 봉제사에 최선을 다할 수 있는 여건을 만드셨다. 시묘살이는 묘소 근처에 여막廬幕이라는 움집을 짓고 그 곳에서 생활하며 산소를 돌보고 공양을 드리는 일이다. 예전 사람들은 시묘살이를 부모님이 생전에 베푼 은혜에 보답하는 자식의 도리라고 여겼다. 조부 종림은 통정대부의 시묘살이를 아버지 승순을 대신하여 3년간이나 하셨다. 유학은 효를 지상으로 하는 이념이므로 유학자는 돌아가신 부모를 3년 동안 지극 정성으로 모셔야만 했다. 옛날에는 시묘살이를 하다가 건강이 나빠져 목숨을 잃는 경우도 많았다고 한다. 조부 종림은 이렇게 어려운 일을 연로한 아버지 승순을 대신하신 것이다.

더구나 당시에는 조선왕조가 일본에게 멸망하고 2년이 지난 시점으로 전통적 가치관이 무너지고 있던 시기였지만 정규의 조부 종림은 남다른 효를 실천하시며 양반 가문의 가풍을 파주지역에 널리 알리셨다.

정규의 가문에서 조부 종림은 참으로 존경스러운 조상님이다. 정처 없이 떠돌이로 평생을 보내신 부모님과 할아버지를 위해 파주에 정착하시자 우선 살림을 안정시키고 조부님의 벼슬을 추증하였고 할아버지를 백일장으로 장례를 치르시며 양반 가문의 위상을 만드셨다. 그리고 시묘살이까지 하시면서 효를 솔선수범으로 실천하시어 유학자 가문의 정체성을 공고히 하셨다. 이러한 가풍 속에서 성장했지만 정규의 아버지 문환은 아들에게 신학문을 배우도록 적극적인 뒷바라지를 하셨다. 그러므로 가문의 가풍을 지키려는 종림과 새로운 패러다임에 따르려는 문환은 갈등을 겪으셨다.

『효경』에도 있듯이 자식은 "입신출세하여 가문의 이름을 드높이는 것이 효의 마지막"이라고 하는데 정규는 가문의 뜻을 받들지 못하여 후회가 많았다. 하물며 정규는 아버지 문환과 크고 작은 갈등을 겪으며 살아온 시간들을 생각하면 지나간 일들이 너무나 후회스럽고 죄송스럽다. 부모에게 더 효도하지 못하고 스스로 만든 굴레와 목표에서 탈피하지 못했던 지난 삶들을 후회하고 있다. 오늘 따라 초겨울 찬바람에 독개 벌 앞을 흐르는 임진강물이 눈이 시리도록 투명하다. 저 강물처럼 흘러간 가문의 역사와 인생 백 년이라는 삶도 허무하기만 하다.

고조부인 통정대부 봉현은 종손 정규가 태어나기 14년 전에 돌아가셨다. 증조부 승순은 아버지 봉현이 방황하시는 삶을 따라 그 뜻을 거스르지 않고 50년을 함께 다니시며 모셨다. 정규의 고조부 봉현이 추증하여 통정대부 직첩을 받으시어 이미 돌아가신 후이지만 고조모님 장수황씨도 숙부인 직첩을 받으신 것이다. 과거를 통해 등과를 하는 것은 본인이 이루지만 추증은 본인이 자격도 갖추어야 하지만 자식 등 후손이 함께 노력해서 얻을 수 있는 것으로 최대의 효도였다. 정규는 인생 100년을 뒤돌아보니 무엇보다 부모님의 은혜가 크게 느껴진다. 평생 살아계실 것 같던 부모님도 떠나가신지 이미 40년 가까운 세월이 흘렀으나 그리움은 여전하다.

조부 종림은 할아버지 통정대부뿐만 아니라 아버지 승순에게도 효도를 다하셨던 분이다. 그는 조상에 대한 봉제사를 가문의 으뜸 사항으로 생각하시며 사셨다. 종림은 선산과 위토를 구입하여 돌아가신 조부와 아버지의 영혼까지 편안하게 해 드리는 효도를 다하셨다. 그는 큰댁으로 양자 온 철림의 생가 조상님들을 위한 선산과 위토까지 마련하여 양자 온 철림의 마음의 부담을 덜어주고 양자 보낸 그의 생가 조상님들에게 은혜를 갚으려 노력하셨다.

정규가 태어났을 때는 증조부인 승순 할아버지를 비롯하여 종림 할아버지, 문환 아버지 등 4대가 함께 사시는 대가족이었다. 위로 누님이 두 분 태어나신 다음에 대를 이을 장남으로 출생하여 금지옥엽으로 자랐다.

종손 정규가 태어날 시점은 일제 강점기였지만 조선왕실의 후손이며 농사도 상당한 규모로 지을 정도로 비교적 안정된 양반가였다. 정규네 가문은 종손 정규에게 거는 기대는 무엇에도 비할 수 없이 컸었다.

정규는 어린 시절에 4대가 함께 사실 때 종중조부 승억도 함께 살았다. 정규가 어린 시절에는 막내삼촌과 고모들도 함께 어울려 사셨으며 모두들 어린 종손에게 많은 관심을 갖고 대해주었다. 이렇듯 정규는 태어나서 자라면서 가족들로부터 많은 사랑을 받으며 성장하였다.

무엇보다도 집안에서 제일 어른이신 증조부 승순의 증손자 사랑이 지극하셨다. 정규는 증조부와 함께 같은 이불속에서 잠자고 맛있는 과자를 주셔서 먹었던 일 등을 지금도 생생하게 기억하고 있다. 증조부 승순은 정규가 10살 때까지 생존해 있으셨기 때문에 많은 것은 기억하지 못하지만 정규를 매우 귀여워 해 주셨던 것은 분명하게 기억하고 있다. 종손 정규는 이렇듯 증조부의 사랑을 비롯하여 조부모님과 고모님들의 사랑도 많이 받으며 어린 시절을 보냈다. 증조부 승순은 정규의 가문이 파주에서 살아 온 200년 중에서 90년간 가문을 지키셨던 분이었다. 증조부 승순은 정규네 가문이 파주에 정착하여 흥망성쇠를 함께 하신 분이셨다. 아버지 통정대부와 64년을 함께 하면서 봉현의 크고 작은 아픔도 함께 하시며 사셨던 분이다. 증조부 승순은 첫 번째 결혼한 부인인 덕수이씨가 나이 스물에 사망하시어 아들 종림을 두 번째 부인인 창원유씨에게서 36세에 늦게 얻었다. 정규의 윗 선조 네 분 중 증조부 승순의 성격이 가장 원만하셨던 것으로 보인다. 증조부 승순은 평생을 아버지 봉현을 모시고 방랑을 하며 고생을 하며 사셨고 아들 종림과 함께 집안을 일으키는데 고생을 많이 하셨다. 이렇듯 정규의 증조부는 가문의 모든 과정을 함께 하셨지만 증조부가 남긴 말씀은 별로 없으신 것으로 보아 매우 과묵하시며 삼가시는 삶을 사셨다. 지나간 가문의 정황을 판단해 보면 정규의 증조부 승순은 성격이 매우 너그러우며 긍정적인 분이었다고 판단된다. 과일 나무도 가지와 줄기의 역할이 다르다. 가문의 세대간 역할도 꽃을 피워 열매를 따는 사람과 나무를 기르는 사람은 늘 다르듯이 말이다.

승순은 나라가 일본에 망해 가는 모습을 아버지와 함께 보면서 왕실의 후손으로써 나라 잃은 아픔을 몸소 겪으셨던 분이다. 증조부 승순의 아버지 통정대부와 함께 평안도 중강진 등으로 방랑을 하실 때도 부모님을 모시며 어려움 속에서도 효도를 다하셨던 분이다. 증조부 승순은 생원시험에 합격할 정도로 실력을 갖추고 있던 유학자이셨다. 승순은 아들인 종림을 반듯한 종손으로 키우셨다. 늦게 얻은 아들 종림을 사랑으로 키우셨고 아버지 봉현에 대한 효도를 몸소 실천하셨다. 통정대부 봉현이 돌아가시자 손자인 종림이 아버지 승순을 대신하여 시묘살이를 한 것으로 보아 종림의 성품을 엿볼 수 있다.

효도란 부모가 실천으로서 보여주어야 자식들은 배우는 법이다. 즉 종림의 행동을 통해 아버지 승순의 인품을 판단 할 수 있는 것이다.

정규의 고조부 통정대부 추증을 위한 각종 자료를 참조하여 조정에 올리는 글은 승순이 준비를 하셨을 것이다. 고조부 봉현이 직첩을 받으신 것은 1910년 일제의 침탈로 국권을 뺏기지 전에 있었을 것으로 판단되며 이 일을 주도적으로 성사시키기에는 종림은 좀 어린 나이라고 생각되기 때문이다.

승순은 어린 증손자 정규를 무릎에 앉히고 통정대부께서 사시었던 삶과 가문의 내력에 대하여 많은 얘기를 들려주셨겠지만 정규가 너무 어렸고 세월이 많이 흘러 기억하지는 못하고 있다. 정규는 지난날에 있었던 일들을 되 살려 보려 해도 자세히 생각이 나지 않고 승순에게 많은 사랑을 받았던 일들만 어렴풋한 기억으로 남아있다. 그러나 기억이 나지 않으면 어떠랴! 정규는 4대와 함께 사는 종손으로 태어나 가문의 기대를 받으며 살아왔기에 조상님들에 대한 이야기들을 반복적으로 들으며 성장하였을 것이다. 콩나물에 물 주듯이 하루하루 반복적으로 들으며 성장하여 정규 자신도 모르는 사이에 가문의 숭조정신을 체득하면서 성장 하였다. 정규네 가문은 왕실에서 멀어지고 가문도 한미해져 평민으로 전락해 오랜 기간 살아왔지만 왕실의 일원이라는 자긍심은 항상 살아 있었다. 정규의 어린 시절은 일제강점기이지만 빼앗긴 왕조의 후손이라는 자긍심을 갖도록 정규에게 반복적으로 말씀하셨다. 어린 정규는 어른들에게 단군조선이나 기자조선에 대해서도 들어서 알고 있었다. 정규의 어린시절인 일제강점기에 이러한 우리의 역사를 정규에게 주입할 수 있는 집안의 어르신들도 상당한 주체의식이 있었음에 틀림없다. 종손 정규는 경농 시절 겨울 방학 숙제를 하면서 단군조선에 대하여 너무 정확하게 과제를 제시하여 오히려 일제가 요구하는 역사관을 가지고 있지 않다하여 낮은 점수를 받았던 적도 있다. 당시에 정규에게 우리의 고조선 역사를 자세하게 가르쳐 주신 분은 아버지 문환이었다.

이와 같이 종손 정규의 정체성을 만들고 사상적 배경에 가장 많은 영향을 주신 분은 당연 아버지인 문환이시다. 아버지 문환은 신학문에 대한 열망도 있으시고 능력도 출중한 분이셨다. 정규의 아버지 문환은 장가가신 신혼 첫날 신방을 뛰쳐나가 밤을 세며 독립만세를 외친 민족의식이 충만한 젊은이였다.

조부 종림은 아들 문환에게 종손의 역할을 강조하며 공부하고 밖으로 도는 것을 극구 반대하셨다. 정규의 아버지 문환은 자신의 꿈을 펼치기 위해 신학문에 대한 열망이 강하셨으나 조부 종림이 반대하여 자신의 뜻을 관철시킬 수 없었다. 결국 정규의 아버지 문환은 종손과 장남의 굴레를 벗어나지 못했다. 그래서 아버지 문환은 자신이 못 이룬 꿈을 아들은 자유롭게 해 주고자 최선을 다하셨던 분이셨다. 아버지 문환은 장남 정규에 대하여 최대한의 뒷바라지를 위해 헌신적인 열정을 다하셨다.

정규는 지난 100년을 뒤돌아보면 아버지 문환의 바람을 만족하게 이루어 드리지 못하여 죄송하기 그지없다. 아버지 문환은 아들 정규가 공직의 길에서 높은 관리가 되어 가문을 드높이는 것이 앞서가신 조상님들 영전에 효도를 다하는 것으로 생각하셨다. 효의 마지막은 출세하여 가문의 이름을 높이는 것이 마지막 효도라는 것을 알고 있기에 더욱 가슴이 아프다.

정규는 아버지 문환이 아들이 서울에 있는 경성공립농업학교에 입학하였을 때 매우 자랑스러워하시던 모습이 눈에 선하다. 아버지 문환은 중종대왕의 묘소에 정규와 함께 참배 하시면서 자긍심을 고취시켜 주셨고 집안 어려 어른들에게도 아들을 소개시키며 가슴 뿌듯한 모습이셨다. 이때가 정규의 나이 15살로 감수성이 예민한 소년이었고 아버지 문환은 35살의 혈기 왕성한 청년이었다. 정규가 임진면에서 서울로 진학할 시절에만 해도 대부분의 사람들은 서울 유학을 꿈도 꿀 수 없던 시대였다. 이러한 어려운 시기에 문환은 아들 정규에게 공부할 기회를 만들어 주신 것이다. 문환의 장남에 대한 기대로 힘이 되는데 까지 모든 지원을 아끼지 않으셨다. 그 당시대에는 임진심상소학교 졸업생 중에서 두 명만 서울에 진학할 정도로 서울로 유학이 드물던 시기였다. 그래서 집안은 물론이고 주변 마을에서는 모두들 종손 정규를 부러워하였다. 정규의 두 누님은 겨우 소학교 2년 중퇴가 전부였다. 정규의 부모님들은 위로 둔 딸들의 공부를 시키는 것은 거의 염두에 두지 않았지만 장남인 정규에게는 모든 것을 다 바치셨다. 정규에 대한 사랑은 증조부, 조부모님은 물론이려니와 부모님의 사랑도 두 누님에게주어야 할 사랑을 정규에게 아낌없이 주셨다.

종손 정규가 서울에서 공부하다 고향에 다니러 올 때면 기차로 문산역에 내려서 파주 마정까지 십리 길을 걸어서 왔다. 집안의 모든 사람들이 종손 정규가 고향 파주에 올 때면 환영하여 반겨 주셨다. 그 당시에는 학생이 귀한 시절이라서 시골에서는 교복 입은 서울의 학생을 보기도 쉽지 않았다. 정규가 고향 마정에 오가는 모습은 주변사람들에게는 선망의 모습으로 큰 부러움의 대상이었다. 이러한 아들의 모습을 바라보는 부모님은 가슴 뿌듯해 하시며 기대가 한없이 크셨다. 아버지 문환과 어머니는 생활이 힘들어도 정규가 학비로 인해 마음을 쓰지 않도록 학비 납부 일자를 한 번도 기한을 넘기지 않으셨다. 납부 일자 등을 어기지 않고 신용을 지키는 것도 가문의 내력인 것 같다.

종손 정규는 이러한 부모님의 절대적인 사랑으로 서울의 경농을 졸업하고 드디어 일제강점기에 식량수탈이 가장 심한시기에 관리로 사회에 첫발을 딛게 되었다. 그러나 해방, 6.25전쟁 등 국가의 큰 변환기를 거치면서 종손 정규의 삶도 많은 굴곡을 겪게 되었다. 그때부터 정규는 장남으로서 가장의 역할은 물론 종손의 역할도 요구되었다. 정규는 자기도 모르는 사이에 종손의 무게가 더해지고 있었다. 아버지 문환의 바람이었던 관리의 길에서도 정규는 비틀거리게 된다. 결국 정규는 공직의 길을 버리고 새로운 도전을 하게 되었다. 이러한 과정에서 종손 정규는 아버지 문환과 크고 작은 갈등도 많이 있었다.

정규는 공무원의 길에서 하차하여 아버지 문환의 기대에 큰 실망을 안겨 드리게 된 것을 가슴 아프게 반성하고 있다. 아버지 문환은 정규가 출세하여 가문을 빛내기를 기대하며 희망으로 삼고 살아왔는데 "아버지 문환의 마음은 얼마나 답답하셨을까?" 산이 높으면 골이 깊듯이 아들에 대한 희망이 컸던 만큼 아버지 문환의 실망도 컸다. 세상에 모든 아들들은 자기 아버지가 자기로 인해 실망하시는 모습을 보면 그의 아들은 더 아픈 법이다. 하지만 모든 것이 바라고 생각하는 대로 된다면 누가 '삶은 고뇌의 길'이라고 했겠는가? 어찌 보면 정규와 같이 선조들의 은혜를 잊지 않고 가문의 가풍을 지키면서 어려운 세월을 한결 같은 마음으로 견뎌내는 것도 입신양명에 못지않게 숭고한 일이라고 생각한다.

사람은 항상 아픈 손가락에 더 마음이 쓰이는 법이다. 종손 정규는 아버지 문환의 바램을 충족시켜 드리지 못한 죄스러움으로 항상 마음 한 구석이 허전함을 느끼며 살아오고 있다. 인생 100년을 앞둔 종손 정규는 이제는 이루지 못할 일이기에 마음이 괴롭다.

지금까지 집안의 전통과 가풍을 만들어 온 것은 남자들의 몫이었다. 하지만 이러한 가풍을 완성하고 대를 이어가도록 하는 것은 여성들의 몫이었다. 그러나 정규네 200년 가문을 유지해오도록 감당한 정규의 할머님, 어머님과 아내의 고통과 눈물은 겉으로는 보이지 않는다. 가문은 늘 남자들 중심의 삶만 기록되고 보이기 때문이다.

정규는 어머니 순애順我의 사랑을 한없이 받았다. 정규는 나이가 들수록 어머님에 대한 사모의 정은 해를 더할수록 그립기만 하다. 정규의 어머니는 무남독녀로 문환에게 시집와서 먼저 딸 둘을 낳고 얻은 아들이라서 정규에 대한 사랑은 대단 하셨다.

어머니가 처음 시집 오셔서 친정이 빈약하다고 시누이들과 시어머니로부터 많은 설움을 받으셨다. 정규의 어머니는 친정이 어려워 친정붙이들이라도 찾아올 때면 마치 얻어먹으러 온 것 같아서 시어머니와 시누이들에게 눈치가 보였다. 다른 시누이들은 괜찮았는데 유독 셋째 시누이의 행악이 가장 심했다. 시어머니 덕수이씨는 어려운 살림을 일으킨 분답게 깐깐하고 무서운 분이셨다. 가뜩이나 친정의 형제가 없어 서러운데 많은 설움을 받으셨다. 정규의 어머니는 정규의 증조부 병수발까지 하여 몇 년을 대소변을 받아 내었다. 시집가기 전 시누이질을 가장 많이 하던 셋째 시누이의 아이를 병원에 치료하기 위해 함께 기차를 타고 가다가 열차바퀴에 발을 다쳐 평생 불구가 된 것이다. 이러한 사고로 불구가 되어 살아오시던 정규의 어머니는 6.25전쟁이 발발하여 충남 논산으로 피난 가서 4년 동안 고생을 하셨다.

정규가 서울에서 공부할 때 어머니는 아버지 문환을 도와 아들의 수업료 납부기일을 반드시 지키셨다. 어머니는 아들이 수업료 등으로 걱정하지 않도록 세심하게 배려하여 주셨다. 정규의 어머니는 나이 40에 발을 다쳐 남은 40년도 불구의 몸으로 사셨다. 지금은 의족의 기술이 발달하여 내 발 같은 의족을 만들 수 있으련만 평생 불편한 몸으로 살다 가신 어머니를 생각하면 너무 가슴이 아팠다. 당시에 의족 기술이 없어 정규의 어머니는 잘라낸 발밑에 솜을 우겨넣어서 버선을 신으시고 양발의 균형을 맞추셨다. 이러한 불편한 상태인데도 정규의 어머니는 손주들의 소풍, 운동회 등에 따라 다니시며 당신의 불편은 내색하지 않으셨다.

정규의 어머니는 넉넉하지 못한 가정에서 성장했지만 가문은 조상님 대대로 벼슬을 하신 명문 가문에서 무남독녀로 귀엽게 성장하여 전주이씨 집안으로 출가를 하셨다. 어머니 공주이씨는 4대가 함께사는 큰 살림하는 종갓집 종부로 시집오셔서 말할 수 없는 고생을 하셨다. 그러한 상황에서 7남매를 낳아 기르셨다. 정규는 지금도 어머니가 큰 살림을 하시면서 고생하시던 모습이 눈에 선하다. 정규의 어머니는 피난지 논산에서 손자 한종을 키우시다가 천연두로 잃으셨으니 공주이씨의 고통은 무엇으로도 표현하지 못 할 것이다. 더구나 피난길에서 아들 둘을 전쟁터로 보내놓고 하루도 마음 편할 날이 없이 피난지에서 4년 가까운 세월을 견뎌내셨다. 6.25전쟁 동안 상심속에서 마음 속으로 큰 전쟁을 치르신 분은 바로 정규의 어머니였다.

종손 정규는 바라지는 않았지만 오현리 선산이 군 영지로 징발되어 오현리에 모셨던 정규의 고조부와 아버지, 작은아버지 합장묘를 마정 선산으로 이장하였다. 그래서 고조부 봉현부터 아버지 문환까지 4대를 마정리 선산에 모두 모시게 되었다. 마정 선산에 모셔진 4대 조상님들은 살아계실 때도 대가족으로 함께 사셨던 분들이다.

오현리 선산에 모셔졌던 고조부님과 부모님의 산소를 군부대 훈련장으로 수용되어 불가항력으로 이장을 하였지만 그것도 4대가 살아 인연이 깊으셨던 것으로 보인다. 마정 선산에 모신 4대의 조상님들은 살아계실 때도 함께 하셨던 분들이었고 그 인연이 다시 이어지고 있다. 사람의 인연이 생과 사를 넘나들며 이어지는 것은 보통의 인연으로는 이룰 수 없는 것이다.

대부분의 사람들이 부모님 은혜를 절실히 느낄 때는 나이가 어렸을 때와 나이 들어 삶이 이치를 이해할 수 있는 철이 들었을 때라고 한다. 종손 정규도 이제 나이들어 삶을 이해하고 보니 부모님의 은혜를 더 절실하게 느끼는 것이다. 후손은 나이 백 살을 먹어도 조상님 앞에서는 어린아이다. 종손 정규는 증손자까지 두었지만 여전히 조상님들에게는 어린아이로 부모님의 사랑이 한없이 그립다.

특히 정규는 어머니 순아가 살아가신 한평생 삶을 생각하면 가슴 저리고, 어머님이 주셨던 사랑을 생각하면 그 고마움이 한없이 느껴진다. 종손 정규는 유교 전통의 가풍이 있는 양반 가문의 엄격함에서 생활했지만 부모님의 사랑 또한 듬뿍받으며 성장하였다. 사회적으로는 수없이 가치관이 변하는 격변의 시대를 겪으면서 100년을 살아왔다. 그것도 세계에서 가장 빠르게 변화하고 발전된 대한민국에서 살아왔고 현재는 4차 혁명 시대의 21세기를 살아가고 있다. 종손 정규의 집안은 지난 100년 동안 삶의 주역은 계속 바뀌었지만 여전히 4대가 공존하며 살고 있다. 그러나 정규도 여전히 전주이씨 가문의 종손 위치를 그대로 지켜가고 있다.

그러므로 정규는 종손의 역할과 더불어 가문의 정체성을 지켜야 하지만 새로운 시대가 요구하는 묵언의 강요에 항상 고민하고 있다.

이러한 가치관의 혼돈 속에서 백 년의 삶을 살아온 종손 정규를 후손들이 자신들의 가치관으로 이해한다는 것은 쉽지 않다. 종손 정규가 살아온 대가족 가문에서 어떻게 살아 왔는지를 이해하여야 그를 제대로 이해할 수 있을 것같다. 이런 격변의 시대를 역동적인 파주 땅에서 100년을 살아온 종손 정규의 삶은 곧 최근 100년의 우리 역사의 아픔과 궤를 같이 한다. 후손들은 정규가 하는 모든 것이 고루하고 답답하게 보이지만 그의 입장에서 생각하고 같은 눈높이로 지나간 백 년을 이해해야 정규를 이해할 수 있을 것이다.

모든 사람들은 자기중심적으로 생각하는 경향이 있다. 그것은 사람들의 일반적인 한계이다. 집안에서는 좀 더 이해의 폭을 넓혀 역지사지의 마음으로 종손 정규를 이해하여야 한다. 종손 정규가 시대의 대 전환기에 끼여서 종손의 역할을 지키려 갈등하고 몸부림으로 살아온 100년을 생각하면 가슴 아픈 연민의 정으로 바라보게 된다. 옛날 어른들이 '종손과 종부는 하늘이 내린다'고 하였다. 그만큼 종손과 종부는 역할이 어렵다는 얘기다. 일백 년을 종손이자 장남의 역할을 하며 일백 년을 4대가 함께 살아온 종손 정규의 삶은 고난의 삶이었다.

정규에게 좀 더 가까이 다가가 이해하는 마음에서 그의 입장에서 역지사지의 심정을 가진다면 충분히 이해할 수 있다.

정규는 조상님들의 은혜에 대한 보답으로 마지막으로 할 수 있는 효도가 비문을 세워 그분들의 삶을 돌에 남기는 것이라 생각하였고 일찍부터 마음먹고 있었다. 처음에는 부모님 비문만 세워드리려고 생각했지만 아버지 문환은 또 조부를 생각하실 것을 생각하니 마음이 불편하였다. 그래서 정규는 고조부 봉현, 증조부 승순, 조부 종림과 아버지 문환까지 4대의 비문을 세워드렸던 것이다. 돌아가신 분들에게 비문이 의미가 있을지 모르겠으나 부모님과 조상님들께 못 다한 효도의 마지막 방법이 비문을 세워드리는 것이라고 생각하였다.

종손 정규는 아버지 문환이 바라는 방향에서는 미흡할지 모르나 조부 종림이 바라는 종손의 모습에서는 아주 적합하게 살았던 것 같다. 종림이 생각하는 종손의 바람직한 모습은 공부는 적당한 수준까지만 하면 되고 숭조정신을 갖고 봉제사 잘하고 가문의 종손 역할 잘하는 것을 으뜸으로 생각하셨다.

이러한 종림의 바램에 비추어 보면 정규는 당시로서는 공부도 적당히 하였던 편이다. 종손이 배우지 못하여 주변으로부터 업신여김을 당하지 않을 정도로만 배우면 된다고 생각하였다. 그리고 가풍을 지키고 선산을 잘 돌보며 숭조정신을 갖고 봉제사를 100년 가까이 하고 있으니 종손으로는 최고의 역할을 하였다고 볼 수 있다.

율곡은 「격몽요결」에서 "무릇 사람 된 자로 어버이에게 마땅히 효도를 해야 한다는 것을 모르는 이는 없으되, 실제로 효도를 하는 이가 매우 드문 것은 어버이의 은혜를 알지 못하는 까닭이다. 날마다 밝기 전에 일어나서 세수를 하고 머리를 빗고 의관을 갖춘 후에 부모의 침소에 나아가 기색을 낮추고 음성을 부드럽게 하여 덥고 추운 것에 안부를 여쭙고, 날이 저물어 어두워지면 부모의 침소에 가서 이부자리를 보아드리고 덥고 추운 것을 살피며, 곁에서 모실 때에는 항상 화평하고 기쁜 안색으로 공경스럽게 응대하여 매사 성의를 다해 받들어 모시되 출입할 때에는 반드시 절하고 말씀드려야 한다"고 하였다. 여러 가지 효도에 관한 실천 방법이 있지만 율곡의 효도 방법이 가장 구체적이고 실천하기 용이하여 여기에 적는다.

위의 글을 현대적으로 해석하면 아침 일찍 일어나 출근 준비 잘하고 하루에 한 번 정도 부모님께 안부 전화를 하라는 것이다. 마음만 먹으면 누구나 실천할 수 있고 효도를 할 수 있는 방법이기 때문이다.

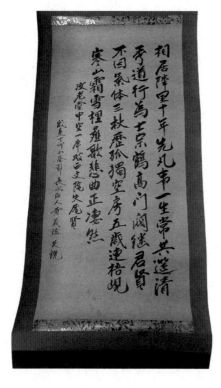

〈종손 정규의 아버지 문환의 만장〉

〈해설〉
이웃에 사는 10년 선배님으로 모든 일을 같이 해오다시피 하였고, 선배로서 학교가 높고 3년 병상에서 시달리다가 돌아가시고 오현리 장대고개(스루내미고개)에 장사의 슬픈 노래가 저절로 머리 숙연해진다.

3. 풍양조씨 성연의 지난한 종부 백 년

종부 성연은 꽃다운 이십 살에 정규를 배필로 만나 100년 가까이 살고 있다. 지금은 노환으로 가까운 문산 한마음 요양병원에 외로이 홀로 누워 있다. 요즘은 코로나 전염병 때문에 자식들이 찾아가 문병을 하는 것조차 허용되지 않고 있는 실정이다. 전염병의 무서움이 인륜마저 끊어놓고 말았다.

하루에 한 번씩 병원을 찾아 가던 정규도 아내 성연을 자유롭게 보는 것조차 불가능 하다. 코로나 전염병으로 문병하지 못하고 있는 동안 종손 정규는 두 번의 백내장 수술을 하였고 당뇨와 혈관성 치매 등으로 이제는 가까운 물체도 분별할 수 없는 상태가 되었다. 이제는 정규에게 병원에 면회가 허락되어도 아내 성연을 제대로 볼 수 없을 것 같아서 안타깝기만 하다. 정규는 시력을 잃어 외출을 못하여 걸음걸이도 전만 못하다. 이제는 지팡이에 의지하여도 혼자서는 걷기조차 힘들다. 종손 정규는 아내 성연이 종부로써 살아온 백 년 삶에 대해 많은 얘기를 남기고 싶어도 기억들도 희미하기만 하다. 100년이 작게 산 인생은 아니지만 지나간 세월을 생각하면 잠깐동안에 지나 온 세월 같다. 어려운 시절에 태어나 인연으로 둘이 만나서 백년해로를 하고 있으니 그만하면 큰 복을 받았다고 생각된다. 금년 신축년에 아내 성연은 97세이고 종손 정규는 96세가 된다. 종부 성연은 뇌경색으로 한 번 쓰러져 회복되었으나 재발하여 다시 악화되었다. 병은 악화되었지만 그래도 정규와 성연은 함께 생활을 하셨으나 90살이 넘으면서 점점 거동이 불편해져 지금은 요양병원에서 치료를 받고 있다. 종부 성연이 전주 이씨 집안에 들어와서 80년 동안 종부로써 고생하며 가문을 지켜 온 것을 생각하면 고맙고도 가슴이 아프다.

아내 성연은 부잣집 딸로 살다가 꽃다운 스무 살에 파주의 전주이씨 집안에 시집을 왔다. 그리고 80년을 가문의 종부로 집안의 맏며느리로 살고 있다. 종부 성연은 거동은 불편해 병원에 입원해 있지만 아직 정신은 맑은 편이다. 종부 성연도 병실 침대에 누워 지나간 백년을 생각하며 서글픈 삶을 아파하고 있을 것이다. 덧없는 100년의 세월!

'코로나 19'라는 전염병처럼 질기고 오래가는 병은 처음이다. 요즘은 병원에서 통제하여 아내 성연과 자식들이 자유롭게 만나지 못한지 벌써 일 년이 넘었다. 성연은 병원 밖의 세상을 이해하고 있을까? 정규는 안타까움에 가슴이 아프고 슬픔이 강처럼 흐른다. 아내 성연에게 자식들이 많이 있지만 어미의 마음을 누가 이해 할 것인가? 아마 자식들도 지금의 성연의 나이만큼 되면 그때는 이해 할지 모르겠다.

종손 정규는 풍양조씨 집안으로 시집간 대고모님의 중매로 성연과 결혼하였다. 종손 정규가 열아홉 살 되던 해 한 살 연상인 아내 성연과 결혼 하였다. 그때가 정규가 경농 5학년 졸업반이었다. 아내 성연은 풍양조씨 10대 종손 가문의 딸로 장단의 유복한 집안의 4남 4녀 중 둘째 딸이다. 성연은 군내면 심상소학교를 졸업하고 결혼 전까지 임진강 건너 장단군 군내면에서 가사일을 도우며 신부수업을 하고 있다가 임진강 남쪽 마을로 시집을 오셨다.

성연의 가문이 장단에 정착을 하였던 것은 중시조 전직공 지란의 15대손 언양공파 조면㼄의 두 번째 아들 정규廷珪공 이후로 추정된다. 성연의 조상님인 정

〈종부 성연의 친정 가족〉

〈풍양조씨 성연 가문의 집단 이주 선영 묘역〉

규공은 1618년에 태어나시어 정5품 통덕랑을 역임하시고 1671년 신해년 5월 18일 53세로 돌아가시어 진동면에 모셨다. 아내 성연의 가문은 장단에서 300년 이상 살아오면서 대대로 삼포를 운영하며 부를 쌓아온 부유한 가문이었다. 성연이 이십 살에 파주 마정으로 출가를 할 때 성연의 가문은 일제강점기에 개성삼업조합에서 주도적 역할을 했던 집안이다. 당시에 성연의 막내 숙부는 개성삼업조합 이사였다.

종부 성연은 인삼 재배로 부를 쌓은 풍양조씨 가문의 10대 종갓집 셋째 딸로 태어나 귀엽게 성장하셨다. 그런 가문에서 성장하여 종갓집의 대가족 맏며느리로 임진강 남쪽 마을 마정리로 출가를 하셨다. 성연이 결혼한 종손 정규는 종갓집 맏아들이었지만 서울에서 공부를 하였고 곧 관리로 출발할 시점이었다. 성연은 어린 시절에 부잣집 귀한 딸로 성장하며 고생이라는 것은 모르고 살았기에 시집살이 적응이 처음에는 매우 힘들었다.

성연의 친정어머니 창원박씨는 대단한 부를 갖추었던 99칸 집을 짓고 살았던 집안의 딸이었다. 이렇게 주변의 친인척이 모두 풍족한 가문에서 성장한 성연이 임진강 건너 종갓집 맏며느리로 시집을 왔으니 적응하는 데 많은 어려움이 있었다.

성연이 시집와서 7년 만에 처음으로 친정에 갔을 정도로 층층시하로 몸의 고단함으로 친정을 생각할 여유조차 없었다. 그나마 친정이 있던 장단은 6.25전쟁 이후 민간인 통제구역으로 지정되어 친정마을은 민간인 통제구역으로 되었다. 친정집 마을이 휴전선 인근 통제구역으로 설정되어 친정 형제들도 고향으로 돌아갈 수 없었다. 부잣집으로 출가를 하였던, 성격이 활발했던 성연의 여동생은 전쟁 이후 북쪽에 남아 생사조차 모르고 있다.

6.25전쟁 이후 성연의 친정 마을은 휴전선 철조망 속에 갇히고 말았다. 종부 성연의 친정 마을은 1974년 휴전선 남방한계선이 해제되어 전쟁이 끝난 지 20

년 만에 처음 출입이 허용되었다. 성연의 친정 선영이 있던 곳은 통제지역으로 접근이 허용되지 않았는데 그 지역이 미군 사격장으로 수용되어 이장을 하게 되었다. 그래서 성연의 친정 가문은 회의를 열어 휴전선 접경지역에 있던 선영을 2003년에 파주시 진동면 서곡리 산 193-1번지로 집단 이장을 하였다. 종부 성연은 친정 선영을 6.25전쟁이 끝난 지 70년 만에 참배를 하였다.

"꽃다운 스무 살에 종부가 되어

육백 년 내려온 종갓집 예법 따라

조상님께 누가될까 이 가문에 폐가될까

숙명처럼 살아온 종부의 길이여

하늘이 내 맘 알고 땅이나 내 맘 알지

이 가슴 태운 속을 누가 알리요

몸가짐 언행 하나 조심하면서

꽃처럼 곱던 얼굴 백발이 다 되도록

외로워도 말 못하고 괴로워도 참아내며

오직 한 길 지켜온 종부의 길이여!

하늘이 내 맘 알고 땅이나 내 맘 알지

한 많은 그 사연을 그 누가 알리요"

가수 정희라의 노래 〈종부의 길〉의 노랫말이다. 노랫말 속에 종부의 어렵고 막중한 삶이 절절이 숨어 있다. 이 노랫말이 종부 성연이 살아온 모습과 너무 유사하여 여기에 적었다. 어쩌면 짧은 노랫말 속에 종부 성연의 한평생 삶을 이처럼 극명하게 표현할 수 있을까?

이 노래 가사는 나의 어머니 순흥안씨가 종부로 사셨던 모습이기도 하다. 이 노랫말이 내 가슴에 들어와서 가수의 음을 실어 내용을 노래로 들어 보니 피를 토해내듯 가슴을 한 올 한 올 도려내는 아픔이 느껴지며 눈물이 저절로 흐른다. 종부 성연도 스무 살 꽃다운 나이에 시집와서 백 살이 다 되도록 이런 모습으로 살아오셨다. 성연은 백 년 종부의 삶으로 지친 인생을 위로받을 여가도 없이 요양병원 병실에 누워서 외롭게 삶의 마지막을 준비하고 있으시다. 이제 와서 자식들이 종부의 어려웠던 지난 삶을 이해한들 무슨 위로가 될 것인가? 무슨 말로도 성연이 살아온 삶을 위로할 수 없을 것이다. 종부 성연이 평생 노고를 위로받을 수 있는 것은 자식들이 서로 화목하게 잘 사는 것 뿐이라고 생각한다.

　종부 성연은 꽃다운 이십 살에 정규를 배필로 만나 80년을 해로하고 있다. 성연은 전주이씨 가문의 종부가 되어 가문의 바람막이 역할을 하시면서 힘든 형극의 길을 살아오셨다.

　성연이 시집와서 처음 5년은 낯선 가문에 적응하느라 고초가 컸었다. 사는 방식이 전혀 다른 가문에 들어가 종부로 자리잡는 일은 쉽지가 않았다. 정규의 공직생활이 안정되고 성연의 삶도 자리를 잡아갈 무렵 6.25전쟁이 발발하여 1.4 후퇴로 피난지 논산에서 3년 10개월 동안 갖은 고생을 하며 견디셨다. 피난지에서 돌아와 정규가 안정된 공직의 길을 버리고 사업을 시작하면서 많은 어려움을 함께 겪으셨다. 종부 성연은 첫아들에서 막내까지 20여 년간 출산을 하셨다. 정규와 성연이 막내아들까지 공부시켜 출가시키다 보니 어느덧 칠십 살이 넘어갔다. 더구나 성연은 종부이므로 시아버지와 시어머니 병수발도 의당 종부의 차지였다. 시부모님 두 분의 대소변을 받아내며 병수발로 10여 년을 보내셨다. 가문의 봉제사도 고조부까지 일 년에 열 번의 제사와 차례를 모셨으며 시제에도 종부가 항상 중심이 되어야 했다. 이렇게 평생을 종부로 사시면서 역할을 다하시다보니 고달픈 신세로 몸은 어느덧 늙고 말았다. 종부 성연이 자식들의 효도를 받으시며 즐겁게 사실만 할 때 뇌경색이 재발하여 병원에서 외로이 보내시고 있다. 요즘은 코로나 전염병 때문에 자식들이 문병을 하는 것조차 못하게 하고있어 더욱 외롭게 보내실 것을 생각하면 더욱 안타깝다.

종손 정규의 아내 성연이 시집왔을 당시에는 시부모님, 시동생 둘, 시누이 둘 등과 함께 살았다. 종부 성연이 결혼하기 전 친정아버지 조남수는 이미 사망하셨지만 어머니 창원박씨가 종갓집 종부로서 부족함이 없을 정도로 가문을 지켜내셨다.

성연은 결혼 전에 신랑 정규를 보지도 못하고 어른들이 정해주시는 결정에 따라 중매로 결혼을 하셨다. 성연이 임진강 남쪽 마을인 마정 전주이씨 가문으로 시집왔을 때 모든 게 낯설었다. 더구나 성연은 부잣집에서 시중을 받으며 곱게만 자랐기에 처음 시집와서 대가족 종손 며느리로 적응하는 데 고생이 심하셨다. 성연은 친정에서 몸종까지 있어서 거친 일들을 모르고 자랐다. 그렇게 자랐지만 종갓집 종부가 되어 집안일을 직접 주관하려니 애로사항이 이만저만이 아니었다. 성연의 시어머니 공주이씨도 엄한 덕수이씨에게 시집살이 해서 그런지 무섭고 엄한 분이셨다. 그래서 종부 성연은 4살 아래 시누인 순규에게 많은 것을 의지했다. 성연은 처음 시집와서 명절이 되자 신랑 한복을 만들어야 하는데 만드는 방법을 몰라서 남편인 정규의 한복을 만들어 줄 수가 없었다. 그래서 성연이 쩔쩔매고 있었는데 시누이 순규가 성연의 어려움을 쉽게 해결해 주었다. 시누이 순규는 한복을 만드는 재단은 물론 재봉질에도 능숙하였다. 이웃에 사는 재당숙 의규네 아이들 옷까지 만들어 입혔다. 성연에게 시누이 순규는 항상 든든한 의지처였다. 성연의 셋째 시누이 순규는 결혼에 실패하여 마음을 아프게 하였지만 재혼하여 문산읍에 살면서 평생 가깝게 정을 나누며 살 수 있었다. 종손 정규가 공무원을 그만두었을 때도 가까이 살고있던 순규는 누구보다 속상해 하셨다. 어릴 적 서울에 까지 유학하여 공부한 자랑스럽던 오빠가 장사 하면서 얼음 리어카를 끌며 막일을 하고있는 것을 볼 때마다 순규는 속상해 하였다. 시누이 순규는 정규의 3살 어린 바로 아래 동생이다.

　어느덧 종부 성연은 이러한 힘든 과정들도 지나간 기억속에 묻혀버렸다. 아내 성연은 일 년에 열 번의 제사를 모시며 종갓집 종손 며느리로 80년간 종부의 길을 걸어왔다. 종부 성연은 돌아가신 조상님에게도 잘하셨지만 살아계신 시부모님에게도 소홀히 하시지 않았다. 그것은 종부 성연이 받은 두 번의 '효부상'이 말해주고 있다. 첫째 상은 파주시에서 선정하여 받았고, 두 번째 상은 시아버지인 문환이 추천하여 받았다. 두 번째 상은 함께 사시는 시아버지가 적극 추천하셨기에 그 진실성이 더욱 빛을 발하고 있다. 미국 등 선진국에서는 직속 상사가 주는 상을 최고의 명예로 여기고 있다. 종부 성연의 경우도 함께 모시고 사셨던 시아버지가 발벗고 나서서 며느리를 추천하는 것은 쉽지않은 일이기 때문이다. 종부 성연에게 '효부상'보다 더 중요한 것은 시아버지로부터 마음의 상을 받으셨다는 것이다. 종부 성연은 1.4후퇴 때 남편 정규는 전쟁에 나가고 나머지 가족들과 충남 논산으로 피난가서 시부모님과 어린 아들 둘을 데리고 3년 10개월의 긴 생존 전쟁을 이겨내시며 가문을 지켜내신 분이다. 종부는 이렇게 가문의 위기가 있을 때도 부모님에 대한 효도의 흐트러짐이 없어야 하는 것이다. 성연의 시아버지 문환은 돌아가실 때까지 종부 성연을 믿고 아끼셨다.

　요즘은 추석에 차례 한 번 지내고 힘들다 못한다고 부부싸움을 하고 명절 증후군이니 하는 것을 보면 격세지감을 느끼고 있다. 종부 성연은 종갓집에서 일 년 열두 달이 제사와 차례로 이어졌지만 당연한 책무로 알고 최선을 다하였다. 종부 성연은 이렇게 힘든 길을 몇 번도 아니고 80년을 해온 것이다. 종부로써 평생 힘들게 살았지만 칭찬과 위로보다는 조금만 잘못하여도 항상 흉이 많았다. 그만큼 종부의 역할에는 빈틈이 없어야 하고 가문에서는 기대가 컸기 때문이라 생각한다. 종부 성연은 자신의 역할에 대해 일희일비一喜一悲 하지 않았다. 성연은 자신의 역할에 대해 많은 말들이 있어도 흔들리지 않고 묵묵히 자기의 역할을 다하였다. 이제는 집안의 모든 사람들이 성연이 종부로써 살아온 삶을 감사한 마음을 가져야 한다. 결국 대가족 종갓집의 가풍을 이어가고 가풍이 유지되는 것은 종부의 희생적인 역할이 항상 있었기 때문이다.

종갓집에서 여자들에게 가장 힘든 일은 많은 봉제사와 끊이지 않는 손님치례다. 요즘은 주부들의 부엌일이 많이 편리해 졌는데도 차례와 제사를 모시는 것이 힘들다고들 한다. 그런데 종부 성연은 평생동안 이렇게 힘든 역할을 하고 사셨다고 생각하니 마음이 먹먹해 온다. 더구나 성연의 시어머니는 40세 젊으신 나이에 열차에 발을 다쳐서 거동이 어려워 성연에게 큰 보탬이 되어 주지 못하였다.

정규의 아내 성연은 종부로써 일백 년을 태산처럼 버티며 살아 온 것은 뼈대 있는 가문의 종갓집 딸로 자랐기 때문이다. 종부 성연의 친정은 임진강 건너 북쪽 마을인 장단의 풍양조씨 10대 종갓집 딸이었다. 성연의 친정 형제는 3남 4녀이며, 7남매 중에서는 셋째 딸이었다. 종부 성연의 언니(남편 박명환)는 탄현에 사셨으며 100살 가까이 사셨다. 성연의 탄현 큰 언니에게 가풍을 이어받은 큰 며느리는 항상 예절도 바르고 기품이 있는 분이었다. 그 며느리분의 인품과 예절의 훌륭함에 대해 성연의 아들딸들이 이구동성으로 칭찬하고 있다. 이러한 성연의 언니의 인품을 볼 때 성연의 친정이 어떠한 가풍을 가진 집안인지 짐작이 가고도 남는다. 정규의 아내 성연과 성연의 친정 자매들의 품행을 미루어 볼 때 성연의 친정 가풍은 대단한 수준의 가문이었음을 보여주고 있다. 종부 성연의 친정 집안도 정규의 가문 못지않은 양반집이었고 부를 가진 장단의 부호였다. 이러한 종부의 친정 가풍을 이어받아 마정의 전주이씨 집안을 100년 동안 지탱하게 한 힘이 되고 있다.

종부 성연은 친정어머니 창원박씨에게 배운 음식과 수예 솜씨가 뛰어났다. 가문의 음식 문화는 가세가 어느 정도 되어야 가풍으로 이어질 수 있다. 옛부터 음식 문화와 수예 등은 가문이 경제적으로 뒷받침이 되지 않고는 불가능하다.

종부 성연이 잘 하는 일이 음식과 수예라는 것도 풍양조씨 가문이 넉넉하게 살았다는 반증이기도 하다.

종부 성연이 처음 시집을 왔을 때 부잣집이라고 소문난 시집이지만 친정인 풍양조씨 가문보다는 가세가 약한 것 같았고 시집살이로 마음고생도 많이 하였다. 종부 성연의 친정집에서는 여성들에게 힘든일들을 안 시켰는데 정규네 가문은 여자들이 남자들 하는 힘든 일을 하고 있어 낯설었다.

성연이 친정에 살 때는 손에 물 한 방울 묻히지 않아도 되는 양반집 아씨로 살았다. 하지만 성연이 시집와보니 시누이들이 오줌 항아리까지 머리에 이고 밭에 나가 거름을 주고 있었다. 시집의 분위기가 시누이들이 모두 오줌 항아리를 이고 다니는 상황에서 새며느리였던 성연도 시누이들이 하는 일을 보고만 있을 수 없었다.

〈종손 정규와 막내 동생 석규〉

고금을 통해 없는 집은 자존심으로 버티는 법이다. 종부의 시어머니인 순아도 자격지심에 자존심을 지키고 며느리의 기세를 제압하기 위해 의도적으로 시집살이를 더 시킨 것 같다. 옛날 어른들은 며느리를 자기 집 사람을 만들기 위해 아예 딴 생각을 하지 못하도록 볶아 대었던 것이다. 마치 군대 가면 논산훈련소에서 훈련병을 바쁘게 하여 다른 생각을 못하도록 여유를 주지 않는 것 같은 이치다.

종부 성연이 처음 시집 왔을 때 시부모와 시동생 둘, 시누이 둘이 함께 살고 있었다. 성연의 막내 시동생 석규는 아직 어린애였다. 종부는 시부모님을 도와 이들을 모두 출가 시키는 등 종부의 역할을 다하였다. 성연은 종갓집 종부로 평생 마음 편할 날이 없었다. 하지만 어려움 속에서도 추억도 있었다. 종부 성연에게 6.25전쟁 중이었지만 군대 생활하는 정규와 함께 광주에서 방한 칸을 따로 얻어 둘이 살림할 때가 있었는데 그 때가 가장 행복하였다고 한다. 종부의 삶은 희생의 삶이므로 평생 부부의 안락한 삶은 없었던 것 같다. 나는 종부로 평생 살아가신 장모님의 일생을 생각하면 너무나 가슴이 아프다. 나의 어머니 순흥안씨도 자존심을 목숨처럼 여기셨던 경주김씨 큰 가문의 종손 외며느리로 평생을 살아가셨던 모습이 생각나게 한다. 우리 집에는 종갓집이라 항상 손님이 끊이질 않았다. 나의 어머니도 그 많은 봉제사 때면 며칠 전부터 제수 음식을 준비하느라 밤잠을 설치던 모습이 아직도 눈에 선하다. 손님은 왜 그리 많던지? 어린 시절 나는 많은 손님이 오시면 좋았다. 지금에 와서 생각하면 당시에 어머니는 얼마나 고생이 많으셨을까 하는 생각에 마음이 아프다. 장모님의 삶도 나의 어머니와 비슷하셨을 것이다. 장모님을 생각하면 누가 감히 종부의 삶, 자체를 잘하였느니 못했느니 이야기 할 수 있겠는가? 80년 종부의 삶 자체가 존경스럽고 숭고하게 느껴진다.

종손 정규가 6.25 전쟁 중에 아내 성연과 예기치 않게 단 둘이만 살림을 시작한 시기는 종손이 이등중사 때였다고 한다. 이등중사인 정규에게 그러한 배려는 특별한 경우였다. 당시에는 특수한 상황이라서 이러한 경우도 있었던 것 같다. 6.25당시에 대부분의 부부는 서로가 헤어져 생사조차 확인하지 못하는 상황인데 정규에게 군대생활을 하며 영외 거주를 할 수 있어 처음이자 마지막으로 둘이만 살림을 할 수 있는 기회가 주어졌던 것이다.

그러한 당시의 상황을 미루어 보면 성연에게 전쟁 중이지만 종부로써 평생 한 번만 경험한 행복한 시간이었다. 종손 정규가 아내 성연과 둘이서 살림을 할 때 주인집에서는 정규가 첩을 얻어 살림을 하는 것으로 오해를 하였다. 할머니가 가끔 손자인 윤종을 데리고 성연이 살림하는 곳으로 데리고 오곤 했다. 방학 때면 윤종이 할머니와 그리고 정규의 사촌동생 진자도 광주에 찾아오곤 하였다. 그 때서야 주인집 부인은 두 젊은 부부의 살림을 이해하게 되었다.

종손 정규가 풍양조씨 성연에게 장가가던 날 아침 화석정에 있는 말구종의 말을 타고 장단으로 출발하였다. 이른 아침밥을 먹고 종손 정규는 마정을 출발하여 임진나루를 건너 성연이 살고있던 장단까지 이십여 리를 말을 타고 처가 마을에 도착하였다. 종부 성연이 결혼 할 시점에 성연의 아버님 조남수는 사망하여 성연의 결혼식에는 장모님만 참석 하셨다. 종부 성연이 아버지 없이 결혼식을 올렸지만 성연의 어머니와 숙부님들이 아버지를 대신하여 결혼식 준비에 소홀함이 없으셨다. 성연의 삼촌인 조남훈은 시집오는 날 성연을 마정까지 데려다 주고 하룻밤 머물고 다음날 장단으로 돌아가셨다.

정규는 결혼식을 끝내고 다시 말을 타고 앞에 가고 신부인 성연은 가마를 타고 새신랑의 뒤를 따라 장단 진동면 처가를 떠나 화석정 앞 임진강 임진나루를 건너고 장산리를 거쳐 마정리로 돌아왔다.

종손 정규의 아내 성연은 시집와 맏아들 윤종과 둘째 아들 한종을 낳았다. 그 당시 종부가 두 아들을 낳아 집안의 기쁨은 대단 하였다. 성연의 시어머니는 시집와서 딸을 연이어 둘을 낳아 처음에 시집살이를 하였는데 성연은 연이어 아들을 낳자 며느리에 대한 시부모님의 사랑을 한 몸에 받았다. 성연은 처음에는 시집살이에 적응이 힘들었으나 참고 견디며 시간이 지남에 따라 종손 며느리의 역할에 점차 익숙해 져 갔다. 정규는 결혼하고 다음해 경기도 농산물검사원 기수가 되어 공무원으로 파주 문산에서 근무하게 되었다. 결혼 첫 해에 정규가 6개월간 수원에서 검사원 연수를 할 때는 시집에 혼자 남아 종부의 역할을 하였다. 정규는 수원에서 연수를 끝내고 처음 금촌검사소로 발령받아 곧이어 8.15해방을 맞았다. 다음해인 1946년 1월 정규는 파주 문산 농산물 검사소 차석으로 발령받아 마정 집에서 출퇴근을 하게 되었다.

1950년 6월 25일 전쟁 발발 시 정규는 홍천으로 출장을 가고 연락이 안되니 처음 며칠 간 성연의 마음고생은 이만저만이 아니었다. 더구나 결혼 후모든 살림을 문환이 정규에게 일임하여 모든 살림을 책임지고 있었다. 그런데 홍천으로 출장 간 후에 전쟁이 나고 정규의 생사를 확인 할 방법이 없으니 며칠간이지만 여삼추 같은 시간을 보내며 성연의 마음은 한없이 불안하고 답답하였다.

파주 문산은 임진강 하나만 건너면 곧 닿는 거리에 있어 전쟁 당일에 인민군에 점령되어 공산 치하가 되고 말았다. 3일 만에 서울까지 점령되고 한강다리가 끊기는 바람에 집에 남은 성연은 피난 가는 것은 아예 생각하지도 못했다. 이때는 종손 정규가 홍천으로 출장 중이고 파주는 이미 공산군에게 점령되어 정규가 목숨을 걸고 집으로 돌아오기까지 며칠간은 연락이 되지 않아 전전긍긍 하였다. 그렇다고 피난을 갈 상황도 아니었다. 이미 서울이 점령되고 한강 다리가 끊겨남으로 갈 수도 없었다. 더구나 이미 파주는 인민군에게 점령되어 움직일 수가 없었다. 이렇게 아내 성연은 전쟁 중에도 모든 역할을 해야 하는 종부의 위치였다. 이때에 아내 성연은 어린 두 아들, 발이 불편한 시어머니, 시아버지, 시동생,

시누이 등 많은 가족을 챙겨야 하는 처지였다.

남편 정규가 목숨을 걸고 집으로 돌아 왔지만 여러 가지 상황을 감안해 볼 때 김일성체제에서는 몸을 내놓고 활동할 수 없었다. 6.25전쟁 당일 정규가 차석으로 근무하던 임진면 농산물검사소 소장은 사무실에 있다가 인민군이 들이닥쳐 곧바로 총살을 당했다. 만일 그 날 차석인 정규도 사무실에 있었다면 목숨의 안전이 보장되지 못했을 것이다. 지방 빨갱이들은 죄가 없어도 정규 같은 공무원 출신은 일단 적발하려 혈안이었다. 이러한 상황이니 종부 성연은 하루하루가 살얼음판 같은 시간을 보냈다. 종부 성연이 시집와서 모든 게 안정된 삶이었는데 전쟁이 터졌던 것이다.

이런 마음 졸이는 3개월의 시간이 지나고 국군이 다시 수복하여 공산 치하에서 회복하였다. 이제는 통일이 되어 마음 놓고 사는 세상이 되기를 바랐는데 문산이 수복되어 3개월이 지나고 다시 국군이 후퇴하게 되었다.

성연의 시아버지 문환 등 시삼촌 등 온 집안이 모여서 피난에 대한 의논을 하였다. 피난처를 적당히 정할 수도 없었다. 앞으로 전쟁의 상황이 어떻게 될지 모르기 때문이다. 지난 6월 전쟁 때 부산 까지 밀려갔던 사례가 있기 때문에 가급적 안전한 남으로 멀리 떠나는 것이 답이었다. 이 때 피난길에 든 가족은 종부 성연의 시부모님, 시동생 둘, 시누이와 남편 그리고 어린 아들 둘을 데리고 남쪽으로 피난길에 들었다.

피난 갈 때가 한겨울이라서 추위와도 싸워야 하는 계절 이였다. 당시에는 모든 짐을 머리에 이거나 어깨에 짐을 지고 물건을 나르던 시대라서 온 가족의 고생은 이만 저만이 아니었다고 한다. 어느 시대 없이 전쟁이 나면 여자들 고생은 더 큰 것 같다. 종손 정규의 아내 성연은 전쟁 중에도 종부의 역할 다하며 시집의 대가족과 생사를 같이 하였다. 1.4후퇴로 피난 가던 중 종손 정규와 동생이 군대에 입대하는 바람에 종부 성연의 고생은 더욱 심해졌다. 피난에 많은 도움을 줄 수 있는 성연의 남편과 시동생이 갑자기 영등포역에서 가두 징집되어 가족의 피난 대열에서 빠졌기 때문에 피난길은 더욱 힘에 부쳤다.

종부 성연은 남편 정규가 가두 징집으로 모든 일을 시아버지 문환과 해야만 했다. 막내 시동생 석규는 이 때 11살 이었다. 종부 성연은 온 집안사람들과 영등포역에서 화물차를 타고 이틀을 기다란 후에 피난열차는 남으로 향해 떠났다. 수많은 피난민들이 고향을 뒤로 한 채 뚜껑도 없는 석탄 화물차를 타고 영등포역을 떠났다. 수많은 피난민들이 열차 속에 터질 듯 빽빽이 들어찬 것도 모자라 수많은 피난민들이 열차의 위까지 떨어질 듯 말 듯 아슬아슬하게 올라 타 숨 쉴 틈도 없었다. 기차는 대전역까지만 갔고 대전에서 내리게 하였다. 정규의 가족은 호남 쪽으로 백리를 가서 정착한 피난지가 논산이었다. 대전에서 논산까지 백리 길을 5일을 걸어 도착하였다. 길도 몰라서 그냥 호남선 철길을 따라서 간 곳이 논산이었다. 전선은 서울 북쪽에서 계속 오르락 내리락 하였고 임진면은 다시 수복은 되었지만 군 작전지역으로 민간인은 통제가 되어 고향으로 돌아 갈 수 없어서 논산에서 계속 피난지 생활을 하였다.

1.4후퇴 당시에는 피난민이 남쪽의 다양한 지역으로 분산되었으나 피난지에는 어디 없이 사람들이 몰려들어 사람이 살 곳이 부족했다. 피난민은 많은 물건을 가지고 갈 수도 없었고 수중에 돈도 부족하여 궁핍한 생활을 하였다. 어찌 되었던 밤이슬과 눈비만 겨우 피할 수 있으면 다행이었다. 6.25전쟁은 종부 성연의 가족들의 삶도 송두리째 바꿔 놓았다. 논산에 피난 가서 처음에는 방이 없어서 시부모와 사촌 진자 외삼촌 등 고부가 한 방에서 기거를 해야만 했다. 더구나 아내 성연의 남편 정규는 군대에 가고 없는 상태에서 시부모님을 모시고 피난 생활을 했다. 피난지 논산에서 정착하여 설날을 보내고 정월달 시아버님 생신날은 돌아 왔다. 피난지에서 모든 게 부족한 상태이지만 종부 성연은 논산 피난지에서 문환의 생신 상을 차려 드리니 차마 드시지 못하고 눈물을 흘리시는

것을 보았다. 종부 성연은 시집와서 처음으로 근엄하시기만 한 시아버지 문환이 우시는 것을 보았다. 그 때의 시아버지 문환의 마음은 충분히 이해하고도 남았다. 문환은 맏아들 정규와 둘째 아들 현규가 군대에 입대하여 전쟁에 나가고 모든 식구들을 데리고 멀리타향에서 생일을 맞이하니 그 마음은 참담하셨을 것 같다. 종부 성연은 종손 정규가 집안을 비우고 없을 때에도 종부의 역할을 열심히 해야만 되었다. 시아버지 문환이 살아계실 때 며느리 성연을 가장 믿고 의지 하셨던 것도 이렇게 많은 생사고락을 함께 하였기 때문이다.

　　종손 정규가 복무 하고 있던 통신학교의 취사반장 '우종복'은 파주사람 이였다. 우종복은 파주 천연면장 우종화의 사촌인데 종손 정규에게 많은 도움을 주었다. 우종복은 매달 쌀 두 말 지급해 주었고 정규에게 영외 근무를 허락 하여 살림을 시작하였다. 우선 쌀 한 말은 방을 빌리는 데 사용하고, 나머지 한 말로는 살림하는 데 사용을 하였다. 이 때 종손 정규의 큰 아들 윤종은 4살이고 둘째 한종은 한 살 이였는데 두 아들은 시어머니가 논산에서 맡아서 키워 주셨다. 아무리 피난시절의 어려운 시절이라 하지만 이런 상태로 살림을 시작 하였으니 궁핍함과 고생을 이루 말로 다할 수 없었다. 그래도 성연은 행복하였다. 시집와서 처음으로 남편 정규와 단 둘이서 살림을 시작한 것이다.

　　피난지에서도 시아버지 문환의 능력으로 지역 주민의 애로 사항을 해결해 주었더니 그 보답으로 초가삼간을 내어주었다. 아내 성연은 고부가 같은 방을 사용해야 하는 불편함에서는 벗어나게 되었다. 피난지 논산에서 성연의 막내 시누이 결혼식도 치렀다. 전쟁 중에 모든 것이 부족한 피난처에서 시집을 보내자니 오죽했으랴? 결혼은 초라하고 서러운 결혼식으로 가족들의 마음은 더 아프고 힘들게 하였다. 막내 따님을 그렇게 출가 시켜야 하는 성연의 시부모님들의 마음도 매우 아프셨을 것이다.

　　시집보내는 딸에게 무언가 더해주고 싶은 것이 부모들의 마음인데 생활이 어려운 피난지에서 어찌할 수 없는 부모의 마음은 말이 아니었을 것이다.

피난지 논산에서 종부 성연에게는 하늘이 무너지는 아픔이 있었다. 종부 성연의 둘째 아들 한종을 천연두를 앓다가 잃은 것이다. 종부 성연의 큰아들 윤종은 피난가기 전에 천연두 예방주사 접종 했는데, 한종은 너무 어리다고 예방접종을 해 주지 않아서 그냥 피난길에 들었는데 그게 문제가 된 것이다. 자식은 죽으면 땅에다 묻는 게 아니라 가슴에 묻는다는 말이 있듯이 종손 정규의 집안에 큰 슬픔을 주었다. 6.25전쟁을 3년간 겪으면서 집안마다 비극이 없는 가정은 없다고 하지만 종손 정규와 종부 성연에게 한종은 늘 가슴에 박힌 아픈 못이 되었다.

어렵고 힘든 생활을 타지인 논산에서도 모두 가 열심히 노력하여 피난 생활도 점차 안정되어 갔다. 종부의 남편 정규도 3년9개월 군대생활을 마치고 제대를 하였다. 종부의 시동생 현규도 제대를 하였다. 그래서 모든 가족과 함께 파주 마정으로 돌아 왔다. 종부와 함께 피난을 떠났던 가족 중에 둘째 아들 한종은 전염병으로 잃고, 막내 시누이는 피난지에서 출가시켜 두 명의 식구가 줄어 있었다.

파주 마정으로 돌아온 종부는 임시로 다시 세운 집을 청소하고 보수하여 다시 옛 날의 모습으로 되돌리기 위해 모든 식구가 힘을 합하였다. 전쟁이 끝났다고 곧바로 전과 같은 삶으로 되돌아가는 것은 아니다. 여러 해가 지난 뒤 전쟁 중에 어렵게 시집보낸 막내 시누이가 살기가 힘들다고 친정집으로 모든 식구들을 데리고 찾아왔다. 삶의 아픔은 꼭 전쟁 중에만 있는 것은 아니었다.

막내 시누이는 사는 게 힘들어 식구들을 데리고 친정을 찾아 왔다. 종부 성연은 시어머니의 마음을 알기에 시누이 식구들에게 많은 마음을 썼다. 하지만 시누이는 친정식구도 많은데 자기식구 5명을 데리고 오니 많은 눈치가 보였던 것 같다. 친정어머니인 종부 성연의 시어머니는 며느리 보기 미안한지 딸의 식구들을 많이 구박을 하셨다. 하지만 어미의 마음이 겉으로 밉다 하여 속마음 까지 미울 수는 없는 것이다. 이러한 마음을 아는 종부 성연도 매사를 마음 쓰며 조심하며 생활하였다. 그런데 너무나 미안한 마음을 느낀 나머지 시누이가 자식 두 명을 몰래 고아원에 맡겼다고 한다. 그래서 저녁에 밥을 먹다 보니 식구가 모자라 물어보았더니 그 이유를 성연은 알게 되었다. 이러한 사실을 뒤늦게 안 종부 성연은 '보리밥을 먹어도 같이 먹고 죽어도 같이 죽자'며 막내 시누이를 책망하며 고아원에 맡긴 조카 두 명을 늦은 밤에 찾아가 집으로 데려 왔다. 지금은 시누이 부부는 유명을 달리 하였다. 이제는 이런 아픈 과거까지 아름다운 추억이 되었다. 이러한 외가의 따뜻한 마음을 잊을 수 없는 시누이 자식들은 지금도 자매가 함께 외갓집을 찾곤 한다.

이와 같이 종부 성연은 가풍 있는 집안에서 자라면서 만들어진 어진 성품을 가지신 분이다. '종부는 하늘이 점지 한다'는 말이 있다. 많은 형제가 있으면 어느 집 없이 아픈 손가락이 있다. 종부 성연과 같이 형제간을 베푸는 너그러운 마음을 쓰는 것을 오늘을 사는 우리들은 배워야 할 덕목이다. 이러한 막내 시누이가 친정 옆에 사실 때 살림이 어렵기 때문에 살기 힘든 산의 높은 지대에 사셨다. 물도 없어 항상 물지게에 지고 산으로 날라야 했다. 종부의 막내 시누이는 친정에 제사가 있을 때면 하루 전에 친정집에 와서 제수 음식 장만 등 온갖 궂은일을 도맡아 하였다. 막내 시누이는 무골호인無骨好人 같이 평생 화내는 것을 보지 못할 정도로 착한 성품의 소유자였다.

종부 성연은 유복한 집안에서 시집와서 한 평생 시아버지 시어머니를 지극한 마음으로 모셨다. 성연은 시부모의 오랜 병환으로 많은 세월동안 대소변을 받아 냈다. 일 년에 열 번이 넘는 제사도 아무 불평 없이 정성껏 모셨다.

종부의 가문 내 역할은 '봉제사접빈객奉祭祀接賓客'으로 대표 된다. 가문의 기본 틀이라고 할 수 있는 제사 지내기, 손님 접대를 가장 중요시 하였다. 제사는

〈정규의 누이동생 복규의 아이들과 함께하던 시절 : 왼쪽부터 종찬, 혜원, 화종, 이강숙, 은종, 금선, 미라, 수자〉

〈성연의 젊은 시절 문산읍에서 : 왼쪽부터 종부 성연, 능선 엄마, 막내 시누이 복규〉

집안의 연속성의 핵심이고 손님 접대는 가문의 품격을 나타내기 때문이다.

종손 정규가 6.25전쟁으로 집을 비운 3년간 시부모님을 모시며 피난지를 전전하며 며느리의 역할을 다했다. 막내 시누이가 다섯 식구를 데리고 친정으로 잠시 의지하려 돌아왔을 때도 어려움을 함께 하며 힘든 시기를 참고 견뎌냈다. 종부로 시집와서 시누이 시동생 4명과 아들딸 5명을 출가시켰다. 시아버지 팔이 방앗간 벨트에 걸리는 큰 사고와 시어머니가 철도에 발목이 절단되는 사고가 발생하여 평생 불편한 몸으로 생활을 할 때에도 곁에서 함께 하였다. 하지만 지금은 종부의 역할을 다하고 자식들에게 가장 효도를 받아야할 시기에 요양병원에서 투병생활을 하고 있다. 종손 정규는 아내 성연이 이 집안에 시집와서 종부로써 희생해온 삶을 가슴아파 한다. 뒤돌아보면 종부가 종손과 함께 걸어온 길은 끝이 없는 가시밭 길이었다.

종손 정규는 종부와 함께 살아 온 100년이 고맙고 감사하다. 이 집안을 완성하고 오늘까지 지탱하여 온 것은 결국 종부의 인내와 고통의 결과였다.

종손 정규는 인생 100년의 삶을 회상 하니 아내인 성연에게 너무나 인생의 빚이 크기만 하다. 종손 정규의 100년 삶은 아내 성연이 한 땀 한 땀 엮어서 만든 고통과 피로 만들어진 삶이었다. 종부는 하늘이 내린다.

4. 정규의 100년 울타리인 형제 · 자매

　장자가 말하였다. "형제는 손발과 같다. 부부는 의복과 같다. 의복이 떨어졌을 때는 다시 새로운 의복을 얻을 수 있다. 그러나 손발은 끊어지면 잇기 어렵다." 사마광의 「가범」에서도 이렇게 말했다. 형제는 손발과 같은 이유는 앞서 안지추가 말한 것처럼 한 부모로부터 육신을 나누어 받고 기운을 이어받았기 때문이다. 다시 말하면 형제는 함 몸이 나누어진 것이고 기운을 함께 하기 때문에 숨 쉬는 것만 다르게 할 뿐이라는 것이다." 이러한 까닭에 사마광은 "형제 사이에 이익을 다투다가 서로 해치는 일"은 곧 "자신의 이익을 위해 자신을 해치는 꼴"이라고 꾸짖고 있다. 그러면서 그와 같은 일을 살무사에 비유하여 이렇게 말하고 있다. "살무사는 하나의 몸뚱이에 두 개의 입을 가지고 있다. 그런데 서로 먹을 것을 차지하려고 다투다가 마침내 서로 죽이는 데까지 이른다. 이익을 다투다가 형제들이 서로 해치는 일이 살무사와 무엇이 다른가?" 형제는 멀리하려고 해도 멀리할 수 없고 끊으려고 해도 끊을 수 없는 사이이다. 형제를 멀리하고 끊는 것은 곧 자신의 손발을 멀리하고 또한 자신의 손발을 끊는 일이나 다름없기 때문이다. 그러므로 형제 사이는 사람이 선택할 수 없는 관계이다. 한나라의 승상 진평의 형 진백의 고사에서 진평은 아주 가난한 집안에 태어났기 때문에 젊었을 때 매우 궁색하게 살았다. 그의 형 진백은 항상 홀로 농사일을 하며 총명하고 지혜로운데다가 책 읽는 것을 좋아한 동생이 오직 학문에만 몰두할 수 있도록 뒷바라지했다. 그런데 형 진백의 아내는 집안일을 전혀 돌보지 않고 공부에만 빠져 있는 진평을 미워했다. 진평은 기골이 장대하고 외모가 빼어났다. 어느 날 어떤 사람이 진평의 모습을 보고 "집안은 가난한데 무엇을 먹어서 그렇게 건장합니까?"라고 말했다. 그러자 진백의 아내가 "보리 싸라기를 먹어서 그렇게 건장하고 살쪘습니다"라고 비난하며 흉을 보았다. 이 말을 들은 형 진백은 그의 아내를 집안에서 내쫓았다고 한다. 동생을 미워해 형제 사이를 이간질하는 아내를 그대로 둔다면 장차 형제 관계를 끊게 하고 집안을 망치게 하는 재앙을 불러올 것이라고 여겼기 때문이다.

종손 정규의 형제자매는 3남 4녀이며 손위로 누님 두 분과 동생으로 누이동생 2명과 남동생 2명이 있다. 정규가 100년을 살아오면서 형제·자매는 항상 고맙기도 하고 안쓰럽기도 하다는 생각이 든다. 고마운 것은 남동생들이 정규가 100년을 앞 둔 지금까지 울타리처럼 든든하게 정규와 삶을 함께하고 있는 것이다. 형제자매에게 미안한 마음이 드는 것은 아버지 문환과 어머님이 장남인 정규를 더 뒷바라지 하시느라 다른 형제자매에게 소홀 했을 것으로 생각되는 점이다. 집안의 크고 작은 일들이 있을 때마다 형제와 자매가 함께하고 있다는 것만으로도 정규에게 항상 큰 버팀목이자 힘이었다. 어머님의 열차사고와 아버지 문환이 방앗간 벨트에 걸려 대형 사고가 났을 때에도 정규는 경황이 없었으나 모든 형제들이 힘을 합쳐 이런 어려움을 무사히 이겨낼 수 있었다. 부모님이 돌아가셨을 때에도 모든 형제·자매가 힘을 합쳐 장례를 모셨다. 정규가 고조부까지 4대의 비문을 세우던 어느 한식날에도 모든 형제·자매가 함께 묘소에서 차례를 지냈다. 특히, 정규의 둘째 누님은 아버지 문환의 비문을 제작하는 비용을 감당하기도 하였다. 이렇듯 집안의 크고 작은 일이 있을 때마다 형제들이 서로 의지하며 힘을 합쳐 헤쳐 왔다. 그러나 이러한 형제들이 어느 덧 많은 세월이 덧없이 흘러 정규의 누님 두 분과 누이동생은 이미 유명을 달리 하였다. 매부들도 모두 돌아가시고 없다. 정규에게는 남동생 두 명과 여동생 한 명만 남았다. 이제부터는 살아있는 모든 순간들이 소중한 것이다. 특히, 둘째 매부 황대연은 최근까지 마음을 함께 나눌 수 있었던 소중한 관계였다. 유명을 달리한 누님들과 여동생 그리고 매부들이 살아서는 영원히 함께 할 수 없다 생각하니 그립고 외로움에 서글픔이 밀려온다. 지난 세월을 굽어보면 같은 남매로 함께 하였던 시간들이 참으로 짧은 시간 이었던 것 같다. 모든 순간들을 위하고 보듬어주며 살아가도 이렇게 빨리 지나가는 것이 세월인데 좀 더 배려하며 살지 못한 지나간 모든 삶들이 아쉽고 더 관심을 갖지 못한 것이 후회스럽다.

종손 정규의 부모님 두 분이 생존해 계실 때 부모님 생신이나 명절 때면 모든 형제·자매가 함께 모여 식사하며 덕담을 나누던 시간들이 아스라한 꿈같이 생각된다. 모든 형제·자매들과 모두 함께하였던 시간들이 너무나 짧은 순간이라고 생각된다. 젊었을 때는 모두들 영원히 함께 살 것 같은 생각에 좀 더 다정하게 대해주고 너그럽게 이해하여주지 못했던 일들이 너무나 후회스럽기만 하다. 정규의 누님들의 다정한 표정과 모습들도 볼 수 없고 착하고 무던하였던 막내 누이와 한없이 너그러웠던 매제도 유명을 달리한 지 벌써 여러 해가 지났다. 다음 생에도 우리 형제들이 다시 형제와 자매로 태어날 확률이 있을까? 종손 정규는 먼저 저 세상으로 간 누님과 여동생 그리고 매부들을 생각하면 목이 메어온다. 인생 백 년이 이렇게 짧고 허무한 것인가?

지난 세월을 반성해 보면 한 가문의 장손으로 태어나 형제와 자매들에게 좀 더 배려하지 못하여 서운한 마음을 갖고 저 세상으로 가지나 않았는지? 이렇게 허무한 것이 인생인 것을! 이러한 삶의 이치를 왜 이토록 나이 먹고 생을 다할 때쯤에야 깨우치게 되는지 야속한 생각이 든다.

정규가 형제와 자매들에게 감사하게 생각하는 것은 형제들이 형을 믿고 따라주어 종가의 종손으로 역할을 할 수 있도록 하여 준 것이다. 6.25전쟁 중에도 정규와 형제자매들은 어려운 시기에 생사고락을 함께 하였다. 피난지 논산에서 어려운 생활을 함께 이겨내고 고향 파주로 무사히 돌아 올 수 있었던 것도 형제·자매들이 잘 견뎌 주었기 때문이다. 부모님을 편하게 해드리는 효를 실천하는 것 중에서 가장 먼저 지켜야 할 일은 형제·자매가 우애있는 모습을 보여드리는 것이다.

『계몽편啓蒙篇』「인편人篇」에 "형제·자매는 부모의 기운을 똑같이 받고 태어난 것이 형제이다. 어릴 때부터 밥을 먹을 때에는 나란히 같은 밥상에서 먹고, 잠을 잘 때에도 한 이불 속에 자며, 부모의 은혜를 똑같이 받은 것으로 나의 형제·자매만한 사람은 없다.同受父母之餘氣 以爲人者 兄弟也 且人之方幼也 食則連牀 寢則同衾 共被父母之恩者 亦慕如我兄弟也 故 愛其父母者 亦必愛其兄"고 한다.

종손 정규의 큰 누님은 내유외강한 분이다. 정규의 큰누님은 정규보다 6살 위로 자랄 때 정규에게 많은 보살핌을 주었다. 정규의 큰 누님도 소학교 2학년밖에 공부를 하지 못하셨고 출가할 때까지 어머님의 큰살림을 도우셨다. 큰 누님은 부평이씨 가문으로 출가를 했다. 큰 누님은 안동김씨가 많은 동네로 시집을 갔지만 그 곳에서 잘 어울리며 사셨다. 큰 누님은 정릉에 있는 신흥사에서 회갑잔치를 하고 집으로 돌아오는 버스에 부조금을 모두 놓고 내렸다. 그래서 이것이 화병이 되어 돌아가셨다. 큰 누님은 다른 형제들에 비하여 이른 나이에 사망하신 것이다. 종손 정규의 집안은 화를 잘 못 다스리는 것 같다.

정규의 할머니 덕수이씨는 큰 딸 때문에 속상해 돌아가시고 조부 종림은 부인인 덕수이씨가 갑자기 돌아가시자 애를 태우시다 화병으로 돌아가셨다고 한다. 정규의 작은 아버지 명환도 6.25때 아들의 변고로 애를 태우다 화병으로 돌아가셨다. 중시조인 덕양군德陽君의 손자인 '귀천군'도 맏아들 '봉래군'이 사망하자 애를 태우시다 화를 못 이기시고 돌아가셨다고 기록으로 전한다. 정규네 가문은 이와 같이 가족 간에 정이 깊고 화를 이기지 못할 정도로 사랑하는 DNA를 가지고 있다. 그만큼 가족 간 정이 많은 혈통을 가진 가문이다.

종손 정규의 작은 누님 희규는 장수황씨 집안으로 출가를 하였다. 매부는 황대연이고 정규와는 문산초등학교 2년 선배다. 종손 정규의 3살 위 누님이므로 살아오면서 가장 가까이 사셨던 누님이다. 처음 시집가서는 넉넉하지 못한 집안이지만 남편을 잘 보필하고 내조하여 집안을 일으키셨다. 매부 황대연과 종손 정규는 100년 가까운 세월을 함께 살았다. 6.25전쟁으로 문산이 공산치하가 되었을 때 목숨 부지를 위해 둘이 함께 숨어 지내며 위험한 시기를 함께 보냈다. 정규와 매부 황대연은 6.25전쟁도 함께 참전하였다. 종손 정규와 매부 황대연은 오랜 세월을 함께 살아오면서 친구같이 얘기가 잘 통했던 관계였다. 둘째매부는 위기를 기회로 바꾸는 상황판단이 뛰어 나셨던 분이었다. 둘째누님과 매부는 친정부모에게도 효도를 다하셨던 분이시다. 둘째누님은 아버지 문환의 비문을 세울 때도 많은 비용을 부담하시기도 했다.

정규의 둘째 누님 희규는 어릴 적부터 총명하였다. 임진심상소학교를 다닐 때 작문이건 그림이건 무엇이든지 잘하여 학교에 가면 온통 희규의 작품으로 교실에 도배를 하다시피 했다. 정규의 둘째 누님 희규와 막내 고모는 같은 해에 태어나 함께 자랐다. 희규의 고모는 2월에 태어나고 조카인 희규는 11월에 태어나 거의 일 년이나 차이가 났지만 모든 면에서 희규가 고모보다 월등하였다. 정규의 작은 누님 희규는 초등학교 2학년 밖에 다니지 못하였다. 정규의 막내 고모는 성격이 특이하여 정규의 어머니에게 시누이질을 심하게 하였다. 결국 정규의 고모님 시중을 들다가 정규의 어머님이 열차사고를 당한 것이다.

이와 같이 자랄 때부터 힘들게 하였는데 시누이 덕분에 정규의 어머니는 평생 불구의 몸으로 사셨다.

정규의 둘째 누님 희규는 소학교 2학년을 중도에서 마치고 어머니 집안 일 등을 재빠르게 잘 도우셨다. 정규의 누님 희규는 동생들도 잘 돌봐 주셨다. 정규의 희규 누님의 자상한 성격 덕분에 출가를 한 후에도 동생들이 모두들 누님을 잘 따랐다. 특히 동생 현규와 석규에게는 어머니 같이 자상하고 든든한 울타리 같은 분이셨다. 정규가 조상님 4대 비문을 세울 때도 비용을 보태는 등 친정일에 많은 도움을 주었다. 6.26전쟁 중에도 매부 황대연은 처남들에게 많은 도움을 주셨다. 정규의 부모님이 살아계실 때도 항상 든든한 딸 노릇을 하셨다.

정규의 여동생 순규는 항상 안쓰럽고 아픈 손가락이었다. 여동생 순규는 어릴 적부터 아주 똑똑하고 영리하였다. 그러나 순규는 삶에서 많은 곡절을 겪으며 마음고생이 많았던 여동생이다. 여동생 순규는 첫 결혼은 해주최씨 집안으로 시집을 갔는데 그 집안은 모두 남로당 가족이었다. 순규의 남편은 남로당 당원이었는데 정부에서 남로당원에 대한 탄압이 심해지자 잠적해 영영 돌아오지 않아 혼자가 되었다. 그래서 동생 순규는 독수공방으로 기약 없이 돌아오지 않는 남편을 기다렸지만 결국 행방불명으로 생사조차 알 수 없었다.

정규는 홀로된 동생을 위해 재가를 설득하여 장수황씨 집안으로 동생은 재가를 하게 되었다. 순규의 중매는 매부 황대연의 사촌인 황유년이 하였다. 셋째 매부가 된 황의균이 상처를 하자 같은 집안이었던 황유년이 중매를 하였다.

정규는 동생 순규에게 "황의균은 서로가 집안을 잘 아는 사이니 그리로 혼처를 결정하면 어떠냐?"고 하니 순규는 많은 고심 끝에 재혼을 결정하였다.

그런데 결혼 후 순규는 오빠 정규를 찾아와서 말했다. "오빠 나 시집을 잘 못왔어." 그래서 "왜 그러냐?"고 정규는 물었다. 순규에게 자초지종을 듣고 보니 황의균은 순규와 상의도 없이 정관수술을 하고 재혼을 하여 동생 순규는 평생 자식을 둘 수 없게 된 것이다. 동생 순규는 재혼한 황의균이 사전에 상의도 없이 정관수술을 한 것이 너무나 섭섭하였고 평생 친자식 하나 없이 살아갈 일을 생각하니 한없이 마음이 허전하다고 하였다.

이러한 애기를 모두 들은 정규는 동생 순규에게 위로하며 말했다. "그런 상황이 너에게 반드시 나쁘다고만 할 수 없다. 오히려 잘 된 것일 수도 있다. 너는 꼭 자식을 낳아 고생하며 길러야만 하느냐? 남의 자식도 내 자식처럼 기르면 다 복을 받는다" 하면서 달랬다. 동생 순규는 "알았어요. 오빠! 나는 평생 새끼도 하나 못 낳아보고 일생을 마치겠구나!" 하면서 매우 슬퍼하였다.

종손 정규는 "내 자식은 고생하여 만들지만, 남의 자식도 내 자식처럼 기르면 된다. 자식 한번 못 낳아본다는 것을 너무 서운해 하지 마라!"고 신신 당부를 하였다. 동생 순규는 오빠가 당부한 대로 전실 자식들을 친 자식 같이 사랑으로 키워 모두 결혼을 시켰다.

동생 순규가 재혼한 황의균이 사망하였을 때 매부 황대연은 황의균의 자식들을 불러놓고 말하였다. 너희들은 "아버지가 죽기 전 새어머니 순규를 친어머니 같이 모시라!"고 유언 하였는데 그 유언을 잘 지켜야 한다고 다짐을 받았다. 그때 모든 자식들은 "순규를 낳아주신 어머니 같이 잘 모시겠습니다" 하였다. 그 이후 자식들은 순규를 친어머니 같이 잘 모시고 있다. 그러나 동생 순규는 키워준 자식들의 봉양을 마다하고 가톨릭재단에서 운영하는 요양보호시설로 들어갔다.

순규는 그곳에서 건강이 있을 때까지 더 힘든 사람들을 도와주며 살겠다고 한다. 정규의 동생 순규는 재혼하여 희생으로 한 가정을 안정 시켰고 어린 자식들을 훌륭하게 키워내 어머니의 역할을 다하고 조용하게 살고 있다.

정규의 여동생 순규는 이웃에 함께 살고 있어 항상 믿음직한 여동생이었다. 돌아가신 아버지 문환과 어머니에게도 늘 이웃에 살면서 자주 드나드는 딸이었다. 정규가 공무원을 그만두고 장사를 시작했을 때도 가장 속상해 하였다. 그 만큼 오빠를 따랐던 것이다.

정규의 동생 순규는 어릴 적부터 총명하여 바느질 재봉질을 잘하여 동생 들 옷도 잘 만들어 입혔다. 이러한 것들은 누가 특별히 가르치지 않아도 곁눈질로 배웠다. 그러나 어머니 공주이씨는 순규와 같이 부지런하고 무슨 일이든지 잘 하는 언니를 닮지 않고 일을 배우려하지 않는 복규는 늘 걱정을 들으며 자랐다.

순규가 일곱 살 때 할머니가 섭저리에서 방앗간을 할 때에도 할머니는 막내 고모와 순규를 데리고 섭저리 방앗간에 나가 살았다. 이때에도 6살 위인 막내 고모는 방에서 잠만 자고 어린 순규가 방앗간에 딸린 가게 방을 지키곤 하였다. 덕수이씨 할머니는 막내 고모에게 심부름을 시키면 어린 순규는 똑 부러지게 제 대로 하는데 막내 고모는 제대로 못한다고 매일 야단을 치셨다. 이렇듯 순규는 어릴 때부터 총명하고 눈치가 빨라서 칭찬을 받고 자라셨다.

누이동생 순규는 20살에 해주최씨 집안으로 출가를 하였다. 그런데 해주최 씨 집안이 모두 남로당원이어서 모두 보도연맹에 가입되어 있었다.

정규의 누이동생 순규는 6.25전쟁 중 온 가족이 보도연맹으로 분류되어 남 편은 물론 남편의 형제 3명과 남편의 4촌 형제 3명 등 7명이 목숨을 잃었다. 신 혼 초에 너무나 큰 고통을 당한 여동생이었다.

결국 순규는 다시 재혼을 하였다. 순규는 다시 결혼한 남편 황의균의 자식 들이 효도를 다하려 하지만 홀로 카톨릭 재단에서 운영하는 요양소에서 생활하 고 있다. 아직은 정신도 맑고 건강한 상태이지만 그 젊고 곱던 누이도 어느덧 93 살이 되었다.

정규의 3남 4녀의 여자 형제 중에 유일하게 살아있는 누이동생이다. 정규 는 요즈음 당뇨로 인하여 눈까지 어두워 잘 볼 수도 없다. 정규는 그 어렵던 시 절을 잘 견디고 살아준 동생 순규가 대견하지만 영원히 아물지 않은 아픈 손가 락이다.

종손 정규의 막내 누이동생 복규는 전쟁 중에 피난지 논산에서 연애결혼을 하였다. 전쟁 중이라 부모님들이 딸의 혼인에 겨를이 없는 상황이라 생각하지 못하고 있었는데 성동면 한 푸줏간에 근무하는 총각과 연애하여 결혼 하였다. 정규의 막내 누이 복규는 어릴 적부터 동작이 느리고 심부름 하는 것도 싫어하는 성격이었다. 정규의 어머니는 늘 바로 위 언니인 순규를 비교하며 야단을 치셨다.

그러나 막내 누이동생 복규는 그런 것에 아랑곳 하지 않는 자유스러운 마음의 소유자였다. 어머니 순아가 열차사고로 발을 제대로 쓸 수 없어 어머니를 돕느라 고생도 많이 했다. 복규는 친구들과 어울리기를 좋아하였으며 어린아이를 아주 좋아 하였다. 순규가 동생 복규의 옷을 깨끗하게 빨아서 다려서 입혀놓으면 곧바로 더렵혀졌다. 복규는 아이들을 좋아하여 이웃의 두환 네 아이들을 그냥 좋아서 데리고 놀았는데 지저분한 아이들을 안고 업고하면서 데리고 놀다보면 어느새 빨아 입힌 옷을 다 더렵혀 버리곤 하였다. 그래서 이웃에 사시던 두환 아저씨는 자기네 아이들을 좋아하는 복규를 아주 좋아하였다. '아이를 좋아하는 사람치고 나쁜 사람 없다'는 말이 있다. 그 만큼 복규는 포용심과 이해심이 많았던 것 같다.

정규의 막내 누이동생 복규는 마정에 있는 2년제 요시모도 소학교를 다녔다. 특히, 복규는 이웃에 사는 용희라는 친구와 단짝이었다. 복규는 성장할 때도 비교적 자유롭게 생활하는 자유스러운 생각을 가진 어린이였다.

전쟁만 없었다면 아버지 문환이 좀 더 나은 조건의 신랑감을 골라서 중매를 하였을 것이다. 당시만 해도 푸줏간에서 일을 하면 일반적인 사람들은 백정白丁이라 생각하였고 전통적으로 천민들이 종사하였으므로 천시하였다. 전쟁 중에 정규의 막내 여동생은 아버지 문환의 많은 꾸지람을 받으며 결혼하였다. 복규는 전쟁 중이라서 간단한 폐백조차 못해주어 신랑 집에서 결혼비용은 물론 혼수 등 모든 것을 준비하여 결혼식을 올렸다.

피난지에서 막내딸을 결혼시키다 보니 아무것도 해 줄 여건이 되지 않았다. 그러한 상황인데도 아버지 문환은 신랑이 상놈의 집안이라고 구박이 이만저만이 아니었다.

결혼 후에 복규가 살기 힘들어 친정에나마 의지하려 온 가족을 데리고 친정집을 찾아왔다. 정규의 아버지 문환은 이렇게 친정살이 하러 온 막내딸을 보자 야단을 치시며 처음에는 집에 들어오지도 못하게 하셨다.

하지만 정규는 전쟁 중에 아버지 문환의 야단 속에 도망가듯이 시집간 막내누이가 항상 측은하게 생각하고 있었다. 그래서 정규는 아버지 문환을 설득하였다. "살려고 찾아온 친정까지 못 들어오게 하면 막내딸을 죽으라고 하는 것과 같다" 하면서 문환을 설득하여 집에 들게 하였다.

이렇게 친정살이를 시작한 여동생 복규의 마음고생은 매우 심하였다. 그렇지만 곧이어 친정에서 가까운 곳으로 살림을 나고 살면서 복규와 매부는 힘든 시기를 잘 견뎌내고 아들딸 잘 키우며 살아주었다. 고생을 많이 하여 그런지 정규의 막내 누이와 매부가 다른 형제에 비해 일찍 유명을 달리하였다.

막내 동생 복규는 고생을 많이 하여 저 세상으로 일찍 간 것 같아서 마음이 아프다. 복규는 병원에 입원했다가 의사의 실수로 의료사고를 일으켜 일찍 세상을 하직 하였다. 젊어서 많은 고생을 한 막내 누이 복규가 아들딸이 모두 성장하여 효도를 받으며 즐겁게 살만하니 사망하여 정규의 마음을 더욱 아프게 하였다.

지난해에는 막내 누이 복규의 자식 5남매가 외삼촌을 뵙겠다고 외갓집을 함께 찾아왔다. 복규의 자식 5남매는 이제 모두들 결혼하고 안정된 생활을 하고 있으며 어린 시절 고생한 옛 얘기들을 하며 잘 살고 있다.

지나온 삶을 돌아보니 형제·자매들과 함께하는 시간들이 너무 짧게 느껴지고 인생이란 게 너무 허무하다고 생각된다. 이렇게 짧은 게 인생인데 "왜! 사는 순간에는 조금 더 이해하며 너그럽게 살지 못하였나?" 하는 마음에 지난 세월이 아쉽기만 하다.

정규의 막내 누이 복규가 친정붙이의 도움을 바라며 친정으로 찾아 왔듯이, 120년 전 정규의 고조부인 통정대부 봉현도 처가마을인 파주 마정에 찾아와 친정붙이들에게 도움을 바라고 찾아왔으나 마정에는 정착하지도 못하고 장산리 흉가라고 불리는 비어있던 묘막에서 기거를 하시며 다시 집안을 일으켜세우셨다. 사람이 살다보면 이런 어려운 삶의 굴곡은 누구에게나 있게 마련이다. 그런데 모든 것을 갖추어야 형제지간을 도 울 수 있는 것으로 생각하는데 그것은 사는 게 부자가 못해서가 아니라 마음이 가난하기 때문이다.

삶은 이렇게 엎치락뒤치락 하면서 사는 것이다. 사람이 살다보면 누구든 어떤 어려움을 만날지는 아무도 모르는 것이다.

그러므로 형제 · 자매지간의 어려움은 나의 어려움으로 이해하고 함께 감내해야 한다. 그래서 형제 · 자매는 서로가 찬바람을 막아주는 울타리와 같은 것이라고 한다. 나의 집안에도 작은할아버지가 일찍 돌아가시자 나의 할아버지가 모든 식구를 거두어 들여 친자식으로 호적에 올리고 키우고 결혼을 시키셨다. 당숙들이 아버지의 동생으로 호적에 기재되어 독자라서 군대에 가지 않아도 되었지만 전쟁에 나가서서 목숨이 위태로운 동부전선에서 많은 고생을 하였다.

그러나 이러한 고통을 앉고 조카들을 친자식처럼 끌어 앉은 나의 할아버지인 큰아버지에게 당숙부님들은 친자식처럼 효도를 다하셨다.

그래서 윗대의 어른들이 모두 돌아가신 현재에도 후손들이 친형제처럼 지내고 있다. 삶에서 좋은 덕의 씨를 심으면 덕의 씨는 죽지 않고 오래가는 법이다. 그래서 모든 사람은 받은 은혜를 또 다른 사람에게 갚는 것이다. 「논어」 「이인편」 제25장에도 적혀 있듯이 "덕이 있는 사람은 외로울 리가 없다. 그에게는 반드시 뜻을 같이하는 사람이 함께 하므로 동반자가 있을 것이다子曰 德不孤必有隣"고 공자는 말했다. 사람이 살아가면서 인덕仁德이라는 덕목이 우리에게 얼마나 중요한 것인지를 조상님들의 삶의 자취를 통해 오늘을 사는 우리를 깨닫게 한다.

종손 정규의 7남매 중에서 가장 막내 동생인 석규를 생각하면 가장 안쓰럽던 형제이다. 정규가 지금까지 마음이 편치 못한 것은 동생 석규가 군대에 있는 동안 면회 한번 가보지 못한 것이다. 항상 어리다고만 생각하였던 동생 석규도 어느덧 팔십 살이 넘었다. 막내 동생 석규는 어머니 배속에서 임신 5개월에 열차 사고를 당하여 발을 잘라내는 수술까지 하시느라 많이 놀랐을 텐데도 정상적으로 태어났다. 막내 석규가 몸이 약하게 태어난 것이 이러한 열차 사고 때문이라고 생각하면 늘 가슴이 짠하다.

석규는 피난지 논산에서 대구의 누님 댁에 다니러 갔다가 동네 우물에 빠져서 죽을 고비도 넘겼다. 사람이 살다보면 목숨의 위험을 몇 번 겪는다고 하지만 동생 석규는 배속에서부터 남다른 시련을 겪고 태어났다. 동생 석규는 어렵게 수난을 거치며 출생을 하였지만 명은 타고났을 것으로 믿는다. 석규가 태어났을 때 어머니 순아가 오른발의 앞부분이 열차에 잘려나가는 사고를 입어 집안에서 경사보다는 어떻게 애기를 키워야 할지 근심부터 하였다고 한다. 더구나 석규는 어머니가 건강하지 못 하시니 자상한 보살핌을 받지 못하고 성장하였다. 이렇게 자란 석규는 초등학교 4학년 때 6.25전쟁이 발발하여 피난지 논산에서 3년을 보내다 보니 학교도 몇 년 늦게 다녔다.

정규는 석규가 학교도 경기공업학교의 직업학교만 공부하고 더 진학시키지 못한 게 항상 미안했다. 석규는 매일 파주 마정에서 걸어서 문산역까지 가서 기차를 타고 서울역에 내려서 다시 아현동 학교까지 걸어가야 하는 등교길을 통학을 하며 학업을 마쳤다. 오고가는 통학 길에 너무 시간을 뺏겨 시험기간에는 삼각지에 있던 작은 누나의 집에서 공부하며 시험을 치렀다.

동생 석규는 공부도 잘 하였고 군대도 유엔군으로 갔다 왔기 때문에 추천장을 받아 미군공병대에 들어가게 되었다. 막내 석규는 정규가 결혼할 때 세 살 어린이었다.

정규의 어머니 공주이씨는 막내아들 석규를 특히 귀여워 해주셨다. 공주이씨는 늘 노후에는 막내아들과 함께 살고싶다고 하셨을 정도로 막내를 사랑하셨다. 막내아들 석규는 부모님 회갑 때 '어머니의 노래'를 불러서 모두를 울게 만드셨다는 일화가 있다. 이 글을 쓰고 있는 나에게도 많은 조언과 위로를 아끼지 않으셨다. 그렇다. 한 가문의 기록은 글재주로 메워지는 게 아니라 자식들의 효성과 형제들의 우애로 완성하는 것이다.

정규의 동생 현규는 정규보다 8살 아래의 동생이다. 현규는 외모와 재주에서 아버지 문환과 가장 많이 닮으셨다. 어려서부터 명석하여 공부도 매우 잘하였다. 문산초등학교 졸업을 할 때는 전교에서 1등을 할 정도로 재주가 뛰어났었다. 종손 정규와 여덟 살의 터울이라 성장할 때는 많은 차이가 있었다. 성격도 좋고 종손 정규에게는 항상 든든한 아우였다. 동생 현규가 머리가 좋아 공부를 많이 시켰으면 크게 되었을 텐데 경기공업학교에 밖에 진학시키지 못하여 항상 안타깝게 생각되었다. 그것도 도중에 6.25전쟁이 발발해 제대로 공부도 할 수가 없었다. 1.4후퇴로 전 가족이 피난을 가던 중 영등포역에서 정규와 현규는 '가두 징집'되어 피난길에 가족들과 생이별하고 두 형제는 함께 걸어서 인천까지 가서 LST를 타고 제주도로 건너갔다. 당시에 동생 현규는 16살이었다. 현규는 제주도에 가서 한 달간 초등학교 건물에서 정규와 함께 대기하며 기다리다 입대 신체검사를 하였으나 현규는 나이 미달로 귀향 조치가 되었다. 귀향을 위해 제주항에서 대기하다 하사관 학교에 지원하여 제주훈련소 조교, 논산훈련소 헌병 등을 하며 전쟁기간 군 복무를 마쳤다. 정규의 동생 현규는 제대 후 고향으로 돌아와서도 집안이 전쟁 복구 등으로 모두 노력할 때 발 벗고 나서서 집안을 도우셨다. 그 이후 미군부대에 다니면서 대학도 주경야독으로 마칠 정도로 학구열도 대단하였다.

정규가 마정리에서 문산읍로 이사를 위해 집을 지을 때도 행랑채는 현규가 아버지 문환을 도와 두 사람이 손수 지으셨다. 이렇듯 현규는 장손인 형님에게 크고 작은 일들에 도움을 주었다. 동생 현규의 집짓는 기술이 있어 후에 둘째 매부의 집을 짓기도 하였다. 장남인 정규에게 동생 현규는 묵묵히 집을 지키는 울타리처럼 항상 든든한 아우였다.

현규는 차남이라서 종손의 굴레는 없었기에 좀더 자유스러운 영혼을 가지고 사셨던 것 같다. 종교도 형 정규와는 차이가 있었다. 그렇다고 종교를 이유로 집안의 기제사와 조상님들의 숭조 등에 조금도 등한히 하지 않았다. 숭조도 효도의 다른 방법이고 그것에 종교가 이유가 될 수는 없었다. 종교에 따라 조상님의 숭조의 방식이 다를 뿐이기 때문이다.

동생 현규도 일찍부터 공직을 버리고 사업에 뛰어들었다. 처음 사업을 시작하였을 때는 잘 되었다. 현규가 사업이 잘 될 때는 종손 정규에게도 많은 도움을 주기도 하였다. 종부 성연은 시동생 현규가 어려울 때 마음을 많이 써 주었던 고마움을 늘 말씀 하시곤 하였다.

이제 정규의 동생 현규도 나이 90을 바라보고 있다. 종손 정규는 3형제가 모두 살아있어 다행으로 생각하고 있다. 하지만 형제 · 자매들이 이제는 하나 둘 빈자리가 늘어만가니 함께 하고 있는 시간들이 더욱 소중함을 느껴지는 순간이다. '코로나' 전염병 때문에 일 년에 한 번씩 만나던 명절에도 서로 못 만나고 있다. 살아서 만나는 순간이 가장 소중한데 마음먹은 것처럼 안 되어 답답하기만 하다. 이제 정규는 동생들을 만나도 시력이 나빠져 볼 수도 없다. 형제간에 가장 아름다운 모습은 우애가 돋보일 때이다.

나의 조부 '순원順原 김상천金商天'도 종가의 종손이셨고 그의 아들인 나의 아버지도 종손이셨다. 가문에 많은 어려움도 있었겠지만 나의 조부는 아우들과 조카들을 유별나게 사랑하셨다. 일찍 사망한 동생을 생각해 조카들을 거두어 키우

〈종손 정규의 형제 · 자매의 가족들〉

이종찬　이은종　은종 처　인숙　황인뢰　황인천　이천호　김계환
김동섭　　　　　　　　순규　위심촌　이윤종　　　　　　이미자
　　　명규 부인　　　차남　이홍규
　　이명규　이헌규　　　　이정규　　　황인효
이찬종　　찬종 처　　　　　　황대연　이희규　이순규　윤덕실　황인보
　　　　　　이석규　민경희　　　　　　　　이강숙　이민숙　인숙
　　　　　　　　　　　　조성연　이복규　　　　　　　　　신랑
　　　　　　　　　　　　　　　　　　　해인
경민　　　연수　해린

시고 결혼도 시키셨다. 그런 사랑을 받고 자랐던 조부의 조카들은 효자라고 소문난 나의 아버지보다 할아버지에게 더 효도를 하셨다.

그들은 나의 조부님에게 아들보다 더 효성스러운 조카였으며 아들보다 더 형님에게 잘하시는 동생들로 사시다 돌아가셨다. 나의 조부님이 돌아가셨을 때 할아버지의 조카들인 당숙들과 동생인 작은할아버지는 아들보다 더 많이 우셨다. 집안이 5일 장례 동안 울음으로 가득 찼었다. 한마디로 종가의 종손인 조부와 아버님의 덕이 그대로 보였다.

가문의 좋은 가풍은 하루아침에 생기지도 않지만 쉽게 없어지지도 않는다. 이러한 가문의 내림으로 나의 자식들 세대들도 서로가 의좋게 우애를 나누며 가풍을 이어가고 있다.

종손 정규의 가문에도 감동의 사례가 있었다. 종손 정규의 7대조 '동간'과 '동섭' 할아버님들의 세대를 뛰어넘는 형제애兄弟愛이다. 두 분의 우애는 형님 '동간'의 자손들이 200년 동안 두 번이나 끊어졌으나 동생인 '동섭' 집안에서 종손을 두 번씩이나 형님 댁으로 보내면서 후사가 끊어지지 않게 하셨다. 내가 이 소제목을 형제를 '100년 울타리'라 하였는데 종손 정규의 7대조 형제들의 우애가 200년을 이어가는 것을 보면서 형제간의 우애는 영원하다는 것을 깨우치는 계기가 되었다.

종손 정규네 500년 가문의 키워드 숭조, 효, 우애로 압축됨을 다시 한 번 강조하고 싶다.

5. 옛 자취가 흐려지는 고향의 낯설음

종손 정규의 고조부 통정대부가 파주 땅에 처음 정착하신 곳은 덕진산성의 임진강 남쪽 장산리에 있는 경주김씨 묘의 낡은 묘막이었다. 이곳에서 통정대부는 70년의 방랑생활을 끝내고 후손들을 위해 정착을 시작한 것이다. 이러한 삶의 인연으로 후에 통정대부의 증손자 문환이 장산리에 살고 있던 공주이씨 가문으로 장가를 들게 된다. 문환이 장산리로 장가를 든 것이 통정대부가 파주에 정착한지 20년 정도 되었을 때이다. 장산리에서 살고 있었던 정규의 외조부 이운탁은 이곳에서 200년 이상 명문가의 후손이었다. 정규의 고조부 봉현이 장산리에서 세력가인 가문에서 종손며느리를 들였다는 것은 이때에 양반가의 입지를 갖추었을 것으로 보인다. 조부 종림은 장산리에 정착한 다음해에 율곡리 명문세가인 덕수이씨 가문의 사위가 되셨다.

이렇게 정규의 고조부 봉현과 증조부 승순은 임진강을 생명수로 200년 이상 사셨던 공주이씨 가문과 율곡리 오백 년 명문세가인 덕수이씨 가문과 혈연관계를 맺으며 파주 200년 가문의 싹을 틔우신 것이다. 장산리는 통정대부가 이곳에 자리잡은 첫 해에 종림을 결혼시켰고, 다시 증손자 문환을 장산리 명문가인 공주이씨로 장가를 가셨으며, 장산리에서 가문이 기반을 잡고 일어나셨으니 장산리는 정규의 가문에는 자궁과 같은 곳이다.

통정대부 봉현은 장산리에서 경주김씨 묘막에서 조금 가세가 펴지자 다시 마은골로 이사를 하였다. 마은동은 장산리에서 임진강 하류를 따라 오 리가 채 안되는 거리에 있던 마을로 덕진산성에서 보면 바로 임진강 건너 남쪽 강변에 접해 있는 마을이다. 정규의 증조부와 조부는 마은골로 이사하신 후에도 계속 부富를 일구어 가세를 키우고 양반가의 위상을 회복하였다.

마은골 주변은 구릉지대가 발달하였고 지대가 낮은 곳이 많아 임진강 주변 곳곳에 하천 부지에 습지가 많았다. 마은골은 정규네 가문이 '마정 734번지'로 이사하시기 전까지 약 27년 정도 사셨던 곳이다. 고조부 봉현이 사시던 집은 헐리고 새로운 조립식 건물이 터를 잡고 있다. 임진강쪽이 서북방향으로 낮은 언덕을 베개처럼 베고 누운 남동향의 집터였다. 지금은 이 집터의 주인이 과거에 누구였는지 아는 사람은 그 마을에서 오래도록 살아 온 정규의 외가 댁 집안의 후손들 뿐이다. 과거 봉현이 살았던 집에서 백여 미터 거리에 460년 수령의 느티나무가 여전히 서 있다. 100년전 고조부 봉현이 사셨을 때에도 여름이면 이 나무 밑에서 더위를 식히셨을 것이다.

나는 지난해 12월 어느 날 임진각에 새로 설치한 곤돌라를 타고 곤돌라 바닥이 훤한 유리 바닥이라서 곤돌라를 타고 임진강을 건너며 독개벌을 자세히 볼 기회가 있었다. 곤돌라에서 위에서 내려다보니 임진강의 폭이 의외로 좁다는 느낌이 들었다. 곤돌라 유리바닥으로 훤히 내려다 보이는 독개벌은 100년 전으로 이곳을 생활터전을 삼으셨던 처가의 조상님들이 생각난다. 저 독개벌이 종림 할아버지가 방제 둑을 막아 농토를 만들려다 완성하지 못하고 한을 남긴 곳이란 말인가? 지금은 폐쇄되고 몇 칸 남지 않는 옛 철교 다릿발만 남아 있어 당시의 위치를 어렴풋이 짐작하게 한다. 지금은 임진강 철교 옆 독개벌에 튼튼한 방제 둑을 만들고 갯벌을 논으로 만들어 이미 가을걷이를 끝낸 들판이다. 이 독개 벌이 정규의 조부 종림이 제방 둑을 막아 농토를 만들려고 안간힘을 썼던 땅이다. 당시에는 토목 장비가 부실하여 인력으로 제방 둑 공사를 하였을 것이다. 지금은 무심한 세월이 흘러 당시의 애환을 기억하는 사람도 없는 것 같다. 하지만 이 땅에는 정규의 가문의 땀과 눈물이 스며 있는 땅이다. 당시에 독개 벌은 마치 계륵과 같은 땅이었다. 버리자니 아쉽고 내 땅으로 만들자니 어려웠던 것이다.

조부 종림이 열다섯 살에 장산리에 정착하여 마은골로 옮기며 30년 가까운 세월을 피땀으로 이룩한 재산으로 착수한 공사였다. 조부 종림이 파주 땅에 정착하여 주린 배를 참아가며 등이 휘도록 일 하여 도전한 사업이었다. 조부 종림은 제방 둑 공사는 실패를 하였어도 후손들에게 도전하는 불굴의 정신을 유산으로 남기신 분이다. 지금은 저 임진강물처럼 무심한 세월이 흘러 당시의 흔적을 찾을 수도 없고 기억해 줄 사람들도 없다. 독개벌은 어린 정규와 조부 종림이 손을 잡고 함께 논밭으로 거닐 던 추억이 주저리주저리 열려 있는 곳이다. 지금은 민간인 통제를 위한 철조망이 사람의 발길을 막고 있어 낯 설은 땅이 되었지만 정규가 어린 시절에는 임진강을 중심으로 해서 남북으로 연결되어 있던 삶의 터전이었던 곳이다.

임진각에 설치된 곤돌라를 타고 임진강 북쪽으로 가서 반대편 강 언덕에 올라 남쪽을 바라보면 파주의 모습이 상세하게 보인다. 장산리, 마은골, 마정리에 사셨던 조상님들의 삶의 모습들도 보인다. 6.25전쟁 전에는 파주가 반구정이 있는 사목나루, 독개나루, 장산나루, 임진나루를 통하여 남북의 삶이 이어져 있었다.

북쪽에서 남쪽으로 보이는 모습은 또 다른 모습이다. 신축년 정월 초하루 아내 강숙과 함께 임진강 초평도 북쪽의 덕진산성에도 올라가 보았다. 이곳에서 보이는 장산리 임진강 남쪽 강변의 장산의 모습도 자기의 몸체를 고스란히 드러내며 자신의 모습을 구석구석 보여주었다. 덕진산성에서 강 건너 마은동이 접해있는 남쪽 강변도 독개벌이라고 불렀다고 한다. 지금은 그곳도 안전한 농토가 되어 있지만 자세히 살펴보면 임진강 남쪽 들이 하천의 모습이던 모습을 덕진산성에서 보면 느낄 수 있었다. 사람이 살아가면서도 '역지사지易地思之' 입장에서 보면 상대방을 많이 이해할 수 있다고 한다. 덕진산성에 올라 남쪽 마은골을 보니 이뜻을 더욱 확연히 느낄 수 있었다. 덕진산성은 삼국시대 산성으로 북으로 오는 신라군을 막기 위한 고구려의 성이었다. 그리고 조선시대 광해군 때 왜구를 막기 위해 외성을 보강했고 인조 때 장단군수 이서가 또 산성을 보강했다고 한다. 그리고 덕진산성의 정규의 가문과도 인연이 깊다. 광해군 때 이이첨의 만행을 저지하기 위한 종친들의 상소가 있었다. 자칫하면 종친이 정치에 관여한다는 죄로 목숨까지 위험한 상황이었지만 왕실의 위기를 느낀 종친들이 목숨을 걸고 상소를 올렸던 것이다.

정규의 12대조 귀천군께서 종친의 왕자들과 함께 이이첨을 규탄하는 상소를 광해군에게 올렸다. 이때 귀천군이 상소의 주동이 되어 19명이 상소를 올렸다. 이 사건으로 귀천군은 남쪽 여수로 귀양을 가시고 나머지 종친의 왕자들은 북쪽으로 귀양을 갔다. 인조반정으로 정국이 전환되어 귀향에서 풀렸나셨다. 귀천군은 여수에 귀양 가시어 망북정을 지으시고 나라를 위한 충정을 바치셨다. 나머지 왕자들은 귀양지 북쪽에서 돌아오다 이곳 덕진산성 남쪽 임진강변에 침류정을 짓고 여생을 보냈다. 이와같이 임진강 하류는 정규의 가문과 오래전부터 수많은 인연으로 점철되어 있는 곳이다.

신축년 정월 초하루 어렵게 민통선 출입허가를 얻어 종부 성연의 친정 선조들이 모셔진 진동면 서곡리 풍양조씨들의 선영을 참배하였다. 돌아오는 길에 전부터 한 번 오르고 싶었던 덕진산성에서 흘러간 역사에 남아있는 흔적들을 확인해 보았다. 어느 시인의 시詩에 "산을 떠나 보아야 산의 제 모습을 볼 수 있다"

는 구절이 떠오른다. 임진강 북쪽으로 보이는 파주 장산과 마정리 모습은 또 다른 모습을 분명히 보여 주었다. 덕진산성에서 바라보니 임진강 남쪽의 강을 따라 이십 여리에 정규네 가문의 120년 삶의 모습이 고스란히 남아 있었다. 내가 신축년 정월 초하루 오후에 서 있었던 덕진산성의 봉우리는 6.25전에는 임진강 남북의 사람들이 모두 자유롭게 오르던 땅이었다. 그러나 휴전선 설정으로 금단의 땅으로 되어 70년이 지났다. 임진강 남쪽 철조망 속에 갇힌 독개벌은 정규네 가문의 오랜 삶의 터전이었으며 어린 시절 조부 종림과 아버지 문환이 농사를 지으시던 문전옥답이었다.

독개벌은 어린 정규가 마정리 집에서 오리 정도의 거리로써 한달음에 달리던 곳이었다. 그런데 70년의 세월이 흐른 지금의 모습은 태고의 침묵으로 변해 버린 기억 속에서 사라져가는 낯선 곳이 되어 버렸다.

어릴 적 정규가 조부 종림과 함께 자유롭게 거닐며 추억을 담아 두었던 독개벌은 민간인 통제 철선이 옛날의 추억을 잊으라고 강요하고 있다.

독개벌 제방 둑 공사의 실패로 가세를 많이 줄이시고 다시 일어서기 위해 절치부심을 하며 노력하셨던 정규의 조부모님의 열망을 잊은 채 세월은 유수처럼 흘렀다. 종림의 손을 잡고 다니던 손자 정규도 어느덧 100살을 바라보고 있다. 독개벌은 정규의 조부 종림의 눈물만 잊은 게 아니라 독개나루를 통해 삶을 이어가던 장단에 살았던 사람들의 추억과 아픔도 기억속에서 잊혀지고 있는 곳이다. 발길을 끊은 지 몇 십 년이 흐르니 독개 나루의 모습은 정규의 기억속에 먼 추억처럼 낯설음으로 다가온다.

정규의 어린시절 기억속에는 장단역전 '시루리장'보다 하루 먼저 도랍산에서 임시 우시장이 열렸다. 이곳에서 구입한 황해도 '황치'들을 소몰이꾼들이 임진강 독개나루에서 나룻배로 건너서 마정 들판을 지나 정규네집 옆길로 지나갔다. 9일장인 장단에서 구입한 황치들을 끌고 그들은 봉일천 장으로 갔었다. 9일장이 열리는 새벽부터 정규네 집 옆길은 소 목에서 나는 워낭소리로 길을 메웠다. 이제는 종손 정규와 이러한 추억도 함께 공유할 사람이 없다. 오로지 자신만의 독백처럼 공허한 귀울림만 남아 있을 뿐이다.

종손 정규는 독개벌 공사에 실패한 후에 마은골에서 파주 마정리로 이사 와서 태어났다. 당시 문산읍은 행정구역상 파주군 임진면이었다. 종손 정규는 이곳에서 이사하여 자라던 어린시절은 남북이 자유롭게 왕래를 할 수 있었다. 문산포에는 선박이 자유롭게 드나들며 임진강의 기능을 제대로 할 수 있던 때였다. 문산포는 반구정 옆의 사목나루를 말한다. 해방 후 38선으로 남북이 갈라졌을 때도 문산포는 제 기능을 하고 있었다. 그러나 6.25전쟁 후 휴전선이 임진강 하류로 정해지면서 문산포의 기능도 장기 휴식 상태로 되어 사람들의 기억에서 잊어지고 말았다. 그리고 정규의 고향 마정리에 접해있는 임진강의 기능도 남북의 삶을 이어주는 탯줄 같던 기능에서 사람의 접근을 막는 해자垓子 역할로 바뀌어 순기능을 잊은지 오래되었다.

6.25전쟁은 정규의 인생만 흠집을 낸 것이 아니라 정규의 고향땅마저 불구의 땅으로 만들어 오늘에 이르고 있다. 6.25전쟁이 끝났지만 오래도록 민간인 출입을 통제하고 있어서 임진강 북쪽은 사람들이 살 수 없는 지역이 되었다. 문산 지역도 미군들의 삶과 함께하면서 지금은 새로운 도시와 새로운 문화를 만들어 놓았다. 지금은 문산에서 미군 등 모든 외국군대가 평택으로 철수를 하였지만 그들이 남겨놓은 삶의 흔적은 여전히 곳곳에 남아 있다. 지금은 서울과 문산의 고속도로가 건설되어 30분 이내에 서울에 갈 수 있게 되었다. 새로운 발전이라는 명목으로 고층의 아파트가 문산의 아름다운 옛 산천의 모습을 가리고 훼손하여 점점 옛 기억도 흐려지고 있다. 종손 정규의 어릴 적 추억이 많던 임진강변은 온통 철망이 싸여 있고 독개 벌을 가로지르는 대형 자유로가 과거의 추억을 막고 있다. 하지만 아이러니하게도 휴전선 남방통제선 속에 갇혀버린 임진강 주

변의 삶은 오히려 정규의 어릴적 삶을 고스란히 간직하고 있다.

종손 정규의 유년시절은 4대가 함께 사는 대가족 집안이었다. 종손 정규의 유년시절에 증조부 승순 할아버지 방에서 작은 증조부 승억 할아버지와 함께 잠을 자던 행복했던 시간들이 있었다. 정규에게는 어머니 공주이씨의 사랑은 물론, 섭저리 방앗간을 찾아가면 할머니가 입에 물려주시던 사탕 맛도 그립기만 하다. 정규의 어릴 적 추억의 자취가 남아 있던 옛 집은 헐리고 가축 키우는 우사에는 가축들만 우글거리고 있어 정규의 추억을 낯설게 하고 있다. 100살을 바라보는 종손 정규에게는 어릴 적 추억을 공유 할 사람조차도 이제는 거의 없다. 이러한 상태이니 정규가 최고 고령의 나이로 살고 있는 삶이 외롭고 쓸쓸하다. 정규에게 자식들은 5남매나 있지만 그의 마음에 울타리는 되지만 안식처로는 부족하다. 몇 년 전까지 매부 황대연이 생존해 있어 마음은 물론이려니와 추억을 공유할 수 있었던 유일한 사람이었다. 이제는 매부도 먼저 저 세상에 가고 없으니 추억조차 공유할 길이 없어 외롭기만 하다. 정규에게는 혼자만의 독백만 있을 뿐이다.

4대가 함께 사는 종갓집 증손으로 태어난 어린 정규는 이제 자신이 증조부가 되었다. 참으로 세월은 유수 같다더니 인생 무상함을 새삼 느끼고 있다. 이제 정규는 선조들의 모든 이야기를 후손에게 전달해줄 마지막 책임감에 시간의 부족을 느끼고 있다. 삶에는 시작이 있으면 반드시 마지막이 있는 게 삶의 이치다. 정규의 위치는 항상 온 집안에서 관심이 집중되는 종손의 자리였다. 종손을 바라보는 집안사람들의 입장에서는 잘하는 것 보다 늘 부족한 부분이 더 잘 보이는 법이다.

아버지 문환은 아들을 염려하는 생각에 항상 칭찬보다는 꾸지람이 앞섰다. 종손 정규는 아버지 문환을 원망하면서도 어느 덧 아버지 문환과 같은 방식으로 아들을 대하여 칭찬에 인색하였던 것 같다. 어느 아버지 없이 아들은 강하게 키우고자 하는 욕심이 있기 때문이라 생각한다.

정규의 맏아들 윤종도 봉현의 5대 종손으로 태어났다. 정규의 아들 윤종은 6.25전쟁 1.4후퇴 때 추운 겨울에 아내 성연의 손을 잡고 피난을 함께 걸어서 갔던 때가 네 살이었다. 이제 아들 윤종도 70살을 넘어 할아버지가 되었다. 아들 윤종에게 좀 더 자상하고 부드럽게 대해야 하지만 마음처럼 행동이 되지 않는 자신이 원망스럽다.

종손 정규도 가문의 모든 책임을 아들 윤종에게 물려주고 조용히 뒤에서 관망하며 제 역할을 다하도록 했어야 했다. 따지고 보면 아들 윤종 같이 착하고 조상님 잘 모시고 그만한 아들이 없다. 아들 윤종도 아버지 입장에서 보면 미흡해 보여도 그 역시 종손의 위치와 장남으로 책임감을 갖고 제 역할을 다하며 살고 있다. 정규는 아들 윤종에게 좀 더 자상하게 대해주지 못한 아비의 허전한 마음을 채울 길이 없다. 평생 정규에게 형처럼 자상하게 장조카를 사랑하셨던 막내 삼촌 장환도 돌아가시어 그립기만 하다. 장환 삼촌은 미국으로 이민을 가셨어도 수시로 전화하여 정규의 마음을 다독여 주셨던 분이셨다. 막내 삼촌 장환도 돌아가신지 어느덧 여러 해가 흘렀다. 해가 바뀌어도 어릴 적 삼촌과의 추억들은 생생하기만 하다.

삶의 공간을 메우는 정규네 가문의 사람들이 모두 바뀌어 새로운 무대가 되었다. 다시말하면 이제는 이 가문에서 정규보다 오래 살고 있는 사람은 없는 것이다. 종손 정규에게서 가장 큰 변화의 흐름을 느낄 수 있는 것은 가족과 집안사람들이다. 정규의 가문을 새로운 후손들로 메워가고 있지만 정규가 살아왔던 삶을 공유할 사람들이 점점 자리를 비우니 외롭고 쓸쓸함은 더해가고 있다. 지난 백 년간 살아온 정규의 삶을 누가 이해해 줄 것인가? 같이 오래 살아온 자식조차도 부모의 삶을 이해하지 못하고 있다. 그래서 자식은 늘 부모를 완전히 충족해 드리지 못하는 불효자인 것 같다. 자식들도 백 살이 되어서 정규의 나이가 되고 나면 아버지를 이해하겠지만 그 때는 너무 늦기 때문이다. 그러니 평범한 삶을 살아가는 우리 모두는 항상 반복되는 후회를 하면서 살게 마련이다.

　종손 정규가 임진심상소학교를 다니던 길은 마정에서 당동리 고개를 넘어 6 년을 다녔다. 매일 십여 리의 길은 어린 정규에게는 벅찬 길이었다. 겨울이면 찬 바람이 종손 정규의 귀 볼을 떼 낼 듯이 심했고 여름이면 더위가 혀를 빼고 걸을 정도로 힘들었다. 하지만 정규만 바라보는 조부, 아버지와 어머니가 기대와 희 망을 앉고 있는 종손의 책임감이 거뜬히 초등학교 6년을 다니게 하였다. 당시에 공무원이었던 아버지 문환은 자식의 교육에 남다른 열정을 가진 분이셨다. 정규 의 초중학교 6학년 일본인 담임선생님이 문환을 훌륭한 아버지라고 침이 마르 도록 칭찬하시어 어깨가 으쓱하셨던 기억이 생생하다. 지금은 정규가 다니던 등 교길 주변이었던 논밭들이 모두 아파트단지로 바꾸었고 자전거 타고 다니던 작 은 흙길은 4차선 포장도로 확장 중이다. 이러한 새로운 개발로 인하여 종손 정 규에게 남아있던 어릴적 추억의 그루터기까지 모두 뽑혀나가 옛 자취가 없어지 니 추억 자체도 잊혀지는 것 같다.

　종손 정규가 임진심상소학교를 졸업하고 5년제 경농으로 유학을 할 시절에 는 임진면에서 졸업생 중에서 2명만 진학할 정도로 드물었고 집안에서는 물론, 파주에서도 관심사였다. 당시에는 그만큼 서울로 유학하는 것은 어렵고 부모님 에게는 경제적인 부담이 큰 결정이었다. 종손 정규가 서울로 유학을 갈 시점에 는 미래에 대한 꿈도 크고 자긍심도 컸다. 하지만 지금은 누구나 서울로 대학을 가는 시대가 되었다. 이제는 정규의 이러한 옛 추억을 함께 공유해 줄 친구나 가 족이 거의 없다.

　삶이란 세월이 흐르면 원래 이렇게 항상 허전한 모양이다. 정규가 경농을 다 니던 그 시대의 정서를 지금 세상에는 이해를 할 수 없을 것 같다.

　정규의 실력을 인정해 주고 부러워해 주었던 친구들의 덕담 등 정규의 마음을 보듬어 줄 사람들이 없다는 것이 허전하고 마음을 슬프게 하고 있다.

정규가 어린 시절에는 수많은 황포돛단배들이 드나드는 문산포구汶山浦口가 있었다. 서해로부터 들어 온 조깃배들이 장사진을 이루었다. 문산포구 제방 둑에는 붉은 새우들을 말리곤 하였다. 평화스러웠던 문산포의 생명도 남북이 분단되면서 그 기능이 중단되었다. 남북이 자유스럽게 왕래가 가능하다면 옛날 문산포의 모습이 살아날 것이다. 문산포구의 장은 조선시대에는 전국에서도 유명한 시장이었다.

해방 전에만 해도 문산포는 물류의 거점이었다. 이러한 문산포의 기능은 휴전선으로 남북이 갈라지면서 70년 이상 그 기능이 정지되어 있다. 종손 정규가 임진심상소학교를 다닐 때만 해도 문사포구에는 크고 작은 배들이 정박하여 있는 배들을 볼 수 있었다. 문산포구에는 서해바다 물때를 기다리는 뱃사람들을 위해 많은 주막집들도 성행 하였다.

문산포는 서해바다, 한강과 임진강을 연결할 수 있는 삼국시대부터 전략적 요충지였다. 문산포는 육지와 해상의 물물교역이 이루어지는 시장으로서 파주, 연천, 포천, 양주, 가평, 철원 등지의 곡식이 이 포구를 통해 전국각지로 나가고, 동해바다 건어물과 서해바다 명물인 연평도 조기가 배를 타고 문산포로 들어왔었다. 지금은 문산천이 오염되고 정비되어 과거의 모습을 잃어버렸지만 옛날에는 문산천에 참게가 많았다. 지금은 참게를 양식하여 나오고 있는데 이 지방 민물매운탕에 반드시 들어가야 매운탕 맛이 난다고 한다.

특히, 고령천의 옥돌내의 참게가 유명하여 조선시대 임금에게 진상품이었다고. 정규가 어린 시절에는 임진강에 황복과 웅어도 많이 잡혔다. 현재는 농약, 제초제 등으로 거의 찾아보기 힘든 어종이 되어버렸다.

현재는 휴전선으로 통제되고 있는 임진강 북쪽 마을인 장단, 도랍산, 조레이벌 등도 정규의 어린 시절에는 자유스럽게 오가던 생활공간이었다. 정규의 고조부가 처음 정착을 위해 찾았던 개성 북쪽 홍화리는 6.25전쟁이 끝난 후 북쪽 땅으로 되어 지금은 갈 수 없는 곳으로 되었다.

정규는 할머니와 어릴 때 찾아간 큰댁 아저씨 태환이 사시던 덕물산 앞 역구내와 조상님들이 사셨던 홍화는 지금은 접근 할 수 없는 지역으로 되었다. 하지만 정규네 집안은 주변에서 지금도 홍화댁으로 부르고 있다. 6.25전쟁으로 정규의 삶이 단절되어 어느덧 70년이 넘었다..

정규가 20살 때 아내 성연을 맞이하기 위해 장가를 가기 위해 말 타고 갔던 처갓집이 있던 진동면은 휴전선 이남이지만 '민간인 통제구역'으로 설정되어 금단의 땅이 되었다. 그야말로 정규는 어린시절 삶의 추억은 대부분 잃은 것이다.

옛 장단역 남쪽 50여 미터 지점에 6.25전쟁 때 폭격을 맞아 멈추어버린 증기기관차 화통이 50년간을 그 자리에 멈춰진 채로 서있다. 이 철도를 복선화 공사를 하 던 1940년경 정규의 어머니는 열차에 오른발을 다치셨다. 이렇게 한 가정에 불행을 주었던 철길은 그 자신도 70여 년 동안 불구의 상태가 되어 기관차 화통이 그대로 서 있다.

멈추어 버린 기차처럼 정규의 머릿속도 임진강을 중심으로 남북으로 이어졌던 마정의 옛 삶들이 그대로 멈추어 화석처럼 되었다.

임진강 남쪽 강변에 있던 독개벌은 노상리쪽 자연마을이 있던 곳이었다. 지금의 임진각 주변의 남쪽 강변의 땅을 과거에는 독개벌이라 불렀다. 이곳은 정규의 조부 종림이 방제 둑을 막아 넓은 농토 확장을 하려던 땅이었다.

결국 몇 번의 방제 둑이 무너지면서 투자비용을 감당치 못해 차용한 금융 빚을 갚기 위해 가산을 많이 줄였으나 후손들은 이러한 조부 종림의 도전하는 정신을 이어 받아야 한다. 정규는 고조부 봉현이 파주 땅에 터전을 마련하고 그의 아들과 손자는 가세를 확장하기 위해 피와 땀으로 노력하신 투혼을 후손들은 잊지 말아야 한다.

조선 초기 율곡의 종증조부인 이의무는 『유장산기遊獐山記』에서 경기도 파주에 있는 용발산龍發山에 올라 전경을 바라보며 "저 멀리 바라보이는 한양의 삼각산과 송도의 천마산이 하늘을 찌를 듯한 자세로 연무 속에 출몰 하였고 또 임진강은 저 위쪽에서 흘러오다가 저포에 이르러 산 밑으로 돌아간다. 그리고 압포와 낙하가 멀리서 허리띠처럼 연결되어 있다"고 기록하였다. 이때 용발산에서 바라본 낙하리는 반구장과 마정리는 임진강 남쪽 구릉을 형성하며 이어져 있다.

용발산은 해발 180m의 낮은 산이지만 문산천과 서북쪽 임진강 쪽으로 확 터진 개활지라서 당시에도 전망이 좋았던 것 같다. 위치는 파주시 파주읍 안용주골 북서쪽에 명확산과 봉서산 중간에 위치하고 있다. 옛날부터 마정은 문산천과 임진강을 끼고 있어 주변에 하천이 잘 발달되어 있어 농지 확보와 관개에 유리한 지역이었다.

그리고 옛날에는 문산포인 사목나루와 독개나루를 건너는 사람들이 한양으로 가려면 이곳 마정을 지나 당동고개와 문산천을 따라 봉일천으로 다녔기 때문에 마정은 사람들이 많이 지나다니는 요지였다. 마정 땅은 삶의 조건들이 잘 갖추어져 있어 황희 정승 이후 장수황씨 가문의 집성촌을 이루고 있다.

정규의 고조부 봉현이 오랜 방랑생활을 접고 정착하기 위해 찾으신 곳도 처가 마을이 있는 '마정 석결동' 이었다. 자손들의 미래를 생각할 때 마정은 당연히 정착지로 관심이 가는 땅이었다.

가까이에 있는 문산포는 경기도 6대 시장으로 물류의 중심이었다. 마정은 한양과 개성의 중간에 의하여 항상 많은 사람이 오가는 정보의 중심이고, 해상은 물론 육상교통의 요충지였다. 마지막으로 장수황씨들의 집성촌이고 황희정승의 정신이 살아있는 삶의 현장이었다. 이러한 땅에 터전을 잡으려 생각하신 것은 고조부 봉현의 안목으로 볼 때 너무나 당연한 생각이었다. 파주에 살고 있는 봉현의 후손들은 그들의 조상들이 어떠한 고민 끝에 파주 마정을 선정하였는지 그 마음을 헤아려 볼 필요가 있다고 생각한다.

오늘날 문산 지역은 휴전선 접경 도시이지만 큰 도로가 사통팔달이고 서울과 교통이 편리해져 출·퇴근이 가능하게 되었다. 더구나 LG같은 큰 회사가 파주로 들어와 인구도 많이 늘었다. 인구가 대량으로 유입되면서 도시와 농촌의 모습도 구분이 없어지며 급속히 서울권으로 편입되고 있다.

종손 정규에게 100년을 걸어 다녔던 '마정에서 문산읍으로 오는 길'은 이제 옛 모습은 없어졌다. 마정에서 문산읍으로 오는 길은 아스팔트 포장도로와 주변의 아파트단지가 가득 들어서 옛 모습을 모두 잃고 말았다. '마정에서 문산읍으로 오는 길'은 종손 정규에게는 백년의 삶을 담고 있는 길이다. 종손 정규가 부모님을 따라서 소학교에 첫 등교를 할 때도 이 길로 갔다. 경농의 합격 소식도 이 길을 통해서 전해 왔다. 경농을 다닐 때 교복입고 자랑스럽게 고향으로 돌아올 때도 이 길로 걸어 다녔다.

6.25가 나서 출장지 홍천에서 전쟁터를 뚫고 마정으로 돌아오다 피난 가다 오고 있는 가족을 만난 것도 이 길의 당동리 언덕이었다. 그 후에 부모님과 어린 자식을 데리고 1.4후퇴 때 추운겨울 기약 없는 피난길을 떠났던 곳도 이길 이었다. 6.25후 마정에서 문산으로 온 가족이 삶의 터전을 옮길 때도 이 길로 이사를 하였다.

지금 종손 정규는 앞을 제대로 볼 수 없지만 작년 추석에 성묘를 갈 때도 여전히 이 길로 조상님들을 뵈러 갔던 길이다. 이와 같이 정규 가문을 거쳐 가신 모든 조상님들이 120년간 발자국을 남겼던 이 길은 4차선으로 확장되고 포장되어 주말이면 자동차로 길을 메운다. 길 주변은 온통 아파트촌과 음식점으로 바뀌어 옛 모습을 모두 앗아가 삶을 매우 낯설게 하고 있다.

무엇보다도 삶에 낯설음을 주는 것은 사람이다. 분명 정규는 고향 땅에서 나서 지금까지 100년을 살고 있지만 이곳에 살고 있는 사람은 모두가 낯설은 사람들로 메워졌다. 정규가 마정리 옛집에 함께 살았던 가족들과 마을 사람들이 모두 유명을 달리하셨고 그 자리는 낯선 사람들로 채워져 있다.

정규의 증조부, 조부, 조모 그리고 아버지와 어머니, 그리고 어린 동생들과 함께 살았던 삶의 추억이 먼 옛날의 지나간 영상처럼 머릿속에 희미하다. 세월은 흘러 자취가 없는데 남는 것은 오직 허전함과 그리움뿐인 것 같다.

불교에서 "공즉시색, 색즉시공"이라는 반야심경의 구절이 생각난다. 즉, 영원한 모습을 하고 있는 것은 아무것도 없다는 뜻이다. 그런데 정규는 지난 세월을 돌이켜보니 천 년을 살 것 같은 마음으로 집착 속에 살아 온 것 같다.

종손 정규가 낯선 변화에 서운함을 느끼는 것도 또 다른 집착일 것이다. 어찌 보면 변화되어 낯설어지는 것은 세상의 당연한 순리이다. 고향의 낯설음은 곧 비움이고 발전이라고 생각한다. 주변 사람의 낯설음은 새로운 탄생과 후손의 번성을 의미하는 것이다. 그러고 보면 낯설움은 기쁨으로 받아들여야 할 것 같다.

종손 정규와 고조부 봉현, 증조부 승순, 조부 종림 그리고 아버님 문환의 발자취가 남아 있는 200년간 마정리로 오고 가는 길! 이 길은 그저 단순히 길이 아니다.

마정에서 문산읍으로 오는 옛길은 종손 정규의 100년 삶과 선조들의 발자국이 함께 남아 있는 추억의 강이다. 종손 정규는 마정으로 가는 길이 변하는 것만큼 옛 추억이 흐려만 가고 있음이 낯설고 허전하다. 하지만 정규는 후손들은 이 길이 또 다른 새로운 꿈과 미래를 만들어 가는 희망의 길이 되기를 바란다.

6. 많은 기회를 살리지 못한 삶

　요즘은 '코로나19'라는 전염병 때문에 종손 정규의 삶이 송두리째 바뀌고 있다. 특히, 정규처럼 100살을 눈앞에 둔 고령의 경우는 함부로 다니지도 사람들을 자유롭게 만나지도 못하는 세상이 되었다. 더구나 이번의 '코로나'는 나이 많은 고령자나 성인병 등 지병이 있는 사람에게는 치명적이다.

　전염병이 무섭긴 하지만 젊은 사람은 사망한 사람이 거의 없으므로 고령자들에게 천벌을 내리는 것만 같아서 이 기회를 빌어서 삶을 반성하고 있다. 미국의 경우는 부유한 백인들 보다 못사는 유색인종들이 대부분 병에 걸리어죽고 있다. 전염병도 이제는 사회에 가치가 작은 사람들에게만 더 무서워지는 것 같다. 그동안 많은 전염병들이 있었지만 시간이 지나면 곧 종식되고 곧 평상으로 돌아갔지만 이번 전염병은 끝을 모를 정도로 계속 진행되고 있다. 전염병 진행은 벌써 2년이 넘게 전 세계가 고통을 겪고 있다. 신축년 설 명절에는 정부에서 차례를 모시는 인원까지 제한하였다. 전염병이 이제는 우리의 고유한 풍속까지 바꾸고 있는 것이다. 그야말로 삶의 큰 패러다임이 바뀌고 있는 것이다.

　그러나 이렇게 삶의 패러다임을 바꾸며 아수라판이 된 상황에도 긍정의 눈으로 바라보면 많은 활로와 삶의 성공요인이 보인다. 미래에는 반드시 도래할 비대면 시대가 좀 더 빠르게 곁으로 온 것 뿐이다. 코로나 전염병이 비대면 시대를 좀 더 일찍 우리 곁으로 데리고 온 것이다. 새로운 시대에는 새로운 삶의 방식이 있듯이 성공을 만들어가는 방법도 많이 달라지고 있다.

1997년 외환 위기에도 많은 사람들은 오히려 새로운 기회로 삼아 실업자로 내몰린 상태에서도 도전을 멈추지 않았다. 이 때 성공한 많은 이들은 오히려 그 시점을 도약을 위한 전환점으로 삼았다.

예를 들면 서정진 셀트리온 회장은 IMF 외환위기를 계기로 '샐러리맨 신화'로 불렸던 직장생활을 정리하고 바이오 사업에 뛰어들어 성공한 인물이다. 또한, 김용덕 대표도 IMF 외환위기를 계기로 20여년의 은행원 생활을 정리하고 커피 사업에 도전장을 내 성공한 인물이다. 지금의 세계적인 전염병인 '코로나19'를 맞이해서도 이들처럼 새로운 시대의 주역으로 자리매김하는 사람들이 많다. 지금의 코로나로 인한 사회적 삶의 위기를 기회로 극복한 사례도 수없이 많다. 특히, 피자헛의 성공사례, 에이비스 엔터카, 현대 카드 등 지금 이 순간에도 전 세계적인 팬데믹을 기회로 이용하려는 노력이 계속 진행되고 있다.

마찬가지로 종손 정규에게도 위기를 기회로 전환할 수 있는 많은 기회가 있었으나 이 기회를 제대로 살리지 못하여 아쉬움을 남겼다. 지나간 과거를 탓하고 화내고 아쉬워한들 무슨 소용이 있겠는가? 결국은 위기를 기회로 만들지 못한 것은 모두 자신의 탓으로 여겨야 한다.

종손 정규의 첫 번째 삶의 위기는 6.25전쟁 발발이다.

정규에게 6.25가 인생을 진로를 나쁜 방향으로 바꾸었다고 생각하지만 아주 좋은 기회이기도 하였다. 문제는 상황을 긍정적으로 바라 볼 수 있어야 했다. 문제를 긍정적으로 바라 볼 때 창조적인 모색摸索이 가능하기 때문이다.

6.25전쟁 발발로 인생을 전환점으로 삼아 삶의 방향을 긍정적으로 바꾼 사

람들도 많다. 정규가 좀 더 모험적이고 도전적 이었더라면 6.25전쟁이 일어나 기존의 삶이 정지되고 바뀌었을 때 새로운 도전을 했어야 했다. 정규가 당시에 피할 수 없는 군대생활이었다면 차라리 장교라도 지원하여 새로운 도전을 했어야 한다. 당시에 정규가 전쟁 중에 장교를 지원했더라면 고학력자로서 매우 유리하였을 것이다. 물론 전쟁 중에 군대는 목숨의 안위를 보장할 수는 없기에 쉽지 않은 결정일지도 모른다. 하지만 모든 일에는 리스크가 없으면 성과도 없는 법이다.

이러한 시기에 수동적 상황으로 끌려가는 삶이 아닌 능동적으로 적극적 모험을 위한 선택을 정규는 왜 생각을 하지 못하였던 것일까? 당시에 정규는 종손이자 장남으로서 가문의 안전을 위하는 것이 우선이고 생각하였을 수 도 있다. 그래서 정규는 안전하게 제대를 하는 것이 최선이라 생각하고 군대생활을 빨리 마치는 것만 생각한 것 같다. 만약 위험을 무릅쓰고 당시에 종손 정규가 군인의 길을 택했다면 전쟁 이후 30년은 승승장구 하였을 것이다. 그 이유는 6.25전쟁으로 인해 우리나라 국군의 규모가 비약적으로 증강되었기 때문이다. 전쟁개시 시점의 국군 병력은 9만 8000명이었으나 전쟁이 발발한 후에는 미국의 지원으로 병력과 장비가 급속히 증강되어 1952년에 25만 명으로 증강했고 1954년에는 65만 명으로 증가하였다.

6.25전쟁이 종전된 것이 아니라 휴전된 것이기 때문에 휴전 후에도 국군의 증강은 계속되었다. 뿐만 아니라 6.25전쟁을 거치면서 국군은 한국사회의 여타 부문에 대해 도덕적 우월감을 가지게 되었다. 전쟁을 통해 군대가 가장 애국적인 집단으로 차별화된 군부의 급속한 발전과 비대화를 가져왔다. 마침내 1961년 5월 16일 군사혁명으로 이 나라의 통치권을 장악하여 30년간 국가의 중심 세력이 되었다.

종손 정규에게 두 번째 위기는 전쟁이 끝나고 경기도 검수원 기수보직을 버리고 문산읍에 면서기를 선택할 때였다. 이때에도 결국은 국가의 처사가 서운하다 해도 좀 더 인내를 가지고 검사소 기수보직 복직을 기다려 보았어야 했다. 당시에 정규의 상한 자존심은 충분히 이해가 된다. 하지만 정규가 자긍심을 가지고 근무하였던 검수원의 기수자격을 포기하고 임진면 임시서기로 선택하기 전에 좀 더 심사숙고하여 검토를 해 본 후에 결정하였다면 하는 아쉬움이 크다. 당시에 상황으로 면서기 10년을 해도 기수자격을 얻기가 어려웠던 시절이다. 결국 10년 동안 일한 경력을 버린 셈이다.

그 당시에 정규는 모든 상황을 심사숙고하여 검토한 후에 최악의 경우 강원도 홍천으로 가서 근무를 하는 한이 있더라도 문제를 해결해야 했을 것이다. 강원도에서 잠시 근무하면서 시간을 두고 경기도나 농림부로 다시 전근을 추진해보지 못한 것도 아쉽다. 당시에 20대 혈기 왕성한 젊은 나이라서 농림부의 처사를 참고 인내하지 못하였던 것 같다. 결국 사람이 살아가면서 작은 이익 하나 때문에 많은 손해를 보는 경우가 많이 있다. 당시에 이러한 고충을 삶의 연륜이 많은 아버지 문환과 허심탄회하게 대화를 했어야 했다.

그 당시에 아버지 문환과 많은 대화를 통해 정규의 고충을 상의 하였다면 더 합리적인 방안으로 해결할 수 있었을 것이다. 아버지 문환이 아들에 대한 기대와 관심이 대단하였던 분이라서 아들의 고충을 어떻게든지 해결 하셨을 것이다. 종손 정규는 많은 일들을 독단적으로 처리하는 사례가 많았다. 이런 일에도 혼자서 모든 것을 고민하고 결정하다보니 좀 더 합리적인 대안을 세우지 못하였던 것이다.

하는 일이 보수가 같다고 하여 만족도가 같은 것은 아니다. 정규가 경기도 기수를 버리고 임진면 임시면서기를 선택한 조건에는 월급이 차이가 없었던 것도 이같은 결정을 하게 된 요인이었다. 만약 정규가 경기도 기수보직을 끝까지 포기하지 않고 계속 공직의 길로 갔다면 순탄하게 성공을 하였을 것이다. 그리고 정규가 많은 농토를 팔아서 사업을 하지 않고 공무원 생활을 하면서 정년으로 퇴직했다면 조부 종림이 이루어 놓은 재산은 그대로 있었을 것이다.

그리고 사업을 하려고 반드시 마음먹었다면 좀더 사회생활을 하여 경륜을 쌓은 후에 했더라면 사업에 크게 성공했을 것이다.

세 번째 기회는 종손 정규가 경기도 기수를 버리면서 까지 낮은 직급인 고향 임진면 임시면서기를 선택하였다면 어떠한 어려움이 있더라도 이겨내야 하는데 끝까지 자리를 지키지 못한 것이다. 농사를 지어도 가장 힘든 농번기가 있듯이 무슨 일이든지 항상 어려운 고비가 있다. 이러한 위기를 인내와 용기로 이겨내지 못한 것이다. 이 당시 종손 정규의 고통은 어느 정도였는지 모두 이해할 수는 없지만 이런 때 일수록 슬기롭게 견뎌냈다면 오히려 능력을 인정받을 수 있는 절호의 기회였다고 생각한다. 6.25전쟁 이후 약 10년간의 공무원 경력을 버리면서 임시면서기로 다시 시작했지만 당시에 주변으로부터 능력을 인정받았고 면장의 신임도 컸기 때문에 순탄하게 승진할 수도 있었다. 또한, 본인의 직무가 어려움이 많았다 하지만 오히려 이러한 힘든 시기는 자신의 능력을 입증하는 기회로 만들 수가 있기 때문이다.

직장에서 힘들다고 그만두면 어떤 직장도 견뎌내기 어려울 것이다. 정규에게 있어 면서기는 그냥 얻은 자리가 아니다. 온 가족의 노력과 기대를 한 몸에 받았던 농림부 식량검수원 경기도 기수보직을 버리고 선택한 자리였다. 정규에게 있어 '공무원의 길'은 삶의 수면 속에 내재된 '마지막 언어'였다. 종손 정규가 힘들어도 참고 공무원의 길에서 열심히 노력하였다면 또 다른 좋은 기회를 만들어 갔을지 모른다. 그런데 이기회도 종손 정규는 자신의 길에서 쉽게 내려 온 것이다. 정규는 집안의 장남이자 종손이었기 때문에 자신의 길에서 하차하였다는 것은 가족들에게도 큰 실망을 주었을 것이다. 무엇보다도 젊은 시절 아들을 위해 모든 노력을 다하신 아버지 문환에게도 큰 허탈과 실망을 주었을 것이다.

종손 정규가 선택한 지방 공무원의 어려움 참고 견뎌냈다면 좀 더 나은 다른 삶을 살았을 것이다.

정규에게 네 번째 기회를 놓친 것은 지방자치 면의회 의원직을 5.16혁명으로 해산하자 그 길을 다시는 더 시도해보지 않고 일회성으로 끝을 낸 것이다. 정규에게 정치인의 길은 전혀 생각하지 못했던 숨어있던 또 다른 길이었다. 당시에는 선거의 상황이 지금과 다르다고 하지만 30대 중반의 종손 정규가 문산의 지방자치 의원이 되었다는 것은 잠재된 새로운 능력의 표출이었다. 그러나 이러한 기회를 정규는 일회성으로 치부하고 그 이후 다시는 도전을 하지 않고 포기해 버렸다. 물론 집안의 장남이자 종손으로써 정치를 시작한다는 것은 쉽지 않은 결정이라는 것은 이해한다. 당시에 5.16혁명은 새로운 시대를 예고하는 시대의 대전환 이었다. 이러한 시대의 바람을 예리하게 보지 못한 것 같다. 당시에 종손 정규의 정치적 입문을 어려 조건을 생각해 보면 비교적 좋은 조건을 갖은 편이었다. 정규는 파주 마정에서 태어나고 자라서 임진면에서 초등학교를 나와서 서울로 유학한 대표적인 코스를 밟았던 학연을 가지고 있다. 지연으로는 고조부인 때부터 파주 장산리, 마은골, 마정리를 거쳐 문산읍으로 옮기며 임진면에 정착하시어 살아왔기에 인적연대도 양호하였다. 그리고 증조부, 조부, 아버지 문환까지 모두 외가가 마정, 장산리, 섭저리 등 이므로 혈연, 지연, 학연이 완벽하게 갖추어진 조건을 가지고 있었다. 이러한 가문의 삶을 근간으로 하는 인프라를 살리지 못한 것도 아쉽기만 하다. 모든 것이 민주화된 현재도 학연, 지연, 혈연은 가장 완벽한 조건이 되고 있다. 그런데 종손 정규는 이러한 유리한 조건을 기반으로 도전하지 않고 한 번의 도전을 운으로 간주하며 현실에 안주하였던 것이다. 젊은 나이로 지방의회 진출한 경험을 바탕으로 큰 정치인으로 도약할 수 있었고 이와 같은 프로세스로 정치에서 성공한 사례들이 많이 있기에 더 아쉽기만 하다.

다섯 번째는 삼오상회와 방앗간으로 사업을 시작하여 더 큰 사업으로 전환하지 못한 아쉬움이다. 30세에 10년 정도 하던 안정된 공무원 생활을 버리고 새로운 사업을 시작하였던 결단력은 아주 훌륭하였다. 당시에는 샐러리맨의 전성시대라서 성공이 보장된 길을 버린다는 것은 쉽지 않았기 때문이다.

당시에 사업을 시작하면서 자금이 부족하게 시작한 것 같지는 않다. 처음 개업한 사업은 삼오상회였다. 이 상호는 정규가 공무원 퇴직한 날짜가 3월 5일이라서 그것을 기념하기 위해 삼호상회라 하였다. 처음 삼오상회를 개업하였을 때는 장사가 매우 잘 되었다. 고객의 범위가 대단히 넓어서 파주 전 지역을 대상으로 고객을 확보하여 활발한 거래가 이루어 졌다. 모든 사업이 그렇듯이 호황은 계속 이어지지 않았다. 문산읍에 공설시장이 생기면서 삼오상회를 찾아오던 고객이 줄어들기 시작하였다. 이렇게 사업에 새로운 변화가 보일 때 사업의 방향을 바꾸거나 새로운 고객을 확보하기 위한 공격적인 전략이 필요하였지만 시대의 흐름에 맡기고 있었던 것 같다. 그 당시 상권이 공설시장으로 이동하는 조짐이 있을 때 공설시장에 삼오상회 제2분점을 만들어 기존의 고객 이탈을 막았으면서 경쟁력을 오히려 키웠어야 했다. 시장의 규모가 커지고 상설화 될수록 선발주자로서 기회를 선점했어야 했다. 천 년을 사는 거북이도 작은 알에서 시작하듯이 사업도 시작의 크기는 중요하지 않다고 생각한다. 지금의 삼성도 이병철이 처음 시작하였을 때는 구멍가게였지만 지금은 세계적인 기업이 되었다. 모든 기업이나 삶에도 항상 위기와 기회가 수없이 찾아오고 가곤 한다. 이러한 시대의 변화의 조짐을 잃는 눈과 결단력이 있어야 한다. 그런데 정규는 기존의 질서를 유지하는데 인내력을 발휘하였다. 그러나 한 번 떠나간 고객은 다시 돌아오지 않는다. 사업가적 자질 면에서는 정규의 아버지 문환이 더 뛰어나 신 것 같다. 문환은 마정에서 방앗간을 하실 때 방앗간이 잘 되자 이동용 방앗간을 만들어 농부들에게 찾아가서 방아를 찧어 주어 고객을 확보 하셨다. 문환은 선구적인 안목으로 사업적 자질을 발휘하셨던 것이다. 정규가 하고 있는 삼오상회의 사업이 침체되자 상회 옆에 방앗간을 추가로 곁들이자고 제안하여 실행 한 것도 아버지 문환의 의견이었다. 이런 방식을 현대경영에서는 사업 다각화라고 한다. 삼오상회를 하면서 정규는 아버지 문환과 사업전반에 대한 충분한 대화가 별로 없었던 것 같다. 현대 경영에서도 다양하게 여러 의견을 청취하여 경영에 반영 하는 소통, 즉 커뮤니케이션이 사업성공에 매우 중한 요소로 취급하고 있다. 의 사결정에 있어서 한 사람이 아무리 뛰어난 머리를 가졌다 해도 혼자서 옳은 판 단을 할 확률은 70% 정도밖에 되진 않는다 한다. 하지만 세 사람 이상이 머리 를 맞대고 해결방안을 모색하면 좋은 의사결정을 할 확률은 90% 이상이라고 한 다. 이와 같이 정규가 아버지 문환과 많은 의사소통을 잘 하였다면 좋은 결과 로 만들었을 것이다.

일을 망치게 하는 것은 미지의 세계로 향하는 '도전'보다 현실에 '안주'하는 경우가 대부분이다. 정규는 인생에서 몇 번의 위기를 기회로 제대로 살리지 못 했다.

미국의 철학자 리차드 로티Richard Rorty는 『우연성 아이러니 연대성』이라 는 책에서 '마지막 어휘'라는 말을 남겼다. 마지막 어휘는 자신의 행동과 신념, 그리고 삶을 정당화 시키는 데 필요한 단어다. 이것은 개인 혹은 집단이 딜레마 상황에 빠지거나 결연한 결단을 내릴 때 의사결정이나 판단을 내리는데 최후까 지의 신념이다. 마지막 어휘는 보통은 의식 아래 있다가 삶이 흔들릴 때 표면위 로 올라 죽음과도 맞바꿀 수 있는 결연한 어휘다. 예를 들면 간디의 마지막 언어 는 비폭력非暴力, 부처님에게는 자비慈悲, 공자에게는 인仁이다.

오늘에 안주하지 않고 미지의 세계로 떠나는 호기심이 꿈틀거리고 가보지 않은 위험한 세계를 체험하면서 쌓은 모험이 삶에서 가장 중요하다고 한다. 종 손 정규에게 '마지막 언어'는 스무 살까지 쌓아 만든 '농산물검수원이라는 자긍심'이었다. 그리고 종손 정규는 이 자긍심과 함께 가문의 명예를 드높이는 것이었다.

하지만 종손 정규에게는 고조부 통정대부 봉현이 모든 수치와 자존심을 버리고 처가 마을로 들어와 정착하며 후손들의 200년 터전을 닦았던 인내와 고통을 잊었던 것 같다. 정규는 증조부 승순까지 4대가 함께 사는 대가족 종가집 종손으로 태어나 귀여움 속에 자라면서 도전과 고통을 견디는 근력이 약해졌던 것 같다.

종손 정규는 다른 사람과 인내력 있는 대화와 타협보다는 자신이 제일이라는 우월의식에 빠져 있어 아버지 문환은 물론 아들 윤종과의 대화를 소홀히 하였던 것 같다. 이러한 품성의 변화는 대가족 체제의 종손이라는 성장 환경으로 만들어 졌기 때문에 극복하기 어려웠던 것 같다. 호랑이나 사자 같은 맹수도 집 안에서 애완동물로 기르면 야성을 잃고 점차 순해진다고 한다. 즉 동물도 환경에 따라 DNA가 변한다는 것이다.

7. 백 년 인생의 회한과 다시 꾸는 꿈

인생 백 년이 결코 짧은 세월은 아니다. 하지만 지나온 세월을 생각하면 세상 사 모든 것은 덧없고 허무하다. 종손 정규가 100년을 살고 있지만 잠시 꿈을 꾼 듯 순간의 시간처럼 짧게 느껴진다. 인생은 일장춘몽과 같다고들 하는 말을 삶 으로 체험하니 그 말의 뜻이 새삼 가슴에 와 닿는다. 인생은 아무리 살아도 만 족은 느낄 수 없는 것 같다.

종손 정규도 인간이기에 살아온 삶에 많은 아쉬움이 있다. 다행히 선조들의 좋은 건강 유전자를 받아서 지금까지 건강하게 살아온 것은 가문의 좋은 유전자 를 받은 덕분이라고 생각하고 있다.

인간은 살아오면서 "어려움이 없는 살아온 사람이 누가 있겠냐?"만은 정규에 게도 삶의 한자락한자락 헤집어 보면 결코 순탄했던 삶은 아니었다. 지나온 삶 을 되돌아보면 후회되고 아쉬움이 가득하다. 인생은 다시 살 수 없는 것이기에 더욱 그렇게 느껴지고 아쉽기만 하다.

하지만 종손 정규가 100세를 몇 년 남겨둔 지금에도 흐릿한 기억이나마 더 듬어 이 글을 남길 수 있는 것도 큰 행운이고 복이라 생각한다. 이글을 남기고자 하는 정규의 마음을 자식들이나 후손들이 이해하여 주었으면 한다.

어릴 적 유복한 4대가 살고 있는 종갓집 종손으로 조부와 증조부의 사랑을 많이 받았으나 지금은 꿈속에서 본 것처럼 흐릿하게 기억될 뿐이다. 정규는 어머니 공주이씨는 물론이려니와 할머니 덕수이씨도 정규를 끔찍하게 귀여워해 주셨다. 유년 시절 삼촌 장환과 함께 생활하며 지냈던 기억도 새롭다.

정규의 삼촌 장환은 정규보다 여덟 살 많았지만 큰형님처럼 다정하게 보살펴 주셨던 분이다. 장환은 유년시절에서부터 정규의 눈높이 에서 대화를 할 수 있었던 분이다. 막내 삼촌 장환은 미국으로 이민가신 후에도 틈만 나면 전화로 장시간 대화를 통해 과거의 추억을 나누곤 하였다. 이런 장환도 유명을 달리한 지 어느덧 여러 해가 지났다. 이제는 주변에 살던 친구들도 모두 죽고 대화를 나눌 사람도 없다.

정규는 자식들이 이렇게 짧고 아쉬운 삶을 좀더 배려하며 보람있게 살아가기를 바라는 마음 간절하다.

같은 형제간에도 서로가 입장이 다른 만큼 마음들도 서로 많이 달랐을 것이다. 그러나 이제 무슨 오해들이 있을 수 있겠는가? 서로가 살아 있는 것만 하여도 축복이란 생각이다. 정규로 인하여 상처를 받았을 형제·자매들도 이제는 서로가 모든 것을 용서하고 서로를 축복해 주는 마음을 가졌으면 좋겠다. 삶에서 죽음의 끝을 생각하면 하루가 너무나 빠르게 지나가는 것 같다. 100살을 4년 앞둔 정규에게는 형제·자매는 물론, 자식들과도 삶을 공유할 시간이 너무나 부족하게 느껴진다. 우리들이 함께 있었다 해도 영원을 기약하지는 못할 것이고 결국 삶은 반드시 죽음으로 이별하게 되어있다. 상대의 모든 것을 이해하고 용서하면 결국 내가 편해지는 법이다.

형제지간은 물론이려니와 집안 간에도 우애를 가지고 살아야 한다. 윗세대의 관계가 좋아야 후손들도 좋은 관계가 된다. 미래의 글로벌 시대에는 많은 혈육과 큰 가문은 큰 자산이 될 것이라 확신한다. 가급적 가문의 많은 가풍을 만들고 다듬어 더 좋은 가풍으로 가꾸어 나가야 한다. 종손 정규의 증시조 덕양군 이후 오백 년간 가문의 핵심 단어는 숭조의 실천과 부모님에 대한 효도 그리고 우애였다. 숭조와 형제간 우애는 부모님에 대한 효도의 다른 표현이고 가문의 정체성을 더 명확하게 하는 것이다.

종손 정규가 자신의 살아온 백년의 기록과 가문의 기록을 남기고자 하는 목적은 선조들의 가풍을 이어받고 정규가 살아오면서 경험한 시행착오가 후손들에게 조그만 도움이 되었으면 하는 바램에서다. 후손들은 정규의 삶에 잘 잘못을 논할 필요는 없다고 본다. 공자께서도 말씀하시길 "삼인행필유아사언三人行必有我師焉, 택기선자이종지擇其善者而從之, 기불선자이개지其不善者而改之" 즉, 세 사람이 길을 가면 그 중에서 반드시 나의 스승 될 사람이 있으니, 그들의 선량한 점은 골라서 좇아 따르고, 선량하지 않은 점은 잘 살펴서 자기 스스로 고쳐야 하는 것이다. 종손 정규의 살아온 삶을 보면서 후손들이 살아갈 방향과 기준을 스스로 정하여 옳다고 믿는 방향으로 가면 되는 것이다. 정규의 선조들과 종손 정규는 가문 속에서 자신의 정체성을 생각하면서 살아가신 분 들이다. 결국 오늘의 나를 만든 것은 모두 나로 인한 것이기 때문에 남을 탓 할 필요가 없는 것이다.

자기의 잘못된 현실을 조상에게서 찾는 것은 연목구어緣木求魚와 같으며 가장 안타까운 경우일 것이다. 지나고 반성해 보면 좀 더 여유로운 마음을 가지고 살지 못한 것과 좀 더 인내하지 못한 삶이 늘 아쉬움을 준다.

되돌릴 수 없지만 지나온 삶을 되짚어 보면 마음의 너그러움과 인내가 있었다면 현재의 많은 것이 바뀌었을 것이다. 그리고 미래를 바꿀 것이라 확신한다. 삶과 역사에서 잘못된 삶과 역사는 끝없이 되풀이 되곤 한다.

건강을 지키는 일과 성공한 삶을 사는 방법은 같은 모양인 것 같다. 이것은 대개 몇 가지 단순한 방법을 평생 잘 지키기만 하면 된다. 정규의 100년의 삶을 보면서 깨달은 것은 '진정으로 위대한 삶은 단박하고 간결한 삶'이라는 게 다시금 절실하게 다가온다. 정규는 가문의 종손으로 살아오면서 자신의 삶과 목표를 끝없이 희생하는 삶이었다. 정규는 가문이라는 굴레와 종손이라는 처지에서 자신의 삶의 상당 부분을 빼앗겨 버린 것이다.

과거나 현재나 사람이 사는 집단에는 소통이 제일 중요하다. 소통이란 것을 통해 인간이 만물의 영장이 될 수 있었고 오늘날과 같은 문명시대를 열 수 있었다. 하물며 한 가문에 있어서도 소통의 중요성은 아무리 강조해도 지나치지 않다. 공자님도 제자들과 끝없는 대화를 통해 큰 도를 이루셨다. 그 대화의 실례들이 논어 등 사서삼경의 고전이다. 그런데 정규의 가문은 조부 종림부터 대대로 아들과 부자간의 대화가 부족했다. 세상에서 가장 가깝게 대화를 이루어야 하는 것이 부자지간이다. 불행히도 조부 종림과 아버지 문환 간의 소통이 부족했다. 아버지 문환은 아들 정규와 대화가 부족했고, 정규는 아들 윤종과 대화가 없었다. 부자간에 4대가 이어지면서 대화가 부족한 가문이 되어버린 것도 어쩌면 가문의 내력인지도 모른다. 이러한 현상이 지금같은 위축된 가문을 만든 원인이라 생각된다.

종손 정규가 100년을 살아오면서 수많은 기회를 살리지 못한 것도 아버지 문환과 대화의 부족이라 생각한다. 정규가 아버지 문환과 좀 더 가깝게 부자가 많은 대화를 나누었다면 많은 인생이 바뀌었을 것이다. 조부 종림도 아들 문환과 대화가 없이 돌아가시어 종림이 이루어 놓은 많은 재산의 상황을 파악하지 못한 채 3대를 내려오는 세월을 방치하여 결국 모든 재산을 잃게 되었다. 참으로 안타까운 결과라고 생각한다. 나는 이글을 쓰면서 처가 가문에 새로운 가훈을 제안한다면 "소통, 부자유친이라 생각한다". 왜냐하면 부자유친이라는 삼강오륜은 지나간 유물이 아니라 미래의 언어이기 때문이다. 삶에서 가장 중요한 소통은 부자간에서부터 시작되어야하기 때문이다.

정규의 아버지 문환은 아들이 결혼하자 집안의 모든 대소사를 아들에게 넘겼다. 문환이 아들에게 큰 믿을 주시는 것은 고마운 일이지만 정규는 그것을 큰 부담으로 생각하였다. 문환이 아들을 믿어주시되 많은 대화까지 하셨다면 집안 대소사에 큰 시너지를 만들 수 있었을 것이다. 그런데 큰 위기시마다 충분한 소통이 없이 정규가 단독으로 결정하여 많은 시행착오를 만들었다. 하지만 아버지 문환은 집안이 위기가 있을 때마다 전면에 나서서 행동으로 보여주셨던 분이다. 아들 정규가 공부할 때는 맏아들 정규에게 모든 것을 올인하셨던 분이었다. 종손 정규가 유년시절과 결혼 전에는 문환은 공무원을 하면서 방앗간을 하시던 조부 종림을 도우셨다. 이 때 마정리에도 방앗간을 운영하셨고, 문환의 외가가 있던 섭저리에는 어머니 덕수이씨가 방앗간 운영을 도우셨다. 더구나 정규가 공무원을 그만두고 삼오상회를 시작하여 후에 가게가 어려워지자 추가로 방앗간을 내어 나서서 적극적으로 아들을 도와 주셨다.

6.25전쟁 때에는 1.4후퇴로 피난지 논산에서 장성한 두 아들을 전쟁에 내보내고 문환은 어려운 살림을 위해 닥치는 대로 생계를 위해 일하셨다.

전쟁 후 파주로 돌아 오셔서는 부서진 집을 복구하고 문산읍으로 이사 와서도 집안일을 적극적으로 도와주셨다. 문산에서 방앗간 일을 하시다가 피대에 걸려 큰 사고를 당하시어 중상을 입기도 하셨다. 당시의 일반적인 부모들을 생각해 보면 아버지 문환이 아들 정규에게 모든 살림을 일임한 것은 자연스러운 것이라 생각한다. 좀 더 아쉬운 것은 종손 정규와 아버지 문환이 부자간의 대화가 많았다면 아들의 부담도 줄여주고 집안에도 많은 도움이 되었을 것이다. 역사와 삶은 반복되는 모양이다. 종손 정규와 아들 윤종도 그다지 깊은 대화를 만들지 못하고 있다. 집안이 잘 되려면 "가화만사성家和萬事成"이 되어야 한다. 이것은 종림 할아버지가 모범을 보여 주셨다. 종림 할아버지는 부인 덕수이씨가 내주장이 강하셨으나 모든 것을 긍정적으로 받아주셨다고 한다. 정규의 조부모님의 부부화목 덕분인지 농사를 지으면 무엇이든지 잘되어 대풍이 들어 매년 재산을 늘렸다고 한다. 결국 '가화만사성'은 소통의 중요함을 말하는 것이다.

정규가 아들 윤종과 화목하게 부자의 정을 돈독히 할 시간도 그리 많이 남지 않은 것 같다. 하지만 부자의 정을 회복하는데 시간보다는 진정성을 가지고 대하는 마음이라고 생각한다. 정규가 아들 윤종과 진정한 마음을 나눌 기회를 만들지 않고 세상을 이별한다면 두 사람에게 너무나 안타까운 일이고 큰 후회를 남기는 일이다.

요즘 세상에 주변을 돌아보아도 정규의 아들 윤종만한 사람이 없다. 때로는 두 사람의 의견이 맞지 않아 갈등도 있지만 윤종은 마음결이 고운 사람이다. 종손 정규도 이제는 아들을 믿고 모든 것을 일임해야 한다. 세상에 모든 사람들에게 좋은 사람 훌륭하다는 소리를 들어도 내 아들에게 존경하는 아버지로 인정받지 못하면 아무 소용이 없는 법이다.

인생 100년에서 가장 아쉬움이 못 이룬 명예가 되어서는 안 되고 더 좋은 관계를 만들지 못한 가족 간에 정과 믿음이 되어야 한다. 명예와 부귀가 무엇이 그리 중요하단 말인가? 지나고 보면 명예와 부귀는 그저 흘러가는 구름과 물과 같은 것이다. 보다 중요한 것은 내 가족에게 믿음과 사랑을 주는 것이라 생각한다.

인생 백 년을 바라보는 종손 정규는 지금도 미래의 꿈을 꿀 수 있다는 것이 행복하다. 정규가 생각하기에 아쉬운 100년이지만 종손으로써 할 수 있는 일은 거의 다 마무리를 하였다. 가문의 종손으로 태어나 입신출세하여 가문을 빛내고 조상님들을 자랑스럽게 하지는 못하였지만 숭조정신을 받들고 가문을 지켜내고 있는 것이다. 종손 정규가 증손을 두었으니 고조부 봉현이 파주에 정착하신 이래 어느 덧 8대가 살아가고 있다. 정규는 종손의 마지막 역할을 파주에 정착하신 고조부 봉현부터 기록을 정리하여 후손에게 전해주는 것이라 생각하고 있다. 정규의 고조부 봉현이 파주 장산리에 정착하시어 현재까지 120년의 삶의 자취를 모아 후손에게 전할 수 있도록 하는 것이다. 지나간 가문에 있었던 일들을 모두 명확히 알 수는 없지만 종손 정규가 백 년을 살면서 보고 들은 얘기들을 모으고 정리하였다.

가문의 기록은 훌륭한 일들만 모으는 것은 아니다. 조상님들이 어려운 시대를 사시면서 극복하셨던 어려움과 후손들을 위해 최선을 다하며 사셨던 기록은 그 무엇보다 훌륭한 가치라고 생각한다.

훌륭한 사상이나 역사가 무엇이란 말인가? 또 훌륭한 가문의 가치는 무엇인지 한 번씩 생각해 보기 바란다. 매일매일 일상의 짤막한 기록인 이순신의 『난중일기』가 후세에 사는 우리에게 주는 감동은 무엇 때문이라 생각하는가? 그것이 감동을 주었던 것은 하루하루 진실 된 삶속에 충, 효, 자식에 대한 사랑 등이 일관성 있고 꾸밈없이 생활화 된 삶이었기 때문이다.

역사에서 기왓장 몇 장과 주춧돌의 흔적이 발견 되었다면 분명히 집이 있었다는 것을 짐작할 수 있다. 종손 정규가 가문의 지나간 일들을 전부분이 아닌 일부만 안다고 하여 없었던 일은 아니다. 그러므로 모아 놓은 이 글들이 비록 부족한 부분이 있다 해도 탓할 일는 아니다.

정규의 가문이 파주에 정착한 것은 약 120년 정도 되는 것은 확실한 사실이지만 이곳에 정착하신 연유는 여러 정황으로 판단하였다. 선조들의 삶의 자취를 부족한 내용이나마 글로 정리하여 후손들에게 전할 수 있어 참 다행으로 생각한다. 가문의 발전은 정체성을 분명히 하여 근본을 바로 세우는 데서부터 시작한다. 종손 정규의 가문이 절대 가치로 알았던 유교적 전통과 조상에 대한 숭조사상과 형제간의 우애지정은 계속 발전시켜 나아가야 할 가문의 핵심가치라고 믿는다. 오히려 글로벌화 된 미래에는 가문의 전통과 뿌리를 확실히 하여 가문의 정체성을 갖고 있다는 것은 미래의 큰 경쟁력이라 생각한다.

앞으로도 후손들은 가문의 가치를 계승하고 지속적으로 발전시켜나가길 바라뿐이다. 세계가 글로벌화 하여 모든 세계문화가 융합되어 하나가 될수록 가문의 정체성은 더욱 더 가치를 발할 것이다. 미래에는 가장 우리다운 가치를 지니는 것이 곧 세계적인 것이라고 확신한다.

멀고 가까운 촌수를 불구하고 모든 가문의 종친들은 화목하게 잘 도우며 살아가야 한다. 핵가족 중심으로 가정이 파괴되고 있고 급기야는 가문이라는 작은 공동체의 가치관도 곧 깨어질 것으로 보인다. 작금의 변화의 추세를 감안하면 가정 없는 가상가정이 난무하는 세상이 될지도 모른다. 이러한 미래를 예상할 때 가문의 가치는 더욱 필요하다. 그리고 절대적 가치를 지닌 큰 가문은 미래에 가장 경쟁력을 가질 수 있는 인프라를 가졌다고 생각한다.

미래에는 이러한 가상유산이 유상유산의 가치보다 더 중시되는 미래가 올 것이 확실시 되므로 가문의 가치는 소중한 것이다.

정규의 가문을 파주에 최초에 정착시킨 고조부 봉현은 대단한 학식과 인품을 가지고 계셨던 분으로 보인다. 봉현의 장인 황억의 일화를 보면 봉현의 인품과 학식을 극찬하셨다. 장수황씨인 황억도 황희정승의 후예이고 성균관에서 수학을 하셨던 분이었다. 이러한 훌륭하신 봉현이 왜 70년을 일정한 거처 없이 방랑을 하셨는지는 그 이유를 알 수가 없다. 갑오개혁 이후에 드디어 정착하신 봉현이 마정리에 정착한 뜻을 후손들은 잊지 말고 다시 한 번 새겨보아야 할 것이다. 통정대부께서 혜안으로 정착지를 지정한 파주 땅의 의미는 여전하며 미래에 다시 살아나 또 다른 도약을 할 것이다. 후손들은 이때를 대비해 끊임없이 노력해야 할 것이다. 승순 할아버지의 효도와 학식도 후손들의 배워야 할 덕목이다. 아버지 봉현이 파주에 정착할 때까지 50년의 방황을 승순은 함께 하셨다. 이러한 아버지와 할아버지를 따라 함께 어려운 시기 15년 동안 보냈던 조부 종림은 봉현과 승순을 진심으로 존경하고 따르셨다. 이러한 윗분들의 뜻을 받들어 종림은 가세를 일으키셨다.

조부 종림은 재산을 모아 독개 벌 방제 둑 간척사업도 시도하였다. 하지만 간척사업도 홍수로 실패하여 여러 명이 연명으로 차용한 금융기관으로부터 자금을 갚을 수 없어 여러 사람이 법적 책임을 받을 찰나에 다른 사람들은 만주로 도주하여 하는 수 없이 종림이 그들의 빚까지 책임져 그들의 법적책임을 막아 주셨다. 이러한 행동은 돈이 있다고 하여 아무나 할 수 있는 것은 아니다. 이러한 종림의 희생으로 함께 추진하였던 다른 사람들은 무사하였지만 그동안 피땀 흘려 이룬 많은 재산을 잃게 되었다. 한 때는 조부 종림이 문산에서 수세水稅를 가장 많이 낼 정도로 많은 농토를 보유했었다.

마정리 선산도 이때 대납한 사람들로부터 돈 대신 받은 땅이라 한다. 마정리 선산은 그저 평범한 산이 아니라 조부 종림의 고통과 눈물의 땅이며 함께하였던 사람들의 어려움을 구해준 믿음의 땅이다.

정규의 아버지 문환도 일제강점기, 3.1운동, 8.15해방, 6.25전쟁 등 격동의 세월을 몸으로 겪으며 살아가셨던 분이다. 학문에 대한 열망은 있으셨으나 이루지 못한 아쉬움을 갖고 평생을 살아가신 분이다. 이러한 문환의 갈망을 아들인 정규를 통해서 이루고자 하였다. 논어에서도 있듯이 가장 큰 효도는 입신출세하여 가문을 빛내고 조상들을 자랑스럽게 하는 것이라 하지만 정규는 아버지의 뜻을 만족하게 받들지 못하였다. 종손 정규는 이러한 자신의 삶이 아쉽지만 계속 이어지는 후손들이 있기에 또 다른 희망을 가져본다. 정규가 앞으로 해야 할 일 중에서 가장 중요한 것은 이러한 선조들의 열망을 후손들이 잊지 않고 각자가 최선을 다해서 열심히 살아가는 것이라고 생각하고 있다.

종손 정규와 아내 성연은 2남 3녀를 두었다. 이미 장남인 윤종은 칠십 살이 넘었다. 장남 윤종도 1남 1녀를 두어 이미 손자 손녀도 4명이나 두었다.

장남 윤종도 정규와 같이 문산에서 종가를 지키며 대를 이어 조상에 대한 봉제사와 효도를 이어가고 있다. 부모에게 진짜 자식은 부모와 늘 함께 할 수 있는 자식이다. 자식이 많다고는 하지만 나머지 자식은 그저 울타리일 뿐이다. 종손 정규는 막내로 아들 화종을 두었는데 그도 어느덧 장가들어 딸이 대학에 들어갔다. 늦게 둔 자식이 효도한다는 말이 있는데 화종을 두고 하는 말인 것 같다. 막내아들 화종은 서울생활을 접고 부모님을 모시기 위해 문산에 내려와 부모님을 모시고 있다. 아버지 정규는 요즘 앞이 어두워 정상적인 생활이 어렵지만 화종의 효도에 힘입어 이 어려움을 이겨내고 있다. 아들 화종은 어머니 성연이 가까운 요양병원에 계시어 양쪽을 오가며 부모님께 봉양을 다하고 있다.

종손 정규의 가문의 키워드는 임금에 대한 충성, 부모에 대한 효도, 형제간에 우애라고 본다. 이것이 중시조 이후 6대의 조상님들의 살아가신 모습이다. 그리고 그 정신이 가문의 가풍이 되었다.

정규의 조부 종림도 조부 봉현의 시묘살이를 3년 동안 했을 정도로 효도를 실천하신 가문이다. 그리고 큰 딸 건숙은 진주하씨 집안으로 출가하여 1남1녀를 두었고, 정규가 문산읍으로 이사와 출생한 강숙은 경주김씨 집안으로 출가하여 1남을 두었으나 어느덧 손자와 손녀를 두었다. 막내 딸 금선은 동래정씨 집안으로 출가하여 아들 둘을 두었다. 딸 셋이 모두 명문가문으로 출가하여 자식들을 두었다.

종손 정규와 아내 성연은 자녀 2남 3녀에 손자 5명, 손녀 3명과 증손자 3명, 증손 3명 등 슬하에 19명의 자손을 두었다. 정규가 후손들에게 바라는 마음은 다음과 같다. 중시조 덕양군 이후 가문의 정체성은 초기 5대 왕실 종친으로 150

〈종손 정규의 자녀들〉

여 년을 지나면서 형성되었다. 왕실 종친의 중심세력이 되면서 삶의 개척보다는 삶을 향유하는데 익숙하여졌으며, 임금에 대한 충성과 부모에 대한 효도와 돌아가신 선조에 대한 숭조정신에 특히 강조하며 실천하려 하였다.

종친이 정치에 참여하는 것을 방지하기 위해 대군출신의 후손은 5대가 지나야 과거를 볼 수 있었고, 적장 대군이 아니 후궁의 군君은 4대가 되어야 과거에 응시할 자격을 주었다. 정규네 중시조인 덕양군의 후손도 3대가 봉군을 받았고 4대인 사간공 때부터 과거에 응시하여 대과에 합격하였다.

조선시대 왕실의 후예라 해도 3대에 걸쳐 과거에 응시하여 합격하지 못하면 평민으로 전락하도록 되어 있었다. 그러나 4대에 걸쳐 나라에서 봉군하여 벼슬을 주므로 등과를 하려면 학문에 대한 분위기나 열정이 있어야 하는데 정신적으로 약해지는 경향이 있다. 지금도 정부의 고위공직자 출신은 3년 정도 정부 관련되는 기업 등에 취업을 금지하여 정실에 좌우되는 것을 방지하고 있다. 조선시대에도 왕실 출신은 120~150년 동안 봉군이라는 제도로 보험은 들어주지만 과거에 응시하여 취업하는 것은 방지하였다. 이와 같은 가문의 영향으로 왕실 종친으로 있던 기간을 비롯하여 약 180년 동안은 가문의 영화를 누렸으나 그 이후는 오히려 더 힘든 세월을 보냈던 것 같다.

삶의 어려움은 가문의 생존 인자를 바뀌게 하였다. 정규의 선조들께서 어려운 시기를 지나면서 살아가는데 급급하여 가문의 아름다운 가풍과 키워드를 잊고 살아 온지 많은 세월이 흘렀다. 하지만 고조부 봉현이 파주 장산리에 정착하시어 가세를 다시 다잡고 양반의 지위를 확보하였으나 대한제국의 멸망으로 과거의 가치관은 붕괴되고 새로운 시대로 접어들었다.

겨울에서 봄을 맞이하려면 여러 번의 꽃샘추위를 견뎌내야 하듯이 우리나라도 왕조시대에서 지금의 시대가 오기까지 우리의 정체성이 끝없는 시험대에 올랐다. 일제강점기를 거치며 국가의 정체성이 혼란을 겪었고, 해방과 6.25전쟁으로 그때까지 남아 있던 왕조의 정체성과 반상의 그림자를 완전히 지웠다. 그 이후 4.19학생운동, 5.16군사정변, 5.18광주혁명 등을 거치면서 국민이 주인이 되는 주권을 확보하였다. 그리고 정규가 어린 시절에는 세계에서 가장 못사는 나라였는데 이제는 세계 10대 경제대국이 되었다. 이러한 사상과 문화가 천지개벽을 하고 있는 변화가 종손 정규가 태어나 지금까지 100년간 일어났던 사건들이다.

이와 같은 환경 속에서도 변하지 않는 가문의 정체성이 있다면 그야말로 금강석 같은 가풍이라고 말할 수 있다.

이러한 세월을 살아온 정규는 가문의 아름다운 가풍을 더욱 공고히 하기 위해 인생에 대한 「법구경」의 몇 구절을 통해 후손들이 살아가는 길에 작은 등불이 되었으면 한다.

사람이 젊었을 때는 인생이 무척 긴 것으로 생각하지만 나이 들어 보면 비로소 살아온 젊은 기간이 얼마나 짧았던가 깨닫는다. 몸이 있다 하지만 그것은 오래지 않아 허물어지고 정신이 모두 떠나 흙으로 돌아가니 잠깐 머무는 것에 천년을 살 것은 욕심을 탐하지 않기 바란다. 오늘은 오직 한 번 뿐이고 다시는 오지 않으니 우리 인생도 마찬가지라 생각한다. 우리의 몸이 늙고 병들기 전에 하루하루를 보람 있게 살도록 노력해라. 대부분 다른 사람의 잘잘못을 비판하는데 무척 총명하지만 자기비판에 있어서는 어둡게 마련이듯 남의 잘못은 꾸짖고 자기의 잘못은 너그럽게 용서한다. 세상에서 가장 불행한 사람은 마음의 죄를 지은 사람이다.

시간은 누구에게나 똑같이 부여되는 것이다. 시간은 느끼기에 따라 길고 짧은 차이가 있다. 즐거운 시간은 천 년도 짧은 것이며 괴로운 시간은 하루도 천 년 같은 것이다. 그러므로 시간이 짧게 느껴지는 사람은 행복한 삶을 산 것이다. 서로 간에 우애를 갖고 살기 바란다. 만일 잘 못을 하였다면 잘못한 사람이 먼저 풀도록 해라. 그러면 원망은 사라지는 것 만일 맺은 자가 먼저 풀지 않으면 세월이 지나도 풀리지 않아 실이 엉켜 풀리지 않는 것과 같다. 그 순간 분풀이를 하면 비록 통쾌할지 모른다. 상대는 나에게 또 원망을 하게 된다. 그러나 원망을 사랑으로 갚으면 상대에게는 은혜가 되어 그 덕이 내게로 돌아온다. 부모에게 효도하면 효도하는 자식을 두게 되고 자식이 불효하면 불효하는 자식을 두게 된다. 그러므로 효도하는 사람이 불효하는 자식을 둘 수는 있으나 불효한 자식이 효도하는 자식을 두기는 불가능 하다. 인생을 쉽게 살아가려면 지혜가 필요하고 그 지혜를 닦으려면 배움이 필요하니 배움이 없는 지혜는 떠서 없어지는 고인 물 같고 배움이 있는 지혜는 마르지 않은 샘물과 같은 것이다. 자신의 말이 겸손하면 상대의 말도 순한 법이다. 마음을 온화하게 하여 서로를 존경하고 원한 맺힌 마음을 버려 악한 감정을 참는다면 미움과 원한은 다 스스로 없어져 버린다.

가난은 죄가 아니며 불행 또한 아니다. 가난 속에서도 즐거움과 행복이 있다. 가난이 싫거든 노력을 해라. 노력하면 가난은 점차 멀어져 간다.

세상에서 어려움을 맛보지 않은 사람은 단 한사람도 없다. 나와 같은 사람이 또 하나가 있더라도 어려움이 있기는 마찬가지다. 그러나 고난을 맛보지 않으면 삶의 의미를 모르며 그것을 견뎌내지 않으면 영광이란 열매를 얻을 수 없다. 돈이 사람을 행복하게 하는 것이 아니다. 자신의 능력이 없어 좋은 직업만 구하려 한다면 마치 밑천 없이 사업을 하려는 것과 다를 것이 없다. 도공은 그릇을 더욱 예쁘게 만들고 목수는 나무를 깎아 다듬어 살기에 편안한 집을 세우듯이 후손들도 자신을 다듬고 가꾸는 일에 열중해서 인생을 아름답게 살도록 하였으면 좋겠다. 작은 일이라도 선한 것이 못되면 행하기를 두려워하고 좋은 일이라 생각하면 망설이지 말고 행하기 바란다. 향기 없는 꽃은 열매를 맺을 수 없고 고운 말을 하여도 실천이 없다면 허황된 위선이 되고 만다. 후손들은 다같이 내실 있는 생활로 참되게 살기 바란다.

강물이 흘러서 돌아오지 않는 것처럼 사람의 생명이 그와 같아서 한 번가면 다시는 돌아오지 않으니 인생이 짧다고 한탄하지 않기 바란다. 세상의 모든 만물을 보면 태어난 사람은 반드시 죽는 법, 항상 나고 죽고 하여 잠시도 그대로 있지 아니한다. 많은 재산을 자손에게 물려주는 것보다 자손이 훌륭한 인격을 갖도록 가르치도록 해라. 지혜는 재물을 주고 구할 수 있으나 덕은 재물로 구할 수 없다. 덕과 지혜를 모은다면 이 얼마나 큰 재산인가? 자기의 재능을 알아주지 않는다고 원망하거나 슬퍼하지 마라. 그것은 나의 재능을 몰라주는 것이 아니며 나에게 알아 줄만한 재능이 없는 까닭이다. 가장 불행한 사람은 죄를 짓고도 그것을 깨닫지 못하는 사람이며 더 불행한 사람도 알면서도 죄를 범하는 사람이다.

남을 원망하기 전에 자신을 반성하라. 말과 행실이 올바른 사람은 비록 악한 무리가 모여 사는 곳에 처하여도 자기를 미워하고 괴롭히는 적이 없다. 내가 어떤 사람에게 은혜를 베푼다하여 반드시 그 사람한테 은혜 갚음을 받는 것은 아니다. 그러나 한 가지 은혜를 베풀면 그것이 반드시 덕이 되에 내게로 돌아온다. 사람은 저마다 다른 재능을 타고 났다. 내가 할 수 있는 일을 남이 못하는 경우가 있고 남이 하는 일을 나는 못하는 경우가 있다.

그 능한 재능이 바로 나에게 맡겨진 사명이고 내가 해야 할 책임이고 인생의 즐거움은 탐욕에서 보다 그 욕심을 줄여 나가는 데서 느껴라. 그러므로 허욕을 버리면 버릴수록 심신이 상쾌해 진다. 훌륭한 사람은 평생 좋은 일만 행하였는데도 더 좋은 일을 할 수 없을까 생각한다. 향수를 바르면 주위 사람들에게 좋은 냄새를 풍기듯이 학식과 덕품을 지닌 현자는 그 명성이 저절로 이웃 사람들에게 감명을 준다. 아름다운 꽃향기는 바람을 거슬러서 풍기지 못하지만 착하고 어진 이의 온화한 향기는 바람에 상관없이 누구에게나 전해진다. 배는 조그마한 구멍이라도 반드시 막지 않으면 침몰을 면치 못한다. 사람은 조그마한 잘못도 고쳐야 발전하고 성장할 것이다.

칭찬을 받고 싶거든 먼저 남을 칭찬하라. 남의 잘못을 꾸짖는 마음으로 자신을 꾸짖으면 허물이 적을 것이요, 자기를 용서하는 마음으로 남을 용서하면 사귀지 못할 사람이 없다. 장차 재앙이 이를 것을 근심하지 말고 착한 일을 행하고 악한 일을 범하지 않도록 노력하라.

내가 흙덩이를 남에게 던지면 상대는 돌멩이를 내게 던질 것이니 슬기로운 자는 흙을 던지고 돌을 얻어맞는 어리석은 짓은 범하지 않는다. 자기의 삶을 기뻐해 주는 사람이 없는 것보다 불쌍한 사람은 없고 자기의 죽음을 슬퍼해 주는 이가 없는 것처럼 불쌍한 사람은 없다. 남에게 얻어들은 지식은 빗물이 담장위에 고인 것과 같고 스스로 깨우친 지혜는 땅속에서 솟아나는 우물과 같다. 항상 조심하고 겸손하며 덕을 쌓는 사람의 가정에는 어떠한 재앙도 침범하지 않는다. 인간의 마음은 시시각각으로 변하기 잘하지만 변하지 않는 마음을 간직하는 것은 인간의 최대 도리이다.

하찮은 이해에 얽혀서 신의를 잃어서는 안 된다. 온 세상의 것을 알면서도 자기 자신을 모르는 사람과 같이 자기 자신을 모르는 것처럼 어리석은 사람은 없다. 악하게 백 년을 사는 것보다 바르게 하루를 사는 것이 더 보람이 있는 삶이다. 분수를 지킬 줄 아는 사람은 몸에 욕된 일이 없고 탐욕을 버리면 마음이 항시 즐겁다. 일시에 분을 참으면 백 일의 근심을 면하나니 참아야 할 일에 참지 못하면 작은 일이 크게 번져 수습하기 어려워진다.

소망을 이루는 순간보다 더 기쁠 때는 없다. 그러나 그 기쁨은 잠시 뿐이다. 또 하나의 소망 때문에 근심하게 된다. 타인의 시비와 장단점을 말하기 전에 먼저 자신의 행동부터 생각하며 살펴보라. 나는 과연 자신 있게 남을 흉을 볼 수 있는지? 최후에 승리는 참고 인내하는 자에게 돌아온다. 매사에 참는 자는 복이

오지만 참지 못하는 사람에게는 화만이 닥쳐올 따름이다.

이와 같이 종손 정규는 후손들이 선조들이 만드신 가풍에 따라 살아 주기를 바라며 화를 면하고 복된 삶이 영영세세 이어가기를 바라는 마음이다.

종손 정규는 청소년 시절인 경농을 다니던 때 꾼 꿈이지만 많은 세월이 지나도 지워지지 않고 해를 거듭할수록 더욱 선명하게 기억되는 꿈이 있다. 정규는 백 세를 앞두고 있지만 여전히 선명한 기억으로 남아있다. 정규는 이 꿈은 조상님들이 종손에게 선몽先夢한 것으로 믿고 있다.

종손 정규는 다음과 같은 꿈을 꾸었고 수십 년이 지나도 생생하여 여기에 적는다.

"꿈속에서 사목리 돌결 쪽으로 산에 큰 구멍이 뚫렸다. 그 구멍 속에서 맑은 물이 콸콸 흘러나오고 있었다. 그런데 그 뚫린 구멍에서 맑은 물과 함께 큰 봉황 두 마리가 날아서 나왔다.

물구멍에서 물과 함께 나온 두 마리의 커다란 봉황은 정규네 선산위로 날아올라 마정 옛 집 사랑채 옆 매화나무 위를 두 바퀴 크게 돌았다. 그런 다음 봉황은 다시 날아올라 뒷산 선산 위쪽 봉우리에 사뿐히 내려앉았다."

종손 정규는 이 꿈이 가문에 대한 '선몽'으로 가문의 번성을 예고하는 꿈으로 믿고있다. 사목리 돌결 쪽은 황희 정승 이후 그 후손들이 장수황씨 집성촌을 이루고 사는 마을이다. 더구나 정규의 고조부 봉현은 장수황씨 가문의 일원으로 사위였다. 통정대부 봉현의 장인 황억은 봉현을 사위로 얻은 후에 만족한다는 의미로 돌결이라는 마을 이름에서 '돌 석石'자를 가져다 스스로 호를 석아石我라 하였다. 호를 '석아'라 하신 것은 사위에 대한 변함없는 믿음을 표현 한 것이다.

돌결 쪽 장수황씨 가문들이 사는 마을로 산의 구멍이 뚫려서 물이 쏟아졌다는 것은 귀인이 장수황씨 집성촌으로 나온다는 것으로도 보인다. 그런데 중요한 것은 맑은 물과 함께 나온 봉황 한 쌍이 돌결 마을 방향으로 나왔으나 다시 날아 정규네 옛 집으로 날아 왔다는 것이다.

　　돌결마을 쪽으로 흐르는 물과 함께 나온 봉황은 정규의 고조부 봉현鳳鉉과 장수황씨를 나타내는 것으로 보인다. 더구나 봉현은 장수황씨 가문의 사위였고 그의 이름이 봉 황鳳자를 쓰고 있기 때문이다. 수컷은 '봉鳳', 암컷은 '황凰'이라고 하는데 그래서 암수 한 쌍을 봉황이라 부른다. 돌결쪽 구멍에서 나온 봉황 두 마리에서 봉鳳은 봉현인 고조부를 의미한다면 또 한 마리 암컷은 '황凰'은 누구를 뜻하는지 생각해 보았다. 암컷인 황凰은 정규의 고조모 장수황씨가 확실하다. 왜냐하면 '황黃'과 '황凰'은 중국어와 우리의 발음도 같고 노란 황색은 모든 색의 중심으로 옛날부터 천자를 상징했다. 여기서 '황凰'도 새 중에 황제이다. 그러므로 오행 색으로 황凰도 노란색이므로 둘은 결국 같다고 본다. 그러므로 봉황 한 쌍은 정규의 고조부와 고조모를 의미한다고 본다.

　　돌결 쪽으로 산의 구멍이 뚫려서 물이 쏟아졌다는 것은 귀인이 장수황씨 집성촌으로 나온다는 것인데 그 맑은 물을 따라 나온 봉황 두 마리가 다시 날아서 정규네 옛집으로 돌아서 왔다는 것은 그 귀인이 정규네 가문으로 들어온다는 의미일 것이다. 돌결 쪽 산 구멍에서 봉황이 두 마리가 나와 정규네 집으로 돌아왔다면 대단한 귀인이 가문에 들어와 재물과 명예를 드높이는 길몽으로 보인다.

　　두 마리 봉황이 안채를 선회 하였다면 귀인이 태어날 조짐이지만, 행랑채를 돌았다고 하니 외부에서정규 가문으로 귀인이 들어올 것을 현몽 했다고 생각한다. 더구나 맑은 물이 산이 뚫리면서 쏟아져 나온다는 것도 대단한 길몽이다.

또한 두 마리의 봉황은 매우 고귀한 신분이 완벽한 것을 의미한다. 옛 부터 봉황은 성군이 출현하거나 세상이 태평성대일 때 나타난다고 알려져 있다. 꿈속에서 봉황이 나온다는 것은 지도자, 출세, 최고를 상징한다고 한다. 가까운 분의 도움을 받아 크게 출세할 수 있음을 암시하는 것이라 해몽하기도 한다. 귀한 손님, 훌륭한 사위나 며느리를 만날 수 있는 꿈일 수도 있다.

"봉황이 멋진 모습으로 오색찬란한 빛을 내며 하늘로 날아오르는 꿈"은 국가의 최고 지도자에 올라 나라를 세우고 국민을 위해 봉사하는 부귀, 출세, 명예 등 최고의 운을 의미한다. 여하튼 어떤 의미이든 간에 종손 정규의 꿈은 대몽임에는 틀림없다.

그리고 두 마리의 봉황은 옛집 사랑채 뒤 매화나무를 두 바퀴 돌았다. 매화나무는 고결한 마음, 기품, 결백, 인내를 나타낸다고 한다. 옛 성현들은 불의에 굴하지 않는다 하여 선비정신의 표상으로 삼았던 나무가 매화이다.

봉황 한 쌍이 정규의 4대 조상님이 모셔져 있는 선산 바로 뒤 봉우리에 내려 앉았다면 두 선조의 음덕이 마정 선산에 깃든다는 의미일 것이다. 그런데 우연하게도 그 후에 정규의 고조부모님을 이곳으로 이장하였던 것이다. 이러한 종손 정규의 꿈을 이루는 것은 후손들의 몫이다. 이 꿈은 다양한 가능성을 예상할 수 있기 때문이다. 후손들이 높은 이상을 가지고 목표를 정하고 도전한다면 못 이룰 것이 없다고 본다.

종손 정규의 꿈에 선몽한 마정 선산은 이제부터 봉하산鳳下山으로 불러야 마땅하다고 본다. 봉황이 돌결마을장수황씨 집성촌 방향 구멍으로 나와서 다시 정규네 옛 집으로 날아왔기 때문에 그 옛날 황희 정승 같은 훌륭한 후손이 가문으로 들어온다는 것을 예지한 것이라 생각된다.

'너새니얼 호손'의 『큰 바위 얼굴』이라는 단편소설이 있다. 큰 바위 얼굴이 주는 의미는 "무언가 보는 대로 염원한 대로 닮아 간다"는 이야기다.

"평생 예수님이 올 것이라 믿는 유대인들" 처럼 종손 정규는 후손들도 미래를 이끌 봉황이 될 수 있다는 믿음을 갖고 '큰 바위 얼굴'이 되기를 바라고 있다.

종손 정규는 꿈은 반드시 이루어질 것으로 믿고 있다.

〈부록〉

1. 종손 정규의 전주이씨 가계보

2. 종손 정규의 어머니 공주이씨 가계보

3. 종부 성연 풍양조씨 가계보

4. 종손 정규의 친필 기록문

5. 종손 정규의 임진면 의원 당선증

6. 종손 정규의 면의원 선거 연설문(친필 초안)

7. 종손 정규의 친필 이력서

8. 종손 정규의 경농 생활 기록부

9. 기타 기록 사진

〈부록 1〉 종손 정규 전주이씨 가계보

세손	휘諱	배配	직첩職帖	묘소	비고
1	기岐	영희군부인 권씨	덕양군	성남 궁내동	1524.9.25.~1581.6.22. (58)
2	종린宗麟 1/4	금성군부인 박씨	풍산군	성남 하산운동	1538.9.8.~1611.10.8. (74)
3	수晬 1/7	동래정부인 정씨	귀천군	성남 궁내동	1569.4.15.~1645.11.21.(77)
4	형윤泂胤1/12	전주현부인 최씨	봉래군	성남 백현동	1593.1.8.~1645.3.5. (53)
5	후토 2/4	숙부인 안동권씨	사간공	성남 궁내동	1611.10.20.~1668.4.6. (58)
6	기서箕叙 2/4	숙부인 경주김씨	청도공	광주 낙생면	1636.12.18.~1688.9.1. (53)
7	시구蓍龜 1/1	반남 박씨	–	광주 낙생면	1655.2.11.~1717.10.20. (63)
8	건재健材 3/3	안동 권씨	–	광주 낙생면	1694.2.15.~1732.5.26. (39)
9	동간東幹 1/3	칠원 윤씨	–	직산 왕지촌	1715~1755.11.20. (41)
10	득겸得謙	풍천 임씨	–	고양 사리현	1765~1794(30) 동섭(3/3)의 맏아들 득겸으로, 동간(1/3)의 후사를 이음
11	주원주원 1/1	청주 한씨	–	고양 사리현	
12	봉현봉현 2/2	장수 황씨	통정대부	파주 마정리	
13	승순승순 1/3	창원 유씨	생원	파주 마정리	
14	종림종림 1/1	덕수 이씨		파주 마정리	
15	문환문환 1/3	공주 이씨		파주 마정리	
16	정규정규 1/3	풍양 조씨	–		

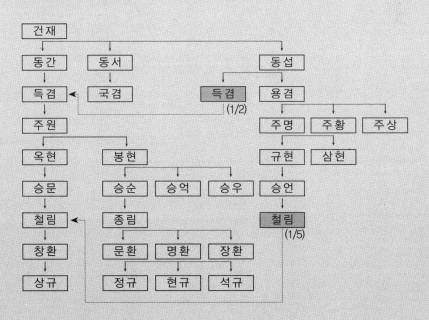

〈부록 2〉 종손 정규 어머니 공주이씨순아 가계보

세손	휘諱	배配	직첩職帖	묘소	비고
시조	천일天一				
40	명성明誠	곡성염씨	고려감찰전중시어사지제고, 문성공文成公	양주 북면	어사공파
41	분棻	공인 철원최씨	장신교위충좌위직	양주 북면	
42	서암墭巖	단인 일직손씨	병정교위충무위부사맹	양주 북면	
43	척倅	숙부인 나주김씨	강화부사, 통훈대부	양주 북면	
		숙부인 전주이씨			
44	경지慶址		증, 승정원좌승지	양주 북면	
45	건鍵	숙부인 청송심씨	통훈대부, 사도시(정)	양주 북면	
46	장욱長郁	의인 남원양씨	승의랑	양주 북면	
47	즙楫	정부인 파평윤씨	가선대부 호조참판	양주 북면	
48	공한公幹	숙부인 파평윤씨	문화현령, 봉화현감	영주 북면	
49	소崤	숙인 창령성씨	보력장군사산감역	광주 경안군	
50	윤세胤世	정부인 반남박씨 정부인 초계정씨	가선대부 동지중추부사, 호조판서겸지의금부가, 오위도총부도총관	양주 은현면	생부소崤
51	진숭鎭崇	정부인 파평윤씨	무과, 영월군수, 대흥군수, 웅진수사, 전라병사	파부 남백석면	
52	종영宗永	숙부인 연일정씨	광릉참봉, 연기현감,	파주 남백석면	
53	주성柱成	기계유씨		파주 남백석면	생부 하영
54	은희殷熙	밀양박씨 파평윤씨		양주 은현면	
55	숙塾	청송심씨		파주 임진면	
56	상호相鎬	파평윤씨		파주 임진면	
57	운탁雲倬	청송심씨		파주 주내	
58	필인	파평윤씨			生父 운제
59	병일				
60	영규				

〈부록 3〉 종부 성연 풍양조씨 가계보 가계보

세손	휘諱	배配	직첩職帖	묘소	비고
시조	맹孟				
400년					
중시조	지린之藺		천화사전직天和寺殿直		전직공
(1세)					
2	온구溫玽		文林郎太子詹事	失傳	첨사공
3	진규振圭	합천이씨	太中大夫禮賓卿	失傳	예빈경
4	정晶		監察院 掌令	失傳	장령공
5	계령季領	원평야씨	刑部郎中	失傳	낭중공
6	염휘炎暉	밀양손씨	暉麗史作輝正順大夫密直司右副代言兼左常侍一云寶文閣大提學	개풍군 고중면	대언공
7	신愼	고성이씨	奉常大夫湍陽府使	임천 덕림동	회양공파
8	개평開平		司饔院正一云司宰監正一雲檢參議	임천 동신동	세양원공
9	후지厚之	밀양박씨	將仕郎	임천 서신사동	장사랑공
10	익조益祚	현풍곽씨	司樽別檢或云長興庫主簿	임천 서만기동	별첨공
11	세문世文	문화유씨 평해구씨	生員 主簿	춘천 방동	주부공
12	덕황德璜	평산한씨	進士 參奉	분묘동	진사공
13	건健	영암박씨 삭령최씨	–	분묘동	
14	사겸思謙	진천송씨	무과, 구례현감	분묘동	
15	면冕 (1531~1610)	숙부인 연일정씨 (1536~1568)	무과 통정대부 언양현감겸 경주병마절제도위	장단 장서면	
16	정규廷珪 (1618~1671)	고령이씨 (1625~1710)	通德郎	장단 진동면	
17	수瓍 (1653~1738)	정부인 삼척진씨 (1646~1719)	1676 武科同樞	獨齊洞	
18	명주命周 (1756~1838)	숙부인 곡성임씨 (1680~1718)	첨지공(정3품)	橫浦洞	
19	창복昌復 (1706~1749)	평해손씨 (1707~1755)		獨齊洞	
20	득보得普 (1730~1804)	고성이씨 (1733~1804)		獨齊洞	
21	영화榮和 (1767~1820)	단양우씨		長西小峴	
22	연사然師 (1733~)	이천서씨 (1733~)		長西小峴	
23	관하寬夏	안동권씨		獨露洞	
24	동석東錫	전주이씨	敦寧都正	獨露洞	
25	범구範九	창령성씨			
26	남수南壽	창원박씨			
27	성연				

族(系)

DATE　　　　NO.

우리 (李氏) 이씨는 중종 공희 대왕 (恭僖 大王) 의 별자 (別子) 덕양군 (德陽君)
정희공 (靖僖公) 휘 (諱) 기 (岐) 를 시조 (始祖) 로 삼는다
정희공 (靖僖公) 의 아드님 풍산군 (豊山君) 휘 (諱) 는 종린 (宗麟) 이니 명종
(明廟) 의 세상을 당하여 실로 숨은 덕이 있어서 이로서 그 자손을 빛내서
힘 썼으나 세상이 서로 이를 다 알지 못했다. 풍산군 (豊山君) 이 회천군
(懷川君) 충숙공 (忠肅公) 휘 (諱) 수 (睟) 를 낳었는데 광해주 (光海君)
때 폐모 (廢母) 하기 전에 적신 (賊臣) 이이첨 (李爾瞻) 을 쳐서 간적
(奸賊) 으로 차여준 뿐라 받을 덕이 뜨려 그를 하여금 능히 그 흉모
(凶謀) 를 맘 대로 하지 못하게 하려다가 드디어 밧쪽 변방으로
귀향가서 아홉번 죽어도 뉘우침이 없으니, 군자 (君子) 들이 한 세상
의 지주 (砥柱) 라 했는데 그 큰 절개는 국승 (國乘) 및 명신록
(名臣錄) 에 분명히 실려있다. 용서군 (龍西君) 의 호분원 (號分院) 는
창주 (滄洲) 로 휘 (諱) 는 형윤 (炯胤) 이시니 충숙공 (忠肅公) 의 아
드님으로서 음장의 행의 (行誼) 로 당시 세상에 이름을 날려서
하간 동령 (河間 東平) 의 칭찬이 원었고 시 (詩) 는 기아 (箕雅)
및 악부 (樂府) 에 전해진다

1. 가장환경 성장과정 　　　　2. 처처중 경력 공직, 업적, 5. 기타 참고사항

3. 생활 철학 신조 (座右銘) 　4. 자자손 사회 활동 상황

中宗大王 차남(次男)으로 成宗의 몽제이시나, 1458년 우의정 훈지(勳之)의 막내딸, 성종14年

弘治元年(戊申1年, 西紀1488年)三月 生后를 맞아 晋城大君으로 封함.

南祖께서 사화를 피해 함경도 땅을 전전 하시다가, 長淵郡 小南面阿化
里에 歌室을 차려 生計를 의리까지 없게 차려 같다 그것은
南京거 변두리로 火木을 싣고 松都에가서 파라 生計수단
을 삼을 더도의 드네 산모이없다. 농사 래이다 火田 받은 이구라
같자나 옥수수로 연명을 하요 쌀밥은 제상에나 보는 정도
라 하였다. 念率손녀 치었을 와 음소 고문북 肉親슴이 선대하고
녹을 돌리며 다시 쌀 차리근 차지 수량을 하시는데 高祖비요
親庭이 秦火長氏 及我公 任文氏가 신대 자손에 인 馬文回
及壽지母 으로. 처령 부리에 의지 근 기대 하요 당을 하시나
屡次 잇 못이 요는데 마침내 신축 (지금충나오) 경주김씨모
막이 잇었느데 옥은 방죽을 헌갑이되여 비원 없이 아주도
꺼리고 드는 사람이 없었겨게 다행이도 그것을 내집
으로 여장을 옴겨 지었다

나의 내력을 말하면 太祖大王의 2조代 8손이요 11세 군王이요
여시고 제5男 德陽君이 (淑儀洪氏所生父) 15세 諱이 生하요
屡14屋 (이때점으로간하요)는 派德을 올리고 비和父의 流配됨)
忠惠公 諱 (○○)이 13세 諱차요徒여 옛만로 四세 卒居
진씨의 곰(?) 가정의 長子를 래여 우나 3男妹의 동물子5세
종소이 된다. 7살 8살 초 고께녀어 서당 방에 천자 문을
기고 그러냐. 평천화 제1밀편 명신보감을 도중에서
을짜요 그냥 되요 P쓰거 분산 오롱하요 에 入學을
한다. 인하 성이 뱄고 총명 하다는 평을 받으자라
그 냥은 1840년 지금의 서을 시림 (을 하事인 爭峰
승으로 黑木봄공林에 遊学을 한다. 때는 Q政本이고

日本 뭐뭐이 부설인 한일共營學인 甲種고育制中學校로 삼었다. 京城 ○○로 農業 學校 ○이다. (洪, 黃○ 중학교 ○○이었□) 뭐뭐이 會會會 바다 3.4 명댁이나 되어 내가 × 뭐한 중 Q동거로. 탄현의 구석없. 이재화 우유호. 치래 ○. 피루의 □□○ 적성과 김홍기 ○산의 이국현. 진록기. 유상○ 등 ○○○에서는 戰緣이 우수하고 뭐어난 주동성 선(세)들이 없다. 第二次 世界大戰이 (막바지)때 따라 ○○ 여러 ○○○들을 ○○ 제도 1○業 만을 전년하게 抛弃 해두지 않았다. 처다란 國粹○義 物慾슴이 發動되여 각종 作業場의 勞役 에는 뭣도 각 부뭐에 配展되여 郡級과 같이 ○○○이 ○고. 春, 秋로 動員될 뿐 만안이라 各 部위에 属되여 전신에 ○日으로 農業場等 뭣勞에 従事하였기 때문에 ○営業 Q동○을 모른 손실을 보 섰다고. 졸업 후에는 100%○ 就業이 1부 P로리 없으때 주로 郡P 部슴가 가장 만앞고 銀勞○에 따라 서른 本○ 식산은행 산업은행, 東拓 만척 금융조합 등에 就부로 ○없 빨락의 없다 여기에 ○가지) 이들두 없는 일과 한 호삭을 ○께 히 보리. 한국 사람이 部○ 정도되는 데 日本 사고방으로 보리는 두뚝人 학생이 戰緣을 어느 等級을 악을하고 우수 하였다 그런데 也 人들은 거이가 서울 (○南)에 居住하는 뭐뭐들이었고 서울에 있는 가만기 就業을 원하나 戰緣이 되다고 지 못해. 充 員○○로 忠북)로 라게 까 國策에서 ○ 기법립뭐○뭐한 고안을 아이디어로 짜냈다. 신영 하교의 戰緣緣 拳 뭣라로 ○○○과 藥科(A部) 접속를 그 승후約 해서 채점 하나까 우뭐서 黃○日쳐에는 표련을 추가해서 3가지로 平約 전수를 하였으나 신습와 표련전수로 교사의 있의 채점이 가능 한으로 다人 등에게 유리하게 채점 할수 있었드때 교련과목에서는 뚝히 ○○○방법

임진강에 지지 않는 상현달

주제로 한국역사의 창해 아라모라고 숙제를 내주었다.

해방방학이되어 고향에 도라온 우리 朝人 학생들은 어른들에게 물어 한국역사에 창하여 자세한 내용을 적어 봤다 메를 들어 우리 역사를 만군시로 기자조선국의 역사등 古史 한국역사를 비교적 자세하게 적어 낸 반 면 일본학생들은 ~~물론 우리~~ 중 적에 냈다. 한일합방국 기점으로

근본은 일본국에서 온시 조선국으로 분리되었다가 한일습방으로 다시 함친 아바로 만국이라고 적어냈다. 이를 인해 고련점수가 한국인학생들 등 자이가 西이 △△ 학생들은 자의가 甲이 없다. 이유인즉 학생들의 고련(군사훈련)은 日本정신을 심어주는데 있었는데 한국역사(古朝鮮 한국건국신하)를 논함은 교육정신에 위배된다는 것이었다. 이로서 종합성적은 日本人이 신수전수와 고련점수가 上으로 매겨지고 우리 한국인 학생은 학과성적에서 만 上전을 마첬으나 3계로 후방적 수를 내니까. 결국 일본학생이 上위에 오르고 우리 학생들은 △△△ 떠러지게되어 취함에 차등을 두고 차별을 하기 되드라는 것입니다. 정말로 악반한 수작이 없음니다.

나는 다행이도 경기도청 수랑라에 就職이되였는데 東農. 水農 安農 등불로로 모두 15名의 학생이 就職되어 곡목전사기으로 水原전사소에서 6個月 간 실습교습을 받게되였다. 그래서 1945년7월 10개 경기도고치으로 취직되어 6個月 간 견습을 바치고 곡목전사원으로 정식으기누가되여 바로 全北 金堤支場을 부국도처에 하치部되여 있다이(1945라 3개月후인 8月 15일해 방을 받게 된다. 일본사람드 모두 일본국으로 도라가고 우리 한국 사람 만니 ~~轉勤된~~ 직원만 남게 되였다.

해방후 나는 1946年2月에 울산 곡무 검사소 차석으로 울산향으로 轉勤되였다. 本所 정사 있으로서 출장 근무로 하게되의 다만 內辭으로 서무와 승利를 받아 보게된다 金에산

은 지금전도 관리로 침령하고 겄산 관리는 國庫에 손씨
라(...)게 되어 있었다 어언 6.6이라고 藏(...)은 흘어 軍屬제로
國民徵兵하기 편제로 바뀌여 農林部 산하의 기관원으로
바뀌고)國호農蓄物 檢查 조로 (...)춘이 바껴 없는며
건사의 범위도 흴익건사 에 국한되었다가 오공품; 검전.
건사도 우리 고종 업무로 이라 되었다. 6.25 사변이 반발
하던때 여름 잠전 건사 등의 출장을 자속받고 강원
도 춘천군 반쓴1면 잠전검사장으로 15일간 등짝 출
장을 나가 88 출장중 총성라 더불어 미러 딱치도 되난반
격연이 끼)여 전선에서 후회를거듭 하여 서울이 다
망흔니 6月27일이었다. 천신 마러틈에 서울에
소공동 경향신문3층 우리 사무성을 차즈니 미아리 전선에
서는 총성이 흠근 하고 궁만은 은흥 출난 속에 서 피난
을 서둘고 있었다. 사무실 을 지키고 있는 몇몇 직원
들은 라디오에 귀를 기우라 고 후퇴 명령 만 기다리
고 있는데 방속국 뉴-스에는 이승만 대통령의 88
국민 여러분게 항복하도 걈하돌이라 하며 전선은 통감하
국군에 의해 작전을 격퇴 시키고 있으며 서울은 사수할것이
니 안심 하고 동요되지 말기를 앙복하는 녹음 방송이
연방 흘어 나 왔다. 그러때도 분구 하고 미아리 전선는
총성이 전차 가까와지고 있는 느검이었다.
오후 5시(...)마 하에 갔오슥 낮발 하였다. 노3감정
오후 5시서 3시몸이 西에슥 너오 먹2감 나는 사무식 축나 왔다
澗에 戊18 첸(...)昷을 데나 서첫을 향해 갔오 재축 갔음
식만 재도 서첫에만 가면 오돔 겄이 깨꼿 되러나 홈맑
하고 반 그모반에 독짜지에 다 담 았으나 아직도 반격주
는 사왔 없고 첨호산 검이가득니 피난 첫도 안검이 없
으니 세삼에서 첨의 고아 까 던 눈검이 흘었다.

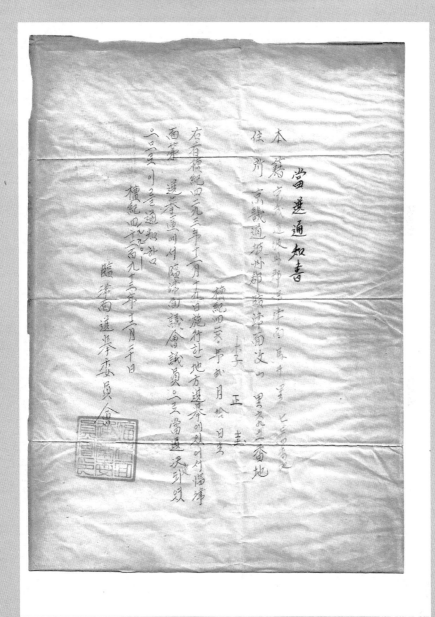

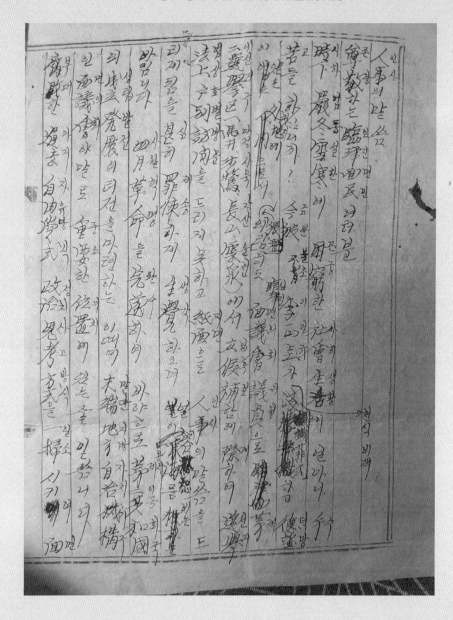

면민과 直接相議하며 面民들의 有機之役이 되어서

地域社會 發展에 全力을 기우려 努力할것이오니

사또 짤로 이 못한 재능 李子正호를 後援援助 하여주신 것에 한說

면 그 感謝함을 忘却지 못할 것입니다 行動보다

꼭 한갓 보잘것 없는 行動보다

여기서 거짓된 그뜻한 말씀을 드리고 싶지 않습니다 어려

까지나 賣買하신 여러분이 自由不拘量에 依

해서 公正하게 判斷하실줄 믿고 추만 德을 많이 닦으셔

가늘때 여러분의 健康과 幸福의 萬福이 것들기

를 祈願하면서 人事말씀에 가름하는 바입니다

一九九三年　　月　　日

溫津面議會議員 李立候補 조점立 謹書

溫津面第三選擧區 選擧已有爲者 莫下

(이사서식제 1 호)

이 력 서

출신도명 京畿道	성 명	李正圭	주민등록번호
	생년월일	서기 1927년 2월 10일생 (만 50세)	

본 적	京畿道 坡州郡 汶山邑 馬井里 ㅈ參四番地
현주소	京畿道 坡州郡 汶山邑 汶山里 ㅈ九 番地의 庭
호주관계	호주와의관계 長男　　호주성명 李文燦

년 월 일	학력 및 경력 사항	발령청
1940 4 6	京畿公立農業學校(現서울市立農業大)農科入學	京農校
1944 12 22	仝校 農科五年制 卒業	〃
1945 1 25	京畿道水原食糧檢査出張所勤務	京畿道
〃 〃	京畿道雇員被任	〃
6 15	京畿道金村食糧檢査出張所로轉任	〃
1946 2 1	京畿道技手被命	〃
〃 〃	京畿道汶山食糧檢査出張所로轉任	〃
〃 〃	國庫金前渡資金出納取扱官吏役命	〃
7 4 1	京畿道機構改編으로同道의穀物檢査署으로	〃
〃 〃	命 副檢查員	〃
〃 〃	給 九級一階段	〃

1948	1.24		大統領令 第53號之 農産物檢查所 職制 改正公布	農林部
"	4.1		農林部 農産物檢査所 假設所에서 出張所 勤務를 命함	"
	8.30		技士에 任함	"
"	"		四級九號俸을 給함	"
1951	2.14		陸軍現役 入隊	陸本
1954	11.10		現役에서 (一等中士로) 滿期除隊	"
"	12.13		京畿道 坡州郡 臨津面 臨時 書記로 被命	"
1955	7.31		地方書記로 命함	"
"	"		三號俸을 給함	"
1956	4.5		仝上 依願辭職	"
1960	12.20		第2代 臨津面議會 議員에 立候補 當選	回□
1961	5.16		5.16 革命으로 議員職 自然解体	
1963	5.14		臨津面 行政諮問委員會 委員に 委囑됨	坡州
1974	5.14		仝上 委員職 辭退	"
			以上	

〈부록 8〉 종손 정규의 경농 생활 기록부

임진강에 지지 않는 상현달

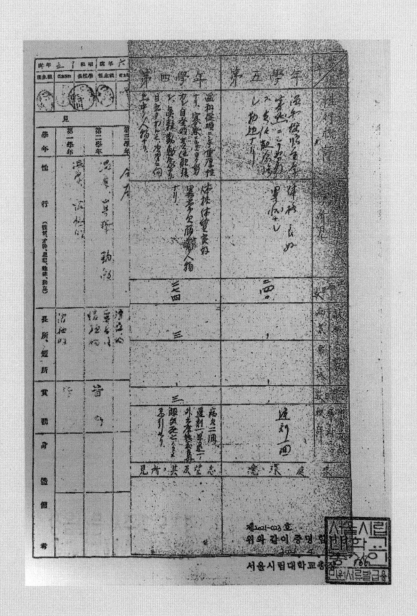

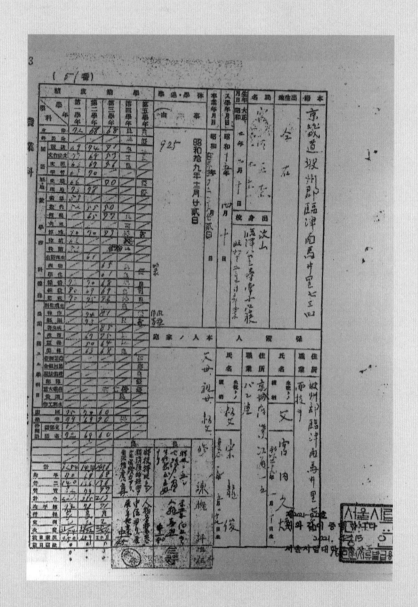

임진강에 지지 않는 상현달

〈부록 9〉 기타 기록사진

〈정규의 아버지 문환〉

〈어머니 공주이씨〉

〈정규의 아버지 문환과 어머니 공주이씨 가계들〉

〈이정규, 조성연, 이윤종〉

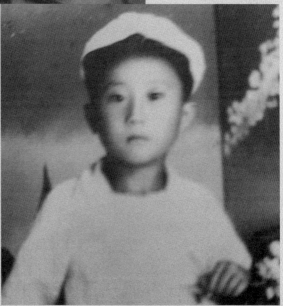

〈이윤종〉

〈아버지 문환의 나들이〉

〈종부 성연과 동서〉

〈공주이씨 장례식에서 문환의 모습〉

〈1.4후퇴시 종손 정규와 함께 가두징집된 동생 현규 : 당시 16세〉

〈정규의 아버지 문환과 공주이씨 회갑연에서 정규의 3남 4녀〉

임진강에 지지 않는 상현달

〈이웃사람들과 함께: 종부 성연(오른쪽에서 4번째)〉

〈정규와 성연: 중국 여행〉

〈종손 정규의 군복무 사진〉

임진강에 지지 않는 상현달

〈정규의 군복무시절〉

〈정규의 군복무장〉

임진강에 지지 않는 상현달

大韓尚武會臨津面分會結成大會 4290. 9. 7.

임진강에 지지 않는 상현달

〈종손 정규의 형제·자매들〉

〈종손 정규의 조카들〉

〈이명규, 황대연, 이현규, 이정규, 이석규, 이홍규〉

임진강에 지지 않는 상현달

天將降大任於斯人也
必先勞其心志
苦其筋骨餓其体膚
窮乏其䠶行
拂乱其所為　是故
動心忍性
增益其所不能
「孟子抄」丙子元旦父書

〈종손 정규의 친필〉

天籍降大任於斯人也
必先勞其心志
若其筋骨餓其体膚
窮乏其䠶行
拂乱其所為　是故
動心忍性
增益其所不能

〈종손 정규의 친필〉

<後記>

　지난 가을 아내 강숙과 보았던 가을 단풍은 유난히 붉었다. 60년 세월을 넘게 보아온 가을 이지만 자세히 가까이서 관심을 가지고 다가가 본 적은 없었다. 지난 가을 아내 강숙과 많은 날을 산책하면서 그동안 느껴보지 못했던 많은 모습의 계절을 체감했다. 산책을 할 때마다 아내 강숙에게 귀찮을 정도로 처가 가문의 내력에 집착하여 질문을 하곤 했다. 아내는 나에게 회고록에 빙의가 된 사람이라고 하였다. 가을은 결코 짧은 계절이 아닌 긴 계절이었다. 가을이 짧게 느껴지는 것은 계절의 변화를 느끼지 못했기 때문인 것이다. 가을은 겨울로의 가는 변화의 속도가 빠른 것뿐이다. 결국 짧은 계절이기에 가장 역동적인 계절이라 생각된다.

　사람은 가장 가까이 있고 하물며 매일 보는 대상은 건성으로 보는 습성이 있다. 그 중에 하나가 부모님이다. 우리의 부모님을 자세히 오래도록 관심을 갖고 보려고 한 적이 과연 얼마나 있었던가? 대부분의 사람들은 자기가 만들어 놓은 기준에 스스로 갇혀 자기의 기준이 답이라고 생각하며 살아간다. 자신을 키워주신 부모님도 자기의 기준틀을 만들어 놓고 보려는 경향이 있다. 지난 6개월 동안 장인어른에 대하여 회고록을 작성하면서 나의 삶도 돌아보는 계기가 되었다.

처음에는 내가 장인어르신의 회고록을 작성하느라 고생을 한다고 생각하였다. 그러나 이 글을 마칠 때가 되면서 나는 많은 인생 공부를 하게 된 수혜자라고 생각하게 되었다. 이글은 장인 어르신의 삶을 중심으로 쓰고 있는데 왜 그 삶 속에서 나의 아버님의 사셨던 모습도 보이는 것일까? 아마도 나의 부모님도 같은 시기에 비슷한 삶을 사셨기 때문인 것 같다.

장인 어르신을 중심으로 이글을 작성했지만 장인 어르신 한 분의 내용만으로 이 글을 완성할 수 없었다. 왜냐하면 장인 어르신은 증조부까지 4대가 있는 대가족에서 태어나 함께 공존하며 지금까지 살아 오셨기 때문이다. 그리고 정규의 삶도 함께 살았던 가족들의 삶에 의해 완성되었기 때문이다.

정규의 어린 시절 많은 사랑을 주셨던 증조부 승순 역시 그의 아버지 봉현과 64년을 함께 사셨다. 고조부 봉현은 정규네 가문을 파주에 정착시킨 분이다. 그러므로 정규의 정체성 형성에 직접 영향을 주신 조상님들은 증조부 승순은 물론 승순에게 절대적 영향을 주었던 고조부 봉현 등 4분 조상님이시다. 정규네 가문은 고조부 봉현께서 정착하신 이래 4대가 대가족으로 파주 마정에서 임진강을 탯줄 삼아 120년을 넘게 살아오고 있다. 정규의 고조부 봉현을 비롯하여 그의 자손들은 모두 임진강을 배경으로 오랜 세월 살아오던 명문세가들과 결혼을 하셨다. 정규의 고조모는 문산포 주변 장수황씨 가문이고, 증조모 창원유씨는 화석정 주변이 친정이며, 조모 덕수이씨는 율곡의 후손으로 율곡리에서 오백 년이 넘는 가문이다. 정규의 어머니 공주이씨는 장산리에서 이백 년 이상 살아오신 명문가 따님이시다.

이렇듯 정규네 가문은 장산리에 정착하시어 마은골, 마정 734번지로 거주지를 옮기면서 이 지역의 오래된 명문 세가들과 결합하며 임진강 물을 생명수 삼아 살아오신 파주의 성골 가문이다.

정규의 고조부 봉현은 방랑으로 오랜 세월을 보내셨다. 방랑의 구체적 이유는 상세히 전하지 않아 자세히는 알 수가 없으나 벼슬에 초연하셨던 것만은 틀림없다. 그는 70년의 방랑 생활로 다진 내공으로 장산리, 마은골에 정착하시며 14년 만에 가세를 일으키시고 통정대부 직첩도 받으시는 등 양반가를 다시 세우셨다. 이러한 가문의 모습이 갖추어진 상태에서 봉현의 증손자 문환이 태어나셨다. 정규의 가문은 다시 '마정 734번지'로 이사하고 그 해에 증손자로 태어난 정규가 어느덧 증조부가 되어 100세를 바라보고 있다.

가문의 정체성을 제대로 정립하기 위해서는 우선 스스로의 존재를 인정하고 내가 속했던 가족사를 제대로 이해하는 것에서 부터 시작해야 한다. 이렇게 해야 비로소 바른 의식과 시대정신時代精神을 갖고 자신의 정체성을 확립할 수 있다.

오늘의 종손 정규는 선조들의 삶의 총화라고 본다. 정규가 말하고 듣고 배우고 생활하는 모든 것은 선조들의 피와 땀의 결실이기도 하다. 후손들이 스스로 선조들에게 고마워하는 마음, 부채 의식이 없다면 그런 사람은 이 땅에서 살 자격이 없다고 본다. 영국의 역사학자 에드워드 카Edward Hallett Carr는 역사를 '과거와 현재와의 끊임없는 대화'라고 말하며 역사를 지키고 기억해야 한다고 말했다. 가족사도 국가의 역사와 다를 것이 없다. 현재를 사는 우리들이 가족사를 배워야 하는 이유는 과거에 여러 어려움들을 슬기와 지혜로 극복해 내셨던 조상님들의 모습을 배울 수 있기 때문이다. 종손 정규가 이글을 남기는 목적도 "지나간 조상님들의 삶의 흔적이 후손들에게 미래를 살아가는데 도움을 줄 수 있는 교훈"이 되도록 하는 것이다.

나는 6개월 동안 처가의 200년 살아오신 삶을 정리하면서 느낀 몇 가지를 정리하였다. 먼저 왕실의 후손이었던 정규의 가문이 쉽게 한미한 가문으로 전락한 이유를 깊이 생각해 보았다. 종손 정규는 중시조 덕양군의 16세손이시다. 정규의 중시조 덕양군을 포함하여 봉래군까지 4대가 봉군을 받으셨다. 그러므로 정규의 가문은 중시조의 4세손까지 4명이 봉군을 받으셨고, 5세손 '사간공'부터 과거에 응시하여 정계에 진출할 수 있었다. 그러나 가문의 벼슬은 6세손 '청도공 기서'를 제외하고는 그 이후 5대가 모두 백두셨다. 그 이후 12세손인 정규의 고조부 봉현이 통정대부를 추증으로 받으셨을 뿐이다. 물론 이렇게 왕실 출신이 벼슬에 나가지 않고 평민으로 전락하여 왕권에 위협이 되지 못하는 것은 왕실이 바라는 것일 수도 있다. 조선시대에서 권좌와 가깝던 왕자들은 왕실에서 봉군을 하여 그들의 정치적 족쇄를 채웠다. 그러므로 임금의 자손은 왕이 아니더라도 봉군을 받으므로 그 후손은 최소 백 년 이상 어려움 없이 살 수 있었다. 정규네 가문도 덕양군 등 4대가 봉군을 받아 150년 정도 왕실의 종친으로 안전한 삶을 유지하며 사셨다. 왕실의 종친은 왕과 8촌 이상 되면 종친부에서 제외되어 그 때부터 과거에 응시하여 정치에 참여할 수 있었다. 정규의 가문에서 과거를 처음 응시한 분은 5세손 사간공이다. 그러나 사간공의 둘째 아들 '청도공'에서 벼슬이 끝나고 말았다. 그것은 150년간 왕실이라는 제도적 보호 속에 있으면서 안주하여 경쟁력을 상실했기 때문이라 생각한다. 결국 절대적 보호로 가문의 자생력이 점차 퇴화되는 것은 어쩌면 당연한 귀결인 것 같다. 아무리 왕실의 후손이라 하여도 3대를 백두로 지내면 평민으로 전락하게 되어 있었다. 이런 한미한 가문으로 전락한 상태로 정규의 고조부 봉현은 70년간 방랑으로 세월을 보내셨다. 정규의 가문이 왕실의 종친에서 제외 된 후 봉현이 통정대부 직첩을 받기까지 200년 이상의 세월이 걸렸다.

가문의 삶이 한양에서 멀어질수록 벼슬의 품계도 낮아졌고 삶도 그만 큼 팍팍한 상태로 어렵게 되었다. 정규의 가문도 중시조 덕양군 등 5대는 한양과 지금의 성남이 생활무대였으나 6대 이후에는 다시 경기도 광주로 한양에서 멀어지셨다. 그리고 고양, 홍아리, 파주 등으로 한양에서 점점 삶이 멀어져 갔다. 이러한 삶의 논리는 지금도 그대로 재현되는 것 같다. 그래서 가문의 후손들을 위해서는 무슨 수가 있어도 역세권으로 진입해야 하는 것임을 보여주고 있다.

　오늘날에도 건강관리가 중요하다는 것은 새삼 강조할 필요가 없겠으나 정규의 가문의 삶을 분석해 보면 더욱 확연하게 보여주고 있다. 정규의 가문에서 초기 5세까지는 평균 수명이 64세였다. 이때는 벼슬도 걱정할 필요가 없이 왕실에서 봉군을 받던 시기였다. 그 중에서도 77세까지 가장 장수하셨던 '귀천군'이 가장 많은 일을 하셨다. 그 이후 6세부터 10세까지는 평균수명이 45세로 대폭 줄어드셨다. 하물며 정규의 6대조 '득겸'은 30세에 2살짜리 아들 하나만 남겨놓고 사망하셨다. 정규의 8대조 '건재'로부터 아래로 3대의 평균 수명은 36세였다. 이렇게 일찍 사망을 하시어 가문을 세우는 것은 고사하고 유지하기도 어려웠었다. 그 이후 평균수명이 78세 이상으로 늘어나면서 가문도 안정되고 정규의 고조부 봉현이 통정대부 직첩도 받으신 것이다. 이러한 결과를 볼 때 가문의 안정과 발전을 위해서는 수명관리가 얼마나 중요한지 단적인 예로 보여주고 있다.

　정규의 고조부 통정대부 봉현은 문산 장산리에 정착하시어 손자 종림의 배필로 율곡리에 덕수이씨 명문 가문의 따님을 정하셨다. 고조부 봉현의 처가마을은 문산포 주변에 있는 장수황씨 마을이었다. 봉현의 아들 승순의 처가마을도 화석정 주변에 오래 세월 사시던 창원유씨였다. 정규의 어머니 공주이씨는 장산리의 명문세가였다. 이렇게 봉현은 장산리 주변에 결혼으로 맺어진 인척관계의 인프라를 활용하여 짧은 기간에 가세를 안정시키고 대한제국에서 통정대부 벼슬도 추증으로 받아 사대부 양반 가문을 재건하셨다. 마은골에서 사방 십여 리 안에 혈육으로 맺어진 강력한 우호세력은 봉현이 가문을 빠르게 재건하는데 절대적인 도움이 되었을 것으로 보인다.

　이와같은 봉현의 삶을 서울대 윤석철 교수는 그의 저서 『삶의 정도』에서 '우회축적迂廻蓄積, roundabout accumulation'의 전략이 있는 삶이라고 하였다. 물론 봉현이 우회축적이란 전략을 가지고 의도적인 결과는 아니라 하더라도 그는 목적과 수단을 제대로 갖추어서 축적 한 에너지를 발산하여 불가능한 일을 가능하게 만드셨던 지혜를 발휘하신 것이다.

종손 정규네 500년 가문의 삶에서 보이는 핵심단어는 숭조, 우애, 도전, 배려, 정확성이다. 먼저 정규네 가문은 조상에 대한 숭조가 유난한 집안이었다. 효가 백행의 근본으로 효의 또 다른 모습은 숭조이기도 하다. 숭조는 조선시대 유학을 숭상하는 집안에서는 당연한 것이지만 조부 종림은 가세가 안정되자 가장 먼저 선산과 위토부터 장만하여 종사의 안전을 기하셨다. 종림의 조부 봉현이 돌아가시자 아버지 승순을 대신하여 3년 시묘살이를 직접 하셨으며 100일장으로 모시는 등 효성을 다하셨다. 또한 종손 정규도 선산을 정비하시고 고조부 봉현까지 4대 조상님들의 비문을 세우셨으며 종친회 등에도 오랫동안 앞장서시는 등 먼 일가와의 우애를 돈독히 하는데 몸을 아끼지 않으셨다.

정규 가문의 도전 정신도 남다르셨다. 종림은 일제강점기 1920년도에 임진강 습지에 제방 둑을 쌓아 농토를 개척하는 도전의 정신을 보여주셨다. 결국 몇 번의 홍수로 제방 둑이 무너져 실패는 하였으나 후손들이 많은 것을 생각하게 하는 교훈을 주셨다. 결국 공사를 실패하여 금융기관으로부터 차용한 돈을 갚기 위해 그동안 이루어 놓은 가세를 줄이셨지만 이 일을 통해 "노블레스 오블리주"를 보여주셨다..

또한 가문의 배려의 정신도 남다른 집안이다. 종손 정규의 조부 종림이 후손에게 명의 이전하지 않은 땅이 20여 필지가 남아 있었다. 종림이 살아생전에는 자식들에게 제대로 알리지 않아 후손들이 모르던 땅이었다. 종손 정규는 이 사실을 알게 되어 땅을 찾으려고 하였지만 그 권리를 포기하셨다. 그 땅은 정규의 조부가 빌려주었던 땅들이지만 이미 그 후손들은 자기들 땅으로 알고 오랜 세월 그 땅을 터전으로 살아오고 있었다. 그리고 과거에는 정규의 조부가 그 땅을 소작하고 있는 분들과 아주 가까운 사이였다는 것을 고려하였기 때문이다.

정규의 조부 종림은 '독개별 공사'를 실패하여 같이 추진하였던 사람들이 금융기관에서 차용한 돈을 갚지 못하자 대신 처리해 주셨던 분이시다. 이렇게 정규네 가문의 파주에서 120년 삶 속에는 배려가 잠재되어 있었다.

종손 정규의 가문의 내용을 쓰면서 답답하였던 것은 여성들의 삶은 거의 기록으로 남아 있지 않았다. 최근까지 생존해 계셨던 정규의 어머니 공주이씨, 조모 덕수이씨의 기록도 없었다. 조선왕조가 망하고 백년이 지났지만 여전히 삶은 남성 중심적이었다. 할머니들의 삶은 전혀 알 수 없어 종손 정규의 외가와 정규의 아내 풍양조씨 가문의 족보를 구해서 보았다. 그런데 그곳에는 여자들의 이름도 생년월일도 없었다. 단지 시집간 가문의 사위이름만 있었다. 그리고 시집온 며느리의 경우는 며느리 이름은 없고 그의 친정아버지, 할아버지 정도의 이름만 있었다. 한 가문의 삶을 완성하는 것은 여성들인데 철저하게 남성 중심적인 삶속에 가려져 있었다. 특히, 1940년도 까지만 하여도 대부분의 가정에서는 무명과 삼베는 길쌈을 하여 옷을 만들어 입는 등 여성들의 역할이 절대적이었다. 그런데 이런 옷 만드는 일 뿐 아니라 들에서 농사일, 밥 짓기 와 가장 중요하다는 자식을 낳아 기르는 것도 여자들의 몫이었다. 이렇게 한 가문의 유지를 위해 여성들의 역할이 절대적이었지만 철저하게 외면되어 있었다.

기업경영에서도 대차대조표 한 장을 분석하면 경영의 모든 면을 볼 수 있다. 가문에 있어 족보도 마찬 가지였다. 족보를 분석해 보면 그 속에 가문의 많은 삶을 엿볼 수 있다. 족보에 기록되어 있는 것은 출생년도, 사망년도, 형제, 결혼가문, 묘소위치와 벼슬의 보직 정도이지만 가문 전체의 표를 만들어 놓고 보면 그 속에서 많은 것이 보인다. 단순함 속에 위대함이 있음을 족보가 보여주고 있다.

종손 정규의 삶을 통해 회고록을 엮으면서 가문의 기록은 훌륭해야만 기록으로 남기는 것은 아니라는 생각이 들었다. 그리고 훌륭한 가문의 기준과 정의도 없었다. 그 기준은 각자 자신들의 마음의 기준일 뿐이다. 이러한 평범한 가족사 속에서도 후손들이 미래를 살아가면서 지표로 삼기에 충분한 가치가 있었다. 오늘보다 나은 내일을 만들어 가기 위해서는 무엇을 해야 하는지? 종손 정규의 평범한 가족사 안에 그 모든 해답이 들어 있었다.

나는 이글을 쓰면서 아내 강숙의 많은 도움을 받았다. 매주 한 번 문산 처가 댁에 장인 어르신의 인터뷰를 갈 때면 항상 동행하여 도와주었다. 처가댁 가문의 내력 중에서 의문 나는 많은 내용을 토론하며 바로잡을 수 있었다.

나는 아내 강숙의 헌신적인 도움이 없었다면 절대 이 책을 완성하지 못했을 것이다. 금년 신축년에 종손 정규는 96세가 되셨다. 가끔은 인터뷰 내용을 번복하시어 한 주 동안 정리한 내용을 바꾸기를 수없이 하곤 하였다. 하지만 96세의 장인 어르신께서 지나간 백 년의 기록과 전해오는 가문의 내력을 놀라운 기억력으로 전해주셨다. 만시지탄晩時之歎으로 생각하는 것은 장모님이 요양병원에 요양 중이시고 이제는 정신도 맑지 못하시어 장모님의 지나간 삶의 자취를 글로 남길 수 없었다. 이 회고록을 5년만 빨리 시작했다면 장모님의 말씀도 많이 들을 수 있었을 것이고 더 완벽한 회고록을 남길 수 있었을 것이다.

중시조 덕양군 이후 15대를 내려오면서 직계 종손 중에는 정규가 가장 장수하고 있는 분이시다. 백 세를 앞 둔 연세에 종손 정규의 애기를 녹취하여 작성하는 글이라서 정확하지 않을 수도 있다. 하지만 종손 정규가 말씀한 내용과 역사적인 사실과 관련 있는 내용은 당시의 역사적 상황을 부연하였다. 즉 이야기의 정확성을 기하고자 함이었다.

나는 이 책을 쓰면서 파주가 감추고 있던 삶의 속살을 볼 수 있었다. 특히, 임진강을 중심으로 남북의 삶이 하나로 이어졌던 70년 전의 모습을 되살려 볼 수 있었다. 왜냐하면 당시에 종손 정규네 가문은 임진강을 베게 삼아 살아오셨던 가문이기 때문이다. 지금은 휴전선 철조망 속으로 묻히어 과거의 삶도 함께 휴전선에 갇혀버렸지만 종손 정규의 삶속에는 남북이 하나이던 그 당의 삶이 그대로 살아 있었다. 특히, 지금의 임진강 북쪽 도랍산 역 주변에 있었던 '도라산 농잠학교', 장단역 시장인 시루리장, 지금의 장단반도인 '조레이 벌', 부서지 임진강 철교 주변의 '독개벌'은 이 책의 글을 통해 다시 살아날 수 있었다. 더구나 파주에 접해있는 임진강의 사목나루, 독개나루, 장산나루, 임진나루 등을 통해 남북을 이어주던 삶도 종손 정규의 기억 속에서 살아 나왔다. 또한 강화도 맞은 편 황해도 '삽다리'에 종손 정규의 친구들이 서해의 조류를 타고 한 시간이면 반구정 사목나루를 이용하여 문산시장에서 물건을 구입해 다시 조류를 타고 그들의 집으로 돌아가는 모습도 상상할 수 있었다. 장산리에 정착하기 위해 고생하셨을 정규의 고조부 봉현의 고민을 「택리지」에서 제시하는 좋은 땅의 조건과 비교하며 엿볼 수도 있었다.

나는 신축년 정월초하루 아내 강숙과 함께 정규의 고조부가 사셨던 마은골의 임진강 북쪽에 있는 덕진산성에 올랐다. 산은 높지 않으나 임진강 하류와 임진강 남쪽 장산리와 마은골이 한 눈에 들어 왔다.

덕진산성에 올랐을 때 저녁 무렵이라서 저녁노을과 함께 붉은 해를 저 멀리 보이는 임진강 물 밑으로 떨어지고 있었다. 임진강 남쪽 장산에 올라 저녁노을과 함께 초평도 방향을 바라보면서 율곡의 팔세부시의 정경을 공감하였다.

지난 6개월 동안 마음은 항상 정규의 200년 가문과 파주 임진강에 들어가 있었다. 임진강과 한강이 한 몸 되는 교하 오두산성에서 낙하리, 반구정, 독개나루, 초평도, 장산돈대, 임진나루 등에 마음을 묻고 보냈다.

마지막으로 머릿속에 여운으로 남아 있는 것은 '귀천군'이 종친이지만 국가나 왕실의 위기가 있을 때 몸을 돌보지 않으셨던 충성심과 정규의 7대조 '동간'과 '동섭' 형제의 세월을 뛰어넘는 우애가 진한 감동을 주었다. 그리고 정규의 조부 종림의 효심과 가문을 일으키려는 그의 노력과 도전 정신은 머릿속에 오래도록 진한 여운을 남을 것 같았다.

매주 주말이면 장인어르신의 인터뷰를 위해 어김없이 처가댁에 찾아갔다. 그때마다 장인 어르신을 모시고 있는 화종이 부부는 반갑게 맞아주며 모든 시중을 들어 주었다. 종손 정규의 맏아들인 윤종, 건숙, 금선 등 형제들의 많은 격려도 있었다. 특히, 같은 시대를 사셨던 종손 정규의 동생들인 순규, 현규, 석규의 도움으로 가문의 기록을 더 정확하게 할 수 있었다.

끝으로 이글을 완성할 수 있도록 많은 격려와 동기부여를 하여주신 '도서출판 위'의 변성진 대표이사님에게도 깊은 감사를 드린다.

임진강에 지지 않는 상현달

초판 1쇄 발행 2021년 7월 22일

지은이 김동섭 · 이강숙
펴낸이 변성진
디자인 도서출판 위
펴낸곳 도서출판 위
주소 경기도 파주시 광인사길 115(문발동 507-8)
전화 031-955-5117 ㅣ 팩스 031-955-5120
홈페이지 www.wegroup.kr

ISBN 979-11-86861-11-0 03010

• 책값은 뒤표지에 있습니다.
• 파본은 구입하신 서점에서 교환해 드립니다.